Lehrbücher

des

Deutschen Reichsrechtes.

III.

Das Reichs-Konkursrecht

von

Hermann Fitting.

Dritte Auflage.

Berlin 1904.
J. Guttentag, Verlagsbuchhandlung,
G. m. b. H.

Das
Reichs-Konkursrecht
und
Konkursverfahren.

Von

Dr. Hermann Fitting,
Geh. Justizrate und ord. Professor der Rechte zu Halle.

Dritte, völlig neubearbeitete Auflage.

Berlin 1904.
J. Guttentag, Verlagsbuchhandlung,
G. m. b. H.

Meinem früheren Kollegen

Eugen Huber

bei der Vollendung des Entwurfes eines

Schweizerischen Civilgesetzbuches

mit herzlichem Glückwunsche

in Freundschaft und Verehrung

gewidmet.

Vorrede.

Bei seinem ersten Erscheinen im Sommer 1881 bezeichnete sich dieses Lehrbuch ausdrücklich als einen bloßen Versuch, und es konnte auch damals so kurz nach dem Inkrafttreten der Reichs-Konkursordnung und in den Anfängen ihrer litterarischen Bearbeitung und praktischen Handhabung nicht mehr als ein solcher sein. In seiner vorliegenden neuen Gestalt ist es unter ungleich günstigeren Bedingungen entstanden. Denn dem Rechte der Konkursordnung ist inzwischen in einer reichen Litteratur eine vielseitige und tiefgehende theoretische Behandlung und durch die Rechtsprechung der Gerichte, insbesondere des Reichsgerichtes, eine gründliche praktische Ausbildung zu teil geworden. Und da seitdem das Deutsche Reich auch ein einheitliches bürgerliches Recht erhalten hat, so kann gegenwärtig eine systematische Darstellung des deutschen Konkursrechtes und Konkursverfahrens auf sehr viel festerem Boden fußen. Aber vollkommen fest und sicher ist freilich dieser Boden noch bei weitem nicht. Wer sich näher mit dem Rechte der Konkursordnung beschäftigt, begegnet auf Schritt und Tritt noch unausgetragenen Streitigkeiten, die zu einem nicht geringen Teil die tiefsten Grundfragen der Rechtswissenschaft betreffen. Unter solchen Umständen wäre es selbst heute noch vermessen, dem Leser ein auch nur annähernd abschließendes Werk versprechen zu wollen, und so möge denn das Lehrbuch in seiner neuen Bearbeitung wiederum als ein Versuch betrachtet werden, der dem Fortschritte zum richtigen Verständnisse und zur richtigen Anwendung des Gesetzes die Wege soll bahnen helfen ohne den Anspruch, überall selbst schon das Richtige erreicht zu haben.

Das Buch will jetzt wie früher eine kurze systematische Darstellung des zur Zeit im Deutschen Reiche geltenden Konkursrechtes im weiteren Sinne dieses Wortes geben, jedoch mit Winken und Fingerzeigen für denjenigen, welcher tiefer eindringen will. So erklärt sich die Sonderung des Textes von den Anmerkungen. Auf jenen wird sich im ganzen beschränken können, wer nur eine gewisse allgemeine Kenntnis des Gegenstandes begehrt. Wer weitergehende Belehrung, namentlich über die Gründe der im Texte vertretenen Ansichten und über die wichtigsten der bestehenden Streitfragen sucht, wird sie in den Anmerkungen finden. Wem es aber um noch mehr Einzelheiten zu tun ist, der mag die Stellen der Litteratur und die Entscheidungen nachschlagen, worauf die Anmerkungen, und zwar gerade aus dieser Rücksicht in ziemlich reichem Maße, hinweisen.

So, hofft der Verfasser, wird das Werk nicht allein dem Bedürfnisse des praktischen Juristen dienen können, sondern auch demjenigen des Studierenden, der eine nähere Bekanntschaft mit dem Konkursrechte erlangen will, als sie der naturgemäß kürzere akademische Vortrag zu bieten im stande ist. Zugleich aber wurde der Darstellung, wenn auch bei diesem Gegenstande seiner ganzen Beschaffenheit nach keine durchgehende Gemeinfaßlichkeit erstrebt werden konnte, jetzt wie früher eine solche Haltung zu geben gesucht, daß das Buch auch dem nicht juristisch gebildeten Kaufmann und sonstigen Geschäftsmann von Nutzen und zur Belehrung über die für ihn vorzugsweise wichtigen Vorschriften des Konkursrechtes dienlich sein könne. Möchte keines dieser Ziele völlig verfehlt sein.

Halle, im Januar 1904.

H. Fitting.

Inhalt.

Einleitung.

Seite

I. Geschichte der Reichs-Konkursordnung. § 1 . . . 1
II. Verhältnis der Konkursordnung zu anderen Gesetzen. § 2 7
III. Litteratur. § 3 11

Erster Teil.

Das Konkursrecht.

Einleitung. § 4 13
I. Wirkungen der Eröffnung des Konkursverfahrens.
1. Im allgemeinen. § 5 24
2. Besondere Einwirkung der Konkurseröffnung auf gewisse Rechtsverhältnisse. § 6 44
3. Einwirkung der Konkurseröffnung auf anhängige Prozesse. § 7 70
II. Die Konkursgläubiger.
1. Begriff. § 8 85
2. Einwirkung des Konkursverfahrens auf die Konkursforderungen. § 9 103
3. Gestalt und Umfang der Geltendmachung der Konkursforderungen. § 10 112
4. Rangordnung der Konkursforderungen. § 11 . 121
5. Feststellung der Konkursforderungen. § 12 . . 127
III. Die Konkursmasse.
1. Bestand der Konkursmasse.
a. Im allgemeinen. § 13 154

Seite
b. Masseansprüche. § 14 172
c. Vermehrung der Konkursmasse durch Anfechtung von Rechtshandlungen.
aa. Begriff und allgemeine Voraussetzungen der Gläubigeranfechtung. § 15 . . . 183
bb. Die einzelnen Fälle der Gläubigeranfechtung. § 16 196
cc. Ausübung der Gläubigeranfechtung. § 17 211
dd. Wirkungen der Gläubigeranfechtung. § 18 217
d. Verminderung der Konkursmasse durch die Ausübung von Absonderungsrechten.
aa. Die einzelnen Absonderungsrechte. § 19 230
bb. Gemeinsames in Ansehung der Absonderungsrechte. § 20 241
e. Verminderung der Konkursmasse durch Aufrechnung. § 21 248
f. Aussonderungsrechte. § 22 260
2. Verwaltung und Verwertung der Konkursmasse. § 23 275
3. Stellung des Gemeinschuldners zu der Konkursmasse. § 24 288
IV. Wirkungen der Beendigung des Konkursverfahrens. § 25 299

Zweiter Teil.

Das Konkursverfahren.

I. Vorbemerkungen. § 26 307
II. Die Faktoren des Konkursverfahrens.
Übersicht. § 27 314
1. Das Konkursgericht. § 28 315
2. Der Konkursverwalter. § 29 318
3. Der Gläubigerausschuß. § 30 327
4. Die Gläubigerversammlung. § 31 332
5. Die einzelnen Konkursgläubiger. § 32 . . . 340
6. Der Gemeinschuldner. § 33 341

Seite

III. Der Gang des Konkursverfahrens.
Einleitung. § 34 346
1. Eröffnungsverfahren.
a. Voraussetzungen der Konkurseröffnung und ihre Prüfung. § 35 347
b. Konkurseröffnung und begleitende Maßregeln. § 36 359
2. Erledigung des Konkursverfahrens durch Verteilung der Konkursmasse.
a. Herstellung der Teilungsmasse. § 37 . . 366
b. Ermittelung der Schuldenmasse. § 38 . . 374
c. Verteilungsverfahren.
aa. Allgemeines. § 39 384
bb. Vorbereitung der Verteilungen. § 40 386
cc. Weiteres Verfahren bei den Abschlagsverteilungen. § 41 392
dd. Eigentümlichkeiten der Schlußverteilung. § 42 397
ee. Nachtragsverteilungen. § 43 . . . 405
ff. Vollzug der Verteilungen. § 44 . . 409
3. Erledigung des Konkursverfahrens durch Zwangsvergleich.
a. Einleitung. § 45 415
b. Vergleichsvorschlag und seine Vorprüfung. § 46 425
c. Beschlußfassung über den Vergleichsvorschlag. § 47 428
d. Verfahren nach der Annahme des Zwangsvergleiches. § 48 436
e. Wirkungen des Zwangsvergleiches für die Konkursgläubiger. § 49 444
f. Anfechtbarkeit und Entkräftung des Zwangsvergleiches. Wiederaufnahme des Konkursverfahrens. § 50 448
4. Einstellung des Konkursverfahrens. § 51 . . 454

Seite

IV. Besonderheiten einzelner Fälle.

1. Konkursverfahren über das Vermögen einer Aktiengesellschaft, einer Gesellschaft mit beschränkter Haftung, einer sonstigen juristischen Person und eines verklagbaren Vereins. § 52 463

2. Konkursverfahren über das Vermögen einer eingetragenen Genossenschaft. § 53 467

3. Konkursverfahren über das Vermögen einer privaten Versicherungsunternehmung. § 54 . . . 476

4. Konkursverfahren über das Vermögen einer offenen Handelsgesellschaft, einer Kommanditgesellschaft und einer Kommanditgesellschaft auf Aktien. § 55 480

5. Nachlaßkonkurs und Konkursverfahren über das Gesamtgut bei fortgesetzter Gütergemeinschaft. § 56 486

V. Stellung des Deutschen Reiches zum Auslande in Konkurssachen. § 57 503

Anhang.

Strafbestimmungen. § 58 507

Sachregister 514

Abkürzungen.

a. A. = am Anfange.
a. E. = am Ende.
A. M. = Anderer Meinung.
Abs. = Absatz.
AnfG = G. betr. die Anfechtung von Rechtshandlungen eines Schuldners außerhalb des Konkursverfahrens in der Fassung vom 20. Mai 1898.
Art. = Artikel.
Begr. = Begründung.
Bem. = Bemerkung.
bes. = besonders.
betr. = betreffend.
bezw. = beziehungsweise.
BGB = Bürgerliches Gesetzbuch.
BGBE = Entwurf des Bürgerlichen Gesetzbuches.
BinnenschG = G. betr. die privatrechtlichen Verhältnisse der Binnenschiffahrt.
BörsG = Börsengesetz.
CPO = Civilprozeßordnung.
CPOE = Entwurf der Civilprozeßordnung.
DepotG = G. betr. die Pflichten der Kaufleute bei Aufbewahrung fremder Wertpapiere.
E = Entwurf.
ebend. = ebendaselbst.
EG = Einführungsgesetz.
Einl. = Einleitung.
entspr. = in entsprechender Anwendung von.
ff. = und die folgenden.
fg. = und die folgende.
FGG = G. über die Angelegenheiten der freiwilligen Gerichtsbarkeit.
FlößG = G. betr. die privatrechtlichen Verhältnisse der Flößerei.
G = Gesetz.
g. E. = gegen Ende.
GBO = Grundbuchordnung.
GenG = G. betr. die Erwerbs- und Wirtschaftsgenossenschaften.
GewGerG = G. betr. die Gewerbegerichte.
GewO = Gewerbeordnung.
GKG = Gerichtskostengesetz.
GlA. = Gläubigerausschuß.
GlV. = Gläubigerversammlung.
GmbHG = G. betr. die Gesellschaften mit beschränkter Haftung.
GSch. = Gemeinschuldner.
GVG = Gerichtsverfassungsgesetz.
GVGE = Entwurf des Gerichtsverfassungsgesetzes.
GVollzGebO = Gebührenordnung für Gerichtsvollzieher.
HaftpflG = G. betr. die Verbindlichkeit zum Schadensersatze für die bei dem Betriebe von Eisenbahnen, Bergwerken usw. herbeigeführten Tötungen und Körperverletzungen, vom 7. Juni 1871 in der Fassung nach Art. 42 EG z. HGB.
HGB = Handelsgesetzbuch.
HypBankG = Hypothekenbankgesetz.
insbes. = insbesondere.
InvVersG = Invalidenversicherungsgesetz.
K. = Konkurs.
KÄE = Entwurf eines Gesetzes betr. Änderungen der Konkursordnung.
KE. = Konkurseröffnung.
KGl. = Konkursgläubiger.
KO = Konkursordnung.
Kom Ber. = Bericht der VI. Kommission des Reichstages über den Entwurf eines Gesetzes betr. Änderungen der Konkursordnung.
KrankVersG = Krankenversicherungsgesetz.
KV. = Konkursverwalter.
KVerf. = Konkursverfahren.
Litt. = Litteratur.
LitUrhG = G. betr. das Urheberrecht an Werken der Literatur und der Tonkunst vom 19. Juni 1901.

LohnbG = G. betr. die Beschlagnahme des Arbeits- oder Dienstlohnes in der Fassung nach G. vom 29. März 1897 und Art. III EG zur Civilprozeßnovelle.
Mot. = Motive zum Entwurfe der Konkursordnung.
ob. = oben.
PatG = Patentgesetz.
PostG = G. über das Postwesen des Deutschen Reichs.
Prot. = Protokolle der zur Vorberatung der Konkursordnung gewählten Kommission des Deutschen Reichstags.
PVersG = G. über die privaten Versicherungsunternehmungen.
RAGebO = Gebührenordnung für Rechtsanwälte.
RAO = Rechtsanwaltsordnung.
RG = Reichsgericht.
RGBl = Reichsgesetzblatt.
RTWahlG = Wahlgesetz für den Deutschen Reichstag.
RV = Verfassung des Deutschen Reichs.
S. oder s. = Siehe.
S. vor einer Zahl (z. B. S. 30) = Seite.
SchuldverschrGläubG = G. betr. die gemeinsamen Rechte der Besitzer von Schuldverschreibungen.
SchutzgG = Schutzgebietsgesetz.
StGB = Strafgesetzbuch.
StPO = Strafprozeßordnung.
StrandO = Strandungsordnung.
TabStG = G. betr. die Besteuerung des Tabaks.
TelG = G. über das Telegraphenwesen des Deutschen Reichs.
u. a. = und andere.
u. A. = und Andere.
u. dgl. m. = und dergleichen mehr.
unt. = unten.
UWG = G. über den Unterstützungswohnsitz.
Vbd. oder vbd. = Verbinde damit, oder verbunden mit.
VerlG = G. über das Verlagsrecht.
VerZollG = Vereinszollgesetz.
vorl. = vorletzt.
WO = Wechselordnung.
ZVG = G. über die Zwangsversteigerung und die Zwangsverwaltung.

BuschsZ = Zeitschrift für Deutschen Civilprozeß. Begründet von Busch.
CivA = Archiv für die Civilistische Praxis.
DJZ = Deutsche Juristen-Zeitung.
Formularbuch = Formularbuch zu den Deutschen Prozeßordnungen für den Gebrauch der Gerichte und Staatsanwaltschaften. I. Abt. Formulare zur Civilprozeßordnung und zur Konkursordnung. Auf amtliche Veranlassung neu bearbeitet von Hugo Weizsäcker. Berlin 1895.
GruchBeitr = Beiträge zur Erläuterung des Deutschen Rechts. Begründet von Gruchot.
GrünhZ = Zeitschrift für das Privat- und öffentliche Recht der Gegenwart. Herausgegeben von Grünhut.
JherJ = Jherings Jahrbücher für die Dogmatik des bürgerlichen Rechts.
JW = Juristische Wochenschrift.
KrVJSchr = Kritische Vierteljahrsschrift für Gesetzgebung und Rechtswissenschaft.
MecklZ = Mecklenburgische Zeitschrift für Rechtspflege und Rechtswissenschaft.
RCP. = Fitting, Der Reichs-Civilproceß. 10. oder 11. Auflage.
SächsA = Sächsisches Archiv für bürgerliches Recht und Prozeß

Weitere Abkürzungen von Schriftentiteln sind S. 11 und 12 bezeichnet.

Einleitung.

§ 1.

I. Geschichte der Reichs-Konkursordnung.

I. Wie der Civilprozeß, so zeigte bis auf die neueste Zeit auch das Konkursverfahren in den verschiedenen deutschen Rechtsgebieten eine sehr bunte und verschiedenartige Gestalt.[1] Zudem litt dieses Verfahren, wie es im Anschlusse an das sog. gemeine deutsche Konkursrecht in den meisten jener Rechtsgebiete bestand, an Schwerfälligkeit, Langsamkeit und Kostspieligkeit. Wesentlich nur in Preußen war es gelungen, durch die sich vielfach an das französische Recht anlehnende Konkursordnung vom 8. Mai 1855 ein beweglicheres und rascheres, den Bedürfnissen und Anforderungen des heutigen Verkehrslebens besser entsprechendes Konkursverfahren zu erreichen.

So mußte, als nach der Errichtung des Norddeutschen Bundes die Abfassung einer gemeinsamen Civilprozeßordnung und Strafprozeßordnung beschlossen wurde, auch eine Verbesserung und einheitliche Gestaltung des Konkursverfahrens

[1] S. die Zusammenstellung in Anlage I zu den Motiven des Entwurfs einer Konkursordnung (Anlage-Band 5 ff.).

durch eine gemeinsame Konkursordnung als unabweisliches Bedürfnis erscheinen. Zufolge Beschlusses vom 21. Februar 1870 richtete daher der Bundesrat an den Bundeskanzler, dieser aber hinwiederum an den preußischen Justizminister das Ersuchen, die Ausarbeitung eines Entwurfes zu veranlassen, — eine Aufgabe, die sich durch die bald darauf erfolgte Erweiterung des Norddeutschen Bundes zum Deutschen Reiche von selbst zur Ausarbeitung des Entwurfes einer Reichs-Konkursordnung gestaltete. Bei dieser Arbeit wurde die genannte preußische Konkursordnung zum Ausgangspunkte und zur Grundlage genommen, weil es von vornherein nicht zweifelhaft sein konnte, daß die Neugestaltung des deutschen Konkursverfahrens an dieses durch langjährige Anwendung erprobte und im großen und ganzen trefflich bewährte Gesetzeswerk anzuknüpfen habe.

Im November 1873 wurde der fertige Entwurf unter dem Titel „Entwurf einer Deutschen Gemeinschuldordnung" mit ausführlichen Motiven den Bundesregierungen mitgeteilt[2] und sodann durch Bundesratsbeschluß vom 21. Dezember 1873 einer Vorberatung durch eine aus acht angesehenen Juristen und drei angesehenen Vertretern des Handelsstandes bestehende Kommission unterworfen, die am 16. März 1874 in Berlin zusammentrat und bis zum 31. Juli 1874 den Entwurf nebst demjenigen eines Einführungsgesetzes in drei Lesungen durchberiet. Sie hielt zwar die Anlage und die Grundzüge des Entwurfes fest, nahm aber im einzelnen zahlreiche Änderungen vor, teilweise von grundsätzlicher Bedeutung. Auch gab

[2] Gleichzeitig wurde er nebst Motiven und Anlagen auch durch den Buchhandel veröffentlicht im v. Deckerschen Verlage. Berlin 1873.

sie dem Gesetze anstatt des Titels „Gemeinschuldordnung" die hergebrachte und allgemein übliche Benennung als „Konkursordnung".

Nachdem der von der Kommission festgestellte Entwurf durch die Beschlüsse des Bundesrates noch mehrfache, jedoch nirgends tiefer eingreifende Abänderungen erfahren hatte, wurde er mit dem Entwurfe des Einführungsgesetzes durch Schreiben des Reichskanzlers vom 21. Januar 1875 dem Reichstage vorgelegt.[3] Beiden Entwürfen waren unter dem Titel „Motive" ausführliche und für die Auslegung höchst wertvolle Begründungen beigegeben.[4]

---

[3] Wegen der bisherigen Darstellung vgl. das Vorwort zu den Motiven (3 fg.) und das Schreiben an der Spitze der Entwürfe.

[4] Entwürfe und Motive liegen gedruckt vor teils in der dem Reichstage zugegangenen amtlichen Vorlage, teils in den Aktenstücken des deutschen Reichstags II. Legislaturperiode. 2. Session 1874/75. Justiz-Gesetzgebung Nr. IV. Aktenstück Nr. 200. S. 1245—1618. (Auch im Buchhandel: Berlin 1875 bei Fr. Kortkampf erschienen.) Endlich sind sie in den vierten Band der von C. Hahn begonnenen Ausgabe der „gesammten Materialien zu den Reichs-Justizgesetzen" (Berlin, R. v. Deckers Verlag) aufgenommen. Um die Benutzung eines jeden Abdruckes zu ermöglichen, werden die Motive in diesem Lehrbuche nach den Paragraphen der Entwürfe angeführt. Jedoch sind zur Erleichterung der Auffindung die — auch in der Hahnschen Ausgabe vermerkten — Seitenzahlen der amtlichen Vorlage beigesetzt. — Die Motive sind zwar nach der im Namen des Bundesrates in der Reichstagssitzung vom 24. November 1874 abgegebenen Erklärung (Hahn 1 188 fg.) nicht von den verbündeten Regierungen selbst ausgegangen und festgestellt und haben also nicht die Bedeutung einer unmittelbaren Äußerung eines der gesetzgebenden Faktoren. Allein ihre Bedeutung geht immerhin weit über diejenige einer bloßen Privatarbeit hinaus; denn sie sind in Verbindung mit der Abfassung der Entwürfe von Männern, die an dieser Abfassung beteiligt waren, in amtlichem Auftrage verfaßt und mit den Entwürfen als „unentbehrliches Hilfsmittel" zu ihrem Verständnisse dem Reichstage amtlich vorgelegt. Sie haben daher die

Weil in dieser Session des Reichstages wegen ihres Schlusses die Entwürfe nicht mehr zur Beratung kommen konnten, so wurden sie am Beginn der folgenden im Oktober 1875 dem Reichstage von neuem vorgelegt und von diesem nach der ersten nur die geschäftliche Behandlung betreffenden Beratung durch Beschluß vom 4. November 1875 zuvörderst an eine Kommission von vierzehn Mitgliedern verwiesen, die sie vom 11. November 1875 bis zum 4. Februar 1876 und nach der Verlängerung ihres Mandates durch Gesetz vom 20. Februar 1876 wiederum vom 18. bis zum 26. Mai 1876 einer eingehenden Beratung in zwei Lesungen unterzog.[5] Das Ergebnis war eine Anzahl einzelner, jedoch nicht sehr erheblicher und zumeist nur die Fassung berührender Änderungen.

In dieser Gestalt wurden auf den im Namen der Kommission erstatteten mündlichen Bericht sowohl die Konkursordnung als das Einführungsgesetz vom Reichstage in der Sitzung vom 2. Dezember 1876 in zweiter, in derjenigen vom 21. Dezember in dritter Lesung ohne Einzelberatung im ganzen, und zwar so gut wie einstimmig, angenommen, worauf sie nach erfolgter Zustimmung des Bundesrates als Gesetze vom 10. Februar 1877 in Nr. 10

Vermutung richtiger Auffassung und Auslegung des Sinns der gesetzlichen Vorschriften für sich und müssen, wo der Wortlaut dieser eine verschiedene Deutung gestattet, in der Regel als entscheidend angesehen werden, während sie, wo sie (wie z. B. zu § 167 [jetzt 180] KO) mit den Gesetzesworten in unvereinbarem Widerspruche stehen, diesen natürlich weichen müssen.

[5] Die Protokolle dieser Kommission sind ebenfalls ein wichtiges Hilfsmittel der Auslegung. Sie werden in diesem Lehrbuche nach den — auch in den Hahnschen „Materialien" vermerkten — Seitenzahlen des von der Kommission veranstalteten Abdruckes angeführt.

des Reichsgesetzblattes von 1877 (351 ff.) verkündigt wurden.

Beide Gesetze traten mit den übrigen sog. Reichs-Justizgesetzen am 1. Oktober 1879 in Kraft.[6]

II. Die Konkursordnung erlitt zuvörderst eine Änderung durch das Gesetz, betreffend die Erwerbs- und Wirtschaftsgenossenschaften, vom 1. Mai 1889 insofern, als durch § 153 Abs. 1 dieses Gesetzes die von dem Konkursverfahren über das Vermögen einer eingetragenen Genossenschaft handelnden §§ 195—197 der Konkursordnung sowie § 3 Abs. 4 des Einführungsgesetzes zugunsten anderer, im Genossenschaftsgesetze gegebener Vorschriften aufgehoben wurden. Sodann erhielt durch das Gesetz, betreffend die Abänderung des § 41 der Konkursordnung, vom 9. Mai 1894 der § 41 Nr. 4 der Konkursordnung eine veränderte Fassung.

Umfassendere Änderungen und Ergänzungen waren durch die Einführung des Bürgerlichen Gesetzbuches für das Deutsche Reich geboten. Sie wurden bei der zweiten Lesung des Entwurfes zu diesem Gesetzbuche von der damit beauftragten Kommission im wesentlichen festgestellt und dieser Feststellung gemäß in Anlage II der Denkschrift zum Entwurf eines Bürgerlichen Gesetzbuches (360 ff.) veröffentlicht. Auf Grund dieser wichtigen Vorarbeit wurden am 26. Januar 1898 dem Reichstage die Entwürfe eines Gesetzes, betreffend Änderungen der Konkursordnung, und eines dazu gehörigen Einführungsgesetzes nebst der Begründung beider Entwürfe vom Reichskanzler vorgelegt. Der Reichstag verwies sie zur Vorberatung an seine

---

[6] Vgl. § 1 EG vbd. § 1 EG z. GVG.

VI. Kommission, der bereits auch der Entwurf eines Gesetzes, betreffend Änderungen der Civilprozeßordnung, überwiesen war, zugleich mit dem von den Abgeordneten Dr. Rintelen, Dr. Bachem, Groeber, Dr. Hitze und Lerno eingebrachten Entwurfe eines Gesetzes, betreffend die Abänderung der Konkursordnung. Gemäß den in einem eingehenden schriftlichen Berichte vom 29. März 1898 begründeten Beschlüssen dieser Kommission[7] wurden die Regierungsentwürfe vom Reichstage angenommen und nach erfolgter Zustimmung des Bundesrates als Gesetze vom 17. Mai 1898 in Nr. 21 des Reichsgesetzblattes (230 ff.) verkündigt. Auf Grund des gleichzeitigen Gesetzes, betreffend die Ermächtigung des Reichskanzlers zur Bekanntmachung der Texte verschiedener Reichsgesetze, wurde sodann die Konkursordnung in der neuen Fassung mit neuer, fortlaufender Zählung der Paragraphen unter dem 20. Mai 1898 in Nr. 25 des Reichsgesetzblattes von 1898 (612 ff.) bekannt gemacht.

Endlich wurde in § 43 des Hypothekenbankgesetzes vom 13. Juli 1899 der § 17 des Einführungsgesetzes zur Konkursordnung durch andere Vorschriften ersetzt.

Die Konkursordnung und das Einführungsgesetz sind in der neuen Fassung gleichzeitig mit dem Bürgerlichen Gesetzbuche, also am 1. Januar 1900, in Kraft getreten.[8]

---

[7] Die Entwürfe nebst der Begründung und der Kommissionsbericht finden sich im siebenten Bande von Hahns Materialien, fortgesetzt von B. Mugdan. Die Begründung und der Bericht werden in diesem Lehrbuche nach den Paragraphen der Entwürfe angeführt.

[8] Art. I. EG zu dem G, betr. Änderungen der KO, vbd. Art. 1 EG z. BGB.

§ 2.

II. Verhältnis der Konkursordnung zu anderen Gesetzen.

I. Die Konkursordnung erhält zuvörderst, ebenso wie die Civilprozeßordnung und die Strafprozeßordnung, eine unentbehrliche Ergänzung durch das Gerichtsverfassungsgesetz als die gemeinsame Grundlage aller dieser Gesetzbücher. Denn das Konkursverfahren ist den ordentlichen Gerichten zugewiesen und wurde bei der Abfassung der Reichs-Justizgesetze zu dem Gebiete der ordentlichen streitigen Gerichtsbarkeit gerechnet, so daß im Sinne des Gesetzes der § 2 des Einführungsgesetzes zum Gerichtsverfassungsgesetze sich auch auf das Konkursverfahren bezieht und der Ausdruck „Prozeßordnungen" in §§ 24 und 161 des Gerichtsverfassungsgesetzes auch die Konkursordnung umfaßt.[1]

---

[1] S. § 204 GVG. Vgl. Begr. z. § 13 GVGE (64), Begr. des EG z. GVG a. E. (215), Prot. z. GVG 71, Mot. z. § 1 EG z. KO (463). Viele rechnen das Konkursverfahren schon darum zur streitigen Gerichtsbarkeit, weil es seiner Aufgabe nach eigentlicher Civilprozeß sei. So z. B. Drechsler im CivA 62 425 ff., Schultze Dt. KR. 140 ff., Wach Handbuch des Deutschen Civilprozeßrechts I 46, 49 Anm. 11, Kohler Lehrbuch des Konkursrechts § 1 a. E., Seuff. 2. Andere dagegen betrachten im Anschlusse an die Äußerungen der Motive im zweiten Hauptabsatze der Einleitung (9 fg.) und zu §§ 65—69 (297) das Konkursverfahren in der ihm durch die Konkursordnung gegebenen Gestalt nicht als Prozeß, sondern als eine unter richterlicher Autorität sich vollziehende Auseinandersetzung des seine Leistungen einstellenden Schuldners mit allen seinen Gläubigern, vergleichbar der Liquidation einer kaufmännischen Firma, wonach denn die Tätigkeit des Konkursgerichtes eher zur freiwilligen Gerichtsbarkeit gehören würde. Dieser wird sie entschieden zugeteilt von Oetker Grdb. 20 fg., 33. Weder als Civilprozeß noch als Verfahren der freiwilligen Gerichtsbarkeit wird das Reichs-Konkursverfahren anerkannt von Endemann Das deutsche Konkursverfahren (1889) S. 3. In der Tat liegt dieses Verfahren,

Sodann kommen als Ergänzung der Konkursordnung die Vorschriften der Civilprozeßordnung auf das Konkursverfahren zu entsprechender Anwendung.[2]

Endlich wird die Konkursordnung ergänzt durch die den Konkurs betreffenden Vorschriften der übrigen Reichsgesetze, und zwar nicht allein der mit ihr gleichzeitigen oder jüngeren, sondern auch der älteren, soweit diese nicht durch das Einführungsgesetz zur Konkursordnung ausdrücklich aufgehoben oder durch neuere Reichsgesetze beseitigt sind.[3] Unter den hiernach ergänzenden Reichsgesetzen sind außer dem Bürgerlichen Gesetzbuche und dem Handelsgesetzbuche vom 10. Mai 1897 die wichtigsten folgende:

1. Gesetz, betreffend die Erwerbs- und Wirtschaftsgenossenschaften, vom 1. Mai 1889 in der Fassung vom 20. Mai 1898 (RGBl 810 ff.),
2. Gesetz, betreffend die Gesellschaften mit beschränkter Haftung, vom 20. April 1892 in der Fassung vom 20. Mai 1898 (RGBl 846 ff.),
3. Gesetz über die Zwangsversteigerung und die Zwangsverwaltung vom 24. März 1897 in der Fassung vom 20. Mai 1898 (RGBl 713 ff.),
4. Hypothekenbankgesetz vom 13. Juli 1899 (RGBl 375 ff.),

---

ebenso wie das nahe verwandte Zwangsvollstreckungsverfahren zur Beitreibung einer Geldforderung, auf der Grenze beider Gebiete, so daß die Zuteilung, wie bei jedem wissenschaftlichen Grenzgebiete, zweifelhaft sein kann. Vgl. Allg. Begr. der CPO § 4 Abs. 6 (20).

[2] § 72 KO. Vgl. unt. § 26.

[3] § 3 EG. In Abs. 2 sind die aufgehobenen Vorschriften genau angegeben. Abs. 3 ist gegenstandslos geworden, da Art. 80 WO durch Art. 8 Nr. 2 EG z. HGB aufgehoben ist. Abs. 4 war schon durch § 153 Abs. 1 GenG (1889) aufgehoben.

5. Gesetz über die privaten Versicherungsunternehmungen vom 12. Mai 1901 (RGBl 139 ff.).[4]

6. Gesetz über das Verlagsrecht vom 19. Juni 1901 (RGBl 217 ff.).

II. Auf die Landesherren und die Mitglieder der landesherrlichen Familien, sowie auf die Mitglieder der fürstlichen Familie Hohenzollern und die Mitglieder des vormaligen Hannoverschen Königshauses, des vormaligen Kurhessischen und des vormaligen Herzoglich Nassauischen Fürstenhauses sind die Vorschriften der Konkursordnung, ebenso wie diejenigen der übrigen Reichs-Justizgesetze und des Bürgerlichen Gesetzbuches, nur so weit anwendbar, als nicht besondere Vorschriften der Hausverfassungen oder der Landesgesetze abweichende Bestimmungen enthalten.[5]

Ferner gehen der Konkursordnung vor die landesgesetzlichen Vorschriften, welche die Lehen, Stammgüter oder Familienfideikommisse betreffen.[6]

Die übrigen das Konkursverfahren und seine eigentümlichen Einwirkungen auf die Rechtsverhältnisse der Beteiligten betreffenden Vorschriften der Landesgesetze[7] sind aufgehoben und auch für die Zukunft ausgeschlossen, soweit sie nicht entweder durch Verweisung auf sie in der Konkursordnung oder durch die Bestimmung, daß sie nicht berührt werden, ausdrücklich als maßgebend anerkannt sind.[8]

---

[4] Noch nicht in Kraft getreten.

[5] § 7 EG. Vgl. § 5 EG z. GVG, § 5 EG z. CPO, § 4 EG z. StPO, Art. 57 EG z. BGB.

[6] § 5 Nr. 1 EG, § 52 KO. Vgl. Mot. z. § 5 Nr. 1 EG (469).

[7] Unter „Gesetz" ist hier wie sonst in der Konkursordnung und dem Einführungsgesetze dazu jede Rechtsnorm, d. h. jeder Rechtssatz mit Einschluß des Gewohnheitsrechtes, zu verstehen: § 2 EG. Vgl. Prot. 133.

[8] § 4 Abs. 1 EG. Vgl. Mot. z. § 4 EG (467 ff.). Die landes-

Auch die mit dem Konkurse in Beziehung stehenden strafrechtlichen Vorschriften der Landesgesetze sind aufgehoben, weil im dritten Buche der Konkursordnung auch das Konkursstrafrecht geregelt ist.[9]

III. Was das Verhältnis der Konkursordnung zum ausländischen, d. h. außerhalb des Deutschen Reiches geltenden, Rechte anlangt, so werden zuvörderst die vom Reiche oder von einzelnen Bundesstaaten mit ausländischen Staaten abgeschlossenen Staatsverträge durch die Konkursordnung, wie durch die übrigen Reichs-Justizgesetze, nicht berührt.[10] Außerdem geht die Konkursordnung, ebenso wie die Civilprozeßordnung, von dem Grundsatze der Gleichberechtigung des inländischen und des ausländischen Konkursrechtes aus und schreibt daher dem im Auslande eröffneten Konkursverfahren im allgemeinen volle Wirkung nach Maßgabe des ausländischen Rechtes auch in Ansehung der inländischen Gläubiger und des im Inlande befindlichen Vermögens zu. Weil jedoch noch keineswegs alle Staaten eine solche Gleichberechtigung anerkennen, so führt sie diesen Grundsatz nur mit Beschränkungen durch oder gestattet die Anordnung von Beschränkungen zur Anwendung eines Vergeltungsrechtes.[11]

---

rechtlichen Vorschriften über die Einwirkung des Konkurses auf die politischen und Ehrenrechte des Gemeinschuldners sind, weil sie nicht zum Konkursrechte gehören, durch die Konkursordnung nicht berührt worden. S. Mot. Schlußbemerkungen zu Buch II. Tit. 7 letzt. Abs. (439) vbd. Mot. z. § 4 EG Abs. 1 (467).

9 § 4 Abs. 2 EG.

10 Vgl. Mot. z. §§ 3—7 EG (463), Begr. z. EG z. GVG a. E. (214 a. E.), Begr. z. §§ 610, 611 CPO a. E. (403), Mot. z. § 5 EG z. StPO a. E. (256 a. E.).

11 S. § 5, 237, 238 KO. Vgl. Mot. § 4 (31 fg.), §§ 207, 208 (456 ff.), Prot. 8 fg., 196 ff. S. unt. § 8 IV und § 57.

§ 3.

III. Litteratur.

Die erste Stelle kommt auch hier den Entscheidungen des Reichsgerichtes zu, die nicht allein für die Rechtsprechung der deutschen Gerichte, sondern auch für die wissenschaftliche Durchbildung des in der Konkursordnung gesetzten Rechtes von der größten Bedeutung sind. Die wichtigsten werden in der nachstehenden amtlichen Sammlung veröffentlicht, die jährlich in zwei Bänden erscheint:

Entscheidungen des Reichsgerichts in Civilsachen. Leipzig 1880 ff.[1]

Von der übrigen Litteratur sollen hier im ganzen nur solche Schriften genannt werden, denen die Konkursordnung in ihrer neuen Fassung zu Grunde liegt.

I. Kommentare:[2]

E. Jaeger, Die Konkursordnung. Berlin 1902. 2. Aufl. Heft 1. 1903.

K. Meyer, Die Konkursordnung. München 1899.

J. Petersen und G. Kleinfeller, Konkursordnung. 4. Aufl. bearbeitet von Kleinfeller. Lahr 1900.

von Sarwey, Die Konkurs-Ordnung. 4. Aufl. bearbeitet von G. Boßert. Berlin 1901.

---

[1] Die in dieser Sammlung enthaltenen Entscheidungen werden bezeichnet durch RG mit Angabe der Zeit, des Bandes in halbfettem Drucke und der Seitenzahl, also z. B. RG 30. III. 92 (**29** 29 ff.).

[2] Die unter I. und II. aufgezählten Schriften werden sämtlich nur mit den Namen der Verfasser angeführt, und zwar unter Verwendung folgender Abkürzungen: Pet.-Kleinf., Sar.-Boß., Wilm., Seuff.

G. v. Wilmowski, Deutsche Reichs-Konkursordnung. Nach dem Tode des Verfassers fortgesetzt von K. Kurlbaum, A. Kurlbaum und W. Kühne. 6. Aufl. Lief. 1—3. Berlin 1902/03.

Th. Wolff, Konkursordnung. Berlin 1900.

Den Kommentaren kann wegen der reichhaltigen Anmerkungen zugerechnet werden die Textausgabe der Konkursordnung von R. Sydow und L. Busch. 9. Aufl. Berlin 1902.

II. Systematische Darstellungen:

E. Frhr. v. Aufseß, Konkursrecht und Konkursverfahren. Leipzig 1899.

F. Hellmann, Deutsches Reichskonkursrecht. In Birkmeyers Encyklopädie der Rechtswissenschaft. Berlin 1901. S. 711 ff.

J. Kohler. Leitfaden des Deutschen Konkursrechts. 2. Aufl. Stuttgart 1903.

W. Rintelen, Das Konkursrecht. 2. Aufl. Halle a. S. 1902.

L. Seuffert, Deutsches Konkursprozeßrecht. Leipzig 1899.

III. Erörterung der juristischen Grundlagen:[3]

F. Oetker, Konkursrechtliche Grundbegriffe. Band I. Die Gläubiger. Stuttgart 1891.

A. S. Schultze, Das Deutsche Konkursrecht in seinen juristischen Grundlagen. Berlin 1880.

L. Seuffert, Zur Geschichte und Dogmatik des Deutschen Konkursrechts. Abt. I. Die Rechtsverhältnisse der Aktivmasse. Nördlingen 1888.

[3] Diese Schriften werden angeführt als: Oetker Grdb., Schultze Dt. KR., Seuffert Gesch. u. Dogm.

Erster Teil.

Das Konkursrecht.

§ 4.

Einleitung.

I. Da es bei entwickelten wirtschaftlichen Verhältnissen und ausgebildetem Tauschverkehr in der Regel leicht ist, Güter jeder Art einerseits mittels Geldes zu erwerben, andererseits in Geld umzusetzen, so muß auf höheren Stufen wirtschaftlicher Entwicklung der allgemeinen Anschauung als die weitaus wichtigste Seite aller Vermögensstücke ohne Rücksicht auf ihre sonstige Verschiedenheit naturgemäß ihre gemeinsame Eigenschaft als Träger von Geldwerten erscheinen. Entsprechend stellen sich die Schulden ohne Rücksicht auf die Verschiedenheit des Gegenstandes gemeinsam als fremde Geldwerte (aes alienum) dar, die als eigenes Vermögen des Schuldners nur den Betrag übrig lassen, um den der Geldwert seiner Aktiven denjenigen seiner Schulden übersteigt.[1] Soweit der Geldwert der letzten denjenigen der ersten aufwiegt oder gar überwiegt, erscheint demnach für die bloß die Wertseite in das Auge fassende

[1] Vgl. L. 39 § 1 D. de verb. sign. 50, 16: Bona intelleguntur cuiusque, quae deducto aere alieno supersunt.

Betrachtung des gemeinen Lebens der Schuldner als Inhaber und Verwalter fremden Vermögens, eines Vermögens, das nicht ihm, sondern seinen Gläubigern gehört.[2]

Auf dieses Verhältnis muß der Schuldner bei seiner Lebens- und Geschäftsführung gebührende Rücksicht nehmen. Er handelt unehrlich und schädigt in schuldhafter Weise fremdes Vermögen, wenn er sich nicht bloß mit Absicht, sondern auch nur durch Lässigkeit, Leichtsinn oder unordentliche Geschäftsführung zur Befriedigung seiner Gläubiger außerstande setzt.[3] Ja selbst Dritte müssen darauf Rücksicht nehmen, wenigstens insofern, als sie nicht zu absichtlicher Benachteiligung der Gläubiger wissentlich die Hand bieten dürfen.[4]

Gleichwohl enthält, da die aktiven Vermögensstücke des Schuldners von dem nicht einseitig bloß die Wertseite des Vermögens beachtenden Rechtsstandpunkte immerhin sein eigenes Vermögen sind, und da ferner die Gläubiger, wenn sie nur rechtzeitig ihre Befriedigung erhalten, sich nicht darum zu kümmern haben, ob sie der Schuldner aus eigenen oder vermöge seines Kredites aus fremden Mitteln beschafft, der Zustand der Überschuldung, d. h. der Unzulänglichkeit der Aktiven zur Deckung der Schulden, für sich allein und so lange der Schuldner zahlungsfähig, d. h. zur pünktlichen Erfüllung seiner Geldverbindlichkeiten

---

[2] S. Mot. §§ 202—206 Abs. 3 (453): „Reicht der Nachlaß zur Deckung der Schulden nicht aus, — — so wird er für den Erben faktisch seinem ganzen Umfange nach zu einer fremden Sache. — — Die Gläubiger sind es in Wirklichkeit allein, welchen der Nachlaß zukommt."

[3] Auf diesem Gesichtspunkte beruhen die Ehrenfolgen der Konkurseröffnung und die in § 239, 240 KO festgesetzten Strafen.

[4] Hierauf beruht die Strafbestimmung in § 242 KO.

imstande ist,[5] noch keinen genügenden Rechtfertigungsgrund, ihn selbst in seiner wirtschaftlichen Freiheit und in der Verfügung über sein Vermögen sowie seine einzelnen Gläubiger aus Rücksicht auf die übrigen in der freien Geltendmachung ihrer Forderungen durch äußeres Eingreifen zu beschränken. Dieses könnte sogar nicht einmal im wohlverstandenen Interesse der Gläubiger liegen; denn es benähme dem Schuldner die nur bei ungehemmter Freiheit der Bewegung gegebene Möglichkeit, durch Tätigkeit und Einsicht, namentlich aber durch Benutzung seines Kredites, den Zustand der Überschuldung zu überwinden, und es hätte daher für die Gläubiger notwendig Verluste zur Folge, während doch der Schuldner tatsächlich bewiesen hat, daß er bisher durch seine Überschuldung an der Befriedigung seiner Gläubiger nicht gehindert war. Endlich kommt in Betracht, daß bei der engen und mannigfaltigen Verflechtung der wirtschaftlichen Beziehungen jede Hemmung des freien Ganges der wirtschaftlichen Bewegung, wenn sie auch nur an einem einzelnen Punkte eintritt, immer auf weitere Kreise störend einwirkt und daher schon aus Rücksichten des Gemeinwohls so lange vermieden werden muß, als sie nicht durch unbedingt zwingende Gründe geboten erscheint.[6]

II. Solche Gründe sind aber vorhanden, sobald der Schuldner zahlungsunfähig geworden und dieser Zustand äußerlich, insbesondere durch Zahlungseinstellung, zutage

---

[5] Bloß die Geldverbindlichkeiten kommen in Betracht, weil alle anderen vermögensrechtlichen Verbindlichkeiten, wenn ihre Erfüllung dem Schuldner unmöglich wird, soweit sie dadurch nicht untergehen, sich zunächst in Geldverbindlichkeiten auflösen.

[6] Vgl. Mot. § 94 Abs. 1, 2 (319 fg.), Vorbem. zu Buch II. Tit. 6 Abs. 2 a. E. (391 a. A.).

getreten ist. Denn darin liegt der tatsächliche Beweis, daß er neue Mittel zur Erfüllung seiner Verbindlichkeiten im Wege des Kredites nicht aufzutreiben vermag, und daß daher seine Gläubiger für ihre Befriedigung bloß noch auf dasjenige angewiesen sind, was ihm selbst an aktiven Vermögensstücken gehört. Zugleich aber ist eine starke Ver mutung begründet, daß dieses Aktivvermögen zur Deckung der Schulden nicht ausreiche, da eine Zahlungsunfähig keit ohne Überschuldung nur in den allerseltensten Fällen vorkommt. Sonach muß sich jetzt und jetzt erst die Vor stellung mit voller Schwere geltend machen, daß dasjenige was der Schuldner vom Rechtsstandpunkte aus zu eigen hat, dem Werte nach vielmehr seinen Gläubigern gehört und daß er also der Sache nach bloß noch Verwalter fremden Vermögens ist. Da nun zudem bei eingetretener Zahlungsunfähigkeit des Schuldners die Gefahr besteht, daß die Lage der Gläubiger noch mehr verschlechtert wird wenn ihm die freie Verfügung über sein Vermögen be lassen bleibt, so wird es jetzt zur unabweislichen Anfor derung der Gerechtigkeit, im Interesse der Gläubiger dem Schuldner diese Verfügung zu nehmen und durch äußeres Eingreifen dafür zu sorgen, daß jene aus den noch vor handenen Aktiven, soweit sie reichen, unverkürzt, und zwar insbesondere auch unverkürzt durch die Teilnahme neuer Gläubiger, ihre Befriedigung erhalten. Weil aber die Forderung jedes Gläubigers gleichermaßen einen Geldwert darstellt, der in dem Vermögen des Schuldners als fremder Geldwert auftritt, so erscheint sein zurzeit vorhandenes Aktivvermögen dem Geldwerte nach gewissermaßen als eine seinen sämtlichen zurzeit vorhandenen Gläubigern gemein sam gehörige Masse, woran jeder nach dem Verhältnisse des Geldwertes seiner Forderung Anteil hat. Es müßt sonach von dem allgemeinen Rechtsgefühl als grobe Ungerechtigkeit empfunden werden, wenn jetzt noch einzelne Gläubiger mit Benutzung einer besonderen Gunst der Umstände oder des Schuldners sich ohne Rücksicht auf die übrigen aus jenem Aktivvermögen volle Befriedigung verschaffen und so die Folgen des gemeinsamen Mißgeschickes ausschließlich auf die übrigen abwälzen könnten.[7] Jenes äußere Eingreifen muß daher auch in dem Sinne stattfinden, daß dieses verhütet und jedem Gläubiger die ihm gerechterweise gebührende Befriedigung zuteil werde, d. h. abgesehen von einzelnen durch besondere Rücksichten gerechtfertigten Ausnahmen eine Befriedigung nach gleichem Verhältnisse. Dieses Ziel ist aber nur dadurch zu erreichen, daß mit jener Beschränkung der Freiheit des Schuldners eine Beschränkung auch der Freiheit seiner Gläubiger Hand in Hand geht, daß ihnen nämlich die Möglichkeit vereinzelter Geltendmachung ihrer Forderungen entzogen und behufs ihrer gesetzmäßigen Befriedigung aus dem vorhandenen Aktivvermögen des Schuldners ein gemeinsames Verfahren, das „Konkursverfahren“[8], unter der Leitung eines Gerichtes, des „Konkursgerichtes“, eröffnet wird, in das jeder Gläubiger, um an jener Befriedigung teilzunehmen, mit seiner Forderung eintreten muß.[9]

---

[7] Aus dieser Erwägung erklären sich insbesondere auch die in § 30 KO festgesetzten Anfechtungsrechte sowie die Strafbestimmung in § 241 KO.

[8] Es heißt so, weil es die Befriedigung der Gläubiger in concursu, d. h. in ihrem (einander wechselseitig beschränkenden) Zusammentreffen, zum Zwecke hat.

[9] Vgl. Mot. Vorbem. z. Buch I. Tit. 1 Abs. 1, 8, 10 g. E. (14, 16, 18). Die Motive bezeichnen die infolge der eingetretenen Zahlungsunfähigkeit begründete gerechte Erwartung der derzeit vorhandenen Gläubiger, aus dem derzeit vorhandenen Vermögen des Schuldners ausschließliche und gemeinschaftliche Befriedigung nach gesetzlicher Ordnung

Doch greift das Konkursgericht nicht unaufgefordert und von Amts wegen ein; denn es handelt sich um privatrechtliche Interessen, deren Wahrung hier wie sonst den Beteiligten überlassen bleibt. Das Konkursverfahren wird vielmehr nur eröffnet, wenn einer der beteiligten Gläubiger oder der Schuldner selbst die Eröffnung beantragt.[10]

---

zu erlangen, als rechtlichen Konkursanspruch, den das Zahlungsunvermögen des Schuldners und die Kollision der gegen ihn bestehenden Forderungen für jeden Gläubiger erzeuge, und zwar im Sinne eines privatrechtlichen Anspruches von obligatorischer Natur, der durch den Antrag auf die KE. geltend gemacht werde. S. Mot. Vorbem. z. Buch I. Tit. 1 Abs. 1 (14 fg.), Vorbem. z. Buch I. Tit. 3 Abs. 22 (102 fg.), § 23 I. Abs. 1—3 (117 ff.), §§ 96—101 Abs. 7 (330 a. E.). Allein in diesem Sinne ist die Annahme eines Konkursanspruches gewiß nicht gerechtfertigt. Die Gläubiger haben nach wie vor eingetretener Zahlungsunfähigkeit ihres Schuldners keinen anderen privatrechtlichen Anspruch als denjenigen auf ihre Befriedigung, und sie machen daher auch im KVerf. bloß ihre Forderungen geltend (s. § 138 ff. KO). Vgl. RG 25. XI. 82 (**10** 332), Schultze Dt. KR. 12 fg., Pet.-Kleinf. § 3 Bem. 1. Als Konkursanspruch, der durch den Antrag auf die KE. geltend gemacht wird, ließe sich nur das Anrecht an den Staat auf die KE. bei dem Dasein der gesetzlichen Voraussetzungen bezeichnen; dieses Anrecht gehört aber nicht dem Privatrechte, sondern dem öffentlichen Rechte an und kann schon darum nicht als ein besonderer Anspruch der KGl. angesehen werden, weil es nach § 103 Abs. 2 KO auch dem Schuldner zusteht. Vgl. Oetker Gdb. 57 fg., 87 fg., 175 fg. Bei Wilm. Einl. § 3 Abs. 2 (7), Vorbem. 1 vor § 1 (23) wird, ähnlich den Ausführungen im Texte, der sog. Konkursanspruch der Motive als die gesetzgeberische Grundlage der Einzelbestimmungen der KO aufgefaßt. Verwandt auch die Auffassung von Schultze Dt. KR. 10 ff. Unter diesen Umständen, und da der Ausdruck auch noch zur Bezeichnung der KForderungen nach der KE. gebraucht worden ist (so v. Canstein in GrünhZ 9 480 ff., bes. 482, 489), ist es zur Verhütung von Mißverständnissen am besten, ihn ganz zu vermeiden.

[10] § 103 KO vbd. Mot. § 95 (325 ff.). Als besondere Ausnahme von der Regel kann das KVerf. über das Ver-

Auch dem Schuldner ist die Antragsbefugnis gegeben, weil er im Fall seiner Zahlungsunfähigkeit mindestens die sittliche Verpflichtung hat, für jene gerechte Befriedigung seiner Gläubiger aus seinem noch vorhandenen Vermögen zu sorgen, und weil er an der Konkurseröffnung ein großes und berechtigtes eigenes Interesse haben kann, um die Befriedigung seiner Gläubiger in ein festes und gesetzlich geregeltes Geleise hinüberzuleiten und ihren regellosen und unberechenbaren Einzelangriffen zu entgehen, die sein wirtschaftliches Wiederemporkommen ganz besonders gefährden.

III. Das Konkursverfahren soll den zurzeit vorhandenen Gläubigern des Schuldners, die jetzt „Konkursgläubiger“ heißen, während er selbst „Gemeinschuldner“ heißt,[11] aus seinem zurzeit vorhandenen Aktivvermögen, soweit es der Zwangsvollstreckung und somit überhaupt dem Zugriffe der Gläubiger unterliegt, der jetzt sog. „Konkursmasse“,[12] eine gemeinsame und gerechte Be-

mögen eines Versicherungsvereins auf Gegenseitigkeit oder einer Versicherungsgesellschaft auf Aktien nur auf den Antrag der Aufsichtsbehörde eröffnet werden: § 68 Abs. 1 Satz 2 PVersG.

[11] S. § 3 KO. Frühere, noch immer häufig auftretende, Benennungen des GSch. sind Kridar (von dem mittelalterlich lateinischen Worte crida = öffentlicher Ausruf, Versteigerung) und Gantmann (von dem ebenfalls mittelalterlich lateinischen Worte incantum oder incantus = Versteigerung).

[12] § 1 KO. Daß die Vermögensstücke, woraus die Gläubiger außerhalb des KVerf. keine Befriedigung verlangen können, auch in diesem Verfahren, abgesehen von wenigen Ausnahmen, nicht zur Befriedigung der Gläubiger verwendet werden, erklärt sich von selbst. Aber auch die Beschränkung des KVerf. auf das zur Zeit seiner Eröffnung vorhandene Vermögen mit Ausschluß alles nachher neu erworbenen beruht keineswegs, wie die Mot. § 1 Abs. 7 (20) erklären, nur auf Rücksichten der Billigkeit und Nützlichkeit, sondern sie ist, da an dem Verfahren bloß die zur Zeit der KE. vorhandenen Gläubiger teilnehmen, ganz folgerecht. Denn wenn sich auch der Befriedi-

friedigung verschaffen. Demnach wird durch die Eröffnung des Konkursverfahrens die bisherige Entwickelung der Vermögensverhältnisse des Gemeinschuldners gehemmt und gleichsam in ihrem derzeitigen Stande festgehalten. Die im Zeitpunkte der Konkurseröffnung vorhandenen Schulden sollen nach Maßgabe ihres Standes in diesem Zeitpunkte aus dem in dem gleichen Zeitpunkte vorhandenen Aktivvermögen nach Maßgabe seines Standes in demselben soweit als möglich getilgt werden.[13]

Zur Erreichung dieses Ziels muß aber jetzt eine neue Entwickelung beginnen. Denn eine gemeinschaftliche und gerechte, d. h. als Regel gleichmäßige, Tilgung der gesamten Schulden aus den gesamten Aktiven ist nur möglich, wenn, entsprechend zudem dem Grundgedanken, worauf das Konkursverfahren beruht, jene wie diese ohne Rücksicht auf ihre sonstige besondere Beschaffenheit nur nach der ihnen allen gemeinsamen Wertseite in Betracht gezogen werden, nach der sie allein als gleichartige, einer wechselseitigen Vergleichung und Abrechnung zugängliche Größen erscheinen. Jede Konkursforderung kann daher im Konkursverfahren nur nach ihrem Geldwerte zur Zeit der Konkurseröffnung geltend gemacht und muß sonach, wenn sie ursprünglich nicht auf Geld oder doch nicht auf einen bestimmten Geld-

---

gungsanspruch der Gläubiger nicht auf das zu einer bestimmten Zeit erworbene Vermögen des Schuldners beschränkt, so kann man doch nur von dem zur Zeit der KE. vorhandenen Vermögen sagen, daß es dem Werte nach den damals vorhandenen Gläubigern gehöre, da auf das später erworbene die neuen Gläubiger gleiche Ansprüche haben. S. Mot. § 1 Abs. 8 (20).

[13] Vgl. Mot. § 12 Abs. 1 (53), § 15 Abs. 3 (65), § 58 Abs. 8 (278). Daß sich das Maß der Befriedigung der KGl. aus der KM. unbedingt nach den Verhältnissen zur Zeit der KE. richtet, ist sonach ebenfalls durchaus naturgemäß und folgerecht.

betrag gerichtet war; bei der Geltendmachung gegen die Konkursmasse in eine bestimmte Geldforderung umgewandelt werden.[14] Der Gesamtbetrag der Konkursforderungen in Geld heißt die „Schuldenmasse". Desgleichen muß die Konkursmasse, soweit sie nicht aus barem Gelde besteht, in solches umgesetzt werden. Während aber die Umwandlung der Konkursforderungen in Geldforderungen sich einfach durch Abschätzung und Rechnung vollzieht, bedarf es zur Umsetzung der Konkursmasse in Geld, sowie zur Ausführung der Befriedigung der Konkursgläubiger aus der so hergestellten „Teilungsmasse" einer verwaltenden Tätigkeit. Diese kann, weil dabei immer in erster Reihe das von dem persönlichen Interesse des Gemeinschuldners oft sehr verschiedene Interesse der Konkursgläubiger zur Richtschnur dienen muß,[15] nicht dem Gemeinschuldner überlassen werden, sondern sie geschieht durch eine von ihm unabhängige Person mit amtlichem Charakter, den „Konkursverwalter", der von dem Konkursgerichte ernannt und fortlaufend beaufsichtigt wird. Auch den Konkursgläubigern als den Nächstbeteiligten ist ein Einfluß auf seine Auswahl und auf seine Geschäftsführung eingeräumt, jedoch nicht jedem einzelnen Konkursgläubiger, sondern nur den Konkursgläubigern in ihrer Gesamtheit und in der Gestalt einer vom Konkursgerichte berufenen „Gläubigerversammlung". Dagegen treten natürlich die Konkursgläubiger als einzelne und unabhängig voneinander auf,

---

[14] S. Mot. §§ 62, 63 Abs. 1 u. Nr. 1 (289 fg.), § 47 a. E. (234).

[15] S. Mot. §§ 79—84 Abs. 3 (309 fg.), § 107 Abs. 4 g. E. (339 a. A.), §§ 193, 194 Abs. 7 (444 g. E.). Das Interesse der Gläubiger fällt keineswegs so ausnahmslos, wie die Mot. Vorbem. z. Buch I. Tit. 1 Abs. 8 a. E. (16 a. E.), §§ 8 u. 9 Abs. 14 (45 a. A.) annehmen, mit demjenigen auch selbst eines redlichen Schuldners zusammen.

soweit sie ihre gesetzliche Befriedigung aus der Konkurs masse betreiben.

Als natürliche Faktoren des Konkursverfahrens ergebe sich demnach das **Konkursgericht**, der **Konkursver walter**, die **Konkursgläubiger**, teils als einzelne, teil in ihrer Gesamtheit als **Gläubigerversammlung**, end lich der **Gemeinschuldner**. Als weiterer Faktor kan ein „**Gläubigerausschuß**“ hinzukommen, den die Gläu bigerversammlung dem Konkursverwalter zu fortlaufende Unterstützung und Überwachung an die Seite setzt.

IV. Zur Umwandlung der Konkursmasse in die Teilungs masse bedarf es des Abschlusses mannigfacher Rechtsgeschäft insbesondere Kaufgeschäfte, und der Eingehung vielfacher Ver bindlichkeiten. Alle diese Verbindlichkeiten, wie überhaupt di Verbindlichkeiten, die aus der Tätigkeit des Konkursverwal ters bei der Verwaltung und Verwertung der Masse ent stehen, müssen, weil ihre Eingehung das unerläßliche Mitte zur Erreichung der Aufgabe des Konkursverfahrens ist, vo der Befriedigung der Konkursgläubiger aus der Mass berichtigt werden. Sie erscheinen sonach äußerlich gleich sam als besondere Schulden der Masse als solcher un heißen daher „**Masseschulden**“. Ferner müssen nac allgemeinen Grundsätzen[16] aus der Masse vorweg berichtig werden die durch das Konkursverfahren entstehenden Ge richtskosten und Verwaltungskosten („**Massekosten**“ Alle Ansprüche an die Konkursmasse wegen Masseschulde

[16] Die Kosten eines zur Befriedigung einer Mehrheit von Gläubigern aus einem gewissen Vermögensstücke oder einer gewissen Vermögensmasse erforderlichen Verfahrens werden stets vorweg aus dem Erlöse de Vermögensstückes bezw. aus de Vermögensmasse gedeckt. S § 109 ZVG, § 1982, 1987, 198 Abs. 2, 2221 BGB vbd. § 22 Nr. 6 KO.

oder Massekosten heißen in der Konkursordnung „Masseansprüche“, die Inhaber solcher Ansprüche „Massegläubiger“.

Den Konkursforderungen gehen ferner in der Befriedigung vor die Ansprüche auf „abgesonderte Befriedigung“ (kürzer: Absonderungsrechte), d. h. die Ansprüche auf die Befriedigung einer Forderung aus einem gewissen besonderen Bestandteil der Masse, der dafür vermöge einer Hypothek, eines Pfandrechtes oder eines sonstigen verwandten Rechtes rechtlich verhaftet ist.

Endlich sind kräftiger als die Konkursforderungen die Ansprüche auf „Aussonderung“ (kürzer: Aussonderungsrechte), d. h. die Ansprüche auf Ausscheidung eines Gegenstandes aus der Masse als rechtlich nicht zu ihr gehörig, z. B. eines dem Gemeinschuldner geliehenen fremden Buches.

V. Es erhellt, daß die Eröffnung und Durchführung eines Konkursverfahrens zur Ermöglichung der Erfüllung der Aufgabe dieses Verfahrens vielfache und wichtige Einwirkungen auf die vermögensrechtlichen Verhältnisse der Beteiligten übt. Zum gleichen Zwecke treffen aber den Gemeinschuldner auch mancherlei persönliche Beschränkungen, die mehr dem öffentlichen Rechte als dem Privatrechte angehören, wie namentlich die Beschränkung seiner Freiheit hinsichtlich der Entfernung von seinem Wohnorte und die Zulässigkeit seiner zwangsweisen Vorführung und Verhaftung.[17] Der Inbegriff der Rechtssätze, welche diese aus Rücksicht auf die Aufgabe des Konkursverfahrens eintretenden Einwirkungen dieses Verfahrens auf die vermögensrechtlichen und persönlichen Verhältnisse der Be-

[17] § 101 KO.

teiligten bestimmen, heißt das „Konkursrecht“ im engeren Sinne des Wortes.[18] Es ist zur Erzielung größerer Übersichtlichkeit nach dem Vorgange der Konkursordnung selbst äußerlich getrennt von dem „Konkursverfahren“[19] darzustellen, jedoch zweckmäßig in etwas anderer Abgrenzung. Eine strenge Scheidung ist bei dem engen Zusammenhange des Konkursrechtes mit den Vorschriften über das Konkursverfahren überhaupt nicht durchführbar.

I. Wirkungen der Eröffnung des Konkursverfahrens.

§ 5.

1. Im allgemeinen.

I. Die Eröffnung des Konkursverfahrens durch Gerichtsbeschluß hat für den Gemeinschuldner weitgehende rechtliche Folgen, und zwar nicht bloß privatrechtliche, sondern auch öffentlichrechtliche. Zu den letzten gehören namentlich gewisse Beschränkungen seiner staatsbürgerlichen und Ehrenrechte, wie z. B. Verlust des aktiven und passiven Wahlrechtes zum Reichstage, Unfähigkeit zum Amte eines Schöffen, Geschworenen oder Handelsrichters, Versagung der Zulassung zur Rechtsanwaltschaft, Ausschluß vom Börsenbesuche u. dgl. m.[1] Diese Beschränkungen fallen aber, weil sie mit der Aufgabe des Konkursverfahrens gar nicht zusammenhängen, nicht unter das Konkursrecht und mithin nicht unter § 4 EG z. KO, bemessen sich also nach

---

[18] S. Überschrift von Buch I. der KO und § 4 Abs. 1 a. E. EG. Vgl. Mot. Einl. 12 fg., Mot. z. § 4 EG Abs. 3 (468).

[19] S. Überschrift von Buch II. der KO.

[1] S. § 3 Nr. 2, § 4 RTWahlG, § 32 Nr. 3, 85 Abs. 2, 113 Abs. 2 GVG, § 5 Nr. 3, 22, 43 Nr. 1 RAO, § 7 Abs. 1 BörsG. Vgl. Jäger[2] § 25 Anm. 33 ff., Pet.-Kleinf. Vorbem. 3 vor § 102.

den betreffenden reichs- und landesrechtlichen Vorschriften.[2] Gewisse andere persönlichen Beschränkungen des Gemeinschuldners dagegen (Auskunftspflicht, Erschwerung der Entfernung von seinem Wohnorte, Statthaftigkeit der Sicherungshaft u. dgl.) gehören, obwohl auch vorwiegend öffentlichrechtlicher Natur, dem Konkursrechte an, weil sie ihn zur Erreichung der Aufgaben des Konkursverfahrens treffen. Sie sind daher von der Konkursordnung bestimmt[3] und werden an den betreffenden Stellen erörtert werden.

Die privatrechtlichen Wirkungen der Konkurseröffnung bestehen zu einem Teil ebenfalls in Rechtsverkürzungen des Gemeinschuldners, die mit der Aufgabe des Konkursverfahrens nicht zusammenhängen und daher nicht dem Konkursrechte angehören. So verlieren die rechtsfähigen Vereine und Stiftungen durch die Eröffnung des Konkurses über ihr Vermögen ihre Rechtsfähigkeit.[4] Ferner endigt mit der Rechtskraft des Beschlusses, wodurch der Konkurs über das Vermögen des Ehemannes eröffnet wird, der gesetzliche eheliche Güterstand der Verwaltungsgemeinschaft sowie der Güterstand der Errungenschaftsgemeinschaft, und es tritt Gütertrennung ein.[5] Der Elternteil (Vater oder Mutter), dem die elterliche Gewalt zusteht, verliert mit der rechtskräftigen Eröffnung des Konkurses über sein Vermögen die Verwaltung des Kindes-

---

[2] Vgl. Mot. Schlußbemerkungen z. Buch II. Tit. 7 (438 fg.).

[3] S. § 100, 101, 106, 121, 122, 125 KO.

[4] § 42 Abs. 1, 86 BGB.

[5] § 1419 vbd. § 1426, § 1543 vbd. § 1545 BGB. S. aber auch § 1547 BGB. Der K. der Ehefrau beendigt diese Güterstände nicht. Die allgemeine Gütergemeinschaft und die Fahrnisgemeinschaft wird auch durch den K. des Ehemannes nicht aufgehoben; der Schutz der Frau liegt in § 1468 Nr. 4, 5, 1549 BGB.

vermögens.[6] Endlich soll derjenige, über dessen Vermögen ein Konkursverfahren schwebt, nicht zum Vormunde oder Pfleger bestellt werden, und falls er schon Vormund oder Pfleger war, so ist er vom Vormundschaftsgerichte zu entlassen.[7]

Hiervon abgesehen werden die familienrechtlichen Beziehungen des Gemeinschuldners, insbesondere das Verhältnis zu seinem Ehegatten und zu seinen Kindern, von der Konkurseröffnung nicht berührt. Ebensowenig wird davon seine persönliche (körperliche oder geistige) Arbeitskraft ergriffen, und er kann daher nicht zu persönlicher Arbeit oder Dienstleistung zu Gunsten der Konkursgläubiger angehalten werden.[8] Auch seine Geschäftsfähigkeit erleidet durch die Konkurseröffnung keine Einbuße. Vielmehr beschränken sich, abgesehen von den obigen Ausnahmen, die privatrechtlichen Wirkungen der Konkurseröffnung auf das Vermögen und die vermögensrechtlichen Verhältnisse des Gemeinschuldners.

Aber auch die vermögensrechtlichen Wirkungen der Konkurseröffnung gehören nicht sämtlich dem Konkursrechte an; denn sie stehen zum Teil mit der Aufgabe des Konkursverfahrens entweder in gar keinem oder doch nur in ganz losem Zusammenhange. Dies gilt namentlich von der Auflösung der offenen Handelsgesellschaft, der Kommanditgesellschaft, der Aktiengesellschaft, der Kommanditgesellschaft auf Aktien, der Gesellschaft mit beschränkter Haftung, der eingetragenen Genossenschaft und des Ver-

---

[6] § 1647, 1686 BGB.

[7] § 1781 Nr. 3, 1886, 1915 BGB. S. auch § 1792 Abs. 4, 1895 (Gegenvormund), § 1866 Nr. 2, 1878 (Mitglied des Familienrates).

[8] S. Mot. §§ 92, 93 Abs. 1 a. E. (318), §§ 118—120, 124 Abs. 1 a. E. (351).

sicherungsvereins auf Gegenseitigkeit durch die Eröffnung des Konkurses über das Gesellschafts-, Genossenschafts- oder Vereinsvermögen.[9] Eher schon hängt mit der Aufgabe des Konkursverfahrens zusammen die Auflösung der Gesellschaft des bürgerlichen Rechtes und der stillen Gesellschaft, sowie der offenen Handelsgesellschaft und der Kommanditgesellschaft durch die Eröffnung des Konkurses über das Vermögen eines Gesellschafters.[10] Scharf läßt sich überhaupt die Grenze zwischen dem Gebiete und dem Nichtgebiete des Konkursrechtes nicht ziehen, und § 25 KO schreibt daher zur Beseitigung von Schwierigkeiten, die sonst im Hinblick auf § 4 EG z. KO entstehen könnten, ausdrücklich vor, daß die besonderen Bestimmungen des bürgerlichen Rechtes über die Einwirkung der Eröffnung des Konkursverfahrens auf gewisse einzelne Rechtsverhältnisse zur Anwendung kommen sollen, soweit sie nicht selbst in § 18—24 diese Einwirkung bestimmt hat.[11]

II. Die vermögensrechtlichen Wirkungen der Konkurseröffnung, die aus Rücksicht auf die Aufgabe des Konkursverfahrens eintreten und den überwiegenden Inhalt

[9] § 131 Nr. 3, 161 Abs. 2, 292 Nr. 3, 330 Abs. 1 HGB, § 60 Nr. 4 GmbHG, § 101 GenG, § 49 PVersG. S. auch § 97 Abs. 4, 102 Abs. 4, 104 l. GewO, wonach die Eröffnung des K. über das Vermögen einer Innung, eines Innungsausschusses oder Innungsverbandes die Schließung der Innung, des Ausschusses oder Verbandes kraft Gesetzes zur Folge hat.

[10] § 728 BGB vbd. § 335 HGB, § 131 Nr. 5, 161 Abs. 2, 330 Abs. 1 (s. aber auch Abs. 2) HGB. Der K. eines Mitreeders hat die Auflösung der Reederei nicht zur Folge: § 505 Abs. 2 HGB.

[11] Wegen der § 18—24 KO s. unt. § 6. Die Vorschrift des § 25 KO ist wegen § 3 EG jetzt praktisch nur noch wichtig in Rücksicht auf die landesrechtlichen Bestimmungen dieser Art, soweit sie einem der durch Art. 55 ff. EG z. BGB der Landesgesetzgebung vorbehaltenen Gebiete des bürgerlichen Rechtes angehören.

des Konkursrechtes ausmachen, treffen, dieser Aufgabe gemäß, sämtlich nur das zur Zeit der Konkurseröffnung bereits vorhandene aktive und passive Vermögen des Gemeinschuldners; erst nachher erworbene Vermögensstücke gehören nicht zur Konkursmasse, erst nachher begründete Forderungen an den Gemeinschuldner nicht zu den Konkursforderungen.[12] Aber auch von den zur Zeit der Konkurseröffnung bereits vorhandenen Vermögensstücken des Gemeinschuldners gehören zur Konkursmasse diejenigen nicht, welche der Zwangsvollstreckung zur Beitreibung einer Geldforderung entzogen sind (wozu namentlich alle sog. höchstpersönlichen Rechte des Gemeinschuldners gehören).[13] Diese Vermögensstücke sowie die erst nach der Konkurseröffnung erworbenen sind also **konkursfreies Vermögen** des Gemeinschuldners.

Die Konkursmasse hört zwar nicht auf, im Rechtssinn Vermögen des Gemeinschuldners zu sein; denn die Konkursgläubiger sind nicht schon durch die Eröffnung des Konkursverfahrens mittels Empfanges der Konkursmasse an Zahlungsstatt befriedigt, sondern sie sollen erst durch dieses Verfahren aus der in Geld umgesetzten Masse befriedigt werden, und es wäre daher geradezu zweckwidrig, sie dem Gemeinschuldner rechtlich abzusprechen.[14] Wohl aber verliert er im Interesse der Konkursgläubiger mit der Konkurseröffnung die Befugnis, die Konkursmasse zu verwalten und darüber zu verfügen,[15] und Rechtshand-

---

[12] § 1 Abs. 1, § 3 KO.

[13] § 1 Abs. 1, 3 KO. Vgl. ob. § 4 Anm. 12. Ausnahmen von dieser Regel: § 1 Abs. 2 KO.

[14] S. § 6 Abs. 1 KO: „sein zur Konkursmasse gehöriges Vermögen", § 14 Abs. 1 KO: „weder in das zur Konkursmasse gehörige, noch in das sonstige Vermögen des Gemeinschuldners." Vgl. Mot. Vorbem. z. Buch I. Tit. 1 Abs. 4 u. 6 (15, 16), Prot. 9.

[15] § 6 Abs. 1 KO.

lungen, die er nach der Konkurseröffnung bezüglich der Masse vornimmt, wie z. B. Veräußerung von Stücken der Masse, Bezahlung von Schulden daraus, sind daher den Konkursgläubigern gegenüber unwirksam.[16] Das Verwaltungs- und Verfügungsrecht in Ansehung der Konkursmasse steht während des Konkursverfahrens dem vom Konkursgerichte ernannten Konkursverwalter zu, der es unabhängig vom Gemeinschuldner kraft eigener selbständiger Amtspflicht ausübt und, da seine Verwaltung die gesetzmäßige Befriedigung der Konkursgläubiger bezweckt, dabei überall zunächst das Interesse dieser Gläubiger zu berücksichtigen hat.[17]

---

[16] § 7 Abs. 1, 8 Abs. 1 KO. Näheres unt. § 24 I.

[17] § 6 Abs. 2 KO. Vgl. ob. § 4 III. — Zur Erklärung dieser Vorschriften der § 6 ff. KO und überhaupt der Einwirkungen des KVerf. auf die Vermögensverhältnisse der Beteiligten nehmen manche Schriftsteller an, daß durch die KE. ein Pfandrecht oder ein dem Pfandrechte verwandtes dingliches Recht der KGl. an der KM. entstehe, und zwar der KGl. nicht als einzelner, sondern in ihrer Gesamtheit als Gläubigerschaft. S. Seuff. § 25 (Pfandrecht), Kohler § 11 und Lehrbuch des Konkursrechts (1891) §§ 22 ff. (dingliches Beschlagsrecht), v. Canstein in GrünhZ 9 465 ff., bes. 471 (dingliches Verwaltungs- und Verfügungsrecht). Allein der KO ist sowohl ein solches Pfandrecht oder ähnliches Recht wie auch der Begriff der Gläubigerschaft völlig fremd, und die Motive (15 fg., 17 fg.) erklären sich ausdrücklich gegen beides. Auch reicht jene Annahme zur Erklärung der Sätze des Konkursrechtes nicht aus, sondern führt eher zu neuen Schwierigkeiten. Vgl. Oetker in BuschsZ 14 4 ff. Die KM. haftet den KGl. nach der KE. gar nicht anders als vorher, ebenso wie der Nachlaß den Nachlaßgläubigern nach der Anordnung der Nachlaßverwaltung nicht anders als vorher haftet. Nun wirkt aber die Anordnung dieser Verwaltung nach § 1984—1986 BGB auf den Nachlaß und den Erben in ganz gleicher Weise wie die KE. auf die KM. und den GSch. Ist es dort nicht nötig, zur Erklärung jener Wirkungen die Entstehung eines Pfandrechtes oder ähnlichen Rechtes der Nachlaßgläubiger am Nachlasse anzunehmen (und für eine solche An-

Über das konkursfreie Vermögen dagegen behält der Gemeinschuldner die eigene freie Verwaltungs- und Verfügungsbefugnis, bei deren Ausübung er sich natürlich von seinem persönlichen Interesse leiten läßt.

Sonach sondert sich zufolge der Konkurseröffnung für die Dauer des Konkursverfahrens die Konkursmasse rechtlich von dem konkursfreien Vermögen des Gemeinschuldners.[18] Jede dieser Vermögensmassen hat ihre besonderen Aktiven und ebenso ihre besonderen Passiven; denn während des Konkursverfahrens können sich die Konkursgläubiger nur an die Konkursmasse, die übrigen Gläubiger nur an die konkursfreie Masse halten. Da ferner jede der beiden Massen auch einer besonderen Verwaltung durch verschiedene, dabei voneinander ganz unabhängige Personen nach Maßgabe ganz verschiedener Interessen und Rücksichten unterliegt, so sind zwischen ihnen selbst, trotz der gemeinsamen Eigenschaft als Vermögen des Gemeinschuldners, während des Konkursverfahrens rechtliche Beziehungen, Aktiven der einen Masse gegenüber entsprechenden Passiven der anderen, möglich (wie z. B. Forderungen und Schulden aus Kaufverträgen, Dienstverträgen oder anderen Rechtsgeschäften, die der Konkursverwalter mit dem Gemeinschuldner abschließt), und zwar Beziehungen, die eben wegen jener Verschiedenheit der verwaltenden

---

nahme würde doch jeder äußere und innere Grund fehlen), so muß auch zur Erklärung der Wirkungen der KE. eine entsprechende Annahme als entbehrlich erscheinen. Und sollte, wenn auf Antrag des Nachlaßverwalters der Nachlaßkonkurs eröffnet wird, nun auf einmal eine vollständige rechtliche Veränderung des Verhältnisses des Erben und der Nachlaßgläubiger zum Nachlasse vor sich gehen? Vgl. auch Jäger² § 3 Anm. 42, Pet.-Kleinf. § 3 Bem. 2, Wilm. Buch I. Tit. 1 Bem. 2, Oetker Grdb. 128 ff., 574.

[18] S. § 14 Abs. 1 KO.

Personen sogar im Wege der Klage geltend gemacht werden können. Nun kommt aber weiter in Betracht, daß der Gemeinschuldner zu dem konkursfreien Vermögen in demselben Verhältnisse bleibt, worin er vor der Konkurseröffnung zu seinem gesamten Vermögen stand, während er der Konkursmasse, weil ihm im Interesse der Konkursgläubiger ihre Verwaltung genommen und dem Konkursverwalter übertragen ist, für die Dauer des Konkursverfahrens praktisch fast wie einem fremden Vermögen gegenübersteht. Hierdurch entsteht der äußere Eindruck, als ob nur das konkursfreie Vermögen Vermögen des Gemeinschuldners wäre und nur die dazu gehörigen Rechtsverhältnisse seine Person rechtlich zur Trägerin hätten, während als Trägerin der zur Konkursmasse gehörigen eben diese der Person des Gemeinschuldners entfremdete Masse erscheint. Bei solcher Betrachtung stellen sich jene rechtlichen Beziehungen der beiden Vermögensmassen ganz von selbst als Forderungen und Schulden des Gemeinschuldners an die Konkursmasse dar.[19]

[19] Vgl. § 55 Nr. 1 KO („Forderungen an den Gemeinschuldner" und „Schulden zur Masse") und § 58 Nr. 3, 60 a. E. KO. — Das Verhältnis des GSch. zu dem KVermögen ist demjenigen nahe verwandt, welches nach dem römischen Rechte ursprünglich zwischen dem Gewalthaber und dem castrense peculium seines Haussohns bestand. Obwohl juristisch Vermögen des Gewalthabers, war dieses doch seiner Verwaltung und Verfügung rechtlich entzogen und derjenigen des Haussohns nach Maßgabe seines eigenen Interesse überlassen. Die Folge war, daß, solange der Haussohn lebte und nicht durch schimpfliche Entlassung vom Heer sein Recht an dem castrense peculium verwirkt hatte, der Gewalthaber diesem fast wie einem ihm fremden Vermögen gegenüberstand, daß seine Gläubiger es nicht angreifen konnten, und daß in Ansehung des castrense peculium wirksame Rechtsgeschäfte und Rechtsverhältnisse, ja sogar Klagen und Prozesse zwischen Gewalthaber und Haussohn vorkommen konnten. Vgl. mein Buch über das

III. Die rechtliche Stellung des Konkursverwalters ist sehr streitig. Nach der noch immer am meisten verbreiteten

castrense peculium 98 ff., 174 ff. Dort ist auch (103 fg.) bereits auf die Verwandtschaft mit der Stellung des GSch. zu der KM. hingewiesen. Ein anderes dem Verhältnisse des GSch. zu der KM. verwandtes Verhältnis ist schon nach römischem Rechte das Verhältnis des Erben, der mit der Rechtswohltat des Inventars angetreten hat, zu der Erbschaft. Noch ungleich geläufiger ist es aber der heutigen Rechtsanschauung, Vermögensmassen, die rechtlich dem nämlichen Subjekte gehören, um deswillen, weil sie sich den Gläubigern gegenüber verschieden verhalten und unter verschiedener Verwaltung stehen, als gegeneinander selbständig anzusehen, so daß zwischen ihnen rechtliche und sogar durch Klage verfolgbare Beziehungen möglich sind. Vgl. z. B. § 1417 BGB: „Wird eine Verbindlichkeit, die nach den § 1415, 1416 dem Vorbehaltsgute zur Last fällt, aus dem eingebrachten Gute berichtigt, so hat die Frau aus dem Vorbehaltsgute ... zu dem eingebrachten Gute Ersatz zu leisten." Dergleichen Vermögensmassen sind namentlich auch das nicht zum Nachlasse gehörige Vermögen des Erben und der Nachlaß, wenn dieser von einem Testamentsvollstrecker verwaltet wird, oder wenn eine Nachlaßverwaltung stattfindet. Vgl. Hellwig Anspruch und Klagrecht § 31 (220 ff.), Lehrb. des Deut. Civilprozeßrechts 1 §§ 44, 46, Pet.-Kleinf. Vorbem. 2 vor § 57. Wegen verwandter Erscheinungen bei der offenen Handelsgesellschaft s. Pet.-Kleinf. § 36 Bem. 1. Es ist durchaus zutreffend und sogar der einfachste und ungezwungenste Ausdruck für das Verhältnis, wenn man zwischen solchen Vermögensmassen, ohne daß man sie darum als juristische Personen anzusehen braucht, geradezu von Forderungen und Schulden und etwa auch von Klagen und Prozessen der einen gegen die andere (oder, was auf dasselbe hinausläuft, des Verwalters der einen gegen den Verwalter der anderen) redet, zumal da die heutige Anschauung noch weit mehr als schon die römische geneigt ist, bei den Forderungen und Schulden wie bei den dinglichen Rechten nicht sowohl eine bestimmte Person, als vielmehr eine gewisse Vermögensmasse, z. B. einen Nachlaß oder das eingebrachte Gut einer Ehefrau, als die Trägerin des Rechtes und als haftbar für die Verbindlichkeit zu betrachten. S. z. B. BGB § 1977 (Unterscheidung der „nicht zum Nachlasse gehörenden Forderungen des Erben" und der „zum Nachlasse gehörenden Forderungen"), § 1958, 1984 Abs. 1 Satz 3 („Anspruch, der sich gegen den Nachlaß

Lehre ist er gesetzlicher Vertreter des Gemeinschuldners,[20] nach einer anderen Ansicht gesetzlicher Vertreter der Konkursgläubiger.[21] Eine dritte Meinung betrachtet ihn im allgemeinen als gesetzlichen Vertreter des Gemeinschuldners, in gewissen besonderen Fällen jedoch, wie namentlich bei der Ausübung von Anfechtungsrechten, als gesetzlichen Vertreter der Konkursgläubiger.[22] Eine vierte, die neuerdings immer mehr Boden gewinnt und namentlich unter den praktischen Juristen viele Anhänger zählt, erblickt in ihm den gesetzlichen Vertreter der Konkursmasse.[23] Nach einer fünften Anschauung endlich, die namentlich in einer Entscheidung des Reichsgerichtes vom 30. März 1892 (29 29 ff.) auftritt und seitdem von diesem Gerichte festgehalten

---

richtet"), § 1380, 1400 („ein zum eingebrachten Gute gehörendes Recht"), § 1412 ff. („Haftung des eingebrachten Gutes für Verbindlichkeiten der Frau") u. dgl. m. Vgl. auch § 17 Abs. 1 CPO: „Vermögensmassen, welche als solche verklagt werden können." Nur ist zu beachten, daß überall da, wo eine Vermögensmasse der normalen Verwaltung ihres Subjektes selbst unterliegt, seine Person, und nicht die Vermögensmasse, als Trägerin der dazu gehörigen Rechte und Schulden aufgefaßt wird. S. über das Ganze Hellwig Anspruch und Klagrecht §§ 33, 34, bes. S. 238, 248, Otto Hagen in IherI **42** 74 ff.

[20] So besonders Petersen in BuschsZ **9** 1 ff., **18** 11 ff. und im SächsA **1** 1 ff., Pet.-Kleinf. § 6 Bem. 11 ff., Wilm. Vorbem. 3 vor § 1, Wolff § 6 Bem. 6 u. A.

[21] So namentlich diejenigen, welche der „Gläubigerschaft" ein Pfandrecht oder ähnliches Recht an der KM. zuschreiben (s. ob. Anm. 17). Sie erklären den KV. für ein Organ der Gläubigerschaft. S. v. Canstein in GrünhZ **9** 473 ff., bes. 479, Kohler § 41, Seuff. § 26.

[22] So z. B. Schultze Dt. KR. 39 ff., 64 ff., Dernburg Preuß. Privatrecht 2 § 115, Wach Handbuch des Deut. Civilprozeßrechts **1** 544 ff., 589, Jäger[2] § 6 Anm. 9.

[23] So v. Völderndorff Die KO[2] **1** 41, Stieglitz Die KO § 5 Bem. IV a. E., Otto Hagen in IherI **42** 76 fg., Eccius in GruchBeitr **36** 898, besonders aber Hellwig Anspruch u. Klagrecht 129 fg., 236 ff., 240 ff., 248 ff.

worden ist, hätte der Konkursverwalter überhaupt nicht die Eigenschaft eines Vertreters, sondern er handelte überall als selbständiges Staatsorgan zur Erfüllung amtlicher Pflichten.[24]

Dieser letzte Satz ist eine unzweifelhafte Wahrheit; nur folgt daraus nicht, daß nicht der Konkursverwalter auch die Eigenschaft eines Vertreters haben könnte. Auch der Vormund handelt als selbständiges Staatsorgan zur Erfüllung amtlicher Pflichten. Aber dennoch, oder vielmehr gerade deshalb, ist er gesetzlicher Vertreter des Mündels und wird vom Gesetze mit Recht ausdrücklich als solcher bezeichnet; denn er wird vom Staate bestellt, eben um das Vermögen des Mündels zu verwalten und die bei dieser Verwaltung erforderlichen Rechtsgeschäfte und sonstigen Rechtshandlungen anstatt des Mündels und mit Wirkung für ihn vorzunehmen. Wer aber mit unmittelbarer rechtlicher Wirkung für einen Anderen und für sein Vermögen handelt und handeln kann, ist eben sein Vertreter. Da nun die Rechtshandlungen des Konkursverwalters unmittelbar für die Konkursmasse wirken und darin rechtliche Veränderungen erzeugen, diese Masse aber nicht sein eigenes, sondern ein ihm fremdes Vermögen ist, so bleibt nichts übrig, als auch in ihm einen Vertreter, und da er unabhängig vom Willen des Vermögensinhabers vom

---

[24] Vgl. RG 19. X. 1900 (**47** 372 ff.), 21. X. 02 (**52** 333), 4. XI. 03 (**53** 9), 10. III. 03 (**54** 122). Ferner Oetker Grdb. 25 fg., 112, 314, Gaupp=Stein CPO[4] Vorbem. I. c. zu Buch I. Abschn. 2, Sar.=Boß. § 6 Bem. 5, Lippmann in JherJ **41** 112 ff., Kiehl in BuschsZ **30** 292 ff., bes. 302 u. A. Die zur Begründung dieser Ansicht mitunter auftretende Behauptung, ein vollkommen Geschäftsfähiger könne keinen gesetzlichen Vertreter haben, wird widerlegt durch Stellen wie § 848 Abs. 2, 53 CPO, § 1357 BGB, § 6 ZVG.

Staate kraft Gesetzes bestellt ist, einen gesetzlichen Vertreter zu erblicken. Weil aber ferner die Konkursmasse rechtlich ein Vermögen des Gemeinschuldners ist, so erscheint er mit Notwendigkeit als gesetzlicher Vertreter des Gemeinschuldners. Aber freilich nicht als ein gewöhnlicher gesetzlicher Vertreter. Denn es kommt in Betracht, daß er den Gemeinschuldner nicht für sein gesamtes Vermögen vertritt, sondern nur für eine Vermögensmasse, der dieser für die Dauer des Konkursverfahrens praktisch fast wie einem ihm fremden Vermögen gegenübersteht, so daß zwischen ihr und dem Gemeinschuldner selbst, d. h. seinem konkursfreien Vermögen, rechtliche und sogar klagbare Beziehungen bestehen können. Dieses Verhältnis erhält seinen einfachsten und für die rechtliche Handhabung bequemsten Ausdruck, wenn man den Konkursverwalter als den gesetzlichen Vertreter der Konkursmasse bezeichnet. Als juristische Person braucht deswegen diese Masse nicht aufgefaßt zu werden.[25]

[25] S. ob. II. Man wird sonach mit Hellwig Anspruch und Klagrecht 228fg., 248 und Lehrb. des Deut. Civilprozeßrechts 1 § 46 die KM. zu den in § 17 CPO auftretenden Vermögensmassen zu rechnen haben, welche als solche verklagt werden können. Vgl. auch § 16 Abs. 2 („Eine Vereinbarung — — wirkt nicht gegen die Konkursmasse"), § 21 Abs. 1, 2 KO (Wirkung des Miet- oder Pachtvertrages sowie einer Verfügung des GSch. über den Miet- oder Pachtzins „der Konkursmasse gegenüber"). — Die im Texte vertretene Ansicht empfiehlt sich schon darum, weil sie der in der Praxis herrschenden und im Grunde auch der vom Reichsgerichte vertretenen Anschauung entspricht und in ihren Folgesätzen sich mit der Rechtsprechung des Reichsgerichtes verträgt. S. auch RG 4.IV.1894 (33 367fg.), wo die „Konkursmasse" als Prozeßpartei angesehen und deshalb das vom KV. nachgesuchte Armenrecht verweigert wird. Für die Richtigkeit der gedachten Ansicht zeugt aber entscheidend die gleiche Gestaltung des Verhältnisses bei der Nachlaßverwaltung, welches dem Verhältnisse im K. so genau entspricht,

IV. Eine eigentümliche Rolle spielen während des Konkursverfahrens die Konkursforderungen. Zwar haftet den Konkursgläubigern als persönlichen, unbestimmt auf das Vermögen ihres Schuldners angewiesenen Gläubigern keineswegs nur sein zur Zeit der Konkurseröffnung vorhandenes Vermögen, sondern ebensowohl auch das erst später

---

daß § 1984 Abs. 1 BGB die Wirkung der Nachlaßverwaltung für den Erben wörtlich genau so wie § 6 Abs. 1 KO diejenige der Eröffnung des KVerf. für den GSch. bestimmt, und ausdrücklich auch die entsprechende Anwendung der § 6, 7 (jetzt 7, 8) KO vorschreibt. Die Nachlaßverwaltung wird in § 1975 BGB als eine zum Zwecke der Befriedigung der Nachlaßgläubiger angeordnete Nachlaßpflegschaft, der Nachlaßpfleger aber in § 1960 Abs. 2 BGB als Pfleger des Erben bezeichnet. Da nun nach § 1915 BGB auf die Pflegschaft die für die Vormundschaft geltenden Vorschriften entsprechende Anwendung finden, soweit sich nicht aus dem Gesetze ein anderes ergibt, so läßt sich im Hinblick auf § 1793 BGB und auf § 53 CPO gar nicht bezweifeln, daß im Sinn des BGB der Nachlaßverwalter als gesetzlicher Vertreter des Erben zu betrachten ist. Entsprechendes muß demnach auch für den KV. gelten. Allein, entsprechend wie der KV., ist auch der Nachlaßverwalter kein gewöhnlicher gesetzlicher Vertreter; denn er vertritt den Erben nicht für sein gesamtes Vermögen, sondern nur für eine Vermögensmasse (den Nachlaß), worüber nach § 1984 BGB der Erbe mit der Anordnung der Nachlaßverwaltung die Verwaltungs- und Verfügungsbefugnis verliert, die nun auf den von dem Erben unabhängigen Nachlaßverwalter übergeht, um behufs der Befriedigung der Nachlaßgläubiger aus dem Nachlasse ausgeübt zu werden. Der Erbe steht demnach während der Dauer der Nachlaßverwaltung dem Nachlasse, ebenso wie der GSch. der KM., praktisch fast wie einem fremden Vermögen gegenüber, und zwischen ihm, d. h. demjenigen Vermögen, worüber ihm die freie Verfügung bleibt, und dem Nachlasse sind rechtliche und sogar klagbare Beziehungen möglich. Vgl. § 1976, 1977, 1978 (bes. Abs. 2), 1979, 1985 BGB, § 225 KO. Das erhält wieder seinen einfachsten Ausdruck durch die Bezeichnung des Nachlaßverwalters als gesetzlichen Vertreters des Nachlasses. S. auch § 1979 BGB: „für Rechnung des Nachlasses". Vgl. Hellwig Lehrb. des Deut. Civilprozeßrechts 1 § 44 III. Nr. 2–4.

erworbene. Allein gemäß der Aufgabe des Konkursverfahrens, mittels umfassender Auseinandersetzung zwischen den zur Zeit der Konkurseröffnung vorhandenen Aktiven und Passiven des Gemeinschuldners den zu dieser Zeit gegen ihn bestehenden persönlichen Forderungen, also den Konkursforderungen, aus seinem zu dieser Zeit vorhandenen Aktivvermögen, also der Konkursmasse, soweit sie reicht, gemeinsam ihre gesetzmäßige Befriedigung zu verschaffen, werden von der Konkurseröffnung auch die Konkursforderungen ergriffen und für die Dauer des Konkursverfahrens an dieses Verfahren und an die Konkursmasse gebunden in dem Sinn, daß während seiner Dauer die Konkursgläubiger ihre Befriedigung nur aus der Konkursmasse, nicht aus dem konkursfreien Vermögen des Gemeinschuldners verlangen können, und auch aus jener nicht mehr vereinzelt und auf den vor der Konkurseröffnung möglichen Wegen, sondern nur durch gehörige Teilnahme am Konkursverfahren.[26] Erst nach der Beendigung dieses Verfahrens und nur soweit sie darin nicht befriedigt worden sind, können die Konkursgläubiger wieder in freier Weise gegen den Gemeinschuldner aus seinem gesamten jetzt vorhandenen Aktivvermögen ihre Befriedigung betreiben.[27] Während des Konkursverfahrens können sie gegen ihn außerhalb dieses Verfahrens ihre Forderungen nur dann verfolgen, wenn er die im Konkursverfahren angemeldete Forderung bei der Prüfung bestritten hat, und zwar bloß zu dem Zwecke, um für die Zeit nach der Beendigung des Verfahrens einen Vollstreckungstitel gegen ihn zu erlangen.[28]

---

[26] § 12, 14 Abs. 1 KO.

[27] § 164 Abs. 1, 206 Abs. 2 KO.

[28] S. § 144 Abs. 2 KO. Vgl. unt. § 9 I. Nr. 1.

Für die Befriedigung der Konkursforderungen aus der Konkursmasse ist gemäß jener Aufgabe des Konkursverfahrens der Stand der Dinge zur Zeit der Konkurseröffnung maßgebend, und zwar sowohl bezüglich der Konkursforderungen als bezüglich der Konkursmasse. Bezüglich der Konkursforderungen: jeder Konkursgläubiger kann nämlich Befriedigung aus der Konkursmasse nur nach Maßgabe des Geldbetrages oder Geldwertes seiner Forderung zur Zeit der Konkurseröffnung begehren,[29] und keiner kann nach der Konkurseröffnung durch Erwerb von Absonderungsrechten oder Aussonderungsrechten an Bestandteilen der Konkursmasse (Sachen oder Rechten) für seine Forderung zum Nachteil der anderen Konkursgläubiger in eine günstigere Lage als zur Zeit der Konkurseröffnung kommen.[30]

---

[29] § 63 Nr. 1, 65 Abs. 2, 69 KO. Vgl. Mot. § 12 Abs. 1 (53): „Durch die Konkurseröffnung wird das Verhältnis eines jeden Konkursgläubigers zur Konkursmasse und zu den anderen Konkursgläubigern fixirt"; Mot. § 58 Abs. 8 (278): „Dieser (der Zeitpunkt der Konkurseröffnung) ist es, welcher die Passivmasse und den Umfang jeder Konkursforderung fixirt"; Mot. § 15 Abs. 3 (65). S. auch RG 3. XI. 80 (2 180 ff.).

[30] § 14, 15 KO vbd. Mot. § 12 Abs. 6 (54). Näheres unt. § 9. Die Mot. Vorbem. z. Buch I. Tit. 1 a. E. (18) führen diese und andere Sätze des Konkursrechtes auf ein Verhältnis „zufälliger Gemeinschaft (communio incidens)" zurück, das zwischen den KGl. bestehe. Gegen diese Auffassung spricht aber entscheidend, daß nirgends ein Vermögensrecht ersichtlich ist, welches den KGl. gemeinsam gehörte; denn weder ist die KM. ein gemeinsames Vermögen dieser Gläubiger, noch machen sie eine ihnen gemeinsame Forderung geltend. Vgl. Schultze Dt. KR. 13 fg. Auch ist die Annahme einer solchen Gemeinschaft völlig entbehrlich, weil sich die gedachten Rechtssätze sehr füglich aus anderen Gesichtspunkten erklären lassen. Insbesondere genügt zur Erklärung der für die Minderheit bindenden Kraft der Mehrheitsbeschlüsse der Gläubigerversammlungen, ebenso wie z. B. zur Erklärung der verwandten Erscheinung bei Reichstags- oder Landtagswahlen, der Gesichtspunkt einer Interessengemein-

Aber auch bezüglich der Konkursmasse ist für die Befriedigung der Konkursgläubiger daraus der Stand der Dinge im Zeitpunkte der Konkurseröffnung entscheidend, und nach diesem Zeitpunkte kann daher niemand, auch kein Dritter, mit Wirksamkeit gegen die Konkursgläubiger an einem Bestandteil der Konkursmasse Eigentum, Hypothek, Pfandrecht, Vorzugsrecht, Zurückbehaltungsrecht oder ein sonstiges Recht erwerben, dessen wirksamer Erwerb jenen Stand der Dinge zum Nachteil dieser Gläubiger ändern würde, und zwar selbst dann nicht, wenn der Erwerb nicht auf einer Rechtshandlung des Gemeinschuldners beruht.[31] Jedoch wird die volle Wirksamkeit des durch Eintragung in das Grundbuch sich vollziehenden Erwerbes des Eigentums oder eines anderen dinglichen Rechtes (Hypothek, Grundschuld, Dienstbarkeit usw.) an einem zu der Konkursmasse gehörigen Grundstücke sowie des durch Eintragung in das Schiffsregister sich vollziehenden Erwerbes des Pfandrechtes an einem zu dieser Masse gehörigen eingetragenen Schiffe durch die Konkurseröffnung weder für einen Dritten noch für einen Konkursgläubiger gehindert, wenn schon vor der Konkurseröffnung die Eintragung von dem Gemeinschuldner in für ihn bindender Weise bewilligt und auch der Antrag auf die Eintragung bei dem Grundbuchamte bezw. der

---

schaft der KGl. Vgl. Schultze 19 ff., Pet.-Kleins. § 3 Bem. 2, Wilm. Bem. 2 Abs. 2 vor § 1, Jäger² § 3 Anm. 41—43. Jäger nimmt jedoch (Anm. 44) eine privatrechtliche Rechtsgemeinschaft der KGl. (Gesamtgläubigerschaft), und zwar mit Seuff. 156 als Gemeinschaft zur gesamten Hand, insofern an, als die Gläubigeranfechtung im K. ein gemeinschaftliches Recht der Gesamtgläubigerschaft sei. Vgl. unt. § 17 I.

[31] § 15 Satz 1 KO. Ein den KGl. gegenüber wirksamer Erwerb solcher Rechte durch Rechtshandlungen des GSch. ist schon nach § 7 Abs. 1 KO ausgeschlossen. Näheres unt. § 9 II.

Registerbehörde gestellt war.[32] Ferner ist wegen des öffentlichen Glaubens des Grundbuches der durch Rechtsgeschäft bewirkte Erwerb eines solchen Rechtes an einem zu der Konkursmasse gehörigen Grundstücke, selbst wenn er erst nach der Konkurseröffnung erfolgt, auch gegenüber den Konkursgläubigern wirksam, falls er im Sinne des § 892 BGB in gutem Glauben erfolgt ist, d. h. hier, falls zu der dort bezeichneten Zeit die Konkurseröffnung weder in das Grundbuch eingetragen noch dem Erwerber bekannt war.[33] Endlich steht die Konkurseröffnung einer Veränderung im Stande der Konkursmasse nicht entgegen, wenn sie zufolge einer schon vor der Konkurseröffnung unter einer aufschiebenden oder auflösenden Bedingung oder mit einem Anfangs- oder Endtermin getroffenen Ver-

[32] § 15 Satz 2 KO vbd. § 878 und 1260 Abs. 1 BGB. Vgl. Jäger[2] § 15 Anm. 37—40.

[33] § 7 Abs. 1 Satz 2, 15 Satz 2 KO. vbd. § 892 BGB. Der Erwerb im Wege der Zwangsvollstreckung oder des Arrestes (s. z. B. § 866 Abs. 1, 867 Abs. 1; 932 CPO) ist durch den öffentlichen Glauben des Grundbuches nicht geschützt. — Nach § 15 Satz 2 KO vbd. § 892 BGB ist auch der rechtsgeschäftliche Erwerb eines Sondernachfolgers des ersten Erwerbers gegen die KGl. wirksam, wenn er im Sinn des § 892 BGB in gutem Glauben erfolgt, sollte auch der Erwerb des ersten Erwerbers wegen Mangels des guten Glaubens nicht wirksam gegen sie gewesen sein. Vgl. Jäger[2] § 15 Anm. 42. — Der rechtsgeschäftliche Erwerb zum beweglichen Vermögen gehöriger Bestandteile der KM. wird von der Ausnahme in § 15 Satz 2 KO nicht betroffen. Gleichwohl muß ein solcher Erwerb, wenn er nach der KE. durch Rechtsgeschäft nicht mit dem GSch. oder seinem Vertreter, sondern mit einem Dritten, z. B. dem Mieter der Sache, geschieht, bei gutem Glauben des Erwerbers nach § 932, 936, 1032, 1207, 1208, 1244 BGB, § 366, 367 HGB auch den KGl. gegenüber für wirksam erachtet werden. Vgl. Jäger[2] § 15 Anm. 44 und unt. § 24 II. — Auch § 893 BGB kommt nach § 15 Satz 2 KO in Rücksicht, bietet aber im KVerf. wenig Gelegenheit zur Anwendung. S. Jäger[2] § 15 Anm. 46.

fügung,[34] oder wenn sie auf Grund einer schon vor der Konkurseröffnung in das Grundbuch oder in das Schiffsregister eingetragenen Vormerkung vor sich geht. Denn eine solche Vormerkung hat eine dem vorgemerkten Aussonderungsrechte oder Absonderungsrechte entsprechende dingliche Wirkung und behält daher trotz der Konkurseröffnung ihre Kraft, so daß derjenige, zu dessen Gunsten sie eingetragen ist, von dem Konkursverwalter die Rechtseinräumung, Rechtsänderung oder Rechtsaufhebung verlangen kann, worauf er nach der Vormerkung Anspruch hat.[35] Dagegen ist ein nur den Schutz einer bestimmten Person (z. B. der Ehefrau im Fall des § 1445 BGB) bezweckendes gesetzliches sowie ein von einem Gerichte oder einer anderen Behörde in zuständiger Weise (z. B. kraft § 938 Abs. 2 CPO) erlassenes Veräußerungsverbot, das gegen den Gemeinschuldner besteht, den Konkursgläubigern gegenüber unwirksam, hindert also die vollwirksame Veräußerung des von dem Verbote betroffenen Gegenstandes durch den Konkursverwalter nicht. Wirksam bleibt jedoch im Konkurse eine bei der Zwangsvollstreckung in unbewegliches Vermögen schon vor der Konkurseröffnung erfolgte Beschlagnahme (die nach § 23 Abs. 1 Satz 1 ZVG ebenfalls die Wirkung eines Veräußerungsverbotes hat), weil sie ein einer Hypothek verwandtes Vorzugsrecht auf Befriedigung aus dem Grundstücke und damit ein Absonderungsrecht des betreibenden Gläubigers begründet.[36]

V. Die Eröffnung des Konkursverfahrens bezieht sich in der Regel auf das gesamte Vermögen, das dem Ge-

[34] § 161 Abs. 1, 2, 163 BGB. Ausnahmen: § 221 Abs. 2, 236 KO.

[35] § 24 KO vbd. § 883, 888 BGB, § 100, 103, 123 FGG.

[36] § 13 vbd. § 47 KO. Ausnahme: § 128 KO.

meinschuldner zur Zeit der Konkurseröffnung gehört (Gesamtkonkurs). Wenn ihm jedoch mehrere Vermögensmassen gehören, wovon die eine anderen Gläubigern haftet als die andere, so kann auch ein Konkursverfahren vorkommen, welches sich auf eine dieser Massen beschränkt (Sonderkonkurs), und zwar im allgemeinen ohne Rücksicht darauf, ob auch über die andere der Konkurs eröffnet wird oder nicht.[37] Schon von der Konkursordnung anerkannte und geregelte Fälle dieser Art sind das Konkursverfahren über einen Nachlaß, woneben ein Konkursverfahren über das Vermögen des Erben herlaufen kann,[38] ferner das Konkursverfahren über das Gesamtgut im Fall der fortgesetzten Gütergemeinschaft,[39] endlich das Konkursverfahren über das Vermögen einer offenen Handelsgesellschaft, einer Kommanditgesellschaft und einer Kommanditgesellschaft auf Aktien, woneben ein Konkursverfahren über das Privatvermögen eines persönlich haftenden Gesellschafters möglich ist.[40] Ein Sonderkonkurs kann aber auch stattfinden über Lehns-, Stammguts- oder Familienfideikommißvermögen,[41] über das Vorbehaltsgut und über das eingebrachte Vermögen der Frau bei dem gesetzlichen ehelichen Güterstande der Verwaltungsgemeinschaft[42] und in anderen verwandten Fällen.[43] Im Laufe eines Konkursverfahrens kann ein Sonderkonkurs über das nach der Konkurseröffnung vom Gemeinschuldner neu erworbene

---

[37] Vgl. ob. Anm. 19 a. E.

[38] § 214 ff. KO vbd. § 1975 ff. BGB. Vgl. § 234 KO.

[39] § 236 KO.

[40] § 209 ff. KO. Vgl. auch § 212 KO.

[41] § 52 KO vbd. § 5 EG.

[42] Denn siehe § 1412 ff. BGB.

[43] Sie sind zum Teil streitig. Vgl. Jäger[2] § 1 Anm. 60 ff., Kohler 112 fg.

Vermögen entstehen, wenn er sich in Rücksicht auf dieses als zahlungsunfähig erweist.[44]

Die Folgen der Konkurseröffnung, soweit sie dem Konkursrechte angehören, treten auch bei der Eröffnung eines Sonderkonkurses ein, und zwar sowohl die persönlichen wie die vermögensrechtlichen, die letzten natürlich mit Beschränkung auf die Vermögensmasse, die den Gegenstand des Sonderkonkurses bildet. Ob auch die nicht konkursrechtlichen Folgen der Konkurseröffnung eintreten, hängt davon ab, ob im gegebenen Fall die Gründe zutreffen, worin jene Folgen wurzeln. So verliert zwar durch die Eröffnung des Konkurses über das Vermögen einer offenen Handelsgesellschaft der persönlich haftende Gesellschafter das aktive und passive Wahlrecht zum Reichstage, die Fähigkeit zum Amte eines Schöffen, Geschworenen oder Handelsrichters, die Verwaltung und Nutznießung des eingebrachten Vermögens seiner Frau, die Verwaltung des Vermögens seiner Kinder usw., nicht aber der Erbe durch die Eröffnung des Nachlaßkonkurses, weil der gesetzgeberische Grund dieser und ähnlicher Beschränkungen, nämlich die im Durchschnitte der Fälle begründete Annahme, daß der Gemeinschuldner den Ausbruch des Konkurses verschuldet habe, zwar bei dem Gesellschafter zutrifft, nicht aber bei dem Erben. Ferner wird die offene Handelsgesellschaft durch die Eröffnung des Konkurses über das private Vermögen eines Gesellschafters, der eine Erbschaft gemacht hat, zwar aufgelöst, wenn dieser Konkurs das nicht ererbte Vermögen, nicht aber, wenn er bloß den Nachlaß betrifft. U. dgl. m.[45]

---

[44] S. Mot. § 1 Abs. 9 a. E. (21). | [45] Vgl. Jäger[2] § 1 Anm. 64 ff.

§ 6.

2. Besondere Einwirkung der Konkurseröffnung auf gewisse Rechtsverhältnisse.*

I. Da das Vermögen des Gemeinschuldners von dem Konkursverfahren in derjenigen Lage ergriffen wird, in welcher es sich zur Zeit der Konkurseröffnung befindet, so bleiben, soweit nicht zu Gunsten der Konkursgläubiger Anfechtungsrechte begründet sind,[1] oder besondere gesetzliche Vorschriften eingreifen, trotz der Konkurseröffnung die rechtlichen Verhältnisse, insbesondere die Forderungen und Verbindlichkeiten, bestehen, die vorher für den Gemeinschuldner durch gültige Rechtshandlungen oder andere rechtlich wirksame Tatsachen entstanden sind. Die Konkurseröffnung bringt in der Regel nur die aus ihrer allgemeinen Wirkung sich von selbst ergebende Folge mit sich, daß die Forderungen und sonstigen Rechte des Gemeinschuldners, soweit sie nicht höchstpersönlicher Natur sind, nunmehr in die Konkursmasse fallen und daher bloß noch von dem Konkursverwalter ausgeübt werden können, und daß wegen der Verpflichtungen des Gemeinschuldners, soweit sie nicht höchstpersönlicher Natur oder die Berechtigten durch Aussonderungsrechte oder Absonderungsrechte gesichert sind, während der Dauer des Konkursverfahrens die Befriedigung bloß in diesem Verfahren und mit den daraus fließenden Beschränkungen gefordert werden kann.

Nun würde aber die schlichte Durchführung dieser Regeln bei gewissen Rechtsverhältnissen zu Schwierigkeiten oder Unbilligkeiten führen, und für diese Rechtsverhält-

* Litt.: Brachmann, Die Rechtsgeschäfte des Gemeinschuldners. Leipz. 1883; Oetker, Über den Einfluß der Eröffnung des Konkursverfahrens auf noch nicht erfüllte zweiseitige Verträge in BuschsZ 14 1 ff. (1890).

[1] S. unt. §§ 15 ff.

nisse ist daher die Art der Einwirkung der Konkurseröffnung in besonderer Weise bestimmt. Und zwar gibt die Konkursordnung selbst zunächst in § 17 eine allgemeine Vorschrift über den Einfluß der Konkurseröffnung auf das Rechtsverhältnis aus einem zweiseitigen (gegenseitigen) Vertrage des Gemeinschuldners, der zur Zeit der Konkurseröffnung beiderseits noch nicht vollständig erfüllt ist, trifft dann aber in § 18—24 noch eigentümliche Bestimmungen für Fixgeschäfte, für Miet-, Pacht- und Dienstverhältnisse, für das Verhältnis aus einem von dem Gemeinschuldner erteilten Auftrage, endlich für den Fall, daß zur Sicherung eines Anspruches auf Einräumung, Aufhebung oder Änderung eines Rechtes an einem Grundstücke oder eingetragenen Schiffe des Gemeinschuldners eine Vormerkung in das Grundbuch oder das Schiffsregister eingetragen ist. Soweit rücksichtlich einzelner nicht unter § 18—24 KO fallender Rechtsverhältnisse das bürgerliche Recht (auch das Landesrecht, soweit ihm nach Art. 55 EG z. BGB Spielraum gelassen ist) besondere Vorschriften über die Einwirkung der Konkurseröffnung auf das Verhältnis enthält, sind auch diese in § 25 KO ausdrücklich für maßgebend erklärt.

Von den zuletzt genannten Vorschriften war zur Genüge schon in § 5 I. die Rede, und hier sind daher nur noch die erwähnten Bestimmungen der Konkursordnung zu erörtern.

II. Ist ein zweiseitiger oder (nach dem Sprachgebrauche des Bürgerlichen Gesetzbuches[1]) gegenseitiger, d. h. auf beiderseitige Leistung zu wechselseitiger Vergeltung der Gegenleistung gerichteter, Vertrag des Gemeinschuldners,

---

[1] S. § 320 ff. BGB.

wie z. B. Kauf- oder Tauschvertrag,[3] zur Zeit der Konkurseröffnung beiderseits vollständig erfüllt und dadurch das Vertragsverhältnis erledigt,[4] so äußert natürlich, immer von möglichen Anfechtungsrechten abgesehen, die Konkurseröffnung gar keinen Einfluß darauf. Ist er zu dieser Zeit bloß von der einen Seite vollständig erfüllt, so daß nur noch eine Verpflichtung zu der Gegenleistung besteht, so bleibt es, ebenso wie bei von vornherein einseitigen Verpflichtungen, bei den obigen allgemeinen Regeln. Ist er also von Seite des Gemeinschuldners erfüllt, so kann, falls die Gegenleistung nicht von der Art ist, daß sie (wie z. B. ärztliche Behandlung, Krankenpflege, Unterrichtserteilung) nur an den Gemeinschuldner persönlich geschehen kann, der Konkursverwalter von dem anderen Teil die Gegenleistung begehren oder, wenn wegen ihres Unter-

[3] Auf welche Geschäfte im einzelnen § 17 KO anzuwenden ist, und die hierüber bestehenden Streitfragen s. bei Jäger[2] § 17 Anm. 1 ff.

[4] Was zur vollständigen Erfüllung gehört, hängt von den Umständen und den Vorschriften des bürgerlichen Rechtes ab. So ist z. B. nach § 433 BGB die Verpflichtung des Verkäufers einer Sache erst dann vollständig erfüllt, wenn er dem Käufer das Eigentum der Sache verschafft hat. Immerhin wird im Sinn des Gesetzes die Verpflichtung des Verkäufers eines Grundstückes schon durch die Abgabe der Auflassungserklärung als erfüllt zu betrachten sein, weil er damit alles getan hat, was er tun kann, um dem Käufer das Eigentum zu verschaffen, und die Eintragung ins Grundbuch, wodurch dieser erst wirklich Eigentümer wird, nicht mehr in seiner Macht steht. Auch kann doch wohl zweifellos, wenn der Kaufpreis Zug um Zug zu bezahlen ist, der Käufer diese Zahlung nicht nach § 320 BGB bis zu jener Eintragung verweigern, weil vorher der Verkäufer die ihm obliegende Gegenleistung nicht bewirkt habe. Für die Richtigkeit dieser Auffassung spricht auch § 15 Satz 2 KO (s. ob. § 5 bei Anm. 32). Vgl. Wilm. § 17 Bem. 4, Schloßmann in IherJ **45** 97 ff. A. M. Jäger[2] § 17 Anm. 11, Pet.-Kleinf. § 17 Bem. 6, Sar.-Voß § 17 Bem. 2. a.

bleibens der Gemeinschuldner unter der Voraussetzung nicht erfolgter Konkurseröffnung nach dem bürgerlichen Rechte zur Rückforderung der von ihm gemachten Leistung berechtigt wäre, dieses Rückforderungsrecht ausüben.[5] Ist dagegen der Vertrag von Seite des anderen Teils erfüllt, so kann dieser seinen Anspruch auf die Leistung des Gemeinschuldners oder den ihm wegen ihres Unterbleibens zustehenden Anspruch auf Schadenersatz nur als Konkursforderung geltend machen, wenn ihm nicht zufolge einer Hypothek oder aus einem anderen Grunde, wie namentlich wegen einer zur Sicherung seines Anspruches in das Grundbuch oder Schiffsregister eingetragenen Vormerkung,[6] ein Absonderungsrecht oder Aussonderungsrecht zusteht. Auch kann er aus dem Grunde, daß infolge der Konkurseröffnung die Verbindlichkeit des Gemeinschuldners nicht in der vertragsmäßig bedungenen Weise erfüllt wird, den von ihm geleisteten Gegenstand nicht aus der Konkursmasse zurückfordern, wenn ihm nicht zu diesem Behufe, sei es weil der Gegenstand in seinem Eigentum geblieben ist oder aus einem anderen Grunde (wie namentlich nach § 44 Abs. 1 KO), ein Aussonderungsrecht zu Gebote steht.[7]

Während die bisher besprochenen Fälle lediglich nach den allgemeinen Regeln über die Art der Einwirkung der Konkurseröffnung auf die Forderungen und Schulden des Gemeinschuldners zu entscheiden waren, ist der Fall, wenn ein gegenseitiger Vertrag des Gemeinschuldners zur Zeit der Konkurseröffnung noch von keiner der beiden Seiten

---

[5] S. Mot. § 15 Abs. 7 (67).

[6] § 24 KO. Vgl. ob. § 5 bei Anm. 35.

[7] § 26 KO und unt. VII. Wegen des Aussonderungsrechtes besteht dann die gleiche Rechtslage, wie wenn der Aussonderungsberechtigte den Vertrag noch nicht erfüllt hätte. S. Mot. § 15 Abs. 7 a. E. (68). Gesetzliche Anwendung: § 44 Abs. 2 KO.

vollständig erfüllt ist, in § 17 KO durch die folgende besondere Vorschrift geregelt:

Wenn ein zweiseitiger Vertrag zur Zeit der Eröffnung des Konkursverfahrens von dem Gemeinschuldner und von dem anderen Teile nicht oder nicht vollständig erfüllt ist, so kann der Konkursverwalter an Stelle des Gemeinschuldners den Vertrag erfüllen und die Erfüllung von dem anderen Teile verlangen.

Der Verwalter muß auf Erfordern des anderen Teils, auch wenn die Erfüllungszeit noch nicht eingetreten ist, demselben ohne Verzug erklären, ob er die Erfüllung verlangen will. Unterläßt er dies, so kann er auf der Erfüllung nicht bestehen.

Hier ist so viel klar und unzweideutig bestimmt, daß zwar der Konkursverwalter die dem Vertragsgegner obliegende Leistung ganz so, wie sie unter der Voraussetzung der nicht erfolgten Konkurseröffnung der Gemeinschuldner fordern könnte, zu Gunsten der Konkursmasse verlangen kann, daß er dann aber auch die noch rückständige Leistung des Gemeinschuldners ganz so, wie sie unter jener Voraussetzung der Vertragsgegner von diesem fordern könnte (also in der vertragsmäßigen Gestalt und je nach der Verbindlichkeit des Gemeinschuldners Zug um Zug oder der Gegenleistung vorgängig oder ihr nachfolgend), aus der Masse und als Berichtigung einer Masseschuld vollständig machen muß; so z. B. wenn er für eine vom Gemeinschuldner verkaufte Sache die Zahlung des Kaufpreises verlangt, dem Käufer die Sache übergeben und das Eigentum daran verschaffen muß.[8] Überdies kann der

[8] § 17 Abs. 1 vbd. § 59 Nr. 2 KO. Vgl. Mot. § 15 Abs. 6, 11 (67, 69), § 52 Nr. 2 (245). Hat die noch rückständige Leistung des GSch. einen Wert von mehr als 300 Mark, so muß der KV.,

Vertragsgegner zur Verhütung von Nachteilen, die für ihn durch längere Ungewißheit entstehen könnten, den Konkursverwalter (schriftlich oder mündlich) zur Erklärung auffordern, ob er die Erfüllung verlangen will, und zwar selbst wenn die vertragsmäßige Erfüllungszeit noch nicht eingetreten ist. Dieser muß dann, falls er die Erfüllung verlangen will, jenem die Erklärung ohne Verzug, d. h. so schleunig wie nach Bewandtnis der Umstände verständigerweise möglich, abgeben. Unterläßt er eine rechtzeitige Erklärung, so verliert er das Recht, die Erfüllung zu verlangen.[9]

Was nun aber die weitere Folge sei, wenn er dieses Recht verloren oder (sei es aufgefordert, sei es unaufgefordert) ausdrücklich erklärt hat, die Erfüllung nicht zu verlangen, darüber gibt das Gesetz keine ausdrückliche Bestimmung. Die Motive erklären eine solche für überflüssig; denn wenn der Konkursverwalter nicht die Erfüllung des Vertrages verlange, so sei seine Nichterfüllung die un-

wenn er die Erfüllung des Vertrages verlangen will, die Genehmigung des GlA., falls ein solcher bestellt ist, einholen und dem GSch. von seiner Absicht rechtzeitige Mitteilung machen: § 133 Nr. 2, 135 Abs. 1 KO. S. aber § 136 KO. — Da der KV., wenn er die Erfüllung verlangt, dem Vertragsgegner gegenüber ganz an die Stelle des GSch. tritt (§ 17 Abs. 1 KO: „an Stelle des Gemeinschuldners"), so bestehen zwischen beiden auch alle Rechte und Einreden, die unter der Voraussetzung nicht erfolgter KE. zwischen dem GSch. und dem Vertragsgegner bestehen würden, also insbesondere das für diesen oder jenen nach § 119, 123 BGB begründete Recht der Anfechtung des Vertrages wegen Irrtums, Täuschung oder Drohung. Vgl. Mot. § 15 Abs. 5 (66 fg.). Entsprechend verhält es sich mit dem Rechte des Vertragsgegners oder des KV. auf Sicherheitsleistung. S. Mot. § 15 Abs. 11, 12 (69). Jedoch wird jener von diesem, falls er von jenem Vorleistung begehrt, nach § 321 BGB in der Regel Sicherheitsleistung fordern können.

[9] § 17 Abs. 2 KO vbd. Mot. § 15 Abs. 9 (68 fg.).

mittelbare Folge der Konkurseröffnung. Mithin sei durch die Vorschrift des § 17 KO dem Konkursverwalter das Recht der Wahl zwischen der Erfüllung und der Nichterfüllung des Vertrages gegeben, und zwar so, daß, wenn er sich nicht für die Erfüllung erkläre, es nach allgemeinen Grundsätzen bei der Nichterfüllung verbleibe. In diesem Fall könne also, wiederum nach allgemeinen Grundsätzen, der Vertragsgegner bloß eine Entschädigungsforderung wegen Nichterfüllung, jedoch nach § 26 KO nur als Konkursforderung, geltend machen.[10]

Obgleich diese Ausführungen auf unhaltbaren Voraussetzungen beruhen,[11] und das daraus gezogene Ergebnis

[10] S. Mot. § 15 Abs. 6 u. 9 (67, 68), § 21 Abs. 16, 24—26 (91, 93 fg.), § 52 Nr. 2 (245). — Das praktische Ergebnis, wozu die Motive gelangen, entspricht im wesentlichen den Vorschriften in § 16 der Preuß. KO von 1855.

[11] Unhaltbar ist vor allem der Satz, daß die KE. von selbst die Nichterfüllung eines gegenseitigen Vertrages und, nach der noch allgemeineren Aufstellung in Mot. § 15 Abs. 3 (65), überhaupt der Verbindlichkeiten des GSch. mit sich bringe; denn was zur Begründung angeführt wird, daß nämlich eine ursprünglich nicht auf Geld gerichtete KForderung im KVerf. nur in Geld befriedigt werde, und daß in diesem Verfahren die KForderungen nicht voll zur Auszahlung kämen, ist doch keine Nichterfüllung, sondern, wie auch in Mot. § 21 Abs. 13 (89) anerkannt wird, eben die konkursmäßige Erfüllung. Noch mißlicher aber ist, daß diese „Nichterfüllung" von den Motiven hernach auf einmal und ohne jede Erklärung als Nichterfüllung überhaupt aufgefaßt und sonach aus § 17 KO ein Recht des KV. abgeleitet wird, nach seiner Wahl darüber zu entscheiden, ob der Vertrag beiderseits erfüllt oder überhaupt nicht, auch nicht konkursmäßig, erfüllt werden solle. Ebenso schwer ist, wenigstens nach Maßgabe des BGB, einzusehen, wie aus der Nichterfüllung des Vertrages, da sie vom Standpunkte der Motive nur die unmittelbare Folge der KE. ist, für den Vertragsgegner eine Entschädigungsforderung sollte erwachsen können. § 325 BGB läßt sich hier nicht anwenden; denn durch die KE. wird eine Unmöglichkeit der

jeder Stütze im Gesetze selbst entbehrt,[12] ist es doch in der Litteratur und der Rechtsprechung zu so allgemeiner und einhelliger Anerkennung gelangt, daß es ungeachtet mancher daraus für den Vertragsgegner des Gemein=

Leistung des GSch. im Sinn des § 323 BGB nicht herbeigeführt. So auch Mot. § 21 Abs. 6 (87). Ferner kann man nicht unbedingt sagen, daß der GSch. die KE. und mithin die daraus folgende Nichterfüllung des Vertrages verschuldet habe und deshalb nach § 276 ff. BGB zum Schadenersatze verpflichtet sei. (So allerdings RG 5. II. 90 — **26** 96, Sar.=Boß. § 26 Bem. 4 Nr. 2 Abs. 1. Eigentümlich Pet.=Kleinf. § 26 Bem. 6, Wilm. § 26 Bem. 9.) Auch müßte man von dieser Auffassung aus einem jeden KGl., der zufolge der KE. nicht den ursprünglichen Gegenstand seiner Forderung erhält, eine Entschädigungsforderung zusprechen (so in der Tat Wilm. § 26 Bem. 9; dagegen aber z. B. Sar.=Boß. § 26 Bem. 4 Nr. 3, Jäger[2] § 26 Anm. 17), während ihm doch nach der klaren Vorschrift des § 69 KO nur ein Anspruch auf den einfachen Schätzungswert zusteht, den freilich die Mot. § 15 Abs. 3 (65) auch als Anspruch auf das „Interesse" bezeichnen. Vgl. Jäger[2] § 17 Anm. 44, § 26 Anm. 21.

[12] Namentlich gewährt § 17 KO selbst eine solche nicht; denn da mit der Erfüllung, wovon er spricht, die vertragsmäßige gemeint ist, so läßt sich aus seinen Vorschriften nicht folgern, daß, wenn sich der KV. nicht für diese Erfüllung entscheide, nun jede, auch die konkursmäßige Erfüllung ausgeschlossen sei. Von einer Entschädigungsforderung vollends, die im Fall der Nichterfüllung dem Vertragsgegner zustünde, ist in § 17 KO gar nichts zu lesen. Sie läßt sich auch nicht auf § 26 Satz 2 KO stützen, sondern allein auf die Äußerungen der Motive. Vgl. Jäger[2] § 17 Anm. 44. Höchstens aus § 18 KO wäre vielleicht ein gewisser gesetzlicher Boden für die herrschende Lehre zu gewinnen; denn da sich seine Vorschrift zu derjenigen des § 17 KO wie die Ausnahme zur Regel verhält, und zwar so, daß die vertragsmäßige Erfüllung, die nach der Fassung des § 17 bei gegenseitigen Verträgen als Regel vom KV. verlangt werden kann, im Fall des § 18 ausnahmsweise nicht verlangt werden kann (s. unt. III.), so gestattet sie unter Heranziehung der Motive den Schluß, daß auch in den Fällen des § 17, wenn die Erfüllung nicht verlangt werden könne, eine Forderung wegen Nichterfüllung und nur eine solche bestehe.

schuldners folgenden Unbilligkeiten[13] praktisch als vollkommen festgestellt zu erachten, und daß damit als mit dem geltenden Rechte zu rechnen ist.[14] Danach ist im Hinblick auf die Ausführungen der Motive und auf die verwandte Vorschrift in § 18 Abs. 1 KO das Verhältnis folgendermaßen aufzufassen: Durch die Konkurseröffnung erfolgt als ihre von selbst eintretende Wirkung eine Umwandlung der ursprünglich zweiseitigen Ansprüche aus dem Vertrage in einen einseitigen (als Konkursforderung gearteten) Anspruch des Vertragsgegners auf Entschädigung wegen der Nichterfüllung des Vertrages (ähnlich wie wenn die dem Gemeinschuldner obliegende Leistung durch sein Verschulden unmöglich geworden wäre), eine Umwandlung, die jedoch der Konkursverwalter durch das Verlangen der beiderseitigen Erfüllung des Vertrages verhüten kann.[15]

---

[13] Sie zeigen sich namentlich dann, wenn die Forderung des Vertragsgegners durch Hypothek oder Bürgschaft gesichert ist. S. Jäger² § 17 Anm. 48.

[14] In Begr. z. KÄE § 17 (39) heißt es: „Für den Fall, daß der Verwalter die Erfüllung eines zweiseitigen Vertrags gemäß § 15 (jetzt 17) ablehnt, bedarf es einer entsprechenden Vorschrift (ausdrücklicher Anerkennung eines Anspruches des Vertragsgegners auf Schadenersatz) nicht. Denn durch die Ablehnung der Erfüllung wird das Vertragsverhältnis nicht aufgehoben, und es ist daher in Übereinstimmung mit der herrschenden Ansicht und der Rechtsprechung des Reichsgerichts als selbstverständlich zu erachten, daß an die Stelle des Anspruches auf Erfüllung ein Anspruch auf Schadenersatz tritt."

[15] Vgl. Mot. § 21 Abs. 4 (86) und Jäger² § 17 Anm. 43 im Anschlusse an eine, freilich mehr beiläufige, Äußerung in RG 24. XI. 88 (**22** 111 fg.). Nicht zu billigen ist vom Standpunkte der Motive, auf denen doch die herrschende Lehre fußt, und im Hinblicke auf § 18 KO die jetzt sehr häufige Darstellung, wonach die Nichterfüllung des Vertrages und die daraus folgende Umwandlung des Schuldverhältnisses nicht die mangels einer Entscheidung des KV. für die Erfüllung von selbst und unmittelbar eintretende Wirkung der KE. wäre, sondern, ebenso wie die Erfüllung, in einem

Dieser Anspruch wegen Nichterfüllung aber wird allgemein als ein Anspruch auf das Erfüllungsinteresse angesehen, geht also hiernach auf Ersatz nicht bloß der Vermögensverminderung, die der Vertragsgegner des Gemeinschuldners durch die Nichterfüllung des Vertrages erleidet, sondern auch des ihm dadurch entgehenden Gewinns.[16]

Hat der Konkursverwalter erklärt, daß er die Erfüllung des Vertrages nicht verlange, oder kann er sie wegen Versäumung rechtzeitiger Erklärung nicht mehr verlangen, so kann das nach der Beendigung des Konkurs-

---

Willensakte des KV., seiner ausdrücklich oder stillschweigend erklärten Ablehnung der Erfüllung, ihren Grund hätte. So z. B. Jäger[2] § 17 Einl., Note 1 zu Anm. 37 und II. 2, bes. Anm. 43, 51, 54, Sar.=Boß. § 17 Anm. 6, Pet.=Kleinf. § 17 Bem. 11, RG 15. II. 84 (**11** 51), 29. VI. 98 (**41** 134).

[16] Vgl. z. B. Jäger[2] § 17 Anm. 45, Sar.=Boß. § 26 Bem. 4 Nr. 2, Pet.=Kleinf. § 26 Bem. 6, Oetker in BuschsZ **14** 50, Brachmann 38, RG 5. II. 90 (**26** 97), 29. VI. 98 (**41** 135). Die Motive nehmen zu der Frage keine feste Stellung. Sie halten (§ 21 Abs. 26 — S. 94) einen Anspruch auf das Erfüllungsinteresse zwar im allgemeinen der Sachlage für entsprechend, erklären jedoch die Aufstellung einer allgemeinen Regel hier weder für möglich noch für statthaft; die Höhe des Schadensanspruches sei aus der Natur des einzelnen Falls und den Regeln des bürgerlichen Rechtes zu schöpfen. — Im Sinne der KO (§ 69) und entspr. § 18 KO müßte die „Forderung wegen Nichterfüllung" des Vertragsgegners in einem Anspruche auf den reinen, d. h. unter Mitberücksichtigung des Wertes der Forderung des GSch. aus dem Vertrage berechneten, Geldwert seiner Forderung aus dem Vertrage zur Zeit der KE. bestehen, also in einem Anspruche auf den Geldbetrag, um den nach den Verhältnissen zur Zeit der KE. der Geldbetrag oder der Schätzungswert seiner Forderung aus dem Vertrage den Schätzungswert oder Geldbetrag der Forderung des GSch. daraus übersteigt. S. unt. bei Anm. 28. Die Mot. § 16 Abs. 6, 7 (71), § 21 Abs. 24 (93) bezeichnen auch die so zu berechnende „Forderung wegen Nichterfüllung" des § 18 KO als eine „Entschädigungsforderung" oder „Schadensforderung" und reden in § 16 Abs. 3 (71) von einer „Ausgleichung des Interesse". — Weil

verfahrens auch der Gemeinschuldner nicht.[17] Ebensowenig aber gegen ihn der Vertragsgegner. Denn durch die Konkurseröffnung ist der wechselseitige Anspruch auf Erfüllung des Vertrages in einen einseitigen Anspruch des Vertragsgegners auf Schadenersatz umgewandelt, so daß auch nach der Beendigung des Konkursverfahrens nur dieser Anspruch besteht. Überdies soll im Sinne des Gesetzes, falls der Konkursverwalter die Erfüllung des Vertrages nicht verlangt, jeder Teil über den Gegenstand seiner Verpflichtung frei verfügen können.[18] In gleicher Weise wird aber aus den nämlichen Erwägungen auch zu entscheiden sein, wenn weder der Vertragsgegner den Konkursverwalter zur Erklärung aufgefordert, noch dieser unaufgefordert eine Erklärung abgegeben hat.[19]

Wenn der Anspruch des Vertragsgegners aus dem Vertrage (z. B. der Anspruch auf die Übereignung des Grundstückes aus einem Kaufvertrage) durch eine Vormerkung im Grundbuche gesichert ist, so kann er auch im Konkursverfahren, und ohne Rücksicht auf den Willen des Konkursverwalters, von diesem die Befriedigung seines Anspruches (kraft Aussonderungsrechtes) fordern.[20]

---

hier nach der allgemeinen Meinung der Vertragsgegner des GSch. einen Anspruch auf Schadenersatz hat, so kann er auch die von diesem für den Fall der Nichterfüllung seiner Verbindlichkeit versprochene Vertragsstrafe als Mindestbetrag des Schadens verlangen: § 340 Abs. 2 BGB. S. unt. § 10 Anm. 16.

[17] So auch RG 29. VI. 98 (41 133 ff.).

[18] Vgl. Mot. § 15 Abs. 9 (68). Ebenso Jäger[3] § 17 Anm. 50.

[19] A. M. auf Grund der Annahme, daß die Umwandlung des Schuldverhältnisses erst durch einen Willensakt des KV. bewirkt würde (s. ob. Anm. 15): Jäger[3] § 17 Anm. 54, Sar.-Boß. § 17 Bem. 7 a. E., Pet.-Kleinf. § 17 Bem. 12 a. E, Wilm. § 17 Bem. 10.

[20] § 24 KO. Vgl. ob. § 5 bei Anm. 35.

Ist wegen der höchstpersönlichen Natur der dem Gemeinschuldner aus einem gegenseitigen Vertrage obliegenden Leistung (z. B. Herstellung eines Gemäldes) der Konkursverwalter nicht imstande, sie anstatt des Gemeinschuldners zu machen, so kann er nach § 17 KO auch die Gegenleistung nicht fordern, selbst dann nicht, wenn der Gemeinschuldner jene Leistung macht. Vielmehr gehört in diesem Fall der Anspruch auf die Gegenleistung zu dem konkursfreien Vermögen.[21] Für den Fall, daß der Gemeinschuldner sie nicht machen sollte, kann der Vertragsgegner einen ihm nach dem bürgerlichen Rechte etwa zustehenden Schadenersatzanspruch wegen Nichterfüllung als Konkursforderung anmelden.[22] Auch dann, wenn die Forderung des Gemeinschuldners aus dem Vertrage von höchstpersönlicher Art ist, so daß die Leistung des Vertragsgegners nur an ihn geschehen kann (wie z. B. ärztliche Behandlung, Vorlesen, Unterrichtserteilung), kann der Konkursverwalter diese Leistung nicht verlangen, weil die Forderung darauf gar nicht zur Konkursmasse gehört. Der Vertragsgegner aber kann seinen Anspruch auf die Gegenleistung, soweit diese als Vergütung der schon vor der Konkurseröffnung geleisteten Dienste erscheint, als Konkursforderung, soweit sie als Vergütung der erst nachher geleisteten erscheint, nur gegen das konkursfreie Vermögen des Gemeinschuldners geltend machen.[23]

---

[21] Weil im Sinn der KO (§ 59 Nr. 2 vbd. § 19, 22, 63 Nr. 1 KO) die Vergütung für eine nach der KE. erfolgte Dienstleistung oder bezogene Nutzung als ein erst nach der KE. gemachter Erwerb zu betrachten ist. S. unt. § 8 I. Nr. 3. Ebenso Jäger[2] § 17 Anm. 27, Wilm. Bem. 2 vor § 17.

[22] S. unt. § 8 I. Nr. 1. Ebenso Oetker in BuschsZ 14 21, Jäger[2] § 17 Anm. 27. Vgl. übrigens Mot. Allg. Bem. z. Buch I. Tit. 2 Abs. 6 (64) und § 21 Nr. 4 (93).

[23] Vgl. Jäger[2] § 17 Anm.

III. Abweichend von der allgemeinen Vorschrift des § 17 KO ist in § 18 KO der Fall geregelt, wenn die Lieferung von Waren,[24] die einen Markt- oder Börsenpreis haben, durch ein sog. Fixgeschäft, d. h. genau zu einem fest bestimmten Zeitpunkte oder innerhalb einer festbestimmten Frist,[25] für einen im voraus bestimmten Preis[26] bedungen war, und wenn nun die Konkurseröffnung vor dem Eintritte dieses Zeitpunktes oder dem Ablaufe der Frist erfolgt, und ehe der Vertrag von einem der beiden Teile vollständig erfüllt ist.[27] Hier kann nämlich zur Verhütung von Unzuträglichkeiten für beide Teile nach § 18 Abs. 1 KO „nicht die Erfüllung verlangt, sondern nur eine Forderung wegen Nichterfüllung geltend gemacht werden". D. h. das ursprünglich zweiseitige Vertragsverhältnis verwandelt sich durch die Konkurseröffnung unbedingt, und ohne daß dies der Konkursverwalter durch das Verlangen der Erfüllung des Vertrages verhüten kann, in einen einseitigen Anspruch. Und zwar geht dieser Anspruch all-

25. Diese Regeln gelten jedoch nur, wo nicht die § 22, 23 Abs. 2 oder 25 KO eingreifen. Wegen der besonderen Art der Einwirkung des Konkurses über das Vermögen des Verlegers auf den Verlagsvertrag s. § 36—38 VerlG.

[24] D. h. verkäuflichen beweglichen Sachen mit Einschluß der Wertpapiere. Vgl. Mot. § 36 Abs. 14 (165 a. E.) und Jäger[2] § 18 Anm. 6.

[25] S. § 361 BGB, § 376 HGB.

[26] Dieses Erfordernis ergibt sich aus § 18 Abs. 2 KO.

[27] Die letzte Voraussetzung folgt aus dem Zusammenhange des § 18 mit § 17 KO. Vgl. Mot. Vorbem. z. Buch I. Tit. 2 Abs. 5 (63) und Mot. § 16 Abs. 1—4 (69 ff.). So auch die weitaus herrschende Ansicht. A. M. Sar.-Boß. § 18 Bem. 1, wonach § 18 KO auch dann anzuwenden wäre, wenn der Kaufpreis schon vor der KE. bezahlt ist. Hat übrigens der GSch. die Lieferung zu machen, und hatte der Vertragsgegner den Kaufpreis schon vor der KE. bezahlt, so ist im Sinn der KO der Schätzungswert seiner Forderung (§ 69 KO) entspr. § 18 Abs. 2 KO zu bestimmen.

gemeinen Grundsätzen entsprechend auf den nach den Verhältnissen zur Zeit der Konkurseröffnung berechneten reinen, d. h. unter Mitberücksichtigung des Wertes der Gegenforderung ermittelten, Geldwert der nach dieser Rechnung überschießenden Forderung aus dem Vertrage, sei diese die Forderung des Gemeinschuldners oder diejenige des Vertragsgegners, also auf den Überschuß des Geldbetrages oder Schätzungswertes der einen Forderung über den Schätzungswert oder Geldbetrag der anderen nach jenen Verhältnissen.[28] Aus Zweckmäßigkeitsrücksichten wird jedoch bei dieser Berechnung nicht der Tag der Konkurseröffnung selbst, sondern der zweite Werktag nach der Konkurseröffnung zu Grunde gelegt. Der Geldwert der Forderung auf die Lieferung bemißt sich nämlich nach dem Markt- oder Börsenpreise, wie er sich an dem bedungenen Lieferungsorte oder dem für ihn maßgebenden Handelsplatze aus den am zweiten Werktage nach der Konkurseröffnung abgeschlossenen Fixgeschäften gleichen Inhaltes (also über Lieferung von Waren der nämlichen Art zu der nämlichen Zeit und am nämlichen Orte) ergibt. Zwischen dem so berechneten Geldwerte der Lieferung und dem bedungenen Kaufpreise findet wechselseitige Aufrechnung statt, und nur auf den etwaigen Überschuß des einen oder des anderen Betrages kann eine Forderung entweder vom Konkursverwalter als Forderung der Konkursmasse oder von dem Vertragsgegner als Konkursforderung geltend gemacht werden.[29]

---

[28] S. Mot. § 16 Abs. 14 (73). Die Mot. § 16 Abs. 5 (71) drücken das so aus: durch die KE. werde das Lieferungsgeschäft in ein Differenzgeschäft aufgelöst. — Dabei bleibt es auch nach der Beendigung des KVerf. S. ob. bei Anm. 17—19. Vgl. Jäger[2] § 18 Anm. 19.

[29] § 18 Abs. 1, 2 vbd. § 26 KO. Beispiel: A kauft von B

Läßt sich am zweiten Werktage nach der Konkurseröffnung an dem genannten Lieferungsorte oder Handelsplatze für Lieferungen aus Fixgeschäften gleichen Inhaltes ein Markt- oder Börsenpreis nicht (weder durch amtliche Kursfeststellungen noch durch Vernehmung Sachverständiger) ermitteln, namentlich weil solche Fixgeschäfte dort an diesem Tage nicht geschlossen worden sind, so kann die Ausnahmebestimmung des § 18 Abs. 1 KO nicht angewendet werden, und es bleibt daher bei der Regel des § 17 KO.[30]

IV. Bei Miet- und Pachtverhältnissen kommt es vor allem darauf an, ob der gemietete oder gepachtete Gegenstand (unbewegliche oder bewegliche Sache, Wohnung, Laden, Jagd, Fischerei, Brückenzollerhebung u. dgl.) dem Mieter oder Pächter zur Zeit der Konkurseröffnung noch nicht überlassen, oder bereits überlassen war.

1. War der Gegenstand noch nicht überlassen, und ist der Gemeinschuldner der Vermieter oder Verpächter, so gilt, falls der Miet- oder Pachtzins nicht bereits für die ganze Miet- oder Pachtzeit vorausbezahlt war, wegen Mangels einer besonderen Vorschrift die Regel des § 17 KO (s. ob. II.). Der Konkursverwalter kann sich also für die beiderseitige Erfüllung des Miet- oder Pachtvertrages

im Juli 1903 10000 kg Weizen, zu liefern in Berlin am 30. Nov. 1903, für den Preis von 1500 ℳ. Am 5. Sept. wird über das Vermögen des B der K. eröffnet. Es kommt hier auf den Börsenpreis in Berlin am 8. Sept. an (weil der 6. ein Sonntag ist). Stellt sich danach der Preis für 10000 kg Weizen, zu liefern in Berlin am 30. Nov., auf 1550 ℳ, so hat A eine KForderung auf 50 ℳ. Stellt er sich dagegen auf 1450 ℳ, so hat die KM. 50 ℳ von A zu fordern.

[30] § 18 Abs. 3 KO vbd. Mot. § 16 a. E. (74). Hierher gehört auch der Fall, wenn die bedungene Zeit oder das Ende der bedungenen Frist auf den Tag der KE. oder den ersten Werktag nachher fällt. Vgl. Jäger[2] § 18 Anm. 12, Sar.-Boß. § 18 Bem. 4 Abs. 3, Pet.-Kleinf. § 18 Bem. 9, Wilm. § 18 Bem. 5. A. M. Brachmann 45 Anm. 2.

entscheiden. Das Miet- oder Pachtverhältnis besteht dann bis zu seinem vertragsmäßigen oder gesetzlichen Ende, wie es unter der Voraussetzung der nicht erfolgten Konkurseröffnung zwischen dem Gemeinschuldner und dem Mieter oder Pächter bestehen würde; die Verpflichtungen des Gemeinschuldners daraus erscheinen als Masseschulden.[31] Hat der Verwalter das Recht, die Erfüllung zu verlangen, durch Verzicht oder Unterlassung rechtzeitiger Erklärung verloren, so kann der Mieter oder Pächter bloß eine Entschädigungsforderung wegen Nichterfüllung als Konkursforderung geltend machen. War dagegen der Miet- oder Pachtzins schon vor der Konkurseröffnung für die ganze Miet- oder Pachtzeit bezahlt, so bleibt dem Mieter oder Pächter nichts übrig, als seine Ansprüche aus dem Vertrage nach ihrem Schätzungswerte zur Zeit der Konkurseröffnung als Konkursforderung geltend zu machen.[32]

Ist umgekehrt der Gemeinschuldner der Mieter oder Pächter, so kann der Vermieter oder Verpächter von dem Vertrage zurücktreten.[33] Er muß dieses aber dem Konkursverwalter auf (schriftliche oder mündliche) Aufforderung

---

[31] § 59 Nr. 2 KO. Vgl. Mot. §§ 17, 18 letzt. Abs (81 fg.). — Auch die freiwillige Veräußerung des Miet- oder Pachtgegenstandes durch den KV. ist nur mit der Wirkung möglich, wie unter gleichen Umständen die Veräußerung durch den GSch. S. namentlich § 571, 986 Abs. 2 BGB. Handelt es sich jedoch um einen unbeweglichen Gegenstand (§ 864 Abs. 1 CPO), so kann nach § 126 KO der KV. die Zwangsversteigerung betreiben, und dann greift § 57 ZVG ein.

[32] § 69 KO. Nach Jäger[2] § 21 Einl. b a. E., Sar.-Voß. § 19 Bem. 1 Abs. 3 a. E. wäre auch in diesem Fall § 17 KO anzuwenden, dessen Tatbestand dann aber doch gar nicht vorhanden ist.

[33] § 20 Abs. 1 KO. Vbd. § 346 ff. BGB. Dies gilt nach dem Wortlaute des Gesetzes auch dann, wenn der GSch. bereits den Miet- oder Pachtzins ganz oder teilweise bezahlt hat; nur kann dann der KV. das Gezahlte nach § 812 Abs. 1 BGB zurück-

ohne Verzug[34] erklären. Unterläßt er das, oder erklärt er (aufgefordert oder unaufgefordert), nicht zurücktreten zu wollen, so kommen die Vorschriften des § 17 KO (s. ob. II.) zur Anwendung.[35]

2. War zur Zeit der Konkurseröffnung der Miet- oder Pachtgegenstand dem Mieter oder Pächter bereits überlassen, so ist wiederum zu unterscheiden, ob der Gemeinschuldner der Vermieter oder Verpächter oder umgekehrt der Mieter oder Pächter war.

a) Im ersten Fall wird durch die Konkurseröffnung der vertragsmäßige Fortbestand des Miet- oder Pachtverhältnisses gar nicht berührt, und kein Teil erhält also ein Kündigungsrecht, das ihm ohne die Konkurseröffnung nicht zustünde.[36] Die Verbindlichkeiten des Gemeinschuldners aus dem Verhältnisse sind für die Zeit nach der Konkurseröffnung Masseschulden,[37] wogegen aber auch die auf diese Zeit treffenden Miet- oder Pachtzinsen in die Konkursmasse fließen, soweit nicht schon vor der Konkurseröffnung der Gemeinschuldner sie eingezogen oder in anderer Weise (z. B. durch Forderungsabtretung) über sie verfügt hat.[38] Im Fall der Vermietung oder Verpachtung eines

fordern. — Ein Entschädigungsanspruch besteht im Fall des Rücktrittes für keinen der beiden Teile. Vgl. Mot. §§ 17, 18 a. E. (82).

[34] S. ob. bei Anm. 9.

[35] § 20 Abs. 2 KO. Vbd. Mot. a. a. O.

[36] § 21 Abs. 1 KO. Vgl. § 152 Abs. 2 ZVG.

[37] § 59 Nr. 2 KO.

[38] Daß abgesehen von dem in § 21 Abs. 2 KO besonders bestimmten Fall die gedachte Einziehung des Miet- oder Pachtzinses durch den GSch. oder seine sonstige Verfügung darüber gegenüber der KM. wirksam ist, falls nicht etwa ein Anfechtungsrecht nach § 29 ff. KO besteht, ergibt sich aus § 6 Abs. 1 KO und aus der Fassung des § 21 Abs. 2, der danach als eine ausnahmsweise Beschränkung erscheint. So auch Begr. z. KÄE § 18a (31), Jäger[2] § 21 Anm. 6, 10, Sar.-Boß. § 21 Bem. 2, Wilm. § 21 Bem. 4.

Grundstückes sowie der Vermietung von Wohnräumen oder anderen Räumen (z. B. Stallungen) ist jedoch eine solche der Konkurseröffnung vorausgehende Einziehung des auf die Zeit nach der Konkurseröffnung entfallenden Miet- oder Pachtzinses oder sonstige Verfügung darüber der Konkursmasse gegenüber nur insoweit wirksam, als sie sich auf den Zins für das zur Zeit der Konkurseröffnung laufende und das nächstfolgende Kalendervierteljahr bezieht.[39] Soweit hiernach die schon vor der Konkurseröffnung erfolgte Einziehung des Miet- oder Pachtzinses der Konkursmasse gegenüber wirksam sein würde, kann der Mieter oder Pächter des Grundstückes, Wohnraumes oder sonstigen Raumes gegen die Miet- oder Pachtzinsforderung der Masse eine Forderung aufrechnen, die ihm zur Zeit der Konkurseröffnung gegen den Gemeinschuldner zusteht.[40] Hat das Miet- oder Pachtverhältnis ein Grundstück zum Gegenstande, so ist durch den Fortbestand des Verhältnisses der Konkursverwalter nicht gehindert, das Grundstück zu veräußern, und zwar nicht bloß im Wege der Zwangsversteigerung, sondern auch in den Formen der freiwilligen Veräußerung (Verkauf aus freier Hand, Versteigerung), und diese freiwillige Veräußerung wirkt auf das Verhältnis ebenso wie die Zwangsversteigerung, d. h. der Erwerber braucht es bis zu seinem vertragsmäßigen Ende nur dann auszuhalten, wenn er es nicht unter Einhaltung der gesetzlichen Kündigungsfrist für den ersten gesetzlich zulässigen Termin gekündigt hat.[41]

---

[39] § 21 Abs. 2 Satz 1 KO. Vgl. § 574, 1124 BGB.

[40] § 21 Abs. 2 Satz 2 KO. Vgl. § 575, 1125 BGB. Hierin liegt eine Ausnahme von § 55 Nr. 1 KO.

[41] § 21 Abs. 3 KO vbd. § 126 KO und § 57 ZVG. Der Mieter oder Pächter kann Ersatz des ihm durch die vorzeitige Aufhebung des Verhältnisses entstandenen Schadens, jedoch

b) Ist der Gemeinschuldner der Mieter oder Pächter, so wird zwar durch die Konkurseröffnung das Miet- oder Pachtverhältnis nicht aufgehoben, allein sowohl der Vermieter oder Verpächter als der Konkursverwalter kann es ohne Rücksicht auf die vertragsmäßig festgesetzte Dauer jederzeit kündigen, und zwar unter Einhaltung der gesetzlichen Kündigungsfrist, falls nicht vertragsmäßig eine kürzere bedungen war.[42] Kündigt der Konkursverwalter, so ist der Vermieter oder Verpächter berechtigt, Ersatz des ihm durch die vorzeitige Aufhebung des Verhältnisses entstehenden Schadens, jedoch nur als Konkursgläubiger, zu verlangen.[43]

V. Ein auf die fortgesetzte Leistung gleichartiger, sei es niederer oder höherer, Dienste gerichtetes Dienstverhältnis[44] im Haushalte, Wirtschaftsbetriebe oder Erwerbsgeschäfte des Gemeinschuldners, wie z. B. dasjenige eines Dienstboten, einer Amme, eines Erziehers, Hauslehrers, Handlungs- oder Gewerbegehilfen, Fabrikarbeiters, Packers, Markthelfers u. dgl., wird, wenn es zur Zeit der Konkurseröffnung bereits angetreten ist, durch diese gleichfalls nicht aufgehoben; auch ist, wenn nicht nach allgemeinen Vorschriften des bürgerlichen Rechtes ein Grund zu sofortiger

---

nur als KGl., verlangen: § 325 BGB und entspr. § 19 Satz 3 KO; vbd. § 26 KO.

[42] § 19 Satz 1, 2 KO vbd. § 565, 595 BGB. Den Miet- oder Pachtzins kann der Vermieter oder Verpächter für die Zeit vor der KE. nur als KGl., für die Zeit nachher als Massegläubiger fordern: § 59 Nr. 2 KO. Absonderungsrecht des Vermieters oder Verpächters wegen des Zinses: § 49 Nr. 2 KO.

[43] § 19 Satz 3 vbd. § 26, 49 Nr. 2 KO.

[44] D. h. Verpflichtung zu Dienstleistungen aus einem Dienstvertrage. S. § 617, 620 ff. BGB. In § 22 KO ist aber ein dauerndes Dienstverhältnis gemeint. S. auch Mot. § 19 Abs. 4 (83).

Entlassung oder sofortigem Austritte besteht,[45] weder der Konkursverwalter noch der Bedienstete zu sofortiger Aufhebung befugt. Jedoch kann auch hier sowohl jener wie dieser das Verhältnis ohne Rücksicht auf die vertragsmäßig festgesetzte Dauer jederzeit kündigen unter Einhaltung der gesetzlichen Kündigungsfrist, falls nicht die vertragsmäßige kürzer ist.[46] Kündigt der Konkursverwalter, so kann auch hier der Bedienstete Ersatz des ihm durch die vorzeitige Aufhebung des Verhältnisses entstehenden Schadens als Konkursgläubiger verlangen.[47] Ist das Dienstverhältnis zur Zeit der Konkurseröffnung noch nicht angetreten, so greift, falls nicht die zu leistenden Dienste ihrer Natur nach nur dem Gemeinschuldner oder seinen Angehörigen persönlich geleistet werden können,[48] die Regel des § 17 KO (s. ob. II.) ein.

---

[45] S. bes. § 626 BGB, § 70 HGB, § 124a, 133b, 134 Abs. 1 GewO. Ein „wichtiger Grund" zur sofortigen Aufhebung des Verhältnisses kann im Sinne dieser Vorschriften der K. des Dienstherrn selbst sein. § 25 KO steht dem nicht im Wege, weil es sich hier nicht um eine Wirkung der KE. als solcher handelt. Vgl. Jäger[2] § 22 Anm. 18.

[46] § 22 Abs. 1 KO. Die Vorschrift gilt, wie schon der Ausdruck: „in dem Haushalte — — des Gemeinschuldners angetretenes Dienstverhältnis" beweist, auch dann, wenn es sich um Dienste handelt, die ihrer Natur nach nur dem GSch. oder seinen Angehörigen persönlich geleistet werden können. S. auch Prot. 17 fg., 149. Ebenso z. B. Jäger[2] § 22 Anm. 3, Wilm. § 22 Bem. 5, Pet.-Kleinf. § 22 Bem. 2. A. M. Sar.-Boß. § 22 Bem. 1 und die dort Angeführten. — Gesetzliche Kündigungsfristen: § 621 ff. BGB; § 66 HGB (Handlungsgehilfen); § 122, 133a, 134 Abs. 1 GewO (Gesellen und Gehilfen; Betriebsbeamte, Werkmeister und Techniker; Fabrikarbeiter). — Der Anspruch auf den Lohn oder Gehalt ist auch hier für die Zeit vor der KE. nur KForderung, für die Zeit nach der KE. Masseanspruch: § 59 Nr. 2 KO. Vorrecht der KForderungen solcher Bediensteten: § 61 Nr. 1 KO.

[47] § 22 Abs. 2 vbd. § 26 KO.

[48] Wegen dieses Falls s. ob. bei Anm. 23.

Ein Dienstverhältnis, worin der Gemeinschuldner steht, wird, sei es bereits angetreten oder nicht, durch die Konkurseröffnung als solche nicht berührt.[49] Die Vergütung für seine Dienste fließt für die Zeit bis zur Konkurseröffnung, soweit sie der Zwangsvollstreckung unterliegt,[50] als Teil seines damals bereits vorhandenen Vermögens in die Konkursmasse. Für die Zeit nach der Konkurseröffnung dagegen fällt sie als Vergeltung von Dienstleistungen, worauf die Konkursgläubiger keinen Anspruch haben, in das konkursfreie Vermögen des Gemeinschuldners.[51]

VI. Ein von dem Gemeinschuldner erteilter Auftrag erlischt durch die Konkurseröffnung, es wäre denn, daß er sich nicht auf das zur Konkursmasse gehörige Vermögen bezieht.[52] Ist jedoch mit einem Aufschube Gefahr verbunden, so hat der Beauftragte die Besorgung des übertragenen Geschäftes fortzusetzen, bis der Konkursverwalter anderweit Fürsorge treffen kann; der Auftrag gilt insoweit als fortbestehend.[53] Weil diese Fortsetzung zu Gunsten der Konkursmasse zu geschehen hat, so kann der Beauftragte die dadurch für ihn erwachsenden Ersatzansprüche als Massegläubiger geltend machen.[54] Ferner wird aber

---

[49] Doch kann unter Umständen der K. einen „wichtigen Grund" für sofortige Entlassung bilden. Vgl. ob. Anm. 45. Da nach § 613 Satz 1 BGB der zur Dienstleistung Verpflichtete die Dienste im Zweifel in Person zu leisten hat, so greift § 17 KO nur ausnahmsweise ein.

[50] Vgl. § 1, 4, 4a LohnbG vbd. § 850 Nr. 1 CPO.

[51] Vgl. Sar.-Boß. § 1 Bem. 5 IV. c., d. Nr. 1, Wilm. § 1 Bem. 19, Pet.-Kleinf. § 1 Bem. 17, Jäger[2] § 1 Anm. 53.

[52] § 23 Abs. 1 Satz 1 KO. Durch die KE. erlischt also z. B. nicht ein Auftrag des GSch., der sich bei Verwaltungsgemeinschaft auf das eingebrachte Gut seiner Frau bezieht.

[53] § 23 Abs. 1 Satz 2 KO vbd. § 672 Satz 2 BGB.

[54] § 27 KO. Und zwar handelt es sich, da hier ein An-

der Auftrag auch zu Gunsten des Beauftragten so lange als fortbestehend behandelt, bis er von dem Erlöschen Kenntnis erlangt hat oder ohne Fahrlässigkeit sie erlangt haben würde. Die Ersatzansprüche, die hier für ihn durch die Fortsetzung der Geschäftsbesorgung nach der Konkurseröffnung entstehen, sind aber bloße Konkursforderungen.[55]

In gleicher Weise und mit den gleichen Ausnahmen erlischt für denjenigen, welcher kraft eines mit dem Gemeinschuldner geschlossenen Dienstvertrages oder Werkvertrages zur Besorgung eines Geschäftes (oder einer Mehrheit von Geschäften) für ihn verpflichtet ist, durch die Konkurseröffnung die Pflicht und das Recht zu der Besorgung oder Fortsetzung der Besorgung des Geschäftes.[56]

---

spruch aus rechtloser Bereicherung der Masse vorliegt, nach § 59 Nr. 3 KO um eine „Masseschuld". Ebenso, jedoch mit anderer Begründung, Wilm. § 27 Bem. 2.

[55] § 23 Abs. 1 Satz 2 KO vbd. § 674 BGB, § 27 KO. Ist übrigens in diesem Fall die Fortsetzung der Geschäftsbesorgung der KM. in der Weise zu gute gekommen, daß der Nichtersatz der Aufwendungen als Bereicherung der Masse auf Kosten des Beauftragten erschiene, so ist nach § 59 Nr. 3 KO der Ersatzanspruch ebenfalls als Masseanspruch zu betrachten. — Soweit und so lange aus dem einen oder dem anderen Grunde der Auftrag als fortbestehend gilt, dauert gemäß § 168 Satz 1 BGB auch die mit dem Auftrage etwa verbundene Vollmacht fort. S. Begr. z. KÄE § 19a Abs. 2 a. E. (32). Daraus folgt aber nicht, wie es ebend. § 21a Abs. 1 a. E. heißt, daß auch die kraft dieser Vollmacht vorgenommenen Handlungen der KM. gegenüber unbedingt wirksam wären; vielmehr greift hier § 7 KO ein. Vgl. Jäger² § 23 Anm. 11, Wilm. § 23 Bem. 7.

[56] § 23 Abs. 2, 27 KO. Vbd. § 675 BGB. Sehr streitig ist hier der Begriff der Geschäftsbesorgung. Vgl. z. B. Endemann Lehrbuch des Bürg. Rechts 8. Aufl. I. § 172 Anm. 23 (1081). Nach den Mot. z. BGBE 2 527 fallen unter jenen Begriff nicht bloß Rechtshandlungen oder Rechtsgeschäfte, sondern auch Dienstleistungen tatsächlicher Art; doch ist nach den Prot. z. BGBE

Entsprechende Regeln gelten, wenn eine nach § 705 BGB eingegangene Gesellschaft nach § 728 Satz 1 BGB durch die Eröffnung des Konkurses über das Vermögen eines Gesellschafters aufgelöst wird. Die übrigen Gesellschafter sind nämlich, wenn mit einem Aufschube Gefahr verbunden ist, zur einstweiligen Fortführung der ihnen durch den Gesellschaftsvertrag übertragenen Geschäfte verpflichtet, bis der Konkursverwalter in Gemeinschaft mit ihnen anderweit Fürsorge treffen kann; die Gesellschaft gilt insoweit als fortbestehend.[57] Die Ansprüche, die ihnen aus diesem Grunde zufolge der Fortführung der Geschäfte nach der Konkurseröffnung erwachsen, sind Masseansprüche.[58] Auf der anderen Seite gilt auch zu Gunsten eines Gesellschafters die ihm durch den Gesellschaftsvertrag übertragene Befugnis zur Geschäftsführung so lange als fortbestehend, bis er von der Auflösung der Gesellschaft Kenntnis erlangt hat oder

---

2 377 auch wieder nicht in jeder Tätigkeit des Dienstverpflichteten oder Übernehmers eine Geschäftsbesorgung zu finden. Wann im Sinn des § 675 BGB und der § 23 Abs. 2, 27 KO ein Dienstvertrag oder Werkvertrag vorliegt, der eine Geschäftsbesorgung zum Gegenstande hat, wird sich nur nach dem Sprachgebrauche des täglichen Lebens entscheiden lassen, der außer der (allgemein hierher gerechneten) Besorgung von Rechtsgeschäften z. B. auch die Ausführung eines Baues, Anlegung eines Gartens u. dgl., nicht dagegen die Unterrichtserteilung, die ärztliche Behandlung und ähnl. als Geschäftsbesorgung bezeichnet. Auch die Tätigkeit des Dienstboten ist im ganzen keine Geschäftsbesorgung, wenn er auch mit einzelnen Geschäftsbesorgungen betraut werden kann. Vgl. Jäger[2] § 22 Anm. 10. — Nicht unter § 23 KO fällt die Anweisung (§ 783 ff. BGB, § 363 ff. HGB). Hierüber eingehend Jäger[2] § 23 Anm. 17 ff. — Die Eröffnung des K. über das Vermögen des Beauftragten oder durch Dienst- oder Werkvertrag zur Geschäftsbesorgung Verpflichteten berührt an und für sich Recht und Pflicht zur Besorgung der übertragenen Geschäfte nicht. S. jedoch § 671 Abs. 1, 626, 649 BGB. Vgl. auch ob. bei Anm. 21 und 49.

[57] § 728 Satz 2 BGB.

[58] § 28 KO. Und zwar Masseschulden nach § 59 Nr. 2 KO.

ohne Fahrlässigkeit sie erlangt haben würde.[59] Die Ansprüche, die ihm aus dieser Rücksicht zufolge der Fortführung der Geschäfte nach der Konkurseröffnung zustehen, sind aber nur Konkursforderungen.[60] Doch hat auch wegen dieser Ansprüche der Gesellschafter nach § 51 KO ein Recht auf abgesonderte Befriedigung aus dem bei der Teilung des Gesellschaftsvermögens ermittelten Anteil des Gemeinschuldners.[61]

VII. Der Umstand, daß infolge der Konkurseröffnung eine Verbindlichkeit des Gemeinschuldners aus einem gegenseitigen Vertrage[62] nicht oder nicht in der ursprünglich bedungenen Weise, sondern nur nach ihrem Schätzungswerte und nur mit den durch die Aufgabe des Konkursverfahrens bedingten Beschränkungen erfüllt[63] oder aber

[59] § 729 BGB.

[60] § 28 KO. Diese Sätze sind entsprechend auch dann anzuwenden, wenn eine offene Handelsgesellschaft, eine Kommanditgesellschaft oder eine Kommanditgesellschaft auf Aktien durch den K. eines Gesellschafters aufgelöst wird. Vgl. Jäger[3] § 28 Anm. 5, Seuff. 237.

[61] § 28 a. E. KO. Auch wegen der erwähnten Ansprüche, die er als Massegläubiger geltend machen kann, hat er nach § 51 KO dieses Absonderungsrecht. Vgl. Jäger[3] § 28 Anm. 4, Wilm. § 28 Bem. 5.

[62] Aus dem ganzen Inhalte des § 26 KO erhellt, daß es sich hier nur um Verbindlichkeiten aus gegenseitigen Verträgen handelt. Vgl. Jäger[3] § 26 Anm. 12.

[63] Unter der „Erfüllung" einer Verbindlichkeit aus einem Vertrage versteht die KO in § 26, ebenso wie in § 17, 18, nur die vertragsgemäße Vornahme der ursprünglich bedungenen Leistung. Vgl. Mot. § 21 Nr. 1 Abs. 3, 4, 10 (86 fg., 89), RG 18. III. 87 (17 81, 83). Demnach beziehen sich in § 26 KO die Worte: „Wenn in Folge der Eröffnung des KVerf. die Nichterfüllung einer Verbindlichkeit — — des GSch. eintritt" nicht allein auf den Fall, wenn zur Zeit der KE. der Vertragsgegner des GSch. seine Leistung aus dem Vertrage nur erst teilweise gemacht hatte, der KV. aber sich nicht nach § 17 KO

ein Rechtsverhältnis aus einem solchen Vertrage, sei es (wie z. B. ein Miet- oder Pachtverhältnis) durch eine zu der Konkurseröffnung hinzutretende Tätigkeit (insbesondere vorzeitige Kündigung) von Seite des Konkursverwalters oder des anderen Teils, sei es (wie namentlich ein Gesellschaftsverhältnis) kraft Gesetzes, aufgehoben wird,[64] gibt dem anderen Teil nicht das Recht, das von seiner Seite aus dem Vertrage Geleistete (z. B. die dem Gemeinschuldner verkaufte und übergebene Sache) aus der Konkursmasse zurückzufordern, es wäre denn, daß er, sei es weil er zur Zeit der Konkurseröffnung Eigentümer des geleisteten Gegenstandes war, sei es aus einem anderen Grunde, die Rückgabe als Aussonderungsberechtigter verlangen kann.[65] Viel-

---

für die beiderseitige vollständige Leistung in der vertragsmäßigen Art entscheidet, sondern auch und namentlich auf den anderen, wenn zur Zeit der KE. die Leistung des Vertragsgegners schon vollständig erfolgt war und nur diejenige des GSch. ganz oder teilweise noch ausstand. Vgl. Mot. § 21 Nr. 1 Abs. 10—12 (89 ff.).

[64] S. § 19, 21 Abs. 3, 22, 25 KO. Vgl. ob. IV., V., VI. a. E. S. auch § 5 I.

[65] § 26 Satz 1 vbd. § 24, 43, 44 KO. Vgl. Mot. § 21 Nr. 1 Abs. 8—13, 15 (89 ff., 91). Die Vorschrift des § 26 Satz 1 KO war namentlich wichtig gegenüber dem Grundsatze des französischen Rechtes (c. civ. art. 1184 vbd. art. 1610, 1654, 2102 nr. 4), wonach bei einem gegenseitigen Vertrage wegen Nichterfüllung von der einen Seite der andere Teil entweder auf die Erfüllung oder auf die Auflösung des Vertrages nebst Schadenersatz klagen kann. Sie versagte nämlich dem Vertragsgegner des GSch. die Klage auf die Rückgabe des von ihm Geleisteten aus der KM., wenn der Grund, weshalb der Vertrag von Seite des GSch. nicht in der ursprünglich bedungenen Weise erfüllt wird, in der KE. liegt. Vgl. Mot. § 21 Abs. 10—13 (88 fg.). Das rechtfertigt sich, wie die Motive anführen, daraus, daß die zufolge der KE. eintretende Veränderung der Art oder Beschränkung der Erfüllung einer Verbindlichkeit des GSch. im Rechtssinn keine Nichterfüllung, sondern eben die konkursmäßige Erfüllung ist. Vgl. ob. Anm. 11. Mithin muß aber auch der für den Fall der Nichterfüllung der Verbindlichkeit des

mehr kann er, abgesehen von diesem Fall, jeden Anspruch, der ihm wegen der „Nichterfüllung" oder der Aufhebung nach Bewandtnis der Umstände zukommt, nur als Konkursforderung geltend machen, falls ihm nicht etwa ein Absonderungsrecht (z. B. eine hypothekarische Sicherung seines Anspruches) zusteht.[66]

Käufers ausdrücklich verabredete Rückfall des Eigentums der verkauften Sache an den Verkäufer unterbleiben, wenn zufolge der KE. über das Vermögen des Käufers an die Stelle der Erfüllung in der vertragsmäßigen Gestalt die konkursmäßige tritt. Ebenso Oetker in BuschsZ 14 29, Jäger² § 26 Anm. 16. A. M. Wilm. § 26 Bem. 6 a. E. Desgleichen kann, wenn für den Fall der Nichterfüllung der Verbindlichkeit des Käufers die Rückübertragung des Eigentums des verkauften Grundstückes vereinbart und durch eine Vormerkung gesichert ist, trotz § 24 KO der Verkäufer die Rückauflassung vom KV. nicht verlangen, wenn die vertragsmäßige oder vollständige Erfüllung nur zufolge der KE. unterbleibt. Ebenso Jäger² § 26 Anm. 8, Pet.-Kleinf. § 26 Bem. 3 a. E. A. M. Wilm. § 26 Bem. 8. — Ist der Rückfall des Eigentums an den Vertragsgegner bezw. sein durch Vormerkung gesicherter Anspruch auf Rückübertragung schon vor der KE. ins Leben getreten, so hat er ein Aussonderungsrecht. Desgleichen, wenn das Eigentum nach der KE. zufolge des Eintrittes einer anderen auflösenden Bedingung als der oben erwähnten an ihn zurückfällt, weil dieser Fall nicht von § 26 Satz 1 KO getroffen wird. S. § 158 Abs. 2 und § 161 Abs. 2 vbd. Abs. 1 BGB. Vgl. Wilm. § 15 Bem. 5, § 26 Bem. 4, Jäger² § 1 Anm. 55, § 26 Anm. 5.

[66] § 26 Satz 2 KO. Hierher gehört namentlich die „Forderung wegen Nichterfüllung" des § 18 KO, ferner aber auch die Entschädigungsforderung wegen Nichterfüllung, die dem Vertragsgegner des GSch. erwächst, wenn in den Fällen des § 17 KO der KV. sich nicht für die Erfüllung des gegenseitigen Vertrages entscheidet (s. ob. II.). Sodann die Schadenersatzforderung des Vermieters oder Verpächters nach § 19 Satz 3 KO und des Bediensteten nach § 22 Abs. 2 KO wegen vorzeitiger Kündigung des Miet-, Pacht- oder Dienstverhältnisses von Seite des KV., und die Schadenersatzforderung des Mieters oder Pächters eines dem GSch. gehörigen Grundstückes, wenn der KV. dieses veräußert und der Erwerber jenem vorzeitig kündigt (s. ob. Anm. 41). — Da

§ 7.

3. Einwirkung der Konkurseröffnung auf anhängige Prozesse.*

I. Da durch die Konkurseröffnung der Gemeinschuldner die Geschäftsfähigkeit und mithin die Prozeßfähigkeit nicht verliert, so übt sie auf Prozesse, welche die Konkursmasse nicht betreffen, keinen Einfluß. Solche Prozesse können daher ohne Rücksicht auf das Konkursverfahren von dem Gemeinschuldner wie gegen ihn erhoben oder, wenn sie zur Zeit der Konkurseröffnung bereits anhängig waren, fortgesetzt werden. Hierher gehören zuvörderst Prozesse über Ansprüche von nicht vermögensrechtlicher Natur, wie z. B. über Ehescheidung, Feststellung der Vaterschaft oder Kindschaft u. dgl. Sodann Prozesse über Ansprüche auf höchstpersönliche Leistungen von Seite des Gemeinschuldners oder an ihn, wie z. B. auf ärztliche Behandlung oder Unterrichtserteilung. Endlich aber auch Prozesse über Ansprüche auf Vermögensleistungen, wenn diese die Konkursmasse nicht berühren, wie Ansprüche des Gemeinschuldners auf Herausgabe oder Verschaffung von Sachen, die, weil der Zwangsvollstreckung nicht unterworfen, nicht in die Konkursmasse fallen, wie z. B. eines Krankenstuhls, Ansprüche an den Gemeinschuldner auf Herausgabe solcher Sachen, Ansprüche

---

in den Fällen des § 17 KO die Entschädigungsforderung des Vertragsgegners nur eine Veränderung des Inhaltes seiner Forderung auf die Vertragsleistung des GSch. ist, ähnlich wie wenn dieser sich schuldhafterweise zu dieser Leistung außer stande gesetzt hätte, so ist sie durch ein Absonderungsrecht gesichert, wenn seine Forderung auf die Vertragsleistung durch ein solches gesichert war. Vgl. Mot. § 21 Abs. 13 a. E. und 24 (89 g. E., 93), Jäger[2] § 17 Anm. 48.

* Litt.: W. Voigt, Der Einfluß des Konkurses auf die schwebenden Prozesse des Gemeinschuldners. Leipzig 1903.

an den Gemeinschuldner, wofür, weil sie erst nach der Konkurseröffnung begründet worden sind oder nach § 63 KO nicht zu den Konkursforderungen gehören, keine Befriedigung aus der Konkursmasse verlangt werden kann.[1]

II. Prozesse dagegen, welche die Konkursmasse betreffen, d. h. deren Entscheidung für den Bestand der Aktiven oder der Passiven dieser Masse bestimmend ist,[2] kann während der Dauer des Konkursverfahrens der Gemeinschuldner nicht mit Wirksamkeit führen, weil er für diese Vermögensmasse nach Aktiven und Passiven durch die Konkurseröffnung die Verwaltungs- und Verfügungsbefugnis und damit auch die Vertretungsbefugnis[3] verloren hat, so daß er ihr praktisch fast wie einem fremden Vermögen gegenübersteht. Die Verwaltungs-, Verfügungs- und Vertretungsbefugnis in Ansehung der Konkursmasse steht jetzt dem Konkursverwalter zu, und er allein hat daher für die Prozesse, die sie betreffen, das Prozeßführungsrecht.[4] Der Gemein-

---

[1] S. Mot. §§ 8 u. 9 Abs. 2, 3 (41). Vgl. ob. § 5 I., II., Voigt 45 ff.

[2] S. Voigt 50 ff. Vgl. ob. § 5 II.

[3] Vgl. Mot. §§ 8 u. 9 Abs. 4 (42).

[4] So nach dem Sprachgebrauche von Hellwig Lehrb. des Deut. Civilprozeßrechts 1 § 25 III. Nr. 4 (155 ff.). Nach dem gewöhnlichen Sprachgebrauche fehlte für die genannten Prozesse dem GSch. die Sachlegitimation, die während des KVerf. nur dem KV. zukäme. S. z. B. Mot. §§ 8 u. 9 Abs. 5 (42), RG 30. III. 92 (**29** 37), 19. X. 00 (**47** 374). Hellwig hat aber gezeigt, daß zwischen dieser und dem Prozeßführungsrechte zu unterscheiden ist. Der Mangel des Prozeßführungsrechtes ist von Amts wegen zu berücksichtigen. S. Hellwig a. a. O. 156 Anm. 40. — Nach einer sehr verbreiteten, auch in den früheren Auflagen dieses Lehrbuches und in mehrfachen Entscheidungen des Reichsgerichtes (z. B. 1. VII. 90 — **26** 68, 6. III. 91 — **27** 113 ff.) vertretenen Ansicht verlöre der GSch. für die die KM. betreffenden Prozesse die Prozeßfähigkeit, und diese Prozesse wären von dem KV. als seinem gesetzlichen Vertreter zu führen. S. z. B. Wach Handb. des Deut. Civilprozeßrechts 1 542 ff., Pet.-Kleinf.

schuldner hat zu solchen Prozessen im ganzen die Stellung eines nur mittelbar beteiligten Dritten. Partei darin ist nicht er, sondern der Konkursverwalter als Vertreter der Konkursmasse.[5]

Deshalb wird jeder zur Zeit der Konkurseröffnung anhängige Prozeß, woran der Gemeinschuldner als Hauptpartei beteiligt ist,[6] wenn er die Konkursmasse betrifft, durch die Konkurseröffnung unterbrochen, und zwar gleich-

§§ 10, 11 Bem. 1, Wilm. Vorbem. 3. f. vor § 1, § 10 Bem. 6, Jäger[3] § 6 Anm. 23, Voigt 97 u. A. Allein als ein gewöhnlicher gesetzlicher Vertreter des GSch., etwa einem Vormunde entsprechend, kann der KV. schon darum nicht angesehen werden, weil sonst die gedachten Prozesse im Namen des GSch. zu führen wären und das Urteil auf seine Person lauten, also gegen sein konkursfreies Vermögen vollstreckbar sein müßte. Vgl. RG. 30. III. 92 (**29** 37).

[5] S. ob. § 5 Anm. 25. Vgl. Mot. §§ 8 u. 9 Abs. 10 a. E., 14 (43, 44). Daraus folgt z. B., daß in solchen Prozessen der GSch. als Zeuge vernommen werden kann (so RG 30. III. 92 — **29** 29 ff.), § 473 Abs. 2 CPO dagegen unanwendbar ist (Mot. Abs. 14, RG ebend. 30). Nach RG 4. XI. 02 (**53** 8 ff.) ist auch § 473 Abs. 1 CPO unanwendbar; dem KV. kann aber über Handlungen oder Wahrnehmungen des GSch. als seinem Rechtsnachfolger im Sinne des § 445 CPO der Eid zugeschoben werden. Ferner kann der GSch. neben dem KV. als Streitgenosse verklagt werden (folgt aus § 146 Abs. 3 vbd. § 144 Abs. 2 KO). Auch muß er ihm als Nebenintervenient beitreten können. (So z. B. Seuff. 182, Hellwig CPLehrb. 1 310 Anm. 10. e. Anders Mot. Abs. 14 und RG 16. IX. 91 — **28** 422 ff., weil das Interesse des GSch. an dem Obsiege des KV. kein rechtliches, sondern nur ein tatsächliches (?) und überdies vom KV. wahrzunehmen sei. S. übrigens RG 4. IV. 94 — **33** 368.) Wegen Bedürftigkeit des GSch. hat der KV. für die das KVermögen betreffenden Prozesse keinen Anspruch auf Bewilligung des Armenrechtes (RG 4. IV. 94 — **33** 366 ff.). U. dgl. m. Wer den KV. für einen gewöhnlichen gesetzlichen Vertreter des GSch. hält, muß fast alle diese Fragen im gegenteiligen Sinn entscheiden. Vgl. z. B. Voigt 97 fg. S. jedoch Jäger[3] § 6 Anm. 27 ff.

[6] Die Beteiligung des GSch. bloß als Nebenintervenienten hat natürlich keine Unterbrechung des Prozesses zur Folge. Näheres über diesen Fall bei Voigt 34 ff.

viel, ob der Gemeinschuldner darin Kläger oder Beklagter ist, ob im letzten Fall der Anspruch, worum es sich handelt, nach der Konkurseröffnung als Konkursforderung oder als Aussonderungs-, Absonderungs- oder Masseanspruch erscheint, ob endlich der Gemeinschuldner den Prozeß durch einen Prozeßbevollmächtigten führte oder nicht.[7] Diese Unterbrechung dauert so lange, bis das Verfahren nach Maßgabe der Vorschriften der Konkursordnung aufgenommen, oder, falls dies während des Konkursverfahrens nicht geschehen, bis das Konkursverfahren durch Aufhebung oder Einstellung beendigt wird.[8]

III. Was die Beseitigung der Unterbrechung durch Aufnahme des Verfahrens anlangt, so ist zuvörderst zu unterscheiden zwischen Prozessen über die Aktivmasse und

[7] § 240 CPO vbd. § 246 CPO, wo nur auf die § 239, 241, 242 verwiesen ist. Vgl. Mot. §§ 8 u. 9 Abs. 6—8 (42), § 10 Abs. 2, 3, 8, 10 (46 fg., 48 fg.), § 134 Abs. 5 (365), Prot. der Reichstags-Kommission zur Beratung der CPO 76 a. E. In § 240 CPO ist unter „Konkursmasse" gemäß § 1 KO die Sollmasse, nicht die Istmasse (s. unt. § 13 I.) zu verstehen. Vgl. Voigt 58 ff. A. M. Oetker in Buschs Z 25 36 ff. Durch die Eröffnung eines Sonderkonkurses werden nur die die KM. dieses Sonderkonkurses betreffenden Prozesse unterbrochen, also z. B. durch Eröffnung eines Nachlaßkonkurses bloß die den Nachlaß betreffenden. Über den Fall, wenn einer von mehreren Streitgenossen in K. gerät, s. Voigt 24 ff. — Die Unterbrechung tritt ein mit dem in § 108 KO bezeichneten Zeitpunkte der KE. Wegen der Folgen der Unterbrechung s. § 249 CPO und Voigt 74 ff. — In entsprechender Weise und aus dem gleichen Grunde wird ein anhängiger Prozeß, worin der Erbe Partei ist, falls er den Nachlaß betrifft, durch die Anordnung der Nachlaßverwaltung unterbrochen: § 241 Abs. 2 CPO. Vgl. ob. § 5 Anm. 25.

[8] § 240 CPO vbd. § 10, 11, 144 Abs. 2, 146 Abs. 3 KO. Der Zeitpunkt der Beendigung ist derjenige der Erlassung, nicht erst der Bekanntmachung, des Aufhebungs- oder Einstellungsbeschlusses. S. unt. § 42 bei Anm. 26, § 48 bei Anm. 27, § 51 bei Anm. 33. Vgl. RG 5. X. 99 (45 326).

Prozessen über die Passivmasse, je nachdem von der Entscheidung des Prozesses ein höherer oder geringerer Bestand der Teilungsmasse oder der Schuldenmasse abhängt.

1. Bei Prozessen über die Aktivmasse ist sodann weiter zwischen Aktivprozessen und Passivprozessen zu unterscheiden.[9]

a) Handelt es sich um einen Aktivprozeß, d. h. um einen Prozeß über ein Vermögensrecht (wie z. B. Eigentum, Grunddienstbarkeit, Nießbrauch, Hypothek, Forderung), das der Gemeinschuldner für sich in Anspruch genommen hat, was gewöhnlich, aber durchaus nicht notwendig, bloß dann der Fall, wenn er in dem Prozesse als Kläger oder Widerkläger aufgetreten ist,[10] so kann zunächst der Konkursverwalter nach seinem Ermessen den Prozeß für die Konkursmasse aufnehmen oder die Aufnahme ablehnen.[11] Wenn

[9] Vgl. Mot. §§ 8 u. 9 Abs. 7, 15, 16 (42, 45 fg.).

[10] Nach den Mot. §§ 8 u. 9 Abs. 8 (42) wäre in § 8 (jetzt 10) KO von denjenigen Prozessen die Rede, worin der GSch. Kläger, in § 9 (jetzt 11) KO von denjenigen, worin er Beklagter ist. Allein der Wortlaut der § 10, 11 KO zwingt zu dieser Annahme nicht, und im Sinne des Gesetzes fällt unter § 10 KO z. B. auch eine Klage gegen den GSch. auf Löschung einer für ihn auf ein Grundstück des Klägers eingetragenen Hypothek oder auf Feststellung des Nichtbestehens einer vom GSch. behaupteten Forderung an den Kläger u. dgl. m. So die weitaus herrschende Meinung; s. z. B. Voigt 102 ff., Wilm. § 10 Bem. 4, Pet.-Kleinf. §§ 10, 11 Bem. 5, Sar.-Boß. § 10 Bem. 2. S. auch RG 24. XI. 99 (**45** 374 ff.). A. M. hinsichtlich der gegen den GSch. anhängigen verneinenden Feststellungsklagen Jäger² § 10 Anm. 13, § 11 Anm. 1. Für die Anwendung des § 10 KO kommt es vielfach auch auf den Stand des Prozesses zur Zeit der KE. an. So trifft er z. B. den Anspruch des GSch., von dem auf Grund eines vorläufig vollstreckbaren Urteils ein Betrag eingezogen ist, auf Rückgabe dieses Betrages. S. RG 31. XII. 83 (**11** 398 ff.). Prozesse, die auf beiden Seiten Aktivprozesse sind: Voigt 104 c. S. auch RG 24. XI. 99 (**45** 376 fg.).

[11] § 10 KO. Bei einem Werte des Streitgegenstandes von mehr als 300 ℳ muß der KV., wenn er die Aufnahme ablehnen will,

er seine Erklärung darüber verzögert, d. h. ungebührlich hinausschiebt, so kann ihn zur Beseitigung der Ungewißheit der Prozeßgegner mittels Zustellung eines Schriftsatzes zur Aufnahme laden, womit, falls nach der Lage der Sache noch eine Verhandlung zur Hauptsache erforderlich ist, sogleich die Ladung zu dieser Verhandlung verbunden werden kann. Erscheint der Konkursverwalter, so hat er sich nach Feststellung seiner Eigenschaft als solchen[12] über die Aufnahme oder ihre Ablehnung zu erklären. Erscheint er nicht, so ist auf Antrag der erschienenen Gegenpartei, wiederum nach Feststellung seiner Legitimation, durch Versäumnisurteil die Aufnahme des Verfahrens auszusprechen und, wenn er zugleich zur Verhandlung der Hauptsache geladen war, auch über diese selbst zu entscheiden.[13]

---

die Genehmigung des Gläubigerausschusses, falls ein solcher bestellt ist, einholen und dem GSch. von seiner Absicht rechtzeitige Anzeige machen: § 133 Nr. 2, 135 Abs. 1 KO. S. aber § 136 KO. Zur Ablehnung bedarf es wie zu der Aufnahme (s. unt. IV.) einer Erklärung an den Prozeßgegner. Auch ist die eine wie die andere unwiderruflich. S. unt. Anm. 15 und Voigt 113 fg.

[12] Diese Eigenschaft ist nach § 56 Abs. 1 CPO von Amts wegen zu prüfen, weil der KV. als gesetzlicher Vertreter der KM. erscheint. Vgl. auch ob. Anm. 4. Ebenso natürlich diejenigen, welche den KV. als gesetzlichen Vertreter des GSch. betrachten. S. z. B. Voigt 108. A. M. Sar.-Boß. § 10 Bem. 4 Abs. 2, weil der KV. kein gesetzlicher Vertreter sei. — Auch die Frage der Zugehörigkeit der streitigen Berechtigung zur KM. hat das Gericht im Falle eines Bedenkens von Amts wegen zu prüfen, weil bei Nichtzugehörigkeit dem KV. das Prozeßführungsrecht fehlt. Auch kann diese vom Prozeßgegner nach § 274 Nr. 7 CPO geltend gemacht werden. S. Voigt 109. Der GSch. kann der Einbeziehung der Berechtigung zur KM. durch Aufnahme des Prozesses von Seite des KV. nicht bloß im Wege einer Klage gegen diesen entgegentreten, sondern auch entspr. § 766 CPO durch Anrufung des Konkursgerichtes. Vgl. unt. § 13 VI.

[13] § 10 Abs. 1 Satz 2 KO vbd. § 239, 335 Nr. 1 CPO. Vgl. RCP § 45 II. Nr. 1. Näheres Voigt 118 ff.

Lehnt der Konkursverwalter die Aufnahme des Prozesses ab, so liegt darin die Erklärung, die streitige Berechtigung nicht zur Konkursmasse ziehen zu wollen. Hierdurch scheidet diese Berechtigung aus der Masse aus und gehört also jetzt zu dem konkursfreien Vermögen des Gemeinschuldners.[14] Mithin hat dieser nunmehr für sie das Prozeßführungsrecht, und der Rechtsstreit kann daher sowohl von ihm gegen den Prozeßgegner als von diesem gegen ihn aufgenommen werden, ohne daß der Ausgang, falls die streitige Berechtigung als ein selbständiges, aus der Konkursmasse ausscheidbares Vermögensstück erscheint, diese Masse berührt.[15] Hat jene Berechtigung, wie z. B. eine zu Gunsten eines zur Konkursmasse gehörigen Grundstückes des Gemeinschuldners behauptete Grunddienstbarkeit, keine

---

[14] S. unt. § 13 III. a. E.

[15] § 10 Abs. 2 KO vbd. Mot. §§ 8 u. 9 a. E. (46), Prot. 97. Wegen der Kosten, wozu der GSch. schon vor der KE. verurteilt worden ist, s. unt. V. a. E. — Hat sich aber der KV. durch Aufnahme des Prozesses einmal als Vertreter der KM. zur Prozeßpartei gemacht, so kann er sich dieser Stellung nicht mehr zu Ungunsten der Gegenpartei entziehen. Verzichtet er daher auf den Gebrauch eines Rechtsmittels gegen ein wider ihn ergangenes Urteil, so kann auch der GSch. kein Rechtsmittel einlegen; vielmehr wird jetzt das Urteil gegen jenen und folglich auch gegen diesen rechtskräftig. Vgl. Mot. §§ 8 u. 9 Anm. 3 zu Abs. 14 (44). S. auch Wilm. § 10 Bem. 7, Voigt 107. — Eine Ausnahme von der Regel des § 10 Abs. 2 KO ergibt sich aus § 17 KO. Hat nämlich der GSch. vor der KE. aus einem beiderseits noch nicht vollständig erfüllten gegenseitigen Vertrage geklagt, so kann der KV. nicht durch Ablehnung der Aufnahme des Prozesses bewirken, daß nun der GSch. diesen für sein konkursfreies Vermögen aufnehmen könnte. Vielmehr kommt es, wenn sich nicht der KV. für die Erfüllung des Vertrages entscheidet, überhaupt nicht zu dieser Erfüllung, sondern der Vertragsgegner hat nur eine KForderung auf Entschädigung wegen der Nichterfüllung. Vgl. ob. § 6 II. Der schwebende Prozeß ist damit also in der Hauptsache erledigt und kann nur wegen des Kostenpunktes vom KV., oder,

solche Selbständigkeit, so kommt freilich der Obsieg des Gemeinschuldners notwendig der Konkursmasse zu gute.[16]

b) Ist der anhängige Prozeß über die Aktivmasse ein Passivprozeß, d. h. ein solcher, worin gegen den Gemeinschuldner (gewöhnlich, aber nicht notwendig, als Beklagten oder Widerbeklagten) von seinem Prozeßgegner ein Vermögensrecht in Anspruch genommen wird, das nach der Konkurseröffnung als ein Aussonderungsrecht (z. B. Eigentum an einer vom Konkursverwalter zur Konkursmasse gezogenen Sache), ein Absonderungsrecht (z. B. eine Hypothek an einem zur Konkursmasse gehörigen Grundstücke) oder ein Masseanspruch erscheint (so namentlich dann, wenn der Prozeßgegner gegen den Gemeinschuldner aus einem beiderseits noch nicht vollständig erfüllten gegenseitigen Vertrage geklagt hat und der Konkursverwalter sich nach § 17 KO für die Erfüllung des Vertrages entscheidet): so kann der Prozeß sowohl von dem Konkursverwalter gegen den Prozeßgegner als von diesem gegen jenen aufgenommen werden.[17]

---

falls dieser die Aufnahme ablehnt, vom GSch. oder von dem Prozeßgegner aufgenommen werden. Vgl. Voigt 116 fg. S. auch RG 29. VI. 98 (41 133 ff.).

[16] Ebenso Voigt 115 fg., Jäger[2] § 10 Anm. 27, Sar.-Boß. § 10 Bem. 5 Nr. 2 a. E., Pet.-Kleinf. §§ 10, 11 Bem. 11 a. E. A. M. Seuff. 182 Anm. 7 (was der GSch. erstreitet, soll auch in diesem Fall nicht zur KM. gehören), Wilm. § 10 Bem. 12 (mit dem in der Ablehnung des Verwalters erklärten Verzichte sei die Sache und der Prozeß erledigt).

[17] § 11 Abs. 1 KO vbd. Prot. 97 fg. Als Prozeß über einen Aussonderungsanspruch erscheint auch der Streit über eine Dienstbarkeit, die der Prozeßgegner an einer zur KM. gehörigen Sache in Anspruch nimmt, sei es daß jener konfessorisch, oder daß der GSch. negatorisch als Kläger aufgetreten war. S. Mot. Vorbem. z. Buch I. Tit. 4 Abs. 2 (155) und Wilm. § 11 Bem. 2, Sar.-Boß. § 11 Bem. 1 Abs. 1 a. E. Prozeß über einen Absonderungsanspruch ist der Streit über eine Hypothek des Prozeßgegners an einem zur KM. gehörigen Grundstücke auch

Erkennt jedoch im letzten Fall der Konkursverwalter den Anspruch sofort, d. h. ohne vorherige Bestreitung, bei der mündlichen Verhandlung an, so ergeht zwar auf Antrag des Gegners ein dem Anerkenntnisse entsprechendes Urteil gegen jenen, aber der Konkursmasse fallen keine Prozeßkosten als Masseschuld zur Last.[18] Handelt es sich um

---

dann, wenn der GSch. auf Löschung der Hypothek geklagt hat. Vgl. ob. Anm. 10, Voigt 130, Sar.-Boß. a. a. O. A. M. Jäger[2] § 11 Anm. 6. Als Prozeß über einen Masseanspruch erscheint ein vor der KE. begonnener Rechtsstreit doch nicht bloß, wie die Mot. §§ 8 u. 9 vorl. Abs. (45) sagen, in dem im Texte genannten Fall, sondern unter Umständen auch, wenn der Prozeßgegner aus einem gegenseitigen Vertrage geklagt hat, dessen Erfüllung nach § 19, 21, 22 KO über die KE. hinaus erfolgen muß, z. B. als Mieter auf Einräumung des Gartengenusses. Vgl. § 59 Nr. 2 KO. Ebenso Voigt 137, 139 ff. S. auch § 224, 236 KO.

[18] § 307 CPO und § 11 Abs. 2 KO. Vgl. § 93 CPO und Prot. 98. S. auch Voigt 142. Über die Frage, wie in diesem Fall über den Kostenpunkt zu entscheiden sei, sind die Ansichten sehr geteilt. Allgemein ist nur soviel anerkannt, daß der Prozeßgegner trotz seines Sieges in sämtliche Kosten zu verurteilen ist, wenn die Voraussetzungen des § 93 CPO vorliegen. Aber auch, wenn sie nicht vorliegen, wird nach § 11 Abs. 2 KO vbd. § 93 CPO ebenso zu entscheiden sein, da doch über die Kosten eine Entscheidung ergehen muß, die KM. aber durch Prozeßkosten keine Verminderung erleiden soll. Jedoch muß in diesen Fällen der Prozeßgegner die Kosten, die nach § 91 CPO der GSch. zu tragen hat, soweit sie schon vor der KE. entstanden sind, im Wege des Rückgriffes an diesen als KForderung geltend machen können. Soweit sie erst nach der KE. entstanden sind, kann er sich freilich nur an das konkursfreie Vermögen des GSch. halten. So Voigt 142, Sar.-Boß. § 11 Bem. 4 Abs. 2, Wilm. § 11 Bem. 6, Pet.-Kleinf. §§ 10, 11 Bem. 12 a. E. A. M. Jäger[2] § 11 Anm. 14. Dreht sich der Prozeß um ein Absonderungsrecht des Prozeßgegners, das, wie bei Hypothek, Grundschuld und Pfandrecht, auch die Kosten der Rechtsverfolgung umfaßt (s. § 1118, 1192, 1210 BGB), so versteht sich von selbst, daß sich der Prozeßgegner aus dem Absonderungsgegenstand auch wegen seiner Kosten befriedigen darf. Vgl. Voigt 142 Anm. 1 a. E., Jäger[2] § 11 Anm. 16, Wilm. § 11 Bem. 7.

ein Aussonderungs- oder Absonderungsrecht, so kann sich der Konkursverwalter von der Übernahme des Prozesses losmachen durch die vor seiner Aufnahme abgegebene Erklärung, daß er den Gegenstand jenes Rechtes nicht zur Konkursmasse ziehe. Denn dadurch scheidet dieser Gegenstand aus der Masse aus, und folglich erscheint jetzt der Prozeß als ein sie nicht betreffender, der demnach nur gegen den Gemeinschuldner oder von ihm aufgenommen werden kann.[19]

2. Die anhängigen Prozesse über die Passivmasse, sämtlich Passivprozesse, sind diejenigen, worin sich das von dem Prozeßgegner gegen den Gemeinschuldner in Anspruch genommene Recht nach der Konkurseröffnung als eine Konkursforderung darstellt. Weil die Konkursgläubiger während des Konkursverfahrens für ihre Befriedigung lediglich auf die Konkursmasse angewiesen sind und die ihren Forderungen entsprechenden Verbindlichkeiten als Passiven dieser Masse erscheinen, so ist auch ein schwebender Prozeß über eine Konkursforderung im Sinne von § 240 CPO ein „Verfahren, welches die Konkursmasse betrifft", und wird daher durch die Konkurseröffnung unterbrochen.[20] Die Beseitigung dieser Unterbrechung durch Aufnahme des Verfahrens kann während des Konkursverfahrens nur erfolgen, wenn der Prozeßgegner des Gemeinschuldners die Forderung im Konkursverfahren angemeldet hat, und sie nun im Prü-

---

[19] Entspr. § 10 Abs. 2 KO. Vgl. unt. § 13 III. Ebenso Voigt 136, Seuff. 182, Jäger[2] § 11 Anm. 9, Pet.-Kleinf. §§ 10, 11 Bem. 12 u. A.

[20] S. Mot. § 10 Abs. 2 (46 fg.), § 134 Abs. 5 (365 a. E.), Prot. 99 fg. Ebenso Jäger[2] § 12 Anm. 1, Pet.-Kleinf. § 12 Bem. 2, Seuff. 188, Kohler 178, Voigt 62 ff., 144. A. M., wonach die Unterbrechung nur einträte, wenn der Gläubiger seine Forderung im KVerf. anmeldet, weil sonst der Prozeß die KM. nicht beträfe: Mot. § 10 Abs. 7, 8 (48 fg.), RG 6. XII. 89 (25 17 fg.), Wilm. § 12 Bem. 2 Abs. 3, Sar.-Boß. § 12 Bem. 2 Abs. 2, Oetker Grdb. 126 ff., 337 fg.

fungstermin ganz oder für einen Teil ihres Betrages, sei es von Seite des Konkursverwalters oder eines oder mehrerer Konkursgläubiger, sei es von Seite des Gemeinschuldners, bestritten wird.[21] Wegen des sonach streitig gebliebenen Betrages kann dann nämlich der Prozeß im ersten Fall gegen den bestreitenden Konkursverwalter oder den oder die bestreitenden Gläubiger zur Feststellung der Forderung für das Konkursverfahren, im zweiten Fall gegen den bestreitenden Gemeinschuldner zur Erlangung eines Vollstreckungstitels für die Zeit nach der Beendigung des Konkursverfahrens aufgenommen werden.[22] Wird die Forderung im Prüfungstermin von keiner Seite bestritten, so gilt sie zufolge der Eintragung dieses Ergebnisses in die Tabelle den sämtlichen genannten Beteiligten gegenüber einer durch rechtskräftiges Urteil festgestellten gleich, womit sich der bei der Konkurseröffnung anhängige Prozeß praktisch erledigt.[23] Der Prozeßgegner des Gemeinschuldners kann demnach nicht mit Verzicht auf die Teilnahme am Konkursverfahren den Prozeß gegen den Gemeinschuldner fortsetzen.[24]

IV. Die Aufnahme des Prozesses geschieht jedesmal durch Zustellung eines Schriftsatzes an die Gegenpartei oder durch mündliche Erklärung in einem Verhandlungs-

---

[21] S. § 138 ff. KO.

[22] § 146 Abs. 1, 3, 144 Abs. 2 KO. Näheres unt. § 12 IV., VI. Diese Grundsätze gelten auch für anhängige Prozesse über solche KForderungen, welche, wie in den meisten Staaten die Steuerforderungen, nicht im Rechtswege, sondern im Verwaltungswege zu verfolgen sind, vorausgesetzt daß solche Verwaltungsprozesse durch die KE. unterbrochen werden, was sich nach den Landesrechten bemißt. S. § 146 Abs. 5 KO und Mot. § 10 a. E. (49).

[23] § 144 Abs. 1, 145 Abs. 2, 164 Abs. 2 KO. Vgl. Mot. § 10 Abs. 8 (48 fg.). S. aber auch RG 3. IV. 91 (27 116 ff.).

[24] So auch Jäger[3] § 12 Anm. 6. Anders mit Mot. § 10 Abs. 7 u. 8 (48 fg.), Prot. 99 fg., RG 22. I. 92 (29 73 ff.) die herrschende Ansicht. Vgl. unt. § 9 I. Nr. 1.

termin.[25] Der aufgenommene Prozeß wird in der Lage fortgesetzt, worin er sich zur Zeit der Konkurseröffnung befand, und was vorher zwischen dem Gemeinschuldner und seinem Prozeßgegner geschehen ist, wie z. B. Geständnisse, Eidesleistungen, Einlegung eines Rechtsmittels oder des Einspruches u. dgl., behält daher seine Kraft, soweit nicht eine Anfechtung möglich ist.[26] Dagegen kann nach der Aufnahme des Prozesses von Seite des Konkursverwalters oder gegen ihn der Gemeinschuldner, der jetzt gar nicht mehr Partei ist, darin keinerlei Prozeßhandlungen mehr mit Wirksamkeit vornehmen.[27] Ist bei Beendigung des Konkursverfahrens der Prozeß noch anhängig, so geht er, falls ihn nicht ausnahmsweise der Konkursverwalter zu Ende zu führen hat,[28] nunmehr ohne neue Unterbrechung

[25] § 250 CPO und Begr. zu § 219 Entw. der CPO (179). Vgl. RG 9. V. 98 (41 405). S. jedoch RG 17. III. 02 (51 97), wonach es nur darauf ankäme, daß der Wille, den Prozeß fortzusetzen, bestimmt und unzweideutig im weiteren Verfahren zum Ausdrucke gelangt wäre. Vgl. noch Voigt 89 ff.

[26] § 10 Abs. 1 KO vbd. Mot. §§ 8 u. 9 Abs. 14 (44), § 10 Abs. 8 a. E. (49), § 134 Abs. 5 (365 fg.). Vgl. Voigt 92 fg.

[27] S. ob. II. Vgl. Mot. §§ 8 u. 9 Abs. 14 (44). Da der KV. als gesetzlicher Vertreter der KM. den Prozeß an Stelle des GSch. als des bisherigen Vertreters dieser Vermögensmasse fortsetzt, so entspricht das Verhältnis demjenigen, wenn an die Stelle des weggefallenen gesetzlichen Vertreters einer Prozeßpartei ein anderer tritt. Ist ein dem GSch. auferlegter Eid zur Zeit der KE. noch nicht geleistet, so greift § 471 Abs. 1, 3 CPO ein. Vgl. Seuff. 183, Jäger[2] § 10 Anm. 20, Petersen-Anger CPO[4] § 471 Bem. 7 Abs. 2. c. — Der GSch. könnte in dem Prozesse nur unter denselben Voraussetzungen wie ein Dritter wirksam tätig werden, also nur kraft einer Vollmacht des KV. oder nach Maßgabe des § 89 CPO. Vgl. Sar.-Boß. § 10 Bem. 3. d. Abs. 2.

[28] Dies ist dann der Fall, wenn bei Aufhebung des KVerf. auf Grund der Schlußverteilung von dem Ausgange des Prozesses die Möglichkeit einer Nachtragsverteilung abhängt. S. § 166 KO und unt. § 43 I. Vgl. RG 17. IX. 91 (28 68 ff.), Voigt 189. S. auch unt. § 12 VIII. und § 42 Anm. 31.

auf den Gemeinschuldner über und kann, ohne daß es einer Aufnahme bedarf, ohne weiteres von ihm gegen den Prozeßgegner oder von diesem gegen ihn betrieben werden.[29] Und zwar setzt er sich zwischen beiden in seinem Stande zur Zeit der Konkursbeendigung fort; die bisherige Prozeßführung des Konkursverwalters bleibt also wirksam.[30] Auch die zwischen diesem und dem Prozeßgegner ergangenen Entscheidungen wirken bei Prozessen über die Aktivmasse für und gegen den Gemeinschuldner; denn über diese Masse hat der Konkursverwalter während des Konkursverfahrens das Verfügungsrecht, und sie kehrt nach der Beendigung des Konkursverfahrens in die Hand des Gemeinschuldners in der Gestalt zurück, die sie durch die Verfügungen des Konkursverwalters erhalten hat.[31]

V. Wird der Prozeß von dem Konkursverwalter oder gegen ihn aufgenommen, so ist, abgesehen von der Ausnahme in § 11 Abs. 2 KO (s. ob. bei Anm. 18), soweit nach der Sachlage noch eine Entscheidung über die Prozeßkosten

---

[29] Vgl. RG 6. III. 91 (27 113 ff.), Gaupp-Stein CPO[4] § 240 III., Jäger[2] § 10 Anm. 9, Seuff. 183. A. M., wonach auch hier eine Unterbrechung des Prozesses bis zur Aufnahme von Seite des GSch. oder des Prozeßgegners einträte, Hellwig Anspruch u. Klagrecht 263.

[30] Vgl. Jäger[2] § 10 Anm. 21, Pet.-Kleinf. §§ 10, 11 Bem. 9, Voigt 107. Das Verhältnis entspricht wiederum demjenigen, wenn an die Stelle des weggefallenen gesetzlichen Vertreters einer Partei ein anderer tritt. Vgl. ob. Anm. 27.

[31] Es greifen also § 326 Abs. 2, 327 Abs. 2 CPO, § 1380 Satz 2 BGB entsprechend ein. Vgl. Prot. 11, Hellwig Anspr. 259, Seuff. 183. Ebenso natürlich diejenigen, welche den KV. als gesetzlichen Vertreter des GSch. betrachten, wie z. B. Jäger[2] § 6 Anm. 30, § 10 Anm. 22, Wilm. § 10 Bem. 7, Pet.-Kleinf. §§ 10, 11 Bem. 6. A. M. Schultze Dt. KR. 97 fg., Sar.-Boß. § 6 Bem. 5 vorl. Abs. a. E., Oetker Das Verfolgungsrecht 101 und in BuschsZ 25 40 ff. Über die Wirkung der Entscheidungen in Prozessen über die Passivmasse s. unt. § 12.

erforderlich ist, der Konkursverwalter im Fall seines Unterliegens in die sämtlichen Kosten zu verurteilen, die nach § 91 ff. CPO die unterliegende Partei zu tragen hat, einerlei ob sie vor oder nach der Konkurseröffnung erwachsen sind,[32] weil diese Vorschriften der Civilprozeßordnung eine Sonderung der vor oder nach einem bestimmten Zeitpunkte entstandenen Kosten bei der Kostenentscheidung nicht gestatten. Jene Kosten fallen dann also der Konkursmasse als Masseschuld zur Last. Diejenigen Kosten dagegen, wozu der Gemeinschuldner vor der Konkurseröffnung verurteilt worden ist, bilden nur den Gegenstand von Konkursforderungen, weil er sie schon vor der Konkurseröffnung schuldig geworden ist; denn durch jede Verurteilung, selbst wenn sie noch nicht rechtskräftig ist, entsteht eine Verpflichtung zu der entsprechenden Leistung, wenn auch zunächst gleichsam nur unter der auflösenden Bedingung der späteren Wiederaufhebung der Verurteilung.[33]

VI. Ein für oder gegen den Gemeinschuldner anhängiges Zwangsvollstreckungsverfahren wird durch die Konkurs-

[32] Erhellt aus der Fassung von § 11 Abs. 2 KO („die Prozeßkosten"). Vgl. Mot. §§ 8 u. 9 Abs. 11 (43), Prot. 98. S. auch Voigt 98 ff., Jäger² § 10 Anm. 23 und die dort Angeführten.

[33] Das ergibt sich schon daraus, daß ein noch nicht rechtskräftiges Urteil für vorläufig vollstreckbar erklärt und vollstreckt werden kann. In diesem Sinn auch RG 2. I. 1900 (**45** 99): „Als das Scheidungsurteil ist dasjenige anzusehen, durch welches zuerst die Ehescheidung ausgesprochen wird, unter der Voraussetzung, daß im Falle der Einlegung eines Rechtsmittels letzteres zurückgewiesen oder verworfen wird." Legt also gegen ein Urteil, wodurch der GSch. in der Hauptsache und zu den Kosten verurteilt ist, der KV. Berufung ein, und wird diese unter Verurteilung in die Kosten der Berufungsinstanz zurückgewiesen, so sind nur die letzten Masseschuld, die Kosten der ersten Instanz dagegen Gegenstand bloßer KForderungen.

eröffnung nicht unterbrochen.[34] Fand es gegen den Gemeinschuldner auf Betreiben eines Aussonderungsberechtigten oder eines Absonderungsberechtigten statt, so wird es von der Konkurseröffnung im ersten Fall gar nicht, im zweiten nur insofern berührt, als es neben dem Absonderungsberechtigten nun auch von dem Konkursverwalter betrieben werden kann.[35] Fand es dagegen auf Betreiben eines bloßen Konkursgläubigers statt, so kann es von diesem nicht weiter betrieben werden, weil während des Konkursverfahrens eine Zwangsvollstreckung zu Gunsten einzelner Konkursgläubiger nicht zulässig ist.[36] Handelt es sich aber um eine von einem bloßen Konkursgläubiger beantragte Zwangsvollstreckung in das unbewegliche Vermögen, so kann der Konkursverwalter das begonnene Verfahren durch Beitritt gemäß § 27 ZVG zu Gunsten sämtlicher Konkursgläubiger fortsetzen.[37]

---

[34] S. § 779 CPO, wonach eine begonnene Zwangsvollstreckung nicht einmal durch den Tod des Schuldners unterbrochen wird; vbd. Begr. z. §§ 642, 643 Entw. d. CPO, § 178 Abs. 2 ZVG. So auch die jetzt allgemeine Meinung. Vgl. Voigt 14 ff., Gaupp-Stein CPO[4] § 240 I. Nr. 2, Pet.-Kleinf. § 14 Bem. 6, Jäger[2] § 14 Anm. 11.

[35] § 14 Abs. 1 (durch arg. a contrario), § 4 Abs. 2 KO; vbd. § 126, 127 KO, § 172—174 ZVG. Vgl. Mot. § 3 Abs. 11 (29 a. E.), § 11 Abs. 2 (50), Jäger a. a. O. Hierher gehört auch der Fall, wenn zu Gunsten eines bloß persönlichen Gläubigers schon vor der KE. eine Pfändung, sei es zum Behufe der Vollstreckung, sei es zur Vollziehung eines Arrestes, erfolgt war, weil durch die Pfändung ein Absonderungsrecht entsteht. S. § 49 Nr. 2 KO. Vgl. Mot. § 11 Abs. 6 (51). Ferner der Fall, wenn eine von einem bloß persönlichen Gläubiger beantragte Zwangsvollstreckung in das unbewegliche Vermögen schon vor der KE. zur wirksamen Beschlagnahme (§ 22 ZVG) gediehen war: § 13 KO; vbd. § 47 KO.

[36] § 14 Abs. 1 KO.

[37] § 126 KO, § 172, 178 Abs. 2 ZVG. Vbd. Mot. § 11 Abs. 6 a. E. (51), §§ 116, 117 Abs. 2 g. E. (347), Denkschrift

II. Die Konkursgläubiger.*

§ 8.

1. Begriff.

I. „Konkursgläubiger" sind im Sinne der Konkursordnung alle diejenigen Gläubiger des Gemeinschuldners, welche befugt sind, an dem Konkursverfahren und an der gemeinschaftlichen Befriedigung aus der Konkursmasse teilzunehmen, gleichviel, ob sie sich wirklich daran beteiligen oder nicht.[1] Dieses sind aber in Rücksicht auf die Aufgabe des Konkursverfahrens, eine erschöpfende Auseinandersetzung zwischen den Aktiven und den Passiven des Gemeinschuldners nach dem Vermögensstande zur Zeit der Konkurseröffnung herbeizuführen, naturgemäß „alle persönlichen Gläubiger, welche einen zur Zeit der Eröffnung des Verfahrens be=

---

zu § 178 ZPG. So, wenn das Vollstreckungsverfahren zur Zeit der KE. noch nicht zur wirksamen Beschlagnahme geführt hatte. Vgl. Pet.=Kleinf. §§ 126, 127 Bem. 6, 7 a. E.

* Litt.: Oetker, Konkursrechtliche Grundbegriffe. Bd. I. Die Gläubiger. Stuttgart 1891.

[1] § 3 KO vbd. Mot. § 2 a. E. (26). Demnach sind die durch § 63 KO von der Teilnahme am KVerf. ausgeschlossenen Forderungen auch begrifflich keine KForderungen. S. Mot. § 55 Nr. 3 (269), § 56 Abs. 1 u. 6 (270, 271). Vgl. unt. II. — In dem angegebenen Sinn ist der Ausdruck „Konkursgläubiger" gewöhnlich in der KO gemeint. Bei manchen ihrer Vorschriften (wie z. B. § 95, 96, 144 Abs. 1) bezieht er sich freilich auf alle diejenigen, welche eine Forderung in zulässiger Weise als KForderung angemeldet haben, auch wenn ihre Eigenschaft als wirklicher KGl. noch nicht feststeht (von Kohler 207 mögliche KGl. genannt). Und in anderen Fällen, wie namentlich in § 149 KO, trifft er diejenigen, denen für eine angemeldete Forderung den Umständen nach ein Anteil an den Verteilungen der Masse zukommt, einerlei, ob sie in Wahrheit KGl. im Sinne von § 3 KO waren oder nicht (von Oetker Grdb. 133, 264 ff., 374 ff. als konkurrierende Gläubiger bezeichnet). Der Zusammenhang gibt in der Regel genügenden Aufschluß über die jedesmalige Bedeutung des Wortes.

gründeten Vermögensanspruch an den Gemeinschuldner haben".[2] Die Ansprüche der Konkursgläubiger heißen „Konkursforderungen".[3]

Zum Begriffe eines Konkursgläubigers gehören demnach folgende wesentlichen Merkmale:

1. Der Gläubiger muß einen, und zwar klagbaren,[4] Vermögensanspruch an den Gemeinschuldner haben, d. h. einen Anspruch auf eine Leistung aus seinem Vermögen, sei es auf Geldzahlung, sei es auf eine andere in Geld schätzbare Leistung aus dem Vermögen.[5] Nicht zu den Konkursforderungen gehören demnach die Ansprüche von rein familienrechtlicher Natur, wie z. B. auf Herstellung des ehelichen Lebens. Aber auch nicht die Ansprüche auf persönliche Handlungen oder Unterlassungen des Gemeinschuldners, weil es sich dabei nicht um Leistungen aus dem Vermögen handelt, und weil jener, da er seine persönliche Freiheit und die freie Verfügung über seine Arbeitskraft behält, diese Ansprüche trotz der Konkurseröffnung zu erfüllen vermag. Hat jedoch das geschuldete Tun oder Lassen einen Geldwert für den Gläubiger, so daß er im Fall der Nichterfüllung anstatt der geschuldeten Leistung Schadenersatz oder Zahlung einer Vertragsstrafe verlangen kann, so erscheint sein Anspruch zugleich als ein bedingter An-

---

[2] § 3 Abs. 1 KO.

[3] S. § 38, 50, 61, 95, 138 KO u. a.

[4] Denn die Anmeldung einer Forderung im K. entspricht ihrer Geltendmachung durch Klage (§ 209 Nr. 2 BGB) und ist daher nur statthaft bei Ansprüchen, die vor einem Gerichte oder einer Verwaltungsbehörde durch Klage oder eine entsprechende Angriffshandlung geltend gemacht werden können. Klaglose Forderungen (wie § 222 Abs. 2, 656, 762—764 BGB) gehören also nicht zu den KForderungen, wenn sie auch unter Umständen (s. § 390 BGB) gegen eine Forderung des GSch. aufgerechnet werden können. Vgl. Jäger[3] § 3 Anm. 9, Seuff. 39.

[5] S. Mot. § 2 Abs. 2 (25).

spruch auf diese Leistung aus dem Vermögen des Schuldners und mithin als eine aufschiebend bedingte Konkursforderung.[6]

2. Der Gläubiger muß ferner ein persönlicher Gläubiger des Gemeinschuldners sein, d. h. ein solcher, der für seine Befriedigung auf das Vermögen des Gemeinschuldners angewiesen ist, und zwar unbestimmt auf das Vermögen, nicht auf einzelne besondere für seine Forderung (z. B. als Pfand oder hypothekarisch) haftende Vermögensstücke.[7] Nicht zu den Konkursgläubigern gehören demnach die Aussonderungsberechtigten, da sie Vermögensstücke als nicht zu dem Vermögen des Gemeinschuldners gehörig in Anspruch nehmen, und ebensowenig die Absonderungsberechtigten, insofern sie ihr Absonderungsrecht geltend machen, da sie kraft dieses Rechtes ihre Befriedigung nur aus den einzelnen besonderen für ihre Forderung haftenden Vermögensstücken des Gemeinschuldners betreiben können. Jedoch kann ein Absonderungsberechtigter zugleich persönlicher Gläubiger des Gemeinschuldners und mithin Konkursgläubiger sein, wie z. B. ein Darlehensgläubiger des Gemeinschuldners, dem für seine Forderung ein Grundstück des Gemeinschuldners hypothekarisch haftet. Er kann dann seine Forderung auch als

---

[6] S. § 280, 283, 340 BGB und unt. Nr. 3. Dies ist wohl auch die Meinung der Mot. § 2 Abs. 2 (25), wenn sie nur „Ansprüche gegen den Gemeinschuldner auf Leistung oder Unterlassung einer individuellen, von seiner Person untrennbaren Handlung, welche einen Vermögenswert nicht darstellt oder eine Schätzung nicht zuläßt“, von den KForderungen ausschließen. Denn s. Mot. Vorbem. z. Buch I. Tit. 2 vorl. Abs. a. E. (64), § 21 Nr. 4 (93). Wie im Texte Oetker Grdb. 136 fg., Jäger[2] § 3 Anm. 7. Ähnlich auch Wilm. § 3 Bem. 4. A. M. Sar.-Boß. § 3 Bem. 2 Nr. 4 Abs. 1 b.

[7] S. Mot. § 2 Abs. 2 (25).

Konkursforderung geltend machen, nimmt aber an der anteiligen Befriedigung aus der Konkursmasse nur teil für denjenigen Betrag, für welchen er auf die Ausübung des Absonderungsrechtes verzichtet hat oder durch sie nicht befriedigt worden ist.[8]

3. Endlich muß der persönliche Vermögensanspruch des Gläubigers zur Zeit der Konkurseröffnung begründet sein.[9] Das ist er natürlich, wenn er bereits vor der Konkurseröffnung vollkommen entstanden war oder doch durch die Konkurseröffnung vollkommen entsteht,[10] sollte auch, wie z. B. bei einer Schadenersatzforderung, sein Dasein oder sein Betrag oder beides noch einer Ermittelung bedürfen.[11] Er ist es aber im Sinne des Gesetzes auch schon dann, wenn zur Zeit der Konkurseröffnung seine vollkommene Entstehung nur noch von dem Eintritte eines Anfangstermins oder einer aufschiebenden Bedingung abhängt.[12] Ferner erscheint als zur Zeit der Konkurs-

---

[8] § 64 KO. S. unt. § 10 V.

[9] Es handelt sich bei diesem Merkmal um einen recht dunkeln, weder durch die Motive noch durch die Litteratur genugsam geklärten Begriff. Daß die „Begründung" der vollkommenen Entstehung nicht gleich steht, erhellt namentlich daraus, daß nach § 65, 67 KO die betagten und aufschiebend bedingten Forderungen zu den KForderungen gehören. Vgl. § 158, 163 BGB. Wie weit aber der zur Erzeugung des Anspruches erforderliche Tatbestand zur Zeit der KE. eingetreten sein müsse, um den Anspruch zu dieser Zeit im Sinn des Gesetzes als begründet erscheinen zu lassen, dafür bieten nur die einzelnen besonderen Vorschriften der KO verbunden mit einzelnen Äußerungen der Motive einigen Anhalt. Hierauf beruht der im folgenden gemachte Versuch.

[10] Hierher gehören die KForderungen auf Entschädigung wegen Nichterfüllung im Fall des § 18 KO und in den Fällen des § 17 KO, wenn der KV. sich nicht für die Erfüllung des Vertrages entscheidet. Vgl. ob. § 6 II. u. III.

[11] S. Prot. 8 und § 69 KO.

[12] § 65, 67 KO vbd. § 158, 163 BGB. Vgl. die verwandte Vorschrift in § 916 Abs. 2 CPO.

eröffnung begründet ein Ersatzanspruch, der gegen den Gemeinschuldner zwar erst nachher, aber zufolge der Erfüllung einer schon vorher gegen ihn übernommenen Verpflichtung, insbesondere zufolge der Ausführung eines schon vorher von ihm erhaltenen Auftrages oder der Besorgung eines Geschäftes für ihn auf Grund eines schon vorher mit ihm abgeschlossenen Dienst- oder Werkvertrages oder einer schon vorher mit ihm eingegangenen Gesellschaft, entsteht, weil die Entstehung eines solchen Anspruches mit der Erfüllung der Verpflichtung notwendig verbunden ist, mithin durch die Begründung dieser Verpflichtung ebenfalls, gleichsam unter der Bedingung ihrer Erfüllung, begründet wird.[13] Endlich ist zur Zeit der Konkurseröffnung begründet ein persönlicher Vermögensanspruch an den Gemeinschuldner, der in dieser Gestalt erst nach der Konkurseröffnung entsteht, der aber nicht als ein neuer Anspruch, sondern nur als Veränderung des Inhaltes eines schon vor der Konkurseröffnung bestehenden Anspruches an den Gemeinschuldner erscheint. Ein solcher eventueller Anspruch stellt sich sonach zur Zeit der Konkurseröffnung praktisch ebenfalls als

---

[13] § 27, 28 KO. Vgl. ob. § 6 VI. Die Ausführung im Texte wird dadurch bestätigt, daß nach § 669 BGB der Beauftragte für die zur Ausführung des Auftrages erforderlichen Aufwendungen Vorschuß verlangen kann. — Unter diesen Gesichtspunkt fällt auch die eventuelle Rückgriffsforderung desjenigen, welcher zufolge eines Auftrages des GSch. eine Bürgschaft für ihn übernommen hat. S. unt. III. Nr. 3. Aus der gleichen Rücksicht ist aber als KForderung auch zu betrachten der Ersatzanspruch, der nach § 601 Abs. 2, 693 BGB zufolge eines schon vor der KE. mit dem GSch. abgeschlossenen Leihvertrages oder Verwahrungsvertrages dem Entleiher oder Verwahrer durch eine Verwendung auf die geliehene oder hinterlegte Sache nach der KE. erwächst. Kommt die Verwendung der KM. als Bereicherung zugute, so erscheint der Ersatzanspruch als Masseanspruch: § 59 Nr. 3 KO. Vgl. ob. § 6 Anm. 55.

eine bedingte Konkursforderung dar.[14] Dagegen sind bei dauernden Forderungsverhältnissen, woraus nach und nach eine Reihe einzelner Ansprüche entspringt, diese Ansprüche im Sinne des Gesetzes nicht allemal sämtlich schon durch das Dasein jenes Verhältnisses begründet, sondern das ist nur dann der Fall, wenn sie nicht als Entgelt für gewisse künftige Leistungen, Entbehrungen oder Vermögensveränderungen erscheinen. Demnach ist zwar die Forderung auf Gewährung einer Leibrente oder einer sonstigen Rente

[14] Wie jedes Vermögensstück eine doppelte Seite hat: die spezifische, wodurch es sich von anderen Vermögensstücken unterscheidet (z. B. Eigentum der und der bestimmten Sache), und die Wertseite, die es mit allen anderen Vermögensstücken gemein hat, so geht entsprechend jeder Anspruch, der irgendwie zum Vermögen des Gläubigers gehört, auf eine gewisse spezifische Leistung, damit aber zugleich auf Verschaffung des Wertes, den sie für sein Vermögen darstellt. Ist nun dem Schuldner aus einem von ihm zu vertretenden Grunde jene Leistung selbst nicht mehr möglich, so bleibt wenigstens seine Verpflichtung, dem Gläubiger den gedachten Wert in Gestalt des Schadenersatzes zu verschaffen. In der Tat ist also gar kein neuer Anspruch entstanden, sondern der bestehende Anspruch hat nur eine Veränderung seines Inhaltes erlitten. Vgl. Mot. § 21 hinter Nr. 5 (93). — Aus dieser Rücksicht ist KForderung ein Ersatzanspruch, der nach der KE. zufolge einer schon vorher bestehenden Gewährleistungspflicht des GSch. erwächst. S. z. B. § 365, 440, 459 vbd. 463, 493 BGB. Vgl. Mot. § 52 Nr. 2 (245), Schloßmann in IherJ 45 121. Hierher gehören auch die meisten Fälle des Wechselregresses. S. unt. III. Nr. 3. Ferner ist Konkursforderung ein nach der KE. erwachsender Anspruch auf Schadenersatz wegen der vom GSch. zu vertretenden Nichterfüllung einer bereits vor der KE. bestehenden Verpflichtung. S. z. B. § 280, 283 BGB, § 893 CPO. S. ob. Nr. 1 a. E. Nach den, freilich nicht haltbaren, Ausführungen der Motive wären auf diesen Gesichtspunkt auch die nach § 19 Satz 3, 22 Abs. 2 vbd. § 26 KO erwachsenden KForderungen auf Schadenersatz zurückzuführen. Vgl. Mot. §§ 17, 18 I. Abs. 8 a. E. (78), § 21 Nr. 2 und hinter Nr. 5 (91 fg., 93), § 52 Nr. 2 a. E. (246).

oder auf ähnliche wiederkehrende Hebungen für die sämtlichen daraus während der Dauer des Verhältnisses und auch nach der Konkurseröffnung erwachsenden einzelnen Ansprüche zur Zeit der Konkurseröffnung begründet, wenn damals dieses Verhältnis bereits entstanden war oder seine Entstehung nur noch von dem Eintritte eines Anfangstermins oder einer Bedingung abhing.[15] Nicht aber sind die Ansprüche auf Miet-, Pacht- oder Dienstgelder zur Zeit der Konkurseröffnung für die ganze Dauer des Miet-, Pacht- oder Dienstverhältnisses begründet, wenn dieses Verhältnis schon vor der Konkurseröffnung bestand. Denn da diese Gelder das Entgelt für die gewährte Benutzung der gemieteten oder gepachteten Sache bezw. für die geleisteten Dienste sind, so wird der Anspruch auf das Miet-, Pacht- oder Dienstgeld für einen bestimmten Zeitraum immer erst dadurch begründet, daß während desselben jene Benutzung gewährt wird bezw. die Dienste geleistet werden, und Konkursforderungen sind daher die Ansprüche auf diese Gelder immer nur für die Zeit bis zu der Konkurseröffnung. Desgleichen wird der Anspruch auf Kapitalzinsen, als Entgelt für die Entbehrung des Kapitals während einer gewissen Zeit, für einen bestimmten Zeitraum erst dadurch begründet, daß der Gläubiger das Kapital während desselben entbehrt hat, und der Anspruch auf die Zinsen einer Konkursforderung kann daher mit dieser als Nebenforderung im Konkursverfahren nur geltend gemacht werden für diejenigen Zinsen, welche auf die Zeit vor der Konkurseröffnung

[15] Dies ergibt sich aus § 70 KO und aus § 1073 BGB, wonach eine Leibrentenforderung oder ähnliche Forderung als ein einheitliches Recht zu betrachten ist, zufolge dessen die einzelnen Leistungen gefordert werden können. Vgl. Jäger² § 1 Anm. 37, 38, § 3 Anm. 16, 37.

treffen.[16] So wenig aber wie der Anspruch auf Miet-, Pacht- oder Dienstgelder und auf Zinsen für die Zeit nach der Konkurseröffnung kann als Konkursforderung betrachtet werden der Ersatzanspruch aus einem schon vor der Konkurseröffnung eingegangenen Dienstverhältnisse des Gemeinschuldners wegen der erst nachher durch seine Schuld erfolgten Beschädigung einer Sache des Dienstherrn; denn es handelt sich hier nicht um Ersatz des Wertes der schuldigen Dienstleistung für das Vermögen des Gläubigers (s. ob. Anm. 14), sondern um Ersatz des Wertes, der seinem Vermögen erst jetzt durch die Schuld des Gemeinschuldners entzogen worden ist, also um den Ausgleich einer erst nach der Konkurseröffnung eingetretenen Vermögensveränderung.[17]

Als Ausnahme von der Regel sind auch gewisse erst nach der Konkurseröffnung begründeten persönlichen Vermögensansprüche als Konkursforderungen anerkannt.[18] Alle übrigen erst nach ihr begründeten Ansprüche dieser Art sind keine Konkursforderungen, sondern sie sind entweder Masseansprüche und werden dann aus der Konkursmasse vor der

---

[16] Das alles erhellt aus § 59 Nr. 2 KO, wonach der Anspruch auf Miet-, Pacht- oder Dienstgeld für die Zeit nach der KE. nicht KForderung, sondern Masseanspruch ist, und aus § 62 Nr. 3, 63 Nr. 1 KO, wonach nur die bis zur KE. aufgelaufenen, nicht aber die von ihr ab laufenden Zinsen im KVerf. geltend gemacht werden können. Vgl. Mot. § 56 Abs. 1 (270) und RG 4. V. 80 (1 348 fg.). Dies ist entsprechend auf andere ähnliche Verhältnisse anzuwenden. So ist auch keine KForderung der Anspruch des Versicherers auf die nach der KE. verfallenden Prämien, weil diese das Entgelt für eine gewisse Zeit der Gefahrtragung sind. Vgl. Kohler Lehrb. 325 fg., Jäger² § 3 Anm. 15.

[17] Vgl. Sar.-Boß. § 3 Nr. 2 Abs. 1.

[18] S. § 19 Satz 3, 22 Abs. 2, 226 Nr. 1 KO, aber nicht § 27, 28 KO, da die hier anerkannten KForderungen der Regel entsprechen. S. ob. bei Anm. 13.

Befriedigung der Konkursforderungen berichtigt,[19] oder sie sind keine Masseansprüche und erhalten dann aus der Masse überhaupt keine Befriedigung. Hierher rechnet das Gesetzbuch insbesondere auch die Kosten, die den einzelnen Konkursgläubigern durch ihre Teilnahme am Konkursverfahren erwachsen, und die von der Konkurseröffnung an laufenden Zinsen von Konkursforderungen.[20]

Auf die Entstehungsart des Anspruches, sei sie Rechtsgeschäft, unerlaubte Handlung oder Zustandsverhältnis, kommt es für seine Eigenschaft als Konkursforderung nicht an, und er gehört also namentlich auch dann zu den Konkursforderungen, wenn er, wie z. B. ein Unterhaltsanspruch, aus einem Familienverhältnisse entsprungen ist. (Vgl. unt. III. Nr. 4.)

II. Trotz des Daseins sämtlicher Merkmale einer Konkursforderung sind durch besondere gesetzliche Vorschrift aus der Reihe der Konkursforderungen ausgeschlossen einerseits die Ansprüche aus einem zur Zeit der Konkurseröffnung beiderseits noch nicht vollständig erfüllten gegenseitigen Vertrage, dessen Erfüllung der Konkursverwalter nach § 17 KO verlangt, weil sie dadurch zu Masseansprüchen erhoben werden.[21] Andererseits folgende Forderungen, wofür überhaupt keine Befriedigung aus der Konkursmasse begehrt werden kann:[22]

---

[19] S. § 58, 59 KO. S. unt. § 14.

[20] § 63 Nr. 1, 2 KO vbd. Mot. § 55 Nr. 3 (269), § 56 Abs. 1, 2 (270). Ausnahme von § 63 Nr. 1 KO im Nachlaßkonkurse: § 226 Nr. 1 KO. S. auch § 236 KO.

[21] § 59 Nr. 2. Vgl. ob. § 6 II.

[22] Daß diese Forderungen im Sinne des Gesetzes keine KForderungen sind, erhellt nicht nur aus der ausdrücklichen Erklärung in Mot. § 56 letzt. Abs. (271), sondern auch daraus, daß sie in § 63 KO mit Forderungen zusammengestellt sind, denen schon die Merkmale der KForderungen fehlen. Auch ist es jetzt wohl allgemein anerkannt. Vgl. Oetker Grdb. 135, Seuff. 57, Sar.=

1. die Forderungen auf die von dem Gemeinschuldner verwirkten Geldstrafen, jedoch mit Ausnahme der Vertragsstrafen,[23]

2. die Forderungen aus freigebigen Zuwendungen des Gemeinschuldners, sei es unter Lebenden (Schenkungsversprechen) oder von Todes wegen (Vermächtnisse, Schenkungen von Todes wegen, Auflagen).[24]

Voß. § 3 Bem. 3, Jäger § 63 Anm. 1, Pet.-Kleinf. § 3 Bem. 3, § 63 Bem. 1, Wilm. § 3 Bem. 3, Wolff § 3 Bem. 2 Abs. 2, § 63 Bem. 2. Früher war die Meinung ziemlich verbreitet, daß die in § 63 KO genannten Forderungen, wenn sie auch im KVerf. nicht geltend gemacht werden könnten, immerhin begrifflich KForderungen und daher den Beschränkungen dieser Forderungen (§ 14, 193 KO) unterworfen seien.

[23] § 63 Nr. 3 vbd. § 62 Nr. 2 KO. Hierher gehören nicht bloß die Kriminal-, Disziplinar- und Ordnungsstrafen, sondern auch die Geldstrafen, die im Zwangsvollstreckungsverfahren verhängt werden (§ 888, 890 CPO). Die Zulassung solcher Strafansprüche zum KVerf. würde mehr die übrigen Gläubiger als den GSch. strafen: Mot. § 56 Nr. 1 (270). Nicht zu den Geldstrafen gehört die vom Strafrichter zuerkannte Buße, weil sie die Bestimmung einer Entschädigung hat. Siehe § 188, 231 StGB. Auch die strafrichterlich ausgesprochene Einziehung von Gegenständen (s. § 4, 152, 295, 360 Abs. 2, 367 Abs. 2, 369 Abs. 2, 335 StGB) ist keine Geldstrafe, sondern erzeugt ein Aussonderungsrecht; sie kann sich aber unter Umständen, z. B. im Fall des § 335 StGB, in eine Geldstrafe verwandeln und fällt dann unter § 63 Nr. 3 KO. Vgl. Jäger § 63 Anm. 4. — Eine Ausnahme von § 63 Nr. 3 KO besteht nach § 226 Nr. 2 KO im Nachlaßkonkurse. S. auch § 236 KO.

[24] § 63 Nr. 4 KO. Hierher kann auch ein der Ehefrau des GSch. in einem Ehe- oder Erbvertrage versprochenes Wittum oder Leibgeding gehören. S. Mot. § 56 Nr. 2 (271). — Von § 63 Nr. 4 KO besteht nach § 226 Nr. 3, 5 KO eine Ausnahme im Nachlaßkonkurse. Danach ist in § 63 Nr. 4 KO der Zusatz: „oder von Todeswegen" kaum mehr von praktischer Bedeutung. Denn im K. des mit dem Vermächtnisse belasteten Erben oder Vermächtnisnehmers kann natürlich die Vermächtnisforderung geltend gemacht werden, weil es sich hier ja nicht um eine Forderung aus einer Freigebigkeit des Gemeinschuldners handelt. S. RG 9. I. 99 (**43** 236 fg.).

Da diese Forderungen weder Konkursforderungen noch Masseansprüche sind, so stehen sie den Forderungen gleich, die erst nach der Konkurseröffnung gegen das konkursfreie Vermögen des Gemeinschuldners entstehen. Demnach kann zu ihrer Sicherung und Befriedigung schon während des Konkursverfahrens Arrest und Zwangsvollstreckung in jenes Vermögen stattfinden. Auch werden sie gleich den genannten Forderungen von einem Zwangsvergleiche nicht betroffen.[25]

III. Als schon zur Zeit der Konkurseröffnung begründet gehören zu den Konkursforderungen insbesondere:

1. betagte persönliche Vermögensansprüche, deren Verfalltag zur Zeit der Konkurseröffnung noch nicht eingetreten ist.[26] Zur Erzielung möglichst rascher und erschöpfender Erledigung der Aufgabe des Konkursverfahrens werden sie in diesem Verfahren wie fällige Konkursforderungen behandelt und daher gleich diesen durch sofortige Auszahlung der auf sie treffenden Anteile befriedigt.[27]

2. persönliche Vermögensansprüche, deren Entstehung von einer zur Zeit der Konkurseröffnung noch schwebenden Bedingung abhängt.[28] Nur dann kann eine solche Forde-

---

[25] Beides folgt daraus, daß in § 14 Abs. 1 und 193 KO nur von KForderungen die Rede ist.

[26] S. ob. I. Nr. 3. Betagte Forderungen sind auch diejenigen, deren Fälligkeit von einer Kündigung abhängt.

[27] § 65 Abs. 1 KO vbd. Mot. § 58 Abs. 1 (275 fg.). Über die Berechnung der betagten Forderungen im KVerf. s. unt. § 10 I. Nr. 1. — Die Behandlung als fällig beschränkt sich auf das KVerf.; Mitverpflichteten, z. B. Bürgen, gegenüber gilt die Forderung nicht als fällig. S. RG 11. II. 81 (3 356 ff.). Ebensowenig in Rücksicht auf ein Absonderungsrecht, das etwa dem KGl. für seine Forderung zusteht. Vgl. Mot. § 58 Abs. 2 (276), Prot. 85 fg., Seuff. 47 Anm. 14, Sar.=Boß. § 65 Bem. 1, Jäger § 65 Anm. 3, 4.

[28] § 67 KO. S. ob. I. Nr. 3. Ein bedingtes oder betagtes Vermächtnis fällt zwar nach § 2177 BGB erst mit dem Eintritte der

rung nicht als zur Zeit der Konkurseröffnung begründet angesehen und folglich nicht im Konkursverfahren geltend gemacht werden, wenn die Erfüllung der Bedingung in der Weise in das Belieben des Gemeinschuldners gestellt ist, daß die Erfüllung der Sache nach als die Erklärung des Willens, den Anspruch zu begründen, betrachtet werden müßte, wie z. B. wenn die Vornahme einer an sich ganz gleichgültigen Handlung des Gemeinschuldners (eines Spazierganges u. dgl.) zur Bedingung gemacht wäre in dem Sinne, daß die Bedingung nur dann als erfüllt gelten solle, wenn jener die Handlung zum Zwecke der Erfüllung der Bedingung bei erster Gelegenheit vornehme.[29]

Bedingte Konkursforderungen werden, solange die Bedingung schwebt, im Konkursverfahren nicht durch Auszahlung der auf sie treffenden Anteile befriedigt, sondern nur durch Zurückbehaltung dieser Anteile bis zur Entscheidung der Bedingung sichergestellt.[30]

Bedingung oder des Termins an, nach § 2179 BGB ist aber die Vermächtnisforderung gleichwohl vom Erbfall an wie eine aufschiebend bedingte Forderung zu behandeln, erscheint mithin als KForderung, wenn der Erbfall vor der KE. erfolgt ist. Vgl. Seuff. 53, Jäger[2] § 3 Anm. 18.

[29] Nur in dieser Beschränkung ist die Erklärung der Mot. § 60 I. Abs. 1 (279) richtig, daß „Bedingungen, deren Erfüllung auf eine Tätigkeit des GSch. gestellt sei, die Forderung von der Teilnahme am KVerf. gänzlich ausschlössen“; sonst müßte auch eine Verbindlichkeit, die er für den Fall seiner Verheiratung übernommen hat, insbesondere aber jede Verpflichtung zu einer Vertragsstrafe für den Fall der Vornahme einer gewissen Handlung von der Teilnahme am K. ausgeschlossen werden. S. aber § 62 Nr. 2 KO. Gleicher Ansicht: Oetker Grdb. 156 fg., Seuff. 54. A. M. Jäger[2] § 3 Anm. 10, Sar.-Boß. § 67 Bem. 1, Wilm. § 3 Bem. 7. Eine eigentümliche Mittelmeinung bei Pet.-Kleinf. § 67 Bem. 4.

[30] § 67, 168 Nr. 2 KO. Forderungen unter auflösender Bedingung werden, solange die Bedingung schwebt, wie unbedingte behandelt: § 66 KO. Näheres s. unt. § 10 II.

3. Als aufschiebend bedingte Konkursforderungen erscheinen im Sinne des Gesetzes auch diejenigen persönlichen Vermögensansprüche, welche, ohne wirklich bedingte zu sein, gleich diesen zur Zeit der Konkurseröffnung zwar noch nicht vollständig entstanden, aber begründet sind (sog. gesetzlich bedingte Konkursforderungen).[31] Hierher gehören insbesondere die Rückgriffsansprüche der Bürgen und Mitschuldner des Gemeinschuldners, wenn sie nicht bloß aus dem Eintritte in die Rechte des Gläubigers, sondern aus einem Auftragsverhältnisse oder einem sonstigen rechtlichen Verhältnisse zu dem Gemeinschuldner abgeleitet werden. Ein solcher Rückgriffsanspruch kann daher in dem Konkurse des Hauptschuldners geltend gemacht werden, selbst ehe seine Bedingung, die Zahlung an den Gläubiger, eingetreten ist.[32] Jedoch wird er darin nicht berücksichtigt, soweit darin die Forderung des Gläubigers geltend gemacht ist und konkursmäßig befriedigt wird. Denn vom Standpunkte des Hauptschuldners, der den geschuldeten Betrag bloß einmal zu zahlen braucht, sei es an den Gläubiger oder an den zurückgreifenden Bürgen (bezw. Mitschuldner) oder an beide je zu Bruchteilen, stellt sich die Forderung des Gläubigers und die Rückgriffsforderung des Bürgen, wenn auch jede auf einem selbständigen Rechtsgrunde beruht, nur als eine einzige Forderung dar, ähnlich der Forderung zweier Gesamtgläubiger, und beide Forderungen dürfen darum im Konkurse des Hauptschuldners nur wie eine einheitliche Forderung behandelt werden. Meldet daher in diesem Konkurse

[31] Vgl. ob. I. Nr. 3. S. Mot. § 60 I. Abs. 2 (279 a. E.), II. Abs. 2, 5, 6, 10 (282 ff.).

[32] S. Mot. § 60 II. Abs. 2, 14, 15 (282, 284 fg.). Wichtig ist hier auch noch das Recht des Bürgen, von dem in K. geratenen Hauptschuldner Befreiung von der Bürgschaft zu verlangen: § 775 Nr. 1 BGB.

der Gläubiger seine Forderung zum ganzen Betrage an und erhält er für diesen ganzen Betrag die Anteile, die nach dem Verhältnisse der Teilungsmasse zu der Schuldenmasse auf die Forderung entfallen, so geht die vom Bürgen angemeldete Rückgriffsforderung im Konkursverfahren gänzlich leer aus, sollte er auch dem Gläubiger den von diesem erlittenen Ausfall haben bezahlen müssen. Meldet dagegen der Gläubiger seine Forderung nur zu einem Teil ihres Betrages an, oder bezieht er nur für einen Teil des Betrages die konkursmäßigen Anteile, so entfallen die auf den übrigen Teil treffenden Anteile auf die Rückgriffsforderung des Bürgen, wenn dieser ihn an den Gläubiger bezahlt hat.[38] Wird der Rückgriffsanspruch des Bürgen oder Mitschuldners bloß aus dem Eintritte in die Rechte des

[38] So gegen die Mot. § 60 II. Abs. 14 (285), wonach neben der konkursmäßigen Befriedigung des Gläubigers für seine ganze Forderung auch der Bürge diese Befriedigung für dasjenige erhielte, was er an den Gläubiger wegen seines Ausfalls zahlen muß, RG 24. IV. 83 (9 75 ff.), (vCS.) 15. II. 86 (14 172 ff.) und seitdem in ständiger Rechtsprechung (s. z. B. 17. XI. 93 — 32 87 fg., 14. XII. 95 — 37 3, 8. X. 98 — 42 37). Beispiel: A hat gegen B eine Forderung von 1000 ℳ, wofür C sich verbürgt hat. B gerät in K., worin die Gläubiger 50% ihrer Forderungen erhalten. Hat A seine Forderung zum vollen Betrage angemeldet, und bezieht er die darauf treffenden 500 ℳ, so erhält C zufolge der Anmeldung seiner eventuellen Rückgriffsforderung aus der KM. nichts, wenngleich A seinen Ausfall mit 500 ℳ von ihm eingezogen hat. C mag sich deswegen nach der Aufhebung des KVerf. an den GSch. halten. Hat dagegen A seine Forderung nur zum halben Betrage im K. des B angemeldet und den nicht angemeldeten Betrag nebst seinem Ausfall von C eingezogen, oder hat er, nachdem er auf volle Anmeldung seiner Forderung 250 ℳ empfangen, den ganzen Rest seiner Forderung mit 750 ℳ von C eingezogen: so erhält dieser infolge der Anmeldung seiner vollen Rückgriffsforderung 50% von 500 ℳ, weil für diesen Betrag A keine konkursmäßige Befriedigung bezogen hat. — Wegen der Stellung mehrerer Gesamtgläubiger im K. s. Jäger § 67 Anm. 8.

Gläubigers nach § 774 oder § 426 Abs. 2 BGB abgeleitet, so erscheint er, soweit der Eintritt durch Befriedigung des Gläubigers schon vor der Konkurseröffnung erfolgt ist, als eine unbedingte Konkursforderung, die der Bürge (bezw. Mitschuldner) zur Erlangung der konkursmäßigen Befriedigung im Konkursverfahren anmelden muß. Soweit dagegen der Bürge erst nach der Konkurseröffnung durch Befriedigung des Gläubigers in seine Rechte eintritt, kommt ihm die durch den Gläubiger bereits geschehene Anmeldung der Forderung zu gute; jedoch bezieht er auch hier die konkursmäßigen Anteile nur für denjenigen Teil der Forderung, wofür sie nicht bereits jener bezogen hat.[34]

---

[34] Meldet also in dem in der vor. Anm. gesetzten Fall A seine Forderung zum vollen Betrage an und zieht nach Empfang von 250 ℳ aus der KM. die ihm noch fehlenden 750 ℳ von C ein, so erhält dieser auch hier aus der Masse nur noch 50 % von 500 ℳ. Jedoch ist hier, und ebenso da, wo der Rückgriffsanspruch auf einem Auftragsverhältnisse oder sonstigen selbständigen Rechtsverhältnisse fußt, zu beachten, daß nach § 68 KO eine bloße Teilzahlung des Bürgen oder Mitschuldners nach der KE. die konkursmäßige Befriedigung des Gläubigers für den ganzen zur Zeit der KE. ihm geschuldeten Betrag bis zu seiner vollen Befriedigung nicht hindert, und ferner, daß nach § 426 Abs. 2, 774 BGB der Übergang der Forderung des Gläubigers auf den Bürgen oder Mitschuldner nicht zum Nachteil des Gläubigers geltend gemacht werden kann, daß also die weitere konkursmäßige Befriedigung des Gläubigers derjenigen des Bürgen oder Mitschuldners vorgeht. Hat sonach in dem obigen Fall A seine Forderung zum ganzen Betrage von 1000 ℳ angemeldet und nach Empfang von 250 ℳ aus der KM. von C 500 ℳ eingezogen, so nimmt er an den Verteilungen der Masse fortwährend für den vollen Betrag von 1000 ℳ Anteil, bis er diesen Betrag vollständig erlangt hat, erhält also aus der Masse noch die weiteren 250 ℳ, die auf seine ursprüngliche Forderung treffen, und C geht leer aus. Nur soweit die auf diese Forderung treffenden konkursmäßigen Anteile den zur vollen Befriedigung des Gläubigers noch erforderlichen Betrag übersteigen, erhält C diesen Überschuß. Hätte sonach C nicht

Die gleichen Rücksichten sind maßgebend beim Wechselregresse.[35] Insbesondere kann auch hier der Regreßanspruch für den Fall, daß er nach der Konkurseröffnung gegen den Gemeinschuldner erwachsen sollte, als bedingte Konkursforderung geltend gemacht werden, wenn die ihn begründende Tatsache schon vor der Konkurseröffnung eingetreten war. Eine Wechselforderung wird aber begründet gegen den Acceptanten durch die Annahme des Wechsels,[36] gegen den Aussteller durch die Ausstellung, gegen den Indossanten durch die Indossierung des Wechsels. Mithin kann ein bedingter wechselmäßiger Regreßanspruch im Konkurse des Acceptanten geltend gemacht werden, wenn die Annahme, in demjenigen des Ausstellers, wenn die Ausstellung, in demjenigen des Indossanten, wenn die Indossierung vor der Konkurseröffnung stattgefunden hatte, und zwar nicht bloß von demjenigen, welcher im Zeitpunkte der Konkurseröffnung wechselberechtigt war, sondern auch von einem Nachmanne, weil nach Art. 10 WO alle Rechte aus dem Wechsel auf ihn übergehen, und ebenso von einem Vormanne, der den Wechsel eingelöst hat oder besorgt, ihn einlösen zu müssen, weil er durch die Wiedereinlösung keinen neuen Regreßanspruch erwirbt, sondern nur in die Lage kommt, seinen schon früher begründeten und durch die Weiter-

---

500 ℳ, sondern 600 ℳ an den A bezahlt, so würden von den weiteren 250 ℳ, die auf die ursprüngliche Forderung des A treffen, 100 ℳ an den C fallen. Vgl. RG 10. XI. 82 (**8** 291 ff.), Jäger[2] § 3 Anm. 19, § 67 Anm. 5.

[35] Vgl. RG 17. XI. 93 (**32** 84 ff.), 14. XII. 95 (**37** 1 ff.).

[36] Dies wird im Hinblick auf Art. 75 WO jetzt auch für das Blankoaccept allgemein angenommen. S. RG 8. XI. 82 (**8** 56 ff.), 14. XI. 83 (**11** 8), 27. V. 91 (**28** 63 fg.), 28. III. 94 (**33** 44 ff.), Jäger[2] § 3 Anm. 17, Wilm. § 3 Bem. 8, Pet.-K.einf. § 3 Bem. 12 u. A.

begebung des Wechsels nicht verlorenen bedingten Regreßanspruch wieder auszuüben.[37]

4. Ansprüche an den Gemeinschuldner auf Leibrenten, sonstige Renten und ähnliche regelmäßig wiederkehrende Leistungen (s. ob. bei Anm. 15) sind zur Zeit der Konkurseröffnung begründet und können daher auch wegen aller erst nachher verfallenden Leistungen als Konkursforderungen geltend gemacht werden: falls sie auf Vertrag beruhen, wenn der Vertrag vor der Konkurseröffnung geschlossen ist,[38] falls sie auf Verfügung von Todes wegen beruhen, wenn der Erbfall vor der Konkurseröffnung erfolgt ist, falls sie auf unerlaubter Handlung beruhen oder sonst als Schadenersatzansprüche erscheinen,[39] wenn die unerlaubte Handlung oder der sonstige die Schadenersatzpflicht erzeugende Umstand sich vor der Konkurseröffnung ereignet hat. Das gilt in diesen Fällen auch dann, wenn es sich um Leistungen zum Zwecke des Lebensunterhaltes handelt. Dagegen können die familienrechtlichen Unterhaltsansprüche des gegenwärtigen und früheren Ehegatten des Gemeinschuldners und seiner Verwandten in gerader Linie, weil sie nicht durch ein bestimmtes Ereignis ein für alle Male, sondern für jeden Zeitpunkt neu durch das Dasein der gesetzlichen Voraussetzungen: Bedürftigkeit auf der einen und Leistungsfähigkeit auf der anderen Seite, begründet werden, sowie die ihnen gesetzlich gleichgestellten Unterhaltsansprüche seines unehelichen Kindes und die Ansprüche der Mutter dieses Kindes auf Ersatz der Entbindungs- und

[37] Vgl. über diese Fragen Sar.-Boß. § 3 Bem. 2 Nr. 6, Jäger[2] Anm. 20, Pet.-Kleins. a. a. O., Oetker Grdb. 150 ff.

[38] Ausnahme, wenn der GSch. die Rente schenkungsweise bestellt hat: § 63 Nr. 4 KO. S. ob. II. Nr. 2.

[39] S. § 843—845, § 618 Abs. 3 BGB, § 7 HaftpflG.

Wochenbettkosten, als Konkursforderungen nur wegen der noch geschuldeten Leistungen,[40] die auf die Vergangenheit, d. h. auf die Zeit vor der Konkurseröffnung, treffen, nicht aber wegen der auf die Zukunft, d. h. auf die Zeit nachher, treffenden geltend gemacht werden, sollte auch zur Zeit der Konkurseröffnung bereits eine für die Zeit nachher im voraus zu bewirkende Leistung fällig sein.[41] Wenn und soweit jedoch die genannten Ansprüche mit dem Tode des Verpflichteten nicht erlöschen, können sie im Konkurse über seinen Nachlaß und im Konkurse über das gesamte (vom Nachlasse nicht gesonderte) Vermögen des Erben auch für die Zeit nach der Konkurseröffnung geltend gemacht werden, weil die Haftung des Erben für sie nicht mehr stets neu je nach Bedürftigkeit und Leistungsfähigkeit, sondern durch den Erbschaftserwerb ein für alle Male nach Maßgabe des Vermögensstandes des Verpflichteten zur Zeit seines Todes begründet wird, und zwar auf die ganze Dauer, wofür der Anspruch im einzelnen Fall nach den gesetzlichen Vorschriften bestehen kann.[42]

---

[40] Vgl. § 1711 und § 1613 vbd. § 1360 Abs. 3, 1580 Abs. 3, 1586, 1351 BGB.

[41] § 3 Abs. 2 KO. Vbd. Begr. z. KNE. § 2, Kom. Ber. 9. Vgl. § 1361 Abs. 1, 1580 Abs. 1, 1586, 1351, 1612 Abs. 3 vbd. § 760, § 1710 BGB. Weil sonach alle diese Ansprüche für die Zeit nach der KE. keine KForderungen sind, so können sie trotz § 14 KO schon während des K. gegen das neu erworbene Vermögen des GSch. geltend gemacht werden und werden von einem Zwangsvergleiche (§ 193 KO) nicht betroffen.

[42] § 3 Abs. 2 KO. Vbd. Kom. Ber. 6 ff. Dies ist besonders wichtig in Ansehung des Unterhaltsanspruches des geschiedenen Ehegatten und des unehelichen Kindes sowie des Anspruches der unehelichen Mutter auf die Entbindungs- und Wochenbettkosten: § 1582, 1712, 1715 BGB. Bei den übrigen Unterhaltsansprüchen hat es eine Bedeutung bloß bezüglich derjenigen auf die Zeit nach der KE. treffenden Leistungen, welche der Verpflichtete im voraus zu bewirken gehabt hätte, und die zur Zeit seines Todes fällig waren: § 1615

IV. Ausländische, d. h. nicht dem Deutschen Reiche angehörige, Gläubiger stehen in Ansehung des Konkursrechtes und Konkursverfahrens den inländischen gleich.[43] Jedoch kann mit Zustimmung des Bundesrates durch Anordnung des Reichskanzlers bestimmt werden, daß gegen einen ausländischen Staat, der deutsche Reichsangehörige im Konkursverfahren gesetzlich schlechter stellt als seine eigenen Angehörigen, sowie gegen diese selbst ein Vergeltungsrecht zur Anwendung komme, welches zur Verhütung der Umgehung auch auf die (inländischen oder ausländischen) Rechtsnachfolger der fremden Staatsangehörigen ausgedehnt werden kann.[44]

§ 9.

2. Einwirkung des Konkursverfahrens auf die Konkursforderungen.

I. Den Konkursgläubigern als persönlichen Gläubigern des Gemeinschuldners haftet zwar nicht bloß die Konkursmasse, sondern auch sein sonstiges, also namentlich das während des Konkursverfahrens neu erworbene, Vermögen, und sie können sich daher nach der Beendigung des Konkursverfahrens, soweit sie nicht befriedigt sind, an sein gesamtes nunmehr vorhandenes Vermögen halten. Allein wegen der Aufgabe des Konkursverfahrens, eine gemein-

---

Abs. 1 vbd. § 1612, § 1360 Abs. 3 BGB. Vgl. Jäger §§ 226—229 Anm. 3—6.

[43] § 5 Abs. 1 KO. Dies gilt auch für Absonderungsberechtigte, die in § 120, 127 KO ebenfalls „Gläubiger" genannt werden. Vgl. Jäger[2] § 5 Anm. 2.

[44] § 5 Abs. 2 KO vbd. Mot. § 4 Abs. 4 u. 5 (31 fg.). Die bestehenden oder zukünftigen Staatsverträge mit ausländischen Staaten werden durch diese Vorschrift nicht berührt. S. Mot. § 4 a. E. (32). Vgl. auch RG 1. VII. 89 (24 12 ff.). Näheres bei Jäger[2] § 5 Anm. 5 ff.

same und gerechte Befriedigung sämtlicher zur Zeit seiner Eröffnung vorhandener persönlicher Gläubiger des Gemeinschuldners aus seinem damals vorhandenen Aktivvermögen herbeizuführen, werden von der Konkurseröffnung auch die Konkursforderungen erfaßt und an das Konkursverfahren gebunden, damit aber zugleich für seine Dauer von dem konkursfreien Vermögen des Gemeinschuldners gesondert. (S. ob. § 5 IV.) Daraus folgt:

1. Während der Dauer des Konkursverfahrens können sich die Konkursgläubiger zum Zwecke ihrer Befriedigung nur an die Konkursmasse halten, nicht an das konkursfreie Vermögen des Gemeinschuldners.[1] Zwar sind sie nicht genötigt, zuvörderst die Erlangung einer Befriedigung aus jener Masse durch Teilnahme am Konkursverfahren zu versuchen, sondern sie können sich mit Unterlassung solcher Teilnahme den Angriff bloß des übrigen Vermögens vorbehalten. Allein dieser Angriff ist doch erst möglich, wenn durch Beendigung des Konkursverfahrens die rechtliche Sonderung der Konkursmasse von dem konkursfreien Vermögen aufgehört hat. Denn während des Konkursverfahrens sind Zwangsvollstreckungen und demzufolge auch Arreste in das konkursfreie Vermögen zu Gunsten der Konkursgläubiger ausgeschlossen.[2] Darum kann ein Konkursgläubiger

---

[1] Die Mot. § 1 Abs. 9 (20 fg.), § 11 Abs. 7 (51 fg.) erklären das mit Recht als notwendige Folge des Ausschlusses des neuen Erwerbes des GSch. aus der KM. und rechtfertigen beides aus der Rücksicht, dem GSch. die Erwerb- und Kreditfähigkeit wieder zu eröffnen. Ausnahme: § 13 Abs. 5 AnfG. S. unt. § 17 Anm. 3.

[2] § 14 Abs. 1 KO. Die Vollstreckungsorgane (Gerichtsvollzieher und Vollstreckungsgericht), sowie in den Fällen der § 867, 932 CPO das Grundbuchamt, haben das Verbot von Amts wegen zu beachten. Der GSch. kann aber auch nach § 766 CPO gegen die unzulässige Vollstreckung Einwendung erheben. Näheres Jäger[2] § 14 Anm. 22. Diejeni-

während des Konkursverfahrens auch nicht mit Verzicht auf die Beteiligung daran seine Forderung gegen den Gemeinschuldner sei es durch Erhebung einer Klage oder durch Fortsetzung eines zur Zeit der Konkurseröffnung bereits anhängigen Prozesses verfolgen. Denn die Möglichkeit, worum es sich dabei allein handeln könnte, für die Zeit nach der Beendigung des Konkursverfahrens einen vollstreckbaren Titel gegen den Gemeinschuldner zu erlangen, ist ihm auch durch Anmeldung der Forderung im Konkursverfahren eröffnet, und zwar ohne jedes weitere Vorgehen gegen den Gemeinschuldner.[3] Solange aber diese Möglichkeit besteht, fehlt es an einem genügenden rechtlichen Bedürfnisse, ihm zu dem nämlichen Zwecke auch die mit großen praktischen Mißständen verbundene Verfolgung seiner Forderung gegen den Gemeinschuldner außerhalb des Konkursverfahrens zu gestatten, zumal da in der Anmeldung der Forderung im Konkurse auch eine Geltendmachung gegen den Gemeinschuldner liegt. Erst wenn dieser die angemeldete Forderung im Prüfungstermin bestritten hat und dadurch die obige Aussicht vereitelt ist, kann der Gläubiger zu dem genannten Zwecke gegen ihn vorgehen.[4]

---

gen Ansprüche an den GSch., welche, weil erst nach der KE. begründet, oder nach § 63 KO keine KForderungen sind, werden natürlich von dem Verbote nicht betroffen. S. ob. § 8 II. und Anm 41. — Da durch § 14 Abs. 1 KO der neue Erwerb des GSch. den KGl. entzogen ist, so können diese während des schwebenden KVerf. weder die Eröffnung des K. über jenen neuen Erwerb (s. ob. § 5 V.) beantragen, noch in einem solchen Konkurse ihre Forderungen anmelden. Vgl. Mot. § 1 Abs. 9 a. E. (21). Ebenso Pet.-Kleinf. § 1 Bem. 21, § 14 Bem. 14, Sar.-Boß. § 14 Bem. 5, Wilm. § 14 Bem. 3, Seuff. 89. A. M. Oetker Grdb. 203 fg., Jäger[2] § 1 Anm. 59, § 14 Anm. 12.

[3] Nämlich für den Fall, daß im Prüfungstermin der GSch. die Forderung nicht bestreitet. S. § 164 Abs. 2 KO.

[4] Das ergibt sich daraus, daß ein wegen der Forderung gegen

2. Aber auch ihre Befriedigung oder Sicherstellung aus der Konkursmasse können die Konkursgläubiger nicht anders als durch Teilnahme am Konkursverfahren nach Maßgabe der Konkursordnung betreiben.[5] Keiner kann daher gegen den Konkursverwalter auf Befriedigung oder Sicherstellung aus der Masse klagen.[6] Vielmehr muß jeder Konkursgläubiger, der eine solche Befriedigung oder Sicherstellung erlangen will, seine Forderung bei dem Konkursgerichte gehörig anmelden.[7] Wird sie dann für das Konkursverfahren festgestellt, so erhält er die ihm gebührende Befriedigung oder Sicherstellung durch das Verteilungsverfahren. Und zwar muß ein Konkursgläubiger zu obigem Zwecke seine Forderung selbst dann im Konkursverfahren

---

den GSch. anhängiger Prozeß erst dann gegen ihn aufgenommen werden kann: § 144 Abs. 2 KO. Vgl. ob. § 7 III. Nr. 2. Vorher wäre der Versuch der Verfolgung der Forderung gegen den GSch. außerhalb des K. wegen mangelnden Rechtsschutzbedürfnisses schon von Amts wegen zurückzuweisen. Ebenso Wolff § 12 Bem. 2 Abs. 2 und Jäger[2] § 12 Anm. 6—8 im Anschlusse an Eccius in GruchBeitr 44 777. Nach der herrschenden Ansicht könnte ein KGl., wenn er auf die Geltendmachung seiner Forderung im KVerf. verzichtete, sie außerhalb dieses Verfahrens gegen den GSch. geltend machen auf jedem Wege, der ihm dafür im Fall nicht erfolgter KE. zu Gebote stände; nur die gleichzeitige Geltendmachung im K. und außerhalb des K. wäre nach den Regeln über die Rechtshängigkeit ausgeschlossen. So Mot. § 10 Abs. 7 (48), § 13 Abs. 5 (59 fg.), Prot. 100, 173, RG 22. I. 92 (29 73 ff.), Voigt Einfl. des K. auf schwed. Prozesse des GSch. 144 ff., Seuff. 185 ff., Sar.-Boß. § 12 Bem. 2, Pet.-Kleinf. § 12 Bem. 1, 2, Wilm. § 12 Bem. 2 u. A. Nach Oetker Grbb. 208 ff. ginge zwar die Möglichkeit der Anmeldung im K. durch die Verfolgung der Forderung gegen den GSch. außerhalb des K. verloren, nicht aber umgekehrt. Nach Hellwig Anspruch und Klagrecht 229 wäre gleichzeitig beides statthaft.

[5] § 12 KO.

[6] Jede solche Klage müßte, weil die Vorschrift in § 12 KO eine unbedingt zwingende ist, schon von Amts wegen abgewiesen werden.

[7] § 139 KO. S. unt. § 12 I.

anmelden, wenn zur Zeit der Konkurseröffnung ein Prozeß über sie anhängig war oder der Gläubiger schon einen Vollstreckungstitel für sie erlangt oder sogar bereits zu ihrer Beitreibung die Zwangsvollstreckung begonnen hatte, ohne noch bis zur Begründung eines Absonderungsrechtes vorgeschritten zu sein.[8] Denn während des Konkursverfahrens können in die Konkursmasse zu Gunsten einzelner Konkursgläubiger weder Zwangsvollstreckungen begonnen oder fortgesetzt noch Arreste vollzogen werden.[9] Auch die zwangsweise Eintragung einer Vormerkung auf ein zur Konkursmasse gehöriges Grundstück oder eingetragenes Schiff in das Grundbuch oder Schiffsregister auf Grund einer einstweiligen Verfügung ist während des Konkursverfahrens zu Gunsten einzelner Konkursgläubiger ausgeschlossen.[10] Jeder diesen Verboten zuwiderlaufende Voll-

---

[8] S. § 146 Abs. 3, 6 KO. — War zur Zeit der KE. durch das Vollstreckungsverfahren bereits ein Absonderungsrecht begründet, so läuft es troß der KE. weiter, da sich die § 12 und 14 KO nur auf die KGl., nicht aber auf die Absonderungsberechtigten, Aussonderungsberechtigten und Massegläubiger beziehen. Vgl. ob. § 7 VI.

[9] § 14 Abs. 1 KO vbd. Mot. § 11 Abs. 4 (50). Vgl. ob. § 7 VI. Auf Unkenntnis der KE. kann sich der vollstreckende Gläubiger nicht berufen. S. Jäger[2] § 14 Anm. 19. — Die Vollstreckungsorgane und das Grundbuchamt (s. ob. Anm. 2) haben auch dieses Verbot von Amts wegen zu beachten. Jeder Beteiligte (KV., KGl., GSch.) kann gegen die unzulässige Vollstreckung Einwendung nach § 766 CPO erheben. Näheres bei Jäger[2] § 14 Anm. 22.

[10] § 14 Abs. 2 KO. Vgl. § 885 BGB. Der Eintragung einer Vormerkung auf Grund einer nach der KE. erteilten Bewilligung des GSch. steht § 7 KO im Wege, jedoch unbeschadet des öffentlichen Glaubens des Grundbuches: § 7 Abs. 1 Satz 2 KO. War schon vor der KE. die Bewilligung des GSch. in bindender Weise erteilt und auch der Antrag auf die Eintragung der Vormerkung gestellt, so kann sie noch während des KVerf. mit voller Wirksamkeit geschehen: § 15 Satz 2 KO vbd. § 878 BGB. Der bindenden Eintragungsbewilligung steht gleich die rechtskräf-

streckungsakt oder Vormerkungseintrag ist schlechthin (nicht bloß den Konkursgläubigern gegenüber) unwirksam und daher auf Antrag irgend eines Beteiligten (Konkursverwalter, Konkursgläubiger, Gemeinschuldner) aufzuheben.[11]

Schon vor der Konkurseröffnung ist eine Zwangsvollstreckung oder Arrestvollziehung in Vermögensstücke des Gemeinschuldners sowie die zwangsweise Eintragung einer Vormerkung auf ein ihm gehöriges Grundstück oder Schiff nicht mehr mit Wirksamkeit gegenüber den Konkursgläubigern möglich, wenn das Konkursgericht ein allgemeines Veräußerungsverbot an den Gemeinschuldner erlassen hat.[12]

II. Das Verbot der Zwangsvollstreckung, Arrestvollziehung und zwangsweisen Eintragung einer Vormerkung zu Gunsten einzelner Konkursgläubiger während des Konkursverfahrens wurzelt nicht allein darin, daß nach erfolgter Konkurseröffnung jedes vereinzelte Vorgehen der Konkursgläubiger behufs ihrer Befriedigung aus der Kon-

---

tige Verurteilung des GSch. zu dieser Bewilligung (§ 894 CPO) und seine Verurteilung zur Bewilligung der Eintragung des entsprechenden dinglichen Rechtes (z. B. Eigentum oder Hypothek) durch ein vorläufig vollstreckbares Urteil (§ 895 CPO). Vgl. Begr. z. § 98 KÄE. (38), Jäger[2] § 14 Anm. 3. — Eine Zwangsvormerkung auf ein zum konkursfreien Vermögen gehöriges Grundstück oder Schiff ist durch § 14 Abs. 2 KO nicht verboten.

[11] Vgl. RG 16. IX. 91 (28 284 fg.). Besteht jedoch der Vollstreckungsakt in der Eintragung einer Sicherungshypothek nach § 867, 932 CPO, so ist diese Hypothek nicht zu löschen, sondern sie wird zur Eigentümerhypothek: § 868, 932 Abs. 2 CPO vbd. § 1163 BGB. Vgl. Jäger[2] § 14 Amn. 22.

[12] § 106 Abs. 1 Satz 3 KO vbd. § 136, 135 Abs. 1 BGB. Unkenntnis des Veräußerungsverbotes hilft demjenigen, zu dessen Gunsten die Vollstreckung, Arrestvollziehung oder Vormerkungseintragung geschieht, nichts, weil die Vorschriften des BGB zu Gunsten des gutgläubigen Erwerbes nur dem rechtsgeschäftlichen Verkehr zu gute kommen. S. § 892, 932 BGB. Vgl. Begr. z. § 98 KÄE. (38 fg.), Kom. Ber. § 98 (25).

kursmasse ausgeschlossen ist, sondern es ist zugleich eine Folge des Grundsatzes, daß diese Befriedigung nach Maßgabe des Standes der Dinge zur Zeit der Konkurseröffnung geschieht (s. ob. § 5 IV.), und daß daher nach der Konkurseröffnung die rechtliche Lage eines Konkursgläubigers sich nicht mehr zum Nachteil der anderen verbessern kann. Da aber wegen dieses Grundsatzes für die Befriedigung der Konkursgläubiger auch der Stand der Konkursmasse zur Zeit der Konkurseröffnung maßgebend ist, und dieser daher nach der Konkurseröffnung nicht zu Gunsten einzelner Konkursgläubiger oder anderer Personen eine Verschlechterung erleiden darf: so kann, abgesehen von einem Erwerbe durch eine Verfügung des Konkursverwalters,[13] während des Konkursverfahrens ein Konkursgläubiger so wenig wie irgend ein Anderer an einem Bestandteil der Konkursmasse (Sache oder Recht) ein neues Aussonderungsrecht (Eigentum, Dienstbarkeit, Erbbaurecht u. dgl.) oder ein neues Absonderungsrecht (wie Hypothek, Grundschuld, Pfandrecht, dingliches Vorzugsrecht, Zurückbehaltungsrecht) erwerben, auch wenn der Erwerb nicht auf einem der genannten Zwangsakte zu Gunsten eines einzelnen Konkursgläubigers oder auf einer (nach § 7 KO schon an sich gegenüber den Konkursgläubigern unwirksamen) Rechtshandlung des Gemeinschuldners beruht, und selbst dann nicht, wenn zur Zeit der Konkurseröffnung ein rechtlicher Anspruch auf den Erwerb bestand.[14]

[13] Die Wirksamkeit dieser Verfügungen folgt aus § 6 Abs. 2, 117 Abs. 1 KO und wird bestätigt durch § 134 Nr. 1 und 2 KO.

[14] § 15 Satz 1 KO. So ist z. B. wegen § 1117 Abs. 1 BGB der wirksame Erwerb einer Briefhypothek nicht mehr möglich, wenn zur Zeit der KE. dem Gläubiger der Hypothekenbrief noch nicht übergeben war, sollte auch vor der KE. bereits die Einigung zwischen dem GSch. und dem Gläubiger über die Bestellung der Hypothek und die

Jedoch unterscheiden sich diese Fälle von denjenigen des Erwerbes durch einen jener Zwangsakte zu Gunsten eines Konkursgläubigers dadurch, daß hier der Erwerb nicht wie dort schlechthin, sondern nur „gegenüber den Konkursgläubigern" unwirksam ist. D. h. der Konkursverwalter kann im Interesse der Konkursgläubiger bei der Verwaltung und Verwertung der Konkursmasse das erworbene Recht als nicht bestehend behandeln. Hat er aber bis zur Beendigung des Konkursverfahrens nicht in einer diesem Rechte widerstreitenden Weise über den Gegenstand verfügt, so erweist es sich von Anfang an als rechtsbeständig. Insbesondere ist der Gemeinschuldner zu einer Entscheidung im Sinne der Unwirksamkeit nicht befugt.[15] Ferner bestehen hier, nicht aber dort, aus Rücksicht auf die Sicherheit des Rechtsverkehrs, namentlich zu Gunsten des guten Glaubens, gewisse Ausnahmen von der Regel der Unwirksamkeit,[16] die schon ob. § 5 IV. ihre Erörterung gefunden haben.

Eintragung in das Grundbuch (§ 873 Abs. 1 BGB) stattgefunden haben. Vgl. Jäger[2] § 15 Anm. 16 ff. Unwirksam ist insbesondere auch die Vollendung der Ersitzung (§ 937 BGB) oder des Funderwerbes (§ 973 BGB) erst nach der KE. Jedoch ist im Hinblick auf § 161 Abs. 1 Satz 2, Abs. 2 BGB der Erwerb eines Rechtes (Eigentum, Hypothek usw.) auf Grund einer aufschiebend bedingten oder betagten Verfügung des GSch. sowie der Rückerwerb eines Rechtes, das er mit auflösender Bedingung oder mit einem Endtermin erworben hatte, durch § 15 KO nicht gehindert, wenn auch die Bedingung oder der Termin erst nach der KE. eintritt. Vgl. Jäger[2] § 15 Anm. 15. — Vollstreckungsakte in die KM. zu Gunsten eines Nichtkonkursgläubigers, z. B. zur Beitreibung einer erst nach der KE. entstandenen Forderung, fallen ebenfalls unter § 15 KO. Vgl. Jäger[2] Anm. 4. — Über den Erwerb bereits begründeter Rechte durch Übertragung s. Jäger[2] Anm. 23.

[15] S. Mot. § 12 Abs. 17 (56 fg.). Vgl. unt. § 24 I.

[16] § 15 Satz 2 KO. Vbd. Begr. z. § 12 KÄE. (28 fg.).

III. Weil durch die Eröffnung des Konkursverfahrens die Geltendmachung der Konkursforderungen nicht gehindert, sondern nur auf einen besonderen Weg gedrängt wird, so wird durch sie auch die Verjährung dieser Forderungen nicht gehemmt. Dagegen wird durch die gehörige Anmeldung einer Konkursforderung im Konkursverfahren ihre Verjährung in gleicher Weise wie durch Klageerhebung unterbrochen, weil jene wie diese als Geltendmachung der Forderung in einem gerichtlichen Verfahren erscheint, das zu ihrer Feststellung und Befriedigung führen kann. Und zwar erfolgt die Unterbrechung nicht nur gegenüber der Konkursmasse, sondern auch gegenüber dem Gemeinschuldner.[17] Sie dauert bis zur Beendigung des Konkursverfahrens, falls nicht die Anmeldung der Forderung zurückgenommen wird; denn in diesem Fall gilt die Unterbrechung als nicht erfolgt.[18] Noch nach der Beendigung des Konkursverfahrens dauert die Unterbrechung fort, wenn bei der Beendigung für eine Forderung, die zur Zeit infolge eines bei der Prüfung gegen sie erhobenen Widerspruches in Prozeß befangen ist, ein Betrag aus der Konkursmasse zurückbehalten wird. Sie endigt hier durch die rechtskräftige Entscheidung oder sonstige Erledigung des Prozesses über die Forderung oder dadurch, daß dieser Prozeß zufolge einer Vereinbarung der Parteien oder wegen Mangels der Betreibung in Stillstand gerät.[19]

---

[17] § 209 Nr. 2 BGB. Vbd. Prot. 14 fg. Durch die Anmeldung einer Forderung an eine offene Handelsgesellschaft im K. derselben wird nach § 160 HGB auch die Verjährung gegenüber den einzelnen Gesellschaftern, desgleichen durch die Anmeldung einer Forderung an eine eingetragene Genossenschaft im K. derselben nach § 123 Abs. 2 GenG die Verjährung gegenüber den einzelnen Genossen unterbrochen.

[18] § 214 Abs. 1, 2 BGB.

[19] § 214 Abs. 3 BGB vbd. § 168 Nr. 1 KO. S. auch § 251

Die Unterbrechung hat zur Folge, daß die bis zu ihrem Eintritte verstrichene Zeit nicht in Betracht kommt und nach ihrer Beendigung eine neue Verjährung beginnt.[20] Diese ist in der Regel von gleicher Dauer wie die ursprüngliche. Ist jedoch die Forderung zur Feststellung durch rechtskräftiges Urteil gelangt oder durch die im Konkursverfahren erfolgte Feststellung vollstreckbar geworden, so hat die neue Verjährung, auch wenn die ursprüngliche kürzer war, stets eine Dauer von dreißig Jahren.[21]

§ 10.

3. Gestalt und Umfang der Geltendmachung der Konkursforderungen.

I. Zufolge der Aufgabe des Konkursverfahrens, die Konkursforderungen aus der Konkursmasse, soweit sie reicht, nach gerechtem und daher in der Regel gleichem Verhältnisse zu befriedigen, können diese Forderungen im Konkursverfahren nur nach der ihnen allen gemeinsamen Wertseite in Betracht kommen, weil sie bloß nach dieser Seite einer rechnerischen Vergleichung fähig sind. Eine Konkursforderung kann sonach ohne Rücksicht auf ihren ursprünglichen Gegenstand und Inhalt im Konkursverfahren immer nur

---

CPO. Aus § 214 Abs. 1, 3 BGB ergibt sich zugleich, daß vor der Beendigung des K. bezw. dem in Abs. 3 vbd. § 211 bezeichneten Zeitpunkte eine im K. gehörig angemeldete Forderung keiner Verjährung unterliegt. Mithin kann auch die Verjährung einer im K. angemeldeten bedingten KForderung, wenn die Bedingung während des KVerf. eingetreten ist, nicht früher beginnen. Vgl. RG 12. IV. 97 (39 43 fg.).

[20] § 217 BGB.

[21] § 218 Abs. 1 BGB. Vbd. § 164 Abs. 2, 194, 206 Abs. 2 KO. S. auch § 145 Abs. 2 KO. — Näheres über die ganze Lehre von der Unterbrechung der Verjährung durch die Anmeldung einer KForderung s. bei Jäger[3] § 25 Anm. 15—28.

in Gestalt einer Geldforderung geltend gemacht werden, und zwar, da für ihre Befriedigung der Stand der Dinge zur Zeit der Konkurseröffnung maßgebend ist, als Forderung desjenigen bestimmten Geldbetrages in deutscher Reichswährung, welcher ihren Wert in diesem Zeitpunkte ausdrückt.[1] Die Berechnung, die nicht allein für die Teilnahme an den Verteilungen im Konkursverfahren, sondern noch in vielen anderen Beziehungen, insbesondere für die Aufrechnung und für das Stimmrecht in den Gläubigerversammlungen, wichtig ist,[2] geschieht nach folgenden näheren Regeln:

1. Eine auf einen bestimmten Geldbetrag in Reichswährung gerichtete Forderung wird zu ihrem vollen Betrage berechnet, wenn sie unbetagt oder zwar betagt aber, gleichviel zu welchem Zinsfuße, verzinslich war.[3] War sie dagegen betagt und unverzinslich, so wird sie, gleichviel ob die Betagung zu Gunsten des Schuldners oder des Gläubigers geschehen war, mit ihrem Werte zur Zeit der Konkurseröffnung berechnet, nämlich falls zur Zeit der Konkurseröffnung der Verfalltag als ein bestimmter Kalendertag feststand, mit demjenigen Geldbetrage, welcher bei Hinzurechnung der einfachen gesetzlichen Zinsen desselben für die Zeit von der Konkurseröffnung bis zum Verfalltage dem vollen Betrage der Forderung gleichkommt.[4] Entsprechend

[1] S. § 69 vbd. § 65 Abs. 2, 70 KO, Prot. 58. Vgl. Mot. §§ 62, 63 Nr. 1 (290), § 58 Abs. 8 (277 fg.).

[2] S. Mot. § 58 Abs. 3 (276), §§ 62, 63 Nr. 1 Abs. 1 a. E. (290).

[3] S. § 65 Abs. 2 KO (durch arg. a contrario), Mot. § 58 Abs. 10 (278).

[4] § 65 Abs. 2 KO vbd. Mot. § 58 Abs. 6—8 (276 ff.). Entsprechend § 1133 Satz 3, 1217 Abs. 2 Satz 2 BGB, § 111 Satz 2 ZVG. Die Berechnung geschieht am besten nach der einfachen Formel:

$$x : C = 100 : 100 + u,$$

also $x = \frac{C \cdot 100}{100 + u}$,

wird der im Konkurse maßgebende Gesamtgeldwert einer Forderung auf wiederkehrende Hebungen von bestimmtem Betrage und für bestimmte Zeitdauer, wie z. B. auf eine zehn Jahre lang zu zahlende feste Jahresrente, durch Zusammenzählung der Geldwerte sämtlicher noch ausstehender Hebungen zur Zeit der Konkurseröffnung, also der Beträge der erst nachher verfallenden je mit Abzug der Zwischenzinsen, ermittelt; jedoch darf als Gesamtwert kein höherer Betrag als der Gesamtwert einer Forderung auf eine immerwährende Hebung von gleicher Höhe, d. h. als der zum gesetzlichen Zinsfuße kapitalisierte Betrag der einzelnen Hebung, berechnet werden.[5] War bei einer betagten Konkursforderung der Verfalltag zur Zeit der Konkurseröffnung noch ungewiß, wie z. B. der Todestag einer Person, so greift die sogleich unter Nr. 2 zu erörternde Regel ein, und die Forderung ist daher mit ihrem durch Schätzung ermittelten Geldwerte zur Zeit der Konkurseröffnung zu berechnen.[6]

2. Forderungen, die, wie z. B. Ansprüche auf die Verschaffung des Eigentums einer bestimmten oder nur der

---

wobei x den gesuchten Betrag, C den vollen Betrag der Forderung, u die gesetzlichen Zinsen von 100 für die Zeit von der KE. bis zum Verfalltage bezeichnet. Die gesetzlichen Zinsen betragen 4 %, bei beiderseitigen Handelsgeschäften 5 %: § 246 BGB, § 352 HGB. — Diese Art der Berechnung gilt natürlich auch dann, wenn es sich um Zahlung einer Geldsumme durch bestimmte unverzinsliche Teilzahlungen in mehreren festen Zahlungsterminen handelt. Der Gesamtwert der Forderung zur Zeit der KE. ergibt sich also durch Zusammenzählung der damaligen Geldwerte sämtlicher noch ausstehender Teilzahlungen, welche für die noch nicht verfallenen in der angegebenen Art mittels Abzuges der Zwischenzinsen zu berechnen sind.

[5] § 70 KO vbd. Mot. §§ 62, 63 Nr. 3 Abs. 3, 8 (291, 292). Eine Jahresrente von 1000 ℳ auf 60 Jahre kann demnach bei dem gesetzlichen Zinsfuße von 4 % nur mit einem Gesamtbetrage von 25 000 ℳ berechnet werden.

[6] S. Mot. § 58 a. E. (278), §§ 62, 63 Nr. 1 Abs. 2 u. Nr. 3 (290), Prot. 55, 58.

Gattung nach bezeichneten Sache, auf die Übertragung einer Forderung, auf die Bestellung eines Nießbrauches u. dgl., nicht auf einen Geldbetrag gerichtet sind, sind nach ihrem Schätzungswerte in Reichswährung zur Zeit der Konkurseröffnung zu berechnen, wobei natürlich auch auf die festgesetzte Zeit der Leistung gebührende Rücksicht genommen werden muß. Gleiches gilt von Forderungen, deren Geldbetrag zur Zeit der Konkurseröffnung, wie z. B. bei Schadensansprüchen, unbestimmt oder, wie z. B. bei Forderungen mit hinsichtlich der Zeit des Eintrittes ungewissem Anfangstermin (z. B. Todestag des Schuldners) oder bei Forderungen auf wiederkehrende Hebungen von unbestimmtem Betrage oder für unbestimmte Zeitdauer (z. B. auf Lebenszeit), ungewiß ist. Endlich von Forderungen auf einen nicht in Reichswährung festgesetzten Geldbetrag.[7]

II. Eine Forderung, deren Entstehung von einer zur Zeit der Konkurseröffnung noch schwebenden (sei es durch Rechtsgeschäft gesetzten, sei es gesetzlichen) Bedingung abhängt,[8] wird zwar in dem Konkursverfahren mit dem vollen Betrage wie eine entsprechende unbedingte Forderung geltend gemacht und bei den Verteilungen berücksichtigt;[9] allein die auf sie treffenden Anteile werden vor dem Eintritte der Bedingung dem Gläubiger nicht ausbezahlt, sondern nur zu seiner Sicherung einstweilen bis zur Ent-

---

[7] § 69 KO vbd. Mot. §§ 62, 63 Nr. 1, 2, 3 Abs. 1, 4, 8 (290 fg., 292), Prot. 55, 58. Wegen der Ansprüche auf persönliche Handlung oder Unterlassung s. ob. § 8 I. Nr. 1.

[8] Hierher gehört auch der Anspruch auf eine noch nicht verfallene Vertragsstrafe, wenn der Hauptanspruch, weil nicht auf eine Leistung aus dem Vermögen gerichtet, im KVerf. nicht geltend gemacht werden kann. Vgl. ob. § 8 I. Nr. 1. Über den Fall, wenn der Hauptanspruch als KForderung erscheint, s. unt. Anm. 16.

[9] § 154 Abs. 1 KO vbd. Mot. § 60 I. a. E. (282).

scheidung der Bedingung zurückbehalten.[10] Ist bei der Schlußverteilung die Bedingung noch in der Schwebe, und ist ihr Eintritt so unwahrscheinlich, daß die Forderung keinen gegenwärtigen Vermögenswert hat, so wird sie bei der Schlußverteilung nicht berücksichtigt, und auch alle bei den Abschlagsverteilungen für sie zurückbehaltenen Beträge werden an die anderen Gläubiger mit verteilt.[11]

Eine Konkursforderung unter einer zur Zeit der Konkurseröffnung noch schwebenden auflösenden Bedingung wird vor der Entscheidung in jeder Hinsicht wie eine bedingter Auflösung nicht unterworfene behandelt.[12] Hätte aber ohne den Konkurs der Gläubiger die Zahlung vom Gemeinschuldner nur gegen Bestellung einer Sicherheit wegen Rückzahlung des Empfangenen für den Fall des Eintrittes der Bedingung fordern können, so werden ihm auch im Konkurse die auf die Forderung treffenden Anteile nur gegen eine solche Sicherheitsleistung ausgezahlt. Leistet er die Sicherheit nicht, so werden sie bis zur Entscheidung der Bedingung zurückbehalten.[13]

---

[10] § 67 vbd. § 168 Nr. 2 KO. Vgl. Prot. 55. Das alles gilt entsprechend auch dann, wenn die Bedingung bereits entschieden, das Ergebnis aber noch nicht bekannt ist. Vgl. Prot. der Komm. f. d. zweite Lesung d. Entw. des BGB **1** 181 ff., **6** 765.

[11] § 154 Abs. 2, 156 KO. S. auch § 171 KO. Entsprechend § 916 Abs. 2 CPO. Vgl. unt. § 40 II. a. E. — Über die Behandlung bedingter Forderungen in Ansehung der Aufrechnung s. unt. § 21 I. Nr. 1. a. Über das Stimmrecht bedingter Gläubiger s. unt. § 31. IV. Nr. 3.

[12] § 66 KO vbd. Mot. § 59 (279).

[13] § 168 Nr. 4 KO vbd. Mot. a. a. O., §§ 154—156 Nr. 4 (388). Ob der Gläubiger die Sicherheit zu leisten habe, wäre nach Mot. § 59 bei der Prüfung der Forderung zu erörtern, und ein Streit darüber nach § 146 KO zu erledigen. So auch die herrschende Meinung. S. z. B. Seuff. 51, Pet.-Kleinf. § 66, Sar.-Boß. § 66, Jäger § 66 Anm. 3. A. M. mit Recht Oetker Grdb. 462 fg.; denn es handelt sich bei der Frage nicht um die Richtigkeit der Forderung und das Recht

III. Mit der Hauptforderung kann der Gläubiger als Nebenforderungen an gleicher Stelle geltend machen:[14]

1. die ihm vor der Konkurseröffnung durch Kündigung oder Einklagung seiner Forderung oder sonst zum Zwecke ihrer Befriedigung erwachsenen gerichtlichen oder außergerichtlichen Kosten.[15]

---

des Gläubigers auf die Teilnahme an der konkursmäßigen Befriedigung, sondern, ebenso wie in den übrigen Fällen des § 168 KO, nur um die Art dieser Teilnahme, und der Gläubiger muß also, wenn wegen Nichtleistung der Sicherheit der KVerw. die auf seine Forderung treffenden Anteile zurückbehält, in gleicher Weise vorgehen, wie wenn das der KVerw. in einem jener anderen Fälle tut. S. unt. § 44 Anm. 7.

[14] Werden diese Forderungen für sich allein geltend gemacht, z. B. weil die Hauptforderung bezahlt ist, so haben sie natürlich ebenfalls den Rang der letzten. Vgl. Pet.-Kleinf. § 62 Bem. 1, Jäger § 62 Anm. 2. Ferner ist aus § 62 KO durch arg. a contrario zu folgern, daß, wo die Hauptforderung nach § 63 Nr. 3, 4 KO von den KForderungen ausgeschlossen ist, auch die in § 62 genannten Nebenforderungen im K. nicht geltend gemacht werden können. Vgl. Pet.-Kleinf. § 3 Bem. 11, Jäger² § 3 Anm. 24.

[15] § 62 Nr. 1 KO. Vgl. § 767 Abs. 2, 1118, 1210 Abs. 2 BGB, § 10 Abs. 2 ZVG. Hat der Gläubiger den Antrag auf die KE. gestellt oder sonst im Eröffnungsverfahren Kosten (namentlich Rechtsanwaltsgebühren) aufgewendet, so gehören auch diese hierher, soweit sie nicht, wie der nach § 82 Nr. 1 GKG zu zahlende Gebührenvorschuß, nach § 58 Nr. 1 KO Massekosten sind. Vgl. Jäger § 62 Anm. 1, § 63 Anm. 3, § 58 Anm. 4, Pet.-Kleinf. § 62 Bem. 3. A. M. Seuff. 57 Nr. 6. b. Der Gläubiger kann auch diejenigen ihm vor der KE. erwachsenen Prozeßkosten, über deren Erstattung noch nicht entschieden ist, mit der Hauptforderung im K. ansetzen und im Fall der Bestreitung dieses Ansatzes die Entscheidung durch Aufnahme des Prozesses gemäß § 146 Abs. 3 herbeiführen. Vgl. Mot. § 55 Nr. 3 a. E. (270). Die ihm erst nach der KE. erwachsenden Kosten kann er nicht im K. geltend machen, weil jede KForderung im KV. nur nach ihrem Stande zur Zeit der KE. berücksichtigt wird. Ebensowenig die ihm durch die Teilnahme am KV. erwachsenden: § 63 Nr. 2 KO. Vgl. ob. § 8 bei Anm. 20. Wird der Prozeß über die an=

2. die für den Fall der nicht gehörigen, insbesondere nicht rechtzeitigen, Erfüllung der Hauptforderung bedungenen Vertragsstrafen, vorausgesetzt daß sie zur Zeit der Konkurseröffnung bereits verfallen waren.[16]

3. die, gleichviel aus welchem Grunde, geschuldeten Zinsen, die auf die Zeit vor dem Tage der Konkurseröffnung treffen.[17]

---

gemeldete Hauptforderung (nicht bloß über die Pflicht zur Tragung der vor der KE. erwachsenen Kosten) nach § 146 Abs. 3, 6 KO gegen den KV. fortgeführt und dieser in die Prozeßkosten verurteilt, so sind diese, auch soweit sie vor der KE. erwachsen sind, nach § 59 Nr. 1 KO Masseschuld. S. ob. § 7 V.

[16] § 62 Nr. 2 KO. Der Grund der Gleichstellung mit der Hauptforderung liegt darin, daß solche Strafen in der Regel die Stelle der Entschädigung vertreten sollen. S. § 340 Abs. 2, 341 Abs. 2 BGB, Mot. § 55 Nr. 2 (269). Nach der KE. kann eine für den Fall der nicht gehörigen Erfüllung einer KForderung bedungene Vertragsstrafe (§ 341 BGB) nicht mehr verfallen, weil die infolge des K. eintretende Beschränkung oder Verzögerung der Befriedigung einer Forderung keinen Anspruch auf Schadenersatz und mithin auch keinen Anspruch auf Zahlung der Vertragsstrafe erzeugen kann. Ebenso Oetker Grdb. 154, Seuff. 54, Jäger § 62 Anm. 3. A. M. Pet.-Kleinf. § 62 Bem. 4, Sar.-Voß. § 62 Bem. 2. Ist die Strafe für den Fall der Nichterfüllung einer KForderung bedungen (§ 340 BGB), so kann sie mit Wirkung für den K. mit oder nach der KE. verfallen, wo zufolge der KE. ein Anspruch auf Entschädigung entsteht, also in den Fällen der § 17, 19 Satz 3, 22 Satz 2 KO. Vgl. RG 8. III. 88 (**21** 5 ff.), 5. II. 90 (**26** 92 ff.), Jäger a. a. O. Seuff. a. a. O. — Der Vertragsstrafe steht gleich die durch letztwillige Verfügung oder ein sonstiges einseitiges Rechtsgeschäft angeordnete Strafe. Vgl. Jäger Anm. 2, Oetker Grdb. 154. A. M. Sar.-Voß. Bem. 2 a. E., Pet.-Kleinf. Bem. 4 a. E.

[17] § 62 Nr. 3 KO vbd. Mot. § 55 Nr. 1 (268 fg.). Die auf den Tag der KE. treffenden Zinsen gehören, weil die Berechnung von Zinsen für Teile eines Tages nicht verkehrsüblich ist, schon zu den seit der Eröffnung des Verfahrens laufenden, die nach § 63 Nr. 1 KO im KVerf. nicht geltend gemacht werden können. Vgl. Jäger Anm. 4, Pet.-Kleinf. Bem. 5, Sar.-Voß. Bem. 3.

IV. Wenn, gleichviel aus welchen Rechtsgründen, Mehrere nebeneinander für eine und dieselbe Leistung als Gesamtschuldner haften, also in der Weise, daß zwar ein Jeder wegen des ganzen Betrages in Anspruch genommen, dieser aber gleichwohl nur einmal gefordert werden kann, so darf der Gläubiger, solange und soweit er noch nicht befriedigt ist, einen Jeden so behandeln, wie wenn er sein alleiniger Schuldner wäre.[18] Da nun ferner jeder Konkursgläubiger an der Befriedigung aus der Konkursmasse nach dem Stande der Dinge zur Zeit der Konkurseröffnung teilnimmt, so ergibt sich von selbst, daß in dem Konkurse eines Jeden der Mehreren, sei es daß nur einer oder daß einige oder alle in Konkurs geraten sind, der Gläubiger den ganzen Betrag anmelden kann, der ihm zur Zeit der Eröffnung dieses Konkurses noch geschuldet war, und daß er, solange er nicht für Kapital, Zinsen und sonstige Nebenforderungen vollständig befriedigt ist, bei den Verteilungen zu jenem ganzen Betrage berücksichtigt wird ohne Anrechnung der Teilzahlungen, die er nach der Konkurseröffnung von Seite eines anderen der Schuldner oder aus der Konkursmasse eines solchen erhalten hat.[19] Wird infolge

---

[18] S. § 421 BGB. Einzelne hierher gehörige Fälle: § 427, 431, 769, 840, 1833 Abs. 2, 2058 BGB. Neben dem in K. geratenen Hauptschuldner haftet auch der Bürge als Gesamtschuldner, selbst wenn er nicht auf die Einrede der Vorausklage verzichtet hat, weil er nach § 773 Nr. 3 BGB durch Eröffnung des K. über das Vermögen des Hauptschuldners diese Einrede verliert. Ein besonders wichtiger Fall gesamtschuldnerischer Haftung ist diejenige mehrerer Wechselverpflichteten, wie namentlich des Acceptanten und sämtlicher Vormänner des Inhabers eines mangels Zahlung protestierten Wechsels. Vgl. Mot. § 61 Abs. 9, 10 (287 fg.), RG 5. XII. 83 (**11** 18 ff.).

[19] § 68 KO vbd. Mot. § 61 Abs. 7 (287), Prot. 55—58, 131. Vgl. RG 3. XI. 80 (**2** 180 ff.). (Solche Teilzahlungen sind nicht anders zu behandeln als Abschlagszahlungen, die ein KGl. während des KVerf. freiwillig von

dieser Behandlung aus der Konkursmasse eines der Schuldner mehr bezahlt, als ihm den anderen gegenüber nach Maßgabe des bürgerlichen Rechtes schließlich zur Last fällt, so kann sein Regreßanspruch in den Konkursen der übrigen Schuldner als Konkursforderung geltend gemacht werden.[20]

V. Ist einem Konkursgläubiger für seine Forderung ein bestimmtes Vermögensstück vermöge einer Hypothek, eines Pfandrechtes oder eines anderen verwandten Rechtes verhaftet, so kann er demungeachtet die Forderung zu ihrem vollen Betrage im Konkurse anmelden, ohne Unterschied, ob jenes Vermögensstück zur Konkursmasse gehört oder nicht.[21] Im letzten Fall nimmt er auch an allen Verteilungen zu jenem vollen Betrage teil, so lange, bis er,

---

einem Dritten für den GSch. erhielte.) Beispiel: A, B und C haften als Gesamtschuldner für 3000. Gerät A in K., bevor auf die Schuld eine Zahlung geschehen ist, so nimmt der Gläubiger, solange auch nur der kleinste Rest seiner Forderung nicht bezahlt ist, in diesem K. an allen Verteilungen stets für den ganzen Betrag von 3000 Anteil, sollten auch inzwischen von Seite des B oder des C Abschlagszahlungen erfolgt sein. Verfällt, nachdem der Gläubiger bereits 1000 aus der KM. des A oder von B oder C erhalten hat, auch B in K., so nimmt in diesem K. der Gläubiger bis zu voller Tilgung seiner Forderung an allen Verteilungen für den Betrag von 2000 Anteil usw. Gesetzt daß zur Zeit, als die Schuld noch 2000 betrug, A, B und C gleichzeitig in K. geraten und nacheinander zuerst die Masse des A mit 50%, sodann die des B mit 40%, zuletzt die des C mit 30% zur Verteilung gelangt, so erhält der Gläubiger aus der ersten Masse volle 50% seiner Forderung mit 1000, aus der zweiten volle 40% mit 800, aus der dritten aber natürlich nur die noch fehlenden 10% mit 200. S. Mot. § 61 Abs. 5 (286). — Nicht von § 68 KO werden die Fälle betroffen, wenn in einem K. der Gläubiger nur Anspruch auf Befriedigung wegen des Ausfalls hat, den er in einem anderen K. erleidet. S. § 212, 234 KO.

[20] Nach den ob. § 8 III. Nr. 3 erörterten Regeln. Vgl. Jäger § 68 Anm. 9, 10.

[21] § 64 KO vbd. Mot. § 57 letzt. Abs. (275), Prot. 57 a. E.

sei es aus der Konkursmasse, sei es aus dem Werte des ihm verhafteten Vermögensstückes, vollständig befriedigt ist.[22] Gehört aber dieses Vermögensstück zu der Konkursmasse[23] und steht also dem Konkursgläubiger daran ein Absonderungsrecht zu, so erhält er, wenn er die abgesonderte Befriedigung beansprucht,[24] in der Reihe der Konkursgläubiger anteilige Befriedigung nur für denjenigen Betrag, für welchen er auf die abgesonderte Befriedigung verzichtet hat, oder mit welchem er dabei ausgefallen, d. h. unbefriedigt geblieben, ist.[25]

§ 11.

4. Rangordnung der Konkursforderungen.

I. Regel ist, daß die Konkursforderungen einander gleichstehen und daher bei Unzulänglichkeit der Konkursmasse nach Verhältnis ihrer nach den vorstehenden Er-

[22] Entspr. § 68 KO. Dieses gilt auch dann, wenn dem Gläubiger ein Vermögensstück eines neben dem GSch. haftenden anderen Gesamtschuldners verhaftet ist. S. Prot. a. a. O. Vgl. RG 4. I. 82 (7 88 ff.), 19. IX. 02 (52 170 ff.), Pet.-Kleinf. § 68 Bem. 3, Sar.-Boß. § 64 Bem. 1, Jäger § 64 Anm. 1. b. A. M. Oetker Grdb. 465.

[23] D. h. zu der sog. Istmasse, nicht bloß zu der sog. Sollmasse (s. unt. § 13 I.). Vgl. Oetker Grdb. 465 fg.

[24] Vgl. Oetker Grdb. 465 ff., 472 fg.

[25] § 64 KO. Vgl. Mot. § 57 Abs. 5—9 (272 ff.), § 3 a. E. (31). Über die Behandlung bei den Verteilungen s. unt. § 40 II. Der Verzicht geschieht durch einseitige Erklärung dem KV. gegenüber (§ 130—132 BGB). Diese muß zwar nicht gerade eine ausdrückliche (A. M. Pet.-Kleinf. § 64 Bem. 5), aber im Hinblick auf § 153 KO wenigstens bestimmt nachweisbar sein. Vgl. Oetker Grdb. 471. Der Verzicht kann natürlich auch für den ganzen Betrag der Forderung erklärt werden. Er wirkt nach der Beendigung des KVerf. fort. Vgl. Jäger § 64 Anm. 9—11. — Entsprechende Anwendung findet § 64 KO in den Fällen der § 212, 234, 236 KO, des § 35 Abs. 2 HypBankG und des § 61 PVersG.

örterungen im Konkurse maßgebenden Beträge befriedigt werden.[1] Aus Rücksichten teils des öffentlichen Wohls, teils besonderer Schutzbedürftigkeit gewisser Gläubiger ist jedoch als Ausnahme gewissen Konkursforderungen ein „Vorrecht“ im Konkurse,[2] d. h. ein Recht auf Befriedigung vor anderen Konkursforderungen,[3] eingeräumt, so daß zwischen „bevorrechtigten“ und „nicht bevorrechtigten“ Konkursforderungen unterschieden werden muß.[4] Da aber jene Vorrechte selbst wieder fünferlei Abstufungen aufweisen, so bestehen dem Range nach sechs Klassen von Konkursforderungen, von denen jede frühere der späteren vorgeht, während innerhalb jeder Klasse der Regel gemäß eine Befriedigung nach Verhältnis der Beträge stattfindet.[5] Diese Klassen sind die folgenden:

1. Die für das letzte Jahr vor der Konkurseröffnung oder, wenn diese erst nach dem Tode des Gemeinschuldners

---

[1] § 61 erster Satz KO.

[2] Wegen des Ausdruckes s. § 139, 140 Abs. 2, 141 KO. Das BGB hat dafür den Ausdruck „Vorzugsrecht“. S. § 401 Abs. 2, 418 Abs. 2, 776 BGB.

[3] Die Vorrechte werden nicht von Amts wegen berücksichtigt. S. § 139, 142 Abs. 2 KO, Mot. § 127 a. E. (360).

[4] S. § 170, 173, 179, 181, 188, 189, 191 Abs. 2, 193 KO.

[5] § 61 KO. Weitere Abstufungen unter den KForderungen bestehen nach § 226 ff. und § 236 KO im Nachlaßkonkurse und in dem KVerf. über das Gesamtgut im Fall der fortgesetzten Gütergemeinschaft. Ein eigentümliches Vorrecht gewährt § 35 HypBankG im K. einer Hypothekenbank den Pfandbriefgläubigern. Es beschränkt sich auf die in das Hypothekenregister eingetragenen Hypotheken und Wertpapiere und auf das Geld, das dem Treuhänder zur Deckung der Hypothekenpfandbriefe in Verwahrung gegeben ist, geht aber für diesen Teil der KM. allen allgemeinen Vorrechten des § 61 KO vor. S. auch § 41, 42, 43 HypBankG. Ein entsprechendes Vorrecht steht nach § 61 Abs. 3 PVersG im K. einer Lebensversicherungsanstalt (s. § 6 Abs. 2, 3, 12, 63 dieses Gesetzes) den Versicherten auf den Betrag der rechnungsmäßigen Prämienreserve (s. § 57 dieses Gesetzes) zu.

erfolgt ist, für die Zeit vom Beginn des letzten Jahres vor seinem Tode bis zur Konkurseröffnung[6] rückständigen Forderungen an Lohn, Kostgeld oder anderen Dienstbezügen derjenigen Personen, welche sich dem Gemeinschuldner für seinen Haushalt, seinen Wirtschaftsbetrieb oder sein Erwerbsgeschäft zur Leistung niederer oder höherer, sei es dauernder, sei es nur vorübergehender und vereinzelter, Dienste verdungen hatten, wie z. B. Dienstboten, Gesellen, Fabrikarbeiter, Handlungsgehilfen, Wirtschaftsbeamte, Förster, Sekretäre, Hauslehrer, Erzieher, aber auch Tagelöhner, Lohndiener, Näherinnen u. dgl.[7]

Diesen Forderungen sind gleichgestellt die Ansprüche der Krankenkassen auf rückständige Eintrittsgelder und Bei-

---

[6] Vgl. Jäger § 61 Anm. 10, Sar.-Boß. § 61 Bem. 7, Pet.-Kleinf. § 61 Bem. 6.

[7] § 61 Nr. 1 KO. Die Vorschrift bezieht sich in der neuen Fassung nicht mehr genau auf die nämlichen Fälle wie § 22 KO, weil hier, aber nicht mehr dort, ein dauerndes Dienstverhältnis vorausgesetzt wird (s. ob. § 6 V.); sie ist aber, wie § 22, auch dann anzuwenden, wenn es sich um ganz persönliche und daher für die KM. nicht verwertbare Dienstleistungen handelt. S. ob. § 6 Anm. 46. Die Ansprüche für die Zeit nach der KE. sind, soweit das Verhältnis kraft gesetzlicher Vorschrift (§ 22 KO) oder zufolge einer Übereinkunft des KV. und des Bediensteten fortdauert, Masseansprüche (§ 59 Nr. 1, 2 KO), soweit dagegen die Fortdauer auf bloßer Übereinkunft mit dem GSch. beruht, die KM. nicht berührende Ansprüche an diesen. S. Mot. §§ 54—56. X. Nr. 2 (267). Ansprüche aus dem Dienstverhältnisse, die nicht die Natur von Dienstbezügen haben, wie namentlich Schadensansprüche, gehören zu den nicht bevorrechtigten KForderungen. S. Mot. a. a. O. Jedoch ist der Anspruch auf Ersatz des Schadens, der dem Bediensteten vor der KE. durch ungerechtfertigte Entlassung von Seite des GSch. oder zufolge einer durch vertragswidriges Verhalten des GSch. veranlaßten Kündigung (vgl. § 70 Abs. 2 HGB) entstanden ist, als bevorrechtigt zu betrachten, weil er als bloße Veränderung des Inhaltes an die Stelle der Lohnforderung tritt. S. ob. § 8 Anm. 14 und vgl. Jäger Anm. 13.

träge und die Ansprüche der Versicherungsanstalten auf rückständige Beiträge zur Invalidenversicherung.[8]

2. Die Forderungen der Reichskasse, der Staatskassen und der Gemeinden, sowie der Amts-, Kreis und Provinzialverbände wegen rückständiger öffentlicher, direkter oder indirekter, Abgaben, soweit sie im letzten Jahr vor der Konkurseröffnung fällig geworden sind oder, wenn wegen gesetzlicher oder freiwilliger Stundung zur Zeit der Konkurseröffnung noch nicht fällig,[9] nach § 65 KO im Konkursverfahren als fällig gelten.[10] Daß der Steuererheber die Abgabe bereits vorschußweise an die Kasse entrichtet hat, macht keinen Unterschied.[11]

3. Die Forderungen der Kirchen[12] und öffentlichen

---

[8] § 55 Abs. 2, 65 Abs. 3, 72 Abs. 3, 73 Abs. 1 KrankVersG, § 168 InvVersG.

[9] Vgl. z. B. § 16, 20 TabStG.

[10] In diesem Fall ist nach § 65 Abs. 2 KO ihr Geldwert zur Zeit der KE. durch Abzug der Zwischenzinsen zu berechnen. Vgl. Jäger Anm. 16, Pet.-Kleinf. Bem. 11.

[11] § 61 Nr. 2 KO. vbd. Mot. §§ 54—56. I. Abs. 2 u. 5 (254 fg., 256), Prot. 49. Das Vorrecht gilt auch für die rückständigen öffentlichen Abgaben, die auf einem Grundstücke des GSch. lasten, obgleich sie nach § 10 Nr. 3 ZVG auch durch ein Absonderungsrecht an dem Grundstücke gesichert sind. Ist im letzten Fall die Abgabe aus der KM. bezahlt worden, so hätte diese nach Pet.-Kleinf. Bem. 12 gegen die abgesonderte Immobiliarmasse einen Anspruch auf Ersatz. S. hiergegen Jäger § 47 Anm. 28. — Nach der KE. laufende öffentliche Abgaben von Gegenständen der KM. sind Massekosten: § 58 Nr. 2 KO. — Nicht zu den öffentlichen Abgaben gehören im Sinne des § 61 Nr. 2 KO die Gerichtskosten, das Postporto und die Gebühren anderer Behörden, weil es sich dabei überall um eine Vergütung für eine bestimmte einzelne Tätigkeit des Staates handelt. Vgl. Mot. §§ 54–56. I. Abs. 4 (255 fg.), RG 11. V. 88 (21 49 ff.), 15. X. 91 (28 87 fg.), Sar.-Boß. Bem. 11 Abs. 2, Pet.-Kleinf. Bem. 10. A. M. im Anschlusse an Art. 1 des Bayer. Gebührengesetzes und die Rechtsprechung des Bayer. Obersten Landesgerichtes Seuff. 61 fg., Jäger Anm. 17—19.

[12] Unter „Kirchen“ sind im Sinne des Gesetzes alle nach dem

Schulen, der öffentlichen Verbände[13] und der öffentlichen, zur Annahme der Versicherung verpflichteten Feuer-Versicherungsanstalten wegen der nach Gesetz oder Verfassung zu entrichtenden Abgaben und Leistungen aus dem letzten Jahre vor der Konkurseröffnung.[14]

4. Die Forderungen der Ärzte, Wundärzte, Tierärzte und Apotheker,[15] sowie der Hebammen und Krankenpfleger[16] wegen im letzten Jahre vor der Konkurseröffnung erwachsener Kur- und Pflegekosten, soweit der Betrag der Forderung, wenn für solche Leistungen eine Gebührentaxe besteht, den taxmäßigen Betrag nicht übersteigt.[17]

Rechte des betreffenden Staates als öffentliche Körperschaften anerkannte Religionsgemeinschaften zu verstehen; unter dieser Voraussetzung also namentlich auch die israelitischen Gemeinden. So z. B. Sar.-Boß. Bem. 14, Pet.-Kleinf. Bem. 14. Andere, wie Seuff. 62 Anm. 9, Jäger Anm. 23, rechnen die als öffentliche Körperschaften anerkannten nichtchristlichen Religionsgemeinschaften zu den „öffentlichen Verbänden".

[13] D. h. aller kraft öffentlichen Rechtes bestehenden korporativen Verbindungen, wie z. B. der Orts- und Land-Armenverbände (§ 2—5 UWG), der Deich- und Wegeverbände, der Uferschutzgenossenschaften, der vom Staate begründeten Gewerbe-, Handels-, Landwirtschaftskammern, der Berufsgenossenschaften (RG 10. I. 89 — 22 139 ff.) u. dgl. Vgl. Prot. 52.

[14] § 61 Nr. 3 KO vbd. Mot. §§ 54—56. III. (256), Prot. 50—52, 150—152. Nach RG 10. I. 89 (22 139 ff.) sind auch in § 61 Nr. 3 KO diejenigen Forderungen gemeint, die im letzten Jahr vor der KE. fällig geworden sind oder nach § 65 KO als fällig gelten.

[15] Darunter sind nach § 29 GewO nur die approbierten Ärzte (auch Augenärzte, Geburtshelfer und Zahnärzte) und die approbierten Apotheker zu verstehen.

[16] D. h. der gewerbs- oder doch gewohnheitsmäßigen Krankenpfleger. Dahin gehören auch Krankenhäuser, Diakonissenhäuser und andere Anstalten, die regelmäßig Kranke zur Pflege aufnehmen. Vgl. § 30 Abs. 1 GewO. S. Pet.-Kleinf. Bem. 19.

[17] § 61 Nr. 4 KO vbd. Mot. §§ 54—56. V. (257). Es genügt, daß wegen der Kur- oder Pflege-

5. Die Forderungen der (leiblichen oder angenommenen) Kinder, d. h. Abkömmlinge ersten Grades, sowie der Mündel und der Pflegebefohlenen des Gemeinschuldners in Ansehung solchen Vermögens, welches nach Rechtsvorschrift seiner Verwaltung (mit oder ohne Nutzungsrecht) unterworfen war. Das Vorrecht ist verloren, wenn die Forderung nicht innerhalb zweier Jahre seit der gesetzlichen Beendigung der Vermögensverwaltung gerichtlich, sei es im Konkursverfahren selbst oder vor der Konkurseröffnung, geltend gemacht und im letzten Fall bis zur Konkurseröffnung verfolgt worden ist.[18]

6. Alle übrigen (nicht bevorrechtigten) Konkursforderungen.[19]

II. Die Vorrechte sind rechtliche Eigenschaften der bevorrechtigten Forderungen. Daher kommt das Vorrecht auch dem neuen Gläubiger zu gute, auf den die Forderung vor oder nach der Konkurseröffnung im Wege der Gesamtnachfolge oder der Sondernachfolge, sei es durch Abtretung, sei es kraft Gesetzes, sei es durch gerichtliche Überweisung, übergegangen ist.[20] Dagegen kann im Fall des Eintrittes eines neuen Schuldners durch Schuldübernahme das mit der Forderung verbundene Vorrecht im Konkurse des Übernehmers nicht geltend gemacht werden.[21]

III. Hat ein Konkursgläubiger auf Kosten anderer aus der Konkursmasse mehr als den ihm daraus nach

---

kosten eine Forderung an den GSch. besteht, auch wenn sie nicht durch seine persönliche Erkrankung entstanden sind. S. Pet.-Kleinf. Bem. 21, Sar.-Boß. Bem. 21 Abs. 2, Jäger Anm. 27.

[18] § 61 Nr. 5 KO vbd. Mot. §§ 54–56. IX. Nr. 1 u. 2 (264 fg.). Vgl. Pet.-Kleinf. Bem. 22 ff., Sar.-Boß. Bem. 22 ff., Jäger Bem. 29 ff.

[19] § 61 Nr. 6 KO.

[20] § 401 Abs. 2 BGB vbd. § 412 BGB, § 835, 836 CPO. Folge daraus zu Gunsten des Bürgen: § 776 BGB.

[21] § 418 Abs. 2 BGB.

den Umständen gebührenden Betrag erhalten, so ist er zur Herausgabe des zuviel Empfangenen verpflichtet, weil er es ohne rechtlichen Grund erlangt hat.[22] Und zwar steht der Anspruch auf die Herausgabe nicht bloß den einzelnen benachteiligten Gläubigern, sondern auch dem Konkursverwalter zu Gunsten der Konkursmasse zu.[23]

§ 12.

5. Feststellung der Konkursforderungen.*

I. Die Geltendmachung einer Konkursforderung im Konkursverfahren kann immer nur durch ihre Anmeldung bei dem Konkursgerichte geschehen.[1] Diese muß als Grundlage des Feststellungsverfahrens die Angabe des in Reichswährung ausgedrückten bestimmten Geldbetrages, wofür die anteilige Befriedigung der Forderung aus der Konkursmasse verlangt wird,[2] sowie des Grundes der Forderung, d. h. des sie begründenden Tatbestandes, soweit es seiner Darlegung zur genügenden Individualisierung der Forderung bedarf,[3] enthalten und, wenn ein Vorrecht für sie in Anspruch genommen wird, auch dieses bestimmt angeben.[4] Jede angemeldete Forderung wird vom Gerichts-

---

[22] § 812 Satz 1 BGB.

[23] Vgl. Mot. § 53 Abs. 2 (247 fg.), RG 13. III. 89 (**23** 60 ff.).

* Litt.: Gallinger, Die Rechtsstellung des Konkursverwalters und der Gläubiger bei Feststellung einer Konkursforderung. Nürnberg 1896.

[1] § 12 vbd. § 139 KO. Vgl. ob. § 9. I. Nr. 2.

[2] S. ob. § 10. I.

[3] Als z. B. des am 1. Januar 1903 gegebenen Darlehens, des am 1. Juli 1903 geschlossenen Kaufes, des am 1. April 1903 angenommenen oder ausgestellten Wechsels u. dgl. Vgl. § 253 Nr. 2, 690 Nr. 3 CPO und RCP. § 47. I. S. auch RG 12. IV. 97 (**39** 45).

[4] § 139 Satz 1 KO. Vbd. § 146 Abs. 4 KO. Mangel der Angabe des Betrages oder des Grundes der Forderung hätte die Nichtunterbrechung der Verjährung der Forderung (s. ob. § 9 III. und RG 12. IV. 97 —

schreiber in die „Tabelle“ eingetragen, d. h. ein übersichtliches Verzeichnis der sämtlichen angemeldeten Forderungen nach der Rangordnung der beanspruchten Vorrechte, in welches nachher auch die Ergebnisse des Prüfungs- und Feststellungsverfahrens einzutragen sind. Diese Tabelle ist die urkundliche Grundlage für das ganze weitere Verfahren zur Feststellung und konkursmäßigen Befriedigung der Konkursforderungen.[5] Sodann wird jede gehörig angemeldete Forderung in einem „Prüfungstermin“, wozu sämtliche Beteiligte, der Konkursverwalter, die Konkursgläubiger und der Gemeinschuldner, berufen werden, unter Leitung des Konkursgerichtes einer Prüfung unterzogen in Rücksicht auf ihre Eigenschaft als Konkursforderung, auf ihren rechtlichen Bestand, auf den angemeldeten Betrag und auf das beanspruchte Vorrecht.[6]

II. Die Anmeldung einer Forderung als Konkursforderung bezweckt vom Standpunkte der Konkursordnung für den anmeldenden Gläubiger nicht allein die Erreichung der ihm aus der Konkursmasse gebührenden Befriedigung, sondern auch die Erlangung eines Vollstreckungstitels gegen den Gemeinschuldner für die Zeit nach der Beendigung des Konkursverfahrens, soweit seine Forderung in diesem Verfahren nicht befriedigt worden ist. Sie richtet sich

---

39 45) sowie die Zurückweisung der Anmeldung als unzulässig (s. unt. § 38 V.), Mangel der Angabe des Vorrechtes seine Nichtberücksichtigung zur Folge. Vgl. Oetker Grdb. 273, Pet.-Kleinf. § 139 Bem. 10, Jäger 139 Anm. 3, 10. Weiteres über die Anmeldung der KForderungen s. unt. § 38 II.

[5] § 140 Abs. 2 KO vbd. Mot. § 128 Abs. 1 (360). Das amtliche, in Preußen vorgeschriebene, Formular für die Tabelle siehe im Formularbuch Nr. 191/192 (174 ff.) und bei Jäger zu § 140 (538).

[6] § 141 KO vbd. Mot. § 129—131 Abs. 4 (362). Vgl. unt. § 38 IV.—VI.

also nicht allein gegen die Konkursmasse, sondern auch gegen den Gemeinschuldner.[7]

Als Parteien erscheinen demnach bei der Prüfung der Forderung einerseits der anmeldende Konkursgläubiger, andererseits der Konkursverwalter als Vertreter der Konkursmasse und der Gemeinschuldner als Vertreter seines konkursfreien Vermögens, womit sich nach der Beendigung des Konkursverfahrens die Konkursmasse, soweit sie noch vorhanden ist, wieder vereinigt.[8] Wegen ihres Interesse,

[7] Das alles läßt sich im Hinblick auf § 141 Abs. 2, 144 Abs. 2, 164 Abs. 2, 3, 165, 194, 206 Abs. 2 KO mit Fug gar nicht bestreiten, um so minder, als im Fall des § 206 Abs 2 KO meist nur die in der Anmeldung liegende Geltendmachung der Forderung gegen den GSch. zu praktischer Bedeutung kommt. Eine weitere Bestätigung liegt darin, daß durch die Anmeldung einer Forderung im K. ihre Verjährung auch gegenüber dem GSch. unterbrochen wird (s. ob. § 9 III.). Aus den nämlichen Erwägungen erkennen auch die Mot. § 13 Abs. 4 (59) an, daß „die Anmeldung mittelbar auch eine Verfolgung gegen die Person des Schuldners in sich begreife", erklären aber freilich trotzdem, daß „der Schuldner nicht Partei in dem Anmeldungs- und Prüfungsverfahren sei, vielmehr die Anmeldung nur die Teilnahme des Gläubigers an der Verteilung der Masse bezwecke". Zur Erklärung über die angemeldete Forderung im Prüfungstermin (§ 141 Abs. 2 KO) ist nach Mot. §§ 129—131 Abs. 4 (362) der GSch. bloß wegen seiner Auskunftspflicht (§ 100 KO) zum Zwecke der „Aufklärung" schuldig, und daß die Eintragung einer KForderung als festgestellt und von ihm nicht bestritten in die Tabelle nach der Beendigung des KVerf. ein Vollstreckungstitel gegen ihn ist (§ 164 Abs. 2, 206 Abs. 2 KO), hat nach Mot. § 152 Nr. 2 Abs. 4, 6 (384 fg.) seinen Grund bloß in Rücksichten des praktischen Bedürfnisses. Auf diesem Standpunkte der Motive steht auch die ganz allgemeine Auffassung, wonach aber namentlich die Vorschrift in § 165 KO als völlig unerklärlich erscheint. Vgl. z. B. Sar.-Boß. § 141 Bem. 4, § 164 Bem. 6, Jäger § 141 Anm. 1, § 164 Anm. 3, Seuff. 389. Nach Oetker Grdb. 314 fg. richtete sich die Anmeldung als solche weder gegen die KM., noch gegen den GSch., sondern nur an das Konkursgericht.

[8] Vgl. ob. § 5 II. a. E., III., IV. Daß der GSch. an der

daß nicht ein Unberechtigter durch seine Teilnahme am Konkursverfahren die ihnen aus der Konkursmasse gebührende Befriedigung in ungerechtfertigter Weise schmälere oder durch sein Mitstimmen in den Gläubigerversammlungen einen ihnen nachteiligen Einfluß auf das Verfahren übe, dürfen sich aber auch die übrigen Konkursgläubiger an der Prüfung der Forderung beteiligen. Und zwar kann gegen sie Jeder, der eine (bevorrechtigte oder nicht bevorrechtigte) Konkursforderung angemeldet hat und dessen Anmeldung zugelassen ist,[9] Widerspruch erheben, auch wenn seine Forderung noch nicht festgestellt ist.[10] Er handelt

---

Prüfung der Forderung nicht bloß als Auskunftsperson, sondern auch als Partei beteiligt ist, hat namentlich die Folge, daß, wenn er wegen Verschwendung oder Trunksucht entmündigt ist, für die Frage, ob die Feststellung der Forderung einen Vollstreckungstitel gegen ihn bildet (§ 164 Abs. 2 KO), es nicht auf sein Bestreiten oder Nichtbestreiten, sondern bloß auf dasjenige seines Vormundes ankommt, und zwar gleichviel, ob der GSch. im Prüfungstermin zur Auskunft erschienen ist oder nicht. S. auch unt. § 38 VI.

[9] Vgl. Oetker Grdb. 313, Jäger § 141 Anm. 8.

[10] S. § 144 Abs. 1 KO vbd. Mot. §§ 129 – 131 Abs. 4 (362). Der Widerspruch wird unwirksam, wenn der Widersprecher nachträglich seine Anmeldung zurücknimmt oder seine Forderung durch Verzicht, Aufrechnung oder sonstige Befriedigung verliert. Desgleichen, wenn ihm das Recht der Teilnahme am K. rechtskräftig aberkannt wird. War freilich schon vorher auf Grund seines Widerspruches dem anderen Anmelder das Teilnahmerecht rechtskräftig aberkannt, so behält es dabei sein Bewenden. Vgl. Kohler Lehrb. 560 Nr. 1, Seuff. 262 fg., Jäger a. a. O. — Auch ein bevorrechtigter KGl. hat aus dem zweiten der im Texte angegebenen Gründe ein rechtliches Interesse daran, daß nicht der Anmelder einer minder berechtigten Forderung unberechtigterweise am KVerf. teilnehme, und kann daher einer solchen Anmeldung wirksam widersprechen. Vgl. Oetker Grdb. 491, Pet.-Kleinf. §§ 141–143 Bem. 6 a. E., Jäger § 141 Anm. 9. A. M. im Anschlusse an Prot 92: Seuff. 263, Kohler Lehrb. 560 Nr. 2, Sar.-Boß. § 144 Bem. 4. Der Inanspruchnahme eines Vorrechtes kann ein anderer KGl.

dabei gleich dem widersprechenden Konkursverwalter für die Konkursmasse und gewissermaßen als ihr Vertreter, aber zur Wahrung seines eigenen Interesse und in eigenem Namen, ebenso wie der Ehemann, der bei dem gesetzlichen Güterstande der Vermögensverwaltung nach § 1380 BGB ein zum eingebrachten Gute seiner Frau gehöriges Recht in eigenem Namen gerichtlich geltend macht.[11]

III. Soweit gegen eine angemeldete und vom Konkursgerichte zur Prüfung zugelassene Forderung im Prüfungstermin weder von Seite der Konkursmasse, also des Konkursverwalters oder eines der übrigen Konkursgläubiger, noch von Seite des Gemeinschuldners ein Widerspruch erfolgt und dieses Ergebnis der Prüfung in die Tabelle eingetragen ist, ist für den anmeldenden Gläubiger der Zweck seiner Anmeldung in jeder Hinsicht erreicht. Denn erstens ist insoweit seine Forderung für das Konkursverfahren „festgestellt", d. h. es steht gegenüber dem Konkursverwalter[12] und allen Konkursgläubigern, auch denjenigen, welche ihre Forderungen noch nicht angemeldet hatten oder im Prüfungstermin nicht erschienen waren, gleichwie durch rechtskräftiges Urteil fest, daß sie für den unbestrittenen Betrag und mit dem unbestrittenen Vorrechte an dem Konkursverfahren und den Verteilungen der Konkursmasse teilnimmt.[13] Zweitens aber steht jene Eintragung

nur widersprechen, wenn er daran den Umständen nach ein Interesse hat. S. Oetker Grdb. 482.

[11] Vgl. Gaupp-Stein CPO[4] Vorbem. I. a. vor Buch I. Abschn. 2, Gallinger 14. Daraus, daß der widersprechende KGl. in eigenem Namen handelt, folgt namentlich, daß er, falls er in dem durch seinen Widerspruch veranlaßten Prozeß unterliegt, die Prozeßkosten tragen muß. Wegen sonstiger Folgen s. Hellwig Lehrb. des Civilpr. I. § 49 IV. (322 fg.).

[12] Vgl. RG 13. III. 91 (27 92).

[13] § 144 Abs. 1, 145 Abs. 2 KO vbd. Mot. § 152 Nr. 2 Abs. 3 (384), §§ 132, 133 Abs. 4

in die Tabelle auch einer rechtskräftigen Verurteilung des Gemeinschuldners zur Zahlung des festgestellten Betrages gleich und bildet gegen ihn einen Vollstreckungstitel.[14]

(363 fg.). Vgl. RG 20. X. 88 (22 155), Oetker Grdb. 268. Aus § 145 Abs. 2 KO folgt namentlich auch, daß die Feststellung nur durch Wiederaufnahmeklage entspr. § 579, 580 CPO beseitigt werden kann. So Mot. §§ 132, 133 Abs. 4 a. E (364), RG 17. IV. 96 (37 386 ff.), Pet.-Kleinf. §§ 144, 145 Bem. 7, Jäger § 145 Anm. 12, 13 u. A. A. M. Oetker Grdb. 110 fg., 393. Nach dem Prüfungstermin entstandene Einwendungen gegen die festgestellte Forderung (Aufhebung durch Befriedigung, Verzicht u. dgl.) sind entspr. § 767 CPO im Wege der Klage geltend zu machen (nicht im Verfahren nach § 158 KO), und zwar entspr. § 164 Abs. 3 KO bei dem in § 146 Abs. 2 KO bezeichneten Gerichte. Die Klage steht entsprechend dem Rechte, bei der Prüfung gegen die Forderung Widerspruch zu erheben, dem KV. und jedem einzelnen KGl. zu. Vgl. RG 24. II. 88 (21 336 ff.), Jäger Anm. 11. — Da nach § 145 Abs. 2 KO die Eintragung in die Tabelle wie ein rechtskräftiges Urteil gegenüber allen KGl. wirkt, so muß sie in dieser Weise auch gegen den Gläubiger wirken, der die Forderung angemeldet hat. Er kann daher seine Anmeldung nicht mehr abändern, noch auch, namentlich durch Beanspruchung eines Vorrechtes, ergänzen. Das letzte ist schon darum billig, weil vielleicht der ganzen Forderung, wäre sie als bevorrechtigte angemeldet worden, Widerspruch entgegengesetzt worden wäre. So auch Mot. §§ 132, 133 Abs. 4 a. E. (364), § 10 Abs. 5 a. E. (48), RG 13. I. 88 (20 412 ff.), 30. XII. 96 (38 417 ff.), Sar.-Boß. § 145 Bem. 3, Pet.-Kleinf. § 139 Bem. 5, § 145 Bem. 3 u. A. A. M. Kohler Lehrb. 557 fg., Jäger § 139 Anm. 11, § 145 Anm. 9. Nach Oetker Grdb. 479 fg. und in BuschsZ 25 67 fg. wäre schon durch die Zulassung einer Forderung zur Prüfung die nachträgliche Geltendmachung eines Vorrechtes ausgeschlossen.

[14] S. § 218 Abs. 1 BGB. Vgl. RG 6. IV. 86 (16 35 ff.), 24. V. 95 (35 81 ff.). Sie genügt daher, und zwar auch schon während der Dauer des KVerf., dem Erfordernisse eines vollstreckbaren Schuldtitels im Sinne von § 2, 5 AnfG: RG a. d. a. OO. Eine weitere Folge ist, daß die Forderung auch gegen den GSch. nur noch in der Art, wie sie festgestellt ist, also nicht mehr nach Maßgabe ihres ursprünglichen Inhaltes und Gegenstandes, sondern bloß in ihrer jetzigen, nach § 65, 69,

woraus nach der Beendigung des Konkursverfahrens wegen des noch nicht befriedigten Teils jenes Betrages die Zwangsvollstreckung gegen ihn stattfinden kann.[15] Ist der Gemein-

70 KO veränderten Gestalt geltend gemacht werden kann. Ebenso Oetker Grdb. 447 ff., Pet.-Kleinf. § 164 Bem. 6, Sar.-Boß. § 164 Bem. 9, Jäger § 164 Anm. 10, Seuff. 394 Anm. 33. S. noch unt. § 25 III.

[15] § 164 Abs. 2, 206 Abs. 2 KO; vgl. § 194 KO. Die Zwangsvollstreckung erfolgt entsprech. § 724 CPO auf Grund einer von dem Gerichtsschreiber des KGerichts mit der Vollstreckungsklausel versehenen Ausfertigung der Eintragung. S. Formularbuch 179. Auch die übrigen Vorschriften über das Vollstreckungsverfahren in § 724—793 CPO kommen zu entsprechender Anwendung: § 164 Abs. 2 KO. Demnach darf entspr. § 726 Abs. 1, 730, 731 CPO für eine Forderung, die laut der Eintragung in die Tabelle als eine aufschiebend bedingte festgestellt ist, die vollstreckbare Ausfertigung erst erteilt werden, wenn der Gläubiger den Eintritt der Bedingung bewiesen hat, und nur, je nachdem dieser Beweis durch öffentliche oder öffentlich beglaubigte Urkunden oder aber in anderer Weise geführt wird, auf Anordnung des Vorsitzenden des KGerichtes oder zufolge eines Urteils des sogleich zu bezeichnenden Gerichtes. Für Klagen nämlich auf Erteilung der Vollstreckungsklausel (§ 731 CPO), sowie für Klagen zur Geltendmachung von Einwendungen, welche die Forderung selbst betreffen (§ 767 CPO), oder zur Bestreitung sei es des bei der Erteilung der Vollstreckungsklausel als bewiesen angenommenen Eintrittes der Tatsache, wovon die Vollstreckung aus der Eintragung in die Tabelle abhängt, sei es der als eingetreten angenommenen Rechtsnachfolge (§ 768 CPO), ist das Amtsgericht, bei dem das KVerf. anhängig war, wenn aber der Streitgegenstand nicht zur sachlichen Zuständigkeit der Amtsgerichte gehört, das jenem übergeordnete Landgericht ausschließlich zuständig: § 164 Abs. 3 KO vbd. § 802 CPO. — Weil die Zwangsvollstreckung zu Gunsten einer einzelnen KForderung erst nach der Beendigung des KVerf. (§ 14 KO) und nur für den noch nicht befriedigten Betrag der Forderung (§ 164 Abs. 1 KO) statthaft ist, so darf dem Gläubiger die vollstreckbare Ausfertigung der Eintragung in die Tabelle erst nach der Beendigung des KVerf. und nur für jenen Betrag erteilt werden. So § 34 Nr. 1 der preuß. Geschäftsordnung für die Gerichtsschreibereien der Amtsgerichte vom 26. Nov. 1899, Wolff § 164

schuldner (oder sein Vormund oder sonstiger gesetzlicher Vertreter[16]) durch ein für ihn unüberwindliches Naturereignis oder durch einen sonstigen gleicherweise unabwendbaren Umstand ohne sein oder seines bevollmächtigten Vertreters Verschulden[17] an dem Erscheinen im Prüfungstermin verhindert worden,[18] so kann er diese Wirkung der Eintragung in die Tabelle gegen ihn im Wege der Wiedereinsetzung in den vorigen Stand durch nachträgliche schriftliche Bestreitung der Forderung beseitigen, wenn er in einem Schriftsatze, der zugleich diese Bestreitung enthalten muß,[19] die Erteilung der Wiedereinsetzung rechtzeitig, d. h. binnen zwei Wochen seit der Hebung des Hindernisses und spätestens vor Ablauf eines Jahres seit dem versäumten Prüfungstermin,[20] bei dem Konkursgerichte beantragt und ihm die bezeichnete Verhinderung glaubhaft macht.[21] Der Schriftsatz, dem übrigens eine Erklärung zum Protokoll des Gerichtsschreibers gleichsteht,[22] ist, weil er die gegen den

---

Bem. 3. S. auch Oetker Grdb. 436 fg. A. M., wonach der Gläubiger die vollstreckbare Ausfertigung schon vor der Konkursbeendigung verlangen könnte, Seuff. 392, Jäger § 164 Anm. 6.

[16] Vgl. ob. Anm. 8. Die Verhinderung eines bevollmächtigten Vertreters genügt nicht, wenn der GSch. oder sein gesetzlicher Vertreter selbst im Termine hätte erscheinen können.

[17] § 165 Satz 2 KO vbd. § 232 Abs. 2 CPO.

[18] § 165 Satz 2 KO vbd. § 233 Abs. 1 CPO. Vgl. RCP. § 34 II. Nr. 1. § 233 Abs. 2, 235 CPO sind ihrem Inhalte nach hier nicht anwendbar. Ist der GSch. im Prüfungstermin erschienen, so kann er die unterlassene Bestreitung nicht mehr nachholen. S. Kom. Ber. 33.

[19] § 165 Satz 2, 4 KO vbd. § 236 Nr. 3 CPO.

[20] § 165 Satz 2 KO vbd. § 234 CPO. Ist das Jahr noch nicht abgelaufen, so kann der Wiedereinsetzungseintrag auch noch nach der Beendigung des K. gestellt werden. So Seuff. 391, Jäger § 165 Anm. 5. A. M. Pet.-Kleinf. § 165 Bem. 2.

[21] § 165 Satz 1, 2, 4 KO vbd. § 236 Nr. 2 CPO.

[22] § 72 KO vbd. § 496, 501, 502 CPO. S. auch § 139 Satz 2 KO.

Gläubiger gerichtete mündliche Bestreitung im Prüfungstermin vertritt, dem Gläubiger, dessen Forderung nachträglich bestritten werden soll, von Seite des Gemeinschuldners zuzustellen, und auf diese Zustellung kommt es für die Wahrung der Wiedereinsetzungsfrist an.[23] Sodann ist er mit der Zustellungsurkunde bei dem Konkursgerichte einzureichen, das durch Beschluß über den Antrag zu entscheiden hat. Diese Entscheidung kann ohne vorgängige mündliche Verhandlung erfolgen. Sie ist dem Gemeinschuldner und dem beteiligten Gläubiger von Amts wegen zuzustellen und kann im Fall der Verweigerung der Wiedereinsetzung von jenem, im Fall ihrer Erteilung von diesem mit sofortiger Beschwerde angefochten werden.[24] Im Fall der Erteilung der Wiedereinsetzung ist die nachträgliche Bestreitung der Forderung von Amts wegen in die Tabelle einzutragen.[25]

IV. Soweit gegen eine angemeldete Forderung im Prüfungstermin weder der Konkursverwalter noch ein Konkursgläubiger Widerspruch erhoben hat und dieses Ergebnis der Prüfung in die Tabelle eingetragen ist, ist sie für das Konkursverfahren auch dann festgestellt, wenn sie laut der Tabelle der Gemeinschuldner im Prüfungstermin oder

---

[23] § 165 Satz 2, 3 KO vbd. § 236 Abs. 1 CPO. Ebenso Seuff. 390, Jäger Anm. 7, Sar.-Boß. § 165 Bem. 1, Kleinfeller in BuschsZ 25 111.

[24] § 73 KO. Die Zustellung des Beschlusses an den KV. ist nicht erforderlich, weil durch die Wiedereinsetzung des GSch. nach § 165 KO die durch die Eintragung in die Tabelle bewirkte Feststellung der Forderung für das KVerf. nicht beseitigt, von der Wiedereinsetzungsfrage also die KM. nicht berührt wird. So auch Pet.-Kleinf. § 165 Bem. 3, Seuff. 391 (der sogar die Zustellung des abweisenden Beschlusses an den Gläubiger nicht für nötig hält). Die Zustellung auch an den KV. verlangen Jäger Anm. 9, Sar.-Boß. Bem. 1.

[25] § 165 Satz 4 KO.

nachträglich im Wege der Wiedereinsetzung in den vorigen Stand bestritten hat; denn da er während des Konkursverfahrens zu Rechtshandlungen, welche die Konkursmasse betreffen, mit Wirksamkeit gegenüber den Konkursgläubigern nicht imstande ist, so kann er die Teilnahme einer Forderung an der Befriedigung aus der Konkursmasse weder durch seine Bestreitung verhindern, noch durch seine Anerkennung bewirken.[26] Hat er aber die Forderung selbst (nicht bloß ihre Eigenschaft als Konkursforderung oder das für sie beanspruchte Vorrecht[27]) bestritten, so bildet jene Eintragung der Forderung als festgestellt in die Tabelle keinen Vollstreckungstitel gegen ihn, wenn nicht seine Bestreitung nachträglich, sei es durch freiwillige Zurücknahme, sei es durch Entscheidung des zuständigen Gerichtes oder der sonstigen zuständigen Behörde beseitigt und die Beseitigung in der Tabelle vermerkt wird.[28] Zum Behufe dieser Beseitigung kann der Gläubiger schon während des Konkursverfahrens gegen ihn auf Feststellung der Forderung klagen oder,

[26] § 144 Abs. 1 vbd. Abs. 2 KO. Vgl. § 7 KO und Mot. §§ 129—131 Abs. 4 (362), § 152 Nr. 2 Abs. 5 (385), Prot. 10.

[27] Die Bestreitung bloß der Konkursforderungs-Eigenschaft oder des Vorrechtes von Seite des GSch. nimmt der Feststellung der Forderung die Eigenschaft eines Vollstreckungstitels ihm gegenüber nicht, weil beides für die Rechtsverfolgung gegen ihn nach der Beendigung des KVerf. ohne Belang ist. Auch ist in § 144 Abs. 2, 164 Abs. 2, 194 KO überall nur von der Bestreitung der Forderung die Rede. Vgl. Seuff. 264, Jäger § 164 Anm. 3.

[28] Wie nach § 144 Abs. 1 KO die nachträgliche Beseitigung des bei der Prüfung von dem KV. oder einem KGl. erhobenen Widerspruches der Nichterhebung dieses Widerspruches gleichsteht, so muß das folgerecht auch für die Bestreitung von Seite des GSch. gelten, und diese Folgerung wird bestätigt durch den unmittelbaren Anschluß von § 144 Abs. 2 KO an Abs. 1. So auch RG 23. III. 89 (**24** 407 fg.). Ebenso Oetker Grdb. 435 fg., Jäger § 164 Anm. 11 vbd. § 144 Anm. 3.

wenn schon zur Zeit der Konkurseröffnung ein Prozeß über sie anhängig war, diesen zum Zwecke der Feststellung gegen ihn aufnehmen.[29]

V. Soweit laut der Tabelle eine angemeldete Forderung wegen eines im Prüfungstermin von Seite des Konkursverwalters oder eines Konkursgläubigers, sei es gegen ihre Eigenschaft als Konkursforderung, sei es gegen ihren rechtlichen Bestand oder den angemeldeten Betrag, sei es gegen das angemeldete Vorrecht, erhobenen Widerspruches „streitig geblieben“ ist,[30] ist die Feststellung der Forderung oder des Vorrechtes für das Konkursverfahren dadurch bedingt, daß der Widerspruch, und zwar bei einer Mehrheit von Widersprechern ihnen allen gegenüber, nachträglich beseitigt wird.[31] Er kann aber beseitigt werden entweder durch seine (dem Konkursgerichte schriftlich oder zu Protokoll des Gerichtsschreibens erklärte) Zurücknahme oder da-

---

[29] § 144 Abs. 2 KO. Vbd. Prot. 98 ff., RG a. a. O. Die Befugnis zur Aufnahme des Prozesses steht nur dem Gläubiger, nicht auch dem GSch. zu: Prot. a. a. O., RG 23. I. 85 (**13** 319), 24. VI. 86 (**16** 360). — Dagegen kann unter der im Texte gemachten Voraussetzung der bereits für das KVerf. erfolgten Feststellung der Forderung dem Gläubiger nicht gestattet sein, gegen den GSch. auf Verurteilung zur Zahlung nach der Beendigung des KVerf. zu klagen oder den anhängigen Prozeß mit dem Antrage auf eine solche Verurteilung gegen ihn aufzunehmen. Denn dafür besteht, wenn der Gläubiger durch die Betreibung der Feststellung der Forderung gegen den GSch. einen Vollstreckungstitel gegen ihn aus der Eintragung in die Tabelle erlangen kann, kein rechtliches Bedürfnis. (Vgl. ob. § 9 I. 1.) Im Gegenteil könnten dadurch die größten praktischen Schwierigkeiten entstehen. Vgl. Oetker Grdb. 448 fg. Gleichwohl wird dieser Satz ganz allgemein nicht anerkannt. Vgl. Mot. §§ 62, 63 im vorl. Abs. (292), § 58 Abs. 2 (276), Prot. 100, 173, Pet.-Kleinf. § 164 Bem. 9, Sar.-Boß. § 164 Bem. 5, Seuff. 265, 395 u. A.

[30] Wegen des Ausdruckes s. § 95 Abs. 1, 146 Abs. 1 KO.

[31] § 144 Abs. 1 vbd. § 145 Abs. 2 KO.

durch, daß der Widersprecher das Widerspruchsrecht verliert (s. ob. Anm. 10), oder endlich durch die Entscheidung des zuständigen Gerichtes oder der sonstigen zuständigen Behörde, die außerhalb des Konkursverfahrens in einem besonderen Prozesse ergeht (s. unt. VI.).[32] Ist die Beseitigung in die Tabelle eingetragen, so bildet die auf die Forderung bezügliche Eintragung wiederum einen Vollstreckungstitel gegen den Gemeinschuldner, wenn er laut dieser Eintragung die Forderung nicht bestritten hat oder seine Bestreitung nachträglich beseitigt ist. (S. ob. III., IV.)

Soweit dagegen ein vom Konkursverwalter oder einem Konkursgläubiger gegen eine angemeldete Forderung (nicht bloß gegen das dafür beanspruchte Vorrecht[33]) erhobener Widerspruch nicht beseitigt wird, und also die Forderung nach Ausweis der Tabelle nicht als für das Konkursverfahren festgestellt erscheint, hat der Gläubiger aus der Tabelle keinen Vollstreckungstitel gegen den Gemeinschuldner, selbst wenn darin keine Bestreitung der Forderung von seiner Seite oder die nachträgliche Beseitigung einer solchen

[32] Vgl. Mot. §§ 132, 133 Abs. 1 (363). Die Feststellung der Forderung durch Zurücknahme des Widerspruches oder durch Verlust des Widerspruchsrechtes wirkt nach ihrer Eintragung in die Tabelle wiederum allen KGl. gegenüber wie ein rechtskräftiges Urteil: § 145 Abs. 2 vbd. § 144 Abs 1 KO. Die Feststellung durch rechtskräftige Entscheidung in dem Prozesse mit dem Widersprecher hat schon für sich allein diese Wirkung: § 147 Satz 1 KO. Einen Vollstreckungstitel gegen den GSch. bildet jedoch auch diese Feststellung erst nach der Eintragung in die Tabelle (s. § 146 Abs. 7 KO): § 164 Abs. 2 KO. Vgl Kiehl im CivA 89 351 fg.

[33] Ein Widerspruch, der bloß das von dem Gläubiger beanspruchte Vorrecht betrifft, ist, ebenso wie die bloße Bestreitung des Vorrechtes von Seite des GSch., diesem gegenüber ohne Bedeutung. Vgl. ob. Anm. 27, Jäger § 164 Anm. 11, Oetker Grdb. 483, Seuff. 264.

Bestreitung vermerkt ist.[34] Er kann mithin einen solchen Titel nur durch Klage gegen den Gemeinschuldner auf Verurteilung oder durch Aufnahme des über die Forderung bereits anhängigen Prozesses gegen ihn[35] zum Zwecke der Verurteilung erlangen. Da es aber im Fall eines von Seite des Konkursverwalters oder eines Konkursgläubigers gegen die Forderung erhobenen Widerspruches stets ungewiß ist, ob seine Beseitigung gelingen wird, so muß ein solches Vorgehen des Gläubigers gegen den Gemeinschuldner jedesmal statthaft sein, wenn ein Widerspruch von jener Seite erfolgt und zugleich die Forderung von dem Gemeinschuldner bestritten ist. Die Verurteilung des Gemeinschuldners kann der Gläubiger für den Fall der Nichtbeseitigung des Widerspruches nur nach Maßgabe der ursprünglichen Gestalt seiner Forderung beantragen, weil die Anmeldung einer Forderung im Konkursverfahren, wenn sie nicht zu der Feststellung der Forderung für dieses Verfahren führt, auch dem Gemeinschuldner gegenüber erfolglos ist und also hinfällig wird.[36] War der Widerspruch gegen die Eigenschaft der Forderung als Konkursforderung erhoben, so kann der Gläubiger seinen Antrag schlechthin auf Verurteilung des Gemeinschuldners zu der schuldigen

---

[34] Denn nur der doppelte Umstand, daß die Forderung für das KVerf. festgestellt, und daß sie vom GSch. nicht bestritten oder seine Bestreitung nachträglich beseitigt ist, läßt sich ohne Unbilligkeit der rechtskräftigen Verurteilung des GSch. gleichstellen. Vgl. Mot. § 152 Nr. 2 Abs. 4, 6 (384 fg.).

[35] Diese Aufnahme muß hier, selbst wenn der GSch. die Forderung nicht bestritten hat, im Sinn des § 144 Abs. 2 KO gestattet sein.

[36] Das entspricht der ganz allgemeinen Meinung. S. die Anführungen in Anm. 29. Doch wird aus dem dort angegebenen Grunde, solange die Beseitigung des Widerspruches möglich ist, der Gläubiger für den Fall dieser Beseitigung seinen Antrag gegen den GSch. auf Feststellung der Forderung zu richten haben.

Leistung stellen, weil er für eine Forderung, die keine Konkursforderung ist, schon während des Konkursverfahrens die Befriedigung aus dem konkursfreien Vermögen des Gemeinschuldners verlangen kann.[37] Richtete sich dagegen der Widerspruch nur gegen den Bestand oder den Betrag der im übrigen als Konkursforderung anerkannten Forderung, so kann während des Konkursverfahrens der Antrag nur auf Verurteilung zu der schuldigen Leistung nach der Beendigung des Konkursverfahrens gestellt werden.[38] Diesem Antrage gegenüber kann sich der Gemeinschuldner weder vor noch nach der Beendigung des Konkursverfahrens auf ein rechtskräftiges Urteil berufen, welches den Widerspruch des Konkursverwalters oder eines Konkursgläubigers gegen die Forderung für begründet erklärt hat; denn hierdurch ist nur festgestellt, daß dieser kein Anteil an der Befriedigung aus der Konkursmasse zukommt.[39]

Ist umgekehrt zufolge der Nichterhebung eines Widerspruches von Seite des Konkursverwalters oder eines Konkursgläubigers oder zufolge der Beseitigung des erhobenen für eine vom Gemeinschuldner bestrittene Forderung die Anteilnahme an der Befriedigung aus der Konkursmasse festgestellt, so kann der Gemeinschuldner, falls in dem Prozesse des Gläubigers mit ihm die Forderung rechtskräftig für nicht bestehend erklärt wird, nicht von jenem zurückfordern, was er aus der Konkursmasse erhalten hat; denn hinsichtlich der Konkursmasse ist und bleibt auch nach der Beendigung des Konkursverfahrens das Verhalten des

[37] Vgl. ob. § 8 II.

[38] Wegen § 14 KO. Vgl. Mot. § 10 Abs. 7 (48), Prot. 100, 173, RG 22. I. 92 (**29** 73 ff.).

[39] So auch die weitaus herrschende Meinung. Vgl. Seuff. 393 ff., Jäger § 147 Anm. 3, Pet.-Kleinf. § 164 Bem. 10, Sar.-Boß. § 164 Bem. 9 letzt. Abs., Kiehl im CivA **89** 348 ff. u. A.

Konkursverwalters für den Gemeinschuldner bindend, und dieser kann daher gegen den Gläubiger nicht geltend machen, daß er das Empfangene ohne rechtlichen Grund erlangt habe.[40]

VI. Wo es zur Beseitigung des gegen eine angemeldete Forderung vom Konkursverwalter oder einem Konkursgläubiger erhobenen Widerspruches der Entscheidung des zuständigen Gerichtes oder der sonstigen zuständigen Behörde bedarf (s. ob. V. Abs. 1), ist zu unterscheiden, ob für die streitig gebliebene Forderung dem Gläubiger zur Zeit der Konkurseröffnung bereits ein mit der Vollstreckungsklausel versehener vollstreckbarer Titel (z. B. rechtskräftige oder für vorläufig vollstreckbar erklärte Verurteilung des Schuldners, vollstreckbare gerichtliche oder notarielle Urkunde) oder ein Vollstreckungsbefehl oder endlich ein, wenn auch nicht vollstreckbares (z. B. den Gemeinschuldner in erster Instanz ohne Erklärung des Urteils für vorläufig vollstreckbar zur Zahlung verurteilendes oder auf Feststellungsklage hin die Forderung feststellendes) Endurteil zu Gebote steht, oder ob er nicht in dieser günstigen Lage ist. Im ersten Fall pflegt man jetzt von einer titulierten, im zweiten von einer nicht titulierten Forderung zu reden.[41]

1. Bei einer nicht titulierten Forderung müßte, wenn der Konkurs nicht eröffnet wäre, der Gläubiger, um gegenüber einem Widerspruche von Seite des Schuldners zu ihrer Feststellung zu gelangen, seinerseits gegen ihn prozessualisch vorgehen. Dem entsprechend muß er auch, um gegenüber einem Widerspruche von Seite des Konkurs-

[40] Ebenso Oetker Grdb. 423, Pet.-Kleins. Bem. 11, Seuff. 394, Jäger § 164 Anm. 12. A. M. Sar.-Boß. Bem. 9 Abs. 4.

[41] Nach dem Vorgange von Oetker Grdb. 268 ff., 299 ff.

verwalters oder eines Konkursgläubigers die Feststellung seiner Forderung für das Konkursverfahren zu erreichen, diese Feststellung seinerseits gegen den oder die Widersprecher betreiben;[42] und zwar wird die Forderung bei den Verteilungen der Masse nicht eher berücksichtigt, als bis dem Konkursverwalter jene Betreibung der Feststellung nachgewiesen ist.[43] Weil es sich aber dabei nur um die Beseitigung des gegen die Forderung im Prüfungstermin erhobenen Widerspruches handelt, so kann der Gläubiger die Feststellung der Forderung bloß nach Maßgabe der Art und Weise betreiben, wie er sie in jenem Termin laut der Tabelle endgültig geltend gemacht hat, d. h. ohne Änderung des Grundes und ohne Erweiterung in Ansehung des beanspruchten Betrages oder Ranges.[44] Um ihn zum Nachweise der Einhaltung dieser Schranken sowie der Widersprecher in den Stand zu setzen, hat ihm das

---

[42] § 146 Abs. 1 Satz 1 vgl. Abs. 6 KO. Der Widersprecher kann nicht die Erklärung seines Widerspruches für begründet betreiben. Vgl. RG 24. VI. 86 (16 361).

[43] § 152 KO. Vgl. Mot. § 134 Abs. 2 a. E. (365). Vgl. Oetker Grdb. 512. Betrifft der Widerspruch bloß das angemeldete Vorrecht, so müßte jedoch, falls die Betreibung der Beseitigung dieses Widerspruches nicht nachgewiesen ist, die Forderung als nicht bevorrechtigte berücksichtigt werden.

[44] § 146 Abs. 4 KO. Vbd. Mot. § 134 Abs. 6 (366). Bei einem Verstoße gegen diese Vorschrift müßte der Feststellungsantrag als unzulässig verworfen werden. Vgl. Jäger § 146 Anm. 21 a. E. Eine Verringerung der ursprünglichen Ansprüche in Ansehung des Betrages oder Ranges ist natürlich statthaft. Vgl. § 152 Satz 1 KO („daß und für welchen Betrag die Feststellungsklage erhoben ist"). — Will der Gläubiger seine Forderung nachträglich auf einen anderen Grund als den ursprünglich geltend gemachten stützen oder für sie einen höheren Betrag oder Rang in Anspruch nehmen, so muß er sie durch neue Anmeldung einer neuen Prüfung unterwerfen. S. § 142 Abs. 2 KO und Mot. a. a. O.

Konkursgericht auf Verlangen einen beglaubigten Auszug aus der Tabelle zu erteilen.[45]

Die Feststellung der Forderung oder des für sie beanspruchten Vorrechtes gegenüber einem sei es gegen jene, sei es gegen dieses von Mehreren erhobenen Widerspruches kann nur gegen alle gemeinsam betrieben werden bei Vermeidung der Abweisung des Antrages auf die Feststellung.[46]

---

[45] § 146 Abs. 1 Satz 2 KO. S. Formularbuch 179. Daß dem Gläubiger der Auszug nur, wenn er die Feststellung der Forderung betreiben will, und daher nur auf Verlangen zu erteilen ist, erhellt aus den Worten „Zu diesem Behufe" in § 146 Abs. 1 Satz 2 KO. Vgl. auch Mot. § 134 Abs. 3 a. E. (365).

[46] Dieses folgt teils aus dem Wortlaute von § 146 Abs. 1 Satz 1 KO („Feststellung — — gegen die Bestreitenden") und von § 147 Satz 1 KO („Soweit durch ein Urteil rechtskräftig eine Forderung festgestellt ist") vbd. Mot. § 134 Abs. 4, 5 (365 fg.), teils aus der Natur der Sache. Denn der Antrag kann nach § 146 KO vbd. Mot. § 134 Abs. 6 (366) immer nur auf „Feststellung" der Forderung oder des Vorrechtes lauten; eine Forderung oder ein Vorrecht ist aber nach § 144 Abs. 1 KO für den K. erst dann festgestellt, wenn kein unbeseitigter Widerspruch vorhanden ist. Folglich muß das Prozeßgericht den Antrag auf Feststellung allemal einstweilig abweisen, wenn er nicht gegen alle (aus dem Auszuge der Tabelle ersichtliche) Widersprecher gerichtet ist, es wäre denn, daß der Feststellungskläger die durch Zurücknahme oder Verlust des Widerspruchsrechtes erfolgte Beseitigung des Widerspruches der nicht mitbelangten Widersprecher bewiese. Vgl. Prot. 92, 94 fg. Gleicher Ansicht Kiehl im CivA 89 357 ff., Wolff § 147 Bem. 1. Die weitaus herrschende Meinung geht freilich im Anschlusse an Äußerungen in Prot. 174 ff. dahin, daß bei einer Mehrheit von Widersprechern die Beseitigung des Widerspruches auch gegen jeden einzeln betrieben werden könne; der Antrag und die Entscheidung habe dann nicht auf „Feststellung" der Forderung, sondern auf „Erklärung des Widerspruches für unbegründet" zu lauten (was dem klaren Wortlaute des Gesetzes widerspricht). Vgl. RG 17. III. 02 (51 97) und z. B. Oetker Grdb. 327 ff., Seuff. 270, Sar.-Boß. § 146 Bem. 5, Pet.-Kleinf. § 146 Bem. 5, Jäger § 146 Anm. 7, Gallinger 28 fg. Die praktische Unzweckmäßigkeit eines solchen

Weil aber über die Frage, ob die Forderung an der Befriedigung aus der Konkursmasse teilzunehmen habe oder nicht, sowie über die andere Frage, ob sie daran mit einem bestimmten Vorrechte teilzunehmen habe oder nicht, allen Widersprechern gegenüber nur einheitlich entschieden werden kann, so sind diese dort wie hier dem Feststellungsantrage gegenüber notwendige Streitgenossen im Sinn von § 62 CPO, sollten sie auch ihren Widerspruch auf verschiedene Gründe gestützt haben, z. B. der eine darauf, daß die Forderung nach § 3 Abs. 1 oder § 63 KO keine Konkursforderung, der andere darauf, daß sie nicht begründet sei.[47]

War bei der Eröffnung des Konkursverfahrens noch kein Rechtsstreit über die Forderung anhängig, so muß,

---

Vorgehens wird von den Vertretern dieser Meinung nicht verkannt. — Nach Schultze Dt. KR. 101 fg., 104 ff. könnte zwar die Feststellung gegen jeden von mehreren Widersprechern einzeln betrieben werden, allein die gegen einen widersprechenden KGl. rechtskräftig ausgesprochene Feststellung wäre allen gegenüber wirksam (ebenso Mendelssohn Bartholdy, Grenzen der Rechtskraft 486 ff.), während die gegen den KV. ausgesprochene den widersprechenden KGl. gegenüber keine Wirkung hätte.

[47] Vgl. RG 29. IX. 81 (5 414), Pet.-Kleinf. Bem. 4, Sar.-Boß. Bem. 5 Abs. 2, Jäger Anm. 10 u. A. A. M. für den Fall einer Verschiedenheit der Widerspruchsgründe: Oetker Grdb. 328, Seuff. 269 fg. Hat jedoch ein Widersprecher die Forderung, der andere nur das dafür beanspruchte Vorrecht bestritten, so sind sie, wenn gegen sie gemeinsam die Feststellung betrieben wird, nur einfache Streitgenossen nach § 61 CPO, weil sehr wohl die Forderung festgestellt, das beanspruchte Vorrecht aber verneint werden kann. Ebenso Pet.-Kleinf. Bem. 4 bei Anm. 2. A. M. Jäger a. a. O. u. A. — Die Mittel zur Verhütung der Feststellung kann jeder Widersprecher selbständig wählen; jedoch ist zur Bekämpfung der Feststellung durch Anfechtung der Forderung nach § 29 ff. KO oder durch Aufrechnung einer Forderung der KM. an den Anmelder wegen § 36 u. 6 Abs. 2 KO bloß der KV. befugt. Vgl. Prot. 92, Pet.-Kleinf. §§ 141—143 Bem. 15, 16.

wenn die Entscheidung darüber zur Zuständigkeit der ordentlichen Gerichte gehört, die Betreibung ihrer Feststellung oder der Feststellung des für sie beanspruchten Vorrechtes durch Erhebung einer Klage auf die Feststellung im ordentlichen Verfahren geschehen.[48] Für diese „Feststellungsklage“[49] ist das Amtsgericht, bei dem das Konkursverfahren anhängig ist, wenn jedoch der Streitgegenstand nicht zur sachlichen Zuständigkeit der Amtsgerichte gehört, das übergeordnete Landgericht ausschließlich zuständig.[50] Der

---

[48] § 146 Abs. 2 Satz 1 KO. Ausgeschlossen ist demnach der Urkunden- und Wechselprozeß sowie das Mahnverfahren. Vgl. RG 9. XI. 93 (**32** 231), Pet.-Kleinf. § 146 Bem. 3 u. 9, Sar.-Boß. Bem. 4 Nr. 3, Seuff. 269 u. A. A. M., wonach „im ordentlichen Verfahren“ hier nur so viel wäre wie „nicht im Konkursverfahren“: Kohler Lehrb. 564 Anm. 3, Jäger Anm. 5, Voigt, Einfl. des K. auf schweb. Prozesse des GSch. 192 fg. Ein schiedsrichterliches Verfahren auf Grund eines zwischen dem Anmelder und dem Widersprecher geschlossenen Schiedsvertrages ist zulässig, weil darin die eventuelle Zurücknahme des Widerspruches liegt. Vgl. Pet.-Kleinf. Bem. 7, Jäger Anm. 6, Seuff. 269 Anm. 3. A. M. Sar.-Boß. Bem. 5. — Die Klage geht auf Feststellung im Sinn des § 144 Abs. 1 KO, also auf die Entscheidung, daß die Forderung für den angemeldeten Betrag bezw. mit dem angemeldeten Vorrechte am K.-Verf. und an der Befriedigung aus der KM. teilnehme. Sie ist demnach prozeßrechtlicher Natur und von einer gewöhnlichen Feststellungsklage im Sinn von § 256 CPO sehr verschieden. Vgl. RG 23. III. 89 (**24** 405), 15. VI. 89 (**24** 60 ff.), Oetker Grdb. 309, 580, Seuff. 269, Sar.-Boß. Bem. 4 Nr. 4, Jäger Anm. 12, Stein Voraussetzungen des Rechtsschutzes 134 fg., 142. S. auch Voigt 159 fg. A. M. z. B. Pet.-Kleinf. Bem. 17, wo auch weitere Litteratur über diese streitige Frage.

[49] Wegen des Ausdruckes s. § 152 KO.

[50] § 146 Abs. 2 Satz 2 KO. Vgl. § 879 Abs. 1 CPO. Ausschließlich ist jedoch nur die örtliche, nicht die sachliche Zuständigkeit. Vgl. Seuff. 271, Jäger Anm. 14. Auf Grund des § 101 (Nr. 2, 3) GVG kann der Feststellungsprozeß auch vor der Kammer für Handelssachen des zuständigen Landgerichtes verhandelt werden. So auch Kohler Lehrb. 563 Anm. 4, Seuff. 270 Anm. 5, Jäger Anm. 14. A. M.

Wert des Streitgegenstandes wird aber hier nicht einfach durch den in der Klage bezeichneten Betrag der Forderung bestimmt, sondern ist vom Prozeßgerichte nach den Umständen und mit Rücksicht auf das zur Zeit der Klageerhebung anzunehmende Verhältnis der Teilungsmasse zu der Schuldenmasse nach freiem Ermessen festzusetzen.[51] Der Wert der Forderung ist also nach dem Betrage zu bemessen, der auf sie, ihre Feststellung zu jenem vollen Betrage vorausgesetzt, aus der Konkursmasse voraussichtlich treffen wird, der Wert eines Vorrechtes nach dem Unterschiede des Betrages, der für die Forderung mit dem Vorrechte oder ohne das Vorrecht zu erwarten steht.[52]

War zur Zeit der Konkurseröffnung bereits bei einem inländischen ordentlichen Gerichte ein Rechtsstreit über die Forderung anhängig, so kann der Anmelder ihre Feststellung sowie die Feststellung des für sie beanspruchten Vorrechtes nur durch Aufnahme dieses (durch die Konkurseröffnung unterbrochenen) Prozesses gegen den oder die Widersprecher betreiben.[53] Er muß dann natürlich die früheren Anträge

---

wegen Mot. § 134 Abs. 4 a. E. (365) Sar.-Boß. Bem. 5, Pet.-Kleinf. Bem. 8 u. A.

[51] § 148 KO vbd. § 4 CPO. Vgl. Mot. § 136 (368).

[52] Handelt es sich z. B. um eine ihrem ganzen Betrage nach streitig gebliebene Forderung von 1000 ℳ, so ist, wenn im K. eine Befriedigung der KForderungen zu 30% zu erwarten ist, der Wert des Streitgegenstandes auf 300 ℳ festzusetzen. S. Prot. 95 fg. — Der hiernach festgesetzte Streitwert ist auch für die Höhe der Gerichts- und Anwaltsgebühren maßgebend: § 15 GKG, § 11 RAGebO.

[53] § 146 Abs. 3 KO vbd. § 240, 250 CPO. Vgl. ob. § 7 III. Nr. 2. Das gilt auch bei einem anhängigen Urkunden- oder Wechselprozesse. Und zwar muß dieser nicht notwendig in das ordentliche Verfahren übergeleitet werden (so Oetker Grdb. 344, Seuff. 271 Anm. 7, Pet.-Kleinf. Bem. 9, Sar.-Boß. Bem. 6). Denn der Einwand, daß sonst keine endgültige Entscheidung möglich wäre, ist im Hinblick auf § 600 CPO nicht stichhaltig. Ebenso Jäger Anm. 5,

nach Maßgabe der veränderten Sachlage abändern und auf Feststellung der Forderung so, wie sie im Prüfungstermin geltend gemacht worden ist, richten, kann sie aber andererseits auf Feststellung des behaupteten Vorrechtes erweitern.[54]

Gehört die Entscheidung über die Forderung zur Zuständigkeit eines besonderen Gerichtes, einer Verwaltungsbehörde oder eines Verwaltungsgerichtes, so ist die Feststellung ihrer Richtigkeit in entsprechender Weise, also durch selbständige Klage oder die sonstige entsprechende Angriffshandlung oder, wenn bei der Konkurseröffnung bereits ein Prozeß über die Forderung anhängig war, durch seine Aufnahme gegen den oder die Widersprecher, bei jener zuständigen Behörde zu betreiben.[55] Ist aber der Wider-

---

Wolff § 146 Bem. 5 Abs. 2. Vgl. RG 22. II. 02 (**50** 412 ff.). Wegen des Falls, wenn über die Forderung das Mahnverfahren anhängig war, s. Voigt 194 ff., Oetker in BuschsZ **25** 60 fg., Pet.-Kleinf. Bem. 10, Jäger Anm. 19.

[54] Folgt aus § 146 Abs. 3, 4 KO vbd. § 268 Nr. 2, 3 CPO. Vgl. Mot. § 134 Abs. 5, 6 (365 fg.), Prot. 173. S. aber auch Pet.-Kleinf. Bem. 16. Die rechtliche Möglichkeit, den gegen den GSch. anhängig gemachten Prozeß gegen den der Forderung widersprechenden KV. oder KGl. aufzunehmen, ist darin begründet, daß dieser wie jener bei seinem Widerspruche für die KM., also das Vermögen des GSch., handelt. Vgl. ob. bei Anm. 11. — Hat auch der GSch. die Forderung im Prüfungstermin bestritten, und wird nun der Prozeß nach § 146 Abs. 3 KO gegen den widersprechenden KV. oder KGl., zugleich aber nach § 144 Abs. 2 KO gegen den GSch. aufgenommen, so sind beide einfache Streitgenossen nach § 61 CPO. Vgl. RG 23. I. 85 (**13** 318 fg.).

[55] § 146 Abs. 5 KO. Über die Art und Weise der Betreibung entscheidet, soweit es sich nicht um reichsgesetzlich bestellte besondere Gerichte handelt, das Landesrecht. Vgl. Mot. § 10 a. E. (49). — § 146 Abs. 5 KO ist auch auf die Gewerbegerichte anzuwenden. S. bes. § 3 Nr. 2 GewGerG. So die herrschende Ansicht Vgl. OLG zu Karlsruhe 28. VI. 95 in BuschsZ **22** 425 ff., Pet.-Kleinf. Bem. 11,

spruch gegen das für die Forderung beanspruchte Vorrecht oder gegen ihre Eigenschaft als Konkursforderung erhoben, so muß der Anmelder die Entscheidung darüber durch Klage bei dem nach § 146 Abs. 2 KO zuständigen ordentlichen Gerichte beantragen.[56]

2. Ist die Forderung tituliert, so würde unter der Voraussetzung der nicht erfolgten Konkurseröffnung der Gläubiger seinerseits keine prozessualischen Schritte behufs der Feststellung der Forderung zu tun brauchen; vielmehr müßte der Schuldner, wenn er Einwendungen gegen sie geltend machen wollte, die der Sachlage nach dafür geeigneten Mittel anwenden. Demgemäß braucht auch im Konkursverfahren der Anmelder einer titulierten Forderung gegenüber dem Widerspruche des Konkursverwalters oder eines Konkursgläubigers nicht ihre Feststellung zu betreiben, sondern es ist Sache des Widersprechers, wenn er ihre Teilnahme an der Befriedigung aus der Konkursmasse verhindern will, gegen den Anmelder seinen Widerspruch zu verfolgen;[57] und zwar werden hier die bei den Verteilungen auf die Forderung treffenden Anteile so lange an diesen ausgezahlt, als nicht die Verfolgung des Widerspruches nachgewiesen ist.[58] Diese hat aber zu geschehen

---

Wolff Bem. 7, Jäger Anm. 15. A. M. Oetker Grdb. 346 fg., Seuff. 272 Anm. 10. Dagegen gehören die Strafgerichte, insofern sie eine Buße zusprechen können, nicht hierher. Vgl. Jäger Anm. 17, Pet.-Kleinf. Bem. 12.

[56] Vgl. Oetker Grdb. 485 und in BuschsZ 25 66, Seuff. 273, Pet.-Kleinf. Bem. 1, 16, Jäger Anm. 3, 16.

[57] § 146 Abs. 6 KO. Zu diesem Zwecke ist ihm auf Verlangen ein beglaubigter Auszug aus der Tabelle zu erteilen: entspr. § 146 Abs. 1 Satz 2 KO. Vgl. Formularbuch 179 Anm. 1, Jäger Anm. 20, Oetker in BuschsZ 25 56.

[58] Folgt aus § 152 vbd. § 168 Nr. 1 KO. Vgl. Mot. §§ 137–142 Abs. 7 (375), §§ 154–156 Nr. 1 (387). — Ein einstweiliges Stimmrecht in den Gläubigerversammlungen zum Betrage seiner Forderung hat aber der

durch den Gebrauch entweder der Mittel, die, falls kein Konkurs eröffnet wäre, nach der Bewandtnis der Umstände dem Gemeinschuldner zur Bekämpfung der Forderung zu Gebote stehen würden (wie z. B. Aufnahme des über die Forderung zur Zeit der Konkurseröffnung anhängigen Prozesses und Einlegung des Einspruches gegen das wider den Gemeinschuldner ergangene Versäumnisurteil oder der Berufung gegen das wider ihn ergangene Urteil erster Instanz), oder aber der Mittel, die im Konkursverfahren dem Widersprecher von der Konkursordnung zu jenem Zwecke dargeboten werden (wie namentlich Anfechtung der Forderung nach § 29 ff. KO von Seite des Konkursverwalters), und zwar bei dem nach den gewöhnlichen gesetzlichen Regeln dafür zuständigen ordentlichen Gerichte oder der sonstigen dafür zuständigen Behörde (besonderes Gericht, Verwaltungsbehörde, Verwaltungsgericht).[59] Doch

---

Anmelder nicht. Vielmehr entscheidet über diese Frage nach § 95 Abs. 1 Satz 2, 3 KO in Ermangelung einer Einigung der Parteien das Konkursgericht. S. unt. § 31 IV. Nr. 1.

[59] S. Mot. § 134 Abs. 8 (366 fg.), Prot. 93. Vgl. auch RG 11. X., 5. XI. 90 (27 352). Auch dann, wenn gegen ein von dem anmeldenden Gläubiger erwirktes Versäumnisurteil der GSch. schon vor der KE. Einspruch eingelegt hatte, muß der KV. seinen Widerspruch gegen die Forderung durch Aufnahme des Prozesses verfolgen, weil nach § 343 CPO durch die Einlegung des Einspruches das Versäumnisurteil noch nicht beseitigt wird: RG 22. II. 02 (50 412 ff.). — Übrigens tut der Widersprecher genug, wenn er die Voraussetzungen von § 146 Abs. 6 KO beseitigt, z. B. durch ein Rechtsmittel oder durch Wiederaufnahmeklage die Aufhebung des Urteils wegen Mangels einer Prozeßvoraussetzung ohne Entscheidung über die Forderung selbst, oder durch Einwendungen nach § 732 CPO die Beseitigung der für eine gerichtliche oder notarielle vollstreckbare Urkunde erteilten Vollstreckungsklausel erwirkt. Der Anmelder muß dann wieder, um die Berücksichtigung der Forderung bei den Verteilungen zu erlangen, ihre Feststellung nach § 146 Abs. 1, 2 KO betreiben. Vgl. Pet.-Kleinf. Bem. 27, Sar.-Boß.

gilt das nur, wenn der Titel schon bei der Prüfung der Forderung nachgewiesen und in der Tabelle vermerkt ist,[60] und ferner auch unter dieser Voraussetzung nur, wenn der Widerspruch die Richtigkeit der Forderung betrifft und diese schon in ihrer ursprünglichen Gestalt auf einen bestimmten Geldbetrag gerichtet war. Mußte sie wegen Mangels dieser Eigenschaft mit einem durch Schätzung bestimmten Betrage angemeldet werden, so hat im Fall des Widerspruches der Anmelder nach § 146 Abs. 1—5 KO ihre Feststellung zu betreiben, weil sich auf die Forderung in dieser veränderten Gestalt der Titel nicht erstreckt.[61] Desgleichen muß der Anmelder die Beseitigung des Widerspruches, und zwar durch Klage oder durch Aufnahme des Prozesses bei dem nach § 146 Abs. 2, 3 KO zuständigen ordentlichen Gerichte, betreiben, wenn und soweit der Widerspruch gegen die Eigenschaft der Forderung als Konkursforderung oder gegen das für sie beanspruchte Vorrecht erhoben war; denn auch auf diese Fragen bezieht sich der Titel nicht.[62] Übrigens kann der Anmelder, selbst wenn seine titulierte Forderung schon ursprünglich auf einen bestimmten Geldbetrag ging und der Widerspruch ihre Richtigkeit betrifft, zur Beseitigung dieses Widerspruches freiwillig ihre Feststellung gemäß § 146 Abs. 2, 3 KO durch Klage

Bem. 9 a. E., Seuff. 275, Jäger Anm. 25, Voigt 175. A. M. Oetker Grdb. 353 und in BuschsZ 25 59.

[60] Der Beschluß, wodurch das KGericht diesen Vermerk verweigert, kann nach § 73 Abs. 3 KO mit sofortiger Beschwerde angefochten werden. Wegen anderer Ansichten s. Voigt 169 Anm. 1.

[61] Entspr. § 893 Abs. 2 CPO. Anders, wenn es sich nur um eine Umrechnung in Reichswährung handelt. Vgl. § 244 BGB und s. Oetker Grdb. 307 fg., Seuff. 274 Anm. 12 a. E., Jäger Anm. 23.

[62] S. ob. bei Anm. 56. Vgl. Seuff. 268, Pet.-Kleinf. Bem. 1, 16, 24, Jäger Anm. 3, 16, Voigt 172 fg.

oder Aufnahme des über die Forderung anhängigen Prozesses betreiben, weil Jeder auf die ihm durch einen Ausnahmesatz gewährte Begünstigung verzichten und sich unter die Herrschaft des regelmäßigen Rechtes stellen kann.[63] Das ist insbesondere dann von Wichtigkeit, wenn der Widerspruch von Mehreren erhoben ist, weil dann der Anmelder nur auf diesem Wege rasch und sicher zur Feststellung seiner Forderung gelangen kann. Denn jeder Widersprecher kann den Widerspruch für sich allein verfolgen,[64] die Forderung ist aber auch hier für das Konkursverfahren erst festgestellt, wenn er allen Widersprechern gegenüber beseitigt ist.[65]

VII. Soweit, sei es in einem Feststellungsprozesse (VI. Nr. 1) oder in einem Widerspruchsprozesse (VI. Nr. 2), durch rechtskräftiges Urteil eine Forderung oder ein Vorrecht festgestellt oder umgekehrt ein Widerspruch gegen eine Forderung oder gegen ein Vorrecht für begründet erklärt

---

[63] Zudem begreift § 146 Abs. 1 Satz 1 KO schon seiner Fassung nach die sämtlichen in Abs. 2—6 behandelten Fälle. So auch RG 7. I. 95 (**34** 409 ff.) und 8. I. 92 (ebend. 410 Anm. 1), wo ausgeführt ist, weshalb auch bei einer titulierten Forderung der Anmelder an der Betreibung der Feststellung ein Interesse haben kann. Gleicher Meinung Stein Voraussetzungen d. Rechtsschutzes 140 ff., Voigt 170 fg., Seuff. 275, Pet.-Kleinf. Bem. 20, Jäger Anm. 27, der jedoch den Anmelder auf eine gewöhnliche Feststellungsklage nach § 256 CPO verweist. A. M. Oetker Grdb. 504 fg. und in BuschsZ **25** 62 ff.

[64] Folgt aus dem Wortlaute von § 146 Abs. 6 KO („von dem Widersprechenden") und aus der Natur der Sache, da der Antrag hier auf Erklärung des Widerspruches für begründet lautet, nach § 147 Satz 1 KO aber schon die rechtskräftige Erklärung eines Widerspruches für begründet zur Ausschließung der Forderung von der Teilnahme am K. genügt. — Verfolgen mehrere Widersprecher ihren Widerspruch gemeinsam, so sind sie notwendige Streitgenossen, weil gegenüber den Widersprüchen, die hier Anlaß zum Zweifel geben könnten, der Anmelder die Feststellung der Forderung betreiben muß.

[65] Vgl. ob. bei Anm. 31.

ist, wirkt diese Entscheidung gegenüber dem Konkursverwalter und allen Konkursgläubigern, auch wenn sie ihre Forderungen noch nicht angemeldet oder ihrerseits keinen Widerspruch gegen die Forderung oder das Vorrecht erhoben haben, weil eine Forderung nur entweder Allen oder Keinem gegenüber an der Befriedigung aus der Konkursmasse teilnehmen oder mit einem bestimmten Vorrechte teilnehmen kann.[66] Diese Wirkung ist von der Eintragung der rechtskräftigen Entscheidung in die Tabelle nicht abhängig. Weil aber der Inhalt der Tabelle für das Stimmrecht in den Gläubigerversammlungen, für das Verteilungsverfahren und für die Ermöglichung der Zwangsvollstreckung gegen den Gemeinschuldner nach der Beendigung des Konkursverfahrens von entscheidender Bedeutung ist, so soll die obsiegende Partei bei dem Konkursgerichte die Berichtigung der Tabelle erwirken.[67]

Über die Kosten jedes Feststellungs- oder Widerspruchsprozesses ist nach Maßgabe der allgemeinen Grundsätze zu entscheiden.[68] Die dem Konkursverwalter erwachsenen oder auferlegten Kosten sind Masseschulden,[69] die den einzelnen widersprechenden Konkursgläubigern erwachsenen oder auf-

[66] § 147 Satz 1 KO vbd. Mot. § 135 (368), Prot. 173 ff. Im Fall der Feststellung hat demnach das rechtskräftige Urteil dieselbe Wirkung wie nach § 145 Abs. 2 vbd. § 144 Abs. 1 KO die Eintragung einer unwidersprochenen Forderung als festgestellt in die Tabelle. Vgl. ob. bei Anm. 13.

[67] § 146 Abs. 7 KO. Weil diese Vorschrift nach Mot. § 134 letzt. Abs. (367) nur eine Verminderung der Verantwortlichkeit des KV. in den Fällen bezweckt, in denen der Feststellungs- oder Widerspruchsprozeß zwischen dem Anmelder und einzelnen Gläubigern gespielt hat, so kann dem KV. auch in diesen Fällen die Erwirkung der Berichtigung der Tabelle nicht benommen sein. Ebensowenig einem anderen KGl. Vgl. Gallinger 34, 35 Anm 1. A. M. Oetker Grbd. 369.

[68] § 91 ff. CPO.

[69] § 59 Nr. 1 KO.

erlegten fallen ihnen persönlich zur Last. War jedoch der Prozeß nur von widersprechenden Konkursgläubigern und nicht auch von dem Konkursverwalter geführt, so können jene, soweit durch das erstrittene Urteil der Konkursmasse ein Vorteil erwachsen ist,[70] daraus den Ersatz der von ihnen in zweckentsprechender Weise aufgewendeten Prozeßkosten verlangen, natürlich unbeschadet der Erstattungspflicht des besiegten Prozeßgegners.[71]

VIII. Wenn bei der Aufhebung des Konkursverfahrens auf Grund der Schlußverteilung ein Feststellungs- oder Widerspruchsprozeß noch schwebt, so wird er unter den bisherigen Parteien fortgesetzt. Siegt der Anmelder, so werden ihm die auf seine Forderung zurückbehaltenen Anteile (§ 168 Nr. 1 KO) ausbezahlt, unterliegt er, so werden sie für eine Nachtragsverteilung frei.[72] Endigt dagegen das Konkursverfahren durch Aufhebung zufolge Zwangsvergleiches oder durch Einstellung, so kommt es darauf an, ob der Widerspruch von dem Konkursverwalter oder

---

[70] Dieser Vorteil besteht in dem Betrage oder Mehrbetrage, der auf die Forderung aus der KM. im Fall der Unterlassung des Widerspruches gegen sie oder gegen das für sie beanspruchte Vorrecht entfallen sein würde. Vgl. Seuff. 278, Jäger § 147 Anm. 6.

[71] § 147 Satz 2 KO vbd. Mot. § 135 (368). Vgl. § 59 Nr. 3 KO. Dieser Satz erklärt sich daraus, daß die KGl. bei einem Widerspruche gegen eine angemeldete Forderung oder das dafür beanspruchte Vorrecht gleich dem KV. für die KM. und gleichsam als Geschäftsführer ohne Auftrag handeln, mithin § 683 vbd. § 670 BGB zu entsprechender Anwendung kommt. — Ist der Prozeßgegner zur Erstattung der Kosten an den siegreichen KGl. verurteilt, so kann die KM., soweit sie diesem die Kosten ersetzt hat, von ihm die Abtretung jenes Erstattungsanspruches verlangen. Vgl. Seuff. 278, Jäger Anm. 7.

[72] § 166 Abs. 1 KO. Vgl. RG 17. IX. 91 (28 68 ff.) und ob. § 7 Anm. 28. S. auch Jäger § 146 Anm. 28, Seuff. 273, Voigt 189, Oetker in BuschsZ 25 69.

von einem Konkursgläubiger erhoben war. Im ersten Fall setzt sich, weil das Amt des Konkursverwalters erloschen ist, der Prozeß zwischen dem anmeldenden Gläubiger und dem Gemeinschuldner fort; jener kann seinen ursprünglich auf Feststellung gerichteten Antrag jetzt auf Verurteilung zur Zahlung richten. Im zweiten Fall ist der Prozeß in der Hauptsache erledigt und kann zwischen dem Anmelder und dem widersprechenden Gläubiger nur noch wegen der Kosten weitergeführt werden.[73]

III. Die Konkursmasse.

1. Bestand der Konkursmasse.

§ 13.

a. Im allgemeinen.

I. Gemäß dem Zwecke des Konkursverfahrens, den zur Zeit seiner Eröffnung vorhandenen Gläubigern des Gemeinschuldners aus seinem damals vorhandenen Aktivvermögen die einem jeden gerechterweise gebührende Befriedigung zu verschaffen, besteht bei dem Beginn des Konkursverfahrens die Konkursmasse dem Rechte nach aus dem gesamten im Zeitpunkte der Konkurseröffnung vorhandenen

[73] Vgl. RG 20. X. 88 (22 155), Jäger Anm. 29, Sar.-Boß. § 194 Bem. 1 Nr. 5 a. E., Pet.-Kleinf. §§ 193, 194 Bem. 14, 15, Kohler im CivA 81 411. A. M., wonach der schwebende Feststellungs- oder Widerspruchsprozeß zwischen den bisherigen Parteien auch in Ansehung der Hauptsache weiterginge, wenigstens wenn der Anmelder, sei es zur Erlangung des Vollstreckungstitels gegen den GSch., sei es zur Entscheidung über das Schicksal eines bei einer Abschlagsverteilung zurückbehaltenen Anteils, ein Interesse daran hat, Oetker Grdb. 506 fg. und in BuschsZ 25 70 fg. (eine Ansicht, die sich vom praktischen Standpunkt empfiehlt). Ebenso, jedoch nur bei einem Interesse der zweiten Art, Stein Voraussetzungen des Rechtsschutzes 139.

aktiven, beweglichen und unbeweglichen, Vermögen des Gemeinschuldners, soweit es der Zwangsvollstreckung zur Beitreibung einer Geldforderung unterliegt.[1] Nun kann es aber tatsächlich unmöglich sein, gewisse zur Masse gehörige Gegenstände zu erlangen (z. B. Sachen, die man nicht kennt, oder die der entwichene Gemeinschuldner mitgenommen hat), und umgekehrt kann es vorkommen, daß der Konkursverwalter, etwa aus Irrtum, nicht zur Masse gehörige Gegenstände tatsächlich als zur Masse gehörig behandelt (z. B. konkursfreie Vermögensstücke des Gemeinschuldners oder fremde Sachen, die sich bei denjenigen des Gemeinschuldners befanden). So läßt sich vielfach gar nicht vermeiden, daß der tatsächliche Bestand der Masse (die Masse, wie sie ist) sich mit dem rechtlichen (der Masse, wie sie sein soll) nicht deckt, geringer oder auch größer ist. Man pflegt beides als die Sollmasse und die Istmasse zu unterscheiden.[2] Es ist die Pflicht des Konkursverwalters, die Istmasse mit der Sollmasse möglichst in Übereinstimmung zu bringen. Zur Befriedigung der Konkursgläubiger kann natürlich nur die Istmasse dienen.

II. Die Konkursmasse (Sollmasse) umfaßt demnach, immer die Zulässigkeit der Zwangsvollstreckung vorausgesetzt, nicht allein die (beweglichen und unbeweglichen) Sachen, die zur Zeit der Eröffnung des Konkursverfahrens im Eigentum des Gemeinschuldners stehen, sondern auch die dinglichen Rechte (Erbbaurecht, Nießbrauch, Pfandrecht, Hypothek,

---

[1] § 1 Abs. 1 KO. Vgl. Mot. § 1 Abs. 1 (18 fg.).

[2] Nach dem Vorgange von Oetker Das Verfolgungsrecht 78 ff., Grdb. 10 fg. und in Buschs Z 25 1 ff. In der KO ist unter „Konkursmasse" zumeist die Sollmasse verstanden. So z. B. in § 1, 2, 6, 14, 15, 23, 117, 118, 166 Abs. 2 KO. Mitunter aber auch die Istmasse. So namentlich in § 43, 46, 57, 60, 166 Abs. 1 KO.

Grundschuld usw.), die ihm zu dieser Zeit an fremden Sachen zustehen, endlich seine zu dieser Zeit bestehenden Forderungen und sonstigen unkörperlichen Vermögensstücke.[3]

1. Das Eigentum der zur Konkursmasse gehörigen Sachen besteht für sie natürlich mit denselben Erweiterungen (durch Überbaurenten, Notwegrenten, Grunddienstbarkeiten, subjektiv dingliche Vorkaufsrechte oder Reallasten[4]) sowie mit denselben Beschränkungen und Belastungen (durch Überbau- oder Notwegrente, Erbbaurecht, Dienstbarkeit, dingliches Vorkaufsrecht, Reallast, Hypothek, Grundschuld, Rentenschuld, Pfandrecht[5]), womit es zur Zeit der Konkurseröffnung für den Gemeinschuldner bestand.[6]

2. Auch die dinglichen Rechte an fremden Sachen haben als Bestandteile der Konkursmasse denselben Inhalt und Umfang, wie wenn kein Konkurs eröffnet wäre.[7] Steht dem Gemeinschuldner ein Nießbrauch zu, so fällt zwar dieser selbst wegen seiner Unveräußerlichkeit nicht in die Konkursmasse, wohl aber, weil seine Ausübung einem Anderen überlassen werden kann, diese Ausübung,[8] und zwar so, daß zur Befriedigung der Konkursgläubiger nicht bloß die Erträge verwendet werden können, die der

---

[3] Vgl. § 808, 821, 829, 831, 847, 848, 857, 858, 864, 865 CPO. Über die Frage, inwiefern Forderungen aus beiderseits noch nicht erfüllten gegenseitigen Verträgen des GSch. zur KM. gehören, s. ob. § 6. — Besonders ist zu bemerken, daß auch die nach § 29—32, 40 KO begründeten Anfechtungsrechte Bestandteile der KM. sind. Vgl. Wilm. § 1 Bem. 22, Pet.-Kleinf. § 36 Bem. 1 und s. unt. § 17 Anm. 2.

[4] S. § 96, 1126 vbd. § 913, 917 Abs. 2, 1018, 1094 Abs. 2, 1105 Abs. 2 BGB.

[5] S. § 913 (vbd. 914), 917 Abs. 2, 1012, 1018, 1030, 1090, 1094, 1105, 1113, 1191, 1199, 1204 BGB.

[6] Vgl. RG 2. VII. 00 (**46** 167).

[7] Vgl. § 865 CPO und wegen der Hypothek § 1120—1130 BGB, wegen des Pfandrechtes an einem eingetragenen Schiffe § 1265 BGB.

[8] Vgl. § 857 Abs. 3 CPO vbd. § 1059, 1068 BGB.

Nießbrauch während des Konkursverfahrens gewährt, sondern auch die Ausübung des Nießbrauches für die ganze Dauer dieses Rechtes verkauft werden kann.[9] Bei einem Nießbrauche an verbrauchbaren Sachen (Geld, Wein, Getreide, Waren, die zu einem Warenlager gehören, u. dgl.) gehört das Eigentum dieser Sachen zum Vermögen des Nießbrauchers und mithin zu seiner Konkursmasse; der Anspruch des Bestellers auf Ersatz ihres Wertes ist Konkursforderung.[10]

3. Zur Konkursmasse gehören auch die zur Zeit der Konkurseröffnung noch betagten oder aufschiebend bedingten Forderungen des Gemeinschuldners, weil schon die durch betagte oder bedingte Begründung einer Forderung geschaffene Anwartschaft auf ihren künftigen Erwerb als ein Bestandteil seines Vermögens erscheint.[11] Gleiches gilt von der dem Gemeinschuldner zur Zeit der Konkurseröffnung zustehenden Anwartschaft auf den künftigen Erwerb eines anderen Vermögensrechtes, wie z. B. auf den Erwerb des ihm mit einer Befristung oder unter einer

---

[9] Vgl. Sar.-Boß. § 1 Bem. 5 V. a. E., Wilm. § 1 Bem. 11, Jäger² § 1 Anm. 39.

[10] S. § 1067 vbd. § 92 BGB. Vgl. Jäger² § 1 Anm. 40. Wegen des Nießbrauches an einem Vermögen oder einer Erbschaft (§ 1085, 1089 BGB) s. Jäger² Anm. 41.

[11] Vgl. § 844 CPO vbd. § 158 Abs. 1, 160 Abs. 1, 161 Abs. 1, 163 BGB. S. auch § 65, 67 KO und ob. § 8 III. Bestandteil der KM. ist demnach auch die Anwartschaft des GSch. aus einem Versicherungsvertrage: RG 4. VI. 86 (**16** 126 ff.). Ferner der ihm nach § 717 Abs. 2 CPO zustehende bedingte Anspruch auf Ersatz des ihm durch die Vollstreckung eines für vorläufig vollstreckbaren Urteils entstandenen Schadens: RG 13. II. 97 (**39** 107). Desgleichen sein bedingter Anspruch auf Erstattung von Prozeßkosten. U. dgl. m. Als Anwartschaft auf den Erwerb einer Forderung läßt sich auch das in der Hand des GSch. befindliche Blankoaccept eines Wechsels betrachten. Vgl. Mot. § 5 vorl. Abs. (34 a. E.), RG 28. III. 94 (**33** 44 ff.), Jäger² Anm. 16.

Bedingung übertragenen Eigentums oder Nießbrauches einer Sache.[12]

Ein Vermögensrecht, das der Gemeinschuldner mit auflösender Bedingung oder mit einem Endtermin erworben hatte, erlischt durch den Eintritt der Bedingung oder des Termins auch für die Konkursmasse.[13]

4. Eine Forderung des Gemeinschuldners auf Gewährung einer Leibrente oder einer sonstigen Rente oder auf ähnliche wiederkehrende Bezüge gehört, soweit solche Forderungen der Zwangsvollstreckung unterliegen, als ein einheitliches Recht und Vermögensstück zur Konkursmasse in Ansehung der sämtlichen Bezüge, die auf die ganze Dauer des Verhältnisses treffen, also auch derjenigen, welche erst nach der Konkurseröffnung oder sogar erst nach der Beendigung des Konkursverfahrens fällig werden.[14] Auch ein schon zur Zeit der Konkurseröffnung begründeter Anspruch des Gemeinschuldners auf Pension, Ruhegehalt oder Wartegeld fällt innerhalb der Grenzen der Pfändbarkeit für die sämtlichen künftigen Bezüge in die Konkursmasse, weil auf jeden einzelnen Bezug dem Gemeinschuldner eine bedingte Forderung zusteht.[15] Dagegen

[12] Vgl. Jäger[2] Anm. 54, 56.

[13] § 158 Abs. 2, 161 Abs. 2, 163 BGB. § 15 KO steht dem nicht im Wege. Vgl. ob. § 9 Anm. 14. S. jedoch ob. § 6 Anm. 65. Hierher gehört auch der Fall des Eintrittes der Nacherbfolge: § 2139 BGB.

[14] Folgt aus § 1073 BGB und § 70 KO. Vgl. ob. § 8 Anm. 15 und Jäger[2] Anm. 37, 38.

[15] Der Gesamtanspruch auf Pension u. dgl. läßt sich trotz der Fassung von § 832 CPO nicht als ein einheitliches, bei der Berechnung des Geldwertes des Vermögens mit zu veranschlagendes Vermögensstück betrachten. Daß aber die gedachten Ansprüche in dem bezeichneten Umfange zur KM. gehören, ist allgemein anerkannt. Vgl. Jäger[2] Anm. 53 a. E., Sar.-Boß. § 1 Bem. 5 IV. a., Pet.-Kleinf. § 1 Bem. 17 u. A.

gehören der Gehalt und die sonstigen Dienstbezüge sowohl der öffentlichen Beamten wie der Privatbediensteten für die Zeit nach der Konkurseröffnung nicht zur Konkursmasse, weil diese Bezüge als Vergütung erst nach der Konkurseröffnung zu leistender Dienste des Gemeinschuldners erscheinen, seine persönliche Arbeitskraft aber von der Konkurseröffnung nicht berührt wird.[16]

5. Erbschaften und Vermächtnisse, die dem Gemeinschuldner vor der Konkurseröffnung angefallen sind, gehören, weil ihr Erwerb kraft Gesetzes geschieht, zur Konkursmasse, wenn sie nicht ausgeschlagen werden.[17] Die Entscheidung über die Annahme oder Ausschlagung steht aber trotz der inzwischen erfolgten Konkurseröffnung nur dem Gemeinschuldner zu.[18]

III. Von der Konkursmasse (Sollmasse) ist ausgeschlossen:

1. alles, was nicht zum Vermögen des Gemeinschuldners gehört. Mithin vor allem seine Person und seine Arbeitskraft. Aber auch alle diejenigen ihm zustehenden Rechte, welche nicht als Vermögensbestandteile angesehen werden können. So besonders sein Recht zur Führung einer kaufmännischen Firma.[19] Ferner seine reinen Familien-

---

[16] Vgl. ob. § 8 bei Anm. 16 und § 4 Nr. 1, 4 vbd. § 1 LohnbG, wonach alle diese Bezüge als „Vergütung für Arbeiten oder Dienste" zu betrachten sind. Auf § 832, 833 CPO kann man sich gegen den Satz des Textes nicht berufen, weil die Zwangsvollstreckung nicht, wie das KVerf., an das bereits erworbene Vermögen gebunden ist. Gleicher Ansicht Jäger[2] Anm. 53, Sar.-Boß. Bem. 5 IV. c., Pet.-Kleinf. Bem. 17, Seuff. 78 fg. Vgl. auch RG 7. XI. 84 (12 192 fg.). A. M. Kohler Lehrb. 114, Mandry-Geib Der civilrechtl. Inhalt der Reichsgesetze, 4. Aufl. 113 Anm. 5.

[17] S. § 1922, 1942, 2176 vbd. § 1953 Abs. 1, 2180 Abs. 3 BGB.

[18] § 9 KO.

[19] Vgl. RG 4. IV. 83 (9 104 ff.), Jäger[2] Anm. 6.

rechte und familienrechtlichen Ansprüche. Familienrechtlicher Natur ist auch das Recht, das bei dem gesetzlichen ehelichen Güterstande der Verwaltungsgemeinschaft dem Gemeinschuldner kraft seiner Verwaltung und Nutznießung an dem eingebrachten Gute seiner Frau, und das Recht, das ihm kraft seiner in der elterlichen Gewalt begründeten Nutznießung an dem Vermögen seiner Kinder zusteht. Diese Rechte sind daher unübertragbar und unpfändbar, gehören folglich auch nicht zur Konkursmasse.[20] Die zufolge dieser Rechte bezogenen Früchte können gepfändet werden, soweit ihrer der Gemeinschuldner zur Erfüllung der nach § 1384—1387, 1654 BGB mit der Nutznießung verbundenen Pflichten sowie seiner gesetzlichen Pflicht zum Unterhalte seiner jetzigen und seiner früheren Ehefrau und seiner Verwandten, endlich zur Bestreitung seines eigenen standesmäßigen Unterhaltes nicht bedarf, und fallen daher, soweit sie vor der Konkurseröffnung bezogen sind, mit den gleichen Beschränkungen in die Konkursmasse.[21]

Rechte, die nur in bedingter Weise zum Vermögen gehören, gehören auch nur in gleich bedingter Weise zur Konkursmasse. So erscheint namentlich das Urheberrecht des Verfassers eines Werkes der Litteratur oder der Tonkunst als ein Bestandteil seines Vermögens nur dann, wenn er es als solchen behandeln will, und es ist daher nur mit seiner Einwilligung Gegenstand einer Zwangsvollstreckung gegen ihn und folglich, wenn er in Konkurs

[20] § 1408, 1658 BGB, § 861 Abs. 1 Satz 1, 862 Abs. 1 CPO, § 1 Abs. 1 KO. S. aber auch § 1419, 1647, 1656 BGB.

[21] S. § 861 Abs. 1 Satz 2, 862 Abs. 2 CPO. Näheres bei Jäger[2] Anm. 44. Bei der Errungenschafts- und Fahrnisgemeinschaft gelten keine entsprechenden Beschränkungen. S. § 2 Abs. 1 KO und Jäger[2] Anm. 45.

gerät, seiner Konkursmasse.[22] Auch das Erfinderrecht ist kein Bestandteil des Vermögens des Erfinders und seiner Konkursmasse, wohl aber das ihm bereits erteilte Patent und sogar schon der für ihn durch die Anmeldung bei dem Patentamte begründete Anspruch auf die Erteilung des Patentes, weil sich in der Anmeldung der Wille des Erfinders kundgibt, seine Erfindung vermögensrechtlich zu verwerten, und mithin, sie als Vermögensstück zu behandeln, und weil das Recht aus der Anmeldung auch seinem Inhalte nach als ein Vermögensrecht betrachtet werden muß.[23]

2. Von der Konkursmasse sind aber ferner auch diejenigen Vermögensstücke des Gemeinschuldners ausgeschlossen, welche nach den Verhältnissen zur Zeit der Konkurseröffnung der Zwangsvollstreckung zur Beitreibung einer Geldforderung nicht unterliegen. Also vor allem diejenigen Sachen, welche durch § 811 CPO, und diejenigen Forderungen, welche durch § 850 CPO, § 377 Abs. 1 BGB der Pfändung entzogen sind.[24] Sodann aber auch diejenigen Forderungen des Gemeinschuldners, welche nach den Vorschriften des Bürgerlichen Gesetzbuches (§ 399, 514, 717 Satz 1, 847, 1300, 1427, 1585, 1623 u. a.) oder anderer Reichsgesetze (wie namentlich der Arbeiterversicherungsgesetze) nicht übertragbar sind,[25] wozu ins-

---

[22] § 10 LitUrhG. Näheres bei Jäger[2] Anm. 8. Wegen der gewerblichen Urheberrechte s. ebend. Anm. 9. Die Vermögensansprüche, die zufolge eines Urheberrechtes (z. B. durch Abschluß eines Verlagsvertrages) zur Zeit der KE. bereits begründet sind, fallen natürlich in die KM.

[23] Vgl. § 3, 6, 23 Abs. 1 PatG und RG 3. X. 02 (52 227 ff.), wo (233) auch reiche Litteraturnachweise.

[24] Zu § 850 Abs. 1 Nr. 2 und Abs. 3 CPO tritt hinzu § 7 HaftpflG.

[25] § 851 Abs. 1 CPO. Beruht die Unübertragbarkeit einer For-

besondere die Forderungen auf Leistungen gehören, die ohne Veränderung ihres Inhaltes an einen Anderen als den ursprünglichen Gläubiger nicht geschehen können, wie z. B. ein Anspruch auf persönliche Verpflegung, ärztliche Behandlung, Unterrichtserteilung u. dgl.[26] Desgleichen sonstige nicht übertragbare Rechte des Gemeinschuldners, wie z. B. ein ihm zustehendes persönliches Wohnungsrecht oder eine andere ihm zustehende beschränkte persönliche Dienstbarkeit, falls nicht, wie bei dem Nießbrauche, die Ausübung einem Anderen überlassen werden kann.[27] Auch Privatbriefe, die dem Gemeinschuldner gehören, können nicht zu seiner Konkursmasse gezogen werden.[28] Endlich sind von der Konkursmasse diejenigen dem Gemeinschuldner gehörigen Gegenstände ausgeschlossen, welche nach § 812 CPO nicht gepfändet werden sollen, nämlich die in seinem Haushalte gebrauchten Stücke des gewöhnlichen Haus-

derung auf vertragsmäßigem Ausschlusse der Abtretung, so kann sie gleichwohl gepfändet werden und gehört also auch zur KM. des Gläubigers, soweit der geschuldete Gegenstand der Pfändung unterworfen ist: § 851 Abs. 2 CPO. Gewisse Ansprüche, wie namentlich der Pflichtteilsanspruch (s. § 2317 BGB) und der Anspruch des Schenkers auf Herausgabe des Geschenkes nach § 528 BGB, sind der Pfändung nur unterworfen, wenn sie durch Vertrag anerkannt oder rechtshängig geworden sind, sind mithin nur unter der gleichen Voraussetzung Bestandteile der KM. des Berechtigten: § 852 CPO. S. auch noch § 847, 1300 Abs. 2 BGB. Vgl. Jäger[2] § 1 Anm. 31. Über weitere Einzelheiten ebend. Anm. 24—36.

[26] S. § 399 BGB. Vgl. Mot. Vorbem. z. Buch I. Tit. 2 Abs. 6 (64).

[27] § 857 Abs. 3 CPO vbd. § 1092, 1093 BGB. Wegen des Nießbrauches s. ob. II. Nr. 2. — Auch unveräußerliche Stücke des unbeweglichen Vermögens, wie nach Landesrecht die Lehengüter, Stammgüter, Familienfideikommißgüter (s. Art. 59 EGz BGB), fallen nicht in die KM. Über ihre Behandlung im K. entscheidet das Landesrecht: § 5 EG, § 52 KO. Vgl. Sar.-Boß. § 52.

[28] Entspr. § 121 Abs. 1 Satz 3 KO und wegen der Unverletzlichkeit des Briefgeheimnisses nach § 5 Satz 1 PostG.

rates, falls offensichtlich der Erlös, der durch ihre Verwertung erzielt werden würde, zu ihrem Werte für seinen Hausstand in starkem Mißverhältnisse stünde.[29]

Als Ausnahme von der Regel gehören gewisse dem Gemeinschuldner gehörige Gegenstände zur Konkursmasse, obgleich sie der Pfändung nicht unterworfen sind. Nämlich das Betriebsinventar eines landwirtschaftlichen Gutes, einer Apotheke und einer Posthalterei sowie die Eisenbahnfahrbetriebsmittel.[30] Ferner die Geschäftsbücher des Gemeinschuldners.[31] Sie dürfen jedoch nur mit dem Geschäfte im ganzen und nur soweit veräußert werden, als sie zur Fortführung des Geschäftsbetriebes unentbehrlich sind.[32]

3. Endlich gehört nicht zur Konkursmasse dasjenige Vermögen, welches der Gemeinschuldner erst nach der Konkurseröffnung neu erwirbt. Es ist gleich seinen unpfändbaren Vermögensstücken während der Dauer des Konkursverfahrens von der Konkursmasse rechtlich gesondert und kann während dieses Verfahrens von den Konkursgläubigern nicht angegriffen werden, sondern nur von den

[29] § 1 Abs. 4 KO. Vgl. Gaupp-Stein CPO[4] § 812 Bem. I. — Vermögensstücke des GSch., die, im allgemeinen unpfändbar, nur zur Befriedigung einzelner Gläubiger pfändbar sind (s. § 850 Abs. 4 CPO, § 4, 4a LohnbG), können auch nur zur Befriedigung dieser Gläubiger, soweit sie zu den KGl. gehören, zur KM. gezogen werden. Es besteht also ein ähnliches Verhälnis wie nach § 35 HypBankG. Vgl. ob. § 11 Anm. 5. Ebenso Pet.-Kleinf. § 1 Bem. 8 a. E., 11. A. M. Jäger[2] Anm. 28, Sar.-Boß. § 1 Bem. 5 IV. d. Nr. 1 und g. E.

[30] § 1 Abs. 2 KO, G betr. die Unzulässigkeit der Pfändung von Eisenbahnfahrbetriebsmitteln. Vgl. Jäger[2] Anm. 21

[31] § 1 Abs. 3 KO vbd. § 811 Nr. 11 CPO. Vgl. Begr. z. KÄE. § 1 a. E. (24), Jäger[2] Anm. 20.

[32] § 117 Abs. 2 KO. Das alles muß wegen Gleichheit des Grundes und entspr. § 121 Abs. 1 Satz 2 KO auch von den auf das Geschäft des GSch. bezüglichen Briefen und telegraphischen Depeschen gelten.

übrigen, namentlich den neuen, Gläubigern des Gemeinschuldners. Zu Gunsten dieser Gläubiger kann darüber sogar ein zweiter Konkurs noch während der Dauer des ersten eröffnet werden.[33]

4. Gegenstände, die an sich zur Konkursmasse (Sollmasse) gehören, scheiden aus der Istmasse aus und werden dadurch ebenfalls Bestandteile des konkursfreien Vermögens, wenn sie der Konkursverwalter kraft ausdrücklicher oder stillschweigender Erklärung freigibt, wie z. B. wesentlich wertlose Sachen, Stammbücher, uneinziehbare Forderungen, überlastete Grundstücke, im Streite befangene Ansprüche des Gemeinschuldners, wenn der Ausgang des Prozesses sehr zweifelhaft ist, u. dgl. m.[34]

IV. Steht der Gemeinschuldner zur Zeit der Konkurseröffnung mit einem oder mehreren Anderen in einem Miteigentum, einer Gesellschaft oder sonstigen Gemeinschaft, so gehört sein Anteil zu der Konkursmasse, wenn er, wie der Anteil eines Gesellschafters an dem Gesellschaftsvermögen einer Gesellschaft des bürgerlichen Rechtes (§ 705 ff. BGB) und der Anteil eines Miterben am Nachlasse, nach § 859 CPO oder, wie der Anteil eines Teilhabers an einer Gemeinschaft nach Bruchteilen, wegen seiner freien Veräußerlichkeit (§ 747 BGB) nach § 857 CPO pfänd-

---

[33] § 1 Abs. 1, 14 Abs. 1 KO. Vgl. ob. § 9 I. Nr. 1.

[34] S. § 10 Abs. 2, 114 KO. Vgl. Mot. §§ 8 u. 9 a. E. (46), Prot. 11, Jäger[2] § 6 Anm. 39. Solche Freigebungen stehen an sich im Ermessen des KV.; jedoch wird er, um sich nicht verantwortlich zu machen, die bindende Erklärung in der Regel bis zur Beendigung des KVerf. verschieben und der Gläubigerversammlung im Schlußtermin die Entscheidung überlassen. S. § 162 Abs. 1 KO. Auch muß er unter Umständen die Genehmigung des Gläubigerausschusses, wenn ein solcher bestellt ist, oder der Gläubigerversammlung einholen. S. § 133 Abs. 2 KO, aber auch § 136 KO.

bar ist.[35] Die Teilung oder sonstige Auseinandersetzung erfolgt aber außerhalb des Konkursverfahrens, also, abgesehen davon, daß am Auseinandersetzungsverfahren anstatt des Gemeinschuldners der Konkursverwalter als Vertreter der Konkursmasse beteiligt ist,[36] ganz in der Art und Weise, wie wenn kein Konkurs eröffnet wäre, und nur unter den nämlichen Voraussetzungen.[37] Jedoch ist bei der Gemeinschaft nach Bruchteilen und bei der Erbengemeinschaft der Konkursverwalter durch die auf Vereinbarung der Teilhaber oder auf Anordnung des Erblassers beruhenden Beschränkungen des Teilungsrechtes nicht gebunden.[38]

Besondere Regeln gelten bezüglich der ehelichen Gütergemeinschaft und der fortgesetzten Gütergemeinschaft. Wird nämlich über das Vermögen eines Ehemanns, der mit seiner Frau in allgemeiner Gütergemeinschaft, Errungenschaftsgemeinschaft oder Fahrnisgemeinschaft lebt, der Konkurs eröffnet, so gehört das Gesamtgut, weil es für die Schulden des Mannes haftet, zu seiner Konkursmasse, und eine Auseinandersetzung wegen dieses Gutes zwischen den Ehegatten findet nicht statt.[39] Dagegen wird durch den Konkurs über das

[35] Wegen der offenen Handelsgesellschaft und der Kommanditgesellschaft s. § 135, 161 Abs. 2 HGB, wegen der stillen Gesellschaft § 341 HGB. Vgl. Jäger[2] § 16 Anm. 3—6.

[36] Vgl. § 146 Abs. 3 HGB.

[37] § 16 Abs. 1 KO. Über das Recht der übrigen Gesellschafter oder Teilhaber, wegen ihrer Forderungen aus dem Gemeinschaftsverhältnisse abgesonderte Befriedigung aus dem ermittelten Anteil des GSch. zu verlangen, s. § 51 KO und unt. § 19 I. Nr. 3.

[38] § 16 Abs. 2 KO (entsprechend § 751 Satz 2, 2044 Abs. 1 BGB). Vgl. Jäger[2] § 16 Anm. 11, 12. Andere Teilungsbeschränkungen (wie § 1066 Abs. 2, 1258 Abs. 2 Satz 1, 2043, 2045 BGB) sind auch für den KV. bindend. Vgl. Jäger[2] Anm. 14—16.

[39] § 2 Abs. 1 KO vbd. § 1459 Abs. 1, 1530 Abs. 1, 1549 BGB, § 740 CPO. S. auch noch § 1438 vbd. § 1440, § 1527, § 1549 BGB. Die Errungenschaftsgemeinschaft endigt mit der Rechtskraft des Beschlusses, durch den

Vermögen der Frau das Gesamtgut nicht berührt.[40] Entsprechend ergreift bei der fortgesetzten Gütergemeinschaft der Konkurs über das Vermögen des überlebenden Ehegatten das ganze Gesamtgut, während es durch den Konkurs über das Vermögen der Abkömmlinge nicht berührt wird.[41]

Wird erst nach der Beendigung der ehelichen oder der fortgesetzten Gütergemeinschaft aber vor der Auseinandersetzung der Konkurs über das Vermögen des Ehemannes oder der Ehefrau, bezw. des überlebenden Ehegatten oder eines Abkömmlings eröffnet, so gehört zu der Konkursmasse gemäß dem obigen allgemeinen Grundsatze nur der Anteil des Gemeinschuldners am Gesamtgute, der durch die Auseinandersetzung außerhalb des Konkursverfahrens zu ermitteln ist.[42] Im Sinn des Gesetzes und aus zwingenden Rücksichten der Billigkeit muß aber behufs gerechter Befriedigung der Gesamtgutsgläubiger auch ein Sonderkonkurs

der K. über das Vermögen des Mannes eröffnet wird: § 1543 BGB. Dagegen wird die allgemeine Gütergemeinschaft und die Fahrnisgemeinschaft durch die Eröffnung des K. über das Vermögen des Ehemanns an sich nicht aufgehoben. S. jedoch § 1468 Nr. 4, 5 und § 1549 BGB.

[40] § 2 Abs. 2 KO. Folglich hat im K. der Frau der Mann in Ansehung des ganzen Gesamtgutes ein Aussonderungsrecht. Zur KM. der Frau gehört demnach bei der allgemeinen Gütergemeinschaft nur ihr Vorbehaltsgut (§ 1440 BGB), bei der Errungenschaftsgemeinschaft und der Fahrnisgemeinschaft nur ihr Vorbehaltsgut und ihr eingebrachtes Gut (§ 1526, 1520 ff., 1550 ff., 1549 vbd. 1440 BGB).

[41] § 2 Abs. 3 KO vbd. § 1483, 1487, 1557 BGB, 745 Abs. 1 CPO. Vgl. Jäger[2] § 2 Anm. 14—17. Gerät der überlebende Ehegatte während der Frist, die ihm nach § 1484 vbd. § 1944 BGB für die Ablehnung der Fortsetzung der Gütergemeinschaft offensteht, in K., so kann er sie noch nach der KE. ablehnen: § 9 Satz 2 KO. — Zu Gunsten der Gesamtgutsgläubiger ist auch ein auf das Gesamtgut beschränkter Sonderkonkurs möglich: § 236 KO. S. unt. § 56.

[42] Vgl. § 860 Abs. 2 CPO, Begr. z. KAE 25.

über das Gesamtgut statthaft sein, worin sämtliche Teilhaber (Mann und Frau bezw. überlebender Ehegatte und Abkömmlinge) als Gemeinschuldner erscheinen.[43]

Bei dem gesetzlichen Güterstande der Verwaltungsgemeinschaft gehört, wenn über das Vermögen des Ehemannes der Konkurs eröffnet wird, zu der Konkursmasse weder das Vorbehaltsgut der Frau noch ihr eingebrachtes Gut, weil auch dieses für die Schulden des Mannes nicht haftet.[44] Gerät die Frau in Konkurs, so entstehen Schwierigkeiten, wenn die Konkurseröffnung während der Dauer des Güterstandes erfolgt, weil, solange die Verwaltungsgemeinschaft besteht, nur ein Teil der Gläubiger der Frau (die Vollgläubiger) aus ihrem gesamten Vermögen, ein anderer Teil dagegen (die Vorbehaltsgläubiger) bloß aus ihrem Vorbehaltsgute die Befriedigung verlangen kann.[45] Sind lediglich Vorbehaltsgläubiger vorhanden, so besteht demnach die Konkursmasse nur aus dem Vorbehaltsgute; zur Herausgabe des eingebrachten Gutes kann der Mann nicht genötigt werden. Sind umgekehrt bloß Vollgläubiger vorhanden, so muß der Mann, da nach § 1411 BGB diese Gläubiger ohne Rücksicht auf die Verwaltung und Nutznießung des Mannes Befriedigung aus dem eingebrachten Gute verlangen können, seine Einziehung zur Konkursmasse dulden, wenn es durch die Vollschulden gänzlich erschöpft wird; denn dann könnte es ihm ja zur Befriedigung der Vollgläubiger gänzlich entzogen werden,

---

[43] Entspr. § 236, 207 Abs. 2, 209 Abs. 2, 213 KO, § 63 Abs. 2 GmbHG, § 98 Abs. 2 GenG. Vgl. Seuff. 71 Anm. 10 und bes. Jäger[2] § 2 Anm. 21—30. A. M. Planck-Unzner BGB § 1472 Bem. 9, Pet.-Kleinf. § 16 Bem. 1.

[44] S. § 1410 BGB. Wegen der Früchte, die der Mann kraft seiner Nutznießung bezogen hat, s. § 861 CPO und ob. III. Nr. 1.

[45] Vgl. § 1411—1414 BGB.

auch wenn kein Konkurs über das Vermögen der Frau eröffnet wäre. Gleiches gilt aus dem gleichen Grunde unter der genannten Voraussetzung auch dann, wenn neben den Vollschulden noch Vorbehaltsschulden bestehen.[46] Solange dagegen das eingebrachte Gut zur Deckung der Vollschulden ausreicht, braucht es der Mann nicht zur Konkursmasse herauszugeben, sondern nur die Einzelvollstreckung zu dulden.[47]

Leben die Ehegatten in Gütertrennung, so sind natürlich auch ihre Konkursmassen streng getrennt.

V. Wie nach der Konkurseröffnung die Konkursmasse einerseits nicht mehr zu Gunsten der Konkursgläubiger durch neuen Erwerb des Gemeinschuldners vermehrt werden kann, so kann sie andererseits auch nicht mehr zum Nachteil dieser Gläubiger durch neuen Rechtserwerb sei es einzelner Gläubiger, sei es Dritter vermindert werden, selbst wenn es sich dabei nicht um einen Erwerb aus Rechtshandlungen des Gemeinschuldners handelt.[48] Abgesehen von diesen Beschränkungen unterliegt aber die Konkursmasse im Laufe des Konkursverfahrens teils kraft der verwaltenden Tätigkeit des Konkursverwalters, teils kraft anderer Tatsachen einer regen Entwickelung: einer möglichen Vermehrung, Verminderung oder Veränderung ihrer Bestandteile. Alles, was infolge dieser Entwickelung zu den ursprünglichen Bestandteilen hinzutritt oder an ihre Stelle

[46] Wie in diesem Fall beiderlei Gläubiger zu befriedigen sind, ist sehr streitig. S. Jäger[2] § 2 Anm. 35.

[47] Näheres bei Jäger[2] § 2 Anm. 33—36. — Die im Texte behandelten Fragen können auch bei der Errungenschafts- und der Fahrnisgemeinschaft auftauchen, weil auch bei diesen Güterständen die Frau eingebrachtes Gut und Vorbehaltsgut haben kann. Vgl. Jäger[2] Anm. 37.

[48] § 14, 15 KO. S. ob. § 5 IV., § 9 II.

tritt, gehört natürlich ebenfalls zur Konkursmasse. So insbesondere die natürlichen und bürgerlichen Früchte zur Konkursmasse gehöriger Sachen oder Rechte, jeder sonstige Vorteil aus solchen Sachen oder Rechten (wie z. B. die dem Eigentümer als solchem zufallende Hälfte des in einer zur Masse gehörigen Sache gefundenen Schatzes, der auf ein zu ihr gehöriges Lotterielos treffende Gewinn), jedes in Verwirklichung einer der Masse zustehenden Anwartschaft auf seinen Erwerb erworbene Vermögensstück (s. ob. II. Nr. 3), jede Leistung zur Erfüllung einer zur Masse gehörigen Forderung, der Anspruch auf Schadenersatz, der durch Entwendung, Zerstörung oder Beschädigung einer zur Masse gehörigen Sache entsteht, das Geld, das der Konkursverwalter durch den Verkauf von Massestücken erlöst, die Sachen, die er aus den Mitteln der Masse für sie anschafft, u. dgl. m.[49] Auf der anderen Seite gehören aber zu der Konkursmasse als passive Bestandteile die Schulden, welche durch die verwaltende Tätigkeit des Konkursverwalters (wie z. B. durch die Verkäufe von Stücken der Masse, durch die Aufnahme eines Darlehens oder Abschluß eines Dienstvertrages für sie), oder welche sonst durch die gedachte Entwickelung der Masse entstehen (wie z. B. die Verbindlichkeit zum Ersatze von Aufwendungen aus fremder Geschäftsführung ohne Auftrag für die Masse).[50] So ist die Konkursmasse in ihrer schließ-

---

[49] Vgl. § 8 Abs. 1, 17, 55 Nr. 1, 117, 126, 127, 129 Abs. 2, 132, 133, 134 KO. Auch der Eigentumserwerb durch Vollendung der Ersitzung einer Sache, deren Eigenbesitz der KM. gehört (s. § 900, 937 BGB), erscheint als Entwickelung der Masse und ist daher dieser zuzusprechen. Ebenso Jäger[2] § 1 Anm. 58. A. M. Sar.-Boß. § 1 Bem. 1 Abs. 3 a. E., Pet.-Kleinf. § 1 Bem. 14.

[50] Vgl. z. B. § 57 ff., 38, 46, 134 Nr. 2 KO. Näheres über die Masseschulden s. unt. § 14.

lichen Gestalt als Teilungsmasse fast immer ganz anders geartet als zur Zeit der Konkurseröffnung.

VI. Weil als Regel alle im Besitze eines Schuldners befindlichen Sachen der Zwangsvollstreckung unterliegen und die Unpfändbarkeit nur die Ausnahme ist,[51] so gehört im Zweifel jede Sache, die sich zur Zeit der Eröffnung des Konkurses im Besitze des Gemeinschuldners befindet, zu seiner Konkursmasse (Sollmasse). Daraus und aus der amtlichen Stellung des Konkursverwalters folgt, daß bei einer Meinungsverschiedenheit zwischen ihm und dem Gemeinschuldner über die Zugehörigkeit einer solchen Sache zur Konkursmasse praktisch zunächst seine Meinung entscheidet, daß er also trotz des Widerspruches des Gemeinschuldners die Sache als Stück der Masse in Besitz nehmen kann.[52] Stößt er dabei auf Widerstand des Gemeinschuldners, so kann er zur Beseitigung desselben einen Gerichtsvollzieher zuziehen.[53] Hat er aber, sei es mit

[51] Erhellt aus § 808 Abs. 1, 815 Abs. 2, 771 CPO und daraus, daß in § 811, 812 CPO die unpfändbaren Sachen einzeln aufgezählt sind.

[52] § 117 Abs. 1 KO. Der Satz des Textes ist, wenn auch meist nicht gerade ausdrücklich, allgemein anerkannt.

[53] Entspr. § 892 CPO. — Die Stellung des KV. entspricht hier im Hinblick auf § 117 Abs. 1 KO genau derjenigen des bei der Anordnung der Zwangsverwaltung eines Grundstückes bestellten Verwalters, der vom Gerichte nach § 150 Abs. 2 ZVG ermächtigt ist, sich selbst den Besitz des Grundstückes zu verschaffen. Daß aber dieser nach § 892 CPO zur Beseitigung geleisteten Widerstandes einen Gerichtsvollzieher zuziehen kann, ist allgemein anerkannt. Vgl. Fischer-Schaefer Zwangvollstr. in das unbewegl. Verm. § 150 Bem. 3 Abs. 1, Jäckel ZVG § 150 Bem. 4 Abs. 2, Wolff ZVG § 150 Bem. 7 Abs. 2, Niedner ZVG (1904) § 150 Bem. 3. b. Und zwar muß hierzu genügen, daß der Verwalter die ihm schriftlich erteilte Ermächtigung vorweist, und er bedarf also nicht, wie Wolff a. a. O. anzunehmen scheint, einer vollstreckbaren Ausfertigung dieser Ermächtigung, die gar kein Voll-

oder ohne Hilfe des Gerichtsvollziehers, eine Sache in Besitz genommen, die nach der Meinung des Gemeinschuldners nicht zur Konkursmasse gehört, so kann dieser die Entscheidung des Konkursgerichtes anrufen.[54] Ver-

---

streckungstitel ist. In entsprechender Weise muß es genügen, daß der KV. die urkundliche Bescheinigung seiner Ernennung (§ 81 Abs. 2 KO) vorzeigt. Zufolge einer Äußerung in Mot. § 107 letzt. Abs. (340) geht freilich die herrschende Lehre dahin, der KV. habe bei Widerstand des Gemeinschuldners ihm durch einen Gerichtsvollzieher die Sache im Wege der Zwangsvollstreckung nach § 883, 885 CPO auf Grund einer vollstreckbaren Ausfertigung des KEröffnungsbeschlusses wegnehmen zu lassen. Vgl. z. B. Pet.-Kleinf. § 117 Bem. 1, Sar.-Boß. § 117 Bem. 4, Jäger § 117 Anm. 6. So auch RG 19. V. 96 (37 399). Allein der Eröffnungsbeschluß ist seinem Inhalte nach kein Vollstreckungstitel, so wenig wie der entsprechende Beschluß, der eine Zwangsverwaltung anordnet. Vgl. Oetker in Buschs Z 25 19. Auch ist zu bedenken, daß dieses Verfahren schon wegen des damit leicht verbundenen Zeitverlustes als wenig zweckmäßig erscheint. Der von der herrschenden Meinung dem KV. weiter empfohlene Weg, nach § 101 Abs. 2 KO die Verhaftung des GSch. zu beantragen, um ihm den Widerstand tatsächlich unmöglich zu machen, geht über das Bedürfnis hinaus, ist mit erheblichen Kosten verbunden und führt auch für sich allein nicht sicher zum Ziel, wenn der GSch. seine Wohnung verschlossen hat oder einer seiner Dienstboten oder Angestellten Widerstand leistet.

[54] Entspr. § 766 CPO. Denn, wenn auch das KVerf. kein eigentliches Zwangsvollstreckungsverfahren ist, so ist es doch einem solchen ganz nahe verwandt, und die Stellung des KGerichtes entspricht daher derjenigen eines Vollstreckungsgerichtes, insbesondere des Amtsgerichtes, das eine Zwangsverwaltung angeordnet hat, die Stellung des KV. derjenigen eines Vollstreckungsorgans, insbesondere des zur Zwangsverwaltung bestellten Verwalters. Daß aber, falls dieser eine Sache in Besitz genommen hätte, worauf sich die Zwangsverwaltung nicht erstreckt, wie z. B. ein nicht zum Wirtschaftsbetriebe des zu verwaltenden Landgutes bestimmtes oder nicht dem Schuldner gehöriges Pferd, Einwendungen bei dem Vollstreckungsgerichte nach § 766 CPO zulässig wären, kann doch gar keinem Zweifel unterliegen. Vgl. Fischer-Schaefer Zwangsvollstr. § 153 Bem. 2. a. und Bem. zu § 766 CPO, Wolff ZVG § 153 Bem. 4 a. E. Gleicher

weigert ein dritter Besitzer die Herausgabe einer Sache, die nach der Meinung des Konkursverwalters zur Masse gehört, so muß sich dieser ihren Besitz durch klageweise Geltendmachung des Anspruches des Gemeinschuldners auf ihre Herausgabe verschaffen.[55]

§ 14.

b. Masseansprüche.*

I. „Masseansprüche"[1] sind Ansprüche an die Konkursmasse, die aus der Gesamtmasse vorweg, d. h. vor

---

Ansicht Wolff in BuschsZ 22 227 fg., Sar.-Boß. § 1 Bem. 6, Seuff. 280 Anm. 2. Nach der herrschenden Meinung könnten Einwendungen nach § 766 CPO nur erhoben werden, wenn der KV. im Wege der Zwangsvollstreckung durch Vermittelung eines Gerichtsvollziehers die Sache in Besitz genommen hätte, nicht aber, wenn die Besitznahme ohne Hilfe eines Gerichtsvollziehers erfolgt wäre. In diesem Fall stünde dem GSch. nur der Weg der Klage gegen den KV. offen. Vgl. RG 19. V. 96 (37 399 fg.), Jäger² § 1 Anm. 50. Abgesehen von den obigen Gründen erweist sich aber diese Unterscheidung schon darum als unhaltbar, weil sich gegen den Widerstand leistenden GSch. der KV. der Hilfe des Gerichtsvollziehers nicht nach § 883, 885, sondern nach § 892 CPO bedient, also auch dann die Sache selbst in Besitz nimmt und sie nicht durch den Gerichtsvollzieher wegnehmen läßt. Zudem enthielte sie doch geradezu eine Aufforderung an den GSch., es durch Widerstand zur Zwangsvollstreckung kommen zu lassen, weil er in diesem Fall viel leichter und schneller zu einer Entscheidung gelangen würde, als wenn er ohne Zwang die Sache von dem KV. hätte nehmen lassen. In allen Fällen hält nur den Weg der Klage für gangbar Wilm. § 1 Anm. 23.

[55] Vgl. Mot. §§ 108, 109 Abs. 2 a. E. (342 a. A.). Über den Fall eines Streites, ob ein zur Zeit der KE. im Prozesse befangener Anspruch des GSch. zur KM. gehöre oder nicht, s. ob. § 7 Anm. 12 und Wilm. § 10 Bem. 2, Jäger² § 10 Anm. 5, Voigt Einfl. des K. auf schweb. Prozesse des GSch. 109 ff. einerseits, Oetker in BuschsZ 25 44 andererseits.

* Litt.: Wolff, Die Massegläubiger im Konkurse. (BuschsZ 22 [1896] 207 ff.).

[1] Wegen des Ausdruckes s. § 133 Nr. 2, 172, 191 Abs. 1 KO. Die Inhaber von Masseansprüchen heißen „Massegläubiger". S. § 27, 28 KO und Überschrift von Buch I. Tit. 7 KO.

allen Konkursforderungen, und unabhängig vom Konkursverfahren berichtigt werden müssen, so daß die entsprechenden Verbindlichkeiten äußerlich als passive Bestandteile der Masse gleich als eines von den Konkursforderungen gesonderten Vermögens erscheinen.[2] Die Aussonderungsansprüche gehen vor, weil sie geltend machen, daß ein gewisser Gegenstand nicht zur Konkursmasse gehöre. Nicht minder aber auch die Absonderungsansprüche, weil nur das, was nach der Deckung eines solchen Anspruches von dem Erlöse des Absonderungsgegenstandes übrig bleibt, in die Gesamtmasse fließt.[3]

Hat ein Konkursgläubiger zu Unrecht aus der Masse mehr erhalten, als er in Rücksicht auf einen Massegläubiger, der vor ihm zu befriedigen gewesen wäre, hätte bekommen dürfen, so kann dieser von jenem die Herausgabe des Mehrbetrages verlangen.[4]

II. Masseansprüche können schon bei der Eröffnung des Konkursverfahrens bestehen;[5] in der Regel aber entstehen sie erst während und infolge des Konkursverfahrens. Die ihnen

---

[2] S. § 57 KO. Vgl. Mot. Vorbem. z. Buch I. Tit. 7 (239), § 52 GKG.

[3] Vgl. RG 10. IV. 94 (33 116 ff.), 16. XII. 02 (53 193), Wolff 266, Jäger § 57 Anm. 12.

[4] Nach § 812 BGB. Vgl. § 878 Abs. 2 CPO, RG 15. XII. 97 (40 292), Wolff 256, Seuff. 240 fg., Jäger Anm. 5. Für die Entscheidung der Frage, ob eine ungerechtfertigte Bereicherung vorliege, kommt jedoch § 172 KO in Betracht. S. Seuff. 241.

[5] Vgl. § 11 KO. Hierher gehört der Anspruch an den GSch. aus einem gegenseitigen, bei der KE. beiderseits noch nicht vollständig erfüllten Vertrage, falls der KV. die Erfüllung verlangt. S. § 59 Nr. 2 ebd. § 17 KO und Mot. §§ 8 u. 9 vorl. Abs. (45). Ferner gehören hierher die schon zur Zeit der KE. erwachsenen Gebühren und Auslagen des Konkursgerichtes (s. § 51, 79 GKG) und der Gebührenvorschuß, den der KGl., auf dessen Antrag die KE. erfolgt ist, nach § 82 Nr. 1 GKG bezahlt hat. Vgl. unt. § 35 Anm. 36.

entsprechenden Verbindlichkeiten (Masseverbindlichkeiten) zerfallen nach der Konkursordnung in „Massekosten“ und „Masseschulden“. Massekosten sind die durch das Konkursverfahren verursachten Aufwendungen, die den Betrag der Teilungsmasse vermindern. Masseschulden dagegen sind Verbindlichkeiten, die vorweg aus der Masse berichtigt werden müssen, damit sich nicht der Betrag der Teilungsmasse auf Kosten Anderer in ungerechter Weise vermehre.[6] Zwischen beiden besteht jedoch keine scharfe Grenze, und eine Verbindlichkeit kann sowohl zu den Massekosten wie zu den Masseschulden gehören.[7] In solchen Fällen kann der Massegläubiger den ihm günstigeren Gesichtspunkt geltend machen.

A. Zu den Massekosten gehören nach der Konkursordnung zuvörderst diejenigen Aufwendungen, welche gemacht werden, um die gemeinschaftliche Befriedigung der Konkursgläubiger herbeizuführen. Nämlich:

1. die gerichtlichen Kosten für das gemeinschaftliche Verfahren (Gebühren und Auslagen);[8]

---

[6] So ist nach den Motiven — Vorbem. z. Buch I. Tit. 7 (239) und § 53 Abs. 5 (248 fg.) — der Unterschied der Massekosten und der Masseschulden vom Gesetzgeber gedacht, ohne daß freilich damit eine klare begriffliche Abgrenzung gewonnen wäre. Sie ist entbehrlich, weil die KO im einzelnen bestimmt, was zu den Massekosten und zu den Masseschulden zu rechnen ist. Vgl. Wolff 236 ff.

[7] Wird z. B. ein schon vom GSch. angestellter Handlungsgehilfe vom KV. zum Ausverkaufe des Warenlagers beibehalten, so gehört sein Lohnanspruch für die Zeit nach der KE. sowohl nach § 58 Nr. 2 KO zu den Massekosten, als nach § 59 Nr. 2 KO zu den Masseschulden. Vgl. Jäger § 58 Anm. 1. — Auch ein Aussonderungsanspruch nach § 46 KO kann mit einem Masseanspruch nach § 59 Nr. 1, 3 KO zusammentreffen. S. Wolff 244, Jäger a. a. O.

[8] § 58 Nr. 1 KO. Vbd. § 51, 58, 79, 80 GKG und die ein=

2. die Ausgaben für die Verwaltung, Verwertung und Verteilung der Masse.[9] Namentlich die Gebühren und angemessenen Auslagen des Konkursverwalters und der Mitglieder eines Gläubigerausschusses.[10] Ferner Arbeitslöhne, Mietzinsen, Versicherungsgelder u. dgl.[11] Endlich die auf Grundstücken der Masse haftenden öffentlichen Abgaben und sonstigen Lasten, soweit sie auf die Zeit nach der Konkurseröffnung treffen.[12]

Sodann aber zählt die Konkursordnung zu den Massekosten auch noch die dem Gemeinschuldner und seiner Familie aus der Masse bewilligte Unterstützung als einen

---

zelne Aufzählung in Mot. § 51 Nr. 1 (243). Auch die in § 57 GKG festgesetzten Gebühren und die Auslagen einer Beschwerdeinstanz gehören hierher, soweit beides dem KV. zur Last fällt. Da die KO auch den Zwangsvergleich als ordnungsmäßigen Ausgang des KVerf. betrachtet, so ist das Zwangsvergleichsverfahren zum gemeinschaftlichen Verfahren zu rechnen, selbst wenn es nicht zum Abschlusse eines Zwangsvergleiches führt, und die dadurch erwachsenden gerichtlichen Kosten (lediglich Auslagen) gehören also ebenfalls zu den Massekosten. Ebenso Wolff 298, Seuff. 243, Sar.-Boß. § 185 Bem. 3, Jäger § 58 Anm. 3. A. M. mit Mot. § 51 Abs. 2 (242) Pet.-Kleinf. § 58 Bem. 3. — Nicht zu den Kosten des gemeinschaftlichen Verfahrens gehören die Kosten eines besonderen Prüfungstermins: § 142 Abs. 3 KO. Ebensowenig die Kosten eines erfolglos gebliebenen Antrages auf KE. oder der erfolglosen Beschwerde eines KGl. Endlich und namentlich nicht die besonderen Kosten, die für die einzelnen KGl. durch ihre Teilnahme am KVerf. erwachsen. S. § 63 Nr. 2 KO vgl. Mot. § 51 Abs. 2 (242).

[9] § 58 Nr. 2 KO. Vbd. Mot. § 51 Nr. 3 (243).

[10] S. § 85, 91 KO.

[11] Zugleich Masseschulden entweder nach § 59 Nr. 1 oder nach § 59 Nr. 2 KO.

[12] Vgl. Jäger § 58 Anm. 5. Als eine auf einem Bestandteil der Masse haftende Last wird auch die nach § 833, 836 BGB bestehende Verpflichtung zum Ersatze des Schadens zu betrachten sein, der durch ein zur KM. gehöriges Tier oder durch den Einsturz eines dazu gehörigen Gebäudes entstanden ist.

ebenfalls infolge des Konkursverfahrens entstehenden Aufwand.[13]

B. Als Masseschulden bezeichnet das Gesetzbuch:

1. die Ansprüche, die aus Geschäften des Konkursverwalters als gesetzlichen Vertreters der Konkursmasse und, solange er sich innerhalb der Grenzen seiner Vertretungsmacht hält (s. unt. § 23), überhaupt aus seiner ganzen Gebarung bei der Verwaltung der Masse, also auch aus Unterlassungen (Zahlungsverzug, prozessualische Versäumnis), entstehen.[14] Hierher gehören also z. B. Ansprüche

---

[13] § 58 Nr. 3 vbd. § 129 Abs. 1, 132 Abs. 1 KO. Vgl. Mot. § 51 letzt. Abs. (244). Solange diese Unterstützung nicht im Fall des § 129 Abs. 1 KO mit Genehmigung des KGerichtes, im Fall des § 132 Abs. 1 KO durch Beschluß der Gläubigerversammlung widerrufen ist, hat, wie sich schon aus ihrer Gleichstellung mit den Massekosten der Nrn. 1 und 2 in § 58 KO ergibt, der GSch. darauf einen klagbaren Anspruch gegen die KM. Vgl. Seuff. 244, Jäger Anm. 7. A. M. Wolff 230 ff., Sar.-Boß. § 58 Bem. 4. — Die Kosten der Beerdigung des GSch. sind nach § 224 Nr. 2 KO Masseschulden im Nachlaßkonkurse, in den der gewöhnliche K. mit dem Tode des GSch. übergeht. S. unt. § 33 III.

[14] § 59 Nr. 1 KO. Vbd. Mot. § 52 Nr. 1 (244). Vgl. Wolff 306, 308, Jäger § 59 Anm. 1, 2. Weil sich die Vertretungsmacht des KV. gleich derjenigen des Vormundes und Pflegers nicht auf Schenkungen aus der Masse erstreckt (s. § 1804, 1915 BGB), so entsteht aus einem Schenkungsversprechen des KV. keine Masseschuld. Vgl. RG 30. V. 92 (29 82), Wolff 306. Ebensowenig aber auch aus einer unerlaubten Handlung, z. B. einem Diebstahl, die er zu Gunsten der Masse begeht, weil es für unerlaubte Handlungen keine Vertretung gibt. S. Endemann, Lehrb. des Bürg. R.[8] 1 § 80 Nr. 2 a. E (396). Ebenso Wolff a. a. O. A. M. Pet.-Kleinf. § 59 Bem. 5. Wohl aber ist Masseschuld der Schadenersatzanspruch, der nach § 122 BGB dadurch entsteht, daß der KV. ein für die Masse abgeschlossenes Geschäft wegen Irrtums anficht, oder der durch sein arglistiges oder fahrlässiges Verhalten bei dem Abschlusse eines solchen Geschäftes begründet wird, oder der aus seiner schuldhaften Nichterfüllung oder nicht gehörigen Erfüllung einer Verbindlichkeit der Masse erwächst. Vgl. RG

aus Kaufverträgen, die der Verwalter zur Verwertung von Stücken der Masse abschließt, seien es Ansprüche auf Erfüllung oder auf Gewährleistung,[15] Ansprüche aus Dienstverträgen, die er mit Dritten oder mit dem Gemeinschuldner selbst eingeht,[16] Forderungen aus Darlehen, die er für die Masse aufnimmt, u. dgl. m.[17] Insbesondere auch die gerichtlichen und außergerichtlichen Kosten der von dem Konkursverwalter geführten Prozesse, soweit sie der Masse zur Last fallen,[18] sowie die gerichtlichen und außergerichtlichen Kosten der Zwangsverwaltung oder Zwangsversteigerung eines zur Konkursmasse gehörigen unbeweglichen oder der zwangsweisen Verwertung eines dazu gehörigen beweglichen Gegenstandes, wenn die eine oder die andere auf Betreiben des Konkursverwalters erfolgt ist, soweit diese Kosten nicht aus dem Ertrage oder Erlöse des Gegenstandes gedeckt sind.[19] Bedient sich der Konkursverwalter eines Vertreters, so werden auch durch die Handlungen, die dieser innerhalb der Grenzen seiner Vollmacht vornimmt, Masseschulden begründet.[20] Übrigens ist hier angesichts der ganz allgemeinen Fassung des Gesetzes nicht bloß an die Ansprüche zu denken, die aus Geschäften und Handlungen des Konkursverwalters für Andere entstehen, sondern auch an diejenigen, welche daraus für ihn selbst entstehen, also an seine Ansprüche auf Ersatz

---

29. V. 80 (2 270), Wolff 306 fg., Jäger § 59 Anm. 1.

[15] S. Mot. § 52 Nr. 1 (244).

[16] Vgl. ob. § 5 II. a. E. Daß der GSch. selbst Massegläubiger sein kann, erhellt schon aus § 58 Nr. 3 KO. S. ob. Anm. 13.

[17] Vgl. § 129, 133 Nr. 1, 2, 134 Nr. 1, 2 KO.

[18] S. § 10, 11, 146 vbd. § 144 Abs. 1 KO. Vgl. Mot. § 135 a. E. (368). S. auch ob. § 7 V.

[19] S. § 126, 127 KO. Vgl. Mot. § 50 a. E. (242).

[20] Auch § 278 BGB ist entsprechend anwendbar. Vgl. Seuff. 244, Jäger § 59 Anm. 1.

der berechtigten Aufwendungen, die er zum Zwecke der Ausführung seiner Aufgaben gemacht hat.[21]

2. die Ansprüche aus gegenseitigen, zur Zeit der Konkurseröffnung beiderseits noch nicht vollständig erfüllten Verträgen des Gemeinschuldners, falls der Konkursverwalter die Erfüllung von Seite des anderen Teils verlangt, und die Ansprüche aus denjenigen dauernden gegenseitigen Vertragsverhältnissen, wie namentlich Pacht-, Miet- und Dienstverhältnissen, deren beiderseitige Erfüllung nach Rechtsvorschrift noch nach der Konkurseröffnung fortgesetzt werden muß, für die Zeit nach der Konkurseröffnung.[22]

---

[21] S. § 670, 683, 1835, 1915 BGB. Daß durch solche Aufwendungen des KV. eine Masseschuld begründet wird, folgt auch aus § 59 Nr. 3 KO. Denn durch die Bestreitung der Aufwendung aus den eigenen Mitteln des KV. ist der Masse eine Ausgabe erspart, und sie erscheint also auf seine Kosten als in rechtloser Weise bereichert. Sonach wird das Dasein einer Masseschuld anerkannt werden müssen nicht bloß (wie jetzt fast allgemein angenommen wird; a. M. Seuff. 243 Anm. 13), wenn der KV. Masseschulden, sondern auch, wenn er bloße Massekosten, wie z. B. behufs der Verwaltung der Masse erforderliches Postporto, aus eigenen Mitteln bezahlt, kurz irgendwelche angemessene Auslagen gemacht hat. (Anders Mot. § 53 vorl. Abs. [249] und im Anschlusse an sie die ganz allgemeine Meinung. S. z. B. Jäger § 58 Anm. 6, Wolff 248 ff.) Damit gelangt man auch allein zu einem befriedigenden Ergebnisse. Daß bei Unzulänglichkeit der Masse zur Befriedigung aller Massegläubiger der KV. mit seinem Anspruche auf Vergütung seiner Mühe nach § 60 KO gegen andere Massegläubiger zurücktritt, entspricht der Billigkeit; aber höchst unbillig wäre es, wenn er mit einem Anspruche wegen Aufwendungen aus seinem Vermögen in dieser Weise zurückstehen, also andere Massegläubiger zum Teil auf seine Kosten befriedigen müßte.

[22] § 59 Nr. 2 vbd. § 17, 20 Abs. 2, 44 Abs. 2 und § 19, 21, 22 KO. S. ferner § 27 (vom GSch. erteilter Auftrag oder mit ihm geschlossener sonstiger Geschäftsbesorgungsvertrag), § 28 KO (mit dem GSch. eingegangene Gesellschaft). Vgl. ob. § 6 II., IV., V., VI. Der Schaden-

3. die Ansprüche aus rechtloser Bereicherung der Masse, d. h. die Ansprüche zur Verhütung einer ungerechtfertigten Wertvermehrung der Konkursmasse als solcher (also nach der Konkurseröffnung) auf Kosten eines fremden Vermögens. Aus rechtloser Bereicherung des Gemeinschuldners vor der Konkurseröffnung entsteht nur eine Konkursforderung.[23]

Weitere Masseschulden treten im Nachlaßkonkurse und im Konkurse über das Gesamtgut bei fortgesetzter Gütergemeinschaft hinzu.[24]

III. Die Massegläubiger stehen der Konkursmasse ganz ebenso gegenüber, wie die Gläubiger eines nicht in Konkurs geratenen Schuldners seinem Vermögen. Sie können daher ihre Befriedigung aus der Masse unabhängig vom Konkursverfahren und nach den gewöhnlichen Regeln des bürgerlichen Rechtes und der Civilprozeßordnung begehren und betreiben. Jeder kann also selbständig und ohne Rücksicht

ersatzanspruch, der nach § 19 Satz 3, 22 Abs. 2 KO dem Vermieter, Verpächter oder Bediensteten wegen der vorzeitigen Kündigung des Verhältnisses von Seite des KV. zusteht, ist nach § 26 Satz 2 KO nur Konkursforderung. Auch der Anspruch des Pächters auf Rückgabe der dem GSch. geleisteten Pachtkaution ist als schon vor der KE. begründet KForderung. Der Anspruch des Verpächters auf Ersatz von Abgängen am Pachtinventar ist KForderung, soweit die Abgänge vor der KE. entstanden sind, Masseanspruch, soweit sie nachher entstanden sind. Vgl. Jäger § 59 Anm. 8, 7 a. E., Sar.-Voß. § 59 Bem. 5.

[23] § 59 Nr. 3 KO vbd. Mot. § 52 Nr. 3 (246), §§ 30—32 II. Nr. 2 (149). Gesetzliche Beispiele einer Masseschuld wegen rechtloser Bereicherung der Masse s. § 7 Abs. 2, 38 KO. Hierher gehört namentlich auch der Anspruch auf Erstattung von Aufwendungen zum Vorteil der Masse. S. Mot. a. a. O., § 135 (368), § 143 Abs. 2 g. E. (378 a. A.); vbd. § 147 Satz 2 KO., § 13 Abs. 1 AnfG. Wegen einer vielfach angenommenen, aber ungerechtfertigten Ausnahme zu Ungunsten des KV. s. ob. Anm. 21. Im übrigen kommen hier die Vorschriften über die sog. Bereicherungsansprüche in § 812 ff. BGB zur Anwendung.

[24] S. § 224, 236 KO und unt. § 56 VI.

auf die anderen gegen den Konkursverwalter klagen, Zwangsvollstreckung betreiben, durch Pfändung von Stücken der Masse Pfandrechte daran erlangen usw. Auch muß der Konkursverwalter schon von Amts wegen die ihm bekannten Masseansprüche vor der Beendigung des Konkursverfahrens berichtigen oder (in gewissen Fällen) sicherstellen.[25]

Hat ein Massegläubiger aus der Masse die ihm gebührende Befriedigung erhalten oder, sei es durch Vertrag mit dem Konkursverwalter sei es durch Pfändung, an einem Massegegenstande ein Pfandrecht erworben, so braucht er das Erlangte weder an die Masse zurückzugewähren noch an andere Massegläubiger ganz oder teilweise zu erstatten, wenn sich nachträglich ergibt, daß die Masse zur Befriedigung der sämtlichen Massegläubiger nicht ausreichend war.[26] Sobald sich dagegen herausstellt, daß die noch vorhandene Konkursmasse zur vollständigen Befriedigung aller noch unbefriedigten Massegläubiger nicht ausreicht, kann die vereinzelte und rücksichtslose Befriedigung dieser Gläubiger nicht mehr als statthaft erscheinen, sondern die Gerechtigkeit fordert, ihnen allen aus dem Geldwerte der noch vorhandenen Masse eine gemeinsame und gerechte Befriedigung nach angemessener gesetzlicher Ordnung zu verschaffen. Und zwar geschieht diese Befriedigung in der Weise, daß die Masseschulden, einerlei ob sie auch zu den Massekosten

[25] S. § 57, 191 Abs. 1, 116 Satz 2, 205 Abs. 2 KO. Vgl. RG 17. IV. 80 (2 24), Wolff 220 fg., Pet.-Kleinf. § 57 Bem. 1, Jäger § 57 Anm. 4, 8 a. E. Zur Anerkennung eines Masseanspruches im Betrage oder Werte von mehr als 300 ℳ hat der KV., falls ein Gläubigerausschuß besteht, seine Genehmigung einzuholen: § 133 Nr. 2 KO. Ausschluß von Masseansprüchen, die dem KV. nicht rechtzeitig bekannt geworden sind, von der Befriedigung aus der Masse: § 172 KO.

[26] S. Mot. § 53 letzt. Abs. (249 fg.), Pet.-Kleinf. § 60 Bem. 2.

gehören oder nicht, mit Vorzug vor den reinen Massekosten, von diesen aber wieder zuerst die baren Auslagen,[27] sodann die übrigen Massekosten mit Ausnahme der dem Gemeinschuldner und seiner Familie bewilligten Unterstützung, zuletzt diese Unterstützung berichtigt wird. Ansprüche gleichen Ranges sind nach Verhältnis der Beträge zu berichtigen.[28]

In welchem Zeitpunkte die gesetzliche Voraussetzung für den Eintritt dieser Rangordnung vorhanden sei, ist nach den Umständen (z. B. nach Erklärungen des Verwalters, nach dem Ausfall von Pfändungen u. dgl.[29]) von dem Konkursgerichte zu entscheiden.[30] Ein Massegläubiger, der nach dem festgestellten Zeitpunkte, sei es nach oder vor der Feststellung, eine der gesetzlichen Rangordnung

---

[27] Hierbei ist im Hinblick auf das in Anm. 21 Ausgeführte nur an diejenigen baren Auslagen zu denken, welche zu den gerichtlichen Kosten des gemeinschaftlichen Verfahrens (§ 58 Nr. 1 KO) gehören. Daß diese Auslagen gleich den Gerichtsgebühren hinter den Masseschulden zurückstehen, entspricht der Vorschrift in § 115 Nr. 1 CPO, wonach die durch die Bewilligung des Armenrechtes eintretende einstweilige Befreiung von der Bezahlung der Gerichtskosten sich auch auf die zu diesen Kosten gehörigen baren Auslagen erstreckt.

[28] § 60 KO vbd. Mot. § 53 Abs. 5 (248 fg.).

[29] Vgl. Mot. § 53 letzt. Abs. (249 a. E.).

[30] Entspr. § 107, 204 KO, wonach in ganz nahe verwandten Fällen das KGericht über die Zulänglichkeit oder Unzulänglichkeit der KM. zur Deckung der Massekosten zu entscheiden hat. Gegen den Beschluß des KGerichtes ist nach § 73 Abs. 3 KO die sofortige Beschwerde statthaft. Ebenso Sar.-Boß. § 60 Bem. 4 Abs. 3. A. M., wonach im Fall eines Streites der Massegläubiger über die Frage das Prozeßgericht darüber zu entscheiden hätte, Wolff 283, Pet.-Kleinf. § 60 Bem. 3, Jäger § 60 Anm. 4. Aber welches Prozeßgericht? Und wie könnte die Entscheidung des Gerichtes in dem Prozesse eines einzelnen Massegläubigers für alle Massegläubiger maßgebend sein? Nach Seuff. 249 wäre die Unzulänglichkeit der Masse durch den KV. festzustellen.

widerstreitende Befriedigung erhalten hätte, könnte von den dadurch verkürzten Massegläubigern zur Herauszahlung des zuviel Empfangenen angehalten werden.[31]

Die Ausführung der Verteilung nach Maßgabe der gesetzlichen Rangordnung liegt dem Konkursverwalter ob.[32] Er wird dabei sachgemäß möglichst nach den Vorschriften der Civilprozeßordnung über das Verteilungsverfahren (§ 872 ff.) zu Werke gehen.[33]

IV. Weil die Konkursmasse Vermögen des Gemeinschuldners ist, so sind auch die Masseverbindlichkeiten rechtlich Verbindlichkeiten des Gemeinschuldners.[34] Allein während des Konkursverfahrens können wegen der rechtlichen Sonderung der Konkursmasse von dem übrigen Vermögen des Gemeinschuldners die Massegläubiger ihre Ansprüche nicht gegen dieses, sondern nur gegen die Konkursmasse verfolgen.[35] Soweit sie aber daraus keine Befriedigung

---

[31] Nach § 812 BGB. S. Mot. § 53 Abs. 3, 4, 6 (248, 250). Vgl. Wolff 272, Jäger § 57 Anm. 6, § 60 Anm. 6, Sar.-Boß. § 60 Bem. 4 Abs. 3 a. E. Nach Pet.-Kleinf. § 60 Bem. 4 stünde die Rückforderung des zuviel Gezahlten nur dem KV. zu. Übrigens ist bei schuldhafter Nichtbeachtung der gesetzlichen Rangordnung der KV. den dadurch geschädigten Massegläubigern nach § 82 KO persönlich schadenersatzpflichtig.

[32] § 191 Abs. 1 KO.

[33] Ähnlich Wolff 285.

[34] S. Mot. Vorbem. z. Buch I. Tit. 7 (240 a. A.), §§ 175—177 (421), Prot. 11 a. E., 109. Vgl. Jäger § 57 Anm. 2.

[35] Das folgt schon daraus, daß die meisten und wichtigsten Masseverbindlichkeiten aus Handlungen des KV. entstehen, dieser aber Verfügungsmacht nur über die KM. hat und daher das konkursfreie Vermögen nicht belasten kann. Auch wird in den Motiven und Protokollen a. d. a. OO. nach der ganzen Fassung überall stillschweigend vorausgesetzt, daß während des KVerf. die Massegläubiger ihre Befriedigung nur aus der KM. verlangen können. Wollte man das nicht anerkennen, so könnte auch die Absicht, die das Gesetz mit der Ausschließung des neuen Erwerbes des GSch. aus der KM. verfolgt (s. ob. § 9 Anm. 1),

erlangt haben, können sie sich nach der Beendigung des Konkursverfahrens, weil sich jetzt die Konkursmasse in dem Stande, worin sie sich zur Zeit der Beendigung des Konkursverfahrens befindet, mit dem übrigen Vermögen des Gemeinschuldners wieder zu einer einheitlichen Gesamtmasse vereinigt hat, an den Gemeinschuldner behufs der Befriedigung aus dieser Gesamtmasse halten.[36]

c. Vermehrung der Konkursmasse durch Anfechtung von Rechtshandlungen.*

§ 15.

aa. Begriff und allgemeine Voraussetzungen der Gläubigeranfechtung.

I. Für die Befriedigung der Konkursgläubiger sind grundsätzlich maßgebend die Befriedigungsmittel, die ihnen

---

mit Leichtigkeit auf einem Umwege vereitelt werden. Um z. B. eine dem GSch. angefallene Erbschaft zur Befriedigung der KGl. heranzuziehen, brauchte der KV. nur ein im Betrage entsprechendes Darlehen aufzunehmen und den Darleiher auf das konkursfreie Vermögen des GSch. zu verweisen. Ebenso Hellwig Anspruch und Klagrecht § 33 Anm. 24 (242). A. M., wonach sich die Massegläubiger schon während des KVerf. auch an das konkursfreie Vermögen des GSch. halten könnten, Wolff 213, Jäger § 57 Anm. 3. a.

[36] S. Prot. 109. Vgl. RG 17. IV. 80 (2 24), 6. III. 91 (27 113 ff.), Wolff 212, Pet.-Kleinf. Vorbem. 3 vor § 57, Jäger Anm. 3. b u. A. Nach einer ziemlich verbreiteten Ansicht wären dagegen die Massegläubiger lediglich auf die Befriedigung aus der KM. angewiesen. So z. B. Schultze Dt. KR. 46 fg., Eccius in GruchBeitr. 36 899, Seuff. 240, Kohler 207 und Lehrb. 384 fg., 387, Sar.-Boß. Vorbem. Abs. 2 vor § 57. Mit Unterscheidung Hellwig a. a. O. Anm. 30 (243).

*) Litt.: K. Cosack, Das Anfechtungsrecht der Gläubiger eines zahlungsunfähigen Schuldners innerhalb und außerhalb des Konkurses nach deutschem Reichsrecht. Stuttgart 1884 (das grundlegende Werk über die Gläubigeranfechtung); B. Otto, Die Anfechtung von Rechtshandlungen, welche ein Schuldner, zu dessen Vermögen Konkurs nicht eröffnet ist, zum Nach-

der Vermögensstand des Gemeinschuldners zur Zeit der Konkurseröffnung darbietet, wie in entsprechender Weise für die Befriedigung eines einzelnen persönlichen Gläubigers durch Zwangsvollstreckung außerhalb des Konkursverfahrens die ihm durch den Vermögensstand des Schuldners zur Zeit der Vollstreckung dargebotenen Befriedigungsmittel maßgebend sind. Rechtshandlungen, die vorher zum Nachteil der Gläubiger dort den Konkursgläubigern, hier dem einzelnen Gläubiger Befriedigungsmittel entzogen haben, behalten ihre Kraft und gereichen also zum Schaden der betroffenen Gläubiger. Von dieser Regel bestehen jedoch Ausnahmen in gewissen Fällen, in denen die für die Gläubiger nachteilig gewordene Rechtshandlung einem Dritten einen vermögensrechtlichen Vorteil verschafft hat, nach den Umständen aber die Interessen der Gläubiger mehr Rücksicht verdienen als diejenigen des Dritten. In diesen Fällen kann nämlich dem Dritten jener Vorteil durch „Anfechtung“ der Rechtshandlung wieder entrissen und so für die Gläubiger das entzogene Befriedigungsmittel zurückerlangt werden.

Schon das römische Recht gewährte den Gläubigern eine solche Hilfe durch die prätorische actio Pauliana und durch ein interdictum fraudatorium. Die erste Voraussetzung dieser Rechtsmittel war aber immer die, daß der Schuldner selbst in der Absicht der Benachteiligung seiner Gläubiger gehandelt hatte. Außerdem mußte regelmäßig der Dritte, dem die Rechtshandlung einen Vorteil gebracht

---

theile seiner Gläubiger vornimmt. Leipzig 1881; P. Grützmann, Das Anfechtungsrecht der benachteiligten Konkursgläubiger. Leipzig 1882; L. Korn, Anfechtung von Rechtshandlungen der Schuldner in und außer dem Konkurse. 2. Aufl. Berlin 1885; H. Müller, Das Anfechtungsrecht der Gläubiger innerhalb und außerhalb des Konkurses. Tüb. Diss. 1902.

hatte, die unredliche Absicht des Schuldners gekannt haben. Nur dann kam es auf dieses zweite Erfordernis nicht an, wenn der Dritte durch die Rechtshandlung unentgeltlich bereichert war. Weil aber hierin noch keine ausreichende Hilfe für die Gläubiger lag, so hat im Laufe der rechtsgeschichtlichen Entwickelung das Anfechtungsrecht eine stetige Erweiterung erfahren, und namentlich das neue deutsche Reichsrecht gestattet die Anfechtung in erheblich weiterem Umfange. Im Hinblicke auf das römische Recht pflegen aber immer noch Manche die dem Anfechtungsrechte entsprechende Klage oder gar das Anfechtungsrecht selbst Pauliana zu nennen.

Im vorliegenden Lehrbuche wird die Anfechtung zu Gunsten der Gläubiger behufs der Unterscheidung von anderen Arten der Anfechtung in der üblichen Weise als Gläubigeranfechtung bezeichnet.[1] Sie ist aber hier nur zu erörtern, soweit sie im Konkursverfahren zum Zwecke der Befriedigung der Konkursgläubiger vorkommen kann.

II. Die Statthaftigkeit einer Gläubigeranfechtung im Konkurse ist jedesmal von den allgemeinen Voraussetzungen abhängig, daß eine an sich gegenüber den Konkursgläubigern wirksame Rechtshandlung diesen Gläubigern bisher im Vermögen des Gemeinschuldners vorhandene Befriedigungsmittel entzogen hat, und daß dadurch Konkursgläubiger (alle oder nur einzelne) benachteiligt sind,[2] zugleich aber ein Dritter (der Anfechtungsgegner) einen vermögensrechtlichen Vorteil erlangt hat.

---

[1] Kohler 120 bedient sich dafür des Ausdruckes Schuldanfechtung, d. h. Anfechtung wegen Schulden.

[2] S. Mot. Vorbem. z. Buch I. Tit. 3 Abs. 31—33, 39 (108 fg., 110) und § 22 Abs. 7, 8 (114), RG 30. X. 85 (**14** 312 fg.), 14. VI. 94 (**33** 122 a. E.), Jäger[2] § 29 Anm. 34.

Im einzelnen wird also erfordert:

1. eine „Rechtshandlung".[3] Rechtshandlungen sind alle Willensbetätigungen, denen eine rechtliche Wirkung zukommt. Also namentlich die Rechtsgeschäfte; aber auch Handlungen, die nicht unter den Begriff der Rechtsgeschäfte fallen, wie die Verarbeitung einer Sache zu einer neuen (§ 950 BGB), und nicht bloß Handlungen, die nach Maßgabe des bürgerlichen Rechtes, sondern auch solche, die, wie z. B. gerichtliches Geständnis und Pfändung, nach Maßgabe des Prozeßrechtes rechtliche Wirkungen erzeugen.[4] Hier kommen aber nach dem Zwecke der Gläubigeranfechtung nur solche Rechtshandlungen in Betracht, die unmittelbar das Vermögen betreffen,[5] und die geeignet sind, durch eine Verminderung oder Belastung der aktiven Bestandteile des Vermögens des Gemeinschuldners oder durch eine Vermehrung seiner Schulden für die Konkursgläubiger eine Schmälerung der bisher vorhandenen Mittel ihrer Befriedigung im Konkursverfahren herbeizuführen, dadurch aber zugleich einem Dritten in Gestalt einer Vermehrung, Wertsteigerung oder Sicherung seiner aktiven Vermögensbestandteile oder in der Gestalt einer Befreiung von bisherigen Schulden einen vermögensrechtlichen Vorteil zu verschaffen. Wie die Rechtshandlung im übrigen geartet ist, ob sie gerichtlich oder außergerichtlich, innerhalb oder außerhalb eines Prozesses, durch Vermittelung eines öffentlichen Organs, wie

---

[3] S. namentlich § 29, 33, 35, 42 KO.

[4] Vgl. Planck BGB Vorbem. X. zu Buch I. Abschn. 3 (149), Mot. § 22 Abs. 8, 9 (114 ff.), Cosack 46 ff., Kohler 148, Jäger[2] § 29 Anm. 30.

[5] Also z. B. nicht Eheschließung oder Annahme an Kindesstatt, obgleich sich auch an diese Handlungen vermögensrechtliche Folgen knüpfen. Vgl. Jäger[2] § 29 Anm. 36, Pet.-Kleinf. § 29 Bem. 1.

z. B. Gerichtsvollziehers, Notars, Grundbuchamtes, oder ohne solche vorgenommen worden ist, und ob sie dem Dritten den Vorteil unentgeltlich oder entgeltlich verschafft hat: das alles ist ohne Belang.[6] Auch muß die Rechtshandlung nicht stets eine Handlung des Gemeinschuldners (oder seines Vertreters) sein, sondern sie kann in gewissen Anfechtungsfällen (§ 30 Nr. 1 Fall 2 und § 30 Nr. 2 KO) auch bloß eine Handlung des Anfechtungs-

---

[6] S. § 30 Nr. 1, 2, 31 Nr. 2, 32, 35, 37—39, 42, 55 Nr. 3 KO. Vbd. Mot. § 22 Abs. 8 (114 fg., § 23 I. Abs. 3 (119 fg.), II. Abs. 1, 20—23 (122, 127 ff.), § 24 I. Abs. 5 (131 fg.). Im einzelnen gehören also namentlich hierher entgeltliche und unentgeltliche Veräußerungen von Vermögensstücken des GSch. sowie sonstige Verfügungen über solche Vermögensstücke, besonders Verpfändungen, zu Gunsten eines Dritten, Aufwendungen aus dem Vermögen des GSch. zum Vorteil des Dritten (z. B. zur Ausbesserung seines Hauses), Begründung von Verpflichtungen des GSch. durch gegenseitige oder einseitige Verträge, als Kaufverträge, Mietverträge, Vergleiche, Darlehensverträge, Schuldversprechen, Schuldanerkenntnisse, Ausstellung und Annahme von Wechseln, Bürgschaftsleistung usw. (s. § 41 Abs. 2 KO), Befriedigung von Gläubigern des GSch. durch Zahlung (s. § 39 KO), Aufhebung ihm zustehender Forderungen durch Erlaß oder Annahme von Zahlung u. dgl. m. Ferner prozessualische Handlungen des GSch., die zu einem für ihn ungünstigen Ausgange des Prozesses führen, wie Anerkenntnisse, gerichtliche Geständnisse, Zurücknahme von Klagen oder Rechtsmitteln; in gewissen Fällen auch prozessualische Handlungen bloß des Anfechtungsgegners, wie besonders Vollstreckungs- und Arrestpfändungen (s. Anm. 7). Weitere Beispiele bei Pet.-Kleinf. § 29 Bem. 1. Anfechtbar ist auch einseitiges Aufgeben des Eigentums oder Besitzes von Seite des GSch. (§ 928, 959, 856 BGB), das einem Dritten die Aneignung ermöglicht und damit einen vermögensrechtlichen Vorteil verschafft hat, da hier eine weitherzige Auffassung des Begriffes der Verschaffung geboten ist. S. auch § 37 KO („aufgegeben"!). Vgl. Pet.-Kleinf. a. a. O., Kohler 148 I. A. M. Seuff. 206. — Über die Anfechtung von Wechselverbindlichkeiten des GSch. s. RG 7. XII. 89 (**26** 74 ff.), Jäger[2] § 29 Anm. 44, Pet.-Kleinf. § 30 Bem. 18, Kohler 148 Anm. 2.

gegners sein, bei der nicht einmal eine Mittätigkeit des Gemeinschuldners stattgefunden hat, wie z. B. die auf Betreiben eines Gläubigers geschehene Pfändung eines Vermögensstückes des Gemeinschuldners.[7] Endlich wird die Anfechtung dadurch nicht ausgeschlossen, daß auf Grund der anfechtbaren Rechtshandlung, z. B. des anfechtbaren Vertrages, Anerkenntnisses, gerichtlichen Geständnisses, der Anfechtungsgegner gegen den Gemeinschuldner bereits ein vollstreckbares Urteil oder einen sonstigen Vollstreckungstitel, z. B. Vollstreckungsbefehl oder vollstreckbare Urkunde, erlangt oder sogar schon die Zwangsvollstreckung oder die Vollziehung eines Arrestes erwirkt hat.[8] Nur muß immer eine Handlung, d. h. eine Willensbetätigung, vorliegen. Eine ohne Zutun des Willens zum Nachteil von Konkursgläubigern eingetretene Veränderung im Vermögensstande des Gemeinschuldners, wie z. B. aus Nachlässigkeit erfolgter Verlust einer Forderung oder einer Dienstbarkeit durch Verjährung, ist unanfechtbar. Wohl aber unterliegt der Anfechtung die absichtliche Unterlassung der Unterbrechung einer Verjährung oder Ersitzung sowie sonstige absichtliche

---

[7] S. § 30 Nr. 1, 2, 35 KO vbd. Prot. 21 fg., Mot. § 23 I. Abs. 3 (119 fg.), RG 2. VI. 80 (2 374 ff.), vCS 6. XII. 83 (**10** 34 fg.). Wenn die Mot. § 22 Abs. 8 a. E. (115) und § 23 I. Abs. 3 a. E. (120 fg.), an dem Erfordernisse einer Rechtshandlung des GSch. festhaltend, die Anfechtbarkeit einer auf Betreiben eines Gläubigers geschehenen Pfändung oder sonstigen Vollstreckungshandlung damit zu rechtfertigen suchen, daß solche Handlungen durch den Gerichtsvollzieher oder das Gericht in Stellvertretung des Schuldners erfolgten, so ist diese Auffassung weder zutreffend noch angesichts der Fassung des § 30 Nr. 1, 2 KO vonnöten. Vgl. Cosack 90 fg., Jäger[2] § 29 Anm. 33, Pet.-Kleinf. § 29 Bem. 3.

[8] § 35 KO vbd. § 704, 794, 801 CPO, Mot. § 28 (143 fg.), § 24 I. Abs. 5 (131 fg.). Wörtlich übereinstimmend § 6 AnfG. S. noch Cosack 55 ff., Jäger[2] § 35 Anm. 1 ff., Pet.-Kleinf. § 35 Bem. 1—4.

Unterlassungen von Rechtshandlungen (Wechselprotest, Einspruch, Widerspruch, Einlegung eines Rechtsmittels u. dgl.) zum Zwecke der Benachteiligung der Gläubiger; denn die absichtliche Unterdrückung einer Tätigkeit, wodurch ein gewisser Erfolg hätte verhütet werden können und sollen, weil dieser Erfolg gewollt und bezweckt ist, ist ebenfalls eine Willensbetätigung.[9]

2. Durch die Rechtshandlung müssen Konkursgläubiger (alle oder nur einzelne) benachteiligt sein in dem Sinn, daß sie zufolge der dadurch bewirkten Entziehung bisher im Vermögen des Gemeinschuldners vorhandener Befriedigungsmittel eine geringere oder spätere Befriedigung im Konkursverfahren erhalten, als wenn die Rechtshandlung nicht vorgekommen wäre. Das ist nicht der Fall, und jedes Anfechtungsrecht fällt daher weg, wenn trotz der Rechtshandlung aus dem als Konkursmasse greifbaren Vermögen des Gemeinschuldners (also aus der Istmasse) sämtliche Konkursgläubiger volle und sofortige Befriedigung erhalten können. Weil jedoch durch die Konkurseröffnung

---

[9] In diesem Sinn auch RG 20. I. 82 (**6** 377 ff.). S. ferner Cosack 48 ff., Seuff. 203, Kohler 148, Jäger[2] § 29 Anm. 31, Pet.-Kleinf. § 29 Bem. 4, Sar.-Boß. § 29 Bem. I. Nr. 1 Abs. 2. Wenn, abweichend vom römischen Rechte, welches auf dem im Texte vertretenen Standpunkte steht, die Mot. § 22 Abs. 9 (115 fg.) jede Unterlassung, auch die absichtliche zum Zwecke der Benachteiligung der Gläubiger, für unanfechtbar erklären (s. auch Prot. 21 a. E.), so ist das um so minder zu billigen, als die Motive selber eine Ausnahme machen für Unterlassungen, die das Gesetz einer bestimmten positiven Handlung gleichstelle, wie z. B. § 331 CPO das Nichterscheinen des Beklagten im Verhandlungstermine dem Zugeständnisse der vom Kläger vorgetragenen Tatsachen; denn das hier Entscheidende, die Unterlassung der Bestreitung (s. § 138 Abs. 2 CPO), steht mit der Unterlassung der Unterbrechung der Verjährung u. dgl. rechtlich auf gleicher Stufe.

festgestellt ist, daß bei dem Beginn des Konkursverfahrens diese Möglichkeit nicht besteht, so braucht der anfechtende Konkursverwalter nicht zur Begründung des Anfechtungsrechtes die Unmöglichkeit zu beweisen, sondern es ist Sache des Gegners, zur Vereitelung der Anfechtung den Beweis zu führen, daß jetzt, etwa infolge einer Wertsteigerung von Gegenständen der Konkursmasse oder einer sonstigen eingetretenen Vermehrung, die Masse zur sofortigen und vollständigen Befriedigung aller Konkursgläubiger ausreicht.[10] Ferner ist unanfechtbar eine Rechtshandlung, welche die Konkursgläubiger gar nicht benachteiligen kann, weil sie weder die Teilungsmasse noch die Schuldenmasse des Konkursverfahrens berührt; also einerseits die Veräußerung von Vermögensstücken des Gemeinschuldners, die nach § 1 KO nicht zur Konkursmasse gehören, wie z. B. der Verzicht des Gemeinschuldners auf einen noch nicht durch Vertrag anerkannten oder rechtshängig gewordenen Pflichtteilsanspruch (s. § 852 CPO), andererseits die Begründung von Forderungen an ihn, die nach § 3, 63 KO nicht zu den Konkursforderungen gehören.[11] Aber auch eine Rechtshandlung, die ihrem Gegenstande nach zur Benachteiligung von Konkursgläubigern führen kann, ist nicht für solche Gläubiger jedesmal schon darum wirklich nachteilig, weil sie ihnen in der unter Nr. 1 an=

---

[10] S. Mot. Vorbem. z. Buch I. Tit. 3 Abs. 33 (109) und § 22 Abs. 4 g. E. (113). Vgl. Jäger² § 29 Anm. 34, Sar.=Boß. § 29 Bem. 1 Nr. 3 Abs. 2, Seuff. 204 a. E. A. M. Otto 190 fg., der dem Gegner bloß den Beweis offen lassen will, daß der GSch. gar nicht zahlungsunfähig sei und daher der K. nicht zu eröffnen gewesen wäre, und Cosack 45, 64, Pet.=Kleinf. § 29 Bem. 9, die dem Gegner gar keinen Gegenbeweis gestatten, sondern die Anfechtung schlechthin bis zur Aufhebung des KVerf. für statthaft halten.

[11] Vgl. Seuff. 205, Jäger² § 29 Anm. 37. S. aber auch Jäger² Anm. 40.

gegebenen Weise durch Verminderung des Aktivvermögens des Gemeinschuldners oder durch Vermehrung seiner Schulden bisher vorhandene Befriedigungsmittel entzogen hat; denn diese Schmälerung kann dadurch ausgeglichen sein, daß die Rechtshandlung eben so gute oder gar noch bessere neue Befriedigungsmittel für sie in das Vermögen des Gemeinschuldners gebracht hat. Als für Konkursgläubiger nachteilig erweist sich vielmehr eine Rechtshandlung und die durch sie bewirkte Entziehung bisheriger Befriedigungsmittel nur dann, wenn sie ihnen entweder, wie die Verschenkung einer Sache des Gemeinschuldners oder der Verkauf einer solchen Sache unter dem Werte, von vornherein keinen ausgleichenden Ersatz durch mindestens eben so gute neue Befriedigungsmittel in einem dem Gemeinschuldner gewährten Entgelte geboten hat,[12] oder wenn sie ihnen zwar einen solchen ausgleichenden Ersatz geboten hat, dieser aber schließlich doch nicht zu ihrer Befriedigung verwendet werden kann, weil zufolge späterer Handlungen des Gemeinschuldners oder auch zufälliger Ereignisse jenes Entgelt sich in der greifbaren Konkursmasse nicht vorfindet. So z. B., wenn der Gemeinschuldner eine Sache um den angemessenen Preis verkauft, diesen aber nachher verschleudert oder bei Seite geschafft hat, oder wenn von ihm zum damaligen Kurse gekaufte Wertpapiere nachher im Kurse gesunken sind.[13] Bei der ersten Voraussetzung,

---

[12] Hierher gehört auch der Fall, wenn der GSch. für eine Sache eine andere schwerer verwertbare oder (z. B. weil im Auslande gelegen) der Vollstreckung weniger zugängliche eingetauscht hat. Vgl. Kohler 149, Jäger² § 29 Anm. 41. S. auch Jäger² Anm. 39, Pet.-Kleinf. § 30 Bem. 16 ff.

[13] S. Mot. Vorbem. z. Buch I. Tit. 3 Abs. 32 (108 a. E.), § 22 Abs. 8 (114), RG 14. VI. 94 (**33** 122 fg.). Vgl. Cosack 62 fg., Jäger² § 29 Anm. 41, Pet.-Kleinf. § 2 Bem. 9, Sar.-Boß. 9

die in gewissen Ausnahmefällen (§ 30 Nr. 1 Fall 1, 31 Nr. 2 KO) ein Erfordernis der Anfechtbarkeit ist, erscheint die Rechtshandlung schon nach den Verhältnissen zur Zeit ihrer Vornahme als für Konkursgläubiger nachteilig; diese sind nach dem Sprachgebrauche der Konkursordnung „durch die Eingehung des Rechtsgeschäftes“ oder „durch den Abschluß des Vertrages“ benachteiligt.[14] Im zweiten Fall dagegen erweist sich erst nachträglich aus den Verhältnissen zur Zeit des Konkursverfahrens,[15] daß die Rechtshandlung für Konkursgläubiger nachteilig gewesen ist.[16] Auch noch in anderer Weise kann sich nachträglich herausstellen, daß eine Rechtshandlung, die nach den Verhältnissen zur Zeit ihrer Vornahme nicht als für Konkursgläubiger nachteilig erschienen ist, dennoch eine solche Benachteiligung enthielt. So z. B., wenn der Gemeinschuldner ein damals mit Hypotheken überlastetes Grund-

§ 29 Bem. 1 Nr. 3 Abs. 2 g. E., Kohler 149 IV.

[14] S. § 30 Nr. 1, 31 Nr. 2 KO vbd. Mot. § 23 I. Abs. 1 (117 fg.), § 24 II. (132 a. E.), Prot. 20 fg., 22.

[15] Nach RG 14. VI. 94 (**33** 123) käme es auf den Zeitpunkt der KE., nach Pet.-Kleinf. § 31 Bem. 8 auf denjenigen der Besitznahme der KM. durch den KV. an. Es wird aber die Zeit der Anfechtung entscheiden müssen. So auch Jäger[2] § 29 Anm. 42.

[16] Zur Klärung dieser schwierigen Lehre ist es wichtig, scharf zu beachten, daß es sich nach § 37 KO und § 7 AnfG bei der Gläubigeranfechtung immer nur um die Beseitigung der durch die Rechtshandlung selbst und unmittelbar für Gläubiger bewirkten Schmälerung ihrer bisherigen Befriedigungsmittel handelt, nicht um die Beseitigung des Nachteils, den sie durch die Unzulänglichkeit oder den späteren Entgang des Entgeltes dafür erleiden, und überhaupt nicht um Schadenersatz. Das Entgelt kommt nur in Rücksicht für die Frage, ob dadurch jene Schmälerung für die Gläubiger unschädlich geworden ist. Deshalb ist es auch nicht ratsam, die beiden Fälle in der üblichen Weise als unmittelbare und mittelbare Benachteiligung der Gläubiger durch die Rechtshandlung zu unterscheiden.

stück veräußert hat, nachher aber Hypotheken weggefallen sind.[17] Umgekehrt ist eine nach den Verhältnissen zur Zeit ihrer Vornahme für Konkursgläubiger nachteilig erschienene Rechtshandlung unanfechtbar, wenn sie nach den Verhältnissen zur Zeit des Konkursverfahrens, z. B. wegen erfolgter Wertsteigerung der bei ihrem Ankaufe von dem Gemeinschuldner über ihren damaligen Wert bezahlten Sache, sich als für jene Gläubiger nicht nachteilig erweist.[18]

Daß alle Konkursgläubiger durch eine Rechtshandlung benachteiligt sind, ist keine notwendige Voraussetzung ihrer Anfechtbarkeit, sondern es genügt schon, wenn sie auch nur einen Teil dieser Gläubiger benachteiligt hat. So namentlich, wenn der Gemeinschuldner durch die Eingehung von Verbindlichkeiten Konkursforderungen gegen sich begründet und dadurch die Befriedigung der übrigen Konkursgläubiger im Konkursverfahren verringert hat.[19] Aber auch die Sicherung eines Konkursgläubigers durch eine Hypothek oder ein Pfandrecht gehört hierher, weil dadurch der Wert des Gegenstandes dem zur Befriedigung der übrigen Konkursgläubiger verwendbaren Vermögen entzogen wird.[20] Ferner ist eine Rechtshandlung, zufolge welcher die Befriedigung eines Konkursgläubigers im Konkursverfahren geringer ist, als sie außerdem sein würde, nicht bloß dann anfechtbar, wenn die Forderung dieses Gläubigers schon

[17] Vgl. RG 15. VI. 97 (**39** 92) und Jäger[2] § 29 Anm. 40.

[18] Vgl. Jäger[2] Anm. 42 a. E. Zur Anfechtbarkeit einer Rechtshandlung wird also in allen Fällen erfordert, daß sie sich nach den Verhältnissen zur Zeit des KVerf. als für KGl. nachteilig erweist, in den Fällen der § 30 Nr. 1 Fall 1, 31 Nr. 2 KO aber außerdem, daß sie auch nach den Verhältnissen zur Zeit ihrer Vornahme als für KGl. nachteilig erscheint.

[19] S. § 41 Abs. 2 KO. Vgl. RG 6. II. 96 (**36** 166).

[20] S. § 30 Nr. 1 Fall 2, Nr. 2 KO.

zur Zeit der Rechtshandlung bestand, sondern auch dann, wenn sie erst nachher entstanden ist.[21]

Jedenfalls aber setzt der Begriff der Benachteiligung eine Verschlechterung der Lage aller oder einzelner Konkursgläubiger voraus; es genügt nicht eine bloße Nichtverbesserung, d. h. Ablehnung einer dem Gemeinschuldner möglich gewesenen Vermögensvermehrung, wie insbesondere die Ablehnung der Annahme einer Schenkung, einer Erbschaft oder eines Vermächtnisses.[22]

3. Die Rechtshandlung muß dadurch, daß sie allen oder einzelnen Konkursgläubigern vorher vorhandene Befriedigungsmittel entzogen hat, dem Anfechtungsgegner in dem ob. unter Nr. 1 angegebenen Sinn einen vermögensrechtlichen Vorteil verschafft, d. h. seinem Vermögen irgend etwas zugeführt haben, was, wie der Erwerb von dinglichen Rechten oder Forderungen, die Befriedigung oder Sicherung von Forderungen, die Befreiung von Schulden, die Wertsteigerung von Vermögensstücken durch Aufwendungen aus dem Vermögen des Gemeinschuldners, einen Vermögenswert hat.[23] Eine Bereicherung des Anfechtungsgegners ist nicht erforderlich.[24]

---

[21] S. Mot. § 29 Abs. 4 (145), RG 26. I. 86 (**15** 62 ff.), Jäger[2] Anm. 42.

[22] S. § 37 KO. Vbd. Mot. § 22 letzt. Abs. (116). Vgl. § 517, 1953 Abs. 1, 2180 Abs. 3 BGB, wonach auch vom Standpunkte dieses Gesetzbuches die Ausschlagung einer Erbschaft oder eines Vermächtnisses nur als Ablehnung einer Vermögensvermehrung erscheint. In diesem Sinn auch RG 17. IV. 03 (**54** 289 ff.). Übrigens ist die Ausschlagung einer Erbschaft oder eines Vermächtnisses sowie die Ablehnung der fortgesetzten Gütergemeinschaft schon wegen § 9 KO unanfechtbar. Vgl. Jäger[2] Anm. 32, Pet.-Kleinf. § 29 Bem. 7.

[23] Erhellt aus § 37, 39 KO und aus dem ganzen Zwecke der Gläubigeranfechtung. S. ob. Anm. 16. Unanfechtbar ist sonach trotz § 31 Nr. 1 KO namentlich die bloße Vernichtung von Sachen des GSch., wenn sie auch in der Absicht der Benachteiligung der KGl. und unter

4. Die Rechtshandlung muß an sich gegenüber den Konkursgläubigern wirksam sein; denn sonst bedarf es keiner Anfechtung. Aus dieser Rücksicht unterliegen der Gläubigeranfechtung nicht die absolut nichtigen Rechtshandlungen, insbesondere bloße Scheingeschäfte, sowie solche Geschäfte, die zufolge geschehener Anfechtung wegen Irrtums, Täuschung oder Drohung als von Anfang an nichtig anzusehen sind.[25] Ferner aber unterliegen ihr als Regel nicht die Rechtshandlungen, die der Gemein=

Beihilfe eines mit dieser Absicht bekannten Dritten geschehen ist. Eine andere Frage ist, ob nicht gegen diesen von den benachteiligten Gläubigern aus § 823, 826 BGB ein Anspruch auf Schadenersatz geltend gemacht werden kann. S. unt. § 18 Anm. 25.

[24] S. § 37 Abs. 1 vgl. Abs. 2 KO.

[25] S. Mot. § 24 I. Abs. 2 (131), § 33 Abs. 12 (152) und §§ 116—118, 125, 134, 138, §§ 119, 120, 123 vbd. § 142 BGB. Vgl. Sar.=Boß. § 29 Bem. 2 Abs. 2, Pet.=Kleinf. § 29 Bem. 2, Seuff. 204. A. M. Cosack 51 ff., Wilm. Vorbem. 10 vor § 29, Jäger[2] Anm. 46—48 und OLG. Rostock 18. V. 98 (MecklZ **17** 189 ff.). Da aber auch zufolge erfolgreicher Gläubigeranfechtung die angefochtene Rechtshandlung als von Anfang an nichtig erscheint (s. unt. § 18 I.), so tritt der KV. stets mit derselben Klage auf, also z. B., wenn er die Übertragung des Eigentums einer Sache des GSch. an einen Anderen nicht gelten lassen will, mit der Eigentumsklage, einerlei, ob er die Unwirksamkeit der Rechtshandlung auf die Behauptung eines Scheingeschäftes oder eines sonstigen Grundes absoluter Nichtigkeit, oder auf ihre Anfechtung wegen Irrtums, Täuschung oder Drohung, oder endlich auf Gläubigeranfechtung stützt. Diese Frage kommt erst gegenüber der einwandweisen Berufung des Prozeßgegners auf die Rechtshandlung in Betracht, und es liegt also keine Klageänderung vor, wenn der KV. von der einen Art der Begründung der Unwirksamkeit zu der anderen übergeht. Gegen die Annahme einer Klageänderung auch Seuff. 204 und (mit Unterscheidung) Pet.=Kleinf. § 29 Bem. 2 a. E. Vgl. noch RG 21. VII. 02 (**50** 121 ff.). Nimmt man mit der herrschenden Meinung an, daß durch die Gläubigeranfechtung nur ein Forderungsrecht entstehe, so ist nicht einzusehen, warum nicht auch eine nichtige Rechtshandlung nach § 29 ff. KO anfechtbar sein sollte.

schuldner nach der Konkurseröffnung in Rücksicht auf Bestandteile der Konkursmasse vornimmt, weil sie ohnehin den Konkursgläubigern gegenüber unwirksam sind.[26] Wo jedoch solche Rechtshandlungen ausnahmsweise nach § 892, 893 BGB wegen des öffentlichen Glaubens des Grundbuches den Konkursgläubigern gegenüber wirksam sind, können sie in gleicher Weise wie vor der Konkurseröffnung vorgenommene angefochten werden.[27]

§ 16.

bb. Die einzelnen Fälle der Gläubigeranfechtung.

I. Bei Vorhandensein der allgemeinen Voraussetzungen einer Gläubigeranfechtung können im Konkursverfahren zu Gunsten der benachteiligten Konkursgläubiger Rechtshandlungen des Gemeinschuldners zuvörderst aus denselben Gründen angefochten werden, aus denen außerhalb des Konkursverfahrens Rechtshandlungen eines Schuldners zu Gunsten der dadurch benachteiligten Gläubiger angefochten werden können. Anfechtbar ist nämlich:

1. jede Rechtshandlung, die der Gemeinschuldner in der Absicht der Benachteiligung seiner Gläubiger vorgenommen hat, falls dem anderen Teil, d. h. demjenigen, welchem die Rechtshandlung einen vermögensrechtlichen Vorteil verschafft hat,[1] zur Zeit der Erlangung dieses Vorteils, in der Regel also der Vornahme der Rechtshandlung,[2] jene Absicht bekannt war.[3] Und zwar ist diese Absichts-

[26] § 29 vbd. § 7 Abs. 1 KO. S. unt. § 24 I.

[27] § 42 Satz 1 vbd. § 7 Abs. 1 Satz 2 KO. S. unt. § 24 II. Abs. 2, III. Abs. 2. Vgl. Jäger[2] § 42.

[1] S. ob. § 15 II. Nr. 3. Vgl. Jäger[2] § 31 Anm. 13.

[2] S. § 31 Nr. 2 KO: „zur Zeit des Vertragsabschlusses“ und Jäger[2] Anm. 14.

[3] § 31 Nr. 1 KO. Vgl. § 3 Nr. 1 AnfG.

Gläubigeranfechtung[4] statthaft, solange nicht seit der Vornahme der Handlung dreißig Jahre verstrichen sind.[5] Eine Rechtshandlung ist aber vom Gemeinschuldner in der Absicht der Benachteiligung seiner Gläubiger vorgenommen, wenn er sie vorgenommen hat als Mittel zu dem Zwecke, allen oder einzelnen seiner (gegenwärtigen oder zukünftigen, bestimmt oder unbestimmt vorgestellten) Gläubiger (nicht gerade Konkursgläubiger) bisher vorhandene oder als Entgelt dafür durch die Rechtshandlung neu erlangte Befriedigungsmittel zu entziehen und so eine Verkürzung ihrer Befriedigung herbeizuführen.[6] Ob

[4] So im Anschlusse an die bei Jäger[2] § 29 Anm. 51 gebrauchte Bezeichnung als Absichtsanfechtung anstatt der von Kohler verwendeten Benennungen Deliktspauliana (s. Lehrb. 212) oder Missetatschuldanfechtung (s. Leitf.[2] 124). Bei Anderen heißt diese Anfechtung als Hauptfall der actio Pauliana die Paulianische Anfechtung.

[5] § 41 Abs. 1 Satz 3 KO. Vgl. § 12 Abs. 3 AnfG.

[6] Vgl. Mot. § 24 I. Abs. 1 (130), § 22 Abs. 8 (114 fg.), RG 14. VI. 94 (**33** 125), Jäger[2] § 31 Anm. 5 ff., Seuff. 212, Kisch in KrVJSchr **45** 64. Diese Absicht liegt natürlich vor, wenn der GSch. mit der Rechtshandlung den Zweck verfolgt, seinen Gläubigern gegenüber einen Vermögenswert für sich, für seine Familie oder für einen Dritten, z. B. einen einzelnen Gläubiger, zu retten. Dagegen genügt noch nicht sein bloßes Bewußtsein, daß die Rechtshandlung notwendig oder doch nach dem gewöhnlichen Laufe der Dinge eine Benachteiligung von Gläubigern zur Folge haben werde, wie früher das Reichsgericht annahm (s. RG 24. IV. 83 — **9** 75 —, 20. V. 84 — **11** 175), und wie jetzt noch die herrschende Meinung annimmt (s. z. B. Pet.-Kleinf. § 31 Bem. 3 und die dort S. 166 Anm. 3 Angeführten, Sar.-Boß. § 31 Bem. 2 Nr. 1, Kohler 148 II.), obgleich sich aus diesem Bewußtsein vielfach auf die Benachteiligungsabsicht schließen läßt. Ja, wie aus § 241 verglichen mit § 239 KO erhellt, genügt sogar nicht einmal stets und unbedingt die mit seiner Kenntnis von seiner Zahlungsunfähigkeit verbundene Absicht des GSch., einen Gläubiger vor den übrigen zu begünstigen, wenn auch damit in der Regel eine Benachteiligungs-

die Rechtshandlung schon nach den Verhältnissen zur Zeit ihrer Vornahme oder erst nach den Verhältnissen zur Zeit des Konkursverfahrens als für Konkursgläubiger benachteiligend erscheint (s. ob. § 15 II. Nr. 2), und ob der Gemeinschuldner schon bei der Vornahme der Rechtshandlung zahlungsunfähig und sich dessen bewußt war: das alles kann zwar für den Beweis der Benachteiligungsabsicht von Wichtigkeit sein, ist aber für die Anfechtbarkeit selbst unerheblich. Ebensowenig ist diese dadurch bedingt, daß die durch die Rechtshandlung herbeigeführte Benachteiligung von Gläubigern gerade in der vom Gemeinschuldner bei der Vornahme der Rechtshandlung vorgestellten Weise erfolgt ist. Für die Anfechtbarkeit kommt es vielmehr, falls die Benachteiligungsabsicht des Gemeinschuldners und die Kenntnis des anderen Teils davon feststeht, immer nur darauf an, daß infolge der Rechtshandlung das als Konkursmasse greifbare Vermögen des Gemeinschuldners allen oder einzelnen Konkursgläubigern eine mindere Befriedigung gewährt als außerdem.[7] Ist

---

absicht verbunden sein wird. Vgl. Mot. § 23 II. Abs. 11 (124 a. E.), Jäger[2] § 30 Anm. 57, § 31 Anm. 11.

[7] Anfechtbar ist also z. B. der Kauf einer Sache von dem GSch. um den angemessenen Preis, wenn der Käufer wußte, daß jener das Geld zur Verkürzung seiner Gläubiger beiseite zu bringen gedenke, sei es daß dieses dann auch wirklich geschehen ist, oder daß die KGl. sonst, z. B. weil das Geld zufällig verloren gegangen oder dem GSch. gestohlen worden ist, infolge des Kaufes als benachteiligt erscheinen. Vgl. Jäger[2] § 31 Anm. 4. — Der Absichts-Gläubigeranfechtung unterliegen bei Vorhandensein ihrer Voraussetzungen auch Zahlungen oder sonstige Leistungen des GSch. an einzelne Gläubiger, selbst wenn sie fällig und sofort erzwingbar waren. S. Mot. § 24 I. Abs. 3 (131), RG 31. V. 86 (**16** 28 fg.), 27. III. 88 (**20** 180 fg.), 1. II. 89 (**22** 11), Seuff. 206 Anm. 7, Jäger[2] Anm. 2. Desgleichen die Annahme dem GSch. geschuldeter Leistungen, An-

bei der Rechtshandlung auf der einen oder der anderen Seite ein (bevollmächtigter oder gesetzlicher) Vertreter tätig gewesen, so kommt es bloß auf seine Benachteiligungsabsicht oder Kenntnis davon an; auf diejenige des Vertretenen nur dann, wenn ein von ihm bevollmächtigter Vertreter nach seinen bestimmten Weisungen gehandelt hat.[8] Ebenso wie die Benachteiligung von Konkursgläubigern durch die Rechtshandlung hat der anfechtende Konkursverwalter im Fall des Streites auch die Benachteiligungsabsicht des Gemeinschuldners und die Kenntnis des Anfechtungsgegners von dieser Absicht zu beweisen.[9]

Hiervon tritt eine die Anfechtung erleichternde Ausnahme ein bei entgeltlichen Verträgen, die der Gemeinschuldner im letzten Jahr vor der Konkurseröffnung[10] mit einem seiner Angehörigen geschlossen hat, falls der Vertrag schon nach den Verhältnissen zur Zeit seines Abschlusses als für die Gläubiger des Gemeinschuldners benachteiligend erscheint (s. ob. § 15 II. Nr. 2). Unter diesen

---

erkenntnisse oder Zugeständnisse des GSch. in einem Rechtsstreite u. dgl. m., kurz für KGl. nachteilig gewordene Rechtshandlungen des GSch. jeder Art. S. ob. § 15 II. Nr. 1, 2. Vgl. Mot. § 24 I. Abs. 3, 5 (131 fg.), Jäger[2] Anm. 1—3. — Strafbestimmungen: § 239 KO.

[8] § 166 BGB. Vgl. Seuff. 212, Jäger[2] Anm. 10, 15.

[9] Da der GSch. als Rechtsvorgänger des Anfechtungsgegners im Sinn des § 445 CPO erscheint, so kann der Beweis der Absicht ebenso wie derjenige der Kenntnis davon auch durch Eideszuschiebung an den Anfechtungsgegner geführt werden. Vgl. RG 24. X. 85 (15 368 ff.), Jäger[2] Anm. 17, Wilm. § 31 Bem. 6. A. M. Seuff. 213, Sar.-Boß. § 31 Bem. 2 Nr. 3.

[10] Die Frist, weil nicht prozessualischer Natur, ist nach § 188 Abs. 2, 3 BGB zu berechnen. Das Jahr beginnt also mit dem Anfange des Monatstages, der durch seine Zahl dem Tage der KE. entspricht, wenn aber dieser Tag in dem entsprechenden Monate des Vorjahres fehlt, mit dem Anfange des letzten Tages dieses Monates. Vgl. RG 9. XI. 86 (17 330 fg.), RCP. § 36 I. a. E., Jäger[2] Anm. 31.

Voraussetzungen wird nämlich gemäß den Erfahrungen des Lebens die Benachteiligungsabsicht des Gemeinschuldners und die Kenntnis des anderen Teils davon vermöge einer Rechtsvermutung bis zum Beweise des Gegenteils angenommen, und ein solcher Vertrag kann daher angefochten werden, wenn nicht der Anfechtungsgegner beweist, daß der Vertrag von Seite des Gemeinschuldners ohne die Absicht der Benachteiligung von Gläubigern, oder doch von seiner eigenen Seite ohne Kenntnis einer solchen Absicht geschlossen worden sei.[11] Die Angehörigen sind hier im Sinn des Gesetzes der damalige oder nachherige Ehegatte des Gemeinschuldners, seine oder seines damaligen Ehegatten Verwandten in aufsteigender und absteigender Linie, seine oder seines damaligen Ehegatten vollbürtigen und halbbürtigen Geschwister, endlich der damalige Ehegatte einer dieser Personen.[12] Mit den „entgeltlichen Verträgen" sind hier alle, auch ihrer Form nach einseitige, Rechtshandlungen gemeint, die der Gemeinschuldner im Einverständnisse mit dem anderen Teil vornimmt, und die nicht zu den unentgeltlichen Verfügungen gehören.[13]

---

[11] § 31 Nr. 2 KO vbd. Mot. § 24 II. (132 fg.), Prot. 22. Vgl. § 3 Nr. 2 AnfG. Für die Vermutungstheorie RG 18. XII. 96 (**38** 102 ff.) und die weitaus herrschende Meinung. S. z. B. Seuff. 213, Kohler 149 VII., Wilm. § 31 Bem. 14, Sar.-Boß. § 31 Bem. 8. Dagegen Cosack 126, Pet.-Kleinf. § 31 Bem. 11, Jäger[2] Anm. 19.

[12] Ob eheliches Verhältnis oder Verwandtschaft besteht, ist nach dem BGB zu beurteilen. Näheres bei Jäger[2] Anm. 23–29.

[13] Vgl. Mot. § 24 II. a. E. (133), RG 3. V. 92 (**29** 299 ff.), Cosack 119 fg., Jäger[2] Anm. 20, 21, Pet.-Kleinf. § 31 Bem. 14. Hierher gehören also nicht bloß obligatorische Verträge, wie Kauf-, Miet- und Pachtverträge, sondern auch dingliche Verträge, wie Übergabe und Auflassung, Pfand- und Hypothekbestellung, ferner Erbteilungsverträge, Leistungen an Zahlungsstatt u. dgl. m. Vgl. RG 15. V. 91 (**27** 134). Auch reine Erfüllungsgeschäfte des GSch., d. h. die

2. Unentgeltliche Verfügungen des Gemeinschuldners, d. h. Rechtshandlungen, wodurch aus seinem Vermögen ohne einen von beiden Teilen als gleichwertig betrachteten Ersatz ein Bestandteil oder Wert in das Vermögen des Anfechtungsgegners gelangt ist, also insbesondere Schenkungen,[14] sind, wenn sie der Gemeinschuldner im letzten

---

einfache Leistung dessen, was er schuldig ist, rechnet die Rechtsprechung des Reichsgerichtes mit der herrschenden Meinung hierher; nur soll bei diesen die Rechtsvermutung wegfallen und die Beweislast sich wie in den Fällen des § 31 Nr. 1 KO gestalten. Vgl. RG 29. I. 90 (**26** 3), 15. V. 91 (**27** 135), 18. XII. 96 (**38** 103 fg.). Dagegen mit Recht Jäger[2] Anm. 35.

[14] Die Mot. § 25 I. (133 ff.) und §§ 30—32 I. Abs. 3 a. E. u. 4 (148) sprechen überhaupt bloß von der Schenkung. Es gehört aber hierher auch die Stiftung, das einseitige Aufgeben eines dinglichen Rechtes an einer fremden Sache (§ 875, 1064, 1255 BGB), Verzicht und Anerkenntnis im Prozesse, absichtliches Verjährenlassen, die Ausstattung eines Kindes, auch wo sie nach § 1624 BGB keine Schenkung ist, und ähnliches. Das Reichsgericht (27. XI. 83 — **10** 86 ff. —, 12. X. 96 — **38** 6 ff.) betrachtet sogar die Bezahlung einer fremden Schuld, wenn sie schenkweise geschieht oder der dadurch befreite Schuldner zahlungsunfähig ist, als eine unentgeltliche Zuwendung an den Gläubiger. Hiergegen Seuff. 214. Unter § 32 Nr 1 KO fällt auch die vergeltende Schenkung und die Schenkung unter einer Auflage (§ 525 BGB). Ferner eine unentgeltliche Zuwendung, die mit einem entgeltlichen Geschäfte verbunden ist, wie z. B. Verkauf eines 50000 ℳ werten Hauses für 30 000 ℳ, um 20 000 ℳ zu schenken. Vgl. Mot. § 25 I. Abs. 15 (136). S. noch Kohler 150 fg., Jäger[2] § 32 Anm. 1—11, Pet.-Kleinf. § 32 Bem. 3—5. Ein entgeltlicher Vertrag des GSch. mit einem Anderen, um einem Dritten auf Kosten des GSch. eine unentgeltliche Bereicherung zu verschaffen, wie z. B. Lebens- oder Rentenversicherung zu Gunsten des Dritten, kann diesem gegenüber aus § 32 Nr. 1 (oder 2) KO angefochten werden. S. Jäger[2] Anm. 24 ff., Pet.-Kleinf. Bem. 6. — Im Nachlaßkonkurse kann auch die von Seite des Erben vor der KE. aus dem Nachlasse erfolgte Erfüllung von Pflichtteilsansprüchen, Vermächtnissen und Auflagen gleich einer unentgeltlichen Verfügung des Erben angefochten werden: § 222 KO. S. auch § 236 KO. Vgl. unt. § 56.

Jahr vor der Konkurseröffnung[15] gemacht hat, anfechtbar, ohne daß es auf Unredlichkeit des Gemeinschuldners oder des Empfängers oder darauf ankommt, ob der Gemeinschuldner schon zur Zeit der Verfügung zahlungsunfähig war oder unmittelbar durch sie zahlungsunfähig wurde (Schenkungs-Gläubigeranfechtung[16]). Nur die (nach Maßgabe des Anlasses, des Standes und Vermögens der Beteiligten und ihrer persönlichen Beziehungen zueinander) gebräuchlichen Gelegenheitsgeschenke sind von dieser Anfechtung ausgenommen.[17]

Unentgeltliche Verfügungen, die der Gemeinschuldner während der Ehe zu Gunsten seines Ehegatten gemacht hat, unterliegen dieser Anfechtung, wenn sie in den letzten zwei Jahren vor der Konkurseröffnung geschehen sind.[18]

Den Fällen der Schenkungs-Gläubigeranfechtung nahe verwandt ist der Fall, wenn der Gemeinschuldner als Inhaber eines Handelsgeschäftes seinem stillen Gesellschafter auf Grund einer im letzten Jahr vor der Konkurseröffnung getroffenen Vereinbarung, sei es mit oder ohne Auflösung der Gesellschaft, die Einlage ganz oder teilweise zurück-

[15] Wegen der Berechnung s. ob. Anm. 10. Früher gemachte unentgeltliche Zuwendungen sind nur aus § 31 Nr. 1 KO anfechtbar.

[16] Jäger² § 29 Anm. 51: Schenkungsanfechtung, Kohler Lehrb. 212: Schenkungspauliana, Leitf.² 125: Schenkungsschuldanfechtung.

[17] § 32 Nr. 1 KV. Vgl. § 3 Nr. 3 AnfG. S. Jäger² § 32 Anm. 12. Unter den Begriff der gebräuchlichen Gelegenheitsgeschenke fallen auch diejenigen Schenkungen, welche einer sittlichen oder Anstandspflicht entsprechen (§ 534, 814, 2330 BGB). Vgl. Pet.-Kleinf. Bem. 7, Jäger² Anm. 5.

[18] § 32 Nr. 2 KO. Vgl. § 3 Nr. 4 AnfG. Im Sinn des Gesetzes sind auch hier die gebräuchlichen Gelegenheitsgeschenke auszunehmen. Vgl. Cosack 147 fg., Seuff. 214, Pet.-Kleinf. Bem. 8 a. E., Jäger² Anm. 17 a. E., Seuff. 214 a. E. A. M. z. B. Kohler 152 V. — Über das Verhältnis von § 32 Nr. 2 zu § 45 KO s. unt. § 22 Anm. 28.

gewährt oder seinen Anteil an dem bereits entstandenen Verluste ganz oder teilweise erlassen hat. Diese Rückgewähr oder diesen Erlaß kann der Konkursverwalter anfechten, wenn nicht der Anfechtungsgegner beweist, daß der Konkurs in Umständen seinen Grund hat, die erst nach jener Vereinbarung eingetreten sind.[19]

II. Außer den bisher erörterten Anfechtungsrechten bestehen im Konkursverfahren noch weitere, auf dieses Verfahren beschränkte (Konkurs-Gläubigeranfechtung[20]).

1. Weil es nach dem Eintritte der Zahlungsunfähigkeit oder in gewissen Ausnahmefällen, namentlich beim Nachlaßkonkurse, der Überschuldung eines Schuldners der Gerechtigkeit und dem allgemeinen Rechtsgefühl entspricht, daß aus seinem zur Zeit vorhandenen Vermögen seine sämtlichen persönlichen Gläubiger eine rechtlich geordnete, als Regel gleichmäßige, Befriedigung erhalten, und daher zur Herbeiführung dieser Befriedigung jeder jener Gläubiger sowie der Schuldner selbst die Eröffnung des Konkursverfahrens verlangen kann,[21] so verdienen, wenn es nun wirklich zur Konkurseröffnung kommt, gegenüber den Interessen der Konkursgläubiger die Interessen derjenigen keinen Schutz, welche, obwohl sie die traurige Vermögens-

---

[19] § 342 HGB. Vdd. Begr. z. § 3 Entw. des EG z. KO (464), Prot. 133 fg. Zwischen der Anfechtung aus § 342 HGB oder aus § 32 Nr. 1 KO besteht öfters die Wahl. Näheres bei Staub HGB § 342.

[20] Jäger[2] § 29 Anm. 51: besondere Konkursanfechtung, Kohler Lehrb. 212: Konkurspauliana, Leitf.[2] 125: Konkursschuldanfechtung.

[21] Weil also jetzt der Konkursanspruch in diesem allein brauchbaren Sinn des Ausdruckes entstanden ist. Nicht dagegen kann man mit den Mot. Vorbem. z. Buch I. Tit. 3 Abs. 22—24 (102 ff.) und § 23 I. Abs. 1—3 (117 ff.) die Anfechtungsrechte, worum es sich hier handelt, auf die Verletzung eines privatrechtlichen Konkursanspruches der Gläubiger zurückführen, weil ein solcher nicht besteht. Vgl. ob. § 4 Anm. 9.

lage des Schuldners und die drohende Konkurseröffnung kannten, durch Rechtshandlungen allen oder einzelnen jener Gläubiger die ihnen aus dem obigen Gesichtspunkte gebührende Befriedigung im Konkursverfahren verkürzt haben. Da aber der Zeitpunkt des Eintrittes der Zahlungsunfähigkeit oder der Überschuldung schwer erkennbar ist, so ist an die Stelle der Kenntnis der Zahlungsunfähigkeit oder der Überschuldung die Kenntnis einer der äußerlich wahrnehmbaren Tatsachen gesetzt, die auf die eingetretene Zahlungsunfähigkeit oder Überschuldung und die drohende Konkurseröffnung schließen lassen,[22] nämlich die Kenntnis entweder der erfolgten Zahlungseinstellung des Schuldners[23] oder der bereits geschehenen Stellung des Antrages auf die Eröffnung des Konkurses über sein Vermögen.[24] Hat ein Vertreter des Anfechtungsgegners die Rechtshandlung vorgenommen, so kommt auch hier bloß die Kenntnis des Vertreters in Betracht; diejenige des Vertretenen nur dann, wenn ein von ihm bevollmächtigter Vertreter nach seinen bestimmten Weisungen gehandelt hat.[25]

---

[22] S. Mot. Vorbem. z. Buch I. Tit. 3 Abs. 28 (107 fg.).

[23] Wegen dieses Begriffes s. unt. § 35 I. Wegen Kenntnis der Zahlungseinstellung ist aber in einem KVerf. eine Anfechtung nur dann möglich, wenn es wegen dieser Zahlungseinstellung oder der durch sie erkennbar gewordenen Zahlungsunfähigkeit oder Überschuldung eröffnet worden ist, also nicht, wenn der Schuldner nach der ersten Zahlungseinstellung seine Zahlungen wieder aufgenommen hatte, dann aber aus einem neuen Grunde die KE. erfolgt ist. Vgl. Heigelin in Buschs Z **23** 317 fg., Jäger[2] § 30 Anm. 13.

[24] Vorausgesetzt wird jedoch, daß dieser Eröffnungsantrag nicht zurückgewiesen worden ist. Vgl. Cosack 178, Jäger[2] § 30 Anm. 16. Daß nachweisbar die Zahlungsunfähigkeit erst nach der Stellung des Eröffnungsantrages eingetreten ist, kommt nicht in Betracht: RG 9. XII. 95 (**36** 73 fg.).

[25] § 166 BGB. Vgl. ob. bei Anm. 8. Insbesondere genügt,

Nach diesen Rücksichten ist anfechtbar:

a) jedes von einem Dritten in Kenntnis einer der genannten Tatsachen mit dem Gemeinschuldner eingegangene Rechtsgeschäft, wenn es schon nach den Verhältnissen zur Zeit seiner Eingehung als für alle oder einzelne Konkursgläubiger benachteiligend erscheint (s. ob. § 15 II. Nr. 2),[26]

b) jede Rechtshandlung, wodurch ein Konkursgläubiger in Kenntnis einer jener Tatsachen zum Nachteil der übrigen die ihm an sich gebührende Sicherung oder Befriedigung erlangt hat, gleichviel ob sie in der Annahme der von dem Gemeinschuldner freiwillig angebotenen Sicherung oder Befriedigung oder in einer auf Betreiben jenes Gläubigers geschehenen Handlung eines öffentlichen Organs, wie z. B. eines Gerichtsvollziehers, bestand.[27] Als Aus-

---

wenn die Rechtshandlung in einer Pfändung besteht, die Kenntnis des damit beauftragten Rechtsanwaltes: RG 17. III. 82 (7 37 fg.). Nicht jedoch kann die Kenntnis des pfändenden Gerichtsvollziehers genügen, da er nicht wegen dieser Kenntnis die Pfändung unterlassen darf. Vgl. RG 5. VI. 83 (9 361 ff.), Dunkhase im CivA 77 139 ff., Seuff. 211, Kohler 155, Pet.-Kleinf. § 30 Bem. 10, Jäger² § 30 Anm. 21.

[26] § 30 Nr. 1 Fall 1 KO vbd. Mot. § 23 I. Abs. 1 (117 fg.), Prot. 21. Unter den von dem GSch. mit einem Anderen eingegangenen Rechtsgeschäften sind hier, wie in § 31 Nr. 2 KO, die Verträge im weitesten Sinn zu verstehen, nur daß hier nicht bloß entgeltliche Verträge in Betracht kommen. S. ob. bei Anm. 13. Vgl. Kohler 153, Pet.-Kleinf. § 30 Bem. 14. Der öffentliche Glaube des Grundbuches steht der Anfechtung nach § 30 Nr. 1 KO nicht im Wege: Mot. § 23 I. Abs. 2 (118 fg.). Dagegen unterliegt ihr nicht die Erfüllung der Verbindlichkeit eines Schuldners des GSch., weil dadurch der Wertstand seines Vermögens nicht verändert wird. S. Mot. § 23 I. Abs. 4 (121).

[27] § 30 Nr. 1 Fall 2 vbd. § 35 KO. Vgl. Mot. § 23 I. Abs. 3 (119 ff.), Prot. 21 fg. Daß es sich in § 30 Nr. 1 KO nur um die sog. kongruente Deckung eines Gläubigers handelt, d. h. um diejenige Sicherung oder Befriedigung, welche er, und

nahme von dieser Regel unterliegt eine Wechselzahlung, die der Inhaber des Wechsels, wenngleich in Kenntnis der Zahlungseinstellung oder des Antrages auf die Konkurseröffnung, von dem Gemeinschuldner angenommen hat, gegen jenen dieser Anfechtung nicht, wenn er nach den Grundsätzen des Wechselrechtes die Annahme nicht verweigern konnte, ohne seinen Wechselanspruch gegen andere Wechselverpflichtete zu verlieren.[28] In solchen Fällen

zwar auch in dieser Art und zu dieser Zeit, zu beanspruchen hatte, erhellt aus § 30 Nr. 2 KO. Nach der Rechtsprechung des Reichsgerichtes ist aber darunter bloß diejenige Sicherung oder Befriedigung zu verstehen, worauf für den KGl. ein privatrechtlicher Anspruch bestand, wie z. B. auf die vertragsgemäße Erfüllung seiner Forderung oder auf die ihm nach § 648 BGB geschuldete Sicherungshypothek. Demnach gehört nicht hierher, sondern fällt unter § 30 Nr. 2 KO namentlich die Erlangung eines Pfandrechtes oder einer Sicherungshypothek im Wege der Zwangsvollstreckung (§ 804, 866 fg. CPO) oder der Arrestvollziehung (§ 930, 932 CPO). S. bes. RG (vCS) 6. XII. 83 (**10** 33 ff.), 13. XI. 93 (**32** 65 ff.). So auch die weitaus herrschende Meinung. S. z. B. Seuff. 209, Kohler 158 fg., Jäger[2] § 30 Anm. 48—50, Pet.-Kleinf. § 30 Bem. 28. Diese Ansicht steht freilich mit den Äußerungen in Mot. § 23 I. Abs. 3 (119 fg.) nicht in Einklang und ist kaum vereinbar mit § 13 Abs. 3 AnfG, wonach auch auf die Sicherung oder Befriedigung, die ein KGl. mittels Ausübung eines nach dem Anfechtungsgesetze begründeten Anfechtungsrechtes erlangt hat, § 30 Nr. 1 (nicht Nr. 2!) KO zur Anwendung kommt. Vgl. Mügel in GruchBeitr **33** 61 ff., Stein Voraussetzungen des Rechtsschutzes S. 6 fg. — Sicherung oder Befriedigung eines Gläubigers, der im KVerf., z. B. nach § 63 KO, nicht zu den KGl. gehört, sowie eines Aussonderungsberechtigten oder eines Absonderungsberechtigten als solchen fallen nicht unter § 30 Nr. 1 Fall 2 KO, können aber nach Nr. 1 Fall 1 anfechtbar sein. Vgl. Jäger[2] Anm. 37. S. auch den Fall in RG 2. I. 03 (**53** 234 ff.).

[28] § 34 Abs. 1 KO. Vbd. Mot. § 27 Abs. 3 (139 fg.), Prot. 25. Dieses ist der Fall, wenn der wechselmäßige Anspruch gegen Andere durch Vorlegung eines Protestes mangels Zahlung bedingt ist (Art. 41, 43, 62, 98 Nr. 6, 7, 99 WO) und ein solcher Protest noch nicht vorliegt. Dagegen bleibt

kann aber der gezahlte Wechselbetrag von dem letzten Wechselregreßschuldner, d. h. von demjenigen, welcher in Ermangelung der Zahlung des Gemeinschuldners für diesen Betrag schließlich hätte aufkommen müssen, oder, falls er beweist, daß er den Wechsel für Rechnung eines Dritten begeben (d. h. indossiert oder als Aussteller übergeben) hatte, von diesem Dritten zur Konkursmasse zurückgefordert werden, wenn jenem oder bezw. diesem zu der Zeit, als er den Wechsel begab oder bezw. begeben ließ, die Zahlungseinstellung oder der Eröffnungsantrag bekannt war.[29]

In den sämtlichen erörterten Fällen hat der anfechtende Konkursverwalter die Kenntnis des Anfechtungsgegners von der Zahlungseinstellung oder dem Eröffnungsantrage zu beweisen.[30] Wegen Kenntnis von der Zahlungseinstellung kann jedoch eine Rechtshandlung nicht mehr

---

es bei der Regel namentlich dann, wenn der GSch. als Aussteller eines gezogenen oder als Indossant eines gezogenen oder eigenen Wechsels den Wechsel eingelöst hat, oder wenn dem Zahlungsempfänger, z. B. als Aussteller des gezogenen Wechsels an eigene Order oder als Remittenten des eigenen Wechsels, wechselmäßige Ansprüche an Andere als den GSch. gar nicht zustehen; denn in allen diesen Fällen konnte der Empfänger die Annahme der Zahlung ohne Verlust von Wechselansprüchen gegen Andere verweigern. Näheres bei Jäger[2] § 34 Anm. 1–12. Die Anfechtung nach § 30 Nr. 2 KO ist bei Wechselzahlungen überhaupt nicht ausgeschlossen. S. Jäger[2] Anm. 13.

[29] § 34 Abs. 2 KO. Vbd. Mot. § 27 Abs. 4 (140 fg.). Die Anfechtung nach § 30 Nr. 1 KO findet also gegen diese Personen statt, weil sie es sind, denen die vom GSch. geleistete Wechselzahlung im Erfolge zu gute kommt, und die sich also durch die Begebung des Wechsels diese Zahlung mittelbar verschaffen. Dagegen treten sie durch die Erstattung der gezahlten Wechselsumme an die KM. nach § 39 KO wieder in ihre etwaige Forderung gegen den GSch. ein. S. Mot. a. a. O. Näheres bei Jäger[2] Anm. 16—21.

[30] Vgl. Jäger[2] § 30 Anm. 29, 41.

angefochten werden, wenn sie früher als sechs Monate vor der Konkurseröffnung geschehen ist.[31]

2. Eine besonders strenge Behandlung tritt ein, wenn durch eine nach der Zahlungseinstellung oder der Stellung des Eröffnungsantrages oder in den letzten zehn Kalendertagen vor der einen oder der anderen[32] erfolgte Rechtshandlung ein Konkursgläubiger zum Nachteil der übrigen aus dem Vermögen des Gemeinschuldners[33] eine Sicherung oder Befriedigung erlangt hat, die er nicht (z. B. Sicherung durch Hypothek oder Pfand) oder nicht in der Art (z. B. Leistung an Zahlungsstatt) oder nicht zu der Zeit (z. B. Zahlung vor Fälligkeit) zu beanspruchen hatte.[34] Unter dieser Voraussetzung kann nämlich erstens die Rechtshandlung nicht nur, wenn sie nach der Zahlungs-

[31] § 33 KO. Wegen der Berechnung der Frist s. ob. Anm. 10. Daß die Zahlungseinstellung mehr als sechs Monate vor der KE. zurückliegt, schließt die Anfechtung nicht aus, vorausgesetzt daß die KE. wegen dieser Zahlungseinstellung erfolgt ist. Vgl. Jäger[2] § 33 Anm. 1. Unzutreffend Mot. § 26 (138 fg.).

[32] Nach § 187 Abs. 1 BGB zu berechnen.

[33] Vgl. RG 6. II. 96 (**36** 163), Jäger[2] § 30 Anm. 32—34.

[34] Sogen. inkongruente Deckung. Weitere Beispiele außer den im Texte genannten: Kauf von Sachen des GSch. unter Aufrechnung des Kaufpreises, Leistung an einem anderen als dem vertragsmäßigen Erfüllungsorte, wenn das für die übrigen Konkursgläubiger nachteilig ist, endlich nach der Rechtsprechung des Reichsgerichtes die Erlangung einer Sicherung im Wege der Zwangsvollstreckung oder Arrestvollziehung. S. ob. Anm. 27. Vgl. Jäger[2] Anm. 43 ff. Anfechtbar ist auch die zufolge einer anfechtbaren Sicherung (z. B. aus dem Erlöse gepfändeter Sachen) erlangte Befriedigung. Vgl. RG 9. XII. 86 (**17** 29 fg.), 14. V. 89 (**23** 113 fg.), 7. XII. 97 (**40** 91). So auch Seuff. 210, Jäger[2] Anm. 51. A. M. Pet.-Kleinf. § 30 Bem. 29. Die Befriedigung, die ein Gläubiger zufolge einer unanfechtbaren Pfändung, wenn auch erst in der kritischen Zeit, erlangt, ist weder nach § 30 Nr. 2, noch nach § 30 Nr. 1 KO anfechtbar, da jener sie nicht als KGl., sondern als Absonderungsberechtigter erlangt hat. S. RG 9. XII. 86 (**17** 27 fg.).

einstellung oder der Stellung des Eröffnungsantrages geschehen ist, wegen Kenntnis des Gläubigers von der einen oder der anderen dieser Tatsachen angefochten werden, sondern auch, mag sie nun nachher oder vorher geschehen sein, wenn und weil ihr die Absicht des Gemeinschuldners zu Grunde lag, diesen Gläubiger vor den übrigen zu begünstigen (d. h. besser als die übrigen zu stellen), und dem Gläubiger diese Absicht bekannt war.[35] Zweitens aber bedürfen alle diese Erfordernisse der Anfechtbarkeit keines Beweises von Seite des anfechtenden Konkursverwalters, sondern sie werden vermöge einer Rechtsvermutung bis zum Beweise des Gegenteils angenommen, und die Rechtshandlung ist also ohne weiteres anfechtbar, wenn nicht der Gläubiger beweist, daß ihm zur Zeit der Rechtshandlung weder eine solche Begünstigungsabsicht des Gemeinschuldners, noch die erfolgte Zahlungseinstellung, noch endlich die erfolgte Stellung des Eröffnungsantrages bekannt war.[36] Aus dem Grunde der (rechtlich vermuteten) Kenntnis von der Zahlungseinstellung kann jedoch eine nach dieser geschehene Rechtshandlung nicht mehr angefochten werden, wenn sie früher als sechs Monate vor der Konkurseröffnung geschehen ist.[37]

---

[35] Diese Begünstigungsabsicht ist wohl von der nach § 31 Nr. 1 KO erforderlichen Benachteiligungsabsicht zu unterscheiden, und durch den Beweis der mangelnden Benachteiligungsabsicht ist daher die Rechtsvermutung der Begünstigungsabsicht noch nicht widerlegt. S. § 241 vgl. § 239 KO, Mot. § 23 II. Abs. 1, 11 a. E. (122, 125), Seuff. 211 fg., Jäger[2] Anm. 57. S. auch ob. Anm. 6. — Strafbestimmung: § 241 KO.

[36] § 30 Nr. 2 KO vbd. Mot. § 23 II. Abs. 11—14 (124 ff.). Vgl. Jäger[2] Anm. 55.

[37] § 33 KO. Vgl. ob. Anm. 31. Seine Unkenntnis von der Zahlungseinstellung braucht also in solchem Fall der Anfechtungsgegner nicht zu beweisen. So auch die weitaus herrschende Meinung. Vgl. RG 10. III. 90 (25 86 fg.), Seuff. 210, Pet.-Kleinf. § 33 Bem. 2, Sar.-Boß. § 33 Bem. 1 Abs. 2. A. M. Cosack 205, Jäger[2] § 33 Anm. 3.

III. Auch gegen den Sondernachfolger[38] desjenigen, welcher durch eine anfechtbare Rechtshandlung etwas aus dem Vermögen des Gemeinschuldners unmittelbar erworben hat, sei er der erste oder ein fernerer Rechtsnachfolger,[39] findet die gegen jenen ersten Erwerber begründete Anfechtung statt,

1. wenn ihm bewiesen wird, daß ihm zur Zeit seines Erwerbes die Umstände bekannt waren, weshalb der Erwerb seines unmittelbaren[40] Rechtsvorgängers anfechtbar ist,

2. wenn er im Sinn des § 31 Nr. 2 KO ein Angehöriger des Gemeinschuldners ist (s. ob. bei Anm. 12) und nicht seinerseits beweist, daß ihm zur Zeit seines Erwerbes jene Umstände unbekannt waren,

3. ohne weitere Voraussetzungen, wenn ihm das Erlangte unentgeltlich zugewendet worden ist.[41]

Durch die Anfechtung gegenüber dem Rechtsnachfolger wird die Anfechtung gegenüber dem Rechtsvorgänger nicht ausgeschlossen, und umgekehrt.

---

[38] Hierher gehören nicht bloß die Fälle der sog. translativen Succession, also z. B. der Übertragung des anfechtbar erworbenen Eigentums oder der Abtretung der anfechtbar erworbenen Forderung (auch der Abtretung einer anfechtbar erlangten Sicherung [z. B. eines Pfändungspfandrechtes] mit der gesicherten Forderung: RG 19. X. 93 — **32** 22 ff.), sondern auch die Fälle der sog. konstitutiven Succession, also namentlich der Bestellung einer Hypothek, eines Pfandrechtes, einer Dienstbarkeit u. dgl. an der anfechtbar erworbenen Sache (s. RG 11. IV. 83 — **9** 84 ff., 24. X. 85 — **15** 371), nicht minder der Erlangung einer Hypothek oder eines Pfandrechtes an einer solchen Sache im Wege der Zwangsvollstreckung (s. RG 24. V. 97 — **39** 83). Auch der Mieter oder Pächter der anfechtbar erworbenen Sache ist als Sondernachfolger im Sinne von § 40 Abs. 2 KO zu betrachten. Vgl. Jäger[2] § 40 Anm. 8 bis 10, Pet.-Kleinf. § 40 Bem. 5.

[39] S. Mot. § 33 Abs. 1 a. E., 14 (150, 152 fg.).

[40] S. Begr. z. § 33 KÄE (34).

[41] § 40 Abs. 2 KO. Vgl. § 11 Abs. 2 AnfG. Zu Nr. 3 vgl. § 816 Abs. 1 Satz 2, 822 BGB.

IV. Ein Anfechtungsrecht, das aus irgend einem der angegebenen Gesichtspunkte gegen den Erblasser begründet war, kann in gleicher Weise gegen den oder die Erben ausgeübt werden.[42]

§ 17.

cc. Ausübung der Gläubigeranfechtung.

I. Zur Gläubigeranfechtung im Konkurse und zur Verfolgung der dadurch erwachsenden Ansprüche ist bloß der Konkursverwalter berechtigt.[1] Gemäß seiner allgemeinen Stellung und Aufgabe handelt er auch dabei zwar im Interesse der Konkursgläubiger, aber als Vertreter der Konkursmasse.[2] Die einzelnen Konkursgläubiger können

[42] § 40 Abs. 1 KO vbd. Mot. § 33 letzt. Abs. (153). Vgl. § 11 Abs. 1 AnfG. Wegen des Falls, wenn der GSch. selbst den Anfechtungsgegner beerbt, s. Jäger[2] § 40 Anm. 3, 4.

[1] § 36 KO vbd. § 13 Abs. 1, 2, 4 AnfG. Vgl. Jäger[2] § 29 Anm. 21 ff., § 36 Anm. 1—3. Handelt es sich dabei um einen Wert von mehr als dreihundert Mark, so muß zur Geltendmachung des Anfechtungsrechtes mittels Klage oder Widerklage der KV. die Genehmigung des GlA. einholen, wenn ein solcher bestellt ist: § 133 Nr. 2 KO. S. auch § 135, 136 KO. — Der KV. kann das Anfechtungsrecht auch nicht einem Dritten abtreten. Vgl. RG 5. I. 93 (30 72 ff.), Sar.-Boß. § 36 Bem. 2, Jäger[2] § 29 Anm. 29. A. M. Cosack 304 ff., 329 fg.

[2] Das folgt mit Bestimmtheit daraus, daß dasjenige, was er zufolge der Anfechtung erlangt, nach § 37 KO in die KM. fließt, und daß, wie Niemand bestreitet (s. z. B. Jäger[2] § 29 Anm. 24, Pet.-Kleinf. § 36 Bem. 1, 6), die Kosten des Anfechtungsprozesses der Masse als Masseschuld zur Last fallen. Aus diesen Gründen erklären Pet.-Kleinf. § 36 Bem. 1 in entsprechender Weise den KV. bei Ausübung des Anfechtungsrechtes als Vertreter des GSch. Diejenigen, welche, wie Seuffert und Kohler, ihn überhaupt für den Vertreter der KGl. halten, schreiben ihm natürlich auch hier diese Stellung zu. Vgl. Seuff. 218, Kohler 140. Aber auch von denjenigen, welche ihn im allgemeinen als Vertreter des GSch. ansehen, fassen ihn Manche hier als Vertreter der KGl. auf. So namentlich Jäger[2] § 3 Anm. 44, § 29 Anm. 60, § 36 Anm. 4, 5, der das Anfechtungsrecht im Kon-

ihm in Anfechtungsprozessen nur als Nebenintervenienten beitreten.[3] Selbst die Verfolgung der von einzelnen

kurse für ein gemeinschaftliches Recht der Gesamtgläubigerschaft und den KV. bei seiner Ausübung für den Vertreter dieser Gemeinschaft erklärt. Eine solche zwiespältige Auffassung der Stellung des KV. ist aber schon praktisch gar nicht durchführbar. So empfiehlt ihm Jäger² § 29 Anm. 48, einen Rückgewähranspruch primär auf Nichtigkeit (z. B. Scheingeschäft), eventuell auf einen Anfechtungsgrund zu stützen. Aber wie ist das möglich, wenn er, wie Jäger annimmt, die Nichtigkeit als Vertreter des GSch., die Anfechtung dagegen als Vertreter der Gläubigerschaft geltend macht? S. auch Jäger² § 36 Anm. 5. Wegen des jetzigen Standpunktes des Reichsgerichtes s. ob. § 5 bei Anm. 24. Vgl. auch Sar.-Boß. § 36 Bem. 2. Wie im Texte Hellwig in BuschsZ **26** 481, 486. — Da der Erfolg der Gläubigeranfechtung der KM. zu gute kommt, so ergibt sich von selbst, daß auch das Anfechtungsrecht zu dieser Masse, also (s. § 6 Abs. 1, 14 Abs. 1 KO) zu dem Vermögen des GSch. gehört. Vgl. Pet.-Kleinf. § 36 Bem. 1. Das Gleiche gilt im Hinblick auf § 7 Abs. 1 AnfG von den Anfechtungsrechten, die von den einzelnen Gläubigern außerhalb des KVerf. ausgeübt werden können. Das juristische Verhältnis ist demnach dieses: Durch jede Rechtshandlung, die aus einem der gesetzlichen Gründe einer späteren Gläubigeranfechtung unterliegen kann, entsteht sofort im Interesse der Gläubiger ein gesetzlich bedingtes, zum Vermögen des Schuldners gehöriges Anfechtungsrecht, das jedoch, weil es eben bloß zum Schutze der Gläubiger besteht, die Eigentümlichkeit hat, niemals von dem Schuldner selbst ausgeübt werden zu können, sondern immer nur von einem Anderen, sei es von einem einzelnen benachteiligten Gläubiger bloß zu seinen Gunsten (Verwandte Fälle in § 1380 Abs. 1 und § 1411 Abs. 1 Satz 2 BGB), sei es von dem KV. zu Gunsten aller benachteiligten Gläubiger. Nach dieser schon in den früheren Auflagen vertretenen Anschauung wird durch die Gläubigeranfechtung im Konkurse die KM. nicht eigentlich vermehrt, sondern nur ein Bestandteil der Sollmasse zur Istmasse gezogen. S. ob. § 13 Anm. 3. Vgl. auch Mot. § 29 Abs. 1 (144). Nahe verwandte Auffassung bei Oetker Grdb. 335 fg.

[3] Nach § 66 ff. CPO. Vgl. Prot. 26, RG 14. XI. 95 (**36** 367 ff.), Pet.-Kleinf. § 36 Bem. 4. So auch Jäger² § 36 Anm. 8 trotz seiner ob. Anm. 2 dargelegten Auffassung. — Die einzelnen KGl. können nicht einmal im Prüfungsverfahren erfolgreichen Widerspruch gegen eine angemeldete KForderung wegen

Konkursgläubigern schon vor der Konkurseröffnung geltend gemachten Anfechtungsrechte steht, weil die bestehenden Anfechtungsrechte nach erfolgter Konkurseröffnung als Bestandteile der Konkursmasse erscheinen, woraus während der Dauer des Konkursverfahrens kein Konkursgläubiger seine Befriedigung anders als durch Teilnahme an diesem Verfahren betreiben darf, während seiner Dauer bloß dem Konkursverwalter zu.[4] Daher wird ein zur Zeit der Konkurseröffnung noch anhängiger Anfechtungsprozeß durch die Konkurseröffnung bis zu seiner Aufnahme durch den Konkursverwalter unterbrochen. Verzögert er die

ihrer Anfechtbarkeit nach § 29 ff. KO erheben. S. Prot. 92 g. E. — Rechtshandlungen, die sich auf das konkursfreie Vermögen des GSch. beziehen, können von den einzelnen KGl. auch während des KVerf. nach Maßgabe des Anfechtungsgesetzes zum Zwecke ihrer Befriedigung angefochten werden: § 13 Abs. 5 AnfG. — Absonderungsberechtigte und Aussonderungsberechtigte werden durch die KE. nicht gehindert, eine sie benachteiligende Rechtshandlung nach Maßgabe des Anfechtungsgesetzes anzufechten. Vgl. RG 6. IV. 86 (16 36 fg.), Jäger[2] § 36 Anm 11, Sar.-Boß. § 36 Bem. 3 Nr. 2.

[4] § 13 Abs. 1 Satz 1 AnfG. Aus dem von dem KV. Erstrittenen sind aber dem Gläubiger seine Prozeßkosten (als Masseschuld: § 59 Nr. 3 KO) vorweg zu erstatten: § 13 Abs. 1 Satz 2 AnfG. Vgl. § 147 KO. Die rechtliche Möglichkeit für den KV., den von einem einzelnen KGl. begonnenen Anfechtungsprozeß für die KM. fortzusetzen, ist darin begründet, daß auch der einzelne anfechtende Gläubiger ein zum Vermögen des Schuldners gehöriges Recht geltend macht. S. ob. Anm. 2. — Selbst wenn ein einzelner KGl. zur Zeit der KE. bereits einen Vollstreckungstitel gegen den Anfechtungsgegner erlangt hatte, kann die Zwangsvollstreckung auf Grund dieses Titels nur auf Betreiben des KV. zu Gunsten der KM. stattfinden. S. Mot. z. Entw. des AnfG § 12 Abs. 7 a. E. (30). Ausnahme, soweit der Gläubiger zur Zeit der KE. aus den zurückzugewährenden Gegenständen schon Sicherung (z. B. ein Pfändungspfandrecht) oder Befriedigung erlangt hatte. Nur kann dann ein Anfechtungsrecht gegen ihn nach § 30 Nr. 1 KO begründet sein. S. § 13 Abs. 3 AnfG und ob. § 16 Anm. 27.

Erklärung darüber, so kann ihn zur Beseitigung der Ungewißheit der Prozeßgegner zur Aufnahme und zugleich zur Verhandlung der Hauptsache laden. Erscheint der Verwalter nicht, so ist auf Antrag des erschienenen Gegners durch Versäumnisurteil die Aufnahme des Verfahrens auszusprechen und, wenn zugleich zur Verhandlung der Hauptsache geladen war, auch über diese selbst zu entscheiden.[5] Durch die Ablehnung der Aufnahme verliert der Konkursverwalter nicht die Befugnis, das Anfechtungsrecht selbständig nach den Vorschriften der Konkursordnung auszuüben.[6]

II. Weil die Anfechtungsrechte im Konkurse nur von dem Konkursverwalter ausgeübt werden können, so ist diese Ausübung und die Verfolgung der daraus erwachsenden Ansprüche bloß möglich, solange das Amt des Konkursverwalters dauert. Daher erlöschen auch die schwebenden Anfechtungsprozesse, wenigstens in Ansehung der Hauptsache, durch die Einstellung des Konkursverfahrens,[7] sowie durch seine Aufhebung wegen rechtskräftiger Bestätigung eines Zwangsvergleiches, es wäre

[5] § 13 Abs. 2 Satz 2 AnfG vbd. § 239, 250 CPO. Vgl. ob. § 7 III. Nr. 1.a. Der KV. kann den in dem Prozesse geltend gemachten Anspruch nach den Vorschriften der § 37—39, 41 KO gemäß § 268, 529 CPO erweitern: § 13 Abs. 2 Satz 3 AnfG. Vgl. Otto 223 fg. Lehnt der Verwalter die Aufnahme des Rechtsstreites ab, so kann dieser, aber bloß zur Entscheidung der Frage, wer die Prozeßkosten zu tragen habe, von jeder der ursprünglichen Parteien aufgenommen werden: § 13 Abs. 2 Satz 4 AnfG. Vgl. Otto 224.

[6] § 13 Abs. 2 Satz 5 AnfG. Sowohl zur Ablehnung der Aufnahme des anhängigen Anfechtungsprozesses wie zur Erhebung des selbständigen neuen muß er aber, wenn es sich um einen Wert von mehr als dreihundert Mark handelt, die Genehmigung des GlA. einholen, wenn ein solcher besteht: § 133 Nr. 2 KO. S. aber auch § 135, 136 KO.

[7] S. § 202 ff. KO. Vgl. unt. § 51 III.

denn, daß eine Wiederaufnahme des Konkursverfahrens erfolgt.[8] Bloß wegen der Frage, wer die Prozeßkosten zu tragen habe, kann der Prozeß zwischen dem Anfechtungsgegner und dem Gemeinschuldner fortgesetzt werden.[9] Wird das Konkursverfahren auf Grund der Schlußverteilung aufgehoben, so kann im Hinblicke auf die Möglichkeit einer Nachtragsverteilung der Konkursverwalter nicht allein schwebende Anfechtungsprozesse zu Ende führen, sondern auch neu ermittelte Anfechtungsrechte ausüben.[10]

Nach der Beendigung des Konkursverfahrens können aber Anfechtungsrechte, deren Ausübung dem Konkursverwalter wegen der Beendigung seines Amtes nicht mehr möglich ist, von den einzelnen Gläubigern nach Maßgabe des Anfechtungsgesetzes verfolgt werden, soweit nicht gegenüber dem Verwalter, z. B. durch Verzicht oder Vergleich, der Anfechtung entgegenstehende Einreden erlangt sind.[11]

III. Die Gläubigeranfechtung geschieht, sowohl im Konkurse wie außerhalb des Konkurses, entsprechend der Anfechtung von Willenserklärungen wegen Irrtums, Täuschung oder Drohung, durch einseitige Erklärung

---

[8] S. § 190 vbd. § 198—201 KO. Vgl. unt. § 48 IV., § 50 III.

[9] Vgl. RG 14. III. 82 (7 35 fg.), 27. III. 93 (31 43), 21. X. 02 (52 331 ff.). S. auch Jäger[2] § 29 Anm. 24.

[10] S. § 166 Abs. 2 KO, ob. § 7 Anm. 28 und unt. § 43 I. Vgl. RG 17. IX. 91 (28 68 ff.), Otto 155, Seuff. 228, Cosack 363 Anm. 4. A. M. Pet.-Kleinf. Bem. 14 zu § 13 AnfG.

[11] § 13 Abs. 4 AnfG. Die Einrede der Versäumnis der in § 41 Abs. 1 Satz 1 KO bestimmten Frist kann jedoch dem einzelnen Gläubiger nach der Beendigung des KVerf. nicht entgegengehalten werden. Vgl. Hartmann-Frankenburger Komm. zum AnfG[4] Bem. 12 zu § 13 (257 ff.), Pet.-Kleinf. Bem. 17 z. § 13 AnfG. A. M. z. B. Jäckel Die Anfechtung von Rechtshandlungen zahlungsunfähiger Schuldner außerhalb des Konkurses[2] 244.

gegenüber dem Anfechtungsgegner,[12] die, wenigstens bei der Anfechtung im Konkurse, an keine besondere Form gebunden ist und sowohl außerhalb wie innerhalb eines Prozeßverfahrens abgegeben werden kann.[13] Sie kann aber von Seite des Konkursverwalters nur innerhalb eines Jahres seit der Konkurseröffnung geschehen.[14] Ist durch die anfechtbare Handlung eine Verpflichtung des Gemeinschuldners zu einer Leistung begründet, so kann der Konkursverwalter die Leistung verweigern, auch wenn

[12] § 143 BGB. Daß diese Vorschrift hier eingreift, erhellt daraus, daß die ursprüngliche Fassung sowohl des § 41 (früher 34) KO als des § 12 AnfG in ausgesprochenem Anschlusse an § 124 BGB geändert worden ist. S. Begr. zu § 34 KÄE. (35) und zu Art. VII Abs. 5 Entw. des EG zur KO-Novelle, Kom. Ber. zu § 34 KÄE (12 fg.). So auch Seuff. 220, Wilm. § 29 Anm. 14, Wolff § 29 Bem. 11, Kohler 137. A. M. Pet.-Kleinf. § 29 Bem. 11, Wendt im CivA **91** 458 ff., Langheineken Anspruch und Einrede 117 fg., jetzt auch Jäger[2] § 29 Anm. 54—56, nach deren Meinung die Anfechtung durch Geltendmachung des „Anfechtungsanspruches" geschieht.

[13] Nach RG 22. X. 02 (52 340 ff.) könnte die Gläubigeranfechtung nach Maßgabe des Anfechtungsgesetzes bloß durch Erklärung innerhalb eines Prozeßverfahrens, sei es auch nur in einem vorbereitenden Schriftsatze, geschehen. Über die Form der Anfechtung im Konkurse ist damit nicht entschieden. Jäger[2] § 29 Anm. 56, 57 nimmt an, daß das Anfechtungsrecht im Konkurse wie außerhalb des Konkurses nur gerichtlich geltend gemacht werden könne, und zwar entweder durch Erhebung der Anfechtungsklage oder im Wege der Einwendung, Replik oder Widerklage, in diesen Fällen also erst in der mündlichen Verhandlung. — Die Prozeßvollmacht ermächtigt zur Abgabe und Entgegennahme der Anfechtungserklärung: RG a. a. O. 343 fg.

[14] § 41 Abs. 1 Satz 1 KO. Entspr. § 124 Abs. 1 BGB. Berechnung der Frist nach § 188 Abs. 2, 3, 193 BGB. Der Lauf der Frist wird in gleicher Weise gehemmt, wie nach § 203 Abs. 2, 207 BGB derjenige der Verjährung: § 41 Abs. 1 Satz 2 KO. Entspr. § 124 Abs. 2 BGB. — Wo eine erst nach der KE. vorgenommene Rechtshandlung der Anfechtung unterliegt, beginnt die Frist mit der Vornahme der Rechtshandlung: § 42 Satz 2 KO.

wegen des Ablaufes dieser Frist oder im Fall der Anfechtbarkeit nach § 31 Nr. 1 KO der dreißigjährigen Frist seit der Vornahme der Handlung die angriffsweise Geltendmachung des Anfechtungsrechtes ausgeschlossen ist.[15]

§ 18.

dd. Wirkungen der Gläubigeranfechtung.*)

I. Welche Rechtsfolge sich an die erfolgreiche Gläubigeranfechtung knüpfe, ist gegenwärtig der Gegenstand lebhaften Streites. Es fragt sich nämlich, ob diese Anfechtung nur obligatorische Wirkung habe, d. h. bloß ein Forderungsrecht gegen den Anfechtungsgegner auf Rückgewähr begründe, oder ob ihr eine sog. dingliche Wirkung zukomme, d. h. die Wirkung, daß nun zu Gunsten der benachteiligten Gläubiger die angefochtene Rechtshandlung als von Anfang an nichtig erscheine. Schon nach der ursprünglichen Fassung der Konkursordnung und des Anfechtungsgesetzes konnte ein solcher Zweifel entstehen; denn während der Wortlaut des § 22 (jetzt 29) der Konkursordnung und der §§ 1 und 7 des Anfechtungsgesetzes für die dingliche Wirkung spricht, war die alte Fassung von § 34 (41) der Konkursordnung und § 12 des Anfechtungsgesetzes der Annahme bloß obligatorischer Wirkung

---

[15] § 41 Abs. 2 KO. Entspr. § 821, 853, 2083, 2345 BGB. Vgl. Begr. z. § 34 KÄE. (35).

*) Litt.: Hellwig, Die Verträge auf Leistung an Dritte (Leipz. 1899) § 58 (379 ff.) und in BuschsZ **26** 474 ff. (1899), Kipp in Windscheid-Kipp, Lehrb. des Pandektenrechts[8] 2 (1900) Bem. zu § 463a (953 ff.), Wendt im CivA **91** (1901) 442 ff., H. Müller, Das Anfechtungsrecht (s. ob. § 15 Anm.*) § 8—10, K. Meyer in JW 1902 613 ff., O. Gaze, Die rechtliche Folge der Anfechtung einer anfechtbaren Handlung im Konkurse. Hall. Diss. 1903, Kleinfeller in DJZ 1903 S. 386 ff.

günstig. Auch die Äußerungen der Motive zur Konkursordnung und zum Anfechtungsgesetze sind unentschieden und schwankend; sie weisen zu einem Teil sehr bestimmt auf die dingliche Wirkung hin.[1] Gleichwohl hatte sich die weitaus herrschende Meinung im Anschlusse an das römische und gemeine Recht zu Gunsten der obligatorischen Wirkung entschieden. Dieser Meinung folgt auch die überwiegende Rechtsprechung des Reichsgerichtes, obgleich es an Entscheidungen im Sinne der dinglichen Wirkung nicht fehlt.[2]

In der neuen Fassung der genannten Gesetze hat nun aber sowohl § 34 (41) KO als § 12 AnfG in Rücksicht auf das Bürgerliche Gesetzbuch eine Änderung erfahren, die zu der Frage drängt, ob nicht jetzt wenigstens der Gläubigeranfechtung die dingliche Wirkung zuzuschreiben sei. Für die Bejahung hat sich bereits eine größere, stets wachsende Zahl von Stimmen ausgesprochen,[3] und mit Recht aus folgenden Gründen:

---

[1] So z. B., wenn es in Mot. § 22 Abs. 4 (112 fg.) heißt, der Anfechtungsberechtigte sei befugt, das Anfechtungsrecht durch die Einklagung des entzogenen Gegenstandes mit der diesem entsprechenden Klage geltend zu machen und der einwandweisen Berufung auf die Rechtshandlung durch ihre Anfechtung zu begegnen, und ebend. Abs. 9 (115), die Anfechtung solle das Geschehene ungeschehen machen, oder wenn in Mot. §§ 30—32 Abs. 2 (146) ausgesprochen wird: „Die angefochtene Handlung übt gegen die Konkursgläubiger keine Wirkung; hinsichtlich der Gläubiger wird es so angesehen, als ob die Handlung nicht geschehen wäre." S. auch noch Mot. ebend. I. Abs. 2 (147), II. Nr. 1 (149).

[2] In diesem Sinne namentlich RG 2. XI. 87 (**19** 202 fg.) und besonders RG 28. VI. 98 (**42** 345). S. auch die Nachweisungen bei Hellwig in Z 474 ff. und bei Gaze 1 fg.

[3] So vor Allen Hellwig und im Anschlusse an ihn Kipp, Müller, Gaze in den angeführten Schriften. Ferner Wolff § 29 Bem. 10, Hellmann in Birkmeyers Encyklopädie der Rechtswissenschaft 743, Crome System des Deut. Bürg. Rechts **1** § 80 III

1. Da sowohl die Konkursordnung wie das Anfechtungsgesetz in Rücksicht auf das Bürgerliche Gesetzbuch eine veränderte Fassung erhalten haben und die Konkursordnung vielfach auf dieses Gesetzbuch verweist, wie auch umgekehrt, so sind alle diese Gesetze nur als verschiedene Teile eines einheitlichen Ganzen zu betrachten und in einheitlichem Sinn auszulegen.[4] Schon deshalb kann dem Rechtsbegriffe der „Anfechtung" in den beiden ersten Gesetzen keine andere Bedeutung zugeschrieben werden als diejenige, worin er überall in dem Bürgerlichen Gesetzbuche auftritt.

2. Daß dies der Willensmeinung des Gesetzgebers entspricht, wird unzweideutig dadurch bestätigt, daß § 41 KO und § 12 AnfG ihre neue Fassung ausgesprochenermaßen im Anschlusse an den von der Anfechtung einer Willenserklärung wegen Täuschung oder Drohung handelnden § 124 BGB erhalten haben, und weil nach dem Bürgerlichen Gesetzbuche die Anfechtung nicht die Geltendmachung eines Anspruches sei, sondern durch eine Erklärung gegenüber dem Anfechtungsgegner geschehe.[5]

3. Jede im Bürgerlichen Gesetzbuche auftretende Anfechtung, so verschieden auch im Einzelnen die Anfechtungsgründe sind, hat nun bei dem Dasein ihrer gesetzlichen Voraussetzungen die Folge, daß die angefochtene Rechts-

---

(353 fg.), 2 § 184 Nr. 2 (252). Die herrschende Meinung hält auch jetzt noch an der obligatorischen Wirkung fest. So Wendt, Meyer und Kleinfeller a. d. a. OO., Pet.-Kleinf. § 29 Bem. 16, Jäger[2] § 29 Anm. 9 ff., Sar.-Boß. § 29 Bem. 2, Wilm. § 29 Bem. 11, Seuff. 220, Kohler 137 fg., Langheineken Anspruch und Einrede 115 ff. u. A. In diesem Sinne wohl auch RG 24. VI. 02 (52 85).

[4] Art. 32 EG z. BGB muß demnach hier gänzlich außer Betracht bleiben. A. M. Kleinfeller in DJZ 386.

[5] S. ob. § 17 Anm. 12.

handlung als „von Anfang an nichtig anzusehen ist“.[6] Mithin muß denn auch der erfolgreichen Gläubigeranfechtung diese Wirkung zugeschrieben werden, und um so mehr, als die Fassung des § 29 KO und der § 1, 7 AnfG sehr bestimmt auf sie hinweist.[7] Es kommt aber noch hinzu, daß § 7 (früher 6) Abs. 1 KO eine bemerkenswerte Änderung erfahren hat. Während er früher von dem Gemeinschuldner nach der Konkurseröffnung vorgenommene Rechtshandlungen für „den Konkursgläubigern gegenüber nichtig“ erklärte, erklärt er sie jetzt im Anschlusse an § 135 BGB für „den Konkursgläubigern gegenüber unwirksam“. Dadurch ist eine genaue Über=

---

[6] S. § 142 und § 1343, 1596 Abs. 3, 1599, 1957, 2344 vbd. 2342 BGB. Da dieses in allen Anfechtungsfällen des Bürgerlichen Gesetzbuches trotz sonstiger größter Verschiedenartigkeit gilt, und sogar dann, wenn, wie in den Fällen der § 1341, 1596, 1599, 2342 BGB, die Anfechtung ausnahmsweise durch Erhebung der Anfechtungsklage geschehen muß, so erledigt sich damit der Einwand (z. B. bei Jäger[2] § 29 Anm. 14 und Kleinfeller a. a. O.), daß die Gläubigeranfechtung eine solche Wirkung nicht haben könne, weil sie nach Grund und Zweck von der Anfechtung wegen Irrtums, Täuschung und Drohung sehr verschieden sei. Noch weniger läßt sich daraus folgern (Wendt 460 fg., Kleinfeller 387), daß § 342 Abs. 3 HGB nicht auf das BGB, sondern auf die KO verweist; denn die Gläubigeranfechtung im Konkurse hat doch immerhin ihre Besonderheiten, wie z. B. auch die Anfechtung des Erbschaftserwerbes wegen Erbunwürdigkeit nach § 2340 ff. BGB.

[7] § 29 KO: „Rechtshandlungen — — können als den Konkursgläubigern gegenüber unwirksam — — angefochten werden.“ § 1 AnfG: „Rechtshandlungen — — können — — zum Zwecke der Befriedigung eines Gläubigers als diesem gegenüber unwirksam — — angefochten werden.“ § 7 AnfG: „Der Gläubiger kann — — beanspruchen, daß dasjenige, was durch die anfechtbare Handlung aus dem Vermögen des Schuldners veräußert, weggegeben oder aufgegeben ist, als noch zu demselben gehörig von dem Empfänger zurückgewährt werde.“

einstimmung des Wortlautes mit § 29 KO hergestellt, und jener Ausdruck kann hier nicht anders verstanden werden als dort. Es erhellt also, daß durch die erfolgreiche Anfechtung einer anfechtbaren Rechtshandlung dieselbe rechtliche Lage geschaffen wird, wie sie bei einer Rechtshandlung, die der Gemeinschuldner nach der Konkurseröffnung vornimmt, von selbst und ohne weiteres besteht. Nun wird aber allgemein anerkannt, daß in § 7 Abs. 1 KO eine sog. relative Nichtigkeit gemeint ist,[8] und folglich müssen auch die erfolgreich angefochtenen Rechtshandlungen als relativ nichtig betrachtet werden.[9]

---

[8] S. unt. § 24 I.

[9] Die Gegengründe sind von geringem Gewichte. Sie bestehen, soweit sie nicht schon in den Anm. 4 und 6 erwähnt worden sind, in folgendem (s. z. B. Jäger[2] § 29 Anm. 10ff.): 1) Eine so weittragende Abänderung des bisherigen Rechtes sei nicht als beabsichtigt anzunehmen. Diesem Einwande käme aber nur dann eine gewisse Bedeutung zu, wenn nicht, wie oben erwiesen, die Art der Wirkung der Gläubigeranfechtung schon nach der alten Fassung der KO und des Anfechtungsgesetzes sehr zweifelhaft gewesen wäre. 2) Bei der Annahme der dinglichen Wirkung erschiene § 37 Abs. 1 KO wohl als entbehrlich. Mag sein, aber in Widerspruch mit jener Wirkung steht die Vorschrift deswegen doch nicht. 3) Auch § 40 Abs. 2 KO, worauf sich Jäger[2] § 29 Anm. 19 und Meyer S. 618 berufen, ist, wie Hellwig in Z 488ff. gezeigt hat, als Einschränkung dessen, was aus dem BGB folgen würde, mit der dinglichen Wirkung verträglich. 4) Das Wort „Anfechtungsanspruch", welches auf die obligatorische Wirkung hinweise, sei zwar in § 3, 4, 11 AnfG beseitigt worden, aber doch in § 5, 10, 13 AnfG stehen geblieben. Das wird denn wohl auf einem Übersehen beruhen. Die Festhaltung des Wortes an einigen Stellen ist aber auch ohne Belang, weil im Sinn des Anfechtungsgesetzes die „Erhebung des Anfechtungsanspruches" nur die gerichtliche Geltendmachung des Anfechtungsrechtes, sei es mittels klageweiser Verfolgung der durch die Anfechtung erwachsenden Ansprüche, sei es mittels Abwehr eines Anspruches des Anfechtungsgegners, bedeutet. Vgl. Hellwig Anspruch u. Klagrecht 425 Anm. 96 und hier auch Jäger[2] § 29 Anm. 13. 5) Endlich soll § 39 KO der Annahme dinglicher Wirkung widerstreiten, da die Forderung des Anfechtungs-

Folgerungen sind z. B.:[10]

a) Hat der Gemeinschuldner durch eine anfechtbare Rechtshandlung das Eigentum einer ihm gehörigen Sache auf einen Anderen übertragen, so kann diesem der anfechtende Konkursverwalter die Sache mit der Eigentumsklage abfordern und der Berufung des Gegners auf die Rechtshandlung mit ihrer Anfechtung begegnen.[11] Im Konkurse des Anfechtungsgegners erscheint dieser Anspruch auf Herausgabe der Sache als ein Aussonderungsanspruch.

b) Ficht der Konkursverwalter eine von dem Gemeinschuldner vorgenommene Auflassung an, so kann er gegenüber dem Anfechtungsgegner sofort die Grundbuchberichtigung und nicht eine bloße Rückauflassung verlangen.[12]

---

gegners nicht mit Ausübung des Anfechtungsrechtes, sondern erst mit der Rückgewähr des Empfangenen wieder in Kraft trete. Die Vorschrift des § 39 KO spricht aber im Gegenteil vielmehr zu Gunsten jener Annahme, da doch bei bloß obligatorischer Wirkung die Forderung gar nicht von selbst wieder in Kraft treten könnte. Daß dieses erst mit der Rückgewähr erfolgt, ist zum Schutze der Gläubiger geboten. Vom Standpunkte des römischen Rechtes wäre zu sagen: bis zur Rückgewähr stehe der Geltendmachung der Forderung eine exceptio doli entgegen. Vgl. noch Kipp 957 fg. Schließlich sei darauf hingewiesen, daß bei bloß obligatorischer Wirkung der Anfechtung ihre Ausübung durch bloße Erklärung gar keinen Sinn und Zweck hätte. Darum wird denn auch von mehreren Verfechtern dieser Wirkung — freilich in offenem Widerspruche mit Begr. und Kom.-Ber. zu § 34 KAE. — geleugnet, daß die Anfechtung jetzt durch eine solche Erklärung geschehe. S. ob. § 17 Anm. 12.

[10] Näheres bei Gaze 26 ff.

[11] So schon Mot. § 22 Abs. 4 (112 fg.). S. ob. Anm. 1. Ferner Pet.-Kleinf. § 29 Bem. 19 trotz der Annahme bloß obligatorischer Wirkung. S. auch RG 2. XI. 87 (**19** 202).

[12] Vgl. Hellwig in Z 481 IV. Die Frage ist von großer Wichtigkeit wegen der Kosten und der Stempelsteuer oder ähnlicher Abgaben.

c) Hat der Gemeinschuldner dem Anfechtungsgegner in anfechtbarer Weise eine Schuld erlassen, so kann der Konkursverwalter gleichwohl die Forderung gegen ihn geltend machen und den Einwand des Erlasses durch die Anfechtung beseitigen.[13]

d) Ist das aus dem Vermögen des Gemeinschuldners anfechtbar erworbene Eigentum oder sonstige Recht von dem Erwerber weiter veräußert worden, so kann zufolge der Anfechtung der Konkursverwalter das Recht als noch zu dem Vermögen des Gemeinschuldners gehörig auch gegen den Rechtsnachfolger jenes ersten Erwerbers verfolgen, und zwar müßte ihm das nach allgemeinen Grundsätzen möglich sein, soweit nicht die Vorschriften des bürgerlichen Rechtes zum Schutze derjenigen, welche in gutem Glauben von einem Nichtberechtigten erwerben, entgegenstünden.[14] Hier hat jedoch die Konkursordnung die Haftung der Rechtsnachfolger durch besondere Vorschriften geregelt, die ihnen im ganzen etwas günstiger sind als jene allgemeinen schützenden Regeln.[15]

II. Weil die angefochtene Rechtshandlung den Konkursgläubigern gegenüber als von Anfang an unwirksam erscheint, so muß auch alles, was zufolge der Rechtshandlung aus dem Vermögen des Gemeinschuldners tatsächlich an den Anfechtungsgegner gelangt ist, wie z. B. die an ihn veräußerte und in seinem Besitze befindliche Sache, der ihm übergebene Hypothekenbrief, die ihm bei dem Schulderlasse ausgehändigte Schuldurkunde usw., an

[13] So Pet.-Kleinf. § 37 Bem. 1 und im Grunde auch Jäger² § 37 Anm. 3, obgleich sich das mit bloß obligatorischer Wirkung der Anfechtung nicht verträgt.

[14] Vgl. unt. § 24 Anm. 16.

[15] S. § 40 Abs. 2 KO und ob. § 16 III. Vgl. Hellwig in Z 487 ff.

die Konkursmasse zurückgewährt werden.[16] Ist (z. B. wegen Weiterveräußerung, Verzehrung, sonstigen Unterganges oder Verschlechterung der Sache) dem Anfechtungsgegner die Rückgewähr nicht oder nicht vollständig möglich, so muß er an die Konkursmasse Ersatz leisten, und zwar abgesehen von dem Fall des gutgläubigen Erwerbes aus unentgeltlicher Verfügung, da er in allen anderen Fällen die Anfechtbarkeit kannte oder kennen mußte, nach Maßgabe der Vorschriften des Bürgerlichen Gesetzbuches über die Haftung desjenigen, welcher wissentlich aus einem nichtigen Rechtsgeschäfte erworben hat.[17] Nach diesen Vorschriften bemißt sich auch der Umfang seiner Haftung für Früchte und sonstige Nutzungen, sowie seiner Ansprüche wegen Verwendungen. Bezüglich aller dieser Fragen kommen demnach die Bestimmungen in § 819 und § 291, 292 BGB zur Anwendung.[18] In entsprechender Weise und nach denselben Grundsätzen haftet als Anfechtungsgegner auch der Sondernachfolger des ersten Erwerbers, falls er nicht gutgläubig aus unentgeltlicher Verfügung erworben hat.[19]

---

[16] § 37 Abs. 1 KO. Vgl. § 7 Abs. 1 AnfG.

[17] S. § 142 Abs. 2 BGB. Auch nach Mot. §§ 30—32 I. Abs. 3 (147 fg.) sind diese und verwandte Fragen nach den allgemeinen Regeln des bürgerlichen Rechtes zu beurteilen. Ebenso Hellwig in Z 482 fg. A. M., wonach dafür lediglich § 37 KO entscheidend wäre, RG 8. XI. 89 (24 143), Pet.-Kleinf. § 37 Bem. 2, Jäger² § 37 Anm. 6 u. A.

[18] Vgl. Hellwig in Z 483 fg., Wolff § 37 Bem. 3.a. Wegen des einzelnen s. Gaze 30 ff. Die Haftung des Anfechtungsgegners kann noch eine Steigerung erleiden durch hinzutretenden Verzug. S. darüber Gaze 34 fg.

[19] Folgt aus § 40 Abs. 3 KO. Soweit die KM. von dem ersten Erwerber erhalten hat, was ihr gebührt, ist natürlich sein Rechtsnachfolger befreit, und umgekehrt. Vgl. Jäger² § 40 Anm. 23.

Der gutgläubige Empfänger einer unentgeltlichen Leistung hat sie nämlich, die Fortdauer seines guten Glaubens bis zu der Anfechtungserklärung vorausgesetzt, nur so weit zurückzugewähren, als er durch sie zur Zeit dieser Erklärung[20] noch bereichert ist.[21] In gutem Glauben ist aber der Empfänger als erster Erwerber vom Gemeinschuldner, wenn er zur Zeit seines Erwerbes den Umständen nach keinen Grund zu der Annahme hatte, daß durch die Zuwendung die Befriedigung der Gläubiger des Gemeinschuldners verkürzt werde,[22] als Sondernachfolger des ersten Erwerbers, wenn er zur Zeit seines Erwerbes nicht wußte, daß durch den Erwerb seines Rechtsvorgängers jene Befriedigung verkürzt ist.[23] Diese mildere Behandlung des Empfängers dauert aber nur so lange wie sein guter Glaube. Sobald dieser aufhört, haftet er für die Rückerstattung des Empfangenen, soweit er dadurch jetzt noch bereichert ist, in der oben dargelegten strengen Weise.[24]

---

[20] Vgl. Seuff. 223.

[21] § 37 Abs. 2, 40 Abs. 3 KO. Vgl. § 7 Abs. 2, 11 Abs. 3 AnfG. Bbd. Mot. §§ 30—32 I. letzt. Abs. (148), § 818 BGB. Daß und wie weit die von dem KV. bewiesene ursprüngliche Bereicherung später aufgehoben worden ist, hat der Empfänger zu beweisen. Vgl. Jäger² § 37 Anm. 35.

[22] Vgl. Cosack 252, 299, Jäger² § 37 Anm. 29, Pet.-Kleinf. § 37 Bem. 13, Wilm. § 37 Bem. 12. Andere Begriffsbestimmungen bei Seuff. 223, Sar.-Boß. § 37 Bem. 4, Wolff § 37 Bem. 4 (3).

[23] Vgl. Jäger² § 40 Anm. 20. Da die mildere Haftung nach § 37 Abs. 2, 40 Abs. 3 KO eine Ausnahme von der Regel des § 37 Abs. 1 KO ist, so muß der Anfechtungsgegner, wenn er jene beansprucht, seinen guten Glauben beweisen. So auch Cosack 302 Nr. 4. a, Pet.-Kleinf. § 37 Bem. 14, Sar.-Boß. § 37 Bem. 4, Jäger² § 37 Anm. 31. Anders die Mot. §§ 30—33 I. a. E. (148 a. E.), Seuff. 223, Wilm. § 37 Bem. 12.

[24] S. Mot. a. a. O., Prot. 28. Das Aufhören des guten Glaubens hat stets der KV. zu beweisen. Ebenso Pet.-Kleinf. a. a O., Sar.-Boß. a. a. O. A. M. Cosack 302 Nr. 4. b, Jäger² a. a. O.

Die Klage, womit der Konkursverwalter die der Konkursmasse gegen den Anfechtungsgegner zufolge der Anfechtung zustehenden Ansprüche geltend machen kann, ergibt sich gleichfalls einfach daraus, daß die angefochtene Rechtshandlung als von Anfang an nichtig erscheint, ebenso wie in dem Fall der Anfechtung eines wegen Irrtums, Täuschung oder Drohung anfechtbaren Geschäftes. Ist also z. B. eine Eigentumsübertragung angefochten, so kann der Konkursverwalter die Eigentumsklage gebrauchen, ist ein Schulderlaß angefochten, die Klage, die der nunmehr als nicht erloschen sich darstellenden Forderung entspricht, usw. Hiernach entscheidet sich denn auch in jedem einzelnen Fall die Frage nach der Gerichtszuständigkeit.[25]

III. Ist ein gegenseitiger Vertrag des Gemeinschuldners mit dem Anfechtungsgegner, wie z. B. ein Kaufvertrag oder Tauschvertrag, angefochten, so kann, da der

[25] War die anfechtbar erlassene Forderung eine Forderung aus unerlaubter Handlung, so kann also auch der Gerichtsstand der unerlaubten Handlung nach § 32 CPO begründet sein. Niemals kann aber, wenn man die dingliche Wirkung der Anfechtung anerkennt, von einer Klage aus dieser die Rede sein, da sie selbständige Ansprüche nicht begründet. Möglich ist nur eine Klage auf Feststellung des Rechtsverhältnisses, das nach der Behauptung des KV. zufolge der Anfechtung besteht. Vgl. Hellwig in Z 480. Damit erledigt sich von selbst der unter den Vertretern der bloß obligatorischen Wirkung der Anfechtung lebhaft verhandelte Streit, ob in gewissen Fällen die dadurch begründeten Ansprüche Deliktsansprüche seien, eine Frage, die übrigens selbst vom Standpunkte dieser Meinung wohl richtiger zu verneinen ist. Vgl. Jäger² § 29 Anm. 4 ff. Unter Umständen kann allerdings in der Teilnahme an der anfechtbaren Rechtshandlung eine unerlaubte Handlung des Anfechtungsgegners den Gläubigern gegenüber liegen. Die daraus für diese gegen ihn nach § 823 BGB entstehenden Ansprüche auf Schadenersatz können aber nur von den einzelnen geschädigten Gläubigern verfolgt werden. Vgl. Seuff. 225 fg., Jäger² Anm. 4.

Vertrag jetzt als von Anfang an nichtig und daher die von dem anderen Teil gemachte Gegenleistung als des rechtlichen Grundes entbehrend erscheint, der Anfechtungsgegner diese Gegenleistung aus dem Gesichtspunkte ungerechtfertigter Bereicherung zurückfordern, und zwar als Masseanspruch (Masseschuld), soweit sich das Geleistete noch unterscheidbar in der Konkursmasse vorfindet oder diese um seinen Wert bereichert ist, darüber hinaus bloß als Konkursforderung.[26] Jedoch kann er diese Rück-

[26] § 38 KO vbd. § 59 Nr. 3 KO, § 812, 818 BGB. Vgl. § 8 AnfG. Auch Jäger² § 38 Anm. 2, 3 nimmt einen Bereicherungsanspruch wegen Wegfalls des rechtlichen Grundes an, aber vom Standpunkte bloß obligatorischer Wirkung der Anfechtung schwerlich mit Recht. Andererseits kann man vom Standpunkte der dinglichen Wirkung nicht mit Mot. §§ 30—32 II. Nr. 1 (149), Hellwig in Z 480 und Wolff § 38 Bem. 1 einen Aussonderungsanspruch annehmen; denn z. B. bei einem beiderseits erfüllten Tauschvertrage liegen nach den Grundsätzen des Bürgerlichen Gesetzbuches drei Rechtsgeschäfte vor: der obligatorische Kausalvertrag und die beiden auf Eigentumsübertragung gerichteten abstrakten dinglichen Leistungsgeschäfte. Nun kann aber der KV. nur diejenigen Rechtshandlungen anfechten, welche den KGl. Befriedigungsmittel entzogen haben, also hier den Kausalvertrag und die Leistung des GSch. Mithin stellt sich die Gegenleistung nicht als nichtig dar, sondern sie kann nur wegen mangelnden Rechtsgrundes zurückgefordert werden. — Streitfrage, ob die Masse nur dann um den Wert der Gegenleistung bereichert sei, wenn er erst nach der KE. in sie geflossen ist, oder auch dann, wenn er sich schon vorher im Vermögen des GSch. befunden hat und somit durch die KE. ein Bestandteil der Masse geworden ist. Für jenes mit Recht Mot. §§ 30—32 II. Nr. 2 (149), § 52 Nr. 3 (246), Prot. 28. S. ob. § 14 II. B. Nr. 3. So auch Kohler 144 fg. Für dieses die herrschende Meinung. Vgl. z. B. Cosack 274, Sar.-Boß. § 38 Bem. 2, Pet.-Kleinf. §§ 38, 39 Bem. 1. — Dafür, daß § 38 Satz 2 KO nur den Anspruch auf Rückerstattung der Gegenleistung meint, auch Jäger² § 38 Anm. 7 gegen die herrschende Lehre, wonach sich dieser Satz auch auf Schadenersatzforderungen wegen Nichterfüllung oder Entwehrung bezöge. Vgl. z. B. Cosack 277 fg., Seuff. 224.

forderung nur dann mit Erfolg geltend machen, wenn er die Rückgewähr, die ihm infolge der Anfechtung zur Konkursmasse obliegt, bereits geleistet hat oder gleichzeitig leistet.[27] War durch die angefochtene Rechtshandlung (als z. B. Zahlungsempfang, Vollstreckungshandlung) eine (nicht angefochtene) Forderung des Anfechtungsgegners getilgt worden, so tritt mit der Rückgewähr des Empfangenen zur Konkursmasse die Forderung wieder in Kraft.[28]

Ist der Anfechtungsgegner ein Sondernachfolger des ersten Erwerbers, so kann er sich wegen einer an seinen Rechtsvorgänger gemachten Gegenleistung immer nur an diesen halten. Den Anspruch des ersten Erwerbers auf Rückerstattung der von diesem an den Gemeinschuldner oder die Konkursmasse gemachten Gegenleistung kann er nur geltend machen, wenn er dazu nach Maßgabe des allgemeinen bürgerlichen Rechtes infolge von Abtretung, Pfändung, Verpfändung u. dgl. in der Lage ist.[29]

IV. Die anfechtbare Rechtshandluug ist aber nur „den Konkursgläubigern gegenüber unwirksam".[30] Das hat hier dieselbe Bedeutung, wie bei denjenigen Rechtshandlungen, welche der Gemeinschuldner nach der Konkurseröffnung in Rücksicht auf Bestandteile der Konkursmasse vorgenommen hat.[31] D. h. während des Konkursverfahrens hat bloß der

---

[27] Entspr. § 39 KO. So auch Jäger[2] Anm. 3, Pet.-Kleinf. Bem. 3, Sar.-Boß. Bem. 1 Abs. 2. Besonders wichtig ist das, wenn sich der Anfechtungsgegner selbst im K. befindet.

[28] § 39 KO vbd. Mot. §§ 30 bis 32 a. E. (150). Vgl. § 8 AnfG. S. auch ob. Anm. 9 Nr. 5. Daß die Forderung gerade gegen den GSch. ging oder als Forderung gegen ihn im K. verfolgbar war, ist nicht erforderlich. Vgl. Jäger[2] § 39 Anm. 5, 6. S. auch noch Jäger[2] Anm. 8—16.

[29] Vgl. Mot. § 33 Nr. 2 Abs. 5, 6 (153). S. auch Jäger[2] § 38 Anm. 8, Sar.-Boß. § 38 Bem. 4.

[30] § 29 KO. Vgl. § 1 AnfG.

[31] S. § 7 Abs. 1 KO und unt. § 24 I.

Konkursverwalter in Erwägung des gemeinsamen Interesse der Konkursgläubiger zu entscheiden, ob die Rechtshandlung angefochten und damit ihrer rechtlichen Wirksamkeit von Anfang an entkleidet werden soll, oder nicht. Weder den einzelnen Gläubigern, noch dem Gemeinschuldner, noch endlich dem Anfechtungsgegner steht diese Entscheidung zu. Verzichtet der Verwalter auf die Anfechtung, so erscheint die Rechtshandlung als von Anfang an, und zwar vom Standpunkte eines Jeden, als wirksam.[32] Erklärt er dagegen die Anfechtung, so erscheint sie umgekehrt als von Anfang an, und zwar wiederum vom Standpunkte eines Jeden, als nichtig. Es besteht sonach hier ebenso, wie bei den von dem Gemeinschuldner nach der Konkurseröffnung vorgenommenen Rechtshandlungen, ein Schwebezustand, und die beiden Fälle unterscheiden sich nur dadurch, daß aus den zuletzt genannten Rechtshandlungen vor der Entscheidung des Schwebezustandes kein Anspruch mit Erfolg geltend gemacht werden kann, während die bloß anfechtbare Rechtshandlung bis zur Anfechtung als vollkommen wirksam behandelt wird.[33]

[32] Erhellt aus § 13 Abs. 4 AnfG. („soweit nicht dem Anspruch entgegenstehende Einreden gegen den Verwalter erlangt sind") und ist allgemein anerkannt.

[33] Vgl. unt. § 24 Anm. 10. Diese Sätze widersprechen freilich der ganz allgemeinen Annahme, die mit den Mot. § 22 Abs. 3 (111 fg.) dem Ausdrucke „den Konkursgläubigern gegenüber unwirksam" in § 29 KO die Bedeutung zuschreibt, daß „das Rechtsgeschäft, selbst wenn dessen Anfechtbarkeit richterlich ausgesprochen werde, als an sich gültig bestehen bleibe und seine Wirkung unter den handelnden Teilen nach dem Inhalte des Geschäftes behalte. Habe z. B. der Gemeinschuldner eine Sache verkauft, so werde zwar trotz des Verkaufes die Sache dem Käufer entwehrt, das Kaufgeschäft aber bleibe, allerdings jetzt mit Gewährspflicht, zwischen Verkäufer und Käufer bestehen." Aber wie ist die Entwehrung, also die Entziehung des dem Käufer vom Verkäufer übertragenen

d. Verminderung der Konkursmasse durch die Ausübung von Absonderungsrechten.*

§ 19.

aa. Die einzelnen Absonderungsrechte.

I. Wie, falls kein Konkurs über das Vermögen eines Schuldners eröffnet ist, ein Gläubiger, dem für seine Forderung ein besonderer Bestandteil dieses Vermögens kraft einer Hypothek oder eines Pfandrechtes oder in ähnlicher Weise haftet, seine Befriedigung daraus mit Vorzug vor den bloß persönlichen Gläubigern betreiben, diesen also ein Befriedigungsmittel entziehen kann: so wird auch im Konkursverfahren den Konkursgläubigern und den Massegläubigern ein Befriedigungsmittel entzogen, für diese Gläubiger also die Konkursmasse vermindert, wenn ein Absonderungsberechtigter seinen Anspruch auf „abgesonderte Befriedigung" geltend macht, d. h. auf Befriedigung aus einem gewissen besonderen für seine For-

---

Eigentums der Sache zu Gunsten der KM., d. h. im Hinblick auf § 6, 14 KO des Vermögens des Verkäufers, möglich, wenn das Geschäft, hier der dingliche Vertrag der Eigentumsübertragung, seine Wirkung zwischen Verkäufer und Käufer behält? Und wenn das nach der obigen Äußerung der Motive bei dem dinglichen Leistungsgeschäfte nicht der Fall ist, warum soll dann das ebenfalls angefochtene obligatorische Kausalgeschäft seine Wirkung unter den Parteien behalten, so daß es Gewährleistungsansprüche des Käufers gegen den Verkäufer erzeugt? Dann würden ja doch die KGl. immer noch zufolge des Kaufgeschäftes benachteiligt sein; denn ein solcher Gewährleistungsanspruch würde alle Merkmale einer KForderung haben und also zum Nachteil jener Gläubiger in dem KVerf. geltend gemacht werden können. Der Käufer hat in dem Anspruche auf die Rückerstattung seiner Gegenleistung alles, was ihm gerechterweise gebührt; denn wenn er sich auf ein Geschäft einließ, dessen Anfechtbarkeit er kannte oder kennen mußte, so mußte er mit der Gefahr eines Schadens rechnen.

* Litt.: Th. Wolff, Das Absonderungsrecht im Konkurse. Berlin 1892.

derung in der gedachten Weise haftenden Bestandteil der Masse. (S. ob. § 4 IV.) Dergleichen Absonderungsrechte können aber nach der Konkursordnung nur in folgenden Fällen geltend gemacht werden.[1]

1. Aus den zu der Masse gehörigen Gegenständen, die nach § 864 CPO der Zwangsvollstreckung in das unbewegliche Vermögen unterliegen (Grundstücke, Berechtigungen an Grundstücken, die rechtlich wie Grundstücke behandelt werden,[2] ins Schiffsregister eingetragene Schiffe[3]), können abgesonderte Befriedigung diejenigen verlangen, welche nach § 10 ZVG ein Recht auf Befriedigung daraus haben.[4] So namentlich diejenigen, welchen auf Grund einer Hypothek, Grundschuld, Rentenschuld oder Reallast, womit ein zu der Masse gehöriges Grundstück belastet ist, schon zur Zeit der Konkurseröffnung ein dingliches Befriedigungsrecht daran zustand.[5] Aber auch ein per-

---

[1] § 4 Abs. 1 vbd. § 47—52 KO. S. aber auch § 85 Abs. 2 Satz 3 GewO. Wegen des einem Absonderungsrechte verwandten Vorrechtes, das § 35 HypBankG im Konkurse einer Hypothekenbank den Pfandbriefgläubigern, und § 61 Abs. 3 PVersG im K. einer Lebensversicherungsanstalt den Versicherten gewähren, s. ob. § 11 Anm. 5.

[2] Hierher gehört nach § 1017 BGB, § 7 GBO namentlich das Erbbaurecht, ferner aber nach § 84 GBO vbd. Art. 63, 68 EG z. BGB und nach Art. 67, 69, 182, 196 EG z. BGB kraft landesgesetzlicher Vorschrift auch noch andere verwandte Berechtigungen an Grundstücken, wie z. B. das Bergwerkseigentum, das vererbliche und veräußerliche Recht zur Gewinnung eines den bergrechtlichen Vorschriften nicht unterliegenden Minerals, die Fischereiberechtigung, das Erbpachtrecht und andere vererbliche und veräußerliche Nutzungsrechte an Grundstücken. Vgl. Jäger § 48 Anm. 13.

[3] Das gilt jedoch nur von dem Schiffe im ganzen. Ein bloßer Anteil an einem eingetragenen Schiffe (Schiffspart) unterliegt nach § 858 CPO der Zwangsvollstreckung in das bewegliche Vermögen.

[4] § 47 KO. Vgl. RGP. § 111 III.

[5] Nach der KE. kann, mit wenigen Ausnahmen, Niemand zum Nachteil der KGl. ein Absonderungsrecht an einem zur

sönlicher Gläubiger des Gemeinschuldners, auf dessen Betreibung der Zwangsvollstreckung in ein unbewegliches Vermögensstück des Gemeinschuldners bereits vor der Konkurseröffnung die Beschlagnahme des Vermögensstückes erfolgt war, weil für den betreibenden Gläubiger durch diese Beschlagnahme ein einer Hypothek verwandtes Recht auf Befriedigung entsteht, das im Konkurse des Schuldners wirksam bleibt.[6] Diese Absonderungsberechtigten können ihre Befriedigung aus dem Absonderungsgegenstande außerhalb des Konkursverfahrens in der gleichen Weise und unter den nämlichen Voraussetzungen verlangen und betreiben, wie wenn kein Konkurs eröffnet wäre. Ebenso, wie unter dieser Voraussetzung, bestimmt sich insbesondere in jedem einzelnen Fall der Umfang der Immobiliarmasse in Rücksicht auf Zubehör, Früchte, Miet- und Pachtzinsen, ausstehende Versicherungsgelder u. dgl., ferner der Umfang der daraus zu berichtigenden Ansprüche in Rücksicht auf Kosten, Zinsen u. dgl., endlich die Rangordnung dieser Ansprüche,[7] so daß namentlich jeder Absonderungsberechtigte, falls der nach dem Range seines Rechtes aus dem Erlöse des Absonderungsgegenstandes darauf treffende Betrag zu seiner vollen Befriedigung nicht ausreicht, aus diesem Betrage zuvörderst wegen seiner

KM. gehörigen Gegenstande erwerben. S. § 14, 15, 24 KO und ob. § 5 IV., § 9 I., II. S. auch noch § 106 Abs. 1 Satz 2 KO vbd. § 136, 135 Abs. 1 Satz 2 BGB, § 221 KO.

[6] § 13 KO.

[7] Vgl. Mot. § 39 Abs. 4 a. E., 7, 8 (191 fg.). — Steht dem GSch. eine Hypothek, eine Grundschuld oder ein Pfandrecht an seiner eigenen Sache zu (s. § 1163, 1168 ff., 1182, 1192, 1200, 1256 BGB, § 868, 932 Abs. 2 CPO), so fließt derjenige Teil des Erlöses oder (bei der Zwangsverwaltung) Ertrages der Sache, welcher nach der gesetzlichen Rangordnung (s. § 10—12, 110, 155 ZVG) auf jenes Recht entfällt, in die KM., wie er unter der Voraussetzung nicht erfolgter KE. dem GSch. zufließen würde. Vgl. Jäger § 47 Anm. 4.

Kosten, dann wegen seiner Zinsen, endlich wegen seines Kapitals zu befriedigen ist.[8]

2. Aus einem zur Konkursmasse gehörigen Gegenstande, welcher der Zwangsvollstreckung in das bewegliche Vermögen unterliegt (bewegliche Sache, Forderung, sonstiges unkörperliches Vermögensstück), kann derjenige, welcher daran zur Zeit der Konkurseröffnung ein durch Rechtsgeschäft bestelltes Pfandrecht hat,[9] abgesonderte Befriedigung wegen seiner Pfandforderung verlangen, und zwar auch hier in gleicher Weise, unter denselben Voraussetzungen, in demselben Umfange und nach Maßgabe derselben Rangordnung, wie wenn kein Konkurs eröffnet wäre, aber auch hier so, daß er zuerst wegen der Kosten (der Kündigung, der persönlichen und dinglichen Rechtsverfolgung und des Pfandverkaufes[10]), sodann wegen der Zinsen, zuletzt wegen des Kapitals zu befriedigen ist.[11]

Ein diesem Absonderungsrechte der Vertragspfandgläubiger hinsichtlich der Behandlung im Konkurse überall gleichstehendes Absonderungsrecht[12] haben

a) diejenigen, welchen zur Zeit der Konkurseröffnung an gewissen zur Konkursmasse gehörigen Gegenständen ein gesetzliches Pfandrecht zusteht, in Ansehung dieser

---

[8] S. § 12 vbd. § 10 Abs. 2 ZVG. Vgl. § 367, 396 Abs. 2 BGB, § 48 KO.

[9] Wegen der Erfordernisse der rechtsgeschäftlichen Bestellung eines Pfandrechtes an Stücken des beweglichen Vermögens s. § 1205—1207, 1274, 1280, 1291—1293, 1296 BGB und § 366, 367, 679 ff. HGB. Die Erlöschungsgründe des Pfandrechtes s. § 1252—1256, 1278 BGB.

[10] S. § 1210 Abs. 2 BGB.

[11] § 48 KO. Vgl. ob. Anm. 8.

[12] § 49 KO. Die Gleichstellung beschränkt sich aber auf das konkursrechtliche Gebiet. S. § 48, 64, 118, 120, 127, 153 KO. In allem übrigen bemißt sich die Behandlung der durch § 49 KO gewährten Absonderungsrechte nach den sie betreffenden Rechtsvorschriften, ebenso wie wenn kein Konkurs eröffnet wäre. Vgl. Mot. § 41 A (217 fg.), Jäger § 49 Anm. 48.

Gegenstände.[13] Jedoch kann das gesetzliche Pfandrecht, das nach § 559, 580, 581 Abs. 2, 585 BGB dem Vermieter oder Verpächter eines Grundstückes, Wohnraumes oder anderen Raumes an den eingebrachten Sachen des Mieters oder Pächters und dem Verpächter eines landwirtschaftlichen Grundstückes außerdem an den Früchten des Grundstückes und an dem (selbst nach § 811 Nr. 4 CPO von der Pfändung ausgeschlossenen) Wirtschaftsinventar des Pächters für seine Forderungen aus dem Miet- oder Pachtverhältnisse zusteht, im Konkurse des Mieters oder Pächters nicht geltend gemacht werden erstens wegen des Miet- oder Pachtzinses für eine frühere Zeit als das letzte Jahr vor der Konkurseröffnung und zweitens wegen des Entschädigungsanspruches, der nach § 19 Satz 3 KO dem Vermieter oder Verpächter durch vorzeitige Kündigung von Seite des Konkursverwalters erwächst. Die erste Beschränkung fällt bei dem Verpächter eines landwirtschaftlichen Grundstückes weg.[14]

---

[13] Wegen der hierher gehörigen gesetzlichen Pfandrechte s. § 233; 559—563, 580, 581 Abs. 2, 585; 590; 647; 704 BGB, § 397 (s. auch § 398, 399); 410, 411; 421; 440—443 (vbd. § 26 BinnenschG); 623, 627, 674 (vbd. § 77 Abs. 2 BinnenschG); 725, 731 Abs. 3 (vbd. § 89 BinnenschG), 751 (vbd. § 97 BinnenschG, § 20, 21 Abs. 1 StrandO), 777 HGB, § 22 Abs. 2, 28, 29 FlößG. Das durch das gesetzliche Pfandrecht der Schiffsgläubiger an einem eingetragenen Schiffe und seinem Zubehör nach § 755 HGB und § 103 BinnenschG begründete Absonderungsrecht fällt, da ein eingetragenes Schiff für die Zwangsvollstreckung zum unbeweglichen Vermögen gehört, nicht unter § 49 Nr. 2, sondern unter § 47 KO. Wohl aber fällt unter § 49 Nr. 2 KO das gesetzliche Pfandrecht dieser Gläubiger an der Fracht nach § 756, 758, 771 ff. HGB und § 104, 112 BinnenschG. Näheres s. bei Jäger § 49 Anm. 4—11.

[14] § 49 Nr. 2 KO. Eingehend ist von dem Absonderungsrechte des Vermieters und Verpächters gehandelt bei Jäger § 49 Anm. 12—35.

b) diejenigen Pfandgläubiger, welche ihr Pfandrecht an einem Gegenstande der Konkursmasse durch gesetzmäßige, vor der Konkurseröffnung,[15] sei es zum Zwecke der Zwangsvollstreckung, sei es zur Vollziehung eines Arrestes, vollzogene Pfändung erlangt haben, in Ansehung des gepfändeten Gegenstandes.[16] Auch durch eine im Verwaltungswege vollzogene Vollstreckungs- oder Sicherungspfändung, ja sogar durch eine nach dem Landesrechte zulässige private Pfändung[17] wird das Absonderungsrecht begründet, wenn dadurch nach dem Landesrechte ein Pfandrecht entsteht.[18]

c) endlich gewisse Gläubiger, denen kein Pfandrecht zusteht. Nämlich:

aa) Die Reichskasse, die Staatskassen und die Gemeinden sowie die Amts-, Kreis- und Provinzialverbände haben wegen der auf bestimmten einzelnen Sachen lastenden Zölle, Verbrauchssteuern, Übergangsabgaben und ähnlichen öffentlichen Abgaben Anspruch auf abgesonderte Befriedigung aus diesen Sachen, wenn sie in gesetzlicher Weise zurückgehalten oder in Beschlag genommen sind.[19]

---

[15] Im Nachlaßkonkurse kommt es auf Pfändung vor dem Eintritte des Erbfalls an: § 221 KO.

[16] § 49 Nr. 2 KO. Vbd. § 804, 930 CPO. Hat der KV. nach § 127 KO die Verwertung des gepfändeten Gegenstandes betrieben, so besteht nun das Absonderungsrecht in Ansehung des Erlöses: § 127 Abs. 1 Satz 2 KO. Hat der Gerichtsvollzieher nach § 720, 805 Abs. 4, 815 Abs. 2, 827 Abs. 2, 854 Abs. 2, 930 Abs. 2 CPO gepfändetes Geld oder den Erlös des gepfändeten Gegenstandes, oder der Drittschuldner nach § 839, 853 CPO den Betrag der gepfändeten Forderung hinterlegt, so trifft in entsprechender Weise das Absonderungsrecht den hinterlegten Geldbetrag. Vgl. Gaupp-Stein CPO[4] § 804 V. 3, Jäger § 49 Anm. 40.

[17] Vgl. Art. 89 EG z. BGB.

[18] Vgl. Mot. § 41 VII. (215), Seuff. 110, Jäger § 49 Anm. 36—39.

[19] § 49 Nr. 1 KO vbd. Mot. § 41 I. (208). Vgl. § 14, 100

bb) Wer aus einer zum Nutzen einer zur Konkursmasse gehörigen beweglichen Sache vor der Konkurseröffnung gemachten Verwendung nach Maßgabe des bürgerlichen Rechtes einen mit einem Zurückbehaltungsrechte verbundenen[20] Ersatzanspruch an den Gemeinschuldner hat, kann wegen dieses Anspruches, soweit zur Zeit seiner Geltendmachung sein Betrag den infolge der Verwendung noch vorhandenen Mehrwert der Sache nicht übersteigt, abgesonderte Befriedigung aus der Sache verlangen, wenn er ihren Besitz vor der Konkurseröffnung erlangt und bis zur Geltendmachung des Absonderungsrechtes behalten hat.[21]

cc) Diejenigen, welchen nach dem Handelsgesetzbuche wegen gewisser Forderungen an gewissen Gegenständen der Konkursmasse zur Zeit der Konkurseröffnung ein Zurückbehaltungsrecht zusteht, können aus diesen Gegenständen

---

VerZollG. Für direkte Steuern kann ein Absonderungsrecht nur nach § 49 Nr. 2 KO durch Pfändung erworben werden. Vgl. Mot. a. a. O. S. aber § 61 Nr. 2 KO.

[20] Daß ein nach dem bürgerlichen Rechte bestehendes Zurückbehaltungsrecht vorausgesetzt ist, erhellt aus den Worten „in Ansehung der zurückbehaltenen Sache" in § 49 Nr. 3 KO. Daher kann wer die Sache durch eine vorsätzlich begangene unerlaubte Handlung erlangt hat, im Hinblick auf § 273 Abs. 2, 1000 Satz 2 BGB wegen Verwendungen auf die Sache kein Absonderungsrecht geltend machen. So auch Seuff. 111 fg., Jäger § 49 Anm. 41. A. M. Pet.-Kleinf. § 49 Bem. 33, Sar.-Boß. § 49 Bem. 4 Abs. 1.

[21] § 49 Nr. 3 KO vbd. Mot. § 41 V. 1 (214). Ist die Verwendung erst nach der KE. gemacht, so ist der Ersatzanspruch nach § 59 Nr. 3 KO Masseanspruch. — Ein Selbstbefriedigungsrecht, und zwar nach den Vorschriften über den Pfandverkauf, hat der Besitzer einer fremden beweglichen Sache wegen Verwendungen nur im Fall des § 1003 BGB. Im Konkurse des Eigentümers greift also dann § 127 Abs. 2 KO ein. Vgl. Jäger § 49 Anm. 43. Wegen Verwendungen auf ein Grundstück des GSch. hat der Besitzer kein Absonderungsrecht. Vgl. Jäger § 49 Anm. 44 A. M. Seuff. 111.

wegen jener Forderungen abgesonderte Befriedigung begehren.[22]

Unter den Absonderungsrechten, die hiernach an zur Konkursmasse gehörigen Stücken des beweglichen Vermögens bestehen, geht dasjenige wegen öffentlicher Abgaben (§ 49 Nr. 1 KO) allen übrigen vor.[23] Abgesehen von diesem Vorrechte bemißt sich der Rang verschiedener an einem und demselben beweglichen Vermögensstücke bestehender Absonderungsrechte nach den gewöhnlichen Grundsätzen des bürgerlichen Rechtes, so daß als Regel das früher begründete dem später begründeten vorgeht.[24]

---

[22] § 49 Nr. 4 KO. Am wichtigsten ist hier das einem Pfandrechte nahe verwandte und mit der Befugnis zur Selbstbefriedigung verbundene kaufmännische Retentionsrecht, das ein Kaufmann wegen seiner Forderungen gegen einen anderen Kaufmann aus beiderseitigen Handelsgeschäften an allen mit dem Willen des Schuldners auf Grund von Handelsgeschäften in seinen Besitz gekommenen beweglichen Sachen und Wertpapieren des Schuldners hat. S. § 369—372 HGB. Ein weiteres reines Zurückbehaltungsrecht (dasjenige des Versicherungsnehmers an der Polize) s. § 888 HGB. Noch andere handelsgesetzliche Zurückbehaltungsrechte (§ 615, 627, 751 HGB) gehen mit gesetzlichen Pfandrechten Hand in Hand und fallen daher schon unter § 49 Nr. 2 KO. — Andere Zurückbehaltungsrechte als die in § 49 Nr. 3, 4 KO genannten können gegenüber der KM. nicht geltend gemacht werden, auch nicht im Wege der Einrede. Vgl. Mot. § 41 V. (212 ff.), Prot. 40 ff., 202 ff., Jäger § 49 Anm. 42. A. M. Seuff. 112, Pet.-Kleinf. § 49 Bem. 34.

[23] § 49 Abs. 2 KO. Dieses Vorrecht besteht auch außerhalb des Konkurses: Art. III. EG z. G betr. Änderungen der KO.

[24] Vgl. § 1209, 1257 BGB, § 804 Abs. 2, 3 CPO. Ausnahmen: § 443, 771 Abs. 2, 776, 777 HGB, § 104, 106—109, 116 BinnenschG, § 29 FlößG. Eine weitere wichtige Abweichung von der allgemeinen Regel wird durch § 1208 BGB und § 366 Abs. 2 HGB begründet, wonach ein in gutem Glauben erworbenes Vertragspfandrecht oder einem Vertragspfandrechte gleichgestelltes gesetzliches Pfandrecht (s. § 366 Abs. 3, 623 Abs. 3 HGB) einem an der Sache bestehenden älteren Pfandrechte vorgeht. Das Absonderungsrecht wegen nützlicher Verwendung (§ 49 Nr. 3

Wenn unter der Voraussetzung nicht erfolgter Konkurseröffnung der Gemeinschuldner die Ausübung eines Pfandrechtes oder Zurückbehaltungsrechtes an einer ihm gehörigen Sache durch Sicherheitsleistung abwenden könnte,[25] so kann das im Konkurse auch der Konkursverwalter. Der Pfandgläubiger oder Zurückbehaltungsberechtigte erhält dann ein Pfandrecht und damit ein Absonderungsrecht an der geleisteten Sicherheit.[26]

3. Steht der Gemeinschuldner zur Zeit der Konkurseröffnung mit einem oder mehreren Anderen in einem Miteigentum, einer Gesellschaft oder sonstigen Gemeinschaft, so darf, wenn überhaupt sein Anteil in die Konkursmasse fällt (s. ob. § 13 IV.), nur der durch die Teilung oder sonstige Auseinandersetzung außerhalb des Konkursverfahrens ermittelte Reinanteil, d. h. dasjenige, was von seinem Anteil nach der Berichtigung aller auf ihn treffenden Verbindlichkeiten aus dem Gemeinschafts- oder Gesellschaftsverhältnisse übrig bleibt, zur Befriedigung seiner übrigen Gläubiger verwendet werden.[27] Schon bei der Auseinandersetzung sollen daher nicht allein die Forderungen der Gemeinschafts- oder Gesellschaftsgläubiger, soweit sie dem Gemeinschuldner zur Last fallen, sondern auch die Forderungen der übrigen Teilhaber an ihn aus jenem Verhältnisse berücksichtigt werden.[28] Ist aber bei der Aus-

---

KO) geht seiner Natur nach den anderen Absonderungsrechten vor. Näheres bei Jäger § 49 Anm. 49—53.

[25] S. § 273 Abs. 3, 562, 581 Abs. 2, 590, 704 BGB, § 369 Abs. 4 HGB.

[26] § 233 BGB vbd. § 49 Nr. 2 KO. Vgl. Jäger § 49 Anm. 47

[27] S. § 16 KO vbd. Mot. § 14 (61), § 44 Abs. 3, 4 (224 fg.), Prot. 45 fg.

[28] S. § 731, 733, 738, 755, 756, 2046 BGB, § 149 HGB. Bei der Gemeinschaft nach Bruchteilen (§ 741 BGB) kann ein Teilhaber die Berichtigung seiner auf die Gemeinschaft gegründeten Forderung an einen anderen Teilhaber aus dem dem GSch. ge-

einandersetzung eine solche Forderung eines anderen Teilhabers aus dem Anteil des Gemeinschuldners nicht berichtigt worden, so kann jener daraus wegen seiner Forderung abgesonderte Befriedigung verlangen.[29]

4. Soweit Lehengüter, Stammgüter oder Familienfideikommisse oder die Einkünfte aus solchen Gütern nach Maßgabe des Landesrechtes überhaupt zur Konkursmasse des derzeitigen Inhabers gehören, erhalten daraus die Lehen=, Stammguts= oder Familienfideikommißgläubiger abgesonderte Befriedigung nach den Vorschriften des Landesrechtes.[30]

II. Damit sich nicht durch Benutzung abweichenden ausländischen Rechtes ein Konkursgläubiger zum Nachteil der übrigen für seine Forderung mittelbar eine nach der Konkursordnung unstatthafte abgesonderte Befriedigung

---

hörenden Teil des gemeinschaftlichen Gegenstandes selbst dann verlangen, wenn dieser ein Sondernachfolger des ursprünglichen Schuldners ist: § 756 Satz 2 BGB. Handelt es sich um das Miteigentum eines Grundstückes, so gilt das jedoch nur dann, wenn die Forderung in das Grundbuch eingetragen ist: § 1010 Abs. 2 BGB.

[29] § 51 KO. Vgl. Jäger § 51 Anm. 1, 2. Der stille Gesellschafter hat dieses Absonderungsrecht nicht: § 341 HGB. Auch im K. des Mitgliedes einer eingetragenen Genossenschaft besteht es nicht, weil diese nach § 17 GenG gleich der Aktiengesellschaft juristische Person ist. Ebenso Jäger § 51 Anm. 3. A. M. Sar.=Boß. § 51 Bem. 1. Über das Verhältnis dieses Absonderungsrechtes zu demjenigen aus § 49 Nr. 3 KO s. Sar.=Boß. § 51 Bem. 2. Hat der KV. den Anteil des GSch. veräußert, so kann das Absonderungsrecht in Ansehung des Erlöses geltend gemacht werden. Vgl. Pet.=Kleinf. § 51 Bem. 9, Jäger § 51 Bem. 5. — War die Gemeinschaft schon vor der KE. aufgehoben, so kann eine dabei nicht zur Berichtigung gelangte Gemeinschaftsforderung nur als KForderung geltend gemacht werden. Vgl. Jäger § 51 Bem. 7, Sar.=Boß § 51 Bem. 5, Pet.=Kleinf. § 51 Bem. 4. A. M. Seuff. 113.

[30] § 52 KO vbd. § 5 Nr. 1 EG. S. auch Art. 59, 60 EG z. BGB. Vgl. Mot. § 45 (225). Näheres bei Sar.=Boß. § 52.

verschaffen könne, muß, wer nach der Konkurseröffnung oder vorher mit Kenntnis der erfolgten Stellung des Eröffnungsantrages oder der Zahlungseinstellung des Gemeinschuldners eine Konkursforderung dem im Auslande wohnenden Inhaber eines zur Konkursmasse gehörigen Gegenstandes oder in der Absicht, daß dieser die Forderung erwerbe, einer Mittelsperson abgetreten hat,[31] der Konkursmasse den Betrag ersetzen, der ihr dadurch entgeht, daß der Inhaber des Gegenstandes daran nach dem Rechte des Auslandes ein den Bestimmungen der Konkursordnung widerstreitendes Absonderungsrecht für die Forderung ausübt,[32] d. h. den ganzen Wert des Gegenstandes, wogegen er die Anteile, die auf die abgetretene Forderung im Konkursverfahren entfallen sein würden, soweit sie bereits feststehen, in Abzug bringen, soweit sie sich erst später herausstellen, als rechtlose Bereicherung der Masse zurückfordern kann.[33] Treffen bei der Abtretung durch eine Mittelsperson die gesetzlichen

[31] Unter Abtretung ist hier auch die Übertragung eines Inhaberpapiers und die Indossierung eines Orderpapiers zu verstehen. Vgl. Seuff. 106 Anm. 2, Pet.-Kleinf. § 50 Bem. 2, Jäger § 50 Anm. 2.

[32] § 50 KO vbd. Mot. § 42 (220 fg.). Vgl. § 30 Nr. 1 KO.

[33] Praktisch also befindet er sich in gleicher Lage, wie wenn er entsprechend § 39 KO seine KForderung wieder erhalten hätte. — Die im Texte vertretene Behandlung entspricht dem Wortlaute („den Betrag, welcher der KM. dadurch entgeht, daß der Inhaber — — ein Absonderungsrecht an dem Gegenstande ausübt") und, da es sich um einen der Anfechtung ganz verwandten Fall handelt, auch dem Geiste des Gesetzes (s. § 37 KO), sowie dem praktischen Bedürfnisse. So auch Pet.-Kleinf. § 50 Bem. 3, Sar.-Boß. § 50 Bem. 4, Jäger § 50 Anm. 11. A. M., wonach der KM. von vornherein nur der Unterschied zwischen dem Werte des Gegenstandes und dem nach Wahrscheinlichkeit abzuschätzenden Teilbetrage, der im KVerf. auf die Forderung entfallen sein würde, zu ersetzen wäre: Wolff Absonderungsrecht 239 ff., Seuff. 107.

Voraussetzungen auch bei dieser zu, so haftet sie gesamtschuldnerisch in gleicher Weise wie der erste Abtreter.[34] Aus dem Grunde, daß die Abtretung der Forderung mit Kenntnis der Zahlungseinstellung erfolgt sei, kann kein Ersatz mehr verlangt werden, wenn die Abtretung früher als sechs Monate vor der Konkurseröffnung geschehen ist.[35]

§ 20.

bb. Gemeinsames in Ansehung der Absonderungsrechte.

I. Die Absonderungsrechte werden nicht von Amts wegen berücksichtigt.[1] Wer aus einem Bestandteil der Konkursmasse abgesonderte Befriedigung erlangen will, muß daher seinen Anspruch darauf gegen den Konkursverwalter als den Vertreter der Masse geltend machen, aber außerhalb des Konkursverfahrens und in beliebiger Form, sei es mündlich oder schriftlich, nötigenfalls im gewöhnlichen Prozeßwege.[2] Auch die abgesonderte Befriedigung selbst geschieht außerhalb des Konkursverfahrens nach den gewöhnlichen Regeln des bürgerlichen Rechtes und des Prozeßrechtes so, wie wenn kein Konkurs eröffnet

---

[34] S. Mot. § 42 a. E. (221).

[35] § 50 Satz 2 KO. Vgl. ob. § 16 II. bei Anm. 31.

[1] Vgl. Mot. § 3 g. E. (30 a. E.), RG 19. V. 85 (**14** 3 fg.), 13. III. 89 (**23** 57 fg.), 18. XII. 89 (**25** 22), Jäger[2] § 4 Anm. 6.

[2] § 4 Abs. 1 vbd. § 6 Abs. 2, 11 KO. Vgl. Mot. § 3 Abs. 11 (29 fg.), RG 12. XI. 98 (**42** 91), Jäger[2] a. a. O. Ein durch die KE. unterbrochener Prozeß über einen Absonderungsanspruch kann sowohl von dem KV. als von dem Gegner aufgenommen werden: § 11 KO. S. ob. § 7 III. Nr. 1. b. Zur Anerkennung eines Absonderungsrechtes muß, wenn es sich um einen Wert von mehr als 300 ℳ handelt, der KV. die Genehmigung des Gläubigerausschusses einholen, falls ein solcher bestellt ist: § 133 Nr. 2 KO. S. aber auch § 136 KO.

wäre.[3] Insbesondere bemißt sich nach diesen Regeln, ob sich der Absonderungsberechtigte aus dem Absonderungsgegenstande sofort oder, wie z. B. bei einem Pfandrechte für einen betagten oder aufschiebend bedingten Anspruch, erst nach dem Eintritte eines künftigen Zeitpunktes oder Ereignisses,[4] ferner, ob er sich daraus, wie bei dem Vertragspfandrechte an beweglichen Sachen und dem kaufmännischen Zurückbehaltungsrechte, ohne gerichtliches Verfahren[5] oder, wie bei der Hypothek und Grundschuld, nur im Wege der Zwangsvollstreckung[6] befriedigen kann, und ob er, wie in den Fällen dieser Art[7] und bei dem kaufmännischen Zurückbehaltungsrechte,[8] behufs seiner Befriedigung eines vollstreckbaren Titels bedarf oder nicht.[9]

Weil aber der Absonderungsgegenstand zu der Konkursmasse gehört und der nach der Befriedigung der Absonderungsberechtigten verbleibende Überschuß seines Wertes

---

[3] § 4 Abs. 2 KO vbd. Mot. § 3 Abs. 11 (29 fg.) und §§ 116, 117 Abs. 1 (346 fg.). Deshalb geht auch ein schon vor der KE. auf Betreiben eines Absonderungsberechtigten begonnenes Zwangsvollstreckungsverfahren von der KE. unberührt in der gewöhnlichen Weise weiter. S. ob. § 7. VI. Ferner kann ein Absonderungsberechtigter Rechtshandlungen, die seine abgesonderte Befriedigung beeinträchtigen, ungehindert durch das schwebende KVerf. nach Maßgabe des AnfG anfechten. S. Mot. z. Entw. dieses Gesetzes § 12 vorl. Abs. (33).

[4] S. § 1228 Abs. 2 und § 1234 BGB.

[5] S. unt. Anm. 15.

[6] § 1147, 1192 BGB. S. auch § 1268 BGB.

[7] S. § 1268 BGB, § 704 Abs. 1, 794 CPO, § 16 Abs. 1 ZVG.

[8] § 371 Abs. 3 HGB.

[9] Fehlt, wie bei dem Absonderungsrechte wegen nützlicher Verwendung nach § 49 Nr. 3 KO, dem Absonderungsberechtigten das Selbstbefriedigungsrecht, so kann er nur, falls nach § 127 Abs. 1 Satz 1 KO der KV. die Verwertung der Sache betreibt, nach § 127 Abs. 1 Satz 2 KO die vorzugsweise Befriedigung aus dem Erlöse verlangen. Näheres über alle diese Fragen bei Seuff. 103 fg., 310, Jäger § 47 Anm. 7.

in die Teilungsmasse fließt, so übt immerhin das Konkursverfahren auf die Absonderungsrechte eine gewisse Einwirkung. Der Absonderungsberechtigte muß nämlich, wenn er im Besitze des Gegenstandes ist, nicht bloß, wie jeder Besitzer einer zur Konkursmasse gehörigen Sache, von diesem Besitze, sondern auch von der Forderung, wofür er die abgesonderte Befriedigung in Anspruch nimmt, dem Konkursverwalter innerhalb einer von dem Konkursgerichte bestimmten Frist Anzeige machen, und zwar bei Vermeidung der Haftung für allen aus der Unterlassung oder Verzögerung entstehenden Schaden.[10] Auch muß er ihm auf sein Verlangen, jedoch nur auf Kosten der Masse, den Gegenstand vorzeigen und die Abschätzung gestatten.[11] Gehört der Gegenstand in Ansehung der Zwangsvollstreckung zum unbeweglichen Vermögen, so kann auch der Konkursverwalter die Zwangsverwaltung und die Zwangsversteigerung betreiben.[12] Gehört der Gegenstand zum

---

[10] § 118, 119 KO vbd. Mot. §§ 108, 109 Abs. 3, 4 (342 fg.). Vgl. unt. § 36 II. Nr. 3.

[11] § 120 KO vbd. Mot. §§ 113, 110 Abs. 2 (345). Vgl. § 809, 811 BGB.

[12] § 126 KO. Vbd. § 172 bis 174 ZVG. S. auch unt. § 23 II. Der KV. bedarf dazu keines Vollstreckungstitels, da es sich nicht um eine eigentliche Zwangsvollstreckung handelt, sondern es genügt der Nachweis, daß er der Verwalter der KM. ist, wozu die Liegenschaft gehört, durch Vorlegung der ihm nach § 81 Abs. 2 KO erteilten urkundlichen Bescheinigung seiner Ernennung. So auch Jäckel ZVG § 172 Bem. 2, Fischer-Schäfer Zwangsvollstr. in das unbewegl. Verm. § 172 Bem. 3. A. M., wonach der KV. eine vollstreckbare Ausfertigung des Konkurseröffnungsbeschlusses beibringen müßte, z. B. Jäger § 126 Anm. 3. Vgl. ob. § 13 Anm. 53. — Die Betreibung der Zwangsversteigerung ist, ebenso wie diejenige der Verwertung eines beweglichen Absonderungsgegenstandes nach § 127 KO, nur ein Recht, nicht eine Pflicht des Verwalters. S. Mot. §§ 116, 117 a. E. (349), Prot. 85 fg. Auch kann dieser, wenn es gewiß ist, daß nach der Befriedigung der Absonderungsberechtigten aus dem Gegen-

beweglichen Vermögen, so kann er seine Verwertung nach Maßgabe der Vorschriften über die Zwangsvollstreckung oder über den Pfandverkauf betreiben.[13] Der Absonderungsberechtigte darf sich einer solchen Verwertung nicht widersetzen, sondern kann seine Ansprüche nur in Ansehung

---

stande für die KM. nichts übrig bleibt, ihn förmlich aus der KM. freigeben. S. § 114 KO und ob. § 13 III. Nr. 4, Jäger § 47 Anm. 8.

[13] § 127 Abs. 1 Satz 1 KO. Zur Verwertung nach den Regeln der Zwangsvollstreckung braucht der KV. ebenfalls keinen Vollstreckungstitel. S. vor. Anm. Auch bedarf es dazu keiner Pfändung; denn die KO spricht hier nur von der „Verwertung", also demjenigen Teil des Vollstreckungsverfahrens, welches der Pfändung nachfolgt; und zudem hätte diese gar keinen Zweck, da doch der KV. für die Masse an einem zu ihr gehörigen Gegenstande kein Pfandrecht erwerben kann. So auch die herrschende Meinung. A. M. Wolff Absonderungsrecht 192, Jäger § 127 Anm. 9. Es genügt, daß der vom KV. beauftragte Gerichtsvollzieher den Gegenstand bei dem die Absonderung beanspruchenden Besitzer (s. § 118 KO) mit Bezugnahme auf § 127 Abs. 1 KO abholt. Will dieser ihn nicht freiwillig herausgeben, so muß der KV., gestützt auf § 127 Abs. 1 Satz 2 KO, gegen ihn auf Herausgabe klagen. Vgl. Jäger § 127 Anm. 15. Übrigens sind hier nicht einmal alle Vorschriften über die Verwertung im Vollstreckungsverfahren zu entsprechender Anwendung geeignet. So braucht z. B. die in § 816 Abs. 1 CPO bestimmte Frist nicht beobachtet zu werden: Mot. §§ 116, 117 letzt. Abs. (349), und wenn der Absonderungsgegenstand eine Forderung ist, so ist keine Überweisung an den KV. nach § 835 CPO erforderlich, weil die Forderung schon zu der KM. gehört: Prot. 87. Entsprechend anwendbar sind hier nur die §§ 814, 816 Abs. 2 bis 4, 817, 819—825, 827, 844, 853—857, 858, 872 ff. CPO. — Die Vorschriften über den Pfandverkauf finden sich in § 1233—1240 BGB. Da aber hier, wie überall in den Fällen der §§ 126, 127 KO, der KV. die Rollen des betreibenden Gläubigers und des Eigentümers des Absonderungsgegenstandes in seiner Person vereinigt (s. Denkschrift zu § 172 ZVG), so fällt weg die Androhung des Verkaufes nach § 1234 Abs. 1 BGB und die Beobachtung der in § 1234 Abs. 2 BGB bestimmten Frist, sowie die Benachrichtigung des Eigentümers nach § 1237, 1241 BGB. Vgl. Jäger § 127 Anm. 8.

des Erlöses geltend machen.[14] Ist der Absonderungsberechtigte befugt, sich ohne gerichtliches Verfahren aus dem Gegenstande zu befriedigen,[15] so kann ihm auf Antrag des Konkursverwalters, jedoch nur nachdem er gehört ist, das Konkursgericht eine Frist bestimmen, innerhalb welcher er den Gegenstand zu verwerten hat, widrigenfalls wiederum der Konkursverwalter die Verwertung nach Maßgabe der Vorschriften über die Zwangsvollstreckung oder über den Pfandverkauf betreiben kann.[16] Übrigens kann dieser natürlich in allen Fällen das Absonderungsrecht durch vollständige Befriedigung des Absonderungsberechtigten beseitigen.[17]

---

[14] § 127 Abs. 1 Satz 2 KO vbd. Mot. §§ 116, 117 (348). Der Anspruch auf Befriedigung aus dem Erlöse ist nach § 805 Abs. 1, 2, 4 CPO geltend zu machen, also nötigenfalls durch Klage bei dem Vollstreckungsgerichte (§ 764 Abs. 2 CPO) oder dem übergeordneten Landgerichte. Der Absonderungsberechtigte kann nach § 805 Abs. 1 CPO diesen Anspruch selbst dann geltend machen, wenn seine Forderung noch nicht fällig ist; jedoch wird eine betagte unverzinsliche Forderung mit Abzug der Zwischenzinsen berechnet: entspr. § 65 Abs. 2 KO, § 111 ZVG. Entsteht unter mehreren Absonderungsberechtigten Streit über die Verteilung, so ist nach § 827 Abs. 2, 853, 854 CPO der Erlös zu hinterlegen und das Verteilungsverfahren nach § 872 ff. CPO einzuleiten. Nach Beendigung des Vollstreckungsverfahrens ist die Klage aus § 805 CPO nicht mehr möglich. Hat aber der KV. den Erlös zu der KM. gezogen, so kann nun der Absonderungsberechtigte nach § 59 Nr. 1, 3 KO einen Masseanspruch geltend machen. Vgl. Jäger § 127 Anm. 12.

[15] So namentlich bei dem durch Rechtsgeschäft bestellten und gesetzlichen Pfandrecht an beweglichen Sachen nach § 1219 ff., 1228, 1233 ff. BGB, § 368 HGB, an Inhaberpapieren und durch Indossament übertragbaren Papieren, die einen Markt- oder Börsenpreis haben, nach § 1293, 1295 BGB und bei dem kaufmännischen Zurückbehaltungsrechte nach § 371 HGB.

[16] § 127 Abs. 2 KO. Vgl. Mot. §§ 116, 117 Abs. 4 (348 fg.).

[17] Dazu bedarf er aber, wenn es sich um einen Wert von mehr als 300 ℳ handelt, der Genehmigung des GlA., falls ein solcher be-

II. Der Absonderungsgegenstand unterliegt als Bestandteil der Konkursmasse der Verwaltung und Verfügung des Konkursverwalters in gleicher Weise, wie er, falls kein Konkurs eröffnet wäre, den Umständen nach derjenigen des Gemeinschuldners unterläge. Soweit dieser z. B. nach § 1121 fg. BGB die Erzeugnisse und Zubehörstücke eines mit einer Hypothek belasteten Grundstückes durch Verfügungen vor der zu Gunsten des Gläubigers erfolgten Beschlagnahme und nach § 1124 BGB die Miet- oder Pachtzinsen eines solchen Grundstückes durch Einziehung oder sonstige Verfügung darüber vor jener Beschlagnahme von der Haftung befreien kann, kann das auch der Konkursverwalter. Aber selbst wenn auf Betreiben, sei es des Hypothekengläubigers, sei es des Konkursverwalters selbst, die Beschlagnahme des Grundstückes zum Zwecke der Zwangsversteigerung erfolgt ist, behält nach § 21, 23—25 ZVG der Konkursverwalter, ebenso wie unter der Voraussetzung nicht erfolgter Konkurseröffnung der Gemeinschuldner, die Verwaltung und Benutzung des Grundstückes innerhalb der Grenzen ordnungsmäßiger Wirtschaft sowie die Verfügung über gewisse Erzeugnisse und über die Miet- und Pachtzinsen, weil sich darauf die Beschlagnahme nicht erstreckt. Erst durch die Beschlagnahme zum Zwecke der Zwangsverwaltung werden ihm diese Befugnisse entzogen.[18]

Ferner kann er, solange der Absonderungsberechtigte seinen Absonderungsanspruch nicht geltend gemacht hat, den Absonderungsgegenstand, wenn er dazu sonst den Umständen nach in der Lage ist (z. B. durch den Besitz einer

---

stellt ist: § 133 Nr. 2 KO. S. auch § 135, 136 KO. Vgl. Jäger² § 4 Anm. 8.

[18] Näheres bei Jäger § 126 Anm. 10, Jäger² § 4 Anm. 5.

von dem Gemeinschuldner als Mieter in die gemietete Wohnung eingebrachten Sache), in der ihm angemessen scheinenden Art veräußern, ohne sich dadurch dem Absonderungsberechtigten persönlich verantwortlich zu machen.[19] Bei einer Veräußerung ohne gerichtliches Verfahren bleibt aber, soweit nicht infolge einer der obigen besonderen Vorschriften die Veräußerung mit der Wirkung der Befreiung von der Haftung gestattet ist, die Belastung des Gegenstandes, z. B. die Hypothek an dem Grundstücke oder das Pfandrecht an der beweglichen Sache, bei dem Erwerber bestehen, wenn nicht die Rechtssätze zum Schutze des gutgläubigen Erwerbes eine Ausnahme bewirken.[20] Im letzten Fall kann wegen des in die Konkursmasse geflossenen Erlöses der Absonderungsberechtigte einen Ersatzanspruch als Masseanspruch geltend machen.[21]

III. Ist die Forderung, zu deren Gunsten das Absonderungsrecht besteht, eine Forderung an den Gemeinschuldner selbst, so kann sie der Absonderungsberechtigte zugleich als Konkursforderung anmelden; er erhält aber aus der Konkursmasse anteilige Befriedigung nur für denjenigen Betrag, für welchen er auf die abgesonderte Befriedigung verzichtet hat, oder mit welchem er bei dieser ausgefallen ist.[22]

---

[19] Vgl. RG 19. V. 85 (14 3 fg.).

[20] S. namentlich § 892, 936 BGB.

[21] Nach § 59 Nr. 1, 3 KO vbd. § 816 BGB. Vgl. Mot. § 3 Abs. 12, 13 (30 fg.), § 143 Abs. 1 (376). Hätte schon vor der KE. der GSch. in entsprechender Weise durch Veräußerung des Gegenstandes die Erlöschung des Absonderungsrechtes herbeigeführt, so wäre der Ersatzanspruch nur eine KForderung. Näheres bei Jäger[3] § 4 Anm. 6, 7.

[22] § 64 KO. Vgl. ob. § 10 V.

§ 21.

e. Verminderung der Konkursmasse durch Aufrechnung.

I. Wenn ein Konkursgläubiger zugleich Schuldner des Gemeinschuldners und dasjenige, was er schuldet, mit demjenigen, was er zu fordern hat, gleichartig ist,[1] so kann er sich unter Umständen durch Aufrechnung befriedigen und so gleichsam aus der Forderung des Gemeinschuldners an ihn abgesonderte Befriedigung verschaffen.[2] Die Voraussetzungen dieser Aufrechnungsbefugnis bemessen sich im allgemeinen nach dem gewöhnlichen bürgerlichen Rechte.[3] So kann namentlich ein Konkursgläubiger auch im Konkurse seine Forderung nur aufrechnen gegen eine Forderung des Gemeinschuldners (also nicht eines Dritten) an ihn selbst (also nicht an einen Dritten).[4] Ferner kann er seine Forderung nicht aufrechnen gegen eine Forderung des Gemeinschuldners, gegen welche, wie z. B. gegen eine Forderung aus einer vorsätzlich begangenen unerlaubten Handlung, nach jenem Rechte die Aufrechnung unzulässig ist.[5] Hat er mehrere Konkursforderungen oder mehrere aufrechnungsfähige Schulden an den Gemeinschuldner, so kann er die

---

[1] Vgl. § 387 BGB. Dies ist wesentlich nur dann der Fall, wenn beides in Geld oder in sonstigen vertretbaren Sachen der nämlichen Art und Güte besteht.

[2] Die Verwandtschaft des Aufrechnungsrechtes im K. mit einem Absonderungsrechte wird stark betont in Mot. Vorbem. z. Buch I. Tit. 6 Abs. 4—7 (226 ff.) und Mot. § 46 (229). Es ist jedoch kein wirkliches Absonderungsrecht. Vgl. Pet.-Kleinf. Vorbem. 3 vor § 53, Jäger § 64 Anm. 1. c.

[3] Folgt aus § 53 KO. Vbd. Mot. Vorbem. z. Buch I. Tit. 6 Abs. 8 (228). S. § 387 ff. BGB.

[4] § 387 BGB. Ausnahmen: z. B. § 268 Abs. 2, 1150, 1249; 1142, 1223 Abs. 2, 1224; 407 BGB. Näheres Sar.-Boß. § 53 Bem. 2 Nr. 1, 2.

[5] S. § 393, 394 BGB vbd. § 850—852 CPO. Vgl. Mot. a. a. O.

Forderungen bestimmen, die gegeneinander aufgerechnet werden sollen; in Ermangelung einer solchen Bestimmung oder bei unverzüglichem Widerspruche des Konkursverwalters kommt § 366 Abs. 2 BGB zu entsprechender Anwendung.[6] Endlich schließt rechtsgültiger Verzicht auf das Aufrechnungsrecht die Aufrechnung auch im Konkurse aus.[7]

Jedoch ist die Aufrechnungsbefugnis der Konkursgläubiger im Konkurse einerseits weiter, andererseits beschränkter, als wenn kein Konkurs eröffnet wäre.

1. Gewisse Erweiterungen ergeben sich von selbst aus der Art der Einwirkung der Konkurseröffnung auf die Konkursforderungen. Weil nämlich jeder Konkursgläubiger der Konkursmasse gegenüber seine Forderung ohne Rücksicht auf ihren ursprünglichen Gegenstand als eine ihrem Werte zur Zeit der Konkurseröffnung entsprechende Geldforderung behandeln darf, so kann er nach der Konkurseröffnung eine Geldschuld an den Gemeinschuldner auch auf eine ursprünglich nicht auf Geld gerichtete Konkursforderung aufrechnen. Diese ist dabei ebenso wie bei der Geltendmachung im Konkursverfahren zu berechnen.[8] Weil er ferner der Konkursmasse gegenüber eine zur Zeit der

[6] § 396 BGB.

[7] Vgl. Mot. Vorbem. z. Buch I. Tit. 6 vorl. Abs. (228). S. auch § 391 Abs. 2 BGB.

[8] § 54 Abs. 1, 4 KO. Die ursprünglich mangelnde Gleichartigkeit der Leistungen wird also durch die KE. hergestellt. Vgl. Mot. § 47 a. E. (234). Hatte der KGl. von dem GSch. nicht Geld, sondern andere vertretbare Sachen zu fordern, und war er ihm gleichartige Sachen schuldig, so kann er, wenn vor der KE. auch die sonstigen Voraussetzungen der Aufrechnung bestanden, diese noch nachher wirksam erklären, weil zufolge dieser Erklärung die beiden Forderungen, soweit sie sich decken, als in dem Zeitpunkte wechselseitig getilgt erscheinen, in dem sie zur Aufrechnung geeignet einander gegenübergetreten sind: § 389 BGB. Vgl. Sar.-Boß. § 54 Bem. 4 Abs. 2.

Konkurseröffnung noch betagte Forderung als durch die Konkurseröffnung fällig geworden behandeln darf, so kann er auch eine solche Forderung zur Aufrechnung bringen. Die Berechnung der Forderung geschieht wiederum wie bei der Geltendmachung im Konkursverfahren.[9]

Außerdem ist aber das Aufrechnungsrecht der Konkursgläubiger im Konkurse auch noch durch besondere Vorschrift erweitert aus dem Gesichtspunkte, daß ein Konkursgläubiger, der dem Gemeinschuldner etwas mit dem Gegenstande seiner Forderung Gleichartiges schuldet, sich billigerweise müsse durch Aufrechnung decken können, auch wenn nach dem gewöhnlichen bürgerlichen Rechte nicht alle Voraussetzungen der Aufrechnungsbefugnis vorhanden sind.[10] Ein Konkursgläubiger ist nämlich

a) auch wegen einer zur Zeit der Konkurseröffnung noch aufschiebend bedingten Konkursforderung für den Fall des Eintrittes der Bedingung zur Aufrechnung einer gleichartigen Schuld berechtigt.[11] Zwar kann er während der Schwebe der Bedingung die Zahlung seiner Schuld an die Konkursmasse nicht verweigern; er kann aber, wenn er mit Vorbehalt der Aufrechnung gezahlt hat, nach dem Eintritte der Bedingung die Aufrechnung erklären[12]

---

[9] § 54 Abs. 1, 2 KO. (Außerdem in § 54 Abs. 2 angezogenen § 65 KO sind im Sinne des Gesetzes auch § 69, 70 KO anwendbar. S. Jäger § 54 Anm. 3.) Vgl. Mot. § 47 Abs. 7, 9 (231 fg., 233). S. dagegen § 387 BGB. In den beiden im Texte genannten Fällen erscheinen Forderung und Gegenforderung als im Zeitpunkte der KE. wechselseitig getilgt, weil erst durch diese die Aufrechenbarkeit eingetreten ist.

[10] S. Mot. Vorbem. z. Buch I. Tit. 6. Abs. 4—7 (226 ff.), § 47 Abs. 7—10 (231 ff.).

[11] § 54 Abs. 1 KO. S. dagegen § 387 BGB.

[12] Eine frühere Erklärung der Aufrechnung für den Fall des Eintrittes der Bedingung wäre wegen § 388 BGB unwirksam.

und den gezahlten Betrag, soweit er sich mit dem Betrage seiner Forderung deckt, als Masseschuld zurückfordern. Zur Sicherung dieses Rückforderungsrechtes kann er von dem Konkursverwalter Sicherstellung des zurückzugewährenden Betrages nach Maßgabe des § 232 BGB, regelmäßig also durch Hinterlegung des Betrages, verlangen.[13] Das Rückforderungsrecht fällt jedoch weg, und der hinterlegte Betrag wird bei der Schlußverteilung ohne Rücksicht auf die bedingte Forderung an die übrigen Konkursgläubiger mit verteilt, wenn bis dahin die Bedingung noch nicht eingetreten und ihr Eintritt so unwahrscheinlich ist, daß die Forderung keinen gegenwärtigen Vermögenswert hat.[14] Hängt nur die Auflösung der Forderung von einer Bedingung ab, so wird sie in Ansehung der Aufrechnung, gleichwie bei der Geltendmachung im Konkursverfahren, wie eine unbedingte Forderung behandelt.[15] Tritt aber nachher die auflösende Bedingung ein, so muß der Gläubiger den Betrag, wofür er aufgerechnet hat, zurückerstatten.[16]

b) Ein Konkursgläubiger kann aber ferner seine zur Zeit der Konkurseröffnung noch betagte oder aufschiebend

[13] § 54 Abs. 3 vbd. § 171 KO. Vgl. Mot. § 47 Abs. 8, 10 (232, 233) und § 158 (389).

[14] § 171 KO. Vgl. § 154 Abs. 2, 156 KO und ob. § 10 II. — Wird vor dem Eintritte der Bedingung der K. durch Zwangsvergleich erledigt, so wird die Forderung, wenn sie nicht zu den bevorrechtigten KForderungen gehört, nach § 193 KO davon betroffen, und nach Eintritt der Bedingung kann daher die Aufrechnung nur noch in Höhe der Vergleichsrate erklärt werden. § 389 BGB steht dem nicht entgegen, weil erst durch den Eintritt der Bedingung die Aufrechenbarkeit entsteht. Vgl. Jäger § 54 Anm. 8.

[15] Folgt aus § 54 vbd. § 66 KO. Vgl. Mot. § 47 Abs. 8 (232).

[16] Nach § 812 Abs. 1 Satz 2 BGB. Ob der KV. eine Sicherstellung dieser Rückerstattung verlangen kann, bemißt sich nach dem gewöhnlichen bürgerlichen Rechte. Vgl. Mot. § 59 (279) und ob. § 10 bei Anm. 13.

bedingte Schuld an den Gemeinschuldner zur Aufrechnung auf seine Forderung benutzen, und zwar nicht bloß nach dem Eintritte der Verfallzeit oder der Bedingung, sondern auch schon vorher, jedoch stets nur zu dem vollen Betrage der Schuld ohne Abrechnung von Zwischenzinsen und ohne einen Anspruch auf Rückerstattung bei Ausfall der Bedingung.[17] Ist die Auflösung der Schuld von einer Bedingung abhängig, so kann sie (schon nach den gewöhnlichen Rechtsgrundsätzen) der Konkursgläubiger wie eine unbedingte Schuld aufrechnen, im Fall des Eintrittes der Bedingung aber, wenn er seine Forderung auch im Konkursverfahren angemeldet hat, das, was darauf aus der Konkursmasse entfallen sein würde, aus dem Gesichtspunkte rechtloser Bereicherung der Masse als Massegläubiger fordern.[18]

2. Auf der anderen Seite ist während des Konkursverfahrens die Aufrechnung in gewissen Fällen nicht statthaft, obwohl nach Maßgabe des bürgerlichen Rechtes ihre

---

[17] § 54 Abs. 1 KO. Die Aufrechnung erscheint hier als Verzicht des Gläubigers auf den Vorteil, den der Termin oder die Bedingung für ihn enthält. S. Mot. § 47 Abs. 9 (233). Vgl. Jäger § 54 Anm. 2 und 11, Pet.-Kleinf. § 54 Bem. 3 und 7.

[18] Diese Forderung erwächst nach § 59 Nr. 3 KO vbd. § 812 Abs. 1 Satz 2 BGB aus dem durch den Eintritt der Bedingung bewirkten Wegfall des rechtlichen Grundes für die Ersparung der Auszahlung des genannten Betrages. Nicht dagegen kann, da nach § 388 BGB die Erklärung der Aufrechnung unter einer Bedingung ausgeschlossen ist, der KGl. für den Fall des Eintrittes der auflösenden Bedingung seiner Schuld seine Forderung als aufschiebend bedingte KForderung anmelden. A. M. Jäger § 54 Anm. 5, Pet.-Kleinf. § 54 Bem. 5, Sar.-Boß. § 54 Bem. 3 Nr. 1. — Aus § 54 Abs. 1 KO ergibt sich, daß ein KGl. auch dann zur Aufrechnung befugt ist, wenn seine bedingte oder betagte Forderung ursprünglich keine Geldforderung war oder einer bedingten oder betagten Forderung des GSch. gegenübersteht.

Voraussetzungen vorhanden wären.[19] Denn vor allen Dingen können während des Konkursverfahrens wegen der rechtlichen Sonderung der Konkursmasse von dem konkursfreien Vermögen des Gemeinschuldners auf Konkursforderungen nicht aufgerechnet werden Schulden an jenes freie Vermögen,[20] auf Forderungen an dieses nicht Schulden an die Konkursmasse.[21]

Ferner kann, da die Aufrechnungsbefugnis der Konkursgläubiger im Konkurse als ein den Absonderungsrechten nahe verwandtes Deckungsrecht erscheint, nach erfolgter Konkurseröffnung zu Gunsten einer Konkursforderung mit Wirksamkeit im Konkurse ebensowenig ein vorher noch nicht begründetes Aufrechnungsrecht wie ein neues Absonderungsrecht erlangt werden.[22] Deshalb ist unstatthaft nicht nur die Aufrechnung desjenigen, was ein Konkursgläubiger erst nach der Konkurseröffnung,

---

[19] Diese Beschränkungen können, weil sie in einer Rücksicht auf die übrigen Gläubiger wurzeln, durch vertragsmäßige Einräumung einer ihnen widerstreitenden Aufrechnungsbefugnis an einen einzelnen Gläubiger nicht beseitigt werden. S. Mot. Vorbem. z Buch I. Tit. 6 vorl. Abs. (228). Vgl. RG 30. III. 94 (**33** 48).

[20] Entspricht im Hinblick auf § 1, 3, 14 Abs. 1 KO dem Geiste des Gesetzes, dessen mit der Ausschließung des neuen Erwerbes des GSch. aus der KM. verfolgte Absicht, dem GSch. die Erwerb- und Kreditfähigkeit wieder zu eröffnen, sonst leicht vereitelt werden könnte, z. B. durch Abtretung einer KForderung an einen Schuldner des konkursfreien Vermögens. Vgl. Oetker Grdb. 231. A. M. wegen Mangels einer ausdrücklichen Gesetzesvorschrift RG 1. VII. 90 (**26** 66 ff.), Jäger[2] § 14 Anm. 16, Seuff. 234 Anm. 7, Pet.-Kleinf. § 55 Bem. 6, Sar.-Boß. § 55 Bem. 4 Abs. 2 a. E.

[21] § 55 Nr. 1, 2 KO. Vgl. Mot. § 48 Erster Fall. Abs. 2 (234 fg.), Zweiter Fall unter a (235).

[22] S. § 15 KO vbd. Mot. Vorbem. z. Buch I. Tit. 6 Abs. 7 a. E. (228 a. A.), § 48 Erster Fall. Abs. 3 (235), Zweiter Fall unter b (235 fg.). Vgl. ob. § 9 II.

z. B. durch Kauf von Sachen aus der Masse, an die Masse schuldig geworden ist,[23] sondern auch die Aufrechnung einer schon vor der Konkurseröffnung begründeten Schuld eines Konkursgläubigers an die Masse, wenn er die Konkursforderung erst nach der Konkurseröffnung (z. B. durch Abtretung von Seite des früheren Konkursgläubigers oder durch Beerbung dieses Gläubigers), sei es mit oder ohne Kenntnis von der Konkurseröffnung, erworben hat.[24]

Endlich ist, obgleich nach dem gewöhnlichen bürgerlichen Rechte die Voraussetzungen der Aufrechnungsbefugnis schon vor der Konkurseröffnung bestanden haben, die Aufrechnung im Konkurse unzulässig, wenn ein Schuldner des Gemeinschuldners eine Forderung an ihn, sei es durch ein Rechtsgeschäft mit ihm (z. B. ein ihm gegebenes Darlehen), sei es durch Abtretung von Seite eines Gläubigers oder durch Befriedigung eines solchen,[25] in Kenntnis der unmittelbar drohenden Konkurseröffnung erworben, d. h. bei diesem Erwerbe gewußt hat, daß der Gemeinschuldner

---

[23] § 55 Nr. 1 KO vbd. Mot. § 48 Erster Fall. Abs. 3 (235). Ausnahme zu Gunsten der Mieter oder Pächter von Grundstücken, Wohnräumen oder anderen Räumen: § 21 Abs. 2 Satz 2 KO. Vgl. ob. § 6 bei Anm. 40.

[24] § 55 Nr. 2 KO vbd. Mot. § 48 Zweiter Fall unter b (235 fg.).

[25] Unter „Rechtsabtretung" ist in § 55 Nr. 3 KO auch die Anweisung, die Indossierung eines Orderpapiers, die Übertragung eines Inhaberpapiers und die Überweisung einer Forderung im Zwangsvollstreckungsverfahren (s. § 835 vbd. § 836 Abs. 1 CPO) zu verstehen. S. Oetker Grdb. 245. Durch Befriedigung des Gläubigers wird seine Forderung erworben in den Fällen von § 426 Abs. 2, § 774, § 268 Abs. 3, 1143, 1150, 1225, 1249 BGB. Aber auch der Fall gehört hierher, wenn der Schuldner des GSch. als Geschäftsbesorger für ihn einen seiner Gläubiger befriedigt und dadurch nach § 670, 675 oder 683 BGB einen Anspruch auf Ersatz gegen ihn erlangt hat. Vgl. RG 5. X. 96 (38 33 fg.), Jäger § 55 Anm. 14. α.

seine Zahlungen eingestellt hatte, oder daß die Eröffnung des Konkursverfahrens beantragt war.[26] Wegen Kenntnis der Zahlungseinstellung ist jedoch die Aufrechnung nicht ausgeschlossen, wenn der Erwerb der Forderung früher als sechs Monate vor der Konkurseröffnung stattgefunden hat,[27] und ferner ist im Fall des Erwerbes der Forderung durch Abtretung oder durch Befriedigung eines Gläubigers die Aufrechnung ausnahmsweise zulässig, wenn der Erwerber zufolge einer in Unkenntnis sowohl der Zahlungseinstellung als des Eröffnungsantrages eingegangenen Verpflichtung zur Übernahme der Forderung oder zur Befriedigung des Gläubigers genötigt war.[28]

---

[26] §55 Nr. 3 Satz 1 KO. Vgl. Mot. §48 Dritter Fall. Abs. 7, 8 (237 fg.). Auf den Fall, wenn ein Gläubiger des GSch. sich in Kenntnis der Zahlungseinstellung oder des Eröffnungsantrages zu seinem Schuldner macht, ist §55 Nr. 3 KO nicht anwendbar. Vgl. Prot. 46 fg., RG 21. XII. 88 (**26** 81 ff.). — Die beschränkenden Vorschriften in § 55 Nr. 2, 3 KO treffen nach Fassung und Sinn auch den Fall, wenn die von dem Schuldner des GSch. erworbene Forderung nach § 63 KO keine KForderung ist.

[27] § 55 Nr. 3 Satz 2 KO. Vgl. ob. § 16 bei Anm. 31.

[28] § 55 Nr 3 Abs. 2 KO. Vgl. Jäger § 55 Anm. 16. Statthaft ist die Aufrechnung auch im Fall des Erwerbes einer Forderung durch Erbschaft. S. Mot. § 48 Dritter Fall. Abs. 8 (238). Vgl. Jäger § 55 Anm. 14. α. — Das Aufrechnungsverbot des § 55 Nr. 3 KO ist der Anfechtung einer Rechtshandlung nach § 30 Nr. 1 KO verwandt, läßt sich aber nicht selbst als Anfechtungsfall bezeichnen. Denn der Erwerb der Forderung bleibt wirksam, und diese kann als Konkursforderung geltend gemacht werden; nur ihre Befriedigung durch Aufrechnung ist versagt. Vgl. Jäger § 55 Anm. 13, 15. Übrigens versteht sich von selbst, daß, wenn die Aufrechnungsbefugnis durch eine nach § 30, 31, 32 oder § 40 KO anfechtbare Rechtshandlung begründet worden ist, gleichviel ob dadurch die Forderung oder die Schuld an den GSch. entstanden ist, die Aufrechnung durch die Anfechtung der Rechtshandlung vereitelt werden kann. Vgl. RG 21. XII. 89 (**26** 81 ff.).

Damit nicht abweichendes ausländisches Recht zur Umgehung der angegebenen Beschränkungen des Aufrechnungsrechtes im Konkurse benutzt werden könne, muß, wer nach der Konkurseröffnung oder vorher mit Kenntnis der erfolgten Stellung des Eröffnungsantrages oder der Zahlungseinstellung des Gemeinschuldners eine Konkursforderung einem im Auslande wohnenden Schuldner des Gemeinschuldners oder in der Absicht, daß dieser die Forderung erwerbe, einer Mittelsperson abgetreten hat, der Konkursmasse den Betrag ersetzen, der ihr dadurch entgeht, daß jener Schuldner nach dem Rechte des Auslandes eine nach der Konkursordnung unstatthafte Aufrechnung mit der ihm abgetretenen Forderung vornimmt, d. h. den ganzen Betrag, wofür die Aufrechnung geschehen ist, wogegen er die Anteile, die auf die abgetretene Forderung im Konkursverfahren entfallen sein würden, soweit sie schon feststehen, abziehen, soweit sie sich erst später herausstellen, als rechtlose Bereicherung der Masse zurückfordern kann. Treffen bei der Abtretung durch eine Mittelsperson die gesetzlichen Voraussetzungen auch bei dieser zu, so haftet sie gesamtschuldnerisch in gleicher Weise wie der erste Abtreter. Aus dem Grunde, daß die Abtretung der Forderung mit Kenntnis der Zahlungseinstellung erfolgt sei, kann kein Ersatz mehr verlangt werden, wenn die Abtretung früher als sechs Monate vor der Konkurseröffnung geschehen ist.[29]

II. Soweit ein Konkursgläubiger zu einer Aufrechnung befugt ist, braucht er seine Forderung im Konkursverfahren nicht geltend zu machen.[30] Vielmehr genügt eine

[29] § 56 KO. Vbd. Mot. § 49 (238 fg.). Vgl. ob. § 19. II.

[30] § 53 KO. Ausnahme § 105 Abs. 5 GenG, worüber näheres bei Seuff. 330 ff.

außerhalb des Konkursverfahrens, sei es gerichtlich oder außergerichtlich, an den Konkursverwalter geschehene Erklärung des Willens der Aufrechnung.[31] Hat sich der Konkursgläubiger hiermit begnügt, so kann seine Forderung, ebenso wie seine Aufrechnungsbefugnis, nur von dem Konkursverwalter, nicht von den übrigen Konkursgläubigern, bestritten werden, und die Entscheidung ist im Fall des Streites entweder bei Gelegenheit der von dem Verwalter wegen der aufgerechneten Schuld erhobenen Klage oder durch selbständige Feststellungsklage herbeizuführen.[32]

Der Konkursgläubiger kann aber, selbst soweit er zu einer Aufrechnung befugt ist, seine Forderung auch im Konkurse anmelden, und zwar nicht bloß, etwa weil der Konkursverwalter sein Aufrechnungsrecht bestreitet, bedingt für den Fall, daß die Voraussetzungen einer Aufrechnung nicht bestehen sollten, sondern auch unbedingt. Auch liegt in solcher unbedingter und vorbehaltloser Anmeldung der Forderung und sogar in der Annahme von Abschlagszahlungen noch kein Verzicht auf die Aufrechnung.[33] Der Konkursgläubiger kann vielmehr während der Dauer des Konkursverfahrens die Aufrechnung zu jedem ihm beliebenden Zeitpunkte vornehmen, solange seine Schuld besteht, und solange ihn nicht der Konkursverwalter durch Vorgehen von seiner Seite zu einer Erklärung genötigt hat.

III. Die eigentümlichen konkursrechtlichen Erweiterungen und Beschränkungen des Aufrechnungsrechtes der

[31] § 388 BGB.

[32] Vgl. Mot. § 46 (229) und § 256 CPO, Seuff. 233, Jäger § 53 Anm. 22.

[33] Vgl. Mot. § 47 Abs. 9 (233), RG 5. VII. 90 (**26** 116), Jäger § 53 Anm. 12, Sar.-Boß. § 53 Bem. 3 Abs. 2.

Konkursgläubiger treten nur während der Dauer des Konkursverfahrens ein. Nach seiner Beendigung bemißt sich die Aufrechnungsbefugnis wiederum lediglich nach dem bürgerlichen Rechte. Jedoch behält natürlich eine während des Konkursverfahrens nach Maßgabe des Konkursrechtes bereits vorgenommene Aufrechnung ihre Wirkung, und ferner kommen für eine nach der Beendigung des Konkursverfahrens vorzunehmende Aufrechnung die Einwirkungen in Betracht, die eine nach den Vorschriften des Konkursrechtes der Aufrechnung entzogene Konkursforderung durch das Konkursverfahren, insbesondere durch einen Zwangsvergleich, erlitten hat.[34]

IV. Nur das Aufrechnungsrecht der Konkursgläubiger unterliegt im Konkursverfahren den dargelegten besonderen Erweiterungen und Beschränkungen. Für die übrigen Aufrechnungen, die während des Konkursverfahrens vorkommen können, sind lediglich die allgemeinen Rechtsgrundsätze maßgebend. So namentlich für die Aufrechnung einer Forderung der Konkursmasse an einen Konkursgläubiger gegen seine Konkursforderung. Sie ist nur darum in etwas weiterem Maße möglich, als wenn kein Konkurs eröffnet wäre, weil durch die Konkurseröffnung eine betagte Konkursforderung fällig und durch die Anmeldung im Konkursverfahren eine ursprünglich nicht auf

---

[34] S. Mot. Vorbem. z. Buch I. Tit. 6 Abs. 9 (228) vbd. § 193 KO. Bestand für die Forderung während des KVerf. ein Aufrechnungsrecht, so kann dieses auch nach der Beendigung des KVerf. durch Zwangsvergleich unverkürzt durch diesen ausgeübt werden, weil ja zufolge der Aufrechnung Forderung und Gegenforderung schon in dem Zeitpunkte ihres aufrechenbaren Gegenübertretens als erloschen gelten. S. § 389 BGB. Vgl. Jäger § 53 Anm. 28. b. A. M. Sar.-Boß. § 53 Bem. 2 Nr. 7 Abs. 2.

Geld gerichtete Konkursforderung zu einer Geldforderung wird, damit also die vorher mangelnden Voraussetzungen der Aufrechnungsbefugnis hergestellt sind. Diese Aufrechnung steht aber bloß dem Konkursverwalter, nicht auch den übrigen Konkursgläubigern zu, weil sie eine Verfügung über die Forderung der Masse enthält, wozu nur der Konkursverwalter berechtigt ist.[35]

Nach dem gewöhnlichen bürgerlichen Rechte bemißt sich ferner die Aufrechnung zwischen Masseansprüchen und Forderungen der Masse an die Massegläubiger[36] und endlich die Aufrechnung zwischen Forderungen an den Gemeinschuldner, die keine Konkursforderungen sind, und Forderungen, die zu seinem konkursfreien Vermögen gehören. Besonders sind hier zu erwähnen diejenigen Forderungen an den Gemeinschuldner, welche schon vor der Konkurseröffnung bestanden, aber nach § 63 KO aus der Zahl der Konkursforderungen ausgeschlossen sind. Sie können nicht bloß aufgerechnet werden gegen Forderungen des konkursfreien Vermögens, sondern auch gegen Forderungen des Gemeinschuldners, die, weil schon vor der Konkurseröffnung begründet, zu der Konkursmasse gehören, vorausgesetzt hier, daß Forderung und Gegenforderung bereits vor der Konkurseröffnung gegeneinander aufrechenbar waren; denn unter dieser Voraussetzung erscheinen beide

---

[35] Vgl. Oetker Grdb. 231, Seuff. 234, Jäger § 53 Anm. 29. Der KV. wird sich zu einer solchen Aufrechnung nur dann veranlaßt sehen, wenn die KForderung bevorrechtigt oder der Vermögensstand des KGl. noch schlechter ist als derjenige des GSch.

[36] Als ein Masseanspruch erscheint auch der Anspruch eines KGl. auf den bei einer Verteilung auf seine Forderung entfallenden Anteil. Mithin kann auch ein solcher Anspruch gegen eine Forderung der Masse an den Gläubiger aufgerechnet werden. Vgl. Seuff. 234 Anm. 8.

zufolge der Aufrechnung als schon vor der Konkurseröffnung erloschen.[37]

§ 22.

f. Aussonderungsrechte.

I. Weil zu der Konkursmasse (Sollmasse) rechtlich nur das eigene Vermögen des Gemeinschuldners gehört, so soll der Konkursverwalter fremde (körperliche oder unkörperliche) Vermögensstücke, die sich zur Zeit der Konkurseröffnung bei denjenigen des Gemeinschuldners befinden, wie z. B. ihm geliehene oder bei ihm hinterlegte Sachen, an ihn zur Einziehung indossierte Wechsel u. dgl., wenn ihre Eigenschaft als fremder Vermögensstücke feststeht, auch tatsächlich nicht zu der Konkursmasse (Istmasse) ziehen.[1]

---

[37] Folgt aus § 389 BGB, wonach das rechtliche Verhältnis dieses ist: Forderung und Gegenforderung heben, soweit sie sich decken, in dem Augenblicke, in dem sie zur Aufrechnung geeignet einander gegenübertreten, einander wechselseitig gleichwie durch wechselseitige Erfüllung auf, falls der eine oder der andere Teil das will und diesen Willen gleichzeitig oder später erklärt. So auch die weitaus herrschende Lehre. S. z. B. Sar.-Boß. § 53 Bem. 2 Nr. 4, Pet.-Kleinf. Vorbem. 3 vor § 53, Jäger § 53 Anm. 7. Ausnahme: § 55 Nr. 3 KO. S. ob. Anm. 26. Auch § 55 Nr. 1, 2 KO würden hier anwendbar sein, wenn in diesen Fällen die Aufrechnung nicht schon darum ausgeschlossen wäre, weil einem Nichtkonkursgläubiger die KM. nicht haftet. — Die Erweiterungen der Aufrechnungsbefugnis in § 54 KO kommen den hier in Frage stehenden Gläubigern des GSch. nicht zu statten, weil nach dem Zusammenhange des § 54 mit § 53 KO diese Erweiterungen nur zu Gunsten der KGl. eingeführt sind. Ebenso Sar.-Boß. a. a. O., Seuff. 232. A. M. Jäger a. a. O. und § 54 Anm. 1.

[1] Der Gegenstand bleibt dann bei dem GSch., an den sich der Berechtigte halten mag. Stellt der KV. erst nach der Besitzergreifung fest, daß der Gegenstand nicht zur Sollmasse gehört, so muß er ihn zur Vermeidung persönlicher Verantwortlichkeit (§ 82 KO) von Amts wegen aus der Istmasse aussondern und je nach den Umständen entweder aus der Masse freigeben oder

Ist das gleichwohl geschehen, etwa weil der Konkursverwalter die Eigenschaft des Gegenstandes als eines fremden nicht kennt oder bestreitet, oder droht sonst die Gefahr, daß ein dem Gemeinschuldner nicht gehöriges Vermögensstück seinem Werte nach tatsächlich als Bestandteil der Masse behandelt werde, wie z. B. wenn der Konkursverwalter einen an einer Sache des Gemeinschuldners bestehenden Nießbrauch oder eine an einem Grundstücke des Gemeinschuldners bestehende Grunddienstbarkeit oder Reallast bestreitet, oder umgekehrt eine nicht bestehende, aber vom Gemeinschuldner bisher ausgeübte Dienstbarkeit als diesem zustehend behandelt u. dgl.: so kann der Berechtigte seinerseits mit der geeigneten dinglichen oder persönlichen Klage die „Aussonderung" des Vermögensstückes aus der Konkursmasse, d. h. seine Nichtbehandlung als Bestandteil der Masse, herbeiführen.[2]

---

dem zur Abforderung Berechtigten ausantworten. Vgl. Jäger[2] § 43 Anm. 32. Es hängt übrigens selbst bei Gegenständen, deren Eigenschaft als fremder von vornherein feststeht, z. B. bei Büchern mit dem Stempel einer öffentlichen Bibliothek, vom Ermessen des KV. ab, sie in Besitz zu nehmen, um sie dem Berechtigten zurückzuerstatten. Denn der GSch. kann sich dem niemals mit Erfolg widersetzen. S. ob. § 13 VI. und vgl. Seuff. 281. Und was soll geschehen, wenn etwa der GSch. entflohen ist? Natürlich ist aber der KV. nicht verpflichtet, für die Rückerstattung der fremden Gegenstände zu sorgen. Vgl. Pet.-Kleinf. § 117 Bem. 3. A. M. Wolff § 117 Bem. 2 Abs. 3. — Ist es nicht unzweifelhaft, daß ein tatsächlich bei dem Vermögen des GSch. befindlicher Gegenstand ihm nicht gehört, so hat ihn der KV. mit in Besitz zu nehmen, wie schon aus § 133 Nr. 2 KO erhellt. S. auch unt. § 37 I.

[2] S. Mot. Vorbem. z. Buch I. Tit. 4 Abs. 1, 2 (154 fg.), Mot. § 35 Abs. 1 (157 fg.). Ein dingliches Recht, das, wie z. B. Hypothek und Pfandrecht, nur die Sicherung einer Forderung bezweckt, begründet keinen Aussonderungsanspruch, sondern nur einen Absonderungsanspruch. S. ob. § 19 I. — Die Klage auf Aussonderung entspricht der Widerspruchsklage eines Dritten

Ebenso, wenn gegenüber der Konkursmasse ein Aussonderungsrecht erst während des Konkursverfahrens entsteht.[3]

II. Solche Aussonderungsansprüche sind, weil sie einen tatsächlich zur Konkursmasse gezogenen Gegenstand betreffen, gegen den Konkursverwalter als Vertreter der Masse zu verfolgen,[4] aber außerhalb des Konkursverfahrens

---

gegen die Zwangsvollstreckung nach § 771 CPO wegen eines ihm an dem Gegenstande der Vollstreckung zustehenden Rechtes, ist aber doch kein Anwendungsfall dieser Klage, und namentlich ist die Vorschrift des § 771 CPO über den Gerichtsstand hier nicht anwendbar. Vgl. Jäger[2] § 43 Anm. 5, Pet.-Kleins. Vorbem. 1 vor § 43. — Die Aussonderung von Wertpapieren, die ein Kaufmann zur Verwahrung oder als Pfand oder als Kommissionär in Gewahrsam hat, ist besonders geschützt durch die Strafbestimmungen in § 9—12 DepotG. S. unt. § 58 I. Nr. 5.

[3] Das ist zwar durch die Vorschrift des § 15 KO erschwert, aber keineswegs unmöglich. Denn erstens macht § 15 KO von seiner Regel selbst gewisse Ausnahmen. S. ob. § 5 IV. Zweitens bleiben die Vermögensstücke des GSch. auch als Bestandteile der KM. mit den dinglich wirkenden Beschränkungen behaftet, womit sie zur Zeit der KE. behaftet waren. Vgl RG 28. I. 96 (**36** 125). Darum kann während des KVerf. z. B. durch Eintritt einer Bedingung (§ 161 BGB) oder des Falls der Nacherbfolge (§ 2106, 2115 BGB, § 128 KO) Eigentum des GSch. auf einen Anderen übergehen. Vgl. ob. § 9 Anm. 14. Drittens können im Laufe des KVerf. fremde Gegenstände tatsächlich zur Masse kommen. S. z. B. § 867, 1005 BGB. Endlich kann der KV. durch seine Handlungen, z. B. Verkauf von Massegegenständen, Aussonderungsrechte begründen.

[4] Erhellt aus § 11, 133 Nr. 2 KO. Vgl. Mot. Vorbem. z. Buch I. Tit. 4 Abs. 6 (156). Zum gerichtlichen Austrage der Frage, ob ein nach seiner Behauptung zu der von ihm verwalteten Vermögensmasse gehöriger Gegenstand dem Rechte nach wirklich ein Bestandteil dieser Masse sei, ist der KV. als gesetzlicher Vertreter der KM. und kraft seines Verfügungsrechtes darüber (§ 6 Abs. 2 KO) in gleicher Weise legitimiert wie der Nachlaßverwalter nach § 1984 Abs. 1 BGB, und zwar, wie dieser, ohne Rücksicht, ob die Entscheidung zu Gunsten oder zu Ungunsten seiner Behauptung ergeht. Vgl. Petersen in BuschsZ **9** 39 ff.,

und im gewöhnlichen Prozeßwege, so wie wenn der nämliche Anspruch gegen den nicht in Konkurs geratenen Gemeinschuldner zu verfolgen wäre.[5] Auch sind nach den „außerhalb des Konkursverfahrens geltenden Gesetzen", d. h. nach den Rechtsvorschriften, die unter der obigen Voraussetzung maßgebend sein würden,[6] die Fragen zu entscheiden, welche Vermögensstücke als nicht zu der Konkursmasse des Gemeinschuldners gehörig zu betrachten sind,[7] wer das Recht hat, die Aussonderung und nach Umständen die Herausgabe zu verlangen,[8] endlich mit

Pet.-Kleinf. Vorbem. 5 a. E. vor § 43. — Zur Anerkennung eines Aussonderungsanspruches muß der KV., wenn es sich um einen Wertgegenstand von mehr als 300 ℳ handelt, die Genehmigung des GlA. einholen, falls ein solcher bestellt ist: § 133 Nr. 2 KO. S. aber auch § 135, 136 KO.

[5] Folgt aus § 43 vbd. § 11 und (durch arg. a contrario) aus § 12 KO. Vgl. Mot. Vorbem. z. Buch I. Tit. 4 Abs. 5—7 (156 fg.). Wegen des Falles, wenn zur Zeit der KE. ein Aussonderungsprozeß bereits anhängig war, s. § 11 KO und ob. § 7 III. Nr. 1. b.

[6] § 43 KO vbd. Mot. § 35 Abs. 1—3 (157 fg.).

[7] So kann z. B. in dem Konkurse des Mannes die Ehefrau bei jedem Güterstande ihr Vorbehaltsgut und bei Verwaltungsgemeinschaft, Errungenschaftsgemeinschaft und Fahrnisgemeinschaft auch ihr eingebrachtes Gut aussondern, weil nach § 1410, 1525 Abs. 2, 1550 Abs. 2 BGB auch an dieses Gut die Gläubiger des Mannes sich nicht halten können. Dagegen kann sie bei allgemeiner Gütergemeinschaft, Errungenschaftsgemeinschaft und Fahrnisgemeinschaft ihren Anteil an dem Gesamtgute nicht aussondern, weil nach § 1459 Abs. 1, 1530 Abs. 1, 1549 BGB das ganze Gesamtgut den Gläubigern des Mannes haftet und daher nach § 2 Abs. 1 KO zu seiner KM. gehört. Weitere Einzelheiten s. bei Seuff. 91 ff., Jäger[2] § 43 Anm. 7 ff.

[8] Daß der Aussonderungsberechtigte unter Umständen und sogar in der Regel vom KV. auch Herausgabe des Aussonderungsgegenstandes verlangen kann, erhellt aus der Fassung der § 44—46 KO („zurückfordern", „in Anspruch nehmen", „die Abtretung verlangen"). Auch muß doch z. B. der Aussonderungsberechtigte als Eigentümer einer im Besitze des KV. befindlichen Sache von diesem die Herausgabe der Sache so gut

welcher Klage und bei welchem Gerichte der Aussonderungsanspruch geltend zu machen ist.[9] Nach denselben Rechtsvorschriften bemißt sich auch, ob und unter welchen Voraussetzungen vermöge eines Zurückbehaltungsrechtes die Herausgabe des Gegenstandes bis zur Befriedigung eines Gegenanspruches der Konkursmasse verweigert werden kann.[10]

III. Besondere, von der Regel abweichende Vorschriften gibt jedoch die Konkursordnung für folgende Fälle:

verlangen können, wie nach § 985 BGB von jedem Besitzer. Desgleichen als Vermieter oder Verpächter nach § 556 Abs. 1, 581 Abs. 2 BGB die Rückgabe der Sache nach Beendigung des Miet- oder Pachtverhältnisses (s. § 19 KO). Ebenso im Fall der Leihe (§ 604 BGB), des Verwahrungsvertrages (§ 695 vbd. § 697 BGB) und in vielen anderen Fällen. In den Motiven (z. B. Vorbem. z. Buch I. Tit. 4 und Mot. § 35 [154 ff.]) wird der Aussonderungsanspruch geradezu als Anspruch auf Herausgabe eines Gegenstandes aus der KM. bezeichnet. A. M., wonach der Aussonderungsberechtigte von dem KV. immer nur Besitzaufgabe, Freigabe des Gegenstandes aus der KM. verlangen könnte, so daß er jetzt zum konkursfreien Vermögen des GSch. käme, Oetker Das Verfolgungsrecht 87ff., 115, 120, 122ff. und in BuschsZ **25** 74. Vgl. dagegen Jäger² § 43 Anm. 34.

[9] Z. B. Eigentumsklage auf Herausgabe der Sache (§ 985 BGB) oder auf Beseitigung von Störungen (§ 1004 BGB), Klage des früheren Besitzers auf Herausgabe nach § 1007 BGB, Klage des Erben gegen den Erbschaftsbesitzer auf Herausgabe (§ 2018 BGB), Klage auf Wiedereinräumung des durch verbotene Eigenmacht entzogenen Besitzes (§ 861 BGB), Klage auf Feststellung des vom Verwalter bestrittenen Eigentums oder einer von ihm bestrittenen Dienstbarkeit (§ 256 CPO), Klage des Vermieters, Verpächters, Verleihers, Hinterlegers, Verpfänders auf Rückgabe der Sache u. dgl. Je nach der erhobenen Klage bestimmt sich gemäß den gewöhnlichen Regeln auch die Gerichtszuständigkeit. Insbesondere kann, wo zum Zwecke der Aussonderung eine der genannten Vertragsklagen angestellt wird, auch der besondere Gerichtsstand des Vertrages oder Erfüllungsortes (§ 29 CPO) nicht ausgeschlossen sein. Vgl. Jäger² § 43 Anm. 33 gegen RG 10. V. 93 (**31** 392 fg.) und die herrschende Meinung.

[10] S. Mot. Vorbem. z. Buch I. Tit. 4 letzt. Abs. (157).

1. Von dem Gemeinschuldner gekaufte oder von einem Einkaufskommissionär für ihn gekaufte oder (nach § 400 HGB) als Selbstverkäufer ihm gelieferte Waren,[11] die von Seite des Verkäufers oder Einkaufskommissionärs an ihn von einem anderen Orte aus abgesendet,[12] von ihm aber zur Zeit der Konkurseröffnung noch nicht vollständig bezahlt sind,[13] kann, wenn sie nicht schon vor der Konkurseröffnung an dem Ablieferungsorte angekommen und in den Gewahrsam, d. h. die tatsächliche Gewalt,[14] des Gemeinschuldners oder einer anderen Person, sei es eines Besitzdieners (§ 855 BGB) oder eines selbständigen Vertreters (z. B. Lagerhalters, Kommissionärs, Spediteurs), für ihn gelangt waren,[15] der Verkäufer bezw. Einkaufskommissionär

---

[11] D. h. verkäufliche bewegliche Sachen mit Einschluß der Wertpapiere. Vgl. ob. § 6 Anm. 24.

[12] Auf das Platzgeschäft, d. h. auf den Fall, wenn die Ware an Ort und Stelle dem jetzigen GSch. oder einer zur Empfangnahme für ihn ermächtigten Mittelsperson übergeben oder ihm ohne Übergabe nach § 930 BGB (durch sog. constitutum possessorium) übereignet wird (vgl. RG 7. II. 94 — **33** 25 fg.), ist § 44 KO nicht anwendbar, sollte sie auch nach der Übergabe oder Übereignung noch an den GSch. abgesendet werden. S. Mot. § 36 Abs. 14 (165 fg.). Vgl. RG 13. II. 91 (27 87 fg.). Ebensowenig ist § 44 KO anwendbar, wenn die Ware zufolge des Vertrages an einen Dritten abgesendet wurde, an den sie der GSch. weiterverkauft hatte. Vgl. Oetker Verfolgungsrecht 12, Jäger[2] § 44 Anm. 12, Kohler 116.

[13] Vgl. Oetker Verfolgungsrecht 19 fg., Jäger[2] Anm. 20.

[14] S. § 854 BGB. Vgl. § 616 Abs. 3 HGB, § 808, 809 CPO. Bloß mittelbarer Besitz (§ 868 BGB) genügt nicht. Vgl. Jäger[2] Anm. 16. A. M. Seuff. 96.

[15] Der Ablieferungsort als die Ortschaft (Stadt, Dorf usw.), wohin die Ware geschickt werden soll, ist von dem Leistungsorte wohl zu unterscheiden (vgl. § 270 Abs. 1 vbd. Abs. 4 BGB). Er kann nachträglich geändert werden; namentlich kann der Besteller dadurch, daß er selbst oder ein Empfangsbevollmächtigter für ihn die Ware unterwegs in Empfang nimmt, die Ablieferung vorzeitig herbei-

als Aussonderungsberechtigter von dem Konkursverwalter, der sie nach der Konkurseröffnung zur Konkursmasse gezogen hat, zurückfordern.[16] Dieses sog. Verfolgungsrecht[17] ist zwar vornehmlich auf den Handelsverkehr berechnet, setzt aber gleichwohl nicht voraus, daß wirklich ein Handelskauf vorliegt, oder daß die Parteien Kaufleute sind.[18] Auch macht es keinen Unterschied, ob der Absender zur Zusendung an den Gemeinschuldner verpflichtet war oder sie freiwillig ausführte, ob sie auf Rechnung des Verkäufers oder des Käufers geschah, und ob der Verkäufer bezw. Einkaufskommissionär selbst oder ein Anderer, insbesondere ein Verkäufer oder sonstiger Rechtsvorgänger, für ihn die Waren abgesendet hat.[19] Endlich wird das Verfolgungsrecht dadurch nicht ausgeschlossen, daß die Waren, z. B. mittels Übereignung durch Übergabe eines Lagerscheins, Ladescheins oder Konosse-

führen. Vgl. Jäger² Anm. 14, 15. Abgesehen von diesem Fall wird dadurch, daß die Ware während ihrer Reise in den Gewahrsam eines Vertreters des GSch., z. B. eines von ihm zur Überbringung der Ware von der letzten Eisenbahnstation nach dem Ablieferungsorte beauftragten Fuhrmanns, kommt, das Rückforderungsrecht nicht ausgeschlossen. Vgl. Jäger² Anm. 14.

[16] § 44 Abs. 1 KO. Hat der KV. die Ware nicht zur Masse gezogen oder wieder freigegeben, so geht das Rückforderungsrecht gegen den GSch. Vgl. Oetker Verfolgungsrecht 63, 122 ff. — Hat der Absender die Ware auf der Reise angehalten, so daß sie gar nicht an den KV. oder den GSch. gelangt ist, so kann das Verfolgungsrecht einredeweise geltend gemacht werden. Vgl. Mot. § 36 a. E. (170 a. E.), Oetker Verfolgungsrecht 131 fg.

[17] Es stammt aus dem englischen Rechte (right of stoppage in transitu), war aber schon seit langer Zeit in und außer Deutschland sehr allgemein anerkannt. Vgl. Mot. § 36 Abs. 7 (164). Litt.: Oetker, Das Verfolgungsrecht. Kassel 1883.

[18] Vgl. Oetker 11, Pet.-Kleinf. § 44 Bem. 4, Jäger² Anm. 11, Sar.-Boß. § 44 Bem. 3.

[19] Vgl. Mot. § 36 Abs. 14 (166). S. auch RG 2. XI. 81 (6 60 fg.), Jäger² a. a. O.

ments,[20] bereits vor der Konkurseröffnung in das Eigentum des Gemeinschuldners übergegangen waren[21] oder nach der Konkurseröffnung durch Ablieferung an ihn oder den Konkursverwalter in sein Eigentum übergehen. Der Verfolgungsberechtigte kann in diesen Fällen auch die Rückübertragung des Eigentums verlangen.[22] Kurz, er macht durch die Ausübung des Verfolgungsrechtes die von seiner Seite geschehene Erfüllung des Vertrages rückgängig und stellt die gleiche Rechtslage her, wie wenn er seinerseits noch gar nichts aus dem Vertrage geleistet hätte. Daher kommt, wenn er sich gegenüber dem Konkursverwalter auf das Verfolgungsrecht beruft, § 17 KO zur Anwendung,[23] d. h. der Konkursverwalter kann die Ausübung des Verfolgungsrechtes dadurch beseitigen, daß er sich für die vollständige Befriedigung des Verfolgungsberechtigten aus der Konkursmasse entscheidet. Hat er sich darüber auf die Aufforderung des Verfolgungsberechtigten nicht rechtzeitig erklärt oder sich ausdrücklich für die Nicht-

---

[20] S. § 424, 450, 647 HGB.

[21] Auf diesen Fall ist sogar das Verfolgungsrecht hauptsächlich berechnet. S. Mot. § 36 Abs. 8 ff. (164 fg.). Vgl. Jäger[2] Anm. 1 ff.

[22] Vgl. Oetker Verfolgungsrecht 54 ff., Jäger[2] Anm. 5 ff., Kohler 115. Nach den Mot. § 36 Abs. 20, 22, 23 (168, 169 fg.) und Prot. 33 würde zufolge der Geltendmachung des Verfolgungsrechtes der Eigentumserwerb des GSch. als ungeschehen und mithin auch Dritten gegenüber alles so zu behandeln sein, wie wenn die Ware niemals Eigentum des GSch. gewesen wäre. Ebenso RG 24. II. 83 (8 84 ff.), Pet.-Kleinf. § 44 Bem. 20—22, Sar.-Boß. § 44 Bem. 6. Vom Standpunkte der hier vertretenen Ansicht kann der Verfolgungsberechtigte einem dritten Erwerber ohne Rücksicht auf guten oder bösen Glauben die Waren nicht abfordern, wenn der GSch. zur Zeit der Veräußerung an jenen Eigentümer war. Vgl. Oetker 59 ff., Jäger[2] Anm. 29, Kohler a. a. O., Wilm. § 44 Bem. 10.

[23] § 44 Abs. 2 KO. Vgl. Mot. § 15 Abs. 7 a. E. (68), § 36 Abs. 20, 21 (168) und ob. § 6 Anm. 7.

befriedigung entschieden, so muß er die Waren an jenen zurückgeben. Zudem kann der Verfolgungsberechtigte einen Anspruch auf Entschädigung wegen der Nichterfüllung des Vertrages als Konkursforderung geltend machen.[24] Sind die Waren vor der Konkurseröffnung von dem Gemeinschuldner oder nachher vom Konkursverwalter veräußert worden, so greift § 46 KO (s. unt. Nr. 3) ein.

2. Die Ehefrau des Gemeinschuldners hat zwar im allgemeinen der Regel gemäß ein Aussonderungsrecht bezüglich aller derjenigen Vermögensstücke, welche in Rücksicht auf den zwischen ihr und dem Gemeinschuldner bestehenden Güterstand nach den außerhalb des Konkursverfahrens geltenden Rechtsvorschriften ihr gehören; allein schon nach Maßgabe dieser Vorschriften ist die Geltendmachung ihrer Aussonderungsansprüche erschwert durch die Vorschrift des § 1362 BGB, wonach zu Gunsten der Gläubiger des Mannes kraft einer Rechtsvermutung alle im Besitze eines der Ehegatten oder beider Ehegatten befindlichen beweglichen Sachen einschließlich der Inhaberpapiere und mit Blankoindossament versehenen Orderpapiere, mit einziger Ausnahme der zum persönlichen Gebrauche der Frau bestimmten Sachen, als Eigentum des Mannes zu betrachten sind, falls nicht bewiesen wird, daß sie der Frau gehören. Ferner aber ist das Aussonderungsrecht der Frau im Konkurse des Mannes noch besonders beschränkt durch die Vorschrift des § 2 Abs. 1 KO (s. ob. Anm. 7) und durch

---

[24] Das ist eine notwendige Folge aus §44 Abs.2 KO, wenn man mit der allgemeinen Meinung annimmt, daß im Fall des §17 KO der Vertragsgegner des GSch. einen solchen Schadenersatzanspruch hat, falls der KV. sich nicht für die Erfüllung des Vertrages entscheidet. Vgl. ob. § 6 bei Anm. 15. In diesem Sinn auch Mot. § 36 Abs. 20, 21 (168fg.), Oetker Verfolgungsrecht 50fg., 105, 110fg., Jäger[2] Anm. 25 u. A.

die Vorschrift des § 45 KO, welche der in dem Wesen des ehelichen Verhältnisses begründeten Gefahr vorbeugen soll, daß durch Aussonderungsansprüche der Frau der Konkursmasse Werte entzogen werden, die zum Vermögen des Mannes gehören.[25] Sie kann nämlich nach den gewöhnlichen Regeln des bürgerlichen Rechtes ihr gehörige Vermögensstücke, die sie erst während der Ehe erworben hat, nur dann aus der Konkursmasse des Mannes aussondern, wenn sie beweist, daß sie nicht mit Mitteln des Gemeinschuldners erworben sind,[26] d. h. daß sie mit diesem Erwerbe nicht auf Kosten des Mannes ohne rechtlichen Grund bereichert ist.[27]

---

[25] Vgl. Mot. § 37 Abs. 19, 27, 30 (177, 180, 181), Prot. 36.

[26] Vgl. Mot. § 37 Abs. 12, 26—29 (175, 179 ff.), Prot. 38. Steht also fest, daß das von der Frau in Anspruch genommene Vermögensstück nach den gewöhnlichen Rechtsregeln ihr gehört, so kann der KV. ihren Aussonderungsanspruch durch den Beweis vereiteln, daß es von ihr erst während der Ehe erworben ist, falls nicht diesem Beweise gegenüber die Frau beweist, daß sie den Erwerb nicht mit Mitteln des GSch., sondern mit ihren eigenen Mitteln oder mit Mitteln eines Dritten gemacht habe. Ob die Frau dem KV. gegenüber Klägerin oder Beklagte ist, macht für die Beweislast keinen Unterschied. Vgl. Jäger[2] §45 Anm. 15. — Zu den Mitteln des Ehemannes gehören auch die ihm nach § 1363, 1383 BGB zukommenden Nutzungen des eingebrachten Gutes der Frau und die Beiträge, die diese ihm nach § 1427 Abs. 2 BGB zur Bestreitung des ehelichen Aufwandes zu leisten hat. Vgl. Seuff. 98. — Bei allgemeiner Gütergemeinschaft, Errungenschaftsgemeinschaft und Fahrnisgemeinschaft ist wegen § 2 KO auf Erwerbungen der Frau mit Mitteln des Gesamtgutes § 45 KO entsprechend anzuwenden.

[27] Nach dem Sinn des § 45 KO kommt es, wie die Motive lehren, darauf an, daß der Erwerb der Frau nicht eine des rechtlichen Grundes entbehrende Verschiebung von Werten aus dem Vermögen des Mannes in das Vermögen der Frau enthält, daß also nicht das vom spezifisch juristischen Standpunkte der Frau gehörige Vermögensstück für die wirtschaftliche, bloß die Wertseite der Vermögensverhältnisse ins Auge fassende

3. Hat vor der Konkurseröffnung der Gemeinschuldner oder nachher der Konkursverwalter ein (körperliches oder unkörperliches) Vermögensstück, dessen Aussonderung aus der Konkursmasse nach den Verhältnissen zur Zeit der Veräußerung hätte verlangt werden können,[28] sei es mit oder

---

Betrachtung eigentlich zum Vermögen des Mannes gehört. Gedacht ist hauptsächlich an den Fall, daß der Mann einen Teil seines Vermögens, um ihn dem Zugriffe seiner Gläubiger zu entziehen und der Familie zu erhalten, zu Erwerbungen auf den Namen der Frau verwendet. Doch gehören hierher auch die Fälle, wenn die Frau den Erwerb mit von dem Manne dargeliehenem (A. M. Jäger[2] Anm. 11 a. E.) oder in ungültiger Weise geschenktem Gelde gemacht hat. Was sie dagegen durch gültiges Rechtsgeschäft, insbesondere durch gültige Schenkung, vom Manne erwirbt, ist zwar ein Erwerb aus dem Vermögen des Mannes, aber, weil keine grundlose Bereicherung auf seine Kosten, kein Erwerb „mit seinen Mitteln" und kann daher zwar nach § 31 Nr. 2, 32 Nr. 2 KO der Anfechtung, aber nicht der Vorschrift des § 45 KO unterliegen. Vgl. Mot. § 37 Abs. 27 (180 a. E.), Prot. 38, Prot. der Komm. f. d. zweite Lesung des Entw. des BGB **6** 803, RG 12. VI. 85 (**14** 21 fg.). A. M. Jäger[2] Anm. 12. — Der Erwerb der Frau ist nach dem Gesagten auch dann ein Erwerb mit Mitteln des Mannes, wenn er aus dem Erlöse eines früher mit seinen Mitteln erworbenen Gegenstandes gemacht ist: z. B. sie hat mit Geld des Mannes ein auf ihren Namen eingetragenes Grundstück, später aus dem dafür erlösten Kaufpreise eine Hypothekenforderung erworben. Darum muß die Frau zur Führung des ihr nach § 45 KO obliegenden Beweises auf die ganze Reihe der Erwerbungen, nötigenfalls bis zum Abschlusse der Ehe, zurückgehen. In diesem Sinn unzweideutig Mot. § 37 Abs. 26, 30 (180, 181). — Hat die Frau die zu dem Erwerbe verwendeten Mittel des Mannes vor der KE. oder nachher an die KM. zurückerstattet, so kann § 45 KO nicht zur Anwendung kommen. Vgl. Jäger[2] Anm. 7 a. E., Seuff. 99, Sar.-Boß. § 45 Bem. 7 Nr. 5, Pet.-Kleinf. § 45 Bem. 4 a. E. — Ist der Gegenstand nur zum Teil mit Mitteln des Ehemannes erworben, so fällt das Aussonderungsrecht für einen entsprechenden Bruchteil des Gegenstandes weg. S. Prot. 38. Vgl. Sar.-Boß. § 45 Bem. 7 Nr. 3, Pet.-Kleinf. § 45 Bem. 5, Jäger[2] Anm. 8, Seuff. 99. A. M. Wilm. § 45 Bem. 12.

[28] Daß es hier nur auf die Verhältnisse zur Zeit der Veräußerung, nicht des Begehrens

ohne Kenntnis des Aussonderungsrechtes, gegen eine Gegenleistung veräußert, so kann, soweit diese noch aussteht, der Aussonderungsberechtigte die Aussonderung und Abtretung der Forderung darauf verlangen.[29] Soweit die Gegenleistung nach der Konkurseröffnung zu der Konkursmasse eingezogen worden und der Leistungsgegenstand (z. B. die eingetauschte Sache oder die als Kaufpreis gezahlten Geldstücke) noch unterscheidbar in der Masse vorhanden ist, kann er die Herausgabe dieses Gegenstandes als Aussonderungsberechtigter fordern.[30] Soweit dagegen die

---

der Ersatzaussonderung (Seuff. 100 Anm. 30, Jäger[2] § 46 Anm. 6) oder der gerichtlichen Geltendmachung dieses Begehrens (Hellwig im CivA 68 227 fg., Wilm. § 46 Bem. 2, Pet.-Kleinf. § 46 Bem. 1) ankommt, ergibt sich schon aus der Fassung des § 46 KO („hätte beansprucht werden können", nicht „beansprucht werden könnte"). Auch ist es doch ganz unberechenbar, namentlich auch in Rücksicht auf die Möglichkeit der Ersitzung, worauf man sich beruft, ob der Gegenstand, wenn er nicht veräußert worden wäre, jetzt der Aussonderung nicht mehr unterworfen sein würde. Und hat sich der Veräußerer damals durch die Veräußerung des Gegenstandes nicht auf fremde Kosten bereichert, weil er ihn inzwischen ersessen haben würde?

[29] § 46 Satz 1 KO vbd. Mot. § 38 Abs. 3, 4 (185 fg.). Litt.: Hellwig im CivA 68 217 ff. Daß hier ein Aussonderungsanspruch und nicht ein bloßer Masseanspruch vorliegt, folgt schon aus der Stellung des § 46 KO in den Titel „Aussonderung". So auch Hellwig 247 ff., Jäger[2] Anm. 2, Pet.-Kleinf. Bem. 4, Sar.-Boß. § 46 Bem. 5, Wolff in BuschsZ 22, 242 fg., Kohler 116. Einen bloßen Masseanspruch nimmt an Seuff. 100. — Für die Anwendung des § 46 KO kommt es nur darauf an, daß die Veräußerung nicht im Namen des Aussonderungsberechtigten geschehen ist, weil sonst nach § 164 BGB dieser die Forderung auf die Gegenleistung erworben haben würde. Im übrigen macht es keinen Unterschied, ob sie unbefugt oder befugt, wie z. B. kraft ehemännlichen oder elterlichen Verwaltungsrechtes, und ob sie für Rechnung des Aussonderungsberechtigten oder des Veräußerers erfolgt ist. Vgl. Hellwig 223 fg., Jäger[2] Anm. 8.

[30] § 46 Satz 2 KO. Vbd. Mot. § 38 Abs. 3, 4 (185 fg.) und Abs. 6 (187 a. A.), wonach der Fall in § 46 Satz 2 dieselbe

Gegenleistung schon vor der Konkurseröffnung von dem Gemeinschuldner eingezogen worden ist, steht jenem, auch wenn sie sich noch unterscheidbar in der Masse befindet, ein Anspruch auf die Herausgabe nur als Konkursforderung zu.[31]

Als eine besondere Anwendung der Vorschrift des § 46 KO erscheint für den Fall der Verkaufskommission diejenige des § 392 HGB, wonach Forderungen aus dem von dem Kommissionär geschlossenen Geschäfte, obgleich sie der Kommittent dem Schuldner gegenüber erst nach der Abtretung geltend machen kann, im Verhältnisse zwischen dem Kommittenten und dem Kommissionär oder seinen Gläubigern, auch wenn sie nicht abgetreten sind, als Forderungen des Kommittenten gelten. Dieser kann also im

---

Natur hat wie derjenige in Satz 1. S. auch Hellwig 243 ff., Wolff a. a. O. 241 ff., Jäger² Anm. 17, Sar.-Voß. Bem. 6, Pet.-Kleinf. Bem. 4. Ist der Leistungsgegenstand nicht mehr unterscheidbar in der Masse vorhanden, so kann dem Aussonderungsberechtigten ein Masseanspruch nach § 59 Nr. 1, 3 KO zustehen. S. Jäger a. a. O. — Gleiches muß aus gleichem Grunde gelten, wenn der KV. eine andere Forderung, hinsichtlich deren ein Aussonderungsrecht bestand, wie z. B. eine vom GSch. an einen Dritten abgetretene Forderung, deren Abtretung der Schuldner noch nicht kennt (§ 407 BGB), oder einen an den GSch. nur zur Einziehung indossierten Wechsel, zur Masse eingezogen und dadurch getilgt hat. Vgl. Jäger² Anm. 9.

[31] S. Mot. § 38 Abs. 4 a. E. (186), § 52 Nr. 3 (246). — Neben den durch § 46 KO gewährten Rechten hat der Aussonderungsberechtigte auch diejenigen Rechte, welche ihm nach dem bürgerlichen Rechte gegenüber dem Dritten zustehen, an den der Aussonderungsgegenstand veräußert worden ist. Vgl. Mot. § 38 Abs. 2 (185). Durch die erfolgreiche Ausübung der einen erlöschen aber die anderen. Vgl. Hellwig 232 ff., Seuff. 99 Anm. 28, Jäger² § 46 Anm. 20. — Hat der GSch. einen Aussonderungsgegenstand erst nach der KE. veräußert, so kann sich der Aussonderungsberechtigte abgesehen von seinen etwaigen Rechten gegen den Erwerber nur an das konkursfreie Vermögen des GSch. halten. Vgl. Jäger² Anm. 11.

Konkurse des Kommissionärs als Aussonderungsberechtigter die Abtretung der Forderung und, wenn sie nach der Konkurseröffnung zur Konkursmasse eingezogen worden ist, die Herausgabe des noch unterscheidbar in der Masse befindlichen Leistungsgegenstandes beanspruchen.[32]

Ein verwandter Fall ist endlich derjenige des § 377 BGB. Hat der Schuldner zum Zwecke seiner Befreiung von der Schuld den geschuldeten Gegenstand nach § 372 BGB (vbd. Art. 146 EG z. BGB) für den Gläubiger hinterlegt, so gehört zwar dieser Gegenstand, solange ihn der Gläubiger nicht in Empfang genommen hat, falls er nicht nach Landesrecht (s. Art. 145 EG z. BGB) Eigentum des Fiskus oder der Hinterlegungsstelle geworden ist, noch dem Schuldner und mithin, wenn dieser in Konkurs gerät, an sich zu seiner Sollmasse. Allein weil ihm durch die Hinterlegung die Bestimmung gegeben ist, zur Befriedigung jenes Gläubigers zu dienen, so sollen sich die übrigen Gläubiger nicht daran halten können. Zu diesem Ende ist das Recht der Rücknahme, wenn es nach § 376 BGB dem Schuldner noch zusteht, nach § 377 Abs. 1 BGB der Pfändung nicht unterworfen und folglich in seinem Konkurse kein Bestandteil der Konkursmasse. Aber auch der Schuldner selbst kann es nach § 377 Abs. 2 BGB während des Konkurses nicht ausüben. Der Gläubiger kann daher unbehindert durch den Konkurs nach § 376 Nr. 2 BGB der Hinterlegungsstelle die Annahme des Gegenstandes erklären, ihn (als Ausnahme von § 15 KO) erwerben und ihn da-

---

[32] Vgl. Mot. § 38 Abs. 5 a. E. (186 a. E.), § 35 Nr. 3 Abs. 1 a. E. (161), RG 1. XII. 97 (**40** 86 ff.), Hellwig 251 fg. Ob auch bei der Einkaufskommission ein entsprechendes Aussonderungsrecht bestehe, ist streitig. Dagegen Kohler 116 Anm. 1. Dafür Jäger[2] § 43 Anm. 27. a.

mit gleichsam als Aussonderungsberechtigter aus der Konkursmasse ausscheiden.[33]

IV. Den Vorschriften der §§ 45, 46 KO und des § 392 Abs. 2 HGB liegt die Erwägung zu Grunde, daß einerseits Vermögensstücke, die vom spezifisch juristischen Standpunkte dem Gemeinschuldner nicht gehören, dennoch zu seiner Konkursmasse gezogen werden müssen, weil sie für die wirtschaftliche, lediglich die Wertseite der Vermögensverhältnisse berücksichtigende Betrachtung als sein Vermögen erscheinen, und es daher eine für das Rechtsgefühl unerträgliche Unbilligkeit wäre, sie nicht zur Befriedigung seiner Gläubiger zu verwenden, daß aber andererseits Vermögensstücke, die vom spezifisch juristischen Standpunkte dem Gemeinschuldner gehören, der Aussonderung unterliegen müssen, weil nach den Umständen, unter denen sie zu seinem Vermögen gekommen sind, das Rechtsgefühl sich ihrer Verwendung zur Befriedigung seiner Gläubiger widersetzt.[34] Die Vorschrift des § 392 Abs. 2 HGB insbesondere beruht darauf, daß der Kommissionär die Forderung aus dem von ihm abgeschlossenen Geschäfte nach seiner und des Kommittenten Absicht für diesen erwirbt, wenn sie auch nach den Übungen des Verkehrs und aus Zweckmäßigkeitsrücksichten dem Schuldner gegenüber zunächst als Forderung des Kommissionärs erscheint. Demgemäß liegt es im Sinn des geltenden Reichsrechtes und entspricht dem praktischen Bedürfnisse, auch bei der sog. fiduziarischen Rechtsübertragung, d. h. bei der spezifisch juristischen Übereignung eines Vermögensstückes, aber zu einem Zwecke,

---

[33] Vgl. Kohler 117. Näheres bei Jäger[2] § 1 Anm. 29, 30.

[34] Man spricht hier gewöhnlich von dem Gegensatze des formellen und des materiellen Rechtes; es ist aber wohl besser, die Verwendung dieser wenig klaren Begriffe zu vermeiden.

wonach es der Empfänger im Verhältnisse zu dem Übereigner gleichwohl noch als Vermögensstück dieses letzten betrachten soll, wie z. B. bei Übertragung des Eigentums einer Sache zu Pfandzwecken oder, um dem Empfänger die Verwaltung zu erleichtern, oder bei Abtretung einer Forderung behufs der Einziehung für den Abtreter, dem Übereigner im Konkurse des Empfängers ein Recht auf Aussonderung und Rückübertragung dieses Vermögensstückes zuzusprechen.[35]

§ 23.

2. Verwaltung und Verwertung der Konkursmasse.

I. Die Verwaltung und Verwertung der Konkursmasse (Istmasse) zum Behufe ihrer Verwandlung in die zur Befriedigung der Konkursgläubiger verwendbare Teilungsmasse ist die Aufgabe des Konkursverwalters[1] als Teil seiner allgemeineren Aufgabe, die gesetzmäßige

[35] In diesem Sinn wurde bei den Beratungen der Reichstagskommission nach langer und wiederholter Verhandlung schließlich als die übereinstimmende Auffassung der Kommission und der Regierungsvertreter zu Protokoll (172) festgestellt: es solle durch § 35 (jetzt § 43) KO nicht ausgeschlossen sein die Zurückforderung von Wechseln und anderen durch Indossament übertragbaren Urkunden aus der KM., sofern sie dem GSch. nur behufs der Einziehung oder mit der Bestimmung übertragen worden seien, daß sie nur zur Sicherstellung des GSch. dienen sollten, obwohl das Indossament den Zusatz „zur Einziehung“, „zur Sicherung“ oder eine ähnliche beschränkende Klausel nicht enthalte. Zu Gunsten des im Texte aufgestellten Satzes auch die Rechtsprechung des Reichsgerichtes. S. bes. RG 23. XII. 99 (**45** 80 ff.), ferner RG 21. V. 95 (**35** 79), 18. V. 98 (**41** 114 ff.), 1. V. 99 (**44** 1 ff.). Ebenso die in der Litteratur weitaus herrschende Meinung. S. Jäger[2] § 43 Anmerk. 17—25 und die dort Angeführten, Wilm. § 43 Bem. 5 Abs. 2, 3, Kohler 117 fg. (mit sehr beachtenswerten Beispielen). Gegen die Annahme eines Aussonderungsrechtes Lang im CivA **83** 336 ff., Seuff. 93 Anm. 10, Endemann Lehrb. des Bürg. R.[8] **1** § 62 Anm. 25 (286).

[1] § 117 Abs. 1 KO.

Befriedigung der Konkursgläubiger aus der Konkursmasse herbeizuführen.[2] Ihm steht anstatt des Gemeinschuldners, der mit der Konkurseröffnung das Verwaltungs- und Verfügungsrecht in Ansehung der Masse verloren hat, dieses Verwaltungs- und Verfügungsrecht zu, ebenso wie dem Nachlaßverwalter in Ansehung des Nachlasses,[3] und er hat gleich diesem die rechtliche Stellung eines Pflegers.[4]

Er hat daher die Masse nach allen Seiten und hinsichtlich aller sie berührender Ansprüche, insbesondere auch in Prozessen, zu vertreten,[5] und er kann alle dem Gemeinschuldner zur Zeit der Konkurseröffnung zustehenden Rechte, die einen Vermögenswert haben, soweit sie nicht von der Konkursmasse ausgeschlossen sind,[6] anstatt des Gemeinschuldners ausüben.[7] Er kann aber ferner durch seine Geschäfte oder Handlungen, wie z. B. durch Kauf oder Verkauf, Tausch, Aufnahme von Darlehen, Ver-

[2] Vgl. unt. § 29 III.

[3] § 6 KO. Vgl. § 1984 Abs. 1 BGB.

[4] Die Nachlaßverwaltung wird in § 1975 BGB ausdrücklich als „Nachlaßpflegschaft zum Zwecke der Befriedigung der Nachlaßgläubiger" bezeichnet. Daß das entsprechend auf den KV. anzuwenden ist, folgt schon aus § 1984 Abs. 1 BGB, ist aber auch darum nicht zu bezweifeln, weil seine Aufgabe stets, und schon im römischen Rechte, als cura bonorum aufgefaßt worden ist. S. Windscheid-Kipp Lehrb. des PandektenR.[8] 3 § 447. Vgl. Hellwig Anspruch und Klagrecht 240 ff.

[5] Vgl. ob § 7 II. Die Präsentation eines vor der KE. ausgestellten Wechsels zur Zahlung und die Protesterhebung muß trotz der KE. bei dem GSch. selbst geschehen. Vgl. Jäger[2] § 6 Anm. 21, Pet.-Kleinf. § 6 Bem. 23, RG 17. IV. 80 (2 23 ff.).

[6] S. ob. § 13 III.

[7] Namentlich Wechsel begeben, die der Gemeinschuldner vor der Konkurseröffnung erworben hatte, und sogar auf einem von jenem erworbenen Wechselaccepte, das er durch Unterschrift als Aussteller zu einem vollständigen Wechsel zu ergänzen berechtigt war, diese Ergänzung anstatt seiner vornehmen. S. Mot. § 5 Abs. 9 (34 a. E.). Vgl. Pet.-Kleinf § 6 Bem. 22, Jäger[2] Anm. 21 Abs. 2. S. auch ob. § 13 Anm. 11.

pfändung von Stücken der Masse u. dgl., auch neue Rechtsverhältnisse für die Masse begründen,[8] und er hat überhaupt die Macht zu allem, was unter die Begriffe der Verwaltung der Masse und ihrer Verwertung, d. h. Umsetzung in Geld, zu bringen ist.[9] Unzweckmäßigkeit seines Verfahrens kann ihn innerhalb dieser Grenze nur den Konkursgläubigern oder dem Gemeinschuldner gegenüber verantwortlich machen, schließt aber die Wirksamkeit seiner Handlungen für die Masse nicht aus.[10]

Eine dinglich wirkende Beschränkung, womit ein Bestandteil der Konkursmasse behaftet ist, hindert die Wirksamkeit der Verfügungen des Konkursverwalters in gleichem Maße, wie sie, falls kein Konkurs eröffnet wäre, die Wirksamkeit der Verfügungen des Gemeinschuldners hindern würde. Dies gilt insbesondere von den Fällen, wenn der Gemeinschuldner über einen jetzt zur Konkursmasse gehörigen Gegenstand unter aufschiebender Bedingung oder von einem künftigen Anfangstermine ab verfügt, oder wenn er einen solchen Gegenstand unter einer auflösenden Bedingung oder bis zu einem künftigen Endtermin er-

[8] Vgl. ob. § 13 V., § 14 II. B. 1.

[9] S. Mot. § 5 Abs. 9 (34): „Er ist berechtigt, alles zu tun, was mit dem Zwecke vereinbar ist, die Masse und die in ihr enthaltenen Rechte zu verwerten." Nicht unter die genannten Begriffe fallen Schenkungen, soweit nicht dazu eine sittliche oder Anstandspflicht besteht. Sie sind daher, abgesehen von diesen Ausnahmen, nichtig: entspr. § 1915 vbd. § 1804 BGB. Vgl. RG 30. V. 92 (**29** 82), Jäger[2] Anm. 36, 37. Aus der gleichen Rücksicht kann ein nachfolgender KV. dem früheren wegen seines Anspruches auf Vergütung und Erstattung von Auslagen (§ 85 KO) kein Zurückbehaltungsrecht gewähren: RG 16. XII. 02 (**53** 192 ff.). — Auch durch unerlaubte Handlungen des KV. wird die Masse nicht haftbar. Vgl. ob. § 14 Anm. 14.

[10] S. § 136 KO vbd. Mot. § 5 Abs. 9 (34 fg.), § 52 Nr. 1 (244 fg.), §§ 121—123 letzt. Abs. (356). Vgl. RG 30. V. 92 (**29** 80 ff.).

worben hatte, ferner von dem Fall, wenn auf ein zur Konkursmasse gehöriges Grundstück zur Sicherung des Anspruches auf Einräumung, Aufhebung oder Änderung eines Rechtes daran eine Vormerkung in das Grundbuch eingetragen ist.[11] Ist der Gemeinschuldner Vorerbe, so darf der Konkursverwalter die zu der Erbschaft gehörigen Gegenstände nicht veräußern, wenn die Veräußerung im Fall des Eintrittes der Nacherbfolge nach § 2115 BGB dem Nacherben gegenüber unwirksam sein würde, sollte auch ohne den Konkurs die entsprechende Veräußerung von Seite des Gemeinschuldners vollwirksam sein.[12]

II. Die Verwertung der zu der Konkursmasse gehörigen Vermögensstücke kann in ganz freier Weise und in jeder den Umständen nach geeigneten Art und Form geschehen. Insbesondere brauchen Verkäufe solcher Vermögensstücke nicht in den für die Verkäufe im Zwangsvollstreckungsverfahren vorgeschriebenen Formen stattzufinden,[13] und nicht einmal der Weg öffentlicher Versteigerung braucht eingehalten zu werden, selbst bei Grundstücken

[11] §161 Abs. 1, 2, 163, §883 BGB. Vbd. § 24 KO. Jedoch ist durch ein Veräußerungsverbot der in § 135, 136 BGB bezeichneten Art der KV. nicht gebunden: §13 KO. Weitere Ausnahmen: §221 Abs. 2, 236 KO. Vgl. ob. § 5 IV.

[12] § 128 KO. Entspr. § 773 CPO. Vgl. §2112, 2113 BGB. § 128 KO trifft auch den Fall der Einsetzung des Nacherben auf den Überrest (§ 2137 BGB). Handelt der KV. der Vorschrift des § 128 KO zuwider, so kann der GSch. sowie der Nacherbe entspr. § 766 CPO Einwendungen bei dem KGerichte erheben. Vgl. ob. § 13 Anm. 53, Seuff. 303. A. M. Pet.-Kleinf. § 128 Bem. 4, Jäger § 128 Anm. 9. Der Nacherbe kann entspr. §773 Satz 2 CPO seinen Widerspruch auch durch Klage nach § 771 CPO geltend machen. Vgl. Seuff. a. a. O., Pet.-Kleinf. a. a. O. A. M. Jäger a. a. O. — Beschränkung der Veräußerung der Geschäftsbücher des Gemeinschuldners: § 117 Abs. 2 KO. Vgl. ob. § 13 bei Anm. 32.

[13] S. Mot. § 107 Abs. 2, 3 (337). Vgl. Jäger §117 Anm. 8.

nicht, wenn er auch hier als Regel gilt.[14] Bei Verkäufen beweglicher Gegenstände ist sogar, wenn nicht Ansprüche auf abgesonderte Befriedigung daraus geltend gemacht sind, die Anwendung der Formen des Zwangsvollstreckungsverfahrens gar nicht statthaft.[15] Dagegen kann der Konkursverwalter die Zwangsverwaltung und die Zwangsversteigerung von Gegenständen, die in Ansehung der Zwangsvollstreckung zum unbeweglichen Vermögen gehören, bei der zuständigen Behörde auch dann betreiben, wenn keine Absonderungsrechte daran bestehen oder bekannt sind.[16]

III. Für die Art der Verwaltung und Verwertung der Masse ist im allgemeinen nur das freie, sowohl von den Konkursgläubigern, als von dem Gemeinschuldner, als endlich von dem Konkursgerichte unabhängige Ermessen des Konkursverwalters entscheidend.[17] Namentlich

---

[14] Das letzte ergibt sich aus § 134 Nr. 1 KO. Vgl. unt. IV. Nr. 2. a. — Wegen der Frage, wer bei Veräußerungen aus der KM. nicht kaufen darf, s. § 181, 456—458 BGB.

[15] Erhellt aus § 127 vgl. § 126 KO. S. noch ob. § 20 bei Anm. 13 ff.

[16] § 126 KO. Vbd. § 172 bis 174 ZVG. Vgl. Mot. §§ 116, 117 Abs. 2 (347 fg.). S. auch ob. § 20 Anm. 12. Die Anwendung dieser Veräußerungsform kann auch dann, wenn keine Absonderungsrechte geltend gemacht oder bekannt sind, von erheblichem Interesse sein, besonders weil sie Gewährleistungsansprüche des Erwerbers wegen eines Rechts- oder Sachmangels ausschließt (§ 56 Satz 3 ZVG). Vgl. Jäger § 126 Bem. 1 a. E., Pet.-Kleinf. §§ 126, 127 Bem. 2, Fischer-Schäfer Zwangsvollstr. in das unbew. Verm. § 172 Bem. 2.

[17] S. Mot. § 107 Abs. 2 (337). Namentlich können auch die einzelnen KGl. nicht gegen ihn auf Vornahme von Verwaltungshandlungen, insbesondere auf Heranziehung einzelner angeblich zur KM. gehöriger Gegenstände, klagen. Vgl. Jäger² § 6 Anm. 36 a. E. Nach Seuff. 279 könnten sie entspr. § 766 CPO die Entscheidung des KGerichtes nachsuchen, dieses auch als Aufsichtsbehörde angehen.

braucht er die bei der Konkurseröffnung vorhandenen Gegenstände der Masse nicht immer unmittelbar in Geld umzusetzen, sondern er kann sie auch gegen andere vertauschen, um sodann diese zu verkaufen.[18] Kurz, er kann und soll überall so verfahren, wie es bei verständiger und sorgsamer Erwägung den Interessen aller Beteiligten, der Konkursgläubiger nicht nur, sondern auch des Gemeinschuldners, den Umständen nach am besten entspricht.[19] Und zwar muß er sich wegen der Hauptaufgabe des Konkursverfahrens, die gesetzmäßige und möglichst vollständige Befriedigung der Konkursgläubiger herbeizuführen, stets in erster Reihe durch die Rücksicht auf ihr Interesse leiten lassen. Soweit es sich mit dieser Rücksicht verträgt, hat er aber daneben auch das Interesse des Gemeinschuldners zu wahren.[20]

IV. Auf gewisse Maßregeln, die wegen ihrer Wichtigkeit, Tragweite oder Ungewöhnlichkeit die Interessen der Beteiligten besonders leicht oder empfindlich verletzen können, gewährt die Konkursordnung diesen selbst einen Einfluß. Zuvörderst wiederum den Konkursgläubigern, und zwar teils in der weitergehenden Weise, daß der Konkursverwalter die Zustimmung des Gläubigerausschusses, wenn aber ein solcher nicht bestellt ist, diejenige der Gläubigerversammlung einzuholen hat, teils nur in der beschränkteren Art, daß der Konkursverwalter zwar, wenn ein Gläubigerausschuß bestellt ist, seine Zustimmung einzuholen hat, wenn aber keiner bestellt ist, selbständig nach eigenem Ermessen handeln darf.[21]

---

[18] S. Mot. § 5 Abs. 9 (34 fg.).

[19] S. § 82 vbd. § 86 KO. Vgl. unt. § 29 III.

[20] S. § 135 KO, Mot. § 5 Abs. 9 (34 fg.), § 107 Abs. 4, 6, 7 (339 fg.), §§ 193, 194 Abs. 7 (444 g. E.).

[21] S. Mot. §§ 121 — 123 Abs. 1 (354).

1. Das letzte gilt in folgenden Fällen:[22]

a) wenn Gegenstände, deren Verkauf ohne offenbaren Nachteil für die Masse ausgesetzt werden kann und nicht durch die Fortführung des Geschäftes des Gemeinschuldners veranlaßt wird, vor der Abhaltung des allgemeinen Prüfungstermins[23] oder vor der Erledigung eines vor seinem Schlusse eingereichten Zwangsvergleichsvorschlages verkauft werden sollen;[24]

b) wenn die Erfüllung eines Rechtsgeschäftes des Gemeinschuldners verlangt,[25] ein Prozeß anhängig gemacht,[26] die Aufnahme eines anhängigen Prozesses abgelehnt,[27] ein Vergleich oder Schiedsvertrag geschlossen,[28] ein Aussonderungs-, Absonderungs- oder

---

[22] § 133 KO vbd. Mot. a. a. O. Abs. 2, 3 (354 fg.).

[23] S. § 110, 138, 141 KO.

[24] Vgl. Jäger § 133 Anm. 7.

[25] S. § 17 KO. Vgl. ob. § 6 II. Zur Fortsetzung bezw. Kündigung bestehender Pacht-, Miet- oder Dienstverträge (§ 19, 22 KO) bedarf es keiner Zustimmung des Ausschusses. Mot. a. a. O. Abs. 1 a. E. (354).

[26] Gemeint ist das angriffsweise prozessualische Vorgehen des KV. im Hinblick auf die Kosten, die dadurch entstehen. Daher ist auch die Erhebung einer Widerklage und die Einleitung des Mahnverfahrens hierher zu rechnen. Ferner sind als hierher gehörig nicht mit den Mot. a. a. O. Abs. 3 (354) und Sar.-Boß. § 133 Bem. 5 bloß die Prozesse über die Aktivmasse anzusehen, sondern auch die Prozesse zur Verfolgung des Widerspruches gegen eine titulierte KForderung nach § 146 Abs. 6 KO. Vgl. Seuff. 311 Anm. 4, Jäger § 133 Anm. 10, Pet.-Kleinf. §§ 133—136 Bem. 9—11. Zur Unterlassung eines Prozesses bedarf der KV. keiner Zustimmung. Auch kann er nicht von dem Ausschusse zur Erhebung eines Prozesses genötigt werden. S. Prot. 87 fg.

[27] S. § 10 KO, § 13 Abs. 2 AnfG. Vgl. Sar.-Boß. § 133 Bem. 6.

[28] Auch dieses ist nicht mit Mot. a. a. O. und Sar.-Boß. § 133 Bem. 7 auf Vergleiche und Schiedsverträge, welche die Aktivmasse betreffen, zu beschränken; denn auch bezüglich der Feststellung streitig gebliebener KForderungen sind Vergleiche und Schiedsverträge nicht ausgeschlossen. Vgl. ob. § 12 Anm. 48.

Masseanspruch (gerichtlich oder außergerichtlich, insbesondere durch Befriedigung) anerkannt,[29] ein Pfandstück (oder ein sonstiger Absonderungsgegenstand) eingelöst[30] oder eine Forderung „veräußert", d. h. anders als durch Einziehung oder die im Geschäftsverkehr übliche Art der Weiterbegebung (z. B. Indossierung eines Wechsels) verwertet, insbesondere verkauft oder einem Konkursgläubiger überwiesen, werden soll,[31] und wenn es sich in jedem einzelnen dieser Fälle um einen Wertgegenstand von mehr als dreihundert Mark handelt.[32]

2. Dagegen ist die Zustimmung des Gläubigerausschusses oder in Ermangelung eines solchen der Gläubigerversammlung erforderlich:[33]

a) wenn ein in Ansehung der Zwangsvollstreckung zum unbeweglichen Vermögen gehöriger Gegenstand[34] aus freier Hand, d. h. nicht im Wege öffentlicher Versteigerung, veräußert werden soll;[35] ferner wenn

---

[29] Vgl. Seuff. 312 Anm. 8.

[30] Vgl. ob. § 20 I. a. E., Pet.-Kleinf. §§ 133—136 Bem. 13, Seuff. 312 Bem. 9.

[31] S. Mot. a. a. O. Abs. 3 (354 fg.). Zur Aufrechnung als einer nicht ungewöhnlichen Verwertungsart ist keine Zustimmung erforderlich. Vgl. Kohler 223, Jäger § 133 Bem. 12. A. M. Seuff. 312 Anm. 10.

[32] Die Schätzung ist zunächst Sache des KV., der sich dabei der Hilfe Sachverständiger bedienen kann. Im Zweifel wird er zur Deckung seiner Verantwortlichkeit gut tun, die Zustimmung des Ausschusses nachzusuchen. Vgl. Pet.-Kleinf. §§ 133 bis 136 Bem. 7, Seuff. 313 Anm. 11.

[33] § 134 KO vbd. Mot. §§ 121 bis 123 Abs. 4 (355 fg.).

[34] S. § 864, 865 CPO. Vgl. ob. § 19 I. Nr. 1.

[35] Wenn hier die Mot. a. a. O. die Veräußerung „aus freier Hand" als Veräußerung „nicht in den Formen einer Zwangsversteigerung" erklären, so setzen sie sich damit in Widerspruch nicht nur zum allgemeinen, auch in § 385, 1221 BGB, § 373 Abs. 2 HGB und § 820 CPO befolgten Sprachgebrauche, der unter „Verkauf aus freier Hand" den Gegensatz nicht zum Zwangsverkaufe, sondern bloß zur öffent-

das Geschäft oder das Warenlager des Gemeinschuldners im ganzen,[36] oder wenn das Recht auf den Bezug wiederkehrender Einkünfte[37] veräußert werden soll;

b) wenn Darlehen aufgenommen, fremde Verbindlichkeiten übernommen, zur Masse gehörige (bewegliche oder unbewegliche) Gegenstände verpfändet oder Grundstücke für die Masse erstanden werden sollen.[38]

Die Zustimmung des Gläubigerausschusses oder der Gläubigerversammlung kann auch für alle oder einzelne Gattungen der genannten Maßregeln allgemein erteilt werden.[39] Ferner ist es dem Verwalter überlassen, sie in dringlichen Fällen nachträglich einzuholen.[40] Überhaupt wird durch die Nichteinholung oder die Verweigerung

---

lichen Versteigerung (§ 383 Abs. 3 BGB) versteht, sondern sogar zu ihrer eigenen Äußerung unmittelbar vorher in Abs. 3 (355 a. A.): „sowohl einen freihändigen als einen meistbietenden Verkauf". Jene Erklärung muß daher auf eine unbeabsichtigte Ungenauigkeit zurückgeführt werden. Ebenso Jäger § 134 Anm. 1, Pet.-Kleinf. §§ 133 bis 136 Bem. 15. A. M. Sar.-Boß. § 134 Bem. 3, Seuff. 313 Anm. 14.

[36] Hierunter fällt auch die Veräußerung des Geschäftes oder Warenlagers einer einzelnen Niederlassung. S. Begr. z. KÄE § 122 (42). Ein Ausverkauf ist kein Verkauf des Geschäftes oder Warenlagers im ganzen. S. Mot. a. a. O. Abs. 4 (355).

[37] Vorausgesetzt natürlich, daß die nach der KE. verfallenden Bezüge zur KM. gehören. S. Mot. a. a. O. und ob. § 13 II. Nr. 4.

[38] Dieses ist nicht bloß auf den Erwerb bei einer Versteigerung, sondern auf jeden entgeltlichen Erwerb von Grundstücken zu beziehen. Vgl. Jäger § 134 Anm. 4, Pet.-Kleinf. §§ 133—136 Bem. 18, Sar.-Boß. § 134 Bem. 8 a. E.

[39] Mot. §§ 121—123 letzt. Abs. (356). A. M. in betreff des Gläubigerausschusses Wolff § 133 Bem. 1 a. E. S. dagegen Sar.-Boß. § 133 Bem. 1 a. E., § 134 Bem. 2, Jäger § 133 Anm. 4, Pet.-Kleinf. §§ 133–136 Bem. 2. Jedoch kann in der Erteilung einer solchen allgemeinen Vollmacht von Seite des GlA. eine Pflichtverletzung liegen.

[40] S. Mot. a. a. O.

der Zustimmung die Gültigkeit der Rechtshandlung des Verwalters nicht beeinträchtigt, sondern dieser macht sich nur, wenn er ohne die vorgeschriebene Zustimmung handelt, den Gläubigern für den etwa dadurch verursachten Schaden verantwortlich und setzt sich Ordnungsstrafen von Seite des Konkursgerichtes aus.[41]

V. Über die sämtlichen unter IV. genannten Maßregeln muß aber in seinem eigenen Interesse wie in demjenigen der Gläubiger auch der Gemeinschuldner gehört werden. Und zwar hat ihm, wenn ein Gläubigerausschuß bestellt ist, vor seiner Beschlußfassung, wenn keiner bestellt ist, in den Fällen unter IV. Nr. 2 vor der Beschlußfassung der Gläubigerversammlung, in den Fällen unter IV. Nr. 1 vor der Vornahme der Rechtshandlung der Verwalter durch (mündliche oder schriftliche) Mitteilung von der beabsichtigten Maßregel Gelegenheit zur Äußerung darüber zu geben, jedoch nur, wenn er „ohne Aufschub zu erlangen ist", d. h. wenn durch die Einholung jener Äußerung keine die Interessen der Gläubiger schädigende Verzögerung entsteht.[42]

Auch kann, gleichviel ob er durch Mitteilung von Seite des Verwalters oder auf andere Weise Kenntnis von der beabsichtigten Rechtshandlung erlangt hat, falls sie nicht bereits von der Gläubigerversammlung genehmigt ist, auf seinen Antrag das Konkursgericht ihre Vornahme vorläufig untersagen und muß dann zur Beschlußfassung darüber eine Gläubigerversammlung berufen.[43]

---

[41] § 136 KO vbd. Mot. a. a. O. und §§ 82, 84 KO. Vgl. Jäger § 136 Anm. 1—3.

[42] § 135 Abs. 1 KO vbd. Mot. § 125 (356 fg.). Vgl. Sar.-Boß. § 135 Bem. 1, Jäger § 135 Anm. 1.

[43] § 135 Abs. 2 KO vbd. Mot. a. a. O. Ausnahme § 177 Abs. 2 KO. Gegen den

Die Gültigkeit der Rechtshandlung des Verwalters wird aber auch durch die Nichtbeobachtung dieser Vorschriften nicht beeinträchtigt.[44]

VI. Während es bei den unter IV. und V. erörterten Maßregeln immerhin zunächst auf den Willen des Konkursverwalters ankommt, so daß ihn die Gläubiger wider seinen Willen zu einer derselben nicht nötigen können, hat über gewisse andere Maßregeln allein die Gläubigerversammlung in bindender und für den Verwalter maßgebender Weise zu beschließen, so daß die Nichtausführung des Beschlusses für ihn neben der Haftung für den erwachsenden Schaden ohne weiteres Ordnungsstrafen zur Folge hätte.[45] Nämlich über die Fragen, ob und in welcher Höhe dem Gemeinschuldner und seiner Familie oder nach seinem Tode dieser letzten eine Unterstützung bewilligt werden soll,[46] ob das Geschäft des Gemeinschuldners geschlossen oder fortgeführt werden soll,[47]

Beschluß des Gerichtes über den Antrag steht im Fall der Gewährung dem KV., im Fall der Zurückweisung dem GSch. die sofortige Beschwerde zu. S. § 73 Abs. 3 KO. Vgl. Pet.-Kleinf. §§ 133—136 Bem. 20, Jäger § 135 Anm. 3 a. A. — Die Vornahme einer von der Gläubigerversammlung genehmigten Handlung kann das Gericht nur unter den Voraussetzungen des § 99 KO untersagen.

[44] § 136 KO vbd. Mot. § 125 a. E. (357), Prot. 90, 170 fg. Vgl. Seuff. 315 fg., Pet.-Kleinf. §§ 133—136 Bem. 21.

[45] S. § 82, 84 KO.

[46] S. Mot. §§ 118—120, 124 Abs. 1 (350 fg.). Vgl. § 58 Nr. 3, 60 KO. Auf die Gewährung bloß notdürftigen Unterhaltes ist die Gläubigerversammlung dabei nicht beschränkt. Vgl. Jäger § 132 Anm. 1, Sar.-Boß. § 132 Bem. 1 Abs. 2. Unter „Familie" des Gemeinschuldners sind hier wohl nicht nur seine Ehefrau und seine Kinder, sondern auch andere mit ihm zusammenlebenden und für ihren Unterhalt auf ihn angewiesenen Verwandten, z. B. Mutter oder Schwester, die ihm die Haushaltung führt, zu verstehen. Vgl. Pet.-Kleinf. §§ 129, 130 Bem. 1. Enger Sar.-Boß. § 129 Bem. 2 Abs. 2, Wolff § 129 Bem. 1 Abs. 2, Jäger § 129 Anm. 8.

[47] Vgl. Seuff. 320 ff., Jäger § 129 Anm. 9, 10.

endlich wieweit, wo und unter welchen Bedingungen die Gelder, Wertpapiere und Kostbarkeiten hinterlegt oder die Gelder (z. B. durch Ankauf von Staatspapieren, Pfandbriefen, Wechseln u. dgl.) bis zur Verteilung oder sonstigen Verwendung nutzbar angelegt werden sollen.[48]

Solange noch nicht von einer Gläubigerversammlung über die Frage beschlossen ist, kann indessen der Konkursverwalter mit Zustimmung des von dem Konkursgerichte oder von einer früheren Gläubigerversammlung bestellten[49] Gläubigerausschusses oder, wenn ein solcher nicht bestellt ist, mit Zustimmung des Gerichtes dem Gemeinschuldner und seiner Familie oder nach seinem Tode dieser letzten vorläufig notdürftigen Unterhalt aus der Konkursmasse gewähren.[50] Ferner hat über die Schließung oder die

---

[48] § 132 Abs. 1 KO vbd. Mot. §§ 118—120, 124 Abs. 1, 2 u. 4 (350 ff.), Prot. 88. S. aber auch § 99 KO. Die Hinterlegung muß nicht gerade bei Gericht oder einer sonstigen öffentlichen Stelle, sondern sie kann auch bei einer Bank oder einem Privatmann geschehen. S. Prot. a. a. O. — Die Gläubigerversammlung kann ihre Beschlüsse über alle diese Fragen auch wieder ändern. Ferner kann sie die Entscheidung darüber auch dem GlA. oder dem KV. übertragen. S. Mot. a. a. O. Abs. 4 (352 fg.), Seuff. 322, Jäger § 132 Anm. 1.

[49] In § 129 Abs. 1, 2 KO ist nur von dem vom Gerichte bestellten GlA. die Rede, weil regelmäßig schon die erste GlV. den endgültigen Beschluß faßt. Ist das aber nicht geschehen, etwa weil das Bedürfnis einer Entscheidung erst nachher entstanden ist, so tritt nun der von einer GlV. bestellte Ausschuß an die Stelle des vorläufig vom Gerichte bestellten. Vgl. Seuff. 319 Anm. 31, Jäger § 129 Anm. 3, Sar.-Boß. § 129 Bem. 1.

[50] § 129 Abs. 1 KO vbd. Mot. a. a. O. Abs. 1 (350). Gegen die Verweigerung der Zustimmung des GlA. gibt es kein Rechtsmittel. Aber auch nicht gegen diejenige der Zustimmung des Gerichtes; denn dem KV. steht dagegen so wenig die Beschwerde zu wie dem Gerichtsschreiber gegen die Weigerung des Vorsitzenden, nach § 730 CPO die Erteilung der vollstreckbaren Ausfertigung anzuordnen, der GSch. aber hat keinen Anspruch

Fortführung des Geschäftes des Gemeinschuldners und über die Hinterlegung der Gelder, Wertpapiere und Kostbarkeiten bis zur Beschlußfassung durch eine Gläubigerversammlung der von dem Gerichte oder von einer früheren Gläubigerversammlung bestellte Gläubigerausschuß vorläufig zu beschließen. Ist kein solcher Ausschuß bestellt, so hat vorläufig der Konkursverwalter nach seinem Ermessen das Geschäft zu schließen oder fortzuführen, die Gelder, Wertpapiere und Kostbarkeiten aber nach Anordnung des Konkursgerichtes zu hinterlegen.[51] Hält der Konkursverwalter dafür, daß das Geschäft zu schließen sei, so hat er vor der Beschlußfassung des Gläubigerausschusses oder, wenn keiner bestellt ist, vor der Schließung des Geschäftes dem Gemeinschuldner, falls dieser ohne Aufschub zu erlangen ist, durch Mitteilung von der beabsichtigten Maßregel Gelegenheit zur Äußerung darüber zu geben. Hat der Gemeinschuldner einen Vorschlag zu einem Zwangsvergleiche eingereicht, so kann auf seinen Antrag das Konkursgericht die Schließung des Geschäftes untersagen.[52]

Für die nicht hinterlegten Gelder muß der Konkursverwalter eine besondere Kasse führen.[53]

VII. Sind zufolge des Beschlusses der Gläubigerversammlung oder vor der Beschlußfassung einer Gläubiger-

---

auf eine Unterstützung. Ebenso Pet.-Kleinf. §§ 129, 130 Bem. 3. A. M. Seuff. 320, Jäger § 129 Anm. 5, die dem KV. die sofortige Beschwerde zusprechen, Sar.-Boß. § 129 Bem. 2 Abs. 2, der sie auch dem GSch. zuspricht.

[51] § 129 Abs. 2 KO vbd. Mot. §§ 118—120, 124 Abs. 2, 4 (351, 352 fg.).

[52] § 130 KO. Vgl. § 135 KO und ob. V. Gegen die Zurückweisung des Antrages steht dem GSch., gegen die Untersagung der Schließung des Geschäftes dem KV. die sofortige Beschwerde zu. S. § 73 Abs. 3 KO. Vgl. ob. Anm. 43.

[53] § 88 KO.

versammlung hierüber zufolge des Beschlusses des Gläubigerausschusses bezw. nach Anordnung des Gerichtes Gelder, Wertpapiere oder Kostbarkeiten hinterlegt worden, so sind, falls ein Gläubigerausschuß besteht, Rückerstattungen solcher Gelder, Wertpapiere oder Kostbarkeiten von Seite der Hinterlegungsstelle gegen Quittung des Konkursverwalters sowie Zahlungen von Seite der Hinterlegungsstelle auf Anweisung des Verwalters nur dann gültig, wenn die Quittung oder Anweisung von einem Mitgliede des Gläubigerausschusses mitunterzeichnet ist. Doch kann die Gläubigerversammlung ein anderes beschließen.[54]

§ 24.

3. Stellung des Gemeinschuldners zu der Konkursmasse.

I. Durch die Konkurseröffnung hört zwar die Konkursmasse (Sollmasse) rechtlich nicht auf, Vermögen des

[54] § 137 KO vbd. Mot. §§ 118 bis 120, 124 letzt. Abs. (353). Es ist Sache der Hinterlegungsstelle, sich zu erkundigen, ob ein GlA. besteht, und wer die Mitglieder sind. Vgl. Jäger § 137 Anm. 2, Sar.-Boß. § 137 Bem. 2 Nr. 3. A. M., wonach ihr das KGericht von Amts wegen die nötigen Mitteilungen zu machen hätte: Pet.-Kleinf. § 137 Bem. 2. Seuff. 325. Von der Mitzeichnung eines bestimmten Ausschußmitgliedes oder mehr als eines Mitgliedes kann die GlV. die Gültigkeit der Quittungen oder Anweisungen nicht abhängig machen. Vgl. Jäger a. a. O., Pet.-Kleinf. Bem. 3. A. M. Seuff. 324. Zu den Anweisungen sind hier auch die vom KV. auf die Hinterlegungsstelle gezogenen Wechsel zu rechnen. Vgl. Seuff. 324, Jäger Anm. 3. A. M. Pet.-Kleinf. a. a. O., Sar.-Boß. Bem. 2 Nr. 4. — Die Vorschrift des § 137 KO bezieht sich übrigens nur auf den Verkehr des Verwalters mit der Hinterlegungsstelle, nicht auch auf seinen Verkehr mit anderen Personen, so daß z. B. Quittungen über Zahlungen der Schuldner des GSch., Anweisungen auf die Kasse seines fortgeführten Geschäftes u. dgl. keiner Mitzeichnung eines Ausschußmitgliedes bedürfen. S. Prot. 88.

Gemeinschuldners zu sein; allein sie sondert sich für die Dauer des Konkursverfahrens rechtlich von seinem konkursfreien Vermögen. Während er die Verwaltung dieses letzten und die freie Verfügung darüber behält, verliert er in Ansehung der Konkursmasse mit der Konkurseröffnung von Rechts wegen die Verwaltungs- und Verfügungsbefugnis.[1] Er soll dadurch außerstande gesetzt werden, durch Rechtshandlungen, die er nach der Konkurseröffnung, sei es mit oder ohne Kenntnis davon, vornimmt, eine dem Interesse aller oder auch nur einzelner Konkursgläubiger widerstreitende rechtliche Einwirkung auf die Masse zu üben.[2] Rechtshandlungen, deren Wirkungen die Masse in keiner Weise treffen, wie z. B. Veräußerung von Bestandteilen des konkursfreien Vermögens, Eingehung von Verbindlichkeiten durch Aufnahme von Darlehen, Ausstellung oder Annahme von Wechseln, Erwerb neuer Vermögensstücke u. dgl., werden demnach in ihrer Wirksamkeit durch das Konkursverfahren gar nicht berührt; denn sie beziehen sich lediglich auf das konkursfreie Vermögen.[3] Rechtshandlungen dagegen, deren Wirkungen

---

[1] § 6 Abs. 1 KO. Vgl. ob. § 5 II. In der KE. liegt zugleich eine Beschlagnahme der zur KM. gehörigen Gegenstände im Sinn des § 137 StGB. Vgl. Pet.-Kleinf. § 6 Bem. 3 a. E., Jäger § 106 Anm. 11.

[2] Vgl. Mot. § 6 Abs. 4 (36). Bei Rechtshandlungen, die der GSch. am Tage der KE. (s. § 108 KO) vorgenommen hat, wird bis zum Beweise des Gegenteils angenommen, daß sie nach der KE. vorgenommen seien: § 7 Abs. 3 KO vbd. § 292 CPO. — Rechtshandlung ist hier, wie in § 29 KO, jede Willensbetätigung, die rechtliche Folgen hat. Vgl. ob. § 15 II. Nr. 1. Vgl. Seuff. 172. Unerlaubte Handlungen des GSch. kommen, wenn man sie auch mit Planck BGB Vorbem. X zu Buch I. Abschn. 3 (149) den Rechtshandlungen zurechnen will, hier nicht in Betracht. Vgl. Jäger[2] § 7 Anm. 3, Pet.-Kleinf. § 7 Bem. 3.

[3] Folgt schon aus § 1 Abs. 1, § 3 Abs. 1 KO. S. aber auch Mot. § 6 Abs. 1, 4, 5 (35, 36 fg.), Prot. 10. Der zu allgemeine Ausdruck in § 7 Abs. 1 KO muß

die Masse notwendig und unmittelbar treffen, wie z. B. Zahlungen daraus, Veräußerung oder Verpfändung zur Masse gehöriger Sachen, Abtretung oder Erlaß zur Masse gehöriger Forderungen u. dgl., sind „den Konkursgläubigern gegenüber unwirksam".[4] D. h. der Konkursverwalter kann im Interesse der Konkursgläubiger bei der Verwaltung und Verwertung der Konkursmasse die Handlung als rechtlich nicht bestehend behandeln.[5] Sie erscheint, und zwar vom Standpunkte eines Jeden, als von Anfang an nichtig,[6] falls jener, sei es mit oder ohne Kenntnis

also im Sinn des Gesetzes einschränkend verstanden werden. Vgl. Pet.-Kleinf. a. a. O., Jäger[2] § 7 Anm. 4, RG. 6. XII. 89 (25 17 fg.). — Solche Rechtshandlungen können jedoch von den einzelnen KGl., ebenso wie von den neuen Gläubigern, und zwar schon während des KVerf., nach Maßgabe des Anfechtungsgesetzes angefochten werden: § 13 Abs. 5 AnfG vbd. Mot. z. Entw. dieses Gesetzes § 12 Abs. 11 (32 fg.). Vgl. ob. § 17 Anm. 3 a. E.

[4] § 7 Abs. 1 Satz 1 KO. Ob die Rechtshandlung an und für sich vorteilhaft oder nachteilig ist, macht keinen Unterschied. S. Mot. § 6 Abs. 6 (37). — Es versteht sich, daß von dieser Unwirksamkeit nicht betroffen werden Verfügungen des GSch. über Gegenstände, die an sich zur Sollmasse gehören, die aber der KV. aus der Masse freigibt, und daß davon praktisch betroffen werden Verfügungen über konkursfreie oder nicht zum Vermögen des GSch. gehörige Gegenstände, die der KV. tatsächlich zur Masse gezogen hat, wenn es nicht gelingt, ihre Nichtzugehörigkeit zur Sollmasse zur Geltung zu bringen. Gleichwohl wäre es falsch, die Vorschrift des § 7 Abs. 1 KO bloß auf die Istmasse zu beziehen. Denn sie trifft auch Gegenstände, die der KV. nicht zur Masse gezogen hat, weil er sie nicht kennt oder nicht erreichen kann. Vgl. wegen dieser Fragen Oetker in BuschsZ 25 30 ff.

[5] S. § 6 Abs. 2 KO und Mot. § 6 Abs. 4 (36 a. A.): „Die Nichtigkeit — — wird stets durch den Konkursverwalter geltend gemacht, denn er vertritt die alle Mal durch die nichtige Handlung betroffene Masse."

[6] Die alte Fassung des jetzigen § 7 Abs. 1 KO: „den KGl. gegenüber nichtig" ist in der neuen mit Rücksicht auf § 135 BGB geändert worden. Damit war jedoch keine sachliche Änderung beabsichtigt. S. Begr. z. § 6 KÄE. (26). Vgl. auch Jäger[2] § 7 Anm. 6.

von ihr, einen ihrer Geltung widerstreitenden Zustand herstellt, wie z. B. das bezahlte Geld oder die veräußerte Sache zurückfordert, die abgetretene Forderung von dem Schuldner einzieht u. dgl.[7] Umgekehrt erscheint die Rechtshandlung, und zwar wiederum vom Standpunkte eines Jeden, als von Anfang an rechtsbeständig, wenn der Konkursverwalter bis zur Einstellung oder Aufhebung des Konkursverfahrens[8] nicht auf solche Weise im Sinne der Nichtigkeit entschieden[9] oder sogar die Rechtshandlung ausdrücklich oder durch schlüssiges Verhalten stillschweigend genehmigt hat. Es liegt demnach hier ebenso, wie bei den nach § 29 ff. KO anfechtbaren Rechtshandlungen des Gemeinschuldners, ein Schwebezustand vor, dessen Entscheidung nur dem zur Wahrung der Interessen sämtlicher Konkursgläubiger berufenen Konkursverwalter zusteht, also namentlich weder den einzelnen Konkursgläubigern, noch dem Gemeinschuldner, noch dem Dritten, mit dem er die

---

[7] Denn im Streite einer Rechtshandlung des Verwalters mit derjenigen des GSch. muß nach § 6 KO die erste unbedingt vorgehen.

[8] Eine Ausnahme ergibt sich bei solchen zur Sollmasse gehörigen Vermögensstücken, die erst nach der Aufhebung des KVerf. auf Grund der Schlußverteilung ermittelt werden, weil in Rücksicht auf diese das KVerf. und das Amt des KV. noch fortdauert. S. § 166 Abs. 2 KO und unt. § 43 Anm. 4.

[9] S. Mot. § 6 Abs. 4 (ob. Anm. 5) und Prot. 10 („Die Nichtigkeit trete ein nur — — für die Dauer des Konkurses“). A. M., wonach auch jeder einzelne frühere KGl. sich nach der Beendigung des K. auf die Unwirksamkeit berufen und z. B. nach der Aufhebung des Verfahrens zufolge Zwangsvergleiches behufs Beitreibung seiner Vergleichsrate eine vom GSch. während des Verfahrens veräußerte Sache pfänden lassen könnte, Jäger[2] § 7 Anm. 12, Wilm. § 7 Bem. 7, Pet.-Kleinf. § 7 Bem. 7, Sar.-Boß. § 7 Bem. 4, 5 Abs. 3. Einer Anfechtung der Rechtshandlung nach Maßgabe des Anfechtungsgesetzes steht natürlich nach Beendigung des KVerf. nichts im Wege.

Rechtshandlung vorgenommen hat.[10] Solange dieser Schwebezustand noch unentschieden besteht, kann aus der Rechtshandlung der Dritte, mit dem sie der Gemeinschuldner vorgenommen hat, keinen Anspruch mit Erfolg geltend machen, und zwar weder gegen die Konkursmasse, noch gegen den Gemeinschuldner, noch gegen irgend einen Anderen, wie z. B., wenn die Rechtshandlung in der Abtretung einer zur Konkursmasse gehörigen Forderung besteht, gegen den Schuldner des Gemeinschuldners; denn er kann ja während des Schwebezustandes nicht feststellen, daß ihm jetzt die Forderung zusteht.[11]

---

[10] Das Wesen der sog. relativen Nichtigkeit oder Unwirksamkeit kann nur so aufgefaßt werden, daß es von der Entscheidung einer bestimmten Person abhängt, ob die Rechtshandlung vom Standpunkte eines Jeden gilt oder nicht gilt. Vgl. Mandry-Geib Der civilrechtl. Inhalt der Reichsgesetze[4] 114ff. Die herrschende, besonders entschieden von Planck BGB § 135 Bem. 2 (186 fg.) vertretene Auffassung, wonach z. B. durch eine zufolge eines Veräußerungsverbotes relativ unwirksame Eigentumsübertragung vom Standpunkte desjenigen, dessen Schutz das Verbot bezweckt, das Eigentum nicht überginge, vom Standpunkte jedes Anderen aber überginge, ist, da Niemand gleichzeitig Eigentümer und Nichteigentümer sein kann, logisch unmöglich und praktisch undurchführbar. Auch kommt Plancks eigene, überaus künstliche Darstellung schließlich doch darauf hinaus, daß es von der Entscheidung des Geschützten abhängt, ob der Erwerber Eigentümer geworden ist oder nicht.

[11] Hinsichtlich der Ansprüche gegen die KM. entspricht das der herrschenden Meinung. Vgl Jäger[2] § 7 Anm. 7, Pet.-Kleinf. § 7 Bem. 6 u. A. Nicht aber bezüglich der Ansprüche gegen den GSch. und gegen Andere; vielmehr ist die herrschende Lehre, daß unter den Parteien selbst und für jeden Nichtkonkursgläubiger die Rechtshandlung bis zum Eingreifen des KV. vollwirksam sei. Vgl. Jäger[2] Anm. 9, Pet.-Kleinf. a. a. O., Sar.-Boß. § 7 Bem. 4. Aber soll wirklich in dem Beispielsfall des Textes der Schuldner an denjenigen, welchem der GSch. die Forderung abgetreten hat, zahlen müssen, obgleich er vorhersieht, daß der KV. das Geld nochmals von ihm fordern wird? Der Annahme bei Achilles-Strecker Die Grundbuchordnung 121, daß durch die KE. der GSch. nicht das Recht verlöre, in Ansehung der

Nach der Konkurseröffnung können auch Rechtshandlungen des Gemeinschuldners vorkommen, deren Wirkungen die Konkursmasse nicht notwendig treffen, die aber gleichwohl zu dieser in einer Beziehung stehen, wie namentlich der Abschluß eines Kaufvertrages oder eines Mietvertrages über eine zu der Konkursmasse gehörige Sache. Die Forderungen und Verbindlichkeiten aus einem solchen Vertrage sind zunächst Forderungen und Verbindlichkeiten des konkursfreien Vermögens, ähnlich wie wenn der Gemeinschuldner eine fremde Sache verkauft oder vermietet hätte, und der Käufer hat also z. B., wenn der Konkursverwalter ihm die verkaufte und übergebene Sache abfordert, einen Anspruch auf Gewährleistung gegen das konkursfreie Vermögen. Der Konkursverwalter kann aber auch den Vertrag als von dem Gemeinschuldner in Vertretung desjenigen Teils seines Vermögens, welcher die Konkursmasse bildet, jedoch ohne Vertretungsmacht geschlossen behandeln und ihm daher durch seine Genehmigung für und gegen die Masse Wirksamkeit geben. Die Forderungen und Verbindlichkeiten daraus sind dann lediglich Forderungen und Verbindlichkeiten der Masse.[12]

---

zur KM. gehörigen Grundstücke Eintragungen zu bewilligen und Auflassungen zu erklären, und daß, auch wenn die KE. in das Grundbuch eingetragen ist, das Grundbuchamt die von ihm bewilligten Eintragungen nicht ablehnen dürfe, widersetzt sich doch wohl schon der Umstand, daß nach § 6 Abs. 1 KO der GSch. über das, was zur KM. gehört, nicht verfügen kann.

[12] Vgl. § 177 BGB. S. auch § 1978 BGB. Will man bloß diesen Gesichtspunkt gelten lassen, so ergibt sich die Haftung des GSch. mit seinem konkursfreien Vermögen aus § 179 Abs. 1 BGB. — Daß die im Texte aufgestellten Sätze nach ihrer praktischen Seite dem Sinn des § 7 Abs. 1 Satz 1 KO entsprechen, ist aus den Äußerungen in Mot. § 6 Abs. 5 (36 fg.) und Prot. 9 fg. zu schließen. Auch ist an die im Texte erörterten Verträge in § 7 Abs. 2 KO vornehmlich gedacht. In diesem Sinn auch Jäger[2] § 7

In gleicher Weise wie die Rechtshandlungen des Gemeinschuldners selbst können auch Rechtshandlungen, die ein gesetzlicher oder bevollmächtigter Vertreter des Gemeinschuldners, insbesondere ein Prokurist, nach der Konkurseröffnung vorgenommen hat, vom Konkursverwalter als unwirksam behandelt werden; denn ein solcher Vertreter kann nicht mehr rechtliche Macht haben, als der Vertretene hätte, wenn er selbst handeln könnte oder wollte.[13]

II. Will der Konkursverwalter eine Rechtshandlung des Gemeinschuldners oder seines Vertreters als unwirksam behandeln, so kann er dasjenige, was dadurch der Konkursmasse tatsächlich entzogen ist, von dem ersten Empfänger ohne Rücksicht auf seine Kenntnis oder Unkenntnis von der Konkurseröffnung zurückfordern.[14] Dagegen ist ihm

---

Anm. 2, 9, 10, 19, Sar.-Boß. § 7 Bem. 4, 5, Wilm. § 7 Bem. 1, 5, 8. Freilich ist hier nirgends so scharf zwischen den unmittelbar auf die KM. einwirkenden Verfügungen und den bloß Forderungen und Verpflichtungen erzeugenden Rechtshandlungen des GSch. unterschieden, wie es zur Gewinnung klarer Einsicht erforderlich ist. — Rechtshandlungen des GSch., die sich auf die Schuldenmasse beziehen, wie z. B. Anerkenntnis einer KForderung, Verzicht auf Einreden gegen eine solche, sind bei der allgemeinen Fassung des § 7 Abs. 1 Satz 1 KO ebenfalls hierher zu rechnen, da sie die KM. mittelbar berühren. S. Prot. 10. Sie haben aber die Besonderheit, daß ihre Unwirksamkeit im KVerf. auch von den einzelnen KGl. geltend gemacht werden kann, weil jeder selbständig gegen eine angemeldete KForderung Widerspruch erheben darf. S. § 144 Abs. 1 KO und ob. § 12 IV. So auch Wilm. Bem. 6, Jäger² Anm. 11.

[13] Folgt aus § 164 BGB, und dafür spricht auch, daß nach § 240 vbd. § 246 CPO anhängige Prozesse, welche die KM. betreffen, trotz § 86, 246 CPO durch die KE. selbst dann unterbrochen werden, wenn der GSch. durch einen Prozeßbevollmächtigten vertreten war. Auch die Fortdauer der Vollmacht nach § 23 KO vbd. § 672 Satz 2, 674 BGB kommt hier nicht in Betracht. S. ob. § 6 Anm. 55. Vgl. Jäger² Anm. 5, Wilm. Bem. 9, Sar.-Boß. § 7 Bem. 3 u. A.

[14] Folgt aus § 7 Abs. 1 Satz 2 KO verglichen z. B. mit § 135

seine Gegenleistung aus der Masse zurückzugewähren, soweit sie dadurch bereichert ist.[15] Hat der erste Empfänger den Gegenstand bereits an einen Dritten weiter veräußert, so kommen diesem die Vorschriften des bürgerlichen Rechtes zu Gunsten derjenigen, welche in gutem Glauben Rechte von einem Nichtberechtigten herleiten, zu statten.[16]

Die obige Regel erleidet eine Ausnahme aus Rücksicht auf den öffentlichen Glauben des Grundbuches. Ist nämlich für den Gemeinschuldner ein Recht an einem Grundstücke (namentlich das Eigentum) im Grundbuch eingetragen, so ist der Erwerb eines daraus abgeleiteten Rechtes (z. B. des Eigentums oder einer Hypothek) durch Rechtsgeschäft mit dem Gemeinschuldner trotz der bereits erfolgten Konkurseröffnung unbedingt wirksam, wenn diese nicht zu der in § 892 BGB bezeichneten Zeit aus dem Grund-

---

Abs. 2 BGB. S. auch Mot. § 6 Abs. 9 (38). § 932, 936, 1032, 1207, 1208, 1244 BGB, Art. 74 WO sind also hier nicht entsprechend anwendbar. A. M. Kohler 74. Wohl aber kommt es natürlich für die Fragen, ob und in welchem Umfange der Empfänger für Früchte, Verschlechterungen, Unmöglichkeit der Rückgabe u. dgl. haften müsse, auf seinen guten oder bösen Glauben an. S. z. B. § 987 ff. BGB.

[15] § 7 Abs. 2 vbd. § 59 Nr. 3 KO. Vgl. Mot. § 6 Abs. 9 a. E. (38), § 53 Nr. 3 (246). Soweit die Gegenleistung nicht in die Masse gekommen ist, kann sich der andere Teil nur an das konkursfreie Vermögen des GSch. halten.

[16] Vgl. Mot. § 6 Abs. 10 (38 a. E.), Jäger[2] Anm. 34, Wilm. Bem. 12, Sar.=Boß. Bem. 6 Abs. 3, Pet.=Kleinf. § 7 Bem. 9. Die Voraussetzungen des § 932 BGB und der übrigen in Anm. 14 angegebenen Gesetzesstellen sind deshalb gegeben, weil, wenn der KV. dem Dritten den Gegenstand abfordern, also die Rechtshandlung des GSch. als unwirksam behandeln will, der erste Empfänger sich Jedem, folglich auch dem Dritten, gegenüber als ein Nichtberechtigter erweist. Dagegen könnte § 932 BGB nicht angewendet werden, wenn gemäß der herrschenden Ansicht jener nur nicht den KGl. gegenüber, sonst aber Jedem und also auch dem Dritten gegenüber ein Berechtigter wäre.

buche ersichtlich oder dem Erwerber nachweislich bekannt war.[17]

Eine der durch die Konkurseröffnung bewirkten entsprechende Verfügungsbeschränkung des Gemeinschuldners kann schon vor der Konkurseröffnung durch ein vom Konkursgerichte an ihn erlassenes allgemeines Veräußerungsverbot herbeigeführt werden. Jedoch kommen hier stets, mag die verbotswidrige Rechtshandlung ein Grundstück oder ein bewegliches Vermögensstück zum Gegenstande haben, die Rechtsvorschriften zu Gunsten des gutgläubigen Erwerbes von einem Nichtberechtigten zu entsprechender Anwendung.[18]

III. Weil der Gemeinschuldner mit der Konkurseröffnung die Verwaltungs- und Verfügungsbefugnis in Ansehung der Konkursmasse verliert, so sind auch Leistungen, die auf Ansprüche der Konkursmasse nach der Konkurseröffnung an den Gemeinschuldner oder seinen Vertreter gemacht werden, „den Konkursgläubigern gegenüber unwirksam".[19] Nur insoweit muß der Konkursverwalter eine solche Leistung gelten lassen, als das Geleistete in die Konkursmasse (Istmasse) gekommen ist.[20] Soweit das nicht der Fall, kann er sie als nicht geschehen behandeln. Hiervon tritt jedoch zur Vermeidung unbilliger Härte eine Ausnahme ein, und der Leistende wird also ohne die obige Unterscheidung auch der Konkursmasse gegenüber befreit, wenn ihm zur Zeit der Leistung die Konkurseröffnung

---

[17] § 7 Abs. 1 Satz 2 KO. Näheres bei Jäger[2] Anm. 21 ff.

[18] § 106 Abs. 1 Satz 3 KO vbd. § 135, 136 BGB.

[19] § 8 KO. Vgl. Mot. § 7 Abs. 1 (39), Wilm. § 8 Bem. 1.

[20] § 8 Abs. 1 KO. Denn insoweit ginge die wiederholte Forderung auf eine ungerechtfertigte Bereicherung der Masse (vgl. § 7 Abs. 2 KO), verstieße also gegen Treu und Glauben. Vgl. § 157, 242 BGB. S. noch Wilm. § 8 Bem. 2.

unbekannt war.[21] Hat er sie vor der öffentlichen Bekanntmachung der Konkurseröffnung[22] gemacht, so wird kraft einer Rechtsvermutung seine Nichtkenntnis, hat er sie nach dieser Bekanntmachung gemacht, umgekehrt seine Kenntnis der Konkurseröffnung bis zum Beweise des Gegenteils angenommen.[23] Soweit er an die Konkursmasse noch-

[21] § 8 Abs. 2, 3 KO vbd. Mot. § 7 Abs. 3 (39 fg.). Geschieht die Leistung durch einen Vertreter (Vormund, Bevollmächtigten), so kommt es bloß auf seine Kenntnis oder Unkenntnis an. Hat jedoch der bevollmächtigte Vertreter die Leistung auf bestimmte Weisung des Vollmachtgebers gemacht, so kann sich dieser bei eigener Kenntnis auf die Unkenntnis des Vertreters nicht berufen: § 166 BGB. Vgl. Jäger[2] § 8 Anm. 19.

[22] S. § 111 vbd. § 76 Abs. 1 KO.

[23] § 8 Abs. 2, 3 KO vbd. Mot. § 7 Abs. 4 (40 fg.). Vgl. § 292 CPO. — Der Leistung an den GSch. steht gleich die Leistung an einen Dritten zum Zwecke der Erfüllung, wenn sie mit Zustimmung des GSch., insbesondere auf seine Anweisung erfolgt: § 362 Abs. 2 vbd. § 185 BGB. Bei der Leistung auf Anweisung, wozu auch die Anweisung in Gestalt des gezogenen Wechsels gehört, sind folgende Fälle zu unterscheiden: 1. Hat der GSch. die Anweisung an seinen Schuldner erst nach der KE. erteilt, so ist sie nach § 7 Abs. 1 Satz 1 KO ohne Rücksicht auf guten oder bösen Glauben des Anweisungsempfängers und des angewiesenen Schuldners der KM. gegenüber unwirksam, und durch die Annahme oder Auszahlung der Anweisung wird also der Schuldner der Masse gegenüber nicht befreit. 2. Hat dagegen der GSch. die Anweisung schon vor der KE. erteilt, und hat sie der angewiesene Schuldner auch schon vor der KE. angenommen, so ist er nach § 784 BGB dem Anweisungsempfänger zur Leistung verpflichtet, wird mithin durch die Leistung an ihn, selbst wenn sie erst nach der KE. und in Kenntnis davon erfolgt, auch der KM. gegenüber befreit (§ 787 Abs. 1 BGB). 3. Wird auf die vor der KE. erteilte Anweisung nach der KE. vom angewiesenen Schuldner ohne vorgängige Annahme Zahlung geleistet, so wird er der KM. gegenüber befreit oder nicht befreit, je nachdem er in Unkenntnis oder in Kenntnis der KE. gezahlt hat. In entsprechender Weise muß aber im Hinblick auf § 784 BGB auch die in Kenntnis der KE. geleistete Zahlung befreiend wirken, wenn sie zufolge der ohne diese Kenntnis erfolgten Annahme der Anweisung geschehen ist. Vgl. Kom.-Ber. 8 fg., Jäger[2] § 8 Anm. 2 ff., Pet.-Kleinf. § 8 Bem. 1.

mals leisten muß, kann er das an den Gemeinschuldner Geleistete aus seinem konkursfreien Vermögen zurückfordern.[24]

Eine noch weiter gehende Ausnahme wird wiederum durch den öffentlichen Glauben des Grundbuches bewirkt. Eine Leistung an den Gemeinschuldner auf Grund eines für ihn im Grundbuch eingetragenen Rechtes (z. B. Hypothek, Reallast) ist nämlich auch der Konkursmasse gegenüber wirksam, wenn nicht zur Zeit der Leistung die Konkurseröffnung in das Grundbuch eingetragen oder dem Leistenden nachweislich bekannt war.[25]

Eine dritte Ausnahme endlich besteht bei Leistungen, die nach der Konkurseröffnung an den Gemeinschuldner aus Schuldverschreibungen auf den Inhaber gemacht werden. Der Aussteller wird durch eine solche Leistung unbedingt frei, selbst wenn sie in Kenntnis der Konkurseröffnung geschehen ist, weil ihn auch die Leistung an einen nicht zur Verfügung berechtigten Inhaber befreit.[26]

IV. Infolge der rechtlichen Sonderung der Konkursmasse von dem konkursfreien Vermögen des Gemeinschuldners können während des Konkursverfahrens zwischen den beiden Vermögensmassen auch rechtswirksame und sogar klagbare Beziehungen, Ansprüche und Verpflichtungen, bestehen. So z. B. Ansprüche aus Dienstverträgen, Kaufverträgen oder anderen Rechtsgeschäften, die der Konkurs-

---

[24] Nach § 812 Abs. 1 Satz 2 BGB, weil der mit seiner Leistung bezweckte Erfolg der Befreiung von seiner Verbindlichkeit nicht eingetreten ist. Vgl. Jäger[2] Anm. 6.

[25] § 7 Abs. 1 Satz 2 KO vbd. § 893 BGB. S. auch § 1138 BGB. Hier muß also der KV. die Kenntnis des Leistenden von der KE. auch dann beweisen, wenn die Leistung erst nach der öffentlichen Bekanntmachung der KE. erfolgt ist. Vgl. Jäger[2] § 8 Anm. 16.

[26] § 793 BGB. Vgl. Jäger[2] Anm. 21.

verwalter mit dem Gemeinschuldner abschließt, Ansprüche des Gemeinschuldners an die Konkursmasse auf eine ihm daraus bewilligte Unterstützung u. dgl.[27] Auch Ansprüche der Masse uns unerlaubten Handlungen des Gemeinschuldners, wie z. B. aus rechtswidriger Beschädigung einer zu der Masse gehörigen Sache, sind nicht ausgeschlossen.[28]

Von einer eigentlichen Rechtsübertragung kann freilich zwischen den beiden Vermögensmassen nicht die Rede sein, da sie rechtlich gleichermaßen dem Gemeinschuldner gehören. An die Stelle tritt aber in entsprechender Weise die Ausscheidung aus der einen Vermögensmasse zu Gunsten der anderen.[29]

§ 25.

IV. Wirkungen der Beendigung des Konkursverfahrens.

I. Mit der rechtlichen Beendigung des Konkursverfahrens durch förmliche Aufhebung oder Einstellung[1] verlieren, mit Vorbehalt einzelner Nachwirkungen dieses Verfahrens,[2] von selbst[3] die besonderen Vorschriften des Konkursrechtes ihre Anwendbarkeit, und es sind von jetzt an überall wieder nur die allgemeinen Rechtsregeln maß-

---

[27] S. § 58 Nr. 3, 60, 224 Nr. 1 KO, Mot. § 51 Nr. 3 (244), §§ 118—120, 124 Abs. 1 a. E. (351), Prot. 5 a. E. S. auch § 225 KO vbd. § 1976 BGB. Vgl. ob. § 5 II., § 14 Anm. 13, Jäger § 57 Anm. 2, Seuff. 240 Anm. 2 a. E., Hellwig Anspruch und Klagrecht 240 fg. A. M. Wolff in Buschs Z 22 225 ff., Sar.-Boß. Vorbem. vor § 57 a. E.

[28] Vgl. Pet.-Kleinf. § 7 Bem. 3 a. E.

[29] Entsprechend ist das Verhältnis zwischen dem Nachlasse und dem eigenen Vermögen des Erben nach der Anordnung der Nachlaßverwaltung oder der Eröffnung des Nachlaßkonkurses. Vgl. § 1976 BGB.

[1] S. § 116 (vbd. § 109), 163, 190, 205 KO.

[2] S. § 166, 169 KO. S. auch § 198 ff. KO.

[3] S. Mot. § 151 a. E. (382).

gebend.[4] Dagegen dauern die Veränderungen fort, welche die vermögensrechtlichen Verhältnisse der Beteiligten während der Dauer des Konkursverfahrens zufolge des Konkursrechtes erlitten haben.[5]

II. Demnach werden zuvörderst alle durch die Konkurseröffnung für den Gemeinschuldner entstandenen konkursrechtlichen Beschränkungen wieder beseitigt.[6] Er erhält auch in Ansehung der bisherigen Konkursmasse, mit Ausnahme bloß derjenigen Vermögensstücke oder Werte, welche von der Masse zurückbehalten oder zu Nachtragsverteilungen an die Konkursgläubiger zu verwenden sind,[7] die eigene freie Verwaltungs- und Verfügungsbefugnis zurück.[8] Damit hört zugleich die rechtliche Sonderung der Konkursmasse von dem konkursfreien Vermögen wieder auf, und es müssen daher folgeweise auch die Ansprüche

---

[4] S. Mot. Vorbem. z. Buch I. Tit. 6 Abs. 9 (228): „Wird das Konkursverfahren aufgehoben, so tritt wieder das Civilrecht in Kraft."

[5] S. Mot. a. a. O.: „Die Einwirkung freilich, welche ein etwaiger Zwangsvergleich auf eine nach den letzteren Vorschriften (d. h. nach den beschränkenden konkursrechtlichen Vorschriften in § 55, 56 KO) der Kompensation entzogen gewesene Forderung inzwischen geübt hat, wird dadurch (daß nämlich diese Beschränkungen jetzt wegfallen und das Civilrecht wieder in Kraft tritt) nicht berührt."

[6] Ob und unter welchen Voraussetzungen die nicht unter das Konkursrecht fallenden öffentlichrechtlichen und privatrechtlichen Folgen der KE. (s. ob. § 5 I.) nach der Beendigung des KVerf. aufhören, bestimmt sich durch die einschlagenden Rechtsvorschriften. S. z. B. § 1647 Abs. 2, 1781 Nr. 3 BGB. Vgl. Jäger § 192 Anm. 4, 5. Die durch die KE. bewirkten Beschränkungen der politischen und Ehrenrechte des GSch. überdauern im allgemeinen das KVerf. nicht. Vgl. Jäger[2] § 25 Anm. 33 ff.

[7] S. § 166, 168, 169, 191 KO.

[8] § 192, 206 Abs. 1 KO vbd. Mot. §§ 175—177 a. E. (421), §§ 191, 192 a. E. (438), Prot. 183. Folglich kann er auch die Herausgabe der Masse von dem bisherigen KV. im ordentlichen Rechtswege fordern. Vgl. Jäger § 163 Anm. 6.

und sonstigen rechtlichen Beziehungen erlöschen, die zur Zeit der Beendigung des Konkursverfahrens zwischen den beiden Vermögensmassen bestanden.[9] Ferner endigt von selbst die durch die Konkurseröffnung bewirkte Unterbrechung der die Konkursmasse betreffenden Prozesse, falls sie nicht schon während des Konkursverfahrens durch Aufnahme des Prozesses nach den Vorschriften der Konkursordnung beendigt worden ist.[10]

Die Konkursmasse kehrt aber in die freie Verfügung des Gemeinschuldners nur in dem Stande zurück, worin sie sich bei der Beendigung des Konkursverfahrens befindet.[11] Insbesondere behalten alle von dem Konkursverwalter kraft seines Verwaltungs- und Verfügungsrechtes getroffenen Verfügungen und eingegangenen Rechtsgeschäfte auch nach der Beendigung des Konkursverfahrens ihre Kraft und Wirkung.[12] Umgekehrt erscheinen Rechtshandlungen, die während dieses Verfahrens der Gemeinschuldner in Ansehung der Konkursmasse vorgenommen hat, auch nach der Beendigung des Verfahrens als nichtig, wenn der Konkursverwalter durch Herstellung eines ihrer Geltung widerstreitenden Zustandes im Sinne ihrer Nichtigkeit entschieden hat.[13] Die nach Maßgabe des Konkursrechtes durch die Konkurseröffnung eingetretene Umwandlung eines ursprünglich zweiseitigen Vertragsverhältnisses

---

9 Vgl. ob. § 24 IV.

10 § 240 CPO. Vgl. ob. § 7 II. a. E., IV.

11 Vgl. RG 30. III. 92 (29 36).

12 S. Mot. § 5 Abs. 9 (34 fg.). Vgl. ob. § 23 I. Dieses gilt auch von noch fortbestehenden Rechtsverhältnissen aus gegenseitigen Verträgen, insbesondere aus Pacht-, Miet- oder Dienstverträgen, die der Verwalter abgeschlossen hat. Vgl. Pet.-Kleinf. §§ 190—192 Bem. 3. Eine Ausnahme macht die Anerkennung vom GchS. bestrittener KForderungen. Vgl. ob. § 12. IV.

13 S. ob. § 24 I., bes. Anm. 10. Wegen der vom KV. mit Erfolg angefochtenen Rechtshandlungen s. ob. § 18 IV.

in einen einseitigen Anspruch auf Entschädigung bleibt ebenso wie die kraft jenes Rechtes durch Kündigung von Seite des Verwalters oder des anderen Teils erfolgte Aufhebung eines Miet-, Pacht- oder Dienstverhältnisses auch nach der Beendigung des Konkursverfahrens für und gegen den Gemeinschuldner wirksam.[14] Ferner muß dieser vom Verwalter anerkannte oder gegen ihn rechtskräftig erstrittene Aussonderungs- und Absonderungsansprüche gelten lassen.[15] Nicht minder von dem Verwalter begründete, anerkannte oder gegen ihn erstrittene Masseansprüche, so daß die aus der Masse nicht befriedigten Massegläubiger sich nunmehr an den Gemeinschuldner halten können.[16]

Bei der Beendigung des Konkursverfahrens schwebende, die Konkursmasse betreffende Prozesse gehen, soweit sie nicht ausnahmsweise, namentlich wegen der Möglichkeit einer Nachtragsverteilung, unter den bisherigen Parteien zu Ende zu führen sind,[17] in der Lage, worin sie sich befinden, ohne Unterbrechung auf den Gemeinschuldner über und können von ihm und gegen ihn einfach fortgeführt werden.[18]

Endlich muß der Gemeinschuldner auch die Veränderungen anerkennen, die seine den Konkursforderungen entsprechenden Schulden infolge des Konkursverfahrens erlitten haben (s. III.).

III. Wie für den Gemeinschuldner, so fallen auch für die Konkursgläubiger alle durch das Konkursverfahren bewirkten Beschränkungen wieder weg. Jeder Konkurs-

[14] Vgl. ob. § 6 II. bei Anm. 17 und III. Anm. 28, ferner IV. Nr. 2. b, V.

[15] Vgl. ob. § 7 IV. a. E.

[16] Vgl. ob. § 14 IV.

[17] S. ob. § 7 Anm. 28, § 12 VIII. und unt. § 42 VI.

[18] Vgl. ob. § 7 IV. Wegen der schwebenden Anfechtungsprozesse s. ob. § 17 II.

gläubiger kann jetzt wieder, in gleicher Weise wie jeder andere Gläubiger des bisherigen Gemeinschuldners, für sich allein und ohne Rücksicht auf die übrigen die Befriedigung seiner Forderung, soweit sie nicht durch Befriedigung im Konkursverfahren, durch Zwangsvergleich oder einen sonstigen Tilgungsgrund erloschen ist, unbeschränkt und in jeder nach dem bürgerlichen Rechte und dem Prozeßrechte statthaften Weise aus dem gesamten jetzt vorhandenen Aktivvermögen des Schuldners betreiben, und zwar gleichviel, ob er sie im Konkursverfahren geltend gemacht hatte oder nicht.[19] Allein er kann das nur nach Maßgabe ihrer Beschaffenheit zur Zeit der Beendigung des Konkursverfahrens, und er ist also ebenfalls an die zufolge dieses Verfahrens und des Konkursrechtes eingetretenen Veränderungen gebunden.[20] Er kann allerdings

---

[19] § 164 Abs. 1, 194, 206 Abs. 2 KO. Vbd. Mot. § 152 a. A. und Nr. 1 a. E. (382, 383), § 56 a. E. (271). Vgl. ob. § 5 IV. Die bisherige Vorschrift mancher Landesrechte, wonach der Schuldner einem Nachforderungsrechte von Seite der nichtbefriedigten KGl. immer oder doch unter Umständen nur mit Belassung des Notbedarfes für sich und die Seinigen unterworfen war, ist aufgehoben: § 4 EG. Vgl. Mot. § 152 Nr. 1 (382 fg.), Prot. 108. — Auch die Anfechtungsrechte, deren Ausübung während des KVerf. nur dem KV. zustand, können, soweit sie nach dem Anfechtungsgesetze begründet sind, nach der Beendigung des KVerf. wieder von den einzelnen Gläubigern ausgeübt werden: § 13 Abs. 4 AnfG. S. ob. § 17 II.

[20] Dieser Satz entspricht der Natur der Sache, da eine einmal eingetretene Rechtswirkung für alle Folgezeit als eingetreten anerkannt werden muß. Er wird aber auch von dem praktischen Bedürfnisse gefordert, weil sonst eine ganze Menge kaum lösbarer Schwierigkeiten entstehen müßten. Endlich liegt er, wie sogleich gezeigt werden soll, im Geiste der KO. Die Motive lassen ihn freilich nicht unbedingt gelten. Sie bemerken zu §§ 62, 63 im vorl. Abs. (292) in Rücksicht auf kapitalisierte wiederkehrende Hebungen (§ 70 KO): „Dem Gemeinschuldner gegenüber bleibt das ursprüngliche Verhältnis bestehen; er mag sich nach

den Eintritt solcher Veränderungen verhüten dadurch, daß er die Geltendmachung seiner Forderung gegen die Konkursmasse unterläßt oder diese Geltendmachung nicht zu für ihn bindenden Wirkungen gelangen läßt.[21] Hat er aber seine Forderung einmal gegen die Konkursmasse geltend gemacht, und sind infolgedessen für ihn bindende Wirkungen entstanden, so dauern diese auch nach der Beendigung des Konkursverfahrens fort.

Solche Wirkungen sind aber vor allem dann entstanden, wenn er seine Konkursforderung so, wie dies allein statthaft ist, nämlich als eine ihrem Geldwerte zur Zeit der Konkurseröffnung entsprechende fällige Geldforderung, im Konkursverfahren angemeldet hat, wenn sie demgemäß für dieses Verfahren festgestellt und die Feststellung in die Tabelle eingetragen ist, und wenn endlich nach Ausweis der Tabelle der Gemeinschuldner die Forderung nicht bestritten hat oder seine Bestreitung nachträglich beseitigt ist. Denn unter diesen Voraussetzungen bildet jene Eintragung in die Tabelle nach der Beendigung des Konkursverfahrens für den Gläubiger einen Vollstreckungstitel gegen den früheren Gemeinschuldner, steht also gegen ihn einer rechtskräftigen Verurteilung aus der Forderung gleich, woraus von selbst

---

Aufhebung des Verfahrens mit dem Gläubiger ausgleichen, — soweit er sich nicht an die im Verfahren erfolgte Feststellung in Gemäßheit der §§ 129 Abs. 2, 152, 179, 192 (jetzt §§ 141 Abs. 2, 164, 194, 206) selbst gebunden hat." Ferner äußern sie zu § 58 in Abs. 2 (276), daß die nach diesem Paragraphen (jetzt § 65 KO) eintretende Fälligkeit betagter Forderungen „auf den Gemeinschuldner eigentlich nicht bezogen werden dürfe, vielmehr nur auf die Konkursgläubiger und die Grenzen des Konkursverfahrens".

[21] S. Mot. § 10 Abs. 7 (48), § 152 Nr. 1 a. E. (383). Nur die Einwirkung des Zwangsvergleiches kann durch die Nichtgeltendmachung der Forderung gegen die KM. nicht verhütet werden: § 193 KO.

folgt, daß diese nur noch in der Art, wie sie festgestellt ist, und nicht mehr nach Maßgabe ihres ursprünglichen Inhaltes und Gegenstandes gegen ihn geltend gemacht werden kann.[22] Das gleiche muß aber auch schon dann gelten, wenn die Forderung zwar für das Konkursverfahren zur Feststellung gelangt, ihre Bestreitung von Seite des Gemeinschuldners aber vor der Beendigung des Konkursverfahrens noch nicht beseitigt ist. Denn jene Feststellung hat in Ansehung der Konkursmasse, also eines Teils des Vermögens des Gemeinschuldners, die Kraft eines rechtskräftigen Urteils[23] und verschafft der festgestellten Forderung Befriedigung aus der Masse nach Maßgabe der Gestalt, worin sie festgestellt ist. Danach kann nun aber die Forderung nicht, und zwar schon aus zwingenden praktischen Gründen nicht, nach der Beendigung des Konkursverfahrens gegen einen anderen Teil des Vermögens des Schuldners oder gar (nach der Beendigung durch Zwangsvergleich oder durch Einstellung) gegen sein hauptsächlich aus der bisherigen Konkursmasse selbst bestehendes Gesamtvermögen wieder in ihrer ursprünglichen Gestalt auftreten.[24]

---

[22] S. § 164 Abs. 2, 194, 206 Abs. 2 KO und ob. § 12 III., bes. Anm. 14.

[23] § 145 Abs. 2, 147 KO.

[24] Mithin kann also z. B. der KGl., der ursprünglich eine bestimmte Maschine zu fordern hatte und im KVerf. 30% des angemeldeten und festgestellten Schätzungswertes erhalten hat, nach der Beendigung des KVerf. nicht vom GSch. 70% der Maschine verlangen. Ebensowenig kann er eine Rentenforderung, die im KVerf. zu 50% ihres nach § 70 KO kapitalisierten Betrages befriedigt worden ist, jetzt gegen den GSch. wieder als Rentenforderung geltend machen. Wie sollte das alles auch ausgeführt werden? Gleicher Ansicht Oetker Grdb. 214, 448 fg. Anders die Motive (s. ob. Anm. 20) und die herrschende Lehre. Vgl. Pet.-Kleinf. § 164 Bem. 9, Sar.-Boß. § 164 Bem. 5, Seuff. 395 Anm. 33, Jäger § 164 Anm. 11. Doch

Bindende Wirkungen sind aber ferner für einen Konkursgläubiger auch dann entstanden, wenn er sich für seine nach dem gewöhnlichen bürgerlichen Rechte nicht aufrechnungsfähige Forderung durch ihre konkursmäßige Geltendmachung als einer dem Geldwerte zur Zeit der Konkurseröffnung entsprechenden fälligen Geldforderung und durch die so ermöglichte Aufrechnung einer Geldschuld an die Masse gänzliche oder teilweise Befriedigung verschafft hat.[25] Er kann diesen nach dem Konkursrechte eingetretenen Erfolg nicht mehr rückgängig machen und muß daher, ebenso wie der Gemeinschuldner, die geschehene Umwandlung der Forderung in eine Geldforderung als die notwendige Vorbedingung jenes Erfolges auch nach der Beendigung des Konkursverfahrens anerkennen, so daß er die Forderung ihrem ursprünglichen Inhalte und Gegenstande nach nicht mehr geltend machen kann, und zwar weder soweit sie durch die Aufrechnung befriedigt, noch auch soweit sie nicht befriedigt ist.

---

sind auch diese Schriftsteller geneigt, nach einer Teilbefriedigung im K. das Zurückgreifen auf das ursprüngliche Schuldverhältnis entweder überhaupt oder wenigstens bei Unteilbarkeit des ursprünglichen Leistungsgegenstandes für ausgeschlossen zu halten.

[25] Vgl. § 54 KO und ob. § 21 I. Nr. 1.

Zweiter Teil.

Das Konkursverfahren.

§ 26.

I. Vorbemerkungen.

Das Konkursverfahren richtet sich zunächst nach den Vorschriften der Konkursordnung. Wo diese aber nicht ausreichen, kommen ergänzend die Vorschriften der Civilprozeßordnung zur Anwendung, soweit sie, und in der Art wie sie auf das Konkursverfahren passen.[1] Sie passen zuvörderst überall nicht, wo es sich bloß um die Ver-

[1] § 72 KO vbd. Mot. §§ 65 bis 69 (297) und § 65 (297 fg.). Zu der CPO ist im Sinn des § 72 KO jetzt auch das Gesetz über die Zwangsversteigerung und die Zwangsverwaltung vom 24. März 1897 zu rechnen. — Entsprechend anwendbar sind von den Vorschriften der CPO z. B. diejenigen über die Ausschließung und Ablehnung von Gerichtspersonen (§ 41—49 CPO), über Partei- und Prozeßfähigkeit (§ 50 ff. CPO), über Streitgenossenschaft (§ 59, 60 CPO), über Prozeßbevollmächtigte und Beistände (§ 78 ff. CPO), über die Protokollierung der Verhandlungen (§ 159—165 CPO), über die Glaubhaftmachung (§ 294 CPO), über das Verfahren bei Beweisaufnahmen u. v. a. Näheres s. bei Seuff. 115 ff. Auf Prozesse, die aus Anlaß des KVerf. entstehen, aber außerhalb desselben zu erledigen sind (vgl. z. B. § 146 KO), sind natürlich die Bestimmungen der CPO nicht bloß entsprechend, sondern unmittelbar anzuwenden.

waltung der Konkursmasse handelt, weil die Civilprozeßordnung über Vermögensverwaltung keine Bestimmungen enthält. Ferner geschieht auch die Verwertung der Konkursmasse in der Regel nicht nach den Vorschriften der Civilprozeßordnung über die Verwertung gepfändeter Sachen im Zwangsvollstreckungsverfahren, weil die Konkursordnung darüber selbständige Vorschriften gibt.[2] Endlich beschränkt dieses Gesetzbuch die entsprechende Anwendung der Bestimmungen der Civilprozeßordnung auf das Konkursverfahren durch folgende allgemeinen Regeln:

1. Die öffentlichen Bekanntmachungen[3] geschehen im Konkursverfahren durch wenigstens einmalige Einrückung in dasjenige Blatt, welches zur Veröffentlichung amtlicher Bekanntmachungen des Konkursgerichtes bestimmt ist, und gelten als bewirkt mit dem Ablaufe, d. h. im letzten Augenblicke, des zweiten Kalendertages nach dem Tage der Ausgabe des die Einrückung oder die erste Einrückung enthaltenden Stückes, sei es Hauptblattes oder Beiblattes, an dem Orte, wo das Blatt erscheint.[4] Das Konkursgericht kann nach Ermessen die Einrückung auf einen die wesentlichen Stücke enthaltenden Auszug beschränken.[5] Auch kann es weitere Bekanntmachungen

---

[2] S. § 117 ff. KO. Vbd. Mot. § 65 a. E. (298). Vgl. aber § 126, 127 KO.

[3] Öffentliche Bekanntmachungen: 1) des Konkursgerichtes: § 81 Abs. 1, 93 Abs. 2, 98, 111 Abs. 1, 116, 163 Abs. 2, 179, 190 Abs. 2, 198 Abs. 2, 203 Abs. 1, 205 Abs. 1 KO. S. auch § 106 Abs. 1 KO. 2) des Konkursverwalters: § 151 KO. — Die öffentlichen Bekanntmachungen des Konkursgerichtes werden durch den Gerichtsschreiber besorgt: entsprech. § 204 Abs. 1 CPO.

[4] § 76 Abs. 1 KO. Entscheidend ist nach dem Wortlaute des Gesetzes der Tag der tatsächlichen Ausgabe des genannten Stückes, auch wenn diesem ein anderer Tag aufgedruckt ist. Vgl. Jäger § 76 Anm. 4, Pet.-Kleinf. §§ 76, 77 Bem. 2.

[5] § 76 Abs. 1 KO vbd. Prot. 60 fg.

durch Einrückung in andere geeignete Blätter, Anheftung an die Gerichtstafel, Anschlag in der Börse u. dgl. anordnen.[6]

2. Die öffentliche Bekanntmachung im Gerichtsamtsblatte gilt immer als Zustellung an alle Beteiligten, selbst wenn neben ihr noch eine besondere Zustellung an bestimmte Beteiligten vorgeschrieben ist.[7]

3. Eine solche neben der öffentlichen Bekanntmachung vorgeschriebene besondere Zustellung kann durch Aufgabe zur Post geschehen. Auch bedarf dabei die zu übergebende Abschrift des zuzustellenden Schriftstückes keiner Beglaubigung.[8]

4. Der Konkursverwalter kann die Mitteilungen, die ihm obliegen, ohne besondere Form und durch unmittelbare mündliche oder schriftliche Erklärung bewirken.[9]

5. Die Entscheidungen[10] im Konkursverfahren können, weil es sich bei der Mitwirkung des Konkursgerichtes an diesem Verfahren überall nur um eine Tätigkeit, ähnlich derjenigen des Vollstreckungsgerichtes, also nirgends um

---

[6] § 76 Abs. 2 KO vbd. Mot. § 68, 69 Abs. 1 a. E. (300). Die auszugsweise Einrückung in den Deutschen Reichsanzeiger ist vorgeschrieben in § 111 Abs. 2, 116, 163 Abs. 3, 190 Abs. 3, 198 Abs. 2, 205 Abs. 2 KO.

[7] § 76 Abs. 3 KO vbd. Mot. §§ 68, 69 Abs. 1 (300). S. § 111 Abs. 3, 179 Abs. 1 KO.

[8] § 77 Abs. 1 KO vbd. § 175 CPO. Da in den hierher gehörigen Fällen (s. vor. Anm.) die Zustellung von Amts wegen erfolgt, so bedarf es nach § 213 CPO auch nicht der Aufnahme einer Zustellungsurkunde. — Besondere Zustellungen, woneben keine öffentliche Bekanntmachung stattfindet, wie z. B. im Fall des § 125 KO, müssen in der gewöhnlichen Weise nach Maßgabe der Vorschriften der CPO geschehen, mithin als Zustellungen auf Betreiben der Parteien nach § 166 ff. CPO, als Zustellungen von Amts wegen nach § 208 ff CPO.

[9] § 77 Abs. 2 KO. Vgl. § 502 Abs. 2 CPO. Hierher gehören die Fälle in § 135 Abs. 1, 159 Abs. 2 KO.

[10] Hier im Sinn von § 160 Nr. 5, 6 CPO. Vgl. RCP. § 32 I.

eigentliche Urteile, sondern bloß um Beschlüsse oder Verfügungen handelt, ohne vorgängige mündliche Verhandlung ergehen.[11] Das gilt auch da, wo das Gesetz die vorherige Anhörung Beteiligter fordert,[12] und diese kann daher auch schriftlich erfolgen, falls nicht die Konkursordnung eine mündliche Verhandlung, insbesondere durch Anordnung der Abhaltung eines Termins, ausdrücklich vorschreibt.[13] Aus dem gleichen Grunde kann im Konkursverfahren kein Versäumnisverfahren und kein Versäumnisurteil vorkommen.[14]

6. Die Entscheidungen, und zwar selbst auf Grund einer mündlichen Verhandlung ergehende Beschlüsse, brauchen nicht verkündet zu werden,[15] müssen aber, auch wenn sie

---

[11] § 73 Abs. 1 KO vbd. Mot. § 66 Abs. 1 (298), § 64 Abs. 2 (293ff.). Vgl. § 764 Abs. 3 CPO. Doch ist die Anordnung einer mündlichen Verhandlung freigestellt und nicht selten zweckmäßig. Niemals ist aber eine mündliche Verhandlung im KVerf. eine eigentliche Prozeßverhandlung im Sinn von § 128 CPO, und sie schließt daher, wo nicht das Gesetz ausdrücklich die mündliche Erklärung fordert, die Mitberücksichtigung schriftlicher Erklärungen nicht aus.

[12] S. § 84 Abs. 2, 105 Abs. 2, 3, 121 Abs. 2, 127 Abs. 2, 203 Abs. 2, 208 Abs. 2, 210 Abs. 2, 217 Abs. 2, 3, 218 Abs. 2, 230 Abs. 2, 236 KO.

[13] S. § 93 Abs. 1, 95, 96, 110 vbd. 141, 142, 162, 179, 184 Abs. 2 KO. Da aber auch in diesen Fällen die Verhandlung keine „Verhandlung vor einem erkennenden Gerichte" ist, so ist die Öffentlichkeit nicht geboten, aber freilich auch nicht ausgeschlossen. S. § 170 GVG. Vgl. Prot. 68 fg., Pet.-Kleinf. § 72 Bem. 7 a. E.

[14] S. Mot. § 66 Abs. 1 (298). — Weil die Entscheidungen im KVerf. keine Urteile im Sinn der CPO sind, so brauchen sie auch keinen Tatbestand und keine Entscheidungsgründe zu enthalten. Doch ist bei Entscheidungen, wogegen die sofortige Beschwerde statthaft ist, die Beifügung von Entscheidungsgründen angemessen und von der KO vorausgesetzt. S. § 111 Abs. 1 KO.

[15] Das erhellt im Hinblicke auf § 329 Abs. 3 CPO, wonach durch die Zustellung von Amts wegen die Verkündung ersetzt wird, aus § 73 Abs. 2 KO, ferner aber auch daraus, was doch sonst ganz müßig wäre, daß in § 185 KO

verkündet worden sind, den Beteiligten von Amts wegen zugestellt werden.[16]

7. Gegen die Entscheidungen[17] ist, soweit sie nicht unanfechtbar sind,[18] die sofortige Beschwerde an das über-

---

die Verkündung des dort erwähnten Beschlusses besonders vorgeschrieben ist, obgleich ihm nach § 184 Abs. 2 KO eine mündliche Verhandlung vorausgehen muß. § 329 Abs. 1 CPO ist also im KVerf. nicht anwendbar. Anders freilich eine Bemerkung in Prot. 60.

[16] § 73 Abs. 2 KO vbd. Prot. 59 fg. Die Zustellung geschieht entweder als besondere Zustellung nach § 208 ff. CPO oder durch öffentliche Bekanntmachung (§ 76 Abs. 3 KO). Diese ist ratsam bei Zweifel, wer die Beteiligten sind, und geboten, wenn es sich um eine Zustellung an die sämtlichen KGl. handelt. Ausnahmsweise genügt die bloße Verkündung in den Fällen von § 93 Abs. 2, 182 Abs. 2, 184 Abs. 2 KO. Vgl. Mot. §§ 170 bis 174 Abs. 2 (417), Jäger § 182 Anm. 7, § 184 Anm. 4. Nach Oetker Grdb. 106, 502 wäre die Zustellung verkündeter Entscheidungen nur vorgeschrieben, um die Beschwerdefrist in Lauf zu setzen, also bei unanfechtbaren Entscheidungen nicht erforderlich. S. dagegen Seuff. 124 Anm. 21, Jäger § 73 Anm. 4.

[17] Gemeint sind hier nur die von Oetker Grdb. 96, 109 so genannten formulierten Dekrete, d. h. diejenigen Willensäußerungen des KGerichtes, die in der Gestalt ausdrücklicher, sei es mündlicher oder schriftlicher, Aussprüche auftreten, nicht die von ihm so genannten latenten Dekrete, d. h. die Entschließungen, die das Gericht zur Bemessung seines Verfahrens fassen muß, die es aber nicht ausdrücklich kundgibt. So ist z. B. die Zulassung des Antrages eines Gläubigers auf Eröffnung des KVerf. nach § 105 Abs. 1 KO als latentes Dekret unanfechtbar, die Abweisung des Antrages als unzulässig dagegen als formuliertes Dekret nach § 73 Abs. 3 KO anfechtbar. Vgl. Oetker Grdb. 110, Pet.-Kleinf. § 73 Bem. 1, Kohler 331 IV., VI.

[18] S. § 95 Abs. 3, 96 Abs. 2, 163 Abs. 1, 190 Abs. 1 KO. S. auch § 189 Abs. 3 KO. Nach Oetker Grdb. 103 fg. wären alle „rein administrativen Dekrete“ unanfechtbar, nach Kohler 329 fg. alle Beschlüsse, wobei es sich um eine dem Ermessen des Gerichtes nach Zweckmäßigkeitsrücksichten überlassene Maßregel handelt. S. dagegen Seuff. 122 Anm. 16, Pet.-Kleinf. § 73 Bem. 6, Jäger § 73 Anm. 7. Sachgemäß wäre freilich eine solche Beschränkung.

geordnete Landgericht statthaft.[19] Sie steht, wo nicht das Gesetz besondere Vorschriften gibt,[20] einem Jeden zu, der zur Verhütung einer Benachteiligung seiner Rechtslage an der Aufhebung der Entscheidung ein rechtliches Interesse hat.[21] So z. B. bei der Verwerfung von Einwendungen gegen das Verteilungsverzeichnis (§ 158 KO) nur demjenigen, welcher sie erhoben hatte, bei Anordnung einer Berichtigung des Verzeichnisses aber jedem Konkursgläubiger, dem die Berichtigung zum Nachteil gereicht.[22] Im Interesse verletzter Konkursgläubiger oder des Gemeinschuldners kann aber auch der Konkursverwalter, da er zur Wahrung der Interessen sämtlicher Konkursgläubiger sowie des Gemeinschuldners berufen ist, als Vertreter der Konkursmasse die sofortige Beschwerde erheben, es wäre denn, daß er selbst als der gegenüberstehende Beteiligte erscheint.[23] Die zweiwöchige Notfrist

[19] § 73 Abs. 3 KO vbd. § 577 CPO. Vgl. Mot. § 66 Abs. 2 (298 fg.), § 64 Abs. 2 (294 fg.). Vgl. auch § 793 CPO. Wegen der Gerichtsgebühren für die Beschwerdeinstanz s. § 57 GKG, wegen der Rechtsanwaltsgebühren § 58 Nr. 1 vbd. § 59 RAGebO. — Die einfache Beschwerde kann nur vorkommen gegen Entscheidungen, die nicht nach Maßgabe der KO, sondern bloß nach Maßgabe der CPO ergehen und nach dieser mit einfacher Beschwerde anfechtbar sind, wie z. B. Straf- oder Zwangsmaßregeln wider Zeugen oder Sachverständige nach § 380, 390, 409 CPO. S. Mot. § 66 a. a. O. Auch zu den in § 160, 183 GVG erwähnten Beschwerden, sowie (nach dem Landesrechte) zu einer Beschwerde wegen Justizverweigerung oder Justizverzögerung kann das KVerf. Anlaß geben. Vgl. Jäger § 73 Anm. 6.

[20] S. § 109, 189 Abs. 1 KO.

[21] Vgl. Mot. §§ 96—101 a. E. (334 fg.), Pet.-Kleinf. § 73 Bem. 9, Sar.-Boß. § 73 Bem. 6, Jäger § 73 Anm. 8, Seuff. 122. Die GlV. und der GlA. als solche sind nicht beschwerdeberechtigt, da beide nicht parteifähig sind. Vgl. Pet.-Kleinf., Sar.-Boß., Jäger a. d. a. OO. A. M. Kohler 336 II.

[22] Vgl. unt. § 41 bei Anm. 6.

[23] Dieses z. B. bei Verwerfung von Einwendungen gegen das von dem Verwalter aufgestellte Verteilungsverzeichnis, bei Versa-

für die Einlegung der sofortigen Beschwerde läuft von der Zustellung der anzufechtenden Entscheidung an.[24] Die Vollziehung dieser letzten wird durch die Einlegung der Beschwerde nicht gehemmt; jedoch kann sowohl das Konkursgericht als das Beschwerdegericht die Aussetzung der Vollziehung anordnen.[25] Dagegen ist das Konkursgericht zu einer Abänderung seiner Entscheidung nicht befugt.[26] Die Entscheidung des Beschwerdegerichtes kann ohne vorgängige mündliche Verhandlung ergehen.[27] Wird eine solche angeordnet, so müssen sich dabei die Parteien durch je einen bei dem Beschwerdegerichte zugelassenen Rechtsanwalt vertreten lassen.[28] Gegen die Entscheidung des Beschwerdegerichtes

---

gung der Ernennung des von der GlV. gewählten Verwalters (§ 80 KO), bei Untersagung der Ausführung eines Beschlusses der GlV. auf Antrag des Verwalters (§ 99 KO) u. dgl. Vgl. Sar.-Boß. § 73 Bem. 6, Jäger § 73 Anm. 8. A. M. Oetker Grdb. 108.

[24] § 577 Abs. 2 CPO vbd. Mot. § 66 Abs. 2 (298). Wegen der Berechnung s. § 222 Abs. 1 CPO vbd. § 187, 188 BGB. Demnach geht, wenn die Zustellung durch öffentliche Bekanntmachung (§ 76 Abs. 3 KO) geschieht und folglich nach § 76 Abs. 1 KO mit dem Ablaufe des zweiten Tages nach der Ausgabe des die erste Einrückung in das Gerichtsamtsblatt enthaltenden Blattes als bewirkt gilt, die Notfrist an dem diesem Tage entsprechenden Tage der zweiten Woche zu Ende. Wo neben der öffentlichen Zustellung auch noch eine besondere an bestimmte Beteiligten stattfindet, beginnt für diese die Notfrist mit der öffentlichen oder mit der besonderen Zustellung, je nachdem jene oder diese zuerst bewirkt ist. Vgl. Jäger § 76 Anm. 2, Sar.-Boß. § 76 Bem. 4. A. M., wonach es hier immer nur auf die öffentliche Bekanntmachung ankäme, Pet.-Kleinf. §§ 76, 77 Bem. 3. Ausnahmsweiser Beginn der Notfrist: mit der Niederlegung der Entscheidung auf der Gerichtsschreiberei: § 158 Abs. 2 KO, mit der Verkündung der Entscheidung: § 189 Abs. 2 KO. Wiedereinsetzung in den vorigen Stand gegen die Versäumung der Notfrist: § 233 ff. CPO.

[25] § 572 CPO vbd. Mot. § 66 Abs. 2 (299).

[26] § 577 Abs. 3 CPO. Vgl. Pet.-Kleinf. § 73 Bem. 10.

[27] § 573 Abs. 1 CPO, § 73 Abs. 1 KO.

[28] § 78 Abs. 1 CPO. Vgl. RCP. § 84 VI., § 44 bei Anm. 19.

ist eine weitere sofortige Beschwerde statthaft, so oft sie einen neuen Beschwerdegrund enthält, d. h. einen solchen, der nicht schon in der Entscheidung der früheren Instanz enthalten war.[29]

Die Entscheidung des Beschwerdegerichtes wird erst mit ihrer Rechtskraft wirksam, falls nicht dieses Gericht in Verbindung mit der Entscheidung ihre sofortige Wirksamkeit anordnet.[30]

II. Die Faktoren des Konkursverfahrens.

§ 27.

Übersicht.

Im Konkursverfahren sind als zusammenwirkende Faktoren tätig das Konkursgericht, der Konkursverwalter, der

---

[29] § 568 Abs. 2 CPO. Einen „selbständigen" Beschwerdegrund enthält nach § 73 Abs. 3 KO jede nicht ausdrücklich für unanfechtbar erklärte Entscheidung im KVerf. ohne Rücksicht des Inhaltes. Vgl. RCP. § 84 III. Ausnahmsweise Unstatthaftigkeit der weiteren Beschwerde: § 189 Abs. 3 KO.

[30] § 74 KO vbd. Kom.Ber. zu § 66a KÄE. (18). Vgl. Jäger § 74 Anm. 2. Wegen des Eintrittes der Rechtskraft s. § 705 CPO. Hat also das KGericht die KE. ausgesprochen, das Landgericht aber auf sofortige Beschwerde des GSch. den Eröffnungsbeschluß aufgehoben, so bleibt dieser gleichwohl so lange wirksam, bis der Beschluß des Landgerichtes rechtskräftig geworden ist: wichtig namentlich für den Fall, daß auf weitere Beschwerde desjenigen, welcher den Eröffnungsantrag gestellt hatte (s. § 109 KO), das Oberlandesgericht den Eröffnungsbeschluß des KGerichtes bestätigt. Hätte umgekehrt das KGericht den Eröffnungsantrag abgewiesen, auf sofortige Beschwerde des Antragstellers aber das Landgericht selbst die KE. ausgesprochen, so ist darin im Hinblick auf § 108 KO zugleich die Anordnung sofortiger Wirksamkeit des Beschlusses zu erblicken. S. unt. § 35 a. E. Vgl. Jäger § 74 Anm. 3. Rechtsfolgen, die das Gesetz an die Rechtskraft des Eröffnungsbeschlusses knüpft (s. § 1419, 1543, 1647 BGB), treten immer erst mit der Rechtskraft ein, auch wenn die sofortige Wirksamkeit angeordnet ist.

Gläubigerausschuß, die Gläubigerversammlung, die einzelnen Konkursgläubiger und der Gemeinschuldner.

Das Konkursgericht hat das Konkursverfahren zu eröffnen und zu schließen und es während seiner Dauer zu leiten und zu beaufsichtigen.

Die Aufgabe des Konkursverwalters ist, kraft selbständiger Amtspflicht die Auseinandersetzung des Gemeinschuldners mit den Konkursgläubigern unmittelbar auszuführen.

Der Gläubigerausschuß soll den Konkursverwalter bei seiner Geschäftsführung unterstützen und überwachen, überhaupt fortlaufend für die Wahrung der Interessen der Konkursgläubiger sorgen.

Die Gläubigerversammlung ist das Organ für den gesetzmäßigen Ausdruck des gemeinsamen Interesse und des gemeinsamen Willens der Konkursgläubiger bei Fragen der Zweckmäßigkeit und des freien Ermessens.

Jeder einzelne Konkursgläubiger kann dagegen für sich allein und selbständig vorgehen, wo es sich um die Geltendmachung oder Wahrung seines Anrechtes auf gesetzmäßige Befriedigung aus der Konkursmasse handelt.

Der Gemeinschuldner endlich ist gehalten, die Erreichung der Aufgabe des Konkursverfahrens durch Auskunftserteilung zu fördern. Er darf sich aber zur Wahrung seiner Interessen auch bis zu einem gewissen Grade selbsttätig, insbesondere durch den Vorschlag eines Zwangsvergleiches, in das Verfahren einmischen.

§ 28.

1. Das Konkursgericht.

I. Für das Konkursverfahren kommt die sachliche Zuständigkeit ausschließlich den Amtsgerichten zu, die örtliche Zuständigkeit aber ausschließlich demjenigen Amtsgerichte, in dessen Bezirke der Gemeinschuldner seine gewerbliche Niederlassung, d. h. den örtlichen Sitz und Mittelpunkt seiner gewerblichen Tätigkeit, hat,[1] wenn es an einer solchen Niederlassung im Deutschen Reiche fehlt, demjenigen Amtsgerichte, bei welchem er seinen allgemeinen Gerichtsstand hat.[2] Sind mehrere Gerichte zuständig, so schließt dasjenige, bei welchem die Eröffnung des Verfahrens zuerst beantragt worden ist, die übrigen aus.[3]

II. Das Konkursgericht hat zuvörderst über die Eröffnung und über die Aufhebung oder Einstellung des Konkursverfahrens zu beschließen, weil die wichtigen mit

---

[1] Unter einer gewerblichen Niederlassung ist hier nach § 42 Abs. 2 GewO, § 21 CPO eine für den Betrieb einer Fabrik, einer Handlung oder eines anderen Gewerbes bestimmte, zum unmittelbaren Abschlusse von Geschäften befugte Betriebsstelle zu verstehen. Bei einer Mehrheit von Niederlassungen (Haupt- und Zweigniederlassung) kommt es aber hier bloß auf die Hauptniederlassung an, die gewissermaßen als der gewerbliche Wohnsitz erscheint. Das erhellt aus dem Ausdrucke: „seine (nicht: eine) gewerbliche Niederlassung" in § 71 Abs. 1 KO und aus der Begründung der Vorschrift in Kom.-Ber. zu § 64 KÄE. (17). Vgl. Gaupp-Stein CPO[4] § 21 II. 1, Jäger § 71 Anm. 3, Kohler 59.

[2] § 71 Abs. 1 KO. Wegen des allgemeinen Gerichtsstandes s. § 13—19 CPO. Örtliche Zuständigkeit für das KVerf. über einen Nachlaß: § 214 KO. KVerf. über das inländische Vermögen eines Schuldners ohne allgemeinen Gerichtsstand im Deutschen Reiche: § 238 KO. S. auch § 237 KO. Bestimmung des zuständigen Amtsgerichtes durch ein höheres Gericht: § 36 CPO vbd. Mot. § 64 letzt. Abs. (296). Vgl. Jäger § 71 Anm. 10. Unzulässigkeit einer Vereinbarung über die Zuständigkeit: § 40 Abs. 2 CPO vbd. Mot. a. a. O., Prot. 59. Vgl. Jäger § 71 Anm. 9. — Ausschließung und Ablehnung des Richters oder Gerichtsschreibers: § 41 ff. CPO.

[3] § 71 Abs. 2 KO. So z. B., wenn der GSch. mehrere Wohnsitze und folglich mehrere allgemeine Gerichtsstände hat. Vgl. Jäger § 71 Anm. 6.

diesen Vorgängen verbundenen Wirkungen nur an den Spruch einer unabhängigen richterlichen Behörde angeknüpft werden können.[4] Sodann aber hat es auch das Konkursverfahren selbst zu leiten und zu beaufsichtigen. Zwar hat es sich weder mit der Verwaltung der Konkursmasse, noch mit der Entscheidung der Streitigkeiten über Richtigkeit und Rangordnung angemeldeter Konkursforderungen, noch endlich mit der Ausführung der Verteilungen zu befassen; allein es hat wenigstens durch Ernennung des Konkursverwalters und fortlaufende Aufsicht über seine Amtsführung für geeignete und pflichtmäßige Verwaltung der Masse Sorge zu tragen.[5] Ferner hat es für die gehörige Prüfung der angemeldeten Konkursforderungen und für die gehörige urkundliche Feststellung der nicht streitigen zu sorgen.[6] Auch beruft es und leitet es die Gläubigerversammlungen,[7] verhütet die Verletzung gefährdeter Interessen teils auf Anrufen,[8] teils schon von Amts wegen,[9] entscheidet Streitigkeiten, die sich auf die Art und Weise des Verfahrens beziehen,[10] und hat überhaupt überall einzugreifen, wo das Eingreifen eines über den Beteiligten stehenden obrigkeitlichen Organs erforderlich ist.[11]

Insbesondere ist es befugt, zur Aufklärung aller das Konkursverfahren betreffenden Verhältnisse auf Antrag oder auch von Amts wegen die erforderlichen Ermittelungen

---

[4] S. § 105—108, 163, 190, 203 Abs. 2, 204 KO. S. auch § 198 Abs. 2 KO.

[5] S. § 78, 80, 83, 84 KO.

[6] § 139—145 KO.

[7] § 93 Abs. 1, 94 Abs. 1 KO.

[8] S. § 99, 121 Abs. 2, 130 Abs. 2, 135 Abs. 2, 160, 188, 197 Abs. 2 KO.

[9] S. § 87 Abs. 1, 106, 107, 129 Abs. 2, 161 Abs. 2, 166, 169, 186, 204 KO.

[10] S. § 95, 96, 158 Abs. 2 KO.

[11] S. § 101, 121 Abs. 1 KO.

namentlich die Vernehmung von Zeugen und Sachverständigen, anzuordnen.[12]

III. Über alle Verhandlungen vor dem Konkursgerichte ist von dem Gerichtsschreiber ein gehöriges Protokoll aufzunehmen,[13] welches jedoch bei den Verhandlungen im Prüfungstermin größtenteils durch die Tabelle ersetzt wird.[14]

§ 29.

2. Der Konkursverwalter.

I. Der Konkursverwalter wird stets von dem Konkursgerichte ernannt.[1] Und zwar hat dieses nicht nur bei der Eröffnung des Konkursverfahrens, sondern auch, so oft im Laufe des Verfahrens durch Tod, Entlassung oder sonstigen Wegfall des bisherigen Verwalters das Bedürfnis der Ernennung eines Verwalters entsteht, diese Ernennung zunächst nach eigenem Ermessen und ohne vorherige Anhörung der Gläubigerversammlung vorzunehmen.[2] In der nächsten auf eine solche Ernennung folgenden Gläubigerversammlung kann aber durch ihren Beschluß anstatt des Ernannten eine andere Person gewählt werden, deren Ernennung dann endgültig maßgebend ist. Kommt

[12] § 75 KO vbd. Mot. § 67 (299 fg.). Vgl. § 105 Abs. 2 KO. Entspr. § 653, 968 CPO, § 2358 BGB. Die Gebühren der Zeugen und Sachverständigen bemessen sich nach der Gebührenordnung für Zeugen und Sachverständige. S. § 1 dieser GebO. Wegen der Geschäftsbücher des GSch. s. § 1 Abs. 3, 122 Abs. 2 KO. S. auch § 117 Abs. 2 KO. Näheres bei Jäger § 75 Anm. 2, 3.

[13] Entspr. § 159—165 CPO. Vgl. Mot. § 65 (297), §§ 85 bis 91 Abs. 2 (314 a. A.).

[14] S. § 140 Abs. 2, 145 Abs. 1 KO. Vbd. Mot. §§ 132, 133 Abs. 3 (363). Vgl. ob. § 12 I. — Über die Befugnis zur Einsicht der Konkursakten s. § 299 CPO.

[1] § 78 Abs. 1, 80 KO vbd. Mot. §§ 70—78 Abs. 6 (302 fg.).

[2] § 78 Abs. 1, 110 KO vbd. Mot. a. a. O.

es in dieser nächsten Gläubigerversammlung nicht zu der Wahl eines anderen Verwalters, oder verweigert das Gericht die Ernennung des Gewählten, so bleibt die frühere Ernennung endgültig in Kraft.[3]

Bei der Auswahl des Verwalters ist das Gericht wie die Gläubigerversammlung nicht auf bestimmte Klassen von Personen beschränkt. Auch sind rechtlich weder die nahen Verwandten des Gemeinschuldners noch die beteiligten Konkursgläubiger ausgeschlossen.[4] Nur der Gemeinschuldner kann nicht zum Verwalter ernannt werden, weil nach ausdrücklicher gesetzlicher Vorschrift die Verwaltungs- und Verfügungsbefugnis in Ansehung der Konkursmasse nicht durch ihn ausgeübt werden kann.[5]

II. Der Ernannte wird Verwalter unmittelbar durch die Ernennung.[6] Sobald ihm diese durch das Konkursgericht mitgeteilt ist, beginnen seine Befugnisse und mit seiner ausdrücklichen oder stillschweigenden Annahme auch seine Pflichten.[7]

---

[3] § 78 vbd. § 110 Abs. 1 KO. Die Angabe der Gründe der Verweigerung kann nach Ermessen unterbleiben. Vgl. Mot. a. a. O., Prot. 62. Gegen die Ernennung eines KV. wie gegen die Versagung der Ernennung des gewählten Verwalters steht dem GSch. und jedem KGl. die sofortige Beschwerde zu. Vgl. Pet.-Kleinf. §§ 78—81 Bem. 2, Jäger § 78 Anm. 9.

[4] S. Mot. §§ 70—78 Abs. 7, 8 (303 ff.). Unfähig sind entspr. § 1915 vbd. § 1780 BGB (s. unt. III.) die Geschäftsunfähigen und die wegen Geistesschwäche, Verschwendung oder Trunksucht Entmündigten. Als untauglich sollen nicht ernannt werden die in § 1781 BGB Genannten, also auch diejenigen, denen die bürgerlichen Ehrenrechte aberkannt sind, obgleich sie in § 34 Nr. 6 StGB für „unfähig" zum Amte eines Vormundes oder Kurators erklärt sind. Vgl. Seuff. 159, Jäger § 78 Anm. 8.

[5] S. § 6 KO und Mot. §§ 70 bis 78 Abs. 8 (304 a. E.).

[6] Das liegt im Begriffe der Ernennung.

[7] S. Mot. §§ 70—78 Abs. 10 a. E., 11, 13 (305 g. E., 306). Die Mitteilung braucht nicht

Zur Nachricht für alle Beteiligten und zur Erleichterung der Legitimation des Verwalters ist sein Name öffentlich bekannt zu machen,[8] ihm selbst aber eine urkundliche Bescheinigung seiner Ernennung zu erteilen, die er zur Verhütung von Mißbrauch bei der Beendigung seines Amtes an das Gericht zurückzugeben hat.[9]

III. Der Konkursverwalter ist zwar kein eigentlicher Beamter,[10] hat aber gleichwohl kraft seiner Ernennung

---

durch förmliche Zustellung zu geschehen. Zwar muß nach § 73 Abs. 2 KO der Ernennungsbeschluß auch zugestellt werden; allein diese Zustellung liegt nach § 76 Abs. 3 KO für alle Beteiligten in der durch § 81 Abs. 1 ohnehin vorgeschriebenen öffentlichen Bekanntmachung. Vgl. Pet.=Kleinf. §§ 78—81 Bem. 7, 10. Eine Verpflichtung zur Annahme der Ernennung besteht nach Reichsrecht nicht, wohl aber nach einzelnen Landesrechten für gewisse Personenklassen. S. z. B. Sar.=Boß. § 78 Bem. 2 a. E. — Eine Beeidigung oder sonstige besondere Verpflichtung des Verwalters findet nicht statt. S. Mot. §§ 70—78 Abs. 10 (305).

[8] § 81 Abs. 1 vbd. § 76 KO. Vgl. Mot. §§ 70—78 Abs. 11 (305 a. E.).

[9] § 81 Abs. 2 KO vbd. Mot. a. a. O. S. Formularbuch Nr. 187 (170). Zur Rückgabe der Bestallung kann der Verwalter vom Gerichte nach § 84 KO durch Ordnungsstrafe angehalten werden, weil nach der Fassung von § 81 Abs. 2 Satz 2 KO („bei der Beendigung seines Amtes") diese Rückgabe noch in die Zeit des Amtes fällt und als Amtspflicht erscheint. Vgl. Jäger § 81 Anm. 3. A. M. Pet.=Kleinf. §§ 78—81 Bem. 8. — Verwaltungshandlungen, die der Verwalter nach der Beendigung seines Amtes, wenn auch noch im Besitze der Bestallung, oder die eine irrtümlich in der Bekanntmachung oder in der Bestallung als Verwalter bezeichnete Person für die Masse vorgenommen hat, haben für diese keine rechtliche Wirksamkeit, auch nicht zu Gunsten eines Dritten, der jene Person in gutem Glauben für den Verwalter gehalten hat, falls nicht der wirkliche Verwalter die Handlung genehmigt. S. § 177—180 BGB. S. auch § 681 vbd. § 667 BGB. Vgl. Pet.=Kleinf. §§ 78—81 Bem. 6, 8, Jäger § 81 Anm. 2—4.

[10] Er fällt daher nicht unter § 359 StGB, und die Vorschriften dieses Gesetzbuches, die sich auf Beamte beziehen (§ 33,

durch das Konkursgericht gleich dem Vormunde und Pfleger eine amtliche Stellung, die derjenigen eines Pflegers entspricht, und infolgedessen bestimmte gesetzliche, von dem Konkursgerichte wie von den Beteiligten unabhängige Befugnisse und Pflichten.[11] Abgesehen von einzelnen besonders wichtigen oder für die Interessen der Beteiligten gefährdenden Maßregeln, die ausnahmsweise der Entscheidung oder Genehmigung der Gläubigerversammlung, des Gläubigerausschusses oder des Gerichtes unterliegen[12] oder durch das Gericht untersagt werden können,[13] ist es seine selbständige Aufgabe, die gesetzmäßige Befriedigung der Konkursgläubiger aus der Konkursmasse nach eigenem bestem Ermessen und mit gebührender Rücksicht auf alle beteiligten Interessen herbeizuführen.[14] Er hat daher nicht bloß die Konkursmasse zu verwalten und zu verwerten,[15] sondern auch die Richtigkeit und Rangordnung der geltend gemachten Konkursforderungen zu prüfen und nach Befund zu bestreiten,[16] endlich die gehörige Verteilung der Masse an die Konkursgläubiger zu bewirken.[17] Er muß dabei für Vorsatz und Fahrlässigkeit einstehen[18] und haftet allen Beteiligten (den Konkursgläubigern, dem

34 Nr. 3, 196, 331—358), sind auf ihn nicht anwendbar. Ebensowenig § 839 BGB, Art. 77, 78 EG z. BGB. Vgl. Jäger § 78 Anm. 1—5.

[11] S. § 81 Abs. 2, 84, 86 KO vbd. Mot. §§ 70—78 Abs. 6, 11, 15 (302, 305 a. E., 307), § 5 vorl. Abs. (34) und ob. § 23 I.

[12] S. § 129, 132—134, 161 Abs. 2, 166, 169, 170 KO.

[13] S. § 99, 130 Abs. 2, 135 Abs. 2, 160 KO.

[14] S. Mot. a. d. a. OO. (ob. Anm. 11). Vgl. ob. § 23 III.

[15] S. ob. § 23.

[16] S. § 144 Abs. 1 KO. Vgl. ob. § 12.

[17] S. § 150, 161 Abs. 2, 166, 167 KO. Vgl. unt. § 39 III., § 44 I.

[18] Entspr. § 1915 vbd. § 1833 Abs. 1, 276 Abs. 1 BGB. Unter Umständen kann auch Rechtsirrtum entschuldbar sein. S. RG 5. VII. 97 (39 94 ff.).

Gemeinschuldner, den Massegläubigern, den Absonderungs- und den Aussonderungsberechtigten) für den Schaden, der ihnen durch schuldhafte Nichterfüllung seiner Pflichten erwächst.[19] Zur Sicherung solcher möglicher Ersatzansprüche kann ihm das Konkursgericht entweder gleich bei der Ernennung oder auch jederzeit nachher nach freiem Ermessen die Leistung einer Sicherheit auferlegen, deren Art und Höhe ebenfalls von dem freien Ermessen des Gerichtes abhängt.[20]

Dagegen hat der Konkursverwalter seinerseits gegen die Konkursmasse und als Teil der Massekosten Anspruch auf Erstattung angemessener Auslagen und auf eine Vergütung für seine Tätigkeit, beides nach Maßgabe der vom Konkursgerichte nach freiem Ermessen gemachten Festsetzung.[21]

---

[19] § 82 KO. Vgl. Jäger § 82 Anm. 2, Pet.-Kleinf. § 82 Bem. 2. Auf Ersatz eines der KM. entstandenen Schadens kann im Hinblick auf § 6 KO nur ein neuer KV. klagen. — Die Haftung des Verwalters für unerlaubte Handlungen bemißt sich nach § 823 ff. BGB.

[20] § 78 Abs. 2 KO vbd. Mot. §§ 70—78 Abs. 9 (305). § 232 BGB ist hier so wenig wie bei der nach § 1915 vbd. § 1844 BGB dem Pfleger auferlegten Sicherheit anwendbar, da das Gericht von dem Verwalter ebenso wie von dem Vormunde und Pfleger eine Sicherheit überhaupt nicht zu fordern braucht. Hier wie dort (nach § 1844 Abs. 1 Satz 3 BGB) kann das Gericht die Sicherheit jederzeit erhöhen, mindern oder aufheben. Vgl. Pet.-Kleinf. §§ 78—81 Bem. 11 g. E., Jäger § 78 Anm. 12. b. — Gegen die Auferlegung der Sicherheitsleistung steht dem KV., gegen die Ablehnung eines Antrages auf Auferlegung einer Sicherheit dem Antragsteller die sofortige Beschwerde zu. Vgl. Pet.-Kleinf. a. a. O., Jäger § 78 Anm. 11.

[21] § 85 Abs. 1 KO vbd. Mot. §§ 70—78 Abs. 15, 16 (307) und § 58 Nr. 2 KO. Für die dem Verwalter zu gewährende Vergütung kann die Landesjustizverwaltung allgemeine Anordnungen treffen: § 85 Abs. 2 KO. — Gegen den Festsetzungsbeschluß steht dem KV., jedem KGl. und dem GSch. die sofortige Beschwerde zu: § 73 Abs. 3 KO. Vgl. Jäger § 85

IV. Zufolge seiner amtlichen Stellung steht der Verwalter in Ansehung seiner Geschäftsführung unter der Aufsicht des Konkursgerichtes, die sich aber bloß auf die Pflichtmäßigkeit, nicht auch auf die Zweckmäßigkeit seiner Handlungen oder Unterlassungen erstreckt.[22] Gegen Pflichtwidrigkeiten kann das Gericht durch geeignete Gebote oder Verbote einschreiten und den Konkursverwalter zur Befolgung seiner Anordnungen durch die Androhung von Ordnungsstrafen anhalten, die jedoch jedes einzelne Mal über den Betrag von zweihundert Mark nicht hinausgehen darf.[23] Vor der Festsetzung der angedrohten Strafe ist der Verwalter (mündlich oder schriftlich) zu hören.[24]

Da aber der Konkursverwalter vornehmlich im Interesse der Konkursgläubiger bestellt wird, so muß er sich auch von ihrer Seite eine Überwachung seiner Geschäftsführung gefallen lassen. Und zwar kann ihm die Gläu-

Anm. 5. — Ein Zurückbehaltungsrecht an Bestandteilen der KM. kann der KV. wegen dieser Ansprüche nicht geltend machen: RG 16. XII. 02 (53 190 ff.).

[22] § 83 KO vbd. Mot. §§ 70 bis 78 Abs. 14 (306 fg.). Vgl. RG 30. V. 92 (29 83). Entspr. § 1837 Abs. 1 BGB. Kraft dieses Aufsichtsrechtes kann das KGericht namentlich jederzeit vom KV. Auskunft über seine Geschäftsführung verlangen. — Durch schuldhafte Verletzung der Aufsichtspflicht wird der Konkursrichter persönlich zum Schadenersatze verpflichtet: § 839 BGB.

[23] § 84 Abs. 1 KO und entspr. § 1915 vbd. § 1837 BGB, § 33 FGG. Vgl. Jäger § 84 Anm. 1, 2. A. M., wonach es sich hier nicht um ein Zwangsmittel, sondern um eine wirkliche Strafe für begangene Pflichtwidrigkeit handelte, z. B. Pet.-Kleinf. § 84 Bem. 3, Sar.-Boß. § 84 Bem. 1.

[24] § 84 Abs. 2 KO. Sowohl gegen die Androhung wie gegen die Festsetzung der Strafe steht dem KV. die sofortige Beschwerde zu, und zwar, wenn sie gegen die Festsetzung der Strafe eingelegt ist, mit aufschiebender Wirkung: entspr. § 24 FGG, § 572 Abs. 1 CPO. A. M. Jäger § 84 Anm. 3, Pet.-Kleinf. § 84 Bem. 2. Führen die Strafen nicht zum Ziel, so bleibt nur die Entlassung des Verwalters übrig. S. unt. V.

bigerversammlung zu fortlaufender Überwachung einen Gläubigerausschuß zur Seite setzen (s. unt. § 30). Auch ist er gehalten, nach Maßgabe der Beschlüsse der Gläubigerversammlung ihr selbst oder dem Gläubigerausschusse in der von ihr festgesetzten Art und in den von ihr festgesetzten Zeiträumen über die Verwaltung und Verwertung der Masse Bericht zu erstatten und Rechnung zu legen.[25] Jedenfalls aber muß er bei der Beendigung seines Amtes einer Gläubigerversammlung schriftliche Schlußrechnung legen.[26] Sie muß mit den Belegen und, wenn ein Gläubigerausschuß bestellt ist, mit seinen Bemerkungen spätestens am dritten Kalendertage vor dem für die Versammlung bestimmten Termin auf der Gerichtsschreiberei zur Einsicht der Beteiligten, d. h. der zur Erhebung von Einwendungen gegen die Rechnung Berechtigten, niedergelegt werden.[27] Dieses Recht steht aber dem Gemeinschuldner, jedem einzelnen noch nicht vollständig befriedigten Konkursgläubiger, der sich an dem Konkursverfahren beteiligt hat, endlich dem nachfolgenden Konkursverwalter zu. Soweit in dem Termin, und also mündlich, keine

[25] § 132 Abs. 2 KO vbd. Mot. §§ 118—120, 124 Abs. 4 (352).

[26] § 86 Satz 1 vbd. Satz 2 und § 162 Abs. 1 KO. Vgl. Mot. §§ 70—78 letzt. Abs. (308). Die Rechnung über eine Nachtragsverteilung wird bloß von dem KGerichte geprüft: § 166 KO. — Im Fall des Todes des KV. kann sein Erbe, bei eingetretener Geisteskrankheit sein Vormund die Rechnungslegung übernehmen. Bei Weigerung der Erben oder des Vormundes bleibt nichts übrig, als daß der neue KV. zur Gewinnung einer Grundlage für seine Verwaltung die Rechnung aus den Papieren seines Vorgängers zusammenstellt. Vgl. Pet.-Kleinf. § 86 Bem. 8.

[27] § 86 Satz 2 KO. Vbd. § 259 Abs. 1 BGB. Bei verspäteter Niederlegung muß der Termin auf Antrag eines Beteiligten verlegt werden. — Kraft seines Aufsichtsrechtes hat auch das Gericht die Rechnung vor dem Termin zu prüfen und seine Bedenken im Termin zur Sprache zu bringen. Vgl. Jäger § 86 Anm. 3. A. M. Pet.-Kleinf. § 86 Bem. 5.

Einwendungen erhoben werden, gilt die Rechnung dem Rechnungssteller gegenüber als anerkannt und dieser somit als entlastet.[28]

V. Das Amt des Konkursverwalters endigt, abgesehen von der naturgemäßen Beendigung durch vollständige Erledigung seiner Aufgaben,[29] durch den Tod, durch Entmündigung[30] und durch Entlassung des Verwalters. Einen ohne vorherige Anhörung der Gläubigerversammlung ernannten Verwalter kann vor der auf seine Ernennung folgenden Gläubigerversammlung das Konkursgericht von Amts wegen entlassen. Nachher aber kann sowohl dieser Verwalter, wenn seine Ernennung in Kraft bleibt (s. ob. I.), als der auf Grund einer Wahl der Gläubigerversammlung ernannte nur noch auf Antrag der Gläubigerversammlung oder des Gläubigerausschusses entlassen werden, und zwar gleichviel, ob es sich um eine Entlassung wegen Pflichtwidrigkeit, wegen Untauglichkeit oder auf den eigenen Wunsch des Verwalters handelt.[31] In jedem Fall muß, wenn es nicht wegen tatsächlicher Hindernisse unmöglich

[28] § 86 Satz 3, 4 KO vbd. Mot. §§ 70—78 letzt. Abs. (308). Die Erledigung der sich ergebenden Streitigkeiten muß, falls nicht die gütliche Beilegung gelingt, im gewöhnlichen Prozeßwege geschehen. S. Mot. a. a. O. Vgl. Seuff. 162, Jäger § 86 Anm. 5—7, Pet.-Kleinf. § 86 Bem. 3, 4, 7.

[29] Die mit der Beendigung des KVerf. nicht notwendig verbunden ist. S. § 166 KO vbd. Mot. § 153 (386) und unt. § 42 VI. a. E.

[30] Entspr. § 1915 vbd. § 1885 Abs. 1 BGB. Eintretende Geisteskrankheit des Verwalters für sich allein kann trotz der abweichenden Äußerung eines Regierungsvertreters in Prot. 161, ebenso wie körperliche Erkrankung, nur Anlaß zur Entlassung geben. Vgl. Pet.-Kleinf. § 84 Bem. 5. A. M. Sar.-Boß. § 78 Bem. 2 Abs. 2, § 86 Bem. 2, Jäger § 78 Anm. 10.

[31] § 84 Abs. 1 Satz 2 KO, der im Hinblicke auf die Mot. §§ 70 bis 78 Abs. 14 (307 a. A.) in diesem Sinn zu verstehen ist, und woraus also nicht gefolgert werden darf, daß das KGericht auch den von der GlV. gewählten und darauf hin von ihm ernannten KV. vor der nächsten GlV. von Amts wegen entlassen könnte.

ist, der Verwalter vor seiner Entlassung (mündlich oder schriftlich) gehört werden.[32] In dringlichen Fällen kann das Konkursgericht vorläufige Maßregeln treffen.[33]

Das Amt eines ohne vorgängige Anhörung der Gläubigerversammlung ernannten Verwalters erlischt von selbst, wenn eine in der nächstfolgenden Gläubigerversammlung gewählte andere Person vom Gerichte zum Verwalter ernannt wird und die Ernennung annimmt.[34]

VI. In der Regel darf bloß ein Konkursverwalter ernannt werden. Nur dann, wenn die Konkursmasse verschiedene besondere, abgeschlossene Geschäftszweige (wie z. B. eine Fabrik und ein landwirtschaftliches Gut) in sich begreift, ist ausnahmsweise für einen solchen die Ernennung eines besonderen Verwalters statthaft. Jeder Verwalter führt in Fällen dieser Art seine Verwaltung unabhängig von dem anderen, ist aber auch bloß für seine Verwaltung verantwortlich.[35]

---

[32] § 84 Abs. 2 KO vbd. Mot. a. a. O., Prot. 161. Gegen den Beschluß der Entlassung steht dem KV., gegen die Zurückweisung des Antrages auf Entlassung jedem KGl. (und doch wohl auch dem GSch.) die sofortige Beschwerde zu. Vgl. Jäger § 84 Anm. 5.

[33] Entspr. § 940 CPO. Vgl. Prot. 161, Pet.-Kleinf. § 84 Bem. 7.

[34] Folgt aus § 80 KO. Vgl. Pet.-Kleinf. §§ 78—81 Bem. 1 a. E.

[35] § 79 KO vbd. Mot. §§ 70 bis 78 Abs. 12 (305 fg.). Zur Verhütung von Verwirrungen muß aber immer ein Verwalter als Hauptverwalter aufgestellt werden. Es wird überhaupt in den meisten Fällen ratsamer sein, nur einen Verwalter zu ernennen. Dieser kann sich dann der Unterstützung von Gehilfen bedienen, die von ihm abhängen, und für die er nach Maßgabe des bürgerlichen Rechtes (§ 278, 831 BGB) haftet. S. Mot. a. a. O. Solche Gehilfen genügen auch in der Regel für die Fälle augenblicklicher Verhinderung des Verwalters. Wäre dieser jedoch in Ansehung eines wichtigeren Amtsgeschäftes, wie z. B. des Erscheinens in einer GlV., der Prüfung seiner eigenen Forderung, wenn er selbst KGl. ist, u. dgl. verhindert, so müßte von dem

§ 30.

3. Der Gläubigerausschuß.

I. Zur fortlaufenden Wahrnehmung der Interessen der Konkursgläubiger im Konkursverfahren kann durch Beschluß der Gläubigerversammlung ein Gläubigerausschuß bestellt werden, wozu das Konkursgericht gleich bei der ersten Berufung der Gläubigerversammlung Gelegenheit und Anregung geben muß.[1] Beschließt sie die Bestellung, so steht ihr auch in Ansehung der Anzahl und der Auswahl der Mitglieder die freie Entscheidung zu. Insbesondere ist sie bei der Auswahl nicht auf Konkursgläubiger oder Vertreter von solchen beschränkt.[2] Auf der anderen Seite kann der eingesetzte Ausschuß sowie die Bestellung zu seinem Mitgliede jederzeit durch einen Beschluß der Gläubigerver-

---

KGerichte durch Ernennung eines besonderen Verwalters für den Einzelfall für seine Vertretung gesorgt werden. Vgl. Seuff. 159, Jäger § 78 Anm. 7, Pet.-Kleinf. §§ 78—81 Bem. 4 a. E., Sar.-Boß. § 79 Bem. 1 Abs. 3.

[1] § 87 Abs. 2 vbd. § 110 Abs. 1 KO. Von der KO wird die Bestellung eines GlA. als Regel vorausgesetzt und begünstigt. S. Mot. §§ 79—84 Abs. 6 (310 fg.). In Wirklichkeit unterbleibt sie in der Mehrzahl der Konkurse wegen der damit verbundenen Kosten. Vgl. Jäger § 87 Anm. 3 a. E. Im Genossenschaftskonkurse muß ein GlA. bestellt werden: § 103 GenG. — Im Fall der Bestellung mehrerer KV. können auch mehrere Ausschüsse bestellt werden. Vgl. Pet.-Kleinf. § 87 Bem. 4 a. E.

[2] § 87 Abs. 2 KO vbd. Mot. a. a. O. Unfähig sind nur geschäftsunfähige oder wegen Geistesschwäche, Verschwendung oder Trunksucht entmündigte Personen: entspr. § 1780, 1865 BGB. Auch sind in Rücksicht auf die Aufgabe des Ausschusses der KV. und der GSch. nicht wählbar. Vgl. Jäger § 87 Anm. 5. — Für die Wahl der Ausschußmitglieder genügt ausnahmsweise relative Stimmenmehrheit: § 94 Abs. 2 KO. Auch Ersatzmänner können bestellt werden. Vgl. Jäger § 87 Anm. 6, Pet.-Kleinf. § 87 Bem. 4. Nach § 87—91 KO muß der Ausschuß immer aus einer (zweckmäßig ungeraden) Mehrzahl von Mitgliedern, und zwar wegen § 90 KO mindestens aus dreien, bestehen. Vgl. Pet.-Kleinf. a. a. O.

sammlung frei wieder aufgehoben werden.[3] Zur Annahme der Wahl zum Ausschußmitgliede besteht keine Verpflichtung.[4]

Gleichwohl stehen die Mitglieder des Ausschusses zu der Gläubigerversammlung nicht in einem rein privaten Auftragsverhältnisse, sondern sie haben ähnlich dem Konkursverwalter eine amtliche Stellung mit selbständigen, gesetzlich bestimmten Befugnissen und Pflichten.[5] Auch haften sie wie dieser allen Beteiligten (den Konkursgläubigern, dem Gemeinschuldner, den Massegläubigern, den Absonderungs- und den Aussonderungsberechtigten) für den Schaden, der ihnen durch schuldhafte (vorsätzliche oder fahrlässige) Verletzung ihrer Pflichten erwächst.[6] Dagegen haben auch sie gleich dem Konkursverwalter der Konkursmasse gegenüber und als Teil der Massekosten Anspruch auf Erstattung angemessener Auslagen und auf eine Vergütung für ihre Tätigkeit, beides nach Maßgabe der vom Konkursgerichte nach Anhörung der Gläubigerversammlung gemachten Festsetzung.[7]

---

[3] § 87 Abs. 2, 92 KO vbd. Mot. a. a. O. Einer gerichtlichen Bestätigung sind diese, wie überhaupt alle den GlA. betreffenden Beschlüsse nicht unterworfen: Mot. a. a. O. Auch § 99 KO ist hier nicht anwendbar, weil nichts auszuführen ist. Vgl. Seuff. 164, Jäger § 87 Anm. 5 a. E.

[4] S. Mot. §§ 79—84 Abs. 6 (310). Die Befugnis zum Rücktritte bemißt sich entspr. § 627, 671 BGB. Vgl. Jäger § 92 Anm. 2.

[5] Vgl. RG 28. I. 88 (20 109 ff.), 23. IX. 93 (31 122), Pet.-Kleinf. § 87 Bem. 1. Jedoch sind sie keiner Aufsicht des Gerichtes unterworfen. Dieses kann ihnen keine Weisungen geben und keine Ordnungsstrafen gegen sie verhängen.

[6] § 89 KO vbd. § 276 Abs. 1 BGB. Vgl. ob. § 29 III. Für einen von mehreren Mitgliedern verursachten Schaden haften diese als Gesamtschuldner: § 421 BGB. S. auch § 249 Abs. 2 HGB. Wegen der Haftung aus unerlaubten Handlungen s. § 823 ff. BGB.

[7] § 91 Abs. 1 KO vbd. § 58 Nr. 2 KO. Vgl. Begr. z. § 77, 83 KÄE (38). Für die zu gewährende Vergütung kann auch hier die Landesjustizverwaltung

II. Weil es oft gerade in der ersten Zeit nach der Konkurseröffnung besonders wichtig ist, dem Interesse der Konkursgläubiger eine geordnete Wahrnehmung zu verschaffen, so kann das Konkursgericht nach Ermessen schon vor der ersten Gläubigerversammlung seinerseits einen Gläubigerausschuß vorläufig bestellen, dessen Mitglieder jedoch nur aus der Zahl der dem Gerichte bekannten Konkursgläubiger oder der Vertreter von solchen genommen werden dürfen.[8] Diese Bestellung sowie die Ernennung zum Mitgliede des vorläufigen Ausschusses kann dann aber vom Konkursgerichte nach Ermessen auch wieder zurückgenommen werden.[9] Geschieht dieses nicht, so tritt beides mit der ersten Gläubigerversammlung von selbst außer Kraft.[10] Beschließt diese die Beibehaltung des gerichtlich bestellten Ausschusses oder einzelner seiner Mitglieder, so liegt darin nunmehr eine Bestellung durch die Versammlung.[11] Die Mitglieder des gerichtlich bestellten Ausschusses haben die gleichen Pflichten und Rechte wie diejenigen des von der Gläubigerversammlung bestellten.[12]

---

allgemeine Anordnungen treffen: § 91 Abs. 2 KO. — Gegen den Festsetzungsbeschluß steht dem Ausschußmitgliede, dem KV., jedem KGl. und dem GSch. die sofortige Beschwerde zu: § 73 Abs. 3 KO. Vgl. Jäger § 91 Anm. 3.

[8] § 87 Abs. 1 KO vbd. Mot. §§ 79—84 vorl. Abs. (312), Prot. 63. Auf diejenigen, welche bereits Forderungen angemeldet haben, ist das Gericht dabei nicht beschränkt. Bei der Eröffnung des Genossenschaftskonkurses muß das Gericht einen GlA. bestellen: § 103 GenG. S. unt. § 53 bei Anm. 8. — Gegen die gerichtliche Bestellung eines GlA. und seine Zusammensetzung steht den KGl., dem KV. und dem GSch. die sofortige Beschwerde zu. Vgl. Seuff. 163 fg.

[9] § 92 KO. Sofortige Beschwerde hiergegen wie in vor. Anm. Vgl. Seuff. 165, Jäger § 92 Anm. 1.

[10] S. § 87 Abs. 1 vgl. Abs. 2 und § 110 KO. Ebenso Seuff. 164, Jäger § 87 Anm. 4 u. A. Anders im Genossenschaftskonkurse: § 103 Satz 2 GenG.

[11] S. Mot. §§ 79—84 vorl. Abs. a. E. (312 a. E.).

[12] § 89, 91 KO.

III. Der Gläubigerausschuß sowie jedes einzelne Mitglied hat zunächst die allgemeine Aufgabe, den Konkursverwalter bei seiner Geschäftsführung zu unterstützen und zu überwachen.[13] Zu diesem Behufe ist jedes Mitglied berechtigt, sich jederzeit von dem Gange der Geschäfte zu unterrichten, insbesondere die Bücher und sonstigen Schriften des Verwalters einzusehen. Auch kann jedes Mitglied jederzeit den Bestand der Verwaltungskasse untersuchen, und der Ausschuß ist verpflichtet, eine solche Untersuchung wenigstens einmal in jedem Monate vornehmen zu lassen.[14] Ferner bedürfen, wenn nicht die Gläubigerversammlung ein anderes beschließt, Quittungen des Verwalters über den Empfang von Geldern, Wertpapieren oder Kostbarkeiten von der Hinterlegungsstelle und Anweisungen des Verwalters auf diese Stelle der Mitunterzeichnung durch ein Ausschußmitglied.[15] Der Ausschuß in seiner Gesamtheit hat das Recht, jederzeit nach Ermessen von dem Verwalter Berichterstattung über die Lage der Sache und über die Geschäftsführung zu verlangen.[16] Durch Beschluß der Gläubigerversammlung kann dem Verwalter auch die Pflicht auferlegt werden, dem Ausschusse in bestimmten Zeiträumen ohne jedesmalige besondere Aufforderung über die Verwaltung und Verwertung der Masse Bericht zu erstatten und Rechnung zu legen.[17] Jedenfalls aber muß die Schluß-

[13] § 88 Abs. 1 Satz 1 KO.

[14] § 88 Abs. 1 Satz 2, Abs. 2 Satz 2 KO. Daß es sich hierbei um Befugnisse der einzelnen Mitglieder handelt, die nicht durch einen vorgängigen Beschluß des Ausschusses bedingt sind, zeigt die Verschiedenheit der Fassung von § 88 Abs. 1 und Abs. 2 KO. Vgl. Jäger § 88 Anm. 2, Seuff. 164 fg., Pet.-Kleinf. §§ 88, 89 Bem. 3.

[15] § 137 KO. Vgl. ob. § 23 VII.

[16] § 88 Abs. 2 Satz 1 KO. Auch von dem GSch. kann er über alle das KVerf. betreffenden Verhältnisse Auskunft fordern: § 100 KO.

[17] § 132 Abs. 2 KO vbd. Mot. §§ 118—120, 124 Abs. 4 (352). Vgl. ob. § 29 bei Anm. 25.

rechnung vor der Vorlegung in der Gläubigerversammlung dem Ausschusse zur Vorprüfung vorgelegt werden.[18] Endlich kann dieser vermöge seiner Überwachungsbefugnis bei dem Konkursgerichte auf die Entlassung des Verwalters antragen.[19]

Neben dieser Überwachungspflicht kommt aber dem Ausschusse im Interesse der Konkursgläubiger noch ein mannigfacher wichtiger Einfluß auf die Verwaltung und Verwertung der Konkursmasse sowie auf den Gang des Konkursverfahrens zu. Zu gewissen Maßregeln, welche die Interessen der Beteiligten besonders nahe berühren, muß der Konkursverwalter seine Genehmigung einholen.[20] Ferner ist ihm in dem Verteilungsverfahren und bei der Behandlung von Vergleichsvorschlägen eine sehr einflußreiche Mitwirkung eingeräumt.[21] Endlich muß auf seinen Antrag jederzeit eine Gläubigerversammlung berufen werden.[22]

IV. Die Feststellung seiner Geschäftsordnung ist dem Gläubigerausschusse selbst überlassen. Jedoch ist zur Gültigkeit seiner Beschlüsse stets erforderlich, daß an der Beschlußfassung mehr als die Hälfte der Mitglieder (mündlich oder schriftlich) teilgenommen, und daß der Beschluß mehr als die Hälfte der abgegebenen Stimmen erhalten hat. Kommt ein solcher Beschluß nicht zustande, so ist, wenn ein Beschluß notwendig gefaßt werden muß, die Frage der Gläubigerversammlung zur Entscheidung vorzulegen.[23]

---

[18] § 86 KO. Vgl. ob. § 29 bei Anm. 27.

[19] § 84 Abs. 1 KO.

[20] S. § 129, 133, 134 KO. Vgl. ob. § 23 IV., VI. Abs. 2. S. auch § 123 Abs. 2 KO.

[21] S. §150, 159 Abs. 1, 176, 177 Abs. 1, 180, 184 Abs. 2 KO.

[22] § 93 Abs. 1 KO.

[23] § 90 KO vbd. Mot. §§ 79 bis 84 letzt. Abs. (312 fg.), Prot. 63.

§ 31.

4. Die Gläubigerversammlung.

I. Weil anzunehmen ist, daß die Konkursgläubiger als die bei dem Konkursverfahren nächst Beteiligten am besten selbst zu beurteilen wissen, was ihren Interessen frommt, gewährt ihnen die Konkursordnung eine weitgehende Einwirkung darauf.[1] Sie haben nicht nur einen in der Regel maßgebenden Einfluß auf die Ernennung und die Entlassung des Konkursverwalters,[2] sondern sie können diesem auch zu fortlaufender Unterstützung und Überwachung einen Gläubigerausschuß zur Seite setzen, dessen Genehmigung dann für alle wichtigeren Maßregeln erforderlich ist.[3] Ist kein Gläubigerausschuß bestellt, so bedarf es für einen Teil dieser Maßregeln der unmittelbaren Genehmigung von Seite der Gläubiger,[4] und gewisse ganz besonders wichtige Fragen sind stets der unmittelbaren Entscheidung der Gläubiger vorbehalten.[5] Endlich kann gegen gewisse von dem Konkursverwalter, sei es selbständig, sei es mit Genehmigung des Gläubigerausschusses beabsichtigte Maßregeln der Gemeinschuldner die unmittelbare Entscheidung der Gläubiger anrufen.[6]

---

[1] Vgl. Mot. §§ 79—84 Abs. 2 bis 4 (309 fg.).

[2] S. § 80, 84 KO. Vgl. Mot. §§ 70—78 Abs. 6 u. 14 (302 fg., 306 fg.). S. ob. § 29 I. u. V.

[3] S. ob. § 30.

[4] S. § 134 KO. S. ob. § 23 IV. Nr. 2.

[5] S. § 132, 137, 162, 182 KO. S. ob. § 23 VI., unt. § 42 I., § 47 I.

[6] S. § 135 Abs. 2 KO. Vgl. ob. § 23 V. — Über die ihr gesetzlich zugeteilten Befugnisse hinaus darf sich die GlV. nicht in die Verwaltung einmischen und kann sie dem KV. keine bindenden Anweisungen geben, ihm z. B. nicht die Einbeziehung eines Gegenstandes in die KM. oder die Anfechtung von Rechtshandlungen anbefehlen. Vgl. Pet.-Kleinf. §§ 93—98 Bem. 2, Jäger § 93 Anm. 1. A. M. wegen seiner Auffassung des KV. als eines Organs der „Gläubigerschaft" Seuff. 157, 170.

Als maßgebender Ausdruck des Gesamtwillens der Konkursgläubiger werden aber die gehörig gefaßten Beschlüsse einer gehörig berufenen und geleiteten „Gläubigerversammlung" angesehen.[7]

II. Die Gläubigerversammlung kann bloß von dem Konkursgerichte berufen werden.[8] Und zwar kann dieses die Versammlung jederzeit nach Ermessen berufen.[9] Es muß sie berufen in einer Reihe gesetzlich bestimmter Fälle,[10] ferner, wenn die Berufung entweder von dem Konkursverwalter oder von dem Gläubigerausschusse oder endlich von mindestens fünf Konkursgläubigern, deren Forderungen

[7] S. Mot. §§ 85—91 Abs. 1, 2 (313 fg.). Daß die Mehrheitsbeschlüsse der GlV. für die Minderheit bindende Wirkung haben, erklärt sich zur Genüge aus der zwischen den KGl. bestehenden Interessengemeinschaft, und es besteht kein Bedürfnis, behufs dieser Erklärung ein rechtliches Gemeinschaftsverhältnis anzunehmen. S. ob. § 5 Anm. 30. — Gläubigerversammlungen dienen übrigens auch zur Ausübung der von Mehrheitsbeschlüssen unabhängigen Befugnisse, die den einzelnen KGl. im Prüfungsverfahren, hinsichtlich des Maßes der Stimmrechte und bei der Rechnungslegung des KV. zustehen. S. § 141, 144 Abs. 1; 95, 96; 86 KO. Vgl. Mot. a. a. O. — Von der allgemeinen GlV. im Sinn der KO ist zu unterscheiden die Versammlung der Besitzer von Schuldverschreibungen der in § 1 SchuldverschrGläubG bezeichneten Art, die nach § 18 dieses Gesetzes (s. auch § 35 Abs. 4 HypBankG) im Konkurse des Ausstellers solcher Schuldverschreibungen (insbesondere einer Hypothekenbank) ebenfalls vom Konkursgerichte berufen und geleitet werden muß. S. darüber Seuffert in BuschsZ 27 112 ff.

[8] § 93 Abs. 1 Satz 1 KO vbd. Mot. §§ 85—91 Abs. 2 (314). Das Gericht bestimmt auch den Ort und innerhalb der gesetzlichen Schranken (s. § 110, 138, 162, 179 KO) die Zeit der Versammlung: entspr. § 216, 219 CPO. — Gegen die Berufung der GlV. kann der KV., jeder KGl. sowie der GSch. die sofortige Beschwerde einlegen, die sich auch gegen die Orts- oder Zeitbestimmung und gegen die Tagesordnung (§ 98 KO) richten kann. Vgl. Jäger § 93 Anm. 3, Seuff. 166.

[9] § 93 Abs. 1 Satz 1 KO vbd. Mot. a. a. O. Abs. 3 (314).

[10] S. § 86, 110, 135 Abs. 2, 162, 179 KO.

nach der Schätzung des Gerichtes den fünften Teil der Schuldenmasse erreichen, beantragt wird.[11]

Die Berufung muß, um jeden Beteiligten zur Teilnahme an der Versammlung und zur Vorbereitung darauf in den Stand zu setzen, mittels öffentlicher Bekanntmachung und mit Angabe des Gegenstandes der Beschlußfassung geschehen.[12] Nur dann bedarf es keiner öffentlichen Bekanntmachung, wenn in einer Gläubigerversammlung eine Vertagung der Verhandlung ohne Veränderung oder Erweiterung der Verhandlungsgegenstände angeordnet und dabei sogleich der neue Termin verkündet wird.[13]

III. Zur Teilnahme an der Gläubigerversammlung und an den Verhandlungen darin sind jedesmal berechtigt: alle Konkursgläubiger, d. h. hier alle diejenigen, welche eine Forderung in zulässiger Weise als Konkursforderung angemeldet haben, solange diese Forderung noch nicht vollständig befriedigt ist oder laut der Tabelle rechtskräftig zurückgewiesen ist, ferner die Mitglieder des Gläubigerausschusses, auch wenn sie nicht Konkursgläubiger sind, der Konkursverwalter und der Gemeinschuldner.[14] Die

---

[11] § 93 Abs. 1 Satz 2 KO. Vgl. Jäger § 93 Anm. 4. Gegen die Abweisung des Antrages ist sofortige Beschwerde statthaft: § 73 Abs. 3 KO.

[12] § 93 Abs. 2 Satz 1, 98 KO vbd. Mot. §§ 85—91 Abs. 2 (313 fg.). Vgl. Jäger § 93 Anm. 5. Fälle, in denen außerdem noch besondere Zustellung erforderlich ist, s. § 111 Abs. 3, 179 Abs. 1 KO.

[13] § 93 Abs. 2 Satz 2 KO vbd. Prot. 68. Vgl. § 218 CPO und § 182 Abs. 2, 184 Abs. 2 KO. S. noch Jäger a. a. O. — Eine Vertagung des Termins kann auf Antrag oder von Amts wegen erfolgen: entspr. § 227 Abs. 2, 228 CPO.

[14] Die Massegläubiger, Absonderungsberechtigten und Aussonderungsberechtigten haben zwar kein Teilnahmerecht, können aber im Fall eines Interesse an dem Verhandlungsgegenstande vom KGerichte nach Ermessen zugelassen werden. Vgl. Pet.-Kleinf. §§ 93—98 Bem. 7, Jäger § 94 Anm. 2.

Konkursgläubiger können in Person oder durch einen prozeßfähigen Bevollmächtigten erscheinen.[15] Desgleichen der Gemeinschuldner, wenn nicht sein persönliches Erscheinen vom Konkursgerichte angeordnet wird.[16] Dagegen können der Konkursverwalter und die Mitglieder des Gläubigerausschusses der Natur der Sache nach immer nur persönlich erscheinen.[17]

Jeder persönlich erscheinende Beteiligte kann einen Beistand mitbringen.[18]

IV. Ein Stimmrecht in der Gläubigerversammlung kommt jedoch bloß den Konkursgläubigern zu, und zwar abgesehen von der Abstimmung über einen Zwangsvergleich ohne Unterschied, ob ihre Forderungen bevorrechtigt sind oder nicht.[19] Es kommt ihnen aber unbedingt nur zu, wenn und soweit ihre Teilnahme an der Befriedigung aus der Konkursmasse und das Maß dieser Teilnahme völlig feststeht, wenn und soweit also ihre Forderungen bereits für das Konkursverfahren festgestellt sind und ihre Teilnahme an jener Befriedigung oder das Maß dieser Teilnahme nicht mehr von einem noch ungewissen Umstande abhängt, wie jenes bei den noch aufschiebend bedingten, dieses bei den Ausfallsforderungen, d. h. denjenigen Konkursforderungen, für welche zugleich abgesonderte

---

[15] Entspr. § 79 vbd. § 78 Abs. 1 CPO. S. auch § 80, 81, 83 Abs. 2, 85, 157 CPO. Vgl. Mot. § 65 (297), §§ 85—91 Abs. 6 (316 a. A.), §§ 165—167 Abs. 2 (412).

[16] S. § 100, 101 KO. Vgl. Mot. §§ 92, 93 Abs. 1 (317), §§ 165—167 Abs. 2 a. E. (412).

[17] S. auch Mot. §§ 129—131 Abs. 4 (362). Vgl. noch ob. § 29 Anm. 35.

[18] Entspr. § 90 CPO. Vgl. Prot. 92 a. A. S. auch § 157 CPO.

[19] S. § 95, 96 KO vbd. Mot. §§ 85—91 Abs. 5 (314), Prot. 68. Bei der Abstimmung über einen Zwangsvergleich sind nur die nicht bevorrechtigten KGl. stimmberechtigt: § 173 KO.

Befriedigung beansprucht wird, der Fall ist.[20] Soweit diese Voraussetzungen nicht bestehen, sind folgende Fälle zu unterscheiden:

1. Wird bei der Prüfung einer Forderung ganz oder für einen Teil des Betrages Widerspruch gegen sie erhoben, so hat zunächst das Konkursgericht durch mündliche Erörterung mit den Parteien, d. h. dem anmeldenden Gläubiger und dem widersprechenden Konkursverwalter oder Gläubiger,[21] eine Einigung über die Frage zu versuchen, ob und zu welchem Betrage für die Forderung bezw. für den streitig gebliebenen Teil ein bleibendes, d. h. bis zu rechtskräftiger Entscheidung über die Forderung fortdauerndes, Stimmrecht zu gewähren sei. Kommt es nicht zu einer Einigung, wie namentlich dann, wenn der anmeldende Gläubiger im Prüfungstermine nicht erschienen ist,[22] so hat das Gericht über jene Frage noch in dem Termin nach freiem Ermessen und in unanfechtbarer Weise zu entscheiden, kann aber diese Entscheidung auf den (in oder außerhalb einer Gläubigerversammlung gestellten) Antrag einer der erwähnten Parteien jederzeit nach Ermessen durch eine neue unanfechtbare Entscheidung abändern.[23]

[20] § 95 Abs. 1 Satz 1 vbd. § 96, 144 Abs. 1, 147 KO und Mot. §§ 85—91 Abs. 5 (314), Prot. 70.

[21] Der Widerspruch des GSch. ist ohne Einfluß. Vgl. Mot. §§ 85—91 Abs. 5 (315). Vgl. ob. § 12 IV.

[22] S. § 143 KO.

[23] § 95 Abs. 1 Satz 2—4, Abs. 3 KO vbd. Mot. a. a. O., Prot. 70 a. A. Die Entscheidung muß, obwohl sie sofort in Wirksamkeit tritt, den Parteien nachträglich von Amts wegen zugestellt werden; § 73 Abs. 2 KO. Vgl. Jäger § 73 Anm. 4. Daß die streitig gebliebene KForderung eine titulierte ist, macht keinen Unterschied. S. Mot. a. a. O. (314) und ob. § 12 VI. — Wäre die Feststellung des Stimmrechtes im Prüfungstermin versäumt worden, so müßte auf Antrag des anmeldenden Gläubigers die mündliche Erörterung und nötigenfalls Entscheidung darüber in einem späteren Ter-

2. Eine noch nicht geprüfte Forderung gewährt ein Stimmrecht zu dem vollen angemeldeten Betrage in jeder Gläubigerversammlung, worin nicht von Seite eines Konkursgläubigers oder des Konkursverwalters Widerspruch dagegen erhoben wird. Im Fall eines solchen Widerspruches hat das Konkursgericht nach Ermessen und in unanfechtbarer Weise zu entscheiden, ob und zu welchem Betrage die Forderung zum Stimmen in dieser Versammlung berechtigen soll.[24]

3. In entsprechender Weise besteht, und zwar hier ohne Unterschied, ob die Forderung festgestellt, streitig geblieben oder noch gar nicht geprüft ist, für eine noch aufschiebend bedingte Forderung ein Stimmrecht zu dem vollen angemeldeten Betrage, für eine Ausfallsforderung ein Stimmrecht zu dem von dem anmeldenden Gläubiger angegebenen Betrage ihres mutmaßlichen Ausfalls in jeder Gläubigerversammlung, worin nicht von Seite eines Konkursgläubigers oder des Konkursverwalters Widerspruch dagegen erhoben wird. Im Fall eines solchen Widerspruches hat auch hier das Konkursgericht über das Stimmrecht für diese Gläubigerversammlung in unanfechtbarer Weise zu entscheiden. Bei dieser Entscheidung kommt für die Bemessung des Betrages, zu dem das Stimmrecht zu gewähren ist, neben der Rücksicht, ob die Forderung festgestellt, oder, wenn das nicht der Fall, ob und zu welchem Betrage ihre Feststellung wahrscheinlich ist, bei den

mine nachgeholt werden. Vgl. Pet.-Kleinf. §§ 93—98 Bem. 13, Oetker Grdb. 501, Jäger § 95 Anm. 2 a. E. — Ablehnung der gerichtlichen Entscheidung über das Stimmrecht ist hier, wie im Fall des § 96 Abs. 2 KO, mit sofortiger Beschwerde anfechtbar. Vgl. Pet.-Kleinf. §§ 93—98 Bem. 16.

[24] § 95 Abs. 2, 3 KO vbd. Mot. a. a. O. (315 fg.). Dies ist namentlich für den sog. Wahltermin (s. unt. § 36 II. Nr. 2) wichtig.

bedingten Forderungen der Grad der Wahrscheinlichkeit des Eintrittes der Bedingung, bei den Ausfallsforderungen die den Umständen nach anzunehmende Höhe des mutmaßlichen Ausfalls in Betracht.[25]

V. Die Gläubigerversammlung findet jedesmal unter der Leitung des Konkursgerichtes statt.[26]

Die Beschlüsse werden mit absoluter Mehrheit gefaßt; nur für die Wahl der Mitglieder des Gläubigerausschusses genügt die relative Mehrheit.[27] Die eine wie die andere Mehrheit wird bloß mit Rücksicht auf die in der Versammlung abgegebenen Stimmen der darin (persönlich oder durch legitimierte Vertreter) erschienenen stimmberechtigten Konkursgläubiger berechnet,[28] bemißt sich aber zunächst

[25] § 96 KO obd. Mot. a. a. O. (315 a. E.), § 60 I. letzt. Abs. (282 a. A.), § 57 letzt. Abs. (275). Vgl. ob. § 10 II. u. V. Gleiche Auslegung des § 96 KO bei Seuff. 168, Jäger § 96 Anm. 1. A. M., wonach in Ermangelung eines Widerspruches der Ausfallsgläubiger ein Stimmrecht zum ganzen Betrage seiner festgestellten Forderung hätte, RG 7. III. 96 (37 16 fg.). — Ein dem Stimmrechte der Ausfallsgläubiger entsprechendes Stimmrecht haben die Gesellschaftsgläubiger im Fall des § 212 und die Nachlaßgläubiger im Fall des § 234 KO. Dagegen sind im K. einer Hypothekenbank die Pfandbriefgläubiger und im K. einer Lebensversicherungsanstalt die Versicherten zum vollen Betrage ihrer Forderungen stimmberechtigt, da § 35 Abs. 2 HypBankG und § 61 Abs. 3 PVersG die entsprechende Anwendung von § 96 KO nicht vorschreiben. Vgl. Seuffert in BuschsZ 27 106, Jäger § 96 Anm. 3. Mit Unterscheidung Könige PVersG § 61 Bem. 6.

[26] § 94 Abs. 1 KO. Daraus folgt namentlich die entsprechende Anwendbarkeit von § 177 ff. GVG, § 56, 88 Abs. 2, 89, 136, 139, 141—144, 503 CPO, ferner die Notwendigkeit der Protokollierung durch den Gerichtsschreiber: entspr. § 159 ff. CPO. Vgl. ob. §. 28 III.

[27] § 94 Abs. 2 KO. Bei Meinungsverschiedenheiten über Summen (s. z. B. § 132 Abs. 1 KO) ist § 198 Abs. 2 GVG entsprechend anzuwenden. Vgl. Pet.-Kleinf. §§ 93—98 Bem. 9, Jäger § 94 Anm. 6. — Besondere Bestimmung über die zur Annahme eines Zwangsvergleiches erforderliche Mehrheit: § 182 Abs. 1 KO.

[28] § 94 Abs. 2 KO: „Mehr-

nicht nach der Zahl der stimmenden Gläubiger, sondern nach den Forderungsbeträgen, wozu diese Gläubiger stimmberechtigt sind. Erst bei Gleichheit der Summen entscheidet die Zahl der stimmenden Gläubiger.[29]

Die nicht erschienenen oder nicht mitstimmenden Gläubiger sind gleich den überstimmten an die Beschlüsse gebunden.[30] Zum Schutze abwesender oder überstimmter Gläubiger kann und muß jedoch das Konkursgericht die Ausführung eines Beschlusses untersagen, wenn darauf noch in der nämlichen Gläubigerversammlung von dem Konkursverwalter oder von einem überstimmten Gläubiger angetragen wird und der Beschluß nach dem Ermessen des Gerichtes dem gemeinsamen Interesse der Konkursgläubiger zuwiderläuft.[31]

---

heit der Stimmen“ und § 97; vgl. § 90 KO. Vbd. Mot. §§ 85 bis 91 Abs. 6 (316), § 169 Abs. 8 (415). Vgl. Pet.-Kleinf. §§ 93 bis 98 Bem. 10. — Besonderheit bei der Abstimmung über einen Zwangsvergleich: § 182 KO. S. unt. § 47 IV.

[29] § 94 Abs. 3 KO. Im letzten Fall wird ein Vertreter mehrerer Gläubiger mehrfach, ein Gläubiger mit mehreren Forderungen nur einfach gezählt. Vgl. Seuff. 169, Jäger § 94 Anm. 4. Auch die Stimmen mehrerer Gesamtgläubiger können nur als eine einzige gezählt werden. Vgl. Pet.-Kleinf. §§ 93—98 Bem. 15. Über den Fall eingetretener Rechtsnachfolge s. unt. § 32 II. — Strafbestimmung zur Verhütung des sog. Stimmkaufes: § 243 KO.

[30] § 97 KO.

[31] § 99 KO vbd. Mot. §§ 85 bis 91 letzt. Abs. (317). Der untersagende Beschluß ist, weil er den KV. und alle KGl. angeht, öffentlich bekannt zu machen. S. § 76 Abs. 3 KO. Die sofortige Beschwerde dagegen steht jedem KGl. zu, wenn er nicht selbst gegen den Beschluß der Versammlung gestimmt hatte, sowie dem KV., wenn er nicht selbst die Untersagung beantragt hatte. Gegen die Zurückweisung des Antrages auf die Untersagung steht sie nur dem Antragsteller zu, und bloß ihm ist daher der zurückweisende Beschluß zuzustellen. Vgl. Seuff. 171, Jäger § 99 Anm. 3, 4. A. M., wonach auch hier dem KV. neben dem Antragsteller die sofortige Beschwerde zustände, Pet.-Kleinf. § 99 Bem. 1.

Beschlüsse, die von einer nicht gehörig berufenen oder geleiteten Gläubigerversammlung oder über einen nicht gehörig bekannt gemachten Gegenstand oder mit Verletzung der Vorschriften über das Stimmrecht und die Abstimmung gefaßt werden, sind nichtig, und ihre Ausführung ist daher schon von Amts wegen zu untersagen.[32]

§ 32.

5. Die einzelnen Konkursgläubiger.

I. Jeder einzelne Konkursgläubiger hat ein selbständiges Anrecht auf seine gesetzmäßige Befriedigung aus der Konkursmasse und kann überall für sich allein und unabhängig von den anderen vorgehen, wo es sich nur um die Geltendmachung oder Wahrung dieses Anrechtes handelt. Er kann daher nicht allein selbständig die Eröffnung des Konkursverfahrens beantragen,[1] sondern auch, solange er nicht durch vollständige Befriedigung aus der Zahl der Konkursgläubiger ausgeschieden ist, die Einstellung des Verfahrens durch seinen Widerspruch verhindern.[2] Ferner ist jeder Konkursgläubiger selbständig berechtigt, seine Forderung im Konkursverfahren geltend zu machen und, soweit sie begründet ist, seine Zulassung zur Teilnahme daran und seine Befriedigung nach Maßgabe der gesetzlichen Rangordnung zu verlangen.[3] Eben so selbständig kann jeder gegen die angemeldete Forderung jedes anderen und gegen das dafür in Anspruch genommene Vorrecht Widerspruch erheben.[4] Endlich ist jeder selbständig zu Ein-

[32] S. Mot. §§ 85—91 Abs. 2 (314 a. A.). Vgl. Seuff. 170 fg., Jäger § 99 Anm. 1.

[1] § 103 Abs. 2 KO.

[2] § 202, 203 KO. Vgl. Mot. §§ 188, 189 Abs. 4 a. E. (436 a. E.).

[3] § 139, 144, 146; 95, 96; 152 ff., 193, 194 KO.

[4] § 144 Abs. 1 vbd. § 141 Abs. 1 KO.

wendungen gegen das einer Verteilung zu Grunde liegende Verzeichnis und gegen die Schlußrechnung eines abgehenden Konkursverwalters befugt.[5]

II. Gehen im Laufe des Konkursverfahrens Konkursforderungen mittels Gesamtnachfolge oder Sondernachfolge auf andere Personen über, so treten diese nunmehr als Konkursgläubiger an die Stelle ihrer Rechtsvorgänger. Das gilt auch in Ansehung des Stimmrechtes in der Gläubigerversammlung; jedoch kommt, wo die Zahl der stimmenden Gläubiger von Bedeutung ist, jetzt nur die Zahl der Rechtsnachfolger in Betracht.[6]

§ 33.

6. Der Gemeinschuldner.

I. Der Gemeinschuldner ist zwar nicht zu persönlichen Dienstleistungen bei der Verwaltung, Verwertung und Verteilung der Konkursmasse gehalten,[1] wohl aber hat er die Pflicht, durch Auskunftserteilung dazu mitzuwirken, daß das Konkursverfahren seinen Zweck gesetzmäßiger Befriedigung der Konkursgläubiger aus der Konkursmasse möglichst vollständig erreiche, daß also einerseits alles, was zu der Masse gehört, ermittelt und herbeigeschafft, andererseits aber die Masse nur zur Befriedigung berechtigter

[5] § 158; 86 KO.

[6] Folgt aus der Fassung von § 94 Abs. 3 Satz 2 („die Zahl der Gläubiger") und von § 182 Nr. 1 KO („die Mehrzahl der in dem Termine anwesenden stimmberechtigten Gläubiger"). Vgl. Mot. §§ 85—91 vorl. Abs. (317), § 169 Nr. 3 (414 fg.). Über die Behandlung der Fälle, wenn eine KForderung durch Rechtsgeschäft verpfändet, wenn eine solche Forderung behufs der Zwangsvollstreckung oder Arrestvollziehung gepfändet ist, endlich wenn an einer KForderung ein Nießbrauch besteht, s. Pet.-Kleinf. §§ 93—98 Bem. 15.

[1] S. ob. § 5 I.

Ansprüche verwendet werde. Und zwar muß er dem Konkursverwalter und dem Gläubigerausschusse, so oft es von jenem oder von diesem verlangt wird, der Gläubigerversammlung jedoch (zur Verhütung leidenschaftlicher Ausbrüche) nur auf Anordnung des Konkursgerichtes über alle das Konkursverfahren betreffenden Verhältnisse wahrheitsgetreue Auskunft geben.[2] Insbesondere ist er verpflichtet, bei der Aufzeichnung der Konkursmasse behilflich zu sein[3] und das Inventar auf Verlangen des Konkursverwalters oder eines Konkursgläubigers durch einen Offenbarungseid zu bekräftigen.[4] Ferner hat er sich im Prüfungstermin über die angemeldeten Forderungen zu erklären.[5]

Damit er sich der Erfüllung seiner Pflichten nicht willkürlich entziehen könne, darf er sich von seinem Wohnorte dauernd oder vorübergehend nur mit Erlaubnis des Konkursgerichtes entfernen.[6] Wenn er sich ohne Erlaubnis entfernt oder sonst seine gesetzlichen Pflichten nicht erfüllt, so kann das Konkursgericht von Amts wegen seine zwangsweise Vorführung und nach Befund sogar Haft anordnen, diese jedoch nur nach seiner Anhörung. Beides, die Haft

---

[2] § 100 KO vbd. Mot. §§ 92, 93 Abs. 1 (317 fg.). Vgl. Jäger § 100 Anm. 1—3, Pet.-Kleinf. § 100 Bem. 2—4. Nach § 75 und § 101 Abs. 2 KO kann auch das KGericht von dem Gemeinschuldner jederzeit von Amts wegen Auskunft fordern.

[3] § 123 Abs. 1 KO. Vgl. auch § 104 KO.

[4] § 125 KO.

[5] § 141 Abs. 2 KO. Ist der GSch. wegen Geschäftsunfähigkeit selber nicht imstande, die erforderliche Auskunft zu erteilen, so trifft die Auskunftspflicht seinen gesetzlichen Vertreter (Vormund, Inhaber der elterlichen Gewalt). Im K. einer juristischen Person (z. B. Aktiengesellschaft) trifft sie die Vorstandsmitglieder, im K. einer offenen Handelsgesellschaft sämtliche Gesellschafter, im Nachlaßkonkurse sämtliche Erben u. dgl. m. Vgl. Jäger § 100 Anm. 4 und sehr eingehend Seuff. 298 ff.

[6] § 101 Abs. 1 KO vbd. Mot. §§ 92, 93 Abs. 2 (318). Vgl. Pet.-Kleinf. §§ 100, 101 Bem. 6.

jedoch wiederum nur nach Anhörung des Gemeinschuldners, kann auch zur Sicherung der Konkursmasse angeordnet werden, wenn die Gefahr besteht, daß er seine persönliche Freiheit zur Beiseiteschaffung von Vermögensstücken, Einziehung von Ausständen oder sonstiger Schädigung der Masse mißbrauchen werde.[7]

---

[7] § 101 Abs. 2 KO vbd. Mot. §§ 92, 93 letzt. Abs. (318), Prot. 70. Gegen die Anordnung der zwangsweisen Vorführung oder der Haft steht nach § 73 Abs. 3 KO dem GSch. und — im Hinblick auf die Kosten — auch dem KV. die sofortige Beschwerde zu, jedoch ohne aufschiebende Wirkung, weil § 572 Abs. 1 CPO den Fall der Verhaftung des Schuldners nicht erwähnt. Gegen die Ablehnung eines Antrages auf eine solche Anordnung steht sie dem Antragsteller zu. Vgl. Pet.-Kleinf. §§ 100, 101 Bem. 9, Jäger § 101 Anm. 4, Seuff. 297 fg. Die Vorführung sowie die Verhaftung geschieht durch einen Gerichtsvollzieher: § 9 Abs. 1 GVollzGebO. Die Haft kann als Zwangsmittel oder als Sicherungsmittel verhängt werden (aber nicht, wie die Mot. a. a. O. sagen, auch als Strafmittel. S. Seuff. 297 Anm. 36). In beiden Fällen richtet sich ihre Statthaftigkeit, Ausführung, Vollstreckung und Dauer nach §§ 904—910, 912, 913 CPO. Handelt es sich bloß um eine Sicherungsmaßregel, so können statt der Haft nach dem Ermessen des KGerichtes (zumal da dieses ja die Anordnung jedes Sicherungsmittels unterlassen könnte) auch mildere Maßregeln, z. B. Verhängung von Stadt- oder Hausarrest, angeordnet werden: entspr. § 933 CPO. S. Mot. a. a. O., wo § 757 (= § 933 CPO) ausdrücklich als anwendbar genannt ist. — Da die Vorführung und die Haft nur im gemeinsamen Interesse der KGl. angeordnet werden darf, so sind nach § 58 Nr. 1 KO. vbd. Mot. a. a. O. die dadurch veranlaßten Kosten Massekosten. Auch braucht der KGl., der etwa die Anordnung der Haft beantragt hat, die Haftkosten nicht nach § 911 CPO vorauszuzahlen. S. Mot. a. a. O., wo § 911 CPO (= § 737 Entw. der CPO), offenbar mit voller Absicht, von den als entsprechend anwendbar bezeichneten Vorschriften ausgeschlossen ist. Vgl. Jäger § 101 Anm. 3, Pet.-Kleinf. §§ 100, 101 Bem. 10. — Weil die in § 101 KO bezeichneten Beschränkungen der persönlichen Freiheit des GSch. die Erfüllung der Auskunftspflicht sichern sollen und zu diesem Zwecke unentbehrlich sind, so treffen sie Jeden, dem diese Pflicht obliegt. S. ob. Anm. 5. Vgl. Jäger § 101 Anm. 5.

II. Der Gemeinschuldner ist aber auf der anderen Seite auch berechtigt, sich in das Konkursverfahren einzumischen, soweit diese Befugnis durch eine billige Rücksicht auf seine Interessen als geboten erscheint. Nicht nur muß er, wenn es tunlich ist, vor der Konkurseröffnung gehört werden und kann gegen den Eröffnungsbeschluß sofortige Beschwerde einlegen,[8] sondern er hat auch das Recht, in jeder Gläubigerversammlung zu erscheinen und sich über die Gegenstände der Beschlußfassung zu äußern.[9] Von denjenigen Maßregeln, zu denen es, falls ein Gläubigerausschuß bestellt ist, der Genehmigung dieses Ausschusses bedarf, muß der Konkursverwalter dem Gemeinschuldner zum voraus Mitteilung machen, und dieser kann dann, falls nicht die Maßregel bereits von der Gläubigerversammlung genehmigt ist, bei dem Konkursgerichte auf vorläufige Untersagung ihrer Vornahme und Berufung einer Gläubigerversammlung zur Beschlußfassung darüber antragen.[10] Angemeldete Konkursforderungen kann er im Prüfungstermin bestreiten, auch wenn dagegen weder der Konkursverwalter noch ein Konkursgläubiger Widerspruch erhoben hat; er nötigt dadurch die Gläubiger, wenn sie sich nach der Beendigung des Konkursverfahrens an ihn halten wollen, die gerichtliche Feststellung gegen ihn zu betreiben.[11] Ferner kann er den Konkursgläubigern einen Zwangsvergleich vorschlagen und, sobald dieses geschehen ist, die Aussetzung einer Abschlagsverteilung beantragen.[12] Endlich ist er zu Einwendungen

---

[8] § 105 Abs. 2, 3, 109 KO.

[9] § 86, 100, 141 Abs. 2, 144 Abs. 2, 182 Abs. 2 KO. Vgl. ob. § 31 III.

[10] § 135 KO. Vgl. ob. § 23 V.

[11] § 144 Abs. 2 KO. Vgl. ob. § 12 IV.

[12] § 173, 160 KO. S. auch § 180, 182 Abs. 2, 189 Abs. 1 KO.

gegen die Schlußrechnung eines abgehenden Konkursverwalters berechtigt.[13]

III. Der Tod des Gemeinschuldners während des Konkursverfahrens hat auf dieses Verfahren nur den Einfluß, daß es in die nunmehr zum Nachlasse gewordene Konkursmasse als Nachlaßkonkurs weitergeht und an die Stelle des verstorbenen Gemeinschuldners für Pflichten und Rechte seine Erben treten. Folglich greifen jetzt auch die besonderen Vorschriften über den Nachlaßkonkurs ein, soweit das nach der Lage des Falles möglich ist.[14] Denn es ist stets zu beachten, daß in dem schwebenden Konkursverfahren die Konkursmasse nur aus dem zur Zeit der Konkurseröffnung vorhandenen Aktivvermögen des verstorbenen Gemeinschuldners besteht und Konkursgläubiger nur seine zu dieser Zeit vorhandenen persönlichen Gläubiger sind. Hat er inzwischen neues Vermögen erworben, so kann bei Überschuldung des Nachlasses (§ 215 KO), d. h. wenn die Konkursmasse des schwebenden Konkursverfahrens mit jenem neuen Vermögen zusammen zur Deckung der Nachlaßschulden nicht ausreicht, neben diesem schwebenden Konkursverfahren noch ein neues über das

[13] § 86 KO. — Zu den sämtlichen unter II. genannten Arten positiver Tätigkeit des GSch. im KVerf. ist Prozeßfähigkeit erforderlich. Fehlt ihm diese, so muß sein gesetzlicher Vertreter für ihn handeln: entspr. § 51 CPO.

[14] So namentlich § 224 Nr. 2 KO, wonach im Nachlaßkonkurse zu den Masseschulden auch die Kosten der standesmäßigen Beerdigung des Erblassers gehören, und § 230 KO, wonach im Nachlaßkonkurse ein Zwangsvergleich nur auf den Vorschlag aller Erben geschlossen werden kann. Vgl. über die ganze Frage Jäger § 214 Anm. 21 ff., Seuff. 69, Sar.-Boß. § 214 Bem. 1 Abs. 2, Pet.-Kleinf. §§ 214, 215 Bem. 12. A. M., wonach das KVerf. nach den allgemeinen Grundsätzen, unberührt von den besonderen Vorschriften über den Nachlaßkonkurs, aber ohne GSch. fortzuführen wäre, Oetker in BuschsZ 25 21 ff.

neue Vermögen zu Gunsten seiner neuen persönlichen Gläubiger, und zwar ebenfalls als Nachlaßkonkurs, eröffnet werden.[15]

III. Der Gang des Konkursverfahrens.

§ 34.

Einleitung.

Das Konkursverfahren kann immer nur auf Antrag und bei Vorhandensein der gesetzlichen Voraussetzungen eröffnet werden.[1] An jeden Antrag auf Konkurseröffnung schließt sich daher zunächst ein Vorverfahren, das „Eröffnungsverfahren",[2] an, dessen Aufgabe es ist, das Dasein jener Voraussetzungen zu prüfen, und das jedesmal mit einem gerichtlichen Beschlusse endigt, der entweder die Konkurseröffnung ausspricht oder den Eröffnungsantrag abweist.[3] Wird das Konkursverfahren eröffnet, so muß das Konkursgericht zugleich eine Anzahl von Maßregeln treffen, um die Konkursmasse zu sichern und das eigentliche Konkursverfahren in Gang zu bringen.[4]

Das eröffnete Konkursverfahren kann auf zwei verschiedenen Wegen zu seiner ordentlichen Erledigung gelangen:[5] entweder auf dem Wege der „Verteilung" der

---

[15] S. ob. § 13 III. Nr. 3. Vgl. Pet.-Kleins. a. a. O.

[1] § 103 Abs. 1; 102, 207, 215, 238 KO, § 63 GmbHG, § 98, 140 GenG. Nicht zu den gesetzlichen Voraussetzungen gehört das Dasein einer Mehrheit von Gläubigern. Vgl. RG 11. I. 84 (11 42), Jäger § 102 Anm. 1, Sar.-Voß. § 102 Bem. 3, Kohler 175 V., Oetker Grdb. 56 fg. A. M. Seuff. 140 fg.

[2] S. Überschrift von Buch II. Tit. 2 KO.

[3] S. § 107—109 KO.

[4] § 110—113 KO.

[5] S. Mot. Vorbem. z. Buch II. Tit. 6 Abs. 3 (391), § 160 II. Abs. 2 (404), §§ 191, 192 (437 fg.), Prot. 113.

in Geld umgesetzten Konkursmasse an die Konkursgläubiger bis zu ihrer vollen Befriedigung oder bis zur Erschöpfung der Masse, oder aber auf dem Wege des „Zwangsvergleiches". Der erste Weg ist unabhängig von dem Willen der Beteiligten und wird daher immer zunächst eingeschlagen. Der zweite dagegen setzt eine Einigung des Gemeinschuldners mit einer weit überwiegenden Mehrheit der Konkursgläubiger voraus und wird nur betreten, wenn der Gemeinschuldner einen Vergleichsvorschlag macht.[6] Das Verfahren zum Zwecke der einen oder der anderen Art der Erledigung ist natürlich ein wesentlich verschiedenes und muß daher auch in der Darstellung gesondert werden, obwohl das Verfahren über einen Vergleichsvorschlag neben dem Verfahren zur Befriedigung der Konkursgläubiger durch Verteilung gleichzeitig herlaufen kann.

Außerdem kann das Konkursverfahren auch in außerordentlicher Weise durch „Einstellung" sein Ende erreichen.[7]

1. Eröffnungsverfahren.

§ 35.

a. Voraussetzungen der Konkurseröffnung und ihre Prüfung.

I. Ein Konkursverfahren kann nur wegen „Zahlungsunfähigkeit" (Insolvenz) des Gemeinschuldners eröffnet werden.[1] Zahlungsunfähig aber ist, wer wegen voraussichtlich andauernden Mangels an Geldmitteln nicht imstande ist, seine fälligen Geldschulden bei Andringen der Gläubiger zu bezahlen.[2] Ob diese Voraussetzung vor-

---

[6] S. § 173 KO.

[7] S. §§ 202 ff. KO.

[1] § 102 Abs. 1 KO vbd. Mot. § 94 Abs. 2—7 (319—323). Ausnahmen s. in Anm. 2.

[2] Vgl. Heigelin in BuschsZ **23** 313, 316, Kohler 173, Pet.-Kleinf. § 102 Bem. 5. A. M., wonach auch die noch nicht fälligen Schulden in Betracht zu zie-

handen sei, hat das Gericht in freier Weise nach den Umständen zu beurteilen, wie z. B. in Rücksicht auf die eigene gerichtliche oder außergerichtliche Erklärung des Schuldners, fruchtlos gegen ihn stattgefundene Zwangsvollstreckung u. dgl.[3] Die häufigste Erscheinungsform der Zahlungsunfähigkeit ist die „Zahlungseinstellung“, d. h. die Kundgebung des Schuldners gegenüber seinen Gläubigern durch ausdrückliche Erklärung oder schlüssige Handlung (z. B. Nichtzahlung acceptierter Wechsel, Schließung des Geschäftes, Flucht), wegen Mangels an Mitteln Zahlungen im allgemeinen nicht

hen wären, Oetker Grdb. 174, 180. Durch das Merkmal des voraussichtlich andauernden Mangels an Mitteln unterscheidet sich die Zahlungsunfähigkeit von der bloßen Zahlungsstockung, d. h. dem nur augenblicklichen, aller Voraussicht nach rasch vorübergehenden Mangel an Geldmitteln zur Bezahlung der Gläubiger. Vgl. Prot. 72 a. A., Heigelin 316 fg., Kohler a. a. O., Jäger[2] § 30 Anm. 11. Die Zahlungsunfähigkeit ist ferner von der „Überschuldung“ (Vermögensunzulänglichkeit, Insuffizienz), d. h. dem Mehrbetrage der Passiven als der Aktiven, zu unterscheiden. Sie ist mit dieser durchaus nicht immer und notwendig verbunden (wie z. B. nicht bei einem tüchtigen, aber vermögenslosen Manne, der mit Hilfe fremden Kredites ein lohnendes Geschäft eröffnet hat), und sie kann umgekehrt ohne Überschuldung vorhanden sein (wenn z. B. wegen Ungunst der Umstände die Beschaffung von Geldmitteln durch Veräußerung von Vermögensstücken nicht möglich ist). In den weitaus meisten Fällen besteht freilich bei Zahlungsunfähigkeit auch Überschuldung, und, ob Zahlungsunfähigkeit oder bloße Zahlungsstockung, wird fast immer davon abhängen, ob das Unvermögen zur Zahlung in Überschuldung seinen Grund hat oder nicht. Vgl. Mot. § 94 Abs. 2 u. 6 (319 fg., 322 g. E.). — Als Ausnahme von der Regel ist die Eröffnung des K. über einen Nachlaß durch Überschuldung bedingt: § 215 KO, und die Eröffnung des K. über eine Aktiengesellschaft, eine Kommanditgesellschaft auf Aktien, eine Gesellschaft mit beschränkter Haftung, eine sonstige juristische Person und einen zwar nicht rechtsfähigen, aber verklagbaren Verein sowohl wegen Überschuldung als wegen Zahlungsunfähigkeit statthaft: § 207, 209, 213 KO, § 63 GmbHG. Wegen der eingetragenen Genossenschaften s. § 98, 140 GenG.

[3] S. Mot. § 94 Abs. 11 (324).

weiter leisten zu wollen. Weil nach der Regel des Lebens ein Schuldner schon aus Rücksicht auf sein eigenes Interesse zur Zahlungseinstellung nur schreitet, wenn er wirklich dazu genötigt ist, so ist sie der Zahlungsunfähigkeit gesetzlich gleichgestellt.[4]

---

[4] § 102 Abs. 2 KO vbd. Mot. § 94 Abs. 8ff. (323fg.), Vorbem. z. Buch I. Tit. 3 Abs. 28 (106 g. E., 107 a. E.), Prot. 71 ff., 22 a. A. Vgl. wegen des Begriffes der Zahlungseinstellung bes. Heigelin in BuschsZ **23** 306ff., Jäger² § 30 Anm. 1ff. (wo in Anm. 3 zahlreiche Beispiele aus der Rechtsprechung des RG). S. auch RG 6. VI. 02 (**51** 413fg.). Wichtig ist namentlich die Erkenntnis, daß es sich, wie ja auch in § 30 Nr. 1, 2 KO und Mot. 107 a. E. klar vorausgesetzt wird, bei der Zahlungseinstellung um einen bestimmten, äußerlich erkennbaren Willensakt des Schuldners handelt. Die Motive heben als doppeltes Hauptmerkmal der Zahlungseinstellung hervor: 1. daß sie eine allgemeine sein, 2. daß sie in der Zahlungsunfähigkeit ihren Grund haben müsse. Sie folgern aus dem ersten Merkmal, daß die Verweigerung nur einer bestimmten einzelnen Zahlung nicht genüge, wenn auch freilich unter Umständen in einer einzelnen Zahlungsweigerung der auf die allgemeine Zahlungseinstellung gerichtete Wille sich genügend offenbaren könne, und daß umgekehrt die Zahlungseinstellung durch einzelne spätere Zahlungen nicht immer als beseitigt erscheine. Vgl. hierzu RG 22. II. 82 (**6** 96ff.). Wegen des zweiten Merkmals könne eine Zahlungsweigerung auf Grund von Einreden oder Gegenforderungen oder aus anderen besonderen Motiven ebensowenig als eine Zahlungseinstellung im Sinne des Gesetzes aufgefaßt werden, wie eine Nichtzahlung aus bloßer Nachlässigkeit. S. Mot. § 94 Abs. 9 bis 11. Vgl. auch Prot. 73. Dieses trifft insofern zu, als eine Zahlungsweigerung, die nach der ausdrücklichen oder stillschweigenden Erklärung des Schuldners aus anderen Gründen als wegen Mangels an Mitteln geschieht, begrifflich keine Zahlungseinstellung ist. Nicht aber läßt sich mit den Vorschriften der KO (§ 30, 102 Abs. 2, 239–242, 244) vereinigen, daß eine Zahlungseinstellung nur dann vorliege, wenn der Schuldner weitere Zahlungen wegen wirklicher, nicht aber dann, wenn er sie wegen irrtümlich angenommener oder wahrheitswidrig vorgeschützter Zahlungsunfähigkeit verweigert habe. So allerdings die herrschende Lehre. S. Jäger² § 30 Anm. 9, Pet.-Kleinf. § 30 Bem. 5, Seuff 139, Kohler 175. A. M. aber mit Recht Heigelin 308fg., 314; denn vom Standpunkte jener Lehre wäre

II. Die Eröffnung eines Konkursverfahrens kann aber ferner immer bloß auf Antrag stattfinden.[5] Zur Stellung dieses „Eröffnungsantrages" ist sowohl der Gemeinschuldner als jeder Konkursgläubiger berechtigt, auch wenn

§ 102 Abs. 2 KO völlig bedeutungslos, weil auch im Fall der Verweigerung weiterer Zahlungen wegen Zahlungsunfähigkeit immer erst noch geprüft werden müßte, ob der Schuldner wirklich zahlungsunfähig sei, und doch soll nach Mot. § 94 Abs. 8 (323) die Zahlungseinstellung „den Beweis der Zahlungsunfähigkeit erübrigen". Auch ergibt sich schon aus der Fassung des § 102 Abs. 2 KO, daß vom Standpunkte des Gesetzes die Zahlungseinstellung nicht immer mit wirklicher Zahlungsunfähigkeit verbunden sein muß. Ferner muß die herrschende Lehre folgerecht die Anwendung des § 30 KO davon abhängig machen, daß der Anfechtungsgegner den Umständen nach zu dem Urteil gelangt ist, die tatsächlich erfolgte Zahlungseinstellung beruhe auf wirklicher Zahlungsunfähigkeit, und doch soll ihm nach den Mot. Vorbem. z. Buch I. Tit. 3 Abs. 28 (107 fg.) durch die Nennung der Zahlungseinstellung anstatt der Zahlungsfähigkeit in § 30 KO jenes Urteil abgenommen werden. Endlich kommt bei dem betrüglichen Bankerutt des § 239 KO ganz vorzugsweise und nach der einstimmigen Annahme der Schriftsteller über Strafrecht die Zahlungseinstellung mit fälschlich vorgespiegelter Zahlungsunfähigkeit in Betracht. S. Jäger § 239 Anm. 11. Es ist aber nicht anzunehmen, daß der Begriff der Zahlungseinstellung in der KO in verschiedenem Sinn aufträte. — Zwischen Kaufleuten und Nichtkaufleuten ist hier kein grundsätzlicher Unterschied. Jedoch ist der Begriff der Zahlungseinstellung dem kaufmännischen Geschäftsverkehr entnommen und auf Nichtkaufleute nur anwendbar, wenn sie zufolge eines dem kaufmännischen ähnlichen Geschäftsverkehrs, z. B. eines laufenden Wechselverkehrs, laufende Zahlungen zu machen haben. Vgl. Mot. § 94 letzt. Abs. (324 fg.), Prot. 71, 73, Heigelin 309, 312, Jäger[2] § 30 Anm. 1.

[5] § 103 Abs. 1 KO. Verpflichtung des Antragstellers zu einem Gebührenvorschusse: § 82 Abs. 1 Nr. 1, Abs. 2 GKG. Rückgriffsrecht wegen dieses Vorschusses an die Konkursmasse: s. unt. Anm. 36. — Vertragsmäßiger Verzicht auf das Antragsrecht ist nicht rechtsverbindlich, weil es im allgemeinen Interesse besteht. Vgl. Kohler in BuschsZ **11** 309 ff., Oetker Grdb. 175, Pet.-Kleinf. § 103 Bem. 7, Jäger § 103 Anm. 3, Seuff. 134 u. A.

seine Forderung noch bedingt oder betagt ist, oder wenn ihr ein Vorrecht oder Absonderungsrecht zur Seite steht.[6] Der Antrag kann bei dem Konkursgerichte[7] schriftlich eingereicht oder mündlich vor dem Gerichtsschreiber zu Protokoll erklärt werden.[8] Er kann aber, solange die Konkurseröffnung noch nicht erfolgt ist, von dem Antragsteller in entsprechender Form jederzeit wieder zurückgenommen werden, wodurch (abgesehen von den erwachsenen Kosten) alles in die Lage kommt, wie wenn ein Antrag auf die Konkurseröffnung gar nicht gestellt worden wäre.[9]

III. Stellt ein Gläubiger den Antrag auf die Konkurseröffnung, so muß er nicht allein die Zahlungsunfähigkeit des Schuldners, sondern, um seine Berechtigung zur Stellung des Antrages darzutun, auch seine Forderung glaubhaft machen.[10] Widrigenfalls ist sein Antrag ohne

[6] § 103 Abs. 2 vbd. § 3, 61, 64—70 KO. Vgl. Mot. § 95 Abs. 2—4 (326 fg.), Prot. 73 a. E. Besondere Bestimmungen über die Antragsberechtigung: § 208, 210, 213, 217—220, 236 KO, § 63 Abs. 2 GmbHG, § 100 GenG. § 68 PVersG. In gewissen Fällen besteht auch eine Antragspflicht. S. § 42 Abs. 2, 48 Abs. 2, 53, 86, 89 Abs. 2; 1980, 1985 Abs. 2 BGB, § 240 Abs. 2, 241, 298 Abs. 2, 315 Nr. 2, 320 Abs. 3, 325 Nr. 8 HGB, § 64, 71 Abs. 1, 84 GmbHG, § 99, 118, 140, 148 Nr. 2 GenG. S. auch § 187, 240 Nr. 2 KO. Vgl. Seuff. 135 ff., Jäger § 103 Anm. 4.

[7] S. ob. § 28 I.

[8] Entspr. § 496 CPO. Vbd. Mot. §§ 96—101 Abs. 3 (328). Es besteht kein Anwaltszwang: § 78 vbd. § 79 CPO. Wegen der Rechtsanwaltsgebühren s. § 54 vbd. § 59 RAGebO.

[9] S. Mot. §§ 96—101 Abs. 5 (329) und § 53 Abs. 2 GKG. Vgl. § 501, 502 und § 271 Abs. 3 CPO. S. Pet.-Kleinf. § 103 Bem. 2, Sar.-Boß. § 103 Bem. 4. A. M., wonach der Antrag bis zur Rechtskraft des Eröffnungsbeschlusses, also noch in der Beschwerdeinstanz, zurückgenommen werden könnte, im Anschlusse an die Äußerung eines Regierungsvertreters in Prot. 162, Seuff. 134 Nr. 6, Jäger § 103 Anm. 3. — Wegen der Gerichtsgebühren s. § 53 Abs. 2 vbd. Abs. 3 GKG.

[10] Bei einer Glaubhaftmachung wird immer nur eine Beweisauf-

weiteres als „unzulässig" abzuweisen.[11] Erscheint der Antrag als zulässig, so muß nunmehr der Schuldner darüber (mündlich oder schriftlich) gehört werden. Wenn er seine Zahlungseinstellung oder Zahlungsunfähigkeit nicht einräumt, sie also bestreitet oder keine Erklärung abgibt,[12] so hat das Gericht, falls es durch das, was ihm vorliegt, noch nicht die Überzeugung vom Dasein der Zahlungsunfähigkeit erlangt hat, die erforderlichen weiteren Ermittelungen anzuordnen.[13] Nach Ermessen kann es solche Ermittelungen auch dann anordnen, wenn der Schuldner seine Zahlungseinstellung oder Zahlungsunfähigkeit einräumt.[14] Die Anhörung des Schuldners kann unterbleiben,

---

nahme berücksichtigt, die sofort erfolgen kann. Unter dieser Voraussetzung kann aber derjenige, welchem die Glaubhaftmachung obliegt, sich aller Beweismittel mit Ausnahme der Eideszuschiebung bedienen; auch kann er zur Versicherung an Eidesstatt zugelassen werden: § 294 CPO. S. auch Mot. §§ 96–101 Abs. 3 (328 fg.).

[11] § 105 Abs. 1 KO vbd. Mot. §§ 96—101 Abs. 3 u. 9 (328 fg., 331), Prot. 74 ff. Kostenfolge: entspr. § 91 Abs. 1 CPO. Vgl. Mot. a. a. O. in Abs. 9. Der abweisende Beschluß ist bloß dem Antragsteller von Amtswegen zuzustellen, weil er zunächst noch allein als Beteiligter erscheint und auch allein dagegen sofortige Beschwerde einlegen kann. S. § 109 KO. Vgl. Pet.-Kleinf. § 105 Bem. 4, Jäger § 105 Anm. 1. — Wegen der Gerichtsgebühren s. § 53 Abs. 2 vbd. Abs. 3 GKG.

[12] S. aber § 106 Abs. 1 Satz 1 KO.

[13] § 105 Abs. 2 KO vbd. Mot. §§ 96—101 Abs. 3 g. E. (329), Prot. 75. Vgl. Sar.-Boß. § 105 Bem. 6, Pet.-Kleinf. § 105 Bem. 4, 5. Der Schuldner kann übrigens zur Bekämpfung des Eröffnungsantrages auch geltend machen, daß die Forderung des Antragstellers in Wahrheit nicht oder nicht mehr bestehe, daß das Gericht nicht zuständig (§ 71 Abs. 1 KO), oder daß bereits bei einem anderen gleichermaßen zuständigen Gerichte ein Eröffnungsantrag gestellt sei (§ 71 Abs. 2 KO), u. dgl. m. S. Jäger § 105 Anm. 3.

[14] Folgt aus § 75 KO. Vgl. Seuff. 143, Sar.-Boß. § 105 Bem. 6 Abs. 1, Jäger § 105 Anm. 2. A. M., wonach das Zugeständnis des Schuldners weitere Ermittelungen ausschlösse, Pet.-Kleinf. § 105 Bem. 4.

wenn es dazu (namentlich, weil sein Aufenthalt unbekannt ist) einer öffentlichen Zustellung oder einer Zustellung im Auslande bedürfte; jedoch ist dann, soweit tunlich, ein Vertreter oder Angehöriger des Schuldners (im weitesten Sinne dieser Begriffe) zu hören.[15]

Beantragt dagegen der Gemeinschuldner selbst die Eröffnung des Konkursverfahrens, so ist die Zulässigkeit seines Antrages nicht durch eine Glaubhaftmachung der Zahlungsunfähigkeit bedingt.[16] Da jedoch auch hier die Konkurseröffnung nur stattfinden kann, wenn das Gericht die Überzeugung von dem Vorhandensein der Zahlungsunfähigkeit hat,[17] so muß der Schuldner zur Begründung seines Antrages die zur Bewirkung jener Überzeugung erforderlichen Aufschlüsse über seine Vermögenslage geben. Und zwar ordentlicherweise so, daß er seinem Antrage eine Übersicht seines Vermögensstandes mit Bezeichnung bestehender Aussonderungs- oder Absonderungsrechte und ein Verzeichnis seiner Gläubiger nach Namen und Wohnort mit Angabe des Betrages und des Grundes ihrer Forderungen sowie seiner Schuldner mit Angabe des Betrages ihrer Schulden, bei zweifelhaften Schulden ihres wahrscheinlichen Wertes, beifügt. War die Einreichung der Vermögensübersicht und des Verzeichnisses gleichzeitig mit dem Antrage nicht tunlich, so muß beides, da es im Fall der Konkurseröffnung zugleich als erste Grundlage für das Verfahren dienen soll, ohne Verzug nachgeliefert werden.[18] Jedoch braucht das Gericht mit der Entscheidung über den Antrag nicht

[15] § 105 Abs. 3 KO. Vgl. § 203, 199 CPO. Entsprechende Vorschriften in § 841, 844 Abs. 2, 875 Abs. 2 CPO.

[16] Ausnahmen: § 208 Abs. 2, 210 Abs. 2, 213, 217 Abs. 2, 218 Abs. 2 KO, § 63 Abs. 2 GmbHG, § 100 Abs. 2, 118 GenG.

[17] § 102 KO. Vbd. Prot. 74 ff.

[18] § 104 KO vbd. Mot. §§ 96 bis 101 Abs. 4 (329).

bis zu dieser Nachlieferung zu warten; sondern es muß die Konkurseröffnung beschließen, sobald es durch die von dem Schuldner in seinem Antrage oder nachträglich gegebenen Aufschlüsse oder durch die nach Ermessen angeordneten weiteren Ermittelungen die Überzeugung von seiner Zahlungsunfähigkeit erlangt hat.[19]

IV. Schon während des Eröffnungsverfahrens kann, sobald nur ein zulässiger Antrag auf die Konkurseröffnung vorliegt,[20] das Konkursgericht, sei es zur Erlangung und nötigenfalls Erzwingung der Auskunft des Schuldners über seine Vermögenslage,[21] sei es zur Sicherung der Erfüllung der ihm im Konkursverfahren obliegenden Pflichten oder zur Verhütung drohender Schädigung der Masse, von Amts wegen die zwangsweise Vorführung, nach Befund sogar die Haft des Schuldners anordnen.[22] Ferner kann es unter der gleichen Voraussetzung zur Sicherung der Masse auch alle sonstigen geeigneten einstweiligen Anordnungen treffen, wie z. B. Siegelung, Hinterlegung von Geldern oder Wertpapieren, Anordnung einer Sequestration u. dgl.[23] Insbesondere kann es ein allgemeines Ver-

[19] Daß das Gericht bei der Entscheidung über den Eröffnungsantrag des Schuldners nicht auf seine Angaben beschränkt ist, sondern nach Bedürfnis noch weitere Ermittelungen anordnen kann, folgt aus § 75 KO. So auch Sar.-Boß. § 104 Bem. 3, Jäger § 104 Anm. 1. A. M. Pet.-Kleinf. § 104 Bem. 4.

[20] Vgl. Pet.-Kleinf. § 106 Bem. 2, Sar.-Boß. § 106 Bem. 1 Abs. 2.

[21] S. § 105 Abs. 2 KO. Vgl. Jäger § 106 Anm. 1. A. M., wonach die Vorführung und die Haft hier nur als Sicherungsmaßregeln in Betracht kämen, Pet.-Kleinf. § 106 Bem. 4.

[22] § 106 Abs. 1 Satz 1 KO vbd. Mot. §§ 96—101 Abs. 5 (329 fg.). Auch die Haft kann, abweichend von § 101 Abs. 2 KO, ohne vorgängige Anhörung des Schuldners angeordnet werden. Das Gericht kann übrigens nach Ermessen auch mildere Beschränkungen der persönlichen Freiheit eintreten lassen: entspr. § 933 CPO. Vgl. ob. § 33 Anm. 7.

[23] § 106 Abs. 1 Satz 2 KO vbd. Mot. §§ 96—101 Abs. 6 u. 8 (329 fg., 331) und § 938

äußerungsverbot an den Schuldner erlassen.[24] Dann ist eine nachher erfolgte Zwangsvollstreckung oder Arrestvollziehung in Stücke der künftigen Konkursmasse sowie die zwangsweise Eintragung einer Vormerkung auf ein zu dieser Masse gehöriges Grundstück oder Schiff, falls es zur Konkurseröffnung kommt, den Konkursgläubigern gegenüber stets unwirksam. Eine nachherige rechtsgeschäftliche Verfügung des Schuldners über solche Vermögensstücke dagegen, wie z. B. Veräußerung oder Belastung einer Sache, Veräußerung einer Forderung durch Abtretung oder durch Annahme der geschuldeten Leistung u. dgl., ist jenen Gläubigern gegenüber bloß dann unwirksam, wenn dem Erwerber nicht die Rechtsvorschriften zu Gunsten des gutgläubigen Erwerbes von einem Nichtberechtigten in entsprechender Anwendung zur Seite stehen.[25] Das Veräußerungsverbot ist in gleicher Weise und unter den gleichen Voraussetzungen wie die Konkurseröffnung in das Grundbuch einzutragen.[26]

Die angeordneten Sicherungsmaßregeln, insbesondere das Veräußerungsverbot, können jederzeit auf Antrag oder von Amts wegen wieder aufgehoben werden, wenn sie wegen Wegfalls des Veranlassungsgrundes oder wegen sonstiger Veränderung der Umstände nicht mehr als notwendig er-

CPO. — Gegen alle diese Maßregeln steht, ebenso wie gegen die Anordnung der zwangsweisen Vorführung oder der Haft, dem Schuldner, gegen die Zurückweisung eines förmlichen Antrages auf eine solche Maßregel dem Antragsteller die sofortige Beschwerde zu. S. § 73 Abs. 3 KO.

[24] § 106 Abs. 1 Satz 3 KO. Es wird gegenüber dem Schuldner wirksam mit der Zustellung an ihn (§ 73 Abs. 2 KO), die durch die öffentliche Bekanntmachung ersetzt wird (§ 76 Abs. 3 KO). Sofortige Beschwerde wie in vor. Anm.

[25] Folgt aus § 136 vbd. § 135 BGB. S. ob. § 9 I. a. E., § 24 II. a. E. Näheres bei Jäger § 106 Anm. 4 ff.

[26] § 113 KO. S. unt. § 36 III.

scheinen.[27] Sie müssen von Amts wegen aufgehoben werden, wenn der Antrag auf die Konkurseröffnung abgewiesen wird, und zwar zugleich mit dieser Abweisung.[28] Desgleichen sind sie aufzuheben, wenn der Eröffnungsantrag vor erfolgter Entscheidung darüber zurückgenommen wird.[29]

V. Auf den Eröffnungsantrag muß immer ein förmlicher Beschluß des Konkursgerichtes ergehen, entweder im Sinn der Eröffnung des Konkursverfahrens oder im Sinn der Abweisung des Antrages.[30] Ein abweisender Beschluß muß, abgesehen von dem Fall der Unzulässigkeit des Antrages (s. ob. III.), erfolgen, wenn das Gericht nicht die Überzeugung von der Zahlungsunfähigkeit des Schuldners erlangt hat.[31] Außerdem kann aber ein solcher Beschluß erfolgen, wenn nach dem Ermessen des Gerichtes die Konkursmasse nicht einmal die Kosten des Verfahrens (§ 58 Nr. 1, 2 KO) decken würde.[32] Jedoch muß die Abweisung

---

[27] Entspr. § 927 Abs. 1 CPO. Vgl. Oetker Grdb. 196, Pet.-Kleinf. § 106 Bem. 9, Jäger § 106 Anm. 12. Durch Sicherheitsleistung kann der Schuldner die Aufhebung nicht erwirken. S. Mot. §§ 96—101 Abs. 8 (331).

[28] § 106 Abs. 2 KO vbd. Mot. a. a. O., Prot. 162. Wird jedoch gegen den Abweisungsbeschluß und den damit verbundenen Aufhebungsbeschluß sofortige Beschwerde eingelegt, so kann das Konkursgericht oder das Beschwerdegericht die Aussetzung der Vollziehung dieser Beschlüsse anordnen: entspr. § 572 Abs. 2, 3 CPO. Vgl. Mot. §§ 96 bis 101 letzt. Abs. (334). Vgl. Pet.-Kleinf. § 106 Bem. 10, Sar.-Boß. § 106 Bem. 6. A. M., wonach keine andere Hilfe bestände als Neuanordnung der erforderlich erscheinenden Maßregeln durch das Beschwerdegericht: Oetker Grdb. 115 Anm. 2, Jäger § 106 Anm. 12.

[29] Vgl. Prot. 162, Jäger a. a. O., Pet.-Kleinf. a. a. O. — Die durch die angeordneten Sicherungsmaßregeln veranlaßten Kosten gehören zu den Kosten des Eröffnungsverfahrens. S. Mot. §§ 96—101 Abs. 9 (331).

[30] S. § 106 Abs. 2, 107, 108, 109 KO.

[31] Folgt aus § 102 Abs. 1 KO. S. auch Mot. a. a. O. In diesem Fall ist der Antrag als „unbegründet" abzuweisen.

[32] § 107 Abs. 1 Satz 1 vgl. Satz 2 KO. Vgl. § 198 Abs. 1

aus diesem Grunde unterbleiben, wenn ein zur Deckung jener Kosten ausreichender Geldbetrag vorgeschossen wird.[33] Das Konkursgericht hat ein Verzeichnis derjenigen Schuldner zu führen, über deren Vermögen die Konkurseröffnung wegen Unzulänglichkeit der Konkursmasse rechtskräftig abgelehnt worden ist. Nach Ablauf von fünf Jahren seit der Rechtskraft des Abweisungsbeschlusses ist die Eintragung in das Verzeichnis dadurch zu löschen, daß der Name unkenntlich gemacht wird. Die Einsicht dieser sog. schwarzen Liste steht Jedermann frei.[34]

In jedem Fall der Abweisung fallen die Kosten des Verfahrens dem abgewiesenen Antragsteller zur Last.[35] Wird dagegen der Konkurs eröffnet, so gehören die gerichtlichen

---

KO. Gleiches gilt für die Nachlaßverwaltung: § 1982 BGB. Ausnahme bei dem Genossenschaftskonkurs: § 100 Abs. 3, 140 Satz 3 GenG. Ergibt sich erst im Laufe des KVerf., daß die Masse die Kosten nicht deckt, so kann das Gericht die Einstellung des Verfahrens beschließen: § 204 Abs. 1 Satz 1 KO. Entsprechend bei der Nachlaßverwaltung: § 1988 Abs. 2 BGB. Bei der Abschätzung sind auch die Werte zu berücksichtigen, die voraussichtlich durch die Ausübung von Anfechtungsrechten zu der Masse zurückgebracht werden können. S. Mot. §§ 96—101 Abs. 10 a. E. (332). Weil sich aber der Stand der Masse und namentlich der Erfolg von Anfechtungsprozessen im Eröffnungsverfahren häufig noch nicht genügend übersehen läßt, so erklärt sich die Ausnahme in § 107 Abs. 1 Satz 2 KO. Vgl. Begr. z. § 99 KÄE (39). — Ein abweisender Beschluß ist im Hinblick auf § 109 KO nur dem Antragsteller zuzustellen, auch wenn im Eröffnungsverfahren andere Personen, insbesondere der GSch., über den Antrag gehört worden sind. Vgl. Seuff. 147, Jäger § 109 Anm. 5. A. M. Kohler 233. Wegen der Gerichtsgebühren s. § 53 Abs. 1 vbd. Abs. 3 GKG.

[33] § 107 Abs. 1 Satz 2 KO. Vgl. § 198 Abs. 1, 204 Abs. 1 Satz 2 KO. Daß gerade der Antragsteller den Betrag vorschießt, ist nach der Fassung des Gesetzes nicht erforderlich.

[34] § 107 Abs. 2 KO. Entspr. § 915 CPO. Vgl. Pet.-Kleinf. § 107 Bem. 5, Jäger § 107 Anm. 4.

[35] Entspr. § 91 Abs. 1 CPO. Vgl. Mot. §§ 96—101 Abs. 9 (331).

Kosten des Eröffnungsverfahrens als Teil der allgemeinen gerichtlichen Konkurskosten zu den Massekosten.[36]

Gegen den abweisenden Beschluß steht bloß dem abgewiesenen Antragsteller, sei er ein Konkursgläubiger oder der Gemeinschuldner, die sofortige Beschwerde zu. Gegen den Eröffnungsbeschluß steht sie bloß dem Gemeinschuldner zu.[37] Erscheint die Beschwerde gegen den Abweisungsbeschluß zulässig und begründet, so kann das Beschwerdegericht nach Ermessen entweder selbst die Konkurseröffnung aussprechen; dann tritt sie sofort in Wirksamkeit. Oder es kann sie, wie regelmäßig geschieht, dem Konkursgerichte übertragen; dann wird sein Beschluß, wenn es nicht die sofortige Wirksamkeit besonders angeordnet hat, erst mit der Rechtskraft wirksam.[38] Wird auf die sofortige Be-

[36] § 58 Nr. 1 KO vbd. Mot. a. a. O. S. auch ob. Anm. 29. Auch der Anspruch des KGl., dessen Antrag zur KE. geführt hat, auf Erstattung des von ihm bezahlten Gebührenvorschusses (s. ob. Anm. 5), ist ein Masseanspruch, der nach § 58 Nr. 1 KO zu den Massekosten gehört. Vgl. Pet.-Kleinf. § 58 Bem. 3, Jäger § 58 Anm. 4. Dagegen kann er den Anspruch auf Erstattung der Kosten eines von ihm zugezogenen Rechtsanwaltes nur als Konkursforderung geltend machen. Vgl. Wolff in BuschsZ **22** 300 u. A.

[37] § 109 KO vbd. Mot. §§ 96 bis 101 letzt. Abs. (334 fg.). Die Beschwerdefrist läuft von der besonderen Zustellung oder der öffentlichen Bekanntmachung des Beschlusses an. S. ob. § 26 Anm. 24. Wegen der Gerichtsgebühren für die Beschwerdeinstanz s. § 57 GKG; wegen der Rechtsanwaltsgebühren s. § 58 vbd. § 59 RAGebO. — Streitig, ob der GSch. gegen den Eröffnungsbeschluß die sofortige Beschwerde auch dann habe, wenn er auf seinen Antrag ergangen ist. Für die Verneinung Pet.-Kleinf. § 109 Bem. 1, Sar.-Boß. § 109 Bem. 2, Jäger § 109 Anm. 1. Für die Bejahung Kohler 233, weil sich nachträglich zeigen könne, daß die Voraussetzungen der KE. nicht vorliegen.

[38] S. § 575 CPO und § 74 KO. Vgl. ob. § 26 Anm. 30, Jäger § 109 Anm. 6. Wegen der weiteren Beschwerde gegen die Entscheidung des Beschwerdegerichtes s. Jäger Anm. 7.

schwerde des Gemeinschuldners der Eröffnungsbeschluß rechtskräftig aufgehoben, so erweisen sich alle mit der Konkurseröffnung kraft Gesetzes verbundenen Rechtsfolgen nach rückwärts als nicht eingetreten. Jedoch bleiben Rechtsgeschäfte, die der Konkursverwalter vor dem Eintritte der Wirksamkeit des Aufhebungsbeschlusses vorgenommen hatte, in Kraft und sind für den Schuldner verbindlich.[39]

§ 36.

b. Konkurseröffnung und begleitende Maßregeln.

I. Der Konkurs wird eröffnet durch die Erlassung des „Eröffnungsbeschlusses".[1] Dieser Beschluß kann, wenn er auf Grund einer (freigestellten) mündlichen Verhandlung ergeht, durch Verkündung erlassen werden.[2] Wird er, wie

[39] Entspr. § 115 Abs. 1 Satz 2 BGB obd. § 74 und § 116 Satz 2, § 191 Abs. 1 KO. Vgl. RG 15. XI. 95 (36 93 ff.), Jäger § 109 Anm. 4, § 116 Anm. 2. Auch die durch die Anmeldung einer Konkursforderung eingetretene Unterbrechung ihrer Verjährung dauert bis zur rechtskräftigen Aufhebung des Eröffnungsbeschlusses fort: entspr. § 214 Abs. 1 BGB. Vgl. Jäger[2] § 25 Anm. 20. — Im Fall der Einlegung der sofortigen Beschwerde gegen den Eröffnungsbeschluß kann, da dieser nach § 110, 111 KO sofort ausgeführt und bekannt gemacht werden muß, nicht nach § 572 Abs. 2, 3 CPO die Aussetzung der Vollziehung angeordnet, sondern nur vom Beschwerdegerichte nach § 572 Abs. 3 CPO durch einstweilige Anordnungen die Verwertung der KM. untersagt und in anderer Weise für die Verhütung schwerer Nachteile für den Schuldner gesorgt werden, die sich im Fall der Aufhebung des Eröffnungsbeschlusses als ungerechtfertigt herausstellen würden. Vgl. Pet.-Kleinf. § 109 Bem. 4.

[1] Das erhellt aus § 108 Abs. 2 KO.

[2] Entspr. § 329 Abs. 1 CPO. S. aber ob. § 26 Nr. 6. Nach einer Äußerung in den Mot. §§ 96—101 Abs. 11 (332) wäre der Beschluß jedesmal zu verkünden. Diese Äußerung („Die Eröffnung fällt mit dem Augenblick der Verkündung des Urteils zusammen") paßt aber, wie jetzt wohl allgemein anerkannt, zu dem System der KO nicht und ist bloß aus Versehen aus den Motiven zum Entwurfe der Gemeinschuldordnung herübergenommen. Vgl. z. B. Sar.-Voß § 108 Bem. 2, Jäger § 108 Note 1 zu Anm. 2.

gewöhnlich, schriftlich erlassen, so geschieht die Erlassung durch die Übergabe des von dem Konkursrichter unterschriebenen Beschlusses an den Gerichtsschreiber zu weiterer Veranlassung (Bekanntmachung usw.).[3] Wegen der mit der Konkurseröffnung verbundenen wichtigen Wirkungen hat der Eröffnungsbeschluß die Stunde der Eröffnung anzugeben.[4]

---

[3] Vgl. RCP. § 32 II. Die Ansichten über diese Frage sind freilich sehr verschieden. Nach Pet.-Kleinf. § 108 Bem. 1, Seuff. 146, Jäger § 108 Anm. 2, Kohler 232 fg. käme es bloß auf die Unterzeichnung des Beschlusses durch den Richter an. Darin liegt aber noch nicht die Erlassung des Beschlusses, d. h. seine Hinausgabe von dem Richter, wodurch er erst aufhört, ein innerer, nach außen noch nicht wirkungsfähiger Vorgang zu sein. Auch wird doch durch die bloße Abfassung und Unterzeichnung der Richter nicht gehindert, das Schriftstück wieder zu vernichten und es also nicht zu rechtlicher Wirkung gelangen zu lassen. Ähnlich Sar.-Boß. § 108 Bem. 2 Abs. 2, der die schriftliche Niederlegung des Beschlusses in den Akten erfordert. Nach Oetker Grdb. 78 ff. läge die Erlassung des Eröffnungsbeschlusses in der Verkündung oder der Zustellung an einen Beteiligten, der Eintritt der Wirkung des durch Zustellung erlassenen Beschlusses würde aber auf den Zeitpunkt der Übergabe an den Gerichtsschreiber zum Zwecke der Zustellung zurückbezogen, und der Richter hätte daher diesen Zeitpunkt als denjenigen der Eröffnung in dem Beschlusse anzugeben. Das trifft praktisch mit der hier vertretenen Ansicht zusammen. — Tatbestand und Entscheidungsgründe brauchen dem Beschlusse nicht beigefügt zu werden. Doch ist die Beifügung angemessen und wird in § 111, 112 KO vorausgesetzt. S. Formularbuch Nr. 184 (168). Vgl. ob § 26 Anm. 14.

[4] § 108 Abs. 1 KO. Nach den Mot. §§ 96—101 Abs. 11 (332) würde es sich bei dieser Feststellung „natürlich nicht um eine richterliche Entscheidung, sondern nur um eine Beurkundung handeln". Dann müßte nach § 418 Abs. 2 CPO dagegen der Beweis der Unrichtigkeit zulässig sein. So Jäger § 108 Anm. 3. Das führt aber zu praktisch ganz unannehmbaren Ergebnissen: s. Pet.-Kleinf. § 108 Bem. 2. Auch entspricht diese Ansicht und jene Äußerung der Motive nicht der Fassung des § 108 Abs. 1 KO; denn es heißt hier nicht, der Eröffnungsbeschluß habe die Stunde seiner Erlassung, sondern: er habe diejenige der Eröffnung anzugeben. Diese Fassung lehrt,

Ist dieses versäumt worden, so gilt für jene Wirkungen die Mittagstunde des Tages, an dem der Beschluß erlassen ist, als der Zeitpunkt der Konkurseröffnung.[5]

II. Zugleich mit der Konkurseröffnung muß das Konkursgericht mittels einer gemeinsamen Anordnung eine Reihe von Maßregeln treffen, die ohne Aufschub erforderlich sind, um die Konkursmasse zu sichern und das Konkursverfahren in Gang zu setzen. Nämlich:[6]

1. die Ernennung des Konkursverwalters, womit sich nach

---

daß es sich bei der genannten Angabe in der Tat nicht um eine der Nachprüfung unterliegende Beurkundung der Zeit der Erlassung des Beschlusses, sondern ebenso wie bei dem Ausspruche, daß der K. eröffnet werde, um eine gerichtliche Anordnung handelt, entsprechend der gesetzlichen Anordnung, die in Ermangelung der gerichtlichen nach § 108 Abs. 2 KO eingreift. Das Gericht spricht aus, gleichwie im Falle des § 108 Abs. 2 das Gesetz, daß die Wirkungen der KE. zu der und der Stunde eintreten sollen. Sonach greift hier § 417 CPO ein, und ein Beweis der Unrichtigkeit ist mithin ausgeschlossen. Vgl. Pet.-Kleinf. a. a. O. Natürlich soll aber der im Beschlusse angegebene Zeitpunkt möglichst genau mit demjenigen der Erlassung des Beschlusses übereinstimmen, und dies ist wohl der eigentliche Sinn obiger Äußerung der Motive. Erkennt man die Richtigkeit dieser Auffassung an, so verliert die in der vorigen Anmerkung erwähnte Streitfrage praktisch den wichtigsten Teil ihrer Bedeutung. — Eine Anfechtung des Eröffnungsbeschlusses (§ 109 KO) wegen der darin bezeichneten Stunde der Eröffnung ist nicht ausgeschlossen. Vgl. Sar.-Boß. § 108 Bem. 2 Abs. 2 g. E. A. M. Oetker Konkursrechtliche Fragen (1888) 29 fg., Pet.-Kleinf. a. a. O., Jäger a. a. O.

[5] § 108 Abs. 2 KO. Vgl. § 198 Abs. 2 KO. Eine Anfechtung des Eröffnungsbeschlusses wegen Mangels der Angabe der Eröffnungsstunde ist nach der Fassung dieser Gesetzesstelle ausgeschlossen. So auch Seuff. 147, Jäger § 108 Anm. 4. A. M. Pet.-Kleinf. a. a. O., Sar.-Boß. § 108 Bem. 3. — Rechtsvermutung in Ansehung der am Tage der Eröffnung vorgenommenen Rechtshandlungen des Gemeinschuldners: § 7 Abs. 3 KO.

[6] § 110 Abs. 1 KO vbd. Mot. §§ 102—104 (335). S. Formularbuch Nr. 184 (168).

Ermessen alsbald auch die vorläufige Bestellung eines Gläubigerausschusses verbinden kann;[7]

2. die Berufung der Gläubigerversammlung zu dem sog. Wahltermin, d. h. einem nicht über einen Monat hinaus anzusetzenden Termin,[8] der vornehmlich zur Beschlußfassung über die Wahl eines anderen Verwalters und über die Bestellung eines Gläubigerausschusses bestimmt ist, worin aber auch noch anderes verhandelt wird;[9]

3. die Erlassung des „offenen Arrestes", d. h. des an alle Personen, die eine zur Konkursmasse gehörige Sache in Besitz haben oder etwas zur Konkursmasse schuldig sind, gerichteten Gebotes, nichts an den Gemeinschuldner zu verabfolgen oder zu leisten, dagegen dem Konkursverwalter von dem Besitze der Sache und, wenn sie daraus abgesonderte Befriedigung in Anspruch nehmen, auch davon sowie von den Forderungen, wofür sie die abgesonderte Befriedigung beanspruchen, innerhalb einer von dem Konkursgerichte bestimmten Frist Anzeige zu machen;[10]

---

[7] Vgl. § 78 Abs. 1, 87 Abs. 1 KO. Bei der Eröffnung eines Genossenschaftskonkurses muß ein GlA. bestellt werden: § 103 GenG. Vgl. ob. § 29 I., § 30 II.

[8] Maßgebend ist für die Berechnung nach § 76 Abs. 1 KO der Ablauf des zweiten Tages nach der Ausgabe des die erste Einrückung der Bekanntmachung der KE. enthaltenden Amtsblattes. Vgl. Sar.-Boß. § 110 Bem. 2, Pet.-Kleinf. § 110 Bem. 2 a. E.

[9] Vgl. § 80, 87 Abs. 2, 131, 132 KO und s. unt. § 37 VI.

[10] § 118 KO. Der erste Teil des Gebotes erzeugt keine selbständigen Rechtsfolgen, sondern soll nur rechtsirrtümliche Zahlungen oder sonstige Leistungen an den Gemeinschuldner tatsächlich nach Möglichkeit verhüten. S. § 8 KO und Mot. §§ 108, 109 Abs. 1 (341). Wohl aber begründet der zweite Teil die Verpflichtung zu der gebotenen Anzeige bei Vermeidung der Haftung für allen aus nicht entschuldigter Unterlassung oder Verzögerung entstehenden Schaden: § 119 KO vbd. Mot. §§ 108,

4. die Festsetzung der „Anmeldefrist“ und des „allgemeinen Prüfungstermins“.[11]

Der Prüfungstermin kann nach Ermessen des Gerichtes mit dem Wahltermin verbunden werden, wenn die Konkursmasse von geringerem Betrage oder der Kreis der Konkursgläubiger von geringerem, insbesondere geringerem räumlichem, Umfange ist, oder wenn der Gemeinschuldner einen Vorschlag zu einem Zwangsvergleiche eingereicht hat.[12]

III. Sofort nach der Erlassung des Eröffnungsbeschlusses hat der Gerichtsschreiber des Konkursgerichtes die Formel des Eröffnungsbeschlusses, den offenen Arrest, die Anmeldefrist und die Termine sowie den Namen des Konkursverwalters durch Einrückung in das Amtsblatt des Gerichtes öffentlich bekannt zu machen.[13] Die Bekanntmachung ist auszugsweise auch in den Deutschen Reichsanzeiger einzurücken; jedoch bemißt sich der Zeitpunkt, an dem die Bekanntmachung als bewirkt gilt, nur nach jener Einrückung

109 Abs. 3 u. 4 (342 fg.), Prot. 79 a. E. Wegen der verschiedenen Ansichten hierüber vgl. einerseits Seuff. 287 ff., Jäger § 119 Anm. 1, 2, andererseits Pet.-Kleinf. §§ 118, 119 Bem. 6, Sar.-Voß. § 119 Bem. 1 Abs. 2, 3. — Strafe betrüglichen Verschweigens: § 242 Nr. 1 KO.

[11] Vgl. § 138, 141 KO.

[12] § 110 Abs. 2 KO vbd. Mot. §§ 102—104 (335). In Rücksicht auf § 138 KO ist dann der Termin mindestens auf drei Wochen hinauszusetzen. Werden die Termine wegen eines eingereichten Zwangsvergleichsvorschlages verbunden, so kann damit nach § 180 KO auch der Vergleichstermin verbunden werden. Vgl. Begr. z. § 102 KNE. (39).

[13] § 111 Abs. 1, 81 Abs. 1 vbd. § 76 Abs. 1 KO. S. Formularbuch Nr. 184 Anm. b (169) und Nr. 206 (188). — Wird unter Aufhebung des den Eröffnungsantrag abweisenden Beschlusses der Eröffnungsbeschluß vom Beschwerdegerichte selbst erlassen (s. ob. § 35 a. E.), so hat der Gerichtsschreiber dieses Gerichtes die Bekanntmachung zu besorgen. Vgl. Pet.-Kleinf. §§ 111, 112 Bem. 1.

in das Amtsblatt des Gerichtes.[14] Den ihrem Wohnorte nach bekannten Gläubigern und Schuldnern des Gemeinschuldners sowie diesem selbst ist der Inhalt der Bekanntmachung noch besonders zuzustellen.[15]

Ferner hat der Gerichtsschreiber beglaubigte Abschriften der Formel des Eröffnungsbeschlusses nebst Bezeichnung des Konkursverwalters den Behörden für die Führung des Handels- oder Genossenschaftsregisters oder ähnlicher Register und der Dienstbehörde des Gemeinschuldners mitzuteilen.[16]

Die Konkurseröffnung ist unverzüglich auch in das Grundbuch einzutragen

1. bei denjenigen Grundstücken, als deren Eigentümer der Gemeinschuldner eingetragen ist,
2. bei den für ihn eingetragenen Rechten an fremden Grundstücken oder an solchen Rechten (z. B. Nießbrauch, Hypothek, Pfandrecht an einem Nießbrauche oder einer Hypothek), falls nach der Art des Rechtes und den obwaltenden Umständen bei Unterlassung der Eintragung eine Beeinträchtigung der Konkursgläubiger zu besorgen ist.[17]

Das Konkursgericht hat, soweit ihm solche Grundstücke oder Rechte bekannt sind, von Amts wegen das Grundbuchamt um die Eintragung zu ersuchen. Diese kann aber

---

[14] § 111 Abs. 2 KO vbd. Prot. 78. S. auch § 76 Abs. 2 KO.

[15] § 111 Abs. 3 KO. Das Erfordernis besonderer Zustellung an den GSch. ist aus § 109 KO zu schließen. Vgl. Jäger § 111 Anm. 2, Pet.-Kleinf. §§ 111, 112 Bem. 3. S. übrigens § 76 Abs. 3, 77 Abs. 1 KO.

[16] § 112 KO. Vbd. § 32 HGB, § 102 GenG, § 75 BGB. S. Formularbuch Nr. 185 (169). Näheres bei Jäger § 112 Anm. 2 ff.

[17] § 113 Abs. 1 KO. Vgl. § 7 Abs. 1 Satz 2, § 15 Satz 2 KO. Vbd. Begr. z. §§ 105—106 b. KÄE. (40). Näheres bei Pet.-Kleinf. §§ 113—115 Bem. 2, 3, Jäger § 113 Anm. 3, 4. S. auch § 198 Abs. 2 KO.

auch von dem Konkursverwalter bei dem Grundbuchamte beantragt werden.[18]

Wird der Eröffnungsbeschluß in der Beschwerdeinstanz aufgehoben, so ist alsbald nach eingetretener Rechtskraft des aufhebenden Beschlusses die Aufhebung des Konkursverfahrens in gleicher Weise wie die Eröffnung, insbesondere auch durch Einrückung in den Deutschen Reichsanzeiger, öffentlich bekannt zu machen und durch Mitteilung beglaubigter Abschriften der Formel des Beschlusses zur Kenntnis der oben genannten Behörden zu bringen.[19] Diese Bekanntmachungen und Mitteilungen hat der Gerichtsschreiber des Beschwerdegerichtes zu besorgen, wenn es nicht die erforderlichen Anordnungen dem Konkursgerichte übertragen hat.[20] Ferner sind die in das Grundbuch eingetragenen Konkursvermerke auf ein von Amts wegen gestelltes Ersuchen des Konkursgerichtes oder auf Antrag des Konkursverwalters wieder zu löschen.[21] Endlich hat dieser aus der Konkursmasse vor ihrer Heraus-

---

[18] § 113 Abs. 2, 3 KO. Vgl. Begr. a. a. O., Jäger § 113 Anm. 1, Pet.-Kleinf. §§ 113 bis 115 Bem. 5, 6. — Werden Grundstücke oder Rechte, bei denen eine Eintragung nach Maßgabe von § 113 Abs. 1, 2 KO, also auf Ersuchen des KGerichtes, erfolgt ist, von dem KV. freigegeben oder veräußert, so kann zur Erleichterung der Löschung das KGericht auf Antrag desjenigen, welcher diese zu verlangen berechtigt ist (bei Freigabe der GSch., bei Veräußerung der Erwerber, in beiden Fällen auch der KV.), das Grundbuchamt um die Löschung ersuchen: § 114 KO. Vgl. Begr. a. a. O. 41, Seuff. 149, Jäger § 114 Anm. 2. — Die Eintragung und Löschung von Vermerken auf Grund der §§ 113, 114 KO geschieht gebührenfrei; § 115 KO.

[19] § 116 vbd. § 111 Abs. 2, 112 KO.

[20] Vgl. Pet.-Kleinf. § 116 Bem. 1, Sar.-Boß. § 116 Bem. 2. Nach Jäger § 116 Anm. 1 läge die Bekanntmachung dem KGerichte ob.

[21] § 116 vbd. § 113 KO.

gabe an den Gemeinschuldner die unbestrittenen Masseansprüche zu berichtigen, die bestrittenen sicherzustellen.[20]

2. Erledigung des Konkursverfahrens durch Verteilung der Konkursmasse.

§ 37.

a. Herstellung der Teilungsmasse.

I. Zur Sicherung der Konkursmasse und zur Ermöglichung der Herstellung der Teilungsmasse[1] hat nach der Eröffnung des Konkursverfahrens der ernannte Konkursverwalter sofort das gesamte zur Konkursmasse (Sollmasse) gehörige Vermögen in Besitz und Verwaltung zu nehmen.[2] Auf Gegenstände, die nicht zu der Konkursmasse gehören, weil sie nicht im Eigentum des Gemeinschuldners stehen oder nicht der Zwangsvollstreckung unterliegen, ist die Besitznahme nicht mit zu erstrecken. Da jedoch im Zweifel jedes zur Zeit der Konkurseröffnung tatsächlich in der Hand des Gemeinschuldners befindliche Vermögensstück als Stück der Konkursmasse zu betrachten ist, so darf und muß der Verwalter, um sich nicht gegen die Konkursgläubiger ver-

---

[20] § 116 vbd. § 191 Abs. 1 KO. Vgl. Kom. Ber. z. § 106 b KÄE (28). Ebenso Seuff. 150, Jäger § 116 Anm. 2, Sar.-Boß. § 116 Bem. 4. Nach Pet.-Kleinf. § 116 Bem. 6 hätte entspr. § 191 Abs. 2 KO der KV. auch die bevorrechtigten KForderungen zu berichtigen bezw. sicherzustellen.

[1] Vgl. ob. § 23 I.

[2] § 117 Abs. 1 KO. Ein Widerstand von Seite des GSch. könnte durch Zuziehung eines Gerichtsvollziehers beseitigt werden. S. ob. § 13 VI. — Die Besitznahme besteht bei Sachen in der Erlangung der tatsächlichen Gewalt (§ 854 Abs. 1 BGB). Neben dem unmittelbaren Besitze des Verwalters hat nach § 868 BGB. der GSch. den mittelbaren Eigenbesitz. Vgl. Planck-Greiff BGB § 868 Bem. 2 b. γ. Abs. 1. Der Besitz des Verwalters ist nach § 857 BGB vererblich. Vgl. Planck-Greiff BGB § 857 Bem. 3 Abs. 2. Über das ganze s. Jäger § 117 Anm. 5, Pet.-Kleinf. § 117 Bem. 1.

antwortlich zu machen, jedes solche Vermögensstück, wenn seine Nichtzugehörigkeit zu der Masse nicht unzweifelhaft ist, mit in Besitz nehmen und kann es dem Beteiligten, sei dieser der Gemeinschuldner oder ein Dritter, überlassen, die Herausgabe im geeigneten Wege gegen ihn zu betreiben.[3]

II. Die Ermittelung der zu der Konkursmasse gehörigen Vermögensstücke und ihres Wertes für die Teilungsmasse wird wesentlich gefördert durch die aus dem offenen Arreste entspringende Verpflichtung der Besitzer zur Masse gehöriger Sachen, von diesem Besitze und, wenn sie daran Absonderungsansprüche geltend machen, auch von diesen Ansprüchen dem Konkursverwalter innerhalb der von dem Konkursgerichte bestimmten Frist Anzeige zu machen und ihm im Fall der Geltendmachung solcher Ansprüche auf Verlangen die Sachen vorzuzeigen und ihre Abschätzung zu gestatten.[4] Behufs vollständiger Ermittelung der Masse, und um dem Konkursverwalter überhaupt zuverlässige Einsicht in den Stand der Angelegenheiten des Gemeinschuldners zu verschaffen, kann aber das Konkursgericht ferner nach Ermessen anordnen, daß alle bei den Post- und Telegraphenanstalten für den Gemeinschuldner eingehenden Sendungen, Briefe oder Depeschen dem Konkursverwalter auszuhändigen seien. Durch die amtliche Mitteilung dieser Anordnung werden jene Anstalten verpflichtet, ihr nachzukommen; der Verwalter aber erhält durch die Anordnung das Recht, die Sendungen, Briefe und Depeschen zu öffnen. Auf Verlangen des Gemeinschuldners müssen sie ihm jedoch zur Einsicht vorgelegt und, wenn ihr Inhalt die Konkurs-

---

[3] Vgl. ob. § 13 VI., § 22 I. Gegenstände, hinsichtlich deren nur ein Absonderungsrecht besteht, gehören zur KM. S. Prot. 79.

[4] § 118—120 KO. Vgl. ob. § 20 I. Abs. 2, § 36 II. Nr. 3.

masse nicht betrifft, herausgegeben werden.[5] Auch kann das Gericht auf Antrag des Gemeinschuldners, jedoch nur nach (mündlicher oder schriftlicher) Anhörung des Verwalters, die Anordnung jederzeit wieder aufheben oder beschränken.[6]

III. Als Sicherungsmaßregel sind sofort nach der Konkurseröffnung, wenn es nicht schon vorher geschehen ist, die Geschäftsbücher des Gemeinschuldners durch Vermerk des Gerichtsschreibers gegen nachträgliche Eintragungen zu

[5] § 121 Abs. 1 KO vbd. Mot. § 111 (343), Prot. 80. Vgl. § 5 PostG, § 8 TelG, § 299, 354, 355 StGB. S. Formularbuch Nr. 186 (169). Die Anordnung gilt für die ganze Dauer des KVerf. und für sämtliche genannten Sendungen, wenn sie nicht von vornherein oder später (s. § 121 Abs. 2 KO) vom Gerichte auf eine bestimmte Zeit oder auf gewisse Arten von Postsendungen oder Telegrammen beschränkt wird. Dem KV. und dem GSch. ist die Anordnung von Amts wegen zuzustellen. Dem GSch. steht dagegen die sofortige Beschwerde zu. Gegen die Abweisung eines Antrages des KV. auf die Anordnung steht sie diesem zu. Vgl. Jäger § 121 Anm. 6, 7, Pet.-Kleinf. § 121 Bem. 4. A. M. für den ersten Fall Seuff. 291. Verweigert der Verwalter dem GSch. die Einsicht der Sendungen oder Depeschen oder die Herausgabe derjenigen, welche die KM. nicht betreffen, so kann sich der GSch. an das KGericht als Aufsichtsbehörde wenden. S. § 83, 84 KO. Vgl. Seuff. 290, Pet.-Kleinf. § 121 Bem. 6. A. M., wonach auf beides dem GSch. gegen den KV. ein klagbarer Anspruch zustände, Jäger § 121 Anm. 4. — Zusendungen durch die Eisenbahn, Frachtfuhrleute, Dampfschiff u. dgl. fallen nicht unter § 121 KO. Sie sind, weil in Ansehung solcher Sendungen keine gesetzliche Pflicht der Geheimhaltung besteht, wegen § 6 KO ohne weiteres an den Verwalter auszuliefern. Vgl. Pet.-Kleinf. § 121 Bem. 2 a. E.

[6] § 121 Abs. 2 KO. Die aufhebende oder beschränkende Entscheidung ist von Amts wegen dem GSch. und dem Verwalter zuzustellen. Dem Verwalter steht dagegen die sofortige Beschwerde zu. Gegen die Ablehnung seines Antrages steht sie dem GSch. zu. Vgl. Seuff. 291, Pet.-Kleinf. § 121 Bem. 5. Von Amts wegen kann die einmal getroffene Anordnung nicht aufgehoben oder beschränkt werden. Vgl. Pet.-Kleinf. a. a. O., Jäger § 121 Anm. 1.

schließen, wobei zugleich der äußere Zustand der Bücher festgestellt werden soll.[7]

Ferner kann zur Sicherung der zur Konkursmasse gehörigen Sachen der Konkursverwalter nach Ermessen entweder an dergleichen Sachen selbst oder an die Räume oder Behältnisse, worin sie sich befinden, durch eine nach dem Landesrechte für amtliche Siegelungen zuständige Person unter gehöriger Beurkundung Siegel anlegen lassen.[8]

Jedenfalls aber hat er ohne Verzug, und zwar, wenn eine Siegelung stattgefunden hatte, gleichen Schrittes mit der Entsiegelung,[9] alle einzelnen zur Konkursmasse gehörigen Gegenstände, seien es bewegliche oder unbewegliche, körperliche oder unkörperliche Vermögensstücke, mit Inbegriff der im Besitze Dritter, insbesondere Absonderungsberechtigter, befindlichen, unter Angabe ihres Wertes aufzuzeichnen. Der Wert ist, wenn es der Verwalter für

---

[7] § 122 Abs. 2 KO vbd. Mot. § 112 letzt. Abs. (344), Prot. 83 fg. Die Schließung geschieht durch den Gerichtsschreiber des KGerichtes oder auf Ersuchen dieses Gerichtes durch den Gerichtsschreiber desjenigen Amtsgerichtes, in dessen Bezirke sich die Bücher (z. B. einer Zweigniederlassung) befinden. Vgl. Seuff. 292, Jäger § 122 Anm. 3. Wegen der von dem GSch. und einem Anderen über einen gemeinschaftlichen Geschäftsbetrieb geführten Bücher s. Pet.-Kleinf. §§ 122—124 Bem. 5, Jäger § 122 Anm. 4.

[8] § 122 Abs. 1 vbd. § 124 KO. Vgl. Mot. § 112 Abs. 1, 2 (343 fg.), Prot. 83 fg. In Preußen und Bayern sind dafür zuständig die Notare, Gerichtsvollzieher und Gerichtsschreiber der Amtsgerichte. Vgl. Jäger § 122 Anm. 1, 2, Pet.-Kleinf. §§ 122—124 Bem. 2, 3. S. auch § 136 StGB.

[9] Sie muß ebenfalls durch eine dafür zuständige Person (am zweckmäßigsten durch dieselbe, welche die Siegel angelegt hat) und unter gehöriger Beurkundung geschehen. S. § 124 Satz 2 KO. Vgl. Pet.-Kleinf. §§ 122—124 Bem. 6. A. M. anscheinend Jäger § 122 Anm. 2 a. E.

erforderlich hält, durch von ihm ausgewählte Sachverständige zu ermitteln. Bei der Aufzeichnung ist eine nach dem Landesrechte dafür zuständige obrigkeitliche oder Urkundsperson zuzuziehen, die über den Vorgang ein Protokoll aufzunehmen hat. Auch der Gemeinschuldner ist zuzuziehen, wenn dadurch kein ungebührlicher Aufschub entsteht.[10] Weil jedoch eine solche Aufzeichnung oder wenigstens eine öffentlich beurkundete Aufzeichnung unter Umständen als entbehrlich erscheint, wie z. B. wenn bereits eine von dem Gemeinschuldner gemachte glaubwürdige Aufzeichnung vorliegt, so kann das Konkursgericht auf Antrag des Verwalters, wenn aber ein Gläubigerausschuß bestellt ist, nur auf übereinstimmenden Antrag des Verwalters und des Ausschusses gestatten, daß die Aufzeichnung oder die Wertangabe ganz oder teilweise unterbleibe, oder daß sie ohne Zuziehung einer obrigkeitlichen oder Urkundsperson vorgenommen werde.[11]

IV. Auf Grund der genannten Aufzeichnung sowie der Bücher, Papiere und mündlichen Aufschlüsse des Gemeinschuldners hat, um seine Vermögenslage und das wahrscheinliche Ergebnis des Konkursverfahrens zu klarer Anschauung zu bringen, der Konkursverwalter so bald wie möglich ein „Inventar" und eine „Bilanz" anzufertigen, d. h. ein genaues geordnetes Verzeichnis der sämtlichen Aktiven und Passiven des Gemeinschuldners mit Angabe

---

[10] § 123 Abs. 1 KO vbd. Mot. §§ 113, 110 Abs. 1, 2 (344 fg.). Urkundspersonen sind namentlich die Notare. In Preußen und Bayern kann aber auch ein Gerichtsvollzieher oder der Gerichtsschreiber eines Amtsgerichtes zugezogen werden. Vgl. Jäger § 123 Anm. 3.

[11] § 123 Abs. 2 KO vbd. Mot. §§ 113, 110 Abs. 3 (345), Prot. 84. Bei Zurückweisung des Antrages steht dem KV. die sofortige Beschwerde zu. Vgl. Jäger Anm. 4.

der Werte oder Beträge und einen das Verhältnis der Aktiven und Passiven durch Nebeneinandersetzung übersichtlich darstellenden Abschluß. Dabei sollen unter den Aktiven die Vermögensstücke, hinsichtlich deren Aussonderungs- oder Absonderungsansprüche geltend gemacht oder zu erwarten sind, unter den Passiven die mit einem Absonderungsrechte oder Vorrechte ausgestatteten Forderungen sowie die bestehenden Masseschulden und die zu erwartenden Massekosten herausgehoben, ferner die Verfallzeiten der einzelnen Forderungen und Schulden des Gemeinschuldners, bei gesamtschuldnerischen Verpflichtungen, besonders aus Wechseln, die Mitverpflichteten sowie die etwaigen Regreßansprüche des Gemeinschuldners angegeben werden.[12] Damit jeder Beteiligte (Konkursgläubiger, Gemeinschuldner, Massegläubiger, Mitglieder des Gläubigerausschusses) sich von der Sachlage genau unterrichten könne, muß der Verwalter eine von ihm unterzeichnete Abschrift des Inventars und der Bilanz und, falls eine Siegelung und Entsiegelung stattgefunden hat, die Protokolle darüber auf der Gerichtsschreiberei zur Einsicht der Beteiligten niederlegen.[13]

Nach der Anfertigung des Inventars kann in jedem Zeitpunkte des Konkursverfahrens[14] sowohl der Verwalter als jeder einzelne Konkursgläubiger, der eine Forderung angemeldet hat,[15] von dem Gemeinschuldner auf Grund

---

[12] § 124 Satz 1 KO vbd. Mot. § 114 Abs. 1 (345 fg.). Vgl. § 39, 40 HGB. Näheres bei Jäger § 124 Anm. 2, 3.

[13] § 124 Satz 2 KO vbd. Mot. § 114 Abs. 2 (346). Jeder Beteiligte kann sich auf seine Kosten eine Abschrift des Inventars und der Bilanz erteilen lassen: § 299 Abs. 1 CPO vbd. § 72 KO.

[14] Vgl. Sar.-Boß. § 125 Bem. 2.

[15] Daß die Forderung bereits geprüft und festgestellt ist, wird nicht erfordert. Vgl. Seuff. 293, Jäger § 125 Anm. 2. A. M. Kohler 180, Oetker Grdb. 519.

des Inventars den Offenbarungseid verlangen und ihn zur Leistung dieses Eides in eine Sitzung des Amtsgerichtes, bei dem das Konkursverfahren anhängig ist, als Vollstreckungsgerichtes laden.[16]

V. Zur Herstellung der Teilungsmasse hat der Konkursverwalter die Konkursmasse auch zu verwerten.[17] Je-

[16] § 125 KO vbd. Mot. § 115 (346) und § 899 ff. CPO. Die Eidesnorm ist entspr. § 807 CPO dahin zu fassen, daß der GSch. „nach bestem Wissen sein (bei der KE. vorhandenes) Vermögen nach Aktiven und Passiven so vollständig angegeben habe, als er dazu im Stande sei". Vgl. Sar.-Voß. § 125 Bem. 2, Pet.-Kleinf. § 125 Bem. 5. A. M., wonach sich die Eidespflicht des GSch. nur auf das Aktivvermögen bezöge, Seuff. 293, Jäger § 125 Anm. 1. Wegen Ausbleibens des GSch. in dem zur Leistung des Eides bestimmten Termin oder grundloser Verweigerung des Eides kann Zwangshaft beantragt werden: § 901 CPO. S. aber § 913 CPO. Auch ist, solange der Eid verweigert wird, ein Zwangsvergleich unzulässig: § 175 Nr. 1 KO. Bestreitet der GSch. die Verpflichtung zur Leistung des Eides, z. B. weil derjenige, welcher ihn verlangt, nicht KGl. sei, so hat das Vollstreckungsgericht durch Beschluß über den Widerspruch zu entscheiden: § 900 Abs. 3 CPO. Hat der GSch. den Offenbarungseid einmal geleistet, oder ist gegen ihn wegen Verweigerung desselben bereits eine Haft von sechs Monaten vollstreckt, so ist er für die Zukunft von der Leistung des Eides frei, weil die Voraussetzungen der von § 903, 914 CPO gemachten Ausnahmen im KVerf. nicht zutreffen können. S. Mot. a. a. O. Vgl. Sar.-Voß § 125 Bem. 5, Pet.-Kleinf. § 125 Bem. 6. Gerichtsgebühren werden für die Abhaltung des zu der Eidesabnahme bestimmten Termins sowie für das Verfahren und die Entscheidung über Anträge auf Erzwingung der Eidesleistung nicht erhoben: § 56 GKG. Die Kosten der Haft des GSch. hat der KV., wenn er die Haft beantragt hat, aus der KM., der KGl., der sie beantragt hat, aus seinem Vermögen vorzuschießen: entspr. § 911 CPO. Ebenso Sar.-Voß. § 125 Bem. 5 a. E., Seuff. 295 Anm. 34. A. M., wonach sie auch im zweiten Fall Massekosten wären, Jäger § 125 Anm. 8. — Ehegatten, Kinder, Dienstboten, Gehilfen und andere zum Hausstande des GSch. gehörige Personen sind zur Leistung des Offenbarungseides nicht verpflichtet. S. Mot. § 115 Abs. 2 (346).

[17] § 117 Abs. 1 KO.

doch ist dabei bis zur Abhaltung des allgemeinen Prüfungstermins und, wenn vor seinem Schlusse der Gemeinschuldner einen Vorschlag zu einem Zwangsvergleiche eingereicht hat, bis zur Erledigung dieses Vorschlages mit tunlichster Zurückhaltung zu verfahren, damit nicht die für alle Teile wünschenswerte Erledigung des Konkursverfahrens durch einen angemessenen Zwangsvergleich erschwert werde.[18] Im übrigen geschieht die Verwaltung und Verwertung der Masse nach Maßgabe der früher (§ 23) dargestellten Grundsätze.

VI. Im Wahltermin,[19] und zwar naturgemäß als Anfang der Verhandlungen, hat der Konkursverwalter über die Entstehung der Zahlungsunfähigkeit des Gemeinschuldners, über die Lage der Sache und über die bisher ergriffenen Maßregeln mündlichen Bericht zu erstatten. Der Gemeinschuldner ist auf Anordnung des Konkursgerichtes zur Erteilung weiterer Auskunft verpflichtet, und jeder Konkursgläubiger kann durch Fragen auf allseitige Klarstellung der Sache hinwirken.[20]

Auf Grund der so gewonnenen Einsicht in die Sachlage beschließt die Gläubigerversammlung über die Beibehaltung des bisherigen oder die Wahl eines anderen Verwalters sowie über die Bestellung eines Gläubigerausschusses, und nimmt im Fall der Bestellung die Wahl der Mitglieder vor.[21] Ferner beschließt sie über eine dem

---

[18] S. § 133 Nr. 1, 135 KO vbd. Mot. § 107 Abs. 6 (339 fg.), §§ 121—123 Abs. 2 (354). S. ob. § 23 IV. Nr. 1. a.

[19] Vgl. ob. § 36 II. Nr. 2.

[20] § 131 vbd. § 100 KO. Vgl. Mot. §§ 118—120, 124 Abs. 3 u. 4 (351 fg.). Der Verwalter muß zur Vorbereitung der Beschlußfassung über die Bestellung eines GlA. in seinem Berichte auch darlegen, welche von den in § 133, 134 KO genannten Maßregeln in Aussicht stehen. Vgl. Pet.-Kleinf. §§ 131, 132 Bem. 1 g. E.

[21] S. § 110 Abs. 1 vbd. § 80, 87 Abs. 2 KO.

Gemeinschuldner und seiner Familie zu bewilligende Unterstützung, über die Schließung oder Fortführung seines Geschäftes und über die Art der Hinterlegung oder Anlegung von Geldern, Wertpapieren und Kostbarkeiten. Endlich darüber, wie und wie oft der Verwalter ihr selbst oder dem Gläubigerausschusse über seine Geschäftsführung Bericht erstatten und Rechnung legen soll.[22]

§ 38.

b. Ermittelung der Schuldenmasse.

I. Auch die Ermittelung und Feststellung der Schuldenmasse wird von dem Konkursgerichte sogleich bei der Konkurseröffnung eingeleitet durch Festsetzung einer Frist für die Anmeldung der Konkursforderungen und durch Bestimmung des allgemeinen Prüfungstermins.[1] Die Anmeldefrist ist mit Rücksicht auf die Entfernung der Wohnorte der bekannten Gläubiger sowie auf den Umfang und die Bedeutung des Konkurses auf mindestens zwei Wochen, höchstens drei Monate zu bemessen.[2] Der Prüfungstermin soll nach den nämlichen Rücksichten mit Freilassung min-

[22] § 132 KO. Vgl. ob. § 23 VI., § 29 IV. Die GlV. kann alle in § 132 KO erwähnten Beschlüsse auch dem GlA. übertragen. S. Mot. §§ 118—120, 124 Abs. 4 (352). Vgl. ob. § 23 Anm. 48.

[1] § 110 Abs. 1 KO. S. ob. § 36 II. Nr. 4.

[2] § 138 Satz 1 KO vbd. Mot. §§ 126, 130 (358), Prot. 171 fg., Begr. z. § 126 KÄE (42 fg.). Die Frist läuft von dem Tage, mit dem nach § 76 Abs. 1 KO die öffentliche Bekanntmachung der Anmeldefrist (§ 111 Abs. 1 KO) als bewirkt gilt. S. Begr. a. a. O. Sie wird aber in der Bekanntmachung zweckmäßig nicht nach Wochen oder Monaten, sondern durch Angabe des Tages des Ablaufes bezeichnet. — Eine Anmeldung vor der KE. ist ohne Wirkung. Eine nach der KE. aber vor dem Beginn des Laufes der Anmeldefrist erfolgte dagegen ist ebensogut wie die während der Frist erfolgte zu berücksichtigen. Vgl. Jäger § 138 Anm. 2 a. E., Pet.-Kleinf. § 138 Bem. 4.

destens einer Woche, höchstens zweier Monate nach dem Ablaufe der Anmeldefrist angesetzt werden.[3]

Die Versäumung der Anmeldefrist zieht aber nicht den Ausschluß der nicht rechtzeitig angemeldeten Forderungen von der Teilnahme am Konkursverfahren nach sich, sondern sie bringt bloß den Nachteil, daß die verspätet anmeldenden Konkursgläubiger (sog. **Nachzügler**) an den Stand des Konkursverfahrens zur Zeit ihres Beitrittes gebunden sind, und daß sie, wenn durch die verspätete Anmeldung ein nachträgliches besonderes Prüfungsverfahren notwendig wird, seine Kosten zu tragen haben.[4]

II. Die Anmeldung einer Konkursforderung kann bei dem Konkursgerichte schriftlich eingereicht oder mündlich vor dem Gerichtsschreiber zu Protokoll erklärt werden.[5]

---

[3] § 138 Satz 2 KO vbd. Mot. a. a. O., Prot. a. a. O. Aus dem „soll" in § 138 Satz 2 KO folgt, daß die Nichtbeobachtung der Vorschrift das weitere Verfahren nicht unwirksam macht. Gleiches gilt aber auch von der Nichtbeobachtung der Vorschrift in § 138 Satz 1 KO. Jedoch steht bei Nichteinhaltung einer der in § 138 KO gesteckten Zeitgrenzen den Beteiligten (KGl., GSch., KV.) die sofortige Beschwerde zu. Vgl. Pet.-Kleinf. § 138 Bem. 3, Jäger § 138 Anm. 5.

[4] S. § 142 KO vbd. Mot. §§ 126, 130 a. E. (359). Vgl. unt. Anm. 15.

[5] § 139 Satz 2 KO. Vgl. § 496 CPO. Anwaltszwang besteht dabei nicht: § 78, 79 CPO. Geschieht die Anmeldung durch einen Bevollmächtigten, so hat das KGericht von Amts wegen den Nachweis der Vollmacht zu fordern: § 88 Abs. 2 CPO. Doch kann diese noch im Prüfungstermine beigebracht werden. Vgl. Pet.-Kleinf. § 139 Bem. 7, Jäger § 139 Anm. 4. Eine Prozeßvollmacht ermächtigt nicht zur Vertretung auch im KVerf.; wohl aber ermächtigt die allgemein für das KVerf. erteilte Vollmacht zu allen Rechtshandlungen, die durch dieses Verfahren veranlaßt werden, insbesondere auch zur Vertretung des Vollmachtgebers im Feststellungsprozesse und bei der Verhandlung und Abstimmung über einen Zwangsvergleich; nicht aber zur Empfangnahme der auf ihn aus der KM. treffenden Beträge: entspr. § 81 CPO. A. M. bezüglich des letzten Punktes Jäger § 139 Anm. 4 a. E. Wegen

Sie muß mindestens die Angabe des Betrages und des Grundes der Forderung enthalten; wird für die Forderung ein Vorrecht in Anspruch genommen, so muß auch dieses angegeben werden.[6] Die Urkunden, worauf zum Beweise Bezug genommen wird, sind in Urschrift oder in Abschrift beizufügen.[7]

III. Die Anmeldungen sind in der Gerichtsschreiberei zur Einsicht der Beteiligten, d. h. des Konkursverwalters, der Konkursgläubiger und des Gemeinschuldners, niederzulegen.[8] Ferner hat der Gerichtsschreiber jede einzelne angemeldete Forderung sofort nach ihrer Anmeldung in der Rangordnung des für sie in Anspruch genommenen Vorrechtes in die „Tabelle" einzutragen.[9] Diese ist innerhalb des

---

der Rechtsanwaltsgebühren siehe § 57 vbd. § 59 Abs. 2 RAGebO. — Wegen der in § 18, 19 SchuldverschrGläubG vorgesehenen gemeinsamen Vertretung der Schuldverschreibungsbesitzer im K. des Schuldners, insbesondere der Pfandbriefgläubiger im K. der Hypothekenbank, s. Jäger § 139 Anm. 5. — Auch eine telegraphische Anmeldung ist zulässig, nicht aber eine schriftliche Anmeldung in fremder Sprache: § 186 GVG. Anders bei mündlicher Anmeldung: § 189 Abs. 2 GVG. Vgl. Pet.-Kleinf. § 139 Bem. 3, Jäger § 139 Anm. 6, 7. — Wegen der Unterbrechung der Verjährung der Forderung durch die Anmeldung s. ob. § 9 III.

6 § 139 Satz 1 KO. Vgl. ob. § 12 I. Nachträgliche Änderung (mit Ausnahme einer bloßen Verminderung des angemeldeten Betrages) oder Nachholung eines der drei Stücke steht einer neuen Anmeldung gleich: § 142 Abs. 2 KO vbd. Mot. § 127 Abs. 2 (359), §§ 129—131 Abs. 2 a. E. (361). Vgl. Seuff. 253, Jäger § 139 Anm. 11, Sar.-Boß. § 139 Bem. 1 Abs. 3. A. M., wonach auch eine Erhöhung des angemeldeten Betrages nicht als neue Anmeldung zu betrachten wäre, Pet.-Kleinf. § 139 Bem. 6.

7 § 139 Satz 3 KO vbd. § 131 Abs. 1, 2 CPO. Für die entsprechende Anwendbarkeit auch von § 131 Abs. 3 CPO Pet.-Kleinf. § 139 Bem. 7.

8 § 140 Abs. 1 vbd. § 141 Abs. 2, 144 KO. Vgl. Pet.-Kleinf. § 140 Bem. 3, Jäger § 140 Anm. 1, der aber zu den Beteiligten auch die Mitglieder des GlA. rechnet.

9 § 140 Abs. 2 KO. Vgl. ob. § 12 I. Der Gerichtsschreiber hat die Ordnungsmäßigkeit der

ersten Dritteils der Zwischenzeit zwischen dem Ablaufe der Anmeldefrist und dem allgemeinen Prüfungstermin in der Gerichtsschreiberei zur Einsicht der Beteiligten niederzulegen und dem Konkursverwalter abschriftlich mitzuteilen.[10]

IV. In dem allgemeinen Prüfungstermin müssen, nötigenfalls mit Hilfe von Vertagungen der Verhandlung,[11] jedenfalls alle innerhalb der Anmeldefrist gehörig angemeldeten Forderungen geprüft werden.[12] Auch die nach dem Ablaufe dieser Frist vor oder in dem Prüfungstermin angemeldeten Forderungen sind darin zu prüfen, wenn weder der Konkursverwalter noch ein Konkursgläubiger Widerspruch dagegen erhebt; anderenfalls ist auf Kosten des Nachzüglers ein besonderer Prüfungstermin zu bestimmen.[13] Gleiches gilt, wenn eine rechtzeitige Anmeldung nach dem Ablaufe der Anmeldefrist durch nachträgliche Beanspruchung eines Vorrechtes, durch Auftreten einer anderen Person als Gläubigers oder durch Angabe eines höheren Betrages oder eines anderen Grundes der

---

Anmeldung nicht zu prüfen und daher auch ohne Angabe des Betrages oder des Grundes angemeldete Forderungen einzutragen. Vgl. Seuff. 254 fg., Jäger § 140 Anm. 2. A. M. Pet.-Kleinf. § 139 Bem. 10, Sar.-Voß. § 140 Bem. 2 a. E.

[10] § 140 Abs. 2 KO. Die Frist für den Gerichtsschreiber beträgt demnach mindestens drei und höchstens zwanzig Tage. S. ob. I. Wird sie nicht eingehalten, so kann auf Antrag oder von Amts wegen der Prüfungstermin vertagt werden, und zwar auf Kosten des säumigen Gerichtsschreibers: entspr. § 102 CPO. Vgl. Mot. § 128 Abs. 2 (360). So auch Seuff. 255, Jäger § 140 Anm. 4. Nach Pet.-Kleinf. § 140 Bem. 4 müßte der KV. von dem Gerichtsschreiber den Ersatz der Kosten durch Klage fordern. — Der Verwalter ist übrigens befugt, auf Kosten der Masse auch von einzelnen Anmeldungen Abschrift zu nehmen oder zu verlangen. S. Mot. a. a. O., Prot. 91.

[11] S. § 93 Abs. 2 Satz 2 KO vbd. § 136 Abs. 3, 228 CPO.

[12] Folgt aus § 142 Abs. 1 KO.

[13] § 142 Abs. 1 vgl. Abs. 3 KO; vbd. Mot. §§ 129—131 Abs. 2 (361).

Forderung geändert wird.[14] Zur Prüfung erst nach dem allgemeinen Prüfungstermin angemeldeter Forderungen muß immer ein besonderer Prüfungstermin auf Kosten der Nachzügler anberaumt werden.[15]

---

[14] § 142 Abs. 2 vgl. § 139 KO. Bbd. Mot. § 127 Abs. 2 (359), §§ 129—131 Abs. 2 (361). S. auch Jäger § 142 Anm. 6, Pet.-Kleinf. §§ 141—143 Bem. 18, 19.

[15] § 142 Abs. 3 KO. Hierher gehören auch Änderungen bereits geprüfter aber streitig gebliebener Forderungen nach Grund, Betrag oder Vorrecht, weil wegen § 146 Abs. 4 KO solche Änderungen nur so möglich sind, daß die frühere Anmeldung zurückgezogen und eine neue gemacht wird. S. Mot. § 134 Abs. 6 a. E. (366 g. E.). Änderungen festgestellter Forderungen sind nicht mehr möglich. S. ob. § 12 Anm. 13. — Die Zeitpunkte für die besonderen Prüfungstermine kann das Gericht nach Ermessen festsetzen, ungebunden durch die Vorschrift in § 138 KO. Jeder besondere Prüfungstermin ist ebenso wie der allgemeine nach Maßgabe der §§ 76, 111 KO öffentlich und den ihrem Wohnorte nach bekannten beteiligten Gläubigern auch durch besondere Zustellung bekannt zu machen. Vgl. Oetker Grdb. 282 fg., Pet.-Kleinf. Bem. 21 g. E., Jäger Anm. 2 Abs. 2. A. M. z. B. Sar.-Boß. § 142 Bem. 3 a. E. S. noch Formularbuch Nr. 194 (180). — Die Kosten des besonderen Termins bestehen außer den Gebühren (§ 54 GKG) und den Auslagen des KGerichtes einschließlich der Kosten der öffentlichen Bekanntmachung (Vorschußpflicht: § 82 Nr. 2 GKG, Zeitpunkt der Erhebung: § 95 Abs. 2 GKG) aus den Kosten der Teilnahme des KV. an dem besonderen Prüfungstermin sowie den Kosten der Teilnahme derjenigen anderen KGl., welche bereits in dem allgemeinen Prüfungstermin erschienen waren: entspr. § 95 CPO. Vgl. Mot. §§ 126, 130 a. E. (359), Pet.-Kleinf. Bem. 20, Jäger Anm. 4. Werden die Forderungen mehrerer Nachzügler in demselben Termine geprüft, so hat nach § 54 GKG jeder die volle auf seine Forderung treffende Gerichtsgebühr zu tragen. Für die übrigen Terminskosten haften sie entspr. § 100 Abs. 1 CPO, § 91 GKG nach Kopfteilen. — Nachträgliche Anmeldungen sind an sich bis zur Beendigung des KVerf. statthaft. Jedoch hat der Nachzügler kein Recht darauf, daß diese Beendigung, wenn sie nach Lage der Sache veranlaßt ist, seinetwegen durch die Anberaumung eines Prüfungstermins hinausgeschoben werde. Vgl. Oetker Grdb. 285, Jäger Anm. 2. A. M. Pet.-Kleinf. Bem. 18.

Durch das Ausbleiben eines Konkursgläubigers im Prüfungstermin wird die Prüfung der von ihm angemeldeten Forderung nicht gehindert.[16] Ebensowenig durch das Nichterscheinen anderer Konkursgläubiger.[17] Dagegen müßte bei Ausbleiben des Konkursverwalters ein anderer Termin anberaumt werden.[18] Der Gemeinschuldner soll wegen seiner Auskunftspflicht in dem Termin erscheinen, und die öffentliche Bekanntmachung des Termins gilt daher auch für ihn als Ladung. Er kann sogar zwangsweise zum Erscheinen angehalten werden.[19] Doch wird durch sein Nichterscheinen die Prüfung einer Forderung nur ausgeschlossen, wenn seine Anwesenheit und Auskunft den Umständen nach als notwendig erscheint.[20]

V. Der Prüfung jeder angemeldeten Forderung muß eine amtliche Vorprüfung der Zulässigkeit ihrer Anmeldung

---

[16] § 143 KO vbd. Mot. §§ 129—131 Abs. 2 (361).

[17] S. Mot. §§ 129—131 Abs. 4 (362). Diese Gläubiger, ebenso wie der anmeldende, können nicht bloß mit jeder prozeßfähigen Person als Beistand erscheinen, sondern sich auch durch jede prozeßfähige Person vertreten lassen: entspr. § 79, 90 CPO. Wegen der Rechtsanwaltsgebühren s. § 56 Nr. 1 vbd. § 59 Abs. 2 RAGebO.

[18] S. Mot. §§ 129—131 Abs. 4 (362). Bei Verschuldung der Versäumnis wäre der Verwalter für Schäden und Kosten haftbar: Mot. a. a. O. S. auch § 83, 84 KO. Der Verwalter kann sich in dem Termin des Beistandes eines Rechtsanwaltes bedienen: entspr. § 90 CPO; vgl. Prot. 92 a. A. Wegen der Rechtsanwaltsgebühren s. § 89 RAGebO.

[19] S. § 141 Abs. 2, § 100, 101 Abs. 2 KO. Vgl. Mot. §§ 129 bis 131 Abs. 4 (362). Das muß, soweit es sich bloß um die Erfüllung der Auskunftspflicht handelt, auch dann gelten, wenn der GSch. in der Geschäftsfähigkeit beschränkt (minderjährig oder wegen Geistesschwäche, Verschwendung oder Trunksucht entmündigt) ist. Ist er geschäftsunfähig, so trifft die Auskunftspflicht seinen gesetzlichen Vertreter. Vgl. ob. § 33 Anm. 5.

[20] Er verliert aber durch sein Ausbleiben die Möglichkeit, die im Termine zu prüfenden Forderungen zu bestreiten und dadurch die Folge des § 164 Abs. 2 KO zu verhüten. S. unt. VI.

vorausgehen. Die Anmeldung ist als unzulässig zurückzuweisen, wenn sie nicht in der gehörigen Form, insbesondere bei schriftlicher Anmeldung nicht in deutscher Sprache, geschehen ist, wenn die Angabe des Grundes der Forderung oder ihres bestimmten Geldbetrages in Reichswährung fehlt, wenn der Anmelder nicht prozeßfähig ist oder seine Legitimation als gesetzlichen Vertreters des prozeßunfähigen Gläubigers nicht erbringt, oder wenn er als bevollmächtigter Vertreter seine Vollmacht nicht nachweist.[21] Dagegen darf eine Anmeldung nicht von Amts wegen darum zurückgewiesen werden, weil nach ihrem Inhalte die angemeldete Forderung im Hinblicke auf § 3 oder § 63 KO keine Konkursforderung ist, sondern es bleibt den Beteiligten überlassen, aus diesem Grunde gegen die Forderung Widerspruch zu erheben.[22] Der zurückweisende Beschluß ist dem Anmelder von Amts wegen zuzustellen, dem dagegen die sofortige Beschwerde zusteht.[23]

Die Prüfung der zugelassenen Forderungen selbst geschieht so, daß — zweckmäßigerweise nach Vorausschickung einer kurzen Übersicht der Konkursmasse sowie der angemeldeten oder sonst bekannten Konkursforderungen und im Anschlusse an die Reihenfolge der Tabelle — unter Leitung des Konkursgerichtes die Forderungen einzeln ihrem Bestande, Betrage und Vorrechte nach mündlich erörtert werden. Das Gericht kann und soll, wenn dabei von Seite des Konkursverwalters oder eines der erschienenen Konkursgläubiger Widerspruch gegen die Forde-

---

[21] S. § 186 GVG, § 139 KO, § 56, 88 Abs. 2 CPO. Vgl. ob. II. und Anm. 5, Oetker Grdb. 277 ff., Seuff. 259, Jäger § 141 Anm. 3.

[22] Vgl. Oetker Grdb. 278 fg., Pet.-Kleinf. §§ 141—143 Bem. 2 a. E., Jäger a. a. O.

[23] Vgl. Oetker in BuschsZ 25 54, Seuff. 260, Jäger Anm. 2, 4.

rung erhoben wird, die gütliche Beilegung versuchen. Auch kann es alle zur Aufklärung geeigneten Ermittelungen, z. B. aus den Geschäftsbüchern des Gemeinschuldners, aus zugänglichen Prozeßakten u. dgl., anordnen, jedoch nur solche, die sofort und ohne Vertagung des Termins möglich sind.[24]

Soweit gegen eine Forderung bei der Prüfung weder von Seite des Konkursverwalters noch von Seite eines Konkursgläubigers Widerspruch erhoben ist,[25] oder soweit es gelingt, ihn zu beseitigen, ist die Forderung für das Konkursverfahren „festgestellt“ und nimmt zu dem festgestellten Betrage an dem Konkursverfahren und an den Verteilungen der Masse teil.[26] Soweit dagegen die

[24] § 141 Abs. 1 KO vbd. § 75 KO und Mot. §§ 129—131 Abs. 3 (361). Vgl. Pet.-Kleinf. Bem. 12, 13, Jäger Anm. 11. A. M., wonach das Gericht die Verhandlung über eine einzelne Forderung zum Zwecke weiterer Ermittelungen vertagen könnte, Sar.-Boß. § 141 Bem. 1 I.

[25] Der Widerspruch wird nur beachtet, wenn er bei der Prüfung mündlich erhoben wird, kann aber wirksam erhoben werden, solange nicht das Ergebnis der Prüfung in die Tabelle eingetragen ist; denn s. § 145 Abs. 2 KO. Vgl. Jäger Anm. 10, Pet.-Kleinf. Bem. 14. Der Grund des Widerspruches braucht im allgemeinen nicht angegeben zu werden; auch ist der Widersprecher in dem Feststellungsprozesse nicht auf den im Prüfungstermin angegebenen beschränkt. Vgl. Mot. §§ 132, 133 Abs. 3 (363). Jedoch muß festgestellt und in der Tabelle vermerkt werden, ob sich der Widerspruch gegen die Forderung selbst oder bloß gegen das dafür in Anspruch genommene Vorrecht richtet. Ferner ist, wenn die Entscheidung über die Forderung zur Zuständigkeit eines besonderen Gerichtes, einer Verwaltungsbehörde oder eines Verwaltungsgerichtes gehört, oder wenn die Forderung eine titulierte ist, durch die Tabelle festzustellen, daß der Widerspruch nur gegen ihre Eigenschaft als KForderung erhoben ist, im letzten Fall auch, daß er bloß den angemeldeten Schätzungsbetrag betrifft. Denn s. ob. § 12 Anm. 33, bei Anm. 56 und bei Anm. 61, 62 und unt. § 40 II.

[26] § 144 Abs. 1, 145 Abs. 2 KO. Vgl. ob. § 12 III.

Forderung wegen nicht gelungener Beseitigung eines solchen Widerspruches „streitig geblieben" ist, kann ihre Feststellung für das Konkursverfahren nur entweder durch die nachträgliche Zurücknahme des Widerspruches oder durch die außerhalb des Konkursverfahrens zu erwirkende Entscheidung des zuständigen Gerichtes oder der sonstigen zuständigen Behörde herbeigeführt werden.[27] Denn die Aufgabe des Konkursgerichtes ist damit beendigt, daß es das Ergebnis der Prüfung in die Tabelle einträgt, was für eine jede geprüfte Forderung alsbald nach dem Abschlusse ihrer Prüfung und vor dem Übergange zu der Prüfung einer anderen Forderung geschehen muß.[28] Ergibt sich in Ansehung einer streitig gebliebenen Forderung nachträglich, sei es durch die freiwillige Zurücknahme eines erhobenen Widerspruches, sei es durch rechtskräftige Entscheidung eines Feststellungs- oder Widerspruchsprozesses, Veranlassung zu einer Berichtigung der Tabelle, so ist sie von demjenigen, in dessen Interesse sie liegt, bei dem Konkursgerichte zu beantragen, das dem Antrage je nach den Umständen entweder sofort oder erst nach Anhörung der Beteiligten stattgeben kann.[29]

---

[27] § 146, 147 KO. Vgl. ob. § 12 V., VI.

[28] § 145 Abs. 1 Satz 1 KO. Die Eintragung muß unter Mitwirkung und Mitvollziehung des Amtsrichters selbst geschehen. Ihr Inhalt ergibt sich aus den Fragen, die bei der Prüfung erörtert worden sind. S. ob. Anm. 25. Bei jedem streitig gebliebenen Punkte ist auch zu vermerken, von wem der Widerspruch erhoben ist. In der Tabelle ist ferner das bleibende Stimmrecht zu vermerken, das einer bei der Prüfung streitig gebliebenen Forderung gewährt ist. Vgl. ob. § 31 IV. Nr. 1. S. Mot. §§ 132, 133 Abs. 2 (363). Vgl. Jäger § 145 Anm. 1.

[29] § 146 Abs. 7 KO vbd. Mot. § 134 letzt. Abs. (367 a. E.). Vgl. ob. § 12 Anm. 67. Die Kosten, die dem Antragsteller zur Herbeiführung der Berichtigung erwachsen, sind, da diese im gemeinsamen Interesse aller KGl. erfolgt, Masseschulden nach

Um dem Gläubiger die Veräußerung einer festgestellten Forderung zu erleichtern, hat der Gerichtsschreiber auf dem Wechsel oder der sonstigen Schuldurkunde über die Forderung die erfolgte Feststellung mit Beidrückung des Gerichtssiegels zu vermerken.[80]

VI. Auch der Gemeinschuldner hat sich bei der Prüfung jeder Forderung über sie zu erklären.[81] Soweit bloß das Konkursverfahren in Betracht kommt, dient seine Erklärung nur zur Auskunft und Aufklärung und kann die Feststellung der Forderung für dieses Verfahren weder bewirken noch verhindern.[82] Er kann sich aber im Hinblick auf die Zeit nach der Beendigung des Konkursverfahrens an der Prüfung auch als Partei beteiligen[83] und durch seine Bestreitung der Forderung (nicht aber bloß

---

§ 59 Nr. 3 KO. Vgl. ob. § 14 Anm. 21, 23. Der Beschluß, der die Berichtigung verweigert, ist dem Antragsteller zuzustellen, dem dagegen die sofortige Beschwerde zusteht. Die Berichtigung ist unanfechtbar. Vgl. Oetker Grdb. 372, Seuff. 276, Jäger § 146 Anm. 31. Auch gegen die Berichtigung halten die sofortige Beschwerde für statthaft Pet.-Kleinf. § 146 Bem. 31, Sar.-Boß. § 146 Bem. 10 a. E. Es genügt aber, daß ein KGl., der sich zufolge einer Berichtigung bei einer Verteilung zu Unrecht verkürzt glaubt, gegen das Verteilungsverzeichnis Einwendungen erheben kann.

[80] § 145 Abs. 1 Satz 2 KO vbd. Mot. §§ 132, 133 Abs. 3 a. E. (363 a. E.).

[81] § 141 Abs. 2 KO.

[82] S. § 144 Abs. 1 KO vbd. Mot. §§ 129—131 Abs. 4 (362). Vgl. ob. § 12 IV. Daher ist auch die Wirksamkeit seiner Erklärung insoweit nicht durch Prozeßfähigkeit bedingt. S. ob. Anm. 19.

[83] Dazu gehört dann aber Prozeßfähigkeit. Fehlt ihm diese, so muß er behufs wirksamer Bestreitung der Forderung in diesem Sinn durch seinen gesetzlichen Vertreter vertreten werden: entsprech. § 51, 56 CPO. S. ob. § 12 Anm. 8. Soweit er an der Prüfung als Partei beteiligt ist, kann er, und ebenso sein gesetzlicher Vertreter, sich eines Beistandes bedienen oder durch eine andere prozeßfähige Person, insbesondere einen Rechtsanwalt, vertreten lassen. S. Mot. § 152 Abs. 9 (385). Wegen der Rechtsanwaltsgebühren s. § 56 Nr. 1 vbd. § 59 Abs. 1 RAGebO.

des dafür beanspruchten Vorrechtes oder ihrer Eigenschaft als Konkursforderung) verhüten, daß die Eintragung der Forderung als für das Konkursverfahren festgestellt in die Tabelle nach der Beendigung dieses Verfahrens einen Vollstreckungstitel gegen ihn bildet.[34]

VII. Über die Verhandlungen im Prüfungstermin ist ein Protokoll aufzunehmen, welches jedoch, weil für die Prüfung jeder einzelnen Forderung die in die Tabelle eingetragenen Vermerke über das Prüfungsergebnis als das Protokoll anzusehen sind,[35] außer den wesentlichen Förmlichkeiten[36] in der Regel nur die allgemeine Angabe des Ganges der Verhandlung unter Bezeichnung der geprüften Forderungen nach den Nummern der Tabelle zu enthalten braucht.[37] Jedoch ist durch das Protokoll auch die etwaige Rückgabe von Urkunden festzustellen. Diese muß in Ansehung streitig gebliebener Forderungen immer, in Ansehung festgestellter nur auf Verlangen geschehen, kann jedoch auch in Ansehung der letzten von Amts wegen geschehen.[38]

e. Verteilungsverfahren.

§ 39.

aa. Allgemeines.

I. Die Konkursordnung unterscheidet „Abschlagsverteilungen", d. h. das Konkursverfahren nicht ab-

---

[34] Deswegen muß auch seine Bestreitung der Forderung in der Tabelle vermerkt werden. S. Mot. §§ 129—131 Abs. 4 (362), §§ 132, 133 Abs. 2 (363). Vgl. ob. § 12 IV.

[35] Daraus folgt (entspr. § 162, 163 CPO), daß diese Vermerke vorzulesen und von dem Amtsrichter und dem Gerichtsschreiber zu unterzeichnen sind. S. Formularbuch Nr. 191/192 (174 ff.).

[36] § 159 Nr. 1—4 CPO.

[37] § 160 Abs. 1 CPO.

[38] S. Mot. §§ 132, 133 Abs. 3 (363). S. aber auch § 443 CPO.

schließende Verteilungen, die „Schlußverteilung“, d. h. die das eigentliche Konkursverfahren abschließende Verteilung, und „Nachtragsverteilungen“, d. h. Verteilungen nach der Schlußverteilung als Ergänzung derselben.

II. Vor der vollständigen Abhaltung des allgemeinen Prüfungstermins darf keine Verteilung stattfinden. Nachher aber soll eine Abschlagsverteilung stattfinden, sobald und so oft in der Konkursmasse so viel für die Befriedigung der Konkursgläubiger verfügbares bares Geld vorhanden ist, daß die Vornahme einer besonderen Verteilung ein verständiges Interesse für sie hat.[1] Die Schlußverteilung erfolgt, sobald die Verwertung der verwertbaren Masse beendigt ist.[2] Nachtragsverteilungen endlich werden erforderlich, wenn sich für die Konkursgläubiger verfügbare Beträge erst nach dem Beginn des Vollzuges der Schlußverteilung ergeben.[3]

Bei jeder Verteilung kann aber zur Befriedigung der Konkursgläubiger nur derjenige Bestand verwendet werden, welcher nach Berichtigung oder Sicherstellung der bekannten Aussonderungs-, Absonderungs- und Masseansprüche übrig bleibt.[4] Auch sind solche Ansprüche unabhängig von den Verteilungen zu berichtigen. Dagegen können die bevorrechtigten Konkursgläubiger ihre Befriedigung gleich den nicht bevorrechtigten nur bei Gelegenheit der Verteilungen verlangen. Indessen ist dem Konkursverwalter aus Billigkeitsrücksichten gestattet, auf festgestellte bevorrechtigte Forderungen mit Ermächtigung des Konkursgerichtes Zahlungen auch unabhängig von den Verteilungen zu leisten.[5]

[1] § 149 KO vbd. Mot. §§ 137 bis 142 Abs. 1 (372 fg.).
[2] § 161 Abs. 1 vbd. § 162 Abs. 1 KO.
[3] § 166 KO. S. unt. § 43.
[4] S. Mot. §§ 137—142 Abs. 2 (373). S. jedoch § 172 KO.
[5] § 170 KO vbd. Mot. a. a. O. Auch die Vorrechtsgläubiger können die Erteilung der Ermäch-

III. Die Vornahme jeder Verteilung und die Höhe des zu verteilenden Betrages hängt mit Ausnahme der Nachtragsverteilungen immer zunächst von dem Ermessen des Konkursverwalters ab.[6] Jedoch muß dieser, wenn ein Gläubigerausschuß bestellt ist, jedesmal, und zwar schon vor der Einleitung des Verteilungsverfahrens, seine Genehmigung einholen.[7] Zur Vornahme der Schlußverteilung bedarf es stets auch der vorgängigen Genehmigung des Konkursgerichtes.[8] Die Nachtragsverteilungen endlich werden jedesmal von dem Konkursgerichte angeordnet.[9]

§ 40.

bb. Vorbereitung der Verteilungen.

I. Jede Verteilung mit Ausnahme der Nachtragsverteilungen, die als bloße Ergänzungen der Schlußver-

tigung beantragen und die Zurückweisung dieses Antrages mit sofortiger Beschwerde anfechten. Gegen die Erteilung der Ermächtigung steht den dadurch gefährdeten gleich oder besser berechtigten KGl. sowie den Massegläubigern die sofortige Beschwerde zu. Vgl. Pet.-Kleinf. § 170, Jäger § 170 Anm. 2. — Nicht unter § 170 KO fallen die ob. § 11 Anm. 5 erwähnten eigentümlichen Vorrechte der Pfandbriefgläubiger und der Lebensversicherten. Vgl. Pet.-Kleinf. Vorbem. 2 vor § 61.

[6] § 150 vgl. § 166 Abs. 1 KO vbd. Mot. §§ 137—142 Abs. 3 (373 fg.). Wegen pflichtwidriger Verzögerung einer Verteilung könnte aber das KGericht nach § 83, 84 KO Ordnungsstrafen gegen den Verwalter verhängen. S. Mot. a. a. O.

[7] § 150 KO vbd. Mot. a. a. O., Prot. 100. Bei Verweigerung der Genehmigung muß die Verteilung unterbleiben. Jedoch kann der Verwalter die Entscheidung der GlV. anrufen: entspr. § 135 Abs. 2 KO. Vgl. Sar.-Boß. § 150 Bem. 1 g. E., Pet.-Kleinf. §§ 149, 150 Bem. 3, Seuff. 347, Jäger § 150 Anm. 2. A. M. Oetker Grdb. 405 Anm. 3.

[8] § 161 Abs. 2 vbd. Mot. §§ 149, 150 Abs. 3 (380).

[9] § 166 Abs. 1 KO vbd. Mot. § 153 a. E. (386). — Wegen der Rechtsanwaltsgebühren für die von dem GSch. oder von einem KGl. aufgetragene Tätigkeit im Verteilungsverfahren s. § 56 Nr. 3 vbd. § 59 RAGebO.

teilung auf Grund des Schlußverzeichnisses geschehen,[1] hat der Konkursverwalter dadurch vorzubereiten, daß er ein Verzeichnis der Konkursforderungen, die dabei nach seiner Ansicht zu berücksichtigen sind, zur Einsicht der Beteiligten, d. h. der Konkursgläubiger und des Gemeinschuldners, auf der Gerichtsschreiberei niederlegt.[2] Ferner hat er jede bevorstehende Verteilung (auch die Nachtragsverteilungen[3]) öffentlich bekannt zu machen.[4] Diese Bekanntmachung muß als wesentliche Stücke auch die Angabe der Summe jener Forderungen (bei Abschlagsverteilungen nach Maßgabe ihres teilnahmeberechtigten ursprünglichen Betrages, bei der Schlußverteilung zweckmäßiger nach Maßgabe ihres Restbetrages[5]) mit besonderer Nennung des Betrages der bevorrechtigten (im Nachlaßkonkurse und Gesamtgutskonkurse auch der minderberechtigten[6]) Forderungen, sowie die Angabe des zur Verteilung verfügbaren Massebestandes enthalten.[7]

II. Bei jeder Verteilung dürfen aber nur die bereits geprüften Konkursforderungen berücksichtigt werden.[8] Und

---

[1] § 166 Abs. 1 KO.

[2] § 151 KO. Das Verzeichnis ist auf Grund der Tabelle und der dem Verwalter nach § 152, 153 KO bereits erbrachten Nachweise aufzustellen und zweckmäßig für jede Verteilung neu anzufertigen. Andere Ansprüche als die nach dem Stande zur Zeit der Aufstellung zu berücksichtigenden KForderungen, insbesondere also Masseansprüche, sind nicht aufzunehmen. Die Niederlegung des Verzeichnisses muß spätestens gleichzeitig mit der öffentlichen Bekanntmachung geschehen. Vgl. Jäger § 151 Anm. 1, 2, 7, 8, Pet.-Kleinf. § 151 Bem. 2, Sar.-Boß. § 151 Bem. 2, 4. Formular bei Jäger Note 1 zu Anm. 1.

[3] S. § 172 vbd. § 166 Abs. 1 KO.

[4] Gemäß § 76 Abs. 1 KO.

[5] Vgl. Mot. § 143 Abs. 2 a. E. (378), Sar.-Boß. § 151 Bem. 2 Nr. 8, Jäger Anm. 7.

[6] S. § 226, 236 KO. Vgl. Jäger Note 1 zu Anm. 1, Seuff. 348.

[7] § 151 KO vbd. Mot. §§ 137 bis 142 Abs. 4 (374).

[8] S. Mot. §§ 137—142 vorl. Abs. (375). Das gilt auch für die titulierten Forderungen. Vgl. Seuff. 349, Jäger §§ 151 Anm. 4, 152 Anm. 2 Abs. 2.

zwar sind diese jedenfalls zu berücksichtigen, wenn und soweit sie bereits für das Konkursverfahren festgestellt sind.[9] Eine durch Widerspruch des Konkursverwalters oder eines Konkursgläubigers bei der Prüfung streitig gebliebene Forderung, die noch nicht durch rechtskräftige Entscheidung festgestellt ist, wird gleichwohl berücksichtigt, wenn sie laut der Tabelle tituliert ist und der Widerspruch gegen die Richtigkeit der Forderung erhoben war. Betraf er den durch Schätzung bestimmten angemeldeten Betrag oder die Eigenschaft der Forderung als Konkursforderung oder das für sie beanspruchte Vorrecht, so ist die Forderung als nicht titulierte zu behandeln, weil sich auf diese Fragen der Titel nicht bezieht.[10] Eine streitig gebliebene nicht titulierte Forderung aber darf nur dann bei der Verteilung berücksichtigt werden, wenn der Anmelder bereits ihre Feststellung gegen den oder die Widersprecher durch Erhebung der Feststellungsklage oder durch Aufnahme des bei der Eröffnung des Konkursverfahrens schon anhängigen Rechtsstreites über die Forderung betrieben und diese Betreibung dem Konkursverwalter nachgewiesen hat.[11] Eine Konkursforderung, wofür zugleich abgesonderte Befriedigung in Anspruch genommen ist, wird selbst unter der Voraussetzung ihrer Feststellung bei einer Verteilung nur mit demjenigen Betrage berücksichtigt, für welchen der Gläubiger dem Konkursverwalter vorher den Nachweis des Verzichtes auf die ab-

---

[9] S. ob. § 12 III., IV., V.

[10] S. ob. § 12 bei Anm. 61, 62.

[11] § 152 KO vbd. § 146 Abs. 1 bis 3, 5, 6 KO und Mot. §§ 137 bis 142 vorl. Abs. (375). S. auch ob. § 12 VI. Soweit es sich dabei um streitig gebliebene Forderungen handelt, die zurzeit in einem Feststellungs- oder Widerspruchsprozesse befangen sind, werden jedoch die auf sie treffenden Anteile bei dem Vollzuge der Verteilung zurückbehalten: § 168 Nr. 1 KO.

gesonderte Befriedigung oder des Ausfalls dabei geführt hat.[12] Zur Berücksichtigung bei einer Abschlagsverteilung genügt es jedoch schon, daß dem Verwalter die, sei es durch den Absonderungsberechtigten selbst, sei es durch einen anderen Beteiligten, erfolgte Betreibung der Veräußerung des dem Absonderungsrechte unterworfenen Gegenstandes nachgewiesen und der Betrag des mutmaßlichen Ausfalls des Absonderungsberechtigten glaubhaft gemacht ist.[13] Doch wird dann der auf die Forderung treffende Anteil bei dem Vollzuge der Abschlagsverteilung zurückbehalten, und wenn nicht dem Verwalter bis zum Ablaufe der Ausschlußfrist für die Schlußverteilung der Nachweis des Verzichtes auf die abgesonderte Befriedigung oder des Betrages des Ausfalls dabei geführt ist, so wird dieser Anteil für die Schlußverteilung frei.[14] Eine aufschiebend bedingte Konkursforderung, wofür im übrigen die Erfordernisse der Berücksichtigung (§ 152, 153 KO) bestehen, wird, solange die Bedingung schwebt, bei den Abschlagsverteilungen und bei der Schlußverteilung ebenso berücksichtigt, wie wenn sie unbedingt wäre. Die Anteile werden aber bis zur Entscheidung der Bedingung zurückbehalten. Ist bei dem Ablaufe der Ausschlußfrist für die Schlußverteilung ihr Eintritt so unwahrscheinlich, daß die Forderung keinen gegenwärtigen Vermögenswert hat, so geht diese im Konkursverfahren leer aus. Sie wird also bei der Schlußverteilung nicht mehr berücksichtigt und die für sie bei den Abschlagsverteilungen zurückbehaltenen An-

[12] § 153 Abs. 1 vbd. § 64 KO. Vgl. ob. § 10 V. a. E. Der Nachweis des Verzichtes liegt in der bestimmten Erklärung des Verzichtes gegenüber dem KV. S. ob. § 10 Anm. 25 und Jäger § 153 Anm. 3.

[13] § 153 Abs. 2 KO.

[14] § 168 Nr. 3, 156 KO. Vgl. unt. § 44 II. Nr. 2. b.

teile werden für die anderen Konkursgläubiger frei.[15] Eine auflösend bedingte Konkursforderung ist, solange die Bedingung schwebt, wie eine unbedingte zu behandeln. Nur dann werden die auf sie treffenden Anteile bis zur Entscheidung der Bedingung zurückbehalten, wenn der Gläubiger die Sicherheit nicht leistet, ohne deren Leistung er auch, wenn kein Konkurs eröffnet wäre, die Zahlung nicht hätte fordern können.[16]

III. Konkursforderungen, für welche die Bedingungen der Berücksichtigung zur Zeit der Aufstellung des Verzeichnisses noch nicht vorhanden oder, wo es eines dem Konkursverwalter geführten Nachweises bedarf,[17] noch nicht nachgewiesen waren, werden gleichwohl bei der Verteilung berücksichtigt, wenn jene Bedingungen noch innerhalb einer „Ausschlußfrist" von zwei Wochen seit der öffentlichen Bekanntmachung der bevorstehenden Verteilung[18] erfüllt bezw. dem Verwalter nachgewiesen werden.[19] Dagegen

[15] § 67, 154 Abs. 1 vbd. § 168 Nr. 2; § 154 Abs. 2, 156 KO. Vgl. ob. § 10 II. Abs. 1. S. auch § 171 KO.

[16] § 66 vbd. § 168 Nr. 4 KO. Vgl. ob. § 10 II. Abs. 2.

[17] Eines besonderen Nachweises bedarf es natürlich nicht, wenn die Feststellung der streitig gebliebenen Forderung gegen den Verwalter selbst betrieben ist. Vgl. Mot. §§ 137—142 vorl. Abs. a. E. (376 a. A.).

[18] Nach § 222 Abs. 1, 2 CPO vbd. § 187, 188 BGB und im Hinblick auf § 76 Abs. 1 Satz 2 KO endigt die Frist mit dem Ablaufe desjenigen Tages der zweiten Woche, welcher durch seine Benennung dem zweiten Tage nach der Ausgabe des die Bekanntmachung enthaltenden Stückes des Gerichtsamtsblattes entspricht, wenn aber dieser Tag ein Sonntag oder allgemeiner Feiertag ist, erst mit Ablauf des nächstfolgenden Werktages. Ist z. B. das Blatt Mittwoch den 24. Juni ausgegeben, so endigt die Frist mit dem Ablaufe von Freitag dem 10. Juli. Vgl. ob. § 26 Anm. 24 und Jäger § 152 Anm. 3. S. auch Jäger Anm. 4.

[19] § 152, 153 KO vbd. Mot. §§ 137—142 Abs. 5, 7 (374, 375). Vgl. Jäger Anm. 5.

sind diejenigen Konkursgläubiger, welche bei dem Ablaufe der Ausschlußfrist die gedachten Bedingungen noch nicht erfüllt bezw. dem Verwalter nachgewiesen haben, von der Berücksichtigung bei dieser Verteilung endgültig ausgeschlossen.[20] War die letzte jedoch eine bloße Abschlagsverteilung, so können sie, sobald sie jene Bedingungen erfüllt haben, die Zuweisung desjenigen, was unter der Voraussetzung gleich anfänglicher Erfüllung bei den bisherigen Verteilungen auf sie gefallen wäre,[21] nachträglich, und zwar vor neuen Zuweisungen an die Konkursgläubiger, aus der verfügbaren Restmasse verlangen,[22] soweit diese reicht und nicht wegen des bereits erfolgten Ablaufes der Ausschlußfrist für eine bevorstehende neue Verteilung zu dieser zu verwenden ist.[23]

---

[20] § 152 a. E., 153 Abs. 1 a. E. KO. Vbd. Mot. a. a. O., § 143 Abs. 1 (376), § 145 (378 fg.). Würde der KV. solche Gläubiger trotzdem noch berücksichtigen, so könnten gegen das Verzeichnis in seiner nunmehrigen Gestalt nach § 158 bezw. § 162 KO Einwendungen erhoben und nach § 84 KO von dem KGerichte gegen den Verwalter Ordnungsstrafen verhängt werden. Vgl. Seuff. 353.

[21] Also die bevorrechtigten Gläubiger die Zuweisung des vollen Betrages ihrer Forderungen, die nicht bevorrechtigten die Zuweisung der bei den bisherigen Verteilungen festgesetzten Prozentsätze. S. § 155 KO vbd. Mot. § 143 vorl. Abs. a. E. (378).

[22] Die Nachzahlung geschieht nicht von Amts wegen. Wird sie verlangt, so braucht für sie nicht unbedingt eine neue allgemeine Verteilung abgewartet zu werden. S. Mot. § 143 vorl. Abs. (378). Jedoch muß sie stets nach Maßgabe des § 151 KO vorbereitet und bekannt gemacht und, falls ein GlA. besteht, nach § 150 KO von diesem genehmigt sein. Vgl. Kohler Lehrb. 581, Seuff. 366, Jäger § 155 Anm. 2. A. M. Pet.-Kleinf. §§ 155—157 Bem. 3, 4. Der Verwalter wird daher in der Regel gut tun, bis zu der nächsten allgemeinen Verteilung zu warten. Vgl. namentlich Sar.-Boß. § 155 Bem. 2.

[23] § 155 KO. Zu der Restmasse gehören auch die nach § 168 KO bei früheren Verteilungen zurückbehaltenen, inzwischen wieder frei gewordenen Beträge. S. § 156, 166 Abs. 1 KO und Mot. § 143 letzt. Abs. (378). Reicht bei gleichzeitigem An-

IV. Innerhalb dreier Tage nach dem Ablaufe der Ausschlußfrist hat der Konkursverwalter die Abänderungen des Verzeichnisses vorzunehmen, die sich nach Maßgabe der angegebenen Regeln als erforderlich herausstellen. Das abgeänderte Verzeichnis ist wiederum zur Einsicht der Beteiligten in der Gerichtsschreiberei niederzulegen.[24]

§ 41.

cc. Weiteres Verfahren bei den Abschlagsverteilungen.

I. Bei einer Abschlagsverteilung müssen Einwendungen, die ein Konkursgläubiger[1] gegen das nach dem Ablaufe der

---

bringen mehrerer nachträglich zu berücksichtigender Gläubiger die verfügbare Restmasse zu voller Nachzahlung an alle nicht aus, so muß unter ihnen eine Verteilung nach Maßgabe der gesetzlichen Rangordnung (§ 61 KO) eintreten. S. Mot. § 143 vorl. Abs. (378). — Die bei den früheren Verteilungen berücksichtigten Gläubiger sind hinsichtlich der ihnen dabei zugewiesenen Beträge gegen jede Rückforderung von Seite der bei diesen Verteilungen ausgeschlossenen KGl. und Massegläubiger unbedingt gesichert. S. § 155 KO.: „aus der Restmasse", § 172 KO und Mot. §§ 137—142 Abs. 5 (374), § 143 Abs. 1 (376).

[24] § 157 KO vbd. § 151 KO und Mot. § 145 (378 fg.). An dem in der öffentlichen Bekanntmachung (§ 151 KO) als zur Verteilung verfügbar bezeichneten Massebestande darf nichts geändert werden. S. Mot. §§ 146—148 Abs. 2 a. E. (380). — Nach Ablauf der drei Tage darf der Verwalter bei Vermeidung von Ordnungsstrafen keine Änderungen des Verzeichnisses mehr vornehmen, und der Gerichtsschreiber müßte den Versuch solcher Änderungen ablehnen. Vgl. Pet.-Kleinf. §§ 155—157 Bem. 8, §§ 158—160 Bem. 2, Sar.-Boß. § 157 Bem. 1 a. E. Nach Seuff. 353, Jäger § 157 Anm. 2 könnten solche Änderungen nur durch Einwendungen gegen das Verzeichnis angefochten werden. Dann gäbe es aber keine Hilfe gegen eine unmittelbar vor dem Ablaufe der Einwendungsfrist vorgenommene Änderung.

[1] Einwendungen können von jedem KGl. erhoben werden, der ein Interesse an der begehrten Änderung des Verzeichnisses hat, mithin nicht von einem Gläubiger, dessen Forderung noch noch nicht geprüft ist. Vgl. Seuff. 354, Jäger § 158 Anm. 2. Die Massegläubiger sind zu Ein-

Ausschlußfrist endgültig festgestellte Verzeichnis, sei es wegen Nichtberücksichtigung seiner eigenen Forderung, sei es wegen Berücksichtigung derjenigen eines anderen Konkursgläubigers, vorbringen will, innerhalb einer Woche seit dem Ablaufe der Ausschlußfrist bei dem Konkursgerichte erhoben werden bei Vermeidung der Nichtbeachtung.[2] Das Gericht entscheidet über die Einwendungen durch Beschluß, dem nach Ermessen des Gerichtes eine schriftliche oder mündliche Anhörung der Beteiligten vorausgehen kann.[3] Ein (ganz oder teilweise) abweisender Beschluß ist von Amts wegen dem Einwender, seinen etwaigen Gegnern, d. h. denjenigen Konkursgläubigern, gegen deren Berücksichtigung sich die Einwendung richtete, sowie dem Konkursverwalter zuzustellen. Dem Abgewiesenen steht dagegen die sofortige Beschwerde zu.[4] Der Beschluß, wodurch eine Berichtigung angeordnet wird, ist, anstatt der Zustellung an die Beteiligten, in der Gerichtsschreiberei niederzulegen.[5] Die

wendungen nicht berechtigt, weil sie bei dem Verzeichnisse kein Interesse haben. Ebensowenig der GSch., da er auch die Feststellung einer Forderung für das KVerf. durch seinen Widerspruch nicht verhindern kann. Vgl. Sar.-Boß. § 158 Bem. 2 a. E.

[2] § 158 Abs. 1 KO vbd. Mot. §§ 146—148 Abs. 1, 2 (379). Vgl. § 230, 231 CPO. Nach § 222 Abs. 1, 2 CPO vbd. § 187, 188 BGB endigt diese Einwendungsfrist mit dem Ablaufe des dem Tage des Ablaufes der Ausschlußfrist entsprechenden Tages der nächsten Woche, wenn dieser nicht ein Sonn- oder Feiertag ist. Vgl. ob. § 40 Anm. 18. — Die Einwendungen können schriftlich eingereicht oder mündlich zu Protokoll des Gerichtsschreibers erklärt werden: entsprech. § 496 CPO.

[3] § 158 Abs. 2 Satz 1 KO. Vbd. § 73 Abs. 1 KO.

[4] Folgt aus § 73 Abs. 2, 3 KO. Vgl. Jäger § 158 Anm. 6, Sar.-Boß. § 158 Bem. 7.

[5] § 158 Abs. 2 Satz 2 KO. Außerdem wäre eine besondere Zustellung an die Beteiligten erforderlich nach Sar.-Boß. § 158 Bem. 7. S. dagegen Pet.-Kleinf. §§ 158—160 Bem. 4, Seuff. 355, Jäger § 158 Anm. 7 Abs. 2. Zweckmäßig ist aber die öffentliche Bekanntmachung der erfolgten Niederlegung. S. Kohler Lehrb. 577 Anm. 1.

sofortige Beschwerde dagegen steht dem Konkursverwalter und jedem Konkursgläubiger zu, dem die Berichtigung zum Nachteil gereicht.[6] Die Frist für die Einlegung der Beschwerde läuft in diesem Fall von dem Tage der gedachten Niederlegung an.[7]

Wenn innerhalb der Einwendungsfrist keine Einwendungen erhoben sind, oder wenn über die erhobenen rechtskräftig entschieden ist, so steht der Kreis der bei dieser Verteilung teilnahmeberechtigten Konkursgläubiger und der dabei zu berücksichtigende Betrag jeder Konkursforderung endgültig und unanfechtbar fest.[8]

II. Nachdem die Einwendungsfrist abgelaufen und über die erhobenen Einwendungen vom Konkursgerichte entschieden ist,[9] hat der Konkursverwalter den bei der Verteilung zu zahlenden Prozentsatz festzusetzen. Ist ein Gläubigerausschuß bestellt, so wird der Prozentsatz von diesem auf Antrag des Verwalters festgesetzt.[10]

---

[6] Vgl. Jäger a. a. O. A. M., wonach der Verwalter kein Beschwerderecht hätte, Oetker Grdb. 410 Anm. 3, Seuff. 356.

[7] § 158 Abs. 2 Satz 3 KO. — Entsprechend ist der Beschluß des Beschwerdegerichtes, wenn er eine Einwendung abweist, den Beteiligten zuzustellen, wenn er eine Berichtigung anordnet, in der Gerichtsschreiberei des KGerichtes niederzulegen. Vgl. Jäger Anm. 9.

[8] S. Mot. §§ 146—148 Abs. 2 (379).

[9] Die Erledigung der gegen eine Entscheidung des KGerichtes eingelegten Beschwerde muß nur dann abgewartet werden, wenn dieses entweder von dem KGerichte oder von dem Beschwerdegerichte angeordnet ist: § 572 Abs. 2, 3 CPO. Vgl. Prot. 105 fg. Doch wird es zur Vermeidung möglicher Rückgriffe gegen den KV. (§ 82 KO) oder gegen die Gläubiger, die zuviel empfangen haben, meist zweckmäßig sein, die rechtskräftige Entscheidung über die Einwendungen abzuwarten. Vgl. Kohler Lehrb. 580, Jäger Anm. 10.

[10] § 159 Abs. 1 KO. Vgl. Jäger § 159 Anm. 2, Sar.-Boß. § 159 Bem. 2. A. M., wonach der Ausschuß keinen anderen oder mindestens keinen höheren als den von dem KV. bean-

Bei dieser Festsetzung darf über den in der öffentlichen Bekanntmachung (s. § 40 I.) als für die Verteilung verfügbar bezeichneten Betrag nicht hinausgegangen und ein inzwischen eingetretener Zuwachs an verfügbarem Massebestande nicht berücksichtigt werden.[11] Wohl aber kann jener Betrag inzwischen eine Verminderung erlitten haben, als z. B. durch unvorhergesehene Verwaltungsausgaben, Nachzahlungen an Gläubiger, die bei früheren Verteilungen nicht berücksichtigt worden waren, Befriedigung von Masseansprüchen, die erst nach der öffentlichen Bekanntmachung zur Kenntnis des Verwalters gelangt sind, u. dgl.[12] Ferner müssen die bei der Verteilung beteiligten bevorrechtigten Konkursgläubiger nach Maßgabe ihres Ranges zum voraus befriedigt werden. Erst von dem Reste wird für die übrigen Konkursgläubiger der auf sie treffende Prozentsatz nach dem Verhältnisse der Beträge ihrer Forderungen berechnet. Diese Berechnung braucht aber nicht mit ängstlicher Rücksicht darauf zu geschehen, daß der ganze für die Verteilung verfügbare Betrag völlig erschöpfend verteilt werde, sondern es genügt eine annähernd erschöpfende Festsetzung des Prozentsatzes möglichst in runder Zahl, so daß sich der anteilige Betrag jedes einzelnen Gläubigers leicht und rasch berechnen läßt.[13]

tragten Betrag bestimmen dürfte, Seuff. 359, Pet.-Kleinf. §§ 158 bis 160 Bem. 6.

[11] S. Mot. §§ 137—142 Abs. 4 (374), §§ 146—148 Abs. 2 a. E. (380).

[12] Vgl. § 155, 172 KO. S. auch ob. § 40 III. a. E. und unt. Anm. 15. Ferner Jäger Anm. 3.

[13] S. Mot. §§ 146—148 Abs. 2 (379 fg.). Ein Recht zu Einwendungen gegen die Festsetzung des Prozentsatzes entspr. § 158 KO steht den KGl. überhaupt nicht zu. Sondern unrichtige Festsetzung begründet nur eine Haftung des Verwalters oder der Mitglieder des GlA. für den dadurch verursachten Schaden und unter Umständen ein Einschreiten gegen den Verwalter mit Ordnungsstrafen nach § 83, 84 KO. Vgl. Seuff. 359, Jäger a. a. O. u. A.

Massegläubiger, deren Ansprüche bei der Festsetzung des Prozentsatzes[14] dem Konkursverwalter noch nicht bekannt waren, sind von der Befriedigung aus dem zur Auszahlung des festgesetzten Prozentsatzes erforderlichen Massebestande ausgeschlossen, und die bei der Verteilung berücksichtigten Konkursgläubiger sind daher gegen jede Rückforderung von Seite solcher Massegläubiger gesichert. Diese haben jetzt nur noch auf Befriedigung aus der Restmasse Anspruch.[15]

Als Beginn des Vollzuges der Abschlagsverteilung[16] hat der Konkursverwalter allen bei der Verteilung berücksichtigten Konkursgläubigern den festgesetzten Prozentsatz mitzuteilen.[17]

---

[14] Zur wirklichen Festsetzung, d. h. der nach außen wirksamen und für den KV. und den GlA. bindenden Bestimmung des Prozentsatzes gehört seine Mitteilung an mindestens einen der berücksichtigten KGl. Vgl. Sar.-Boß. § 172 Bem. 2, Seuff. 359, Jäger Anm. 4.

[15] § 172 KO vbd. Mot. § 143 Abs. 1 (376), § 159 (389), §§ 146—148 Abs. 2 (379 fg.). Über den Begriff der Restmasse s. ob. § 40 Anm. 23. — Dafür, daß zur Berichtigung der vor der Festsetzung des Prozentsatzes zu seiner Kenntnis gelangten Masseansprüche die erforderlichen Beträge von der Verteilung ausgeschlossen bleiben, ist nicht nur der Verwalter den Massegläubigern persönlich verantwortlich, sondern diese könnten sich nötigenfalls auch durch Erwirkung eines Arrestes sichern: entspr. § 917 CPO vbd. Mot. § 159 (389). Endlich steht ihnen gegen diejenigen KGl., zu deren Gunsten sie durch eine ohne die gebotene Rücksicht auf ihre Ansprüche vollzogene Verteilung in ungerechter Weise verkürzt sind, ein Rückforderungsrecht zu. Vgl. ob. § 14 I. a. E.

[16] S. § 51 Nr. 3 GKG.

[17] § 159 Abs. 2 KO vbd. Mot. §§ 146—148 a. E. (380.) Die Art der Mitteilung hängt nach § 77 Abs. 2 KO vom Ermessen des KV. ab. Darum kann die besondere Mitteilung durch öffentliche Bekanntmachung ersetzt werden, zumal da diese nach § 76 Abs. 3 KO sogar als Zustellung an alle Beteiligten gilt. Vgl. Seuff. 360, Jäger § 159 Anm. 4. A. M. Sar.-Boß. § 159 Bem. 3, Pet.-Kleinf. §§ 158—160 Bem. 6 a. E. — Durch die Mitteilung erlangt jeder berücksichtigte Gläu-

III. Wenn der Gemeinschuldner in gehöriger und zulässiger Weise[18] einen Zwangsvergleich vorgeschlagen hat, so kann auf seinen Antrag, falls er vor dem Ablaufe der Ausschlußfrist gestellt ist,[19] das Konkursgericht nach freiem Ermessen die Aussetzung einer bekannt gemachten Abschlagsverteilung anordnen.[20] Die Aussetzung wird beendigt durch endgültige Verwerfung des Vergleichsvorschlages.[21]

§ 42.

dd. Eigentümlichkeiten der Schlußverteilung.

I. Die Schlußverteilung erfolgt alsbald nach der Beendigung der Verwertung der Masse, soweit diese den Umständen nach verwertbar ist.[1] Weil sie unmittelbar zur

---

biger einen klagbaren Anspruch gegen den KV. auf die Auszahlung bezw. Zurückbehaltung (s. § 168 KO) des auf ihn treffenden Betrages. Vgl. Oetker Grdb. 201, Seuff. 374, Jäger Anm. 5.

[18] S. § 174, 175 KO. Vgl. Prot. 107 a. A.

[19] Vgl. Pet.-Kleinf. §§ 158 bis 160 Bem. 8, Sar.-Boß. § 160 Bem. 2, Seuff. 360, Jäger § 160 Anm. 1 Nr. 3.

[20] § 160 KO. Der den Antrag abweisende Beschluß ist dem GSch. zuzustellen und kann von ihm mit sofortiger Beschwerde angefochten werden. Die Anordnung der Aussetzung ist öffentlich bekannt zu machen. Dem KV. und den bei der Verteilung zu berücksichtigenden KGl. steht dagegen die sofortige Beschwerde zu. Vgl. Sar.-Boß. § 160 Bem. 1, Seuff. 361, Pet.-Kleinf. §§ 158—160 Bem. 8 a. E., Jäger Anm. 2, 3.

[21] S. § 182, 186—189 KO. Vgl. Sar.-Boß. § 160 Bem. 2, Seuff. 361, Jäger Anm. 5. Die Wirkungen der Aussetzung sind entspr. § 249 CPO zu bestimmen, so daß nach der Beendigung der Aussetzung die Ausschlußfrist von neuem beginnt. Auch muß die Aufnahme des ausgesetzten Verteilungsverfahrens entspr. § 250 CPO vbd. § 76 Abs. 3, 151 KO durch eine neue öffentliche Bekanntmachung geschehen. Vgl. Oetker Grdb. 415.

[1] § 161 Abs. 1 vbd. § 162 Abs. 1 KO und Mot. §§ 149, 150 Abs. 1 (380). Dadurch, daß noch nicht alle Feststellungs- oder Widerspruchsprozesse über streitig gebliebene KForderungen beendigt sind, wird wegen § 168 Nr. 1, 169, 166 Abs. 1 KO die Schlußverteilung nicht gehin-

Aufhebung des Konkursverfahrens führt und den tatsächlichen Ausschluß aller bis dahin nicht nach der Vorschrift des Gesetzes geltend gemachten Ansprüche und Forderungen von der Konkursmasse nach sich zieht, sowie die Unmöglichkeit, vorgekommene Irrtümer und Unregelmäßigkeiten innerhalb des Verfahrens wieder auszugleichen, so ist zu erhöhter Sicherung der Beteiligten das Verfahren bei ihr in mehrfacher Hinsicht anders als bei den Abschlagsverteilungen gestaltet.[2]

Zuvörderst bedarf es zu ihrer Vornahme stets, selbst wenn ein Gläubigerausschuß bestellt und seine Genehmigung erfolgt ist, der vorgängigen Genehmigung des Konkursgerichtes.[3] Sodann aber ist sie nicht bloß, wie die Ab-

---

dert. S. Mot. a. a. O. Ebensowenig aber auch unbedingt dadurch, daß ein die Teilungsmasse betreffender Prozeß, insbesondere ein durch Einwendungen gegen die Schlußrechnung des KV. veranlaßter, noch nicht erledigt ist, weil der noch streitige Anspruch der Masse, wenn es nicht gelingt, ihn als solchen zu verwerten, durch Beschluß der GlV. dem GSch. freigegeben oder einer Nachtragsverteilung vorbehalten werden kann. S. unt. I. a. E. — Zur Schlußverteilung muß es übrigens auch kommen in dem immerhin möglichen Fall, daß vor beendigter Verwertung der Masse, etwa infolge eines auf ein Lotterielos gefallenen Gewinnes, darin die Mittel zu vollständiger Befriedigung sämtlicher angemeldeter KForderungen vorhanden wären. Zustimmend Oetker Grdb. 418. S. auch § 52 Abs. 2 GKG. Werden die Gläubiger nicht aus der Masse sondern außerhalb des KVerf. befriedigt, so müßte die Einstellung des Verfahrens nach § 202 KO beantragt werden. Nur die Möglichkeit einer Einstellung des Verfahrens scheinen in beiderlei Fällen anzunehmen: Pet.-Kleinf. Vorbem. 2 vor § 202.

[2] Vgl. Mot. §§ 149, 150 Abs. 2 (380).

[3] § 161 Abs. 2 vbd. § 150 KO und Mot. §§ 149, 150 Abs. 3 (380). Vgl. ob. § 39 III. Der Beschluß, wodurch das Gericht über den Antrag des KV. auf die Genehmigung entscheidet, ist von Amts wegen dem Verwalter zuzustellen. (Meist wird er auch dem GSch. zugestellt.) Gegen die Verweigerung der Genehmigung steht dem KV., und nur ihm, die sofortige Beschwerde zu. Die Erteilung der Genehmigung ist un-

schlagsverteilungen, durch die Niederlegung eines Verzeichnisses der bei ihr zu berücksichtigenden Konkursforderungen, des sog. „Schlußverzeichnisses“, welches namentlich auch ihre Restbeträge anzugeben hat,[4] in der Gerichtsschreiberei und durch die öffentliche Bekanntmachung der Summe dieser Forderungen und des zu der Verteilung verfügbaren Massebestandes vorzubereiten,[5] sondern auch durch eine Gläubigerversammlung, die das Konkursgericht alsbald nach der Genehmigung der Vornahme der Schlußverteilung, gleichzeitig mit oder unmittelbar nach der öffentlichen Bekanntmachung dieser letzten durch den Verwalter,[6] auf den „Schlußtermin“ zu berufen hat.[7] Dieser Termin ist zur Abnahme der Schlußrechnung,[8] zur Erhebung von Einwendungen gegen das Schlußverzeichnis[9] und zur Beschlußfassung der Gläubiger über die nicht

---

anfechtbar; denn die einzelnen KGl. haben, ebenso wie (abgesehen von der einzigen Ausnahme in § 160 KO) der GSch., auf die Vornahme der Verteilungen keinen bestimmenden Einfluß. Vgl. Seuff. 363, Jäger § 161 Anm. 7. A. M. Pet.-Kleinf. § 161 Bem. 3, die das Beschwerderecht in beiden Fällen auch den einzelnen Gläubigern sowie dem GSch., und Sar.-Boß. § 161 Bem. 5, die es im Fall der Genehmigung (im Anschlusse an eine Äußerung in Prot. 107) den einzelnen Gläubigern, im Fall der Verweigerung dem KV., in beiden Fällen aber auch dem GSch. zusprechen.

[4] S. Mot. §§ 149, 150 Abs. 3 (380 fg.). Vgl. ob. § 40 I.

[5] § 151 KO. Auch ist das Verzeichnis innerhalb dreier Tage nach dem Ablaufe der Ausschlußfrist nach Maßgabe der nunmehr zufolge § 152—156 KO erforderlichen Änderungen zu berichtigen: § 157 KO. Vgl. ob. § 40 IV.

[6] Jedenfalls nicht vor dieser Bekanntmachung, weil sonst unter Umständen die in § 152, 157 KO bestimmten Fristen nicht gewahrt sein würden.

[7] § 162 Abs. 1 KO vbd. Mot. §§ 149, 150 Abs. 3.

[8] S. § 86 KO. Vgl. ob. § 29 IV.

[9] Diese werden also hier nur beachtet, wenn sie im Schlußtermin mündlich vorgebracht werden. Vgl. Jäger § 162 Anm. 4. S. im übrigen ob. § 41 I. und Anm. 1.

verwertbaren Vermögensstücke[10] bestimmt. Weil vor dem Termin jedenfalls die zweiwöchige Ausschlußfrist und die dreitägige Frist für die Berichtigung des Schlußverzeichnisses abgelaufen sein müssen, so ist er nicht unter drei Wochen, zur Vermeidung ungebührlicher Verzögerung aber nicht über einen Monat hinaus anzuberaumen.[11]

Werden in dem Termin Einwendungen gegen das Schlußverzeichnis erhoben, so entscheidet darüber, soweit nicht im Schlußtermin die Beseitigung gelingt, das Konkursgericht noch in dem Termin oder nachher nach Maßgabe der oben § 41 I. dargestellten Grundsätze.[12]

Die Beschlußfassung über nicht verwertbare Vermögensstücke kann namentlich in der Weise erfolgen, daß sie einzelnen Gläubigern mit ihrer Zustimmung zu einem bestimmten Preise in Anrechnung auf die ihnen bei der Schlußverteilung zukommenden Beträge überwiesen werden. Auch kann ein nochmaliger Verwertungsversuch beschlossen werden. Dann ist zum Berichte über das Ergebnis eine Vertagung der Verhandlung erforderlich, wenn nicht, wie z. B. bei

---

[10] Hierher gehören Sachen, wofür, z. B. weil sie mit Pfandrechten überlastet sind, kein oder kein annehmbarer Preis zu erlangen war, uneinbringliche oder nur mit unverhältnismäßigen Kosten einbringliche Ausstände des GSch., in Prozeß befangene Stücke der Masse u. dgl. Vgl. Jäger Anm. 6.

[11] § 162 Abs. 1 vbd. § 93 Abs. 2 KO. Wegen der Berechnung s. ob. § 36 Anm. 8. Vgl. Formularbuch Nr. 195 (180).

[12] § 158 Abs. 2 KO. Erfolgt die Entscheidung in dem Termin, so kann sie verkündet werden, wodurch aber weder die Zustellung, noch die Niederlegung in der Gerichtsschreiberei nach § 158 Abs. 2 KO entbehrlich wird. Vgl. Jäger Anm. 4 a. E., Sar.-Boß. § 162 Bem. 7. Der Vollzug der Schlußverteilung ist bis zu rechtskräftiger Erledigung aller erhobenen Einwendungen auszusetzen, da vorgekommene Verstöße innerhalb des Verfahrens nicht mehr geheilt werden können. Vgl. Oetker Grdb. 417, Sar.-Boß. § 163 Bem. 1 Nr. 1. Anders Prot. 183.

einer zurzeit noch im Prozesse befangenen Forderung der Masse, für den Fall eines günstigen Ergebnisses durch Beschluß der Gläubigerversammlung eine Nachtragsverteilung vorbehalten wird.[13] Endlich kann die Gläubigerversammlung die Freigabe des Gegenstandes an den Gemeinschuldner beschließen. Ist kein Beschluß gefaßt, so fällt durch die Aufhebung des Konkursverfahrens der Gegenstand von selbst in die freie Verfügung des Gemeinschuldners zurück.[14]

II. Das zur Vorbereitung der Schlußverteilung vorgeschriebene Verfahren ist, teils wegen seiner Wichtigkeit auch für die Vorbereitung der Rechnungslegung, teils im Hinblicke auf die Möglichkeit von Nachtragsverteilungen, auch dann erforderlich, wenn durch Berichtigung von Masseansprüchen, zufällige Verluste oder andere unvorhergesehene Umstände, insbesondere durch Nachzahlungen an Gläubiger, die bei früheren Verteilungen nicht berücksichtigt worden waren, die Restmasse gänzlich erschöpft ist. Am angemessensten ist es, in einem solchen Fall die Nachzahlungen als Stück der Schlußverteilung zu behandeln.[15]

III. Massegläubiger, deren Ansprüche nicht vor der Beendigung des Schlußtermins, d. h. ehe die Terminsverhandlung nach § 136 Abs. 4 CPO vom Konkursrichter für geschlossen erklärt ist, zur Kenntnis des Konkursverwalters gelangt sind, sind von der Befriedigung aus

[13] Vgl. unt. §43 Anm. 2. S. RG 17. IX. 91 (28 68 ff.), 27. III. 93 (31 42), Jäger § 166 Anm. 2, Kohler Lehrb. 585 Anm. 1, Oetker in BuschsZ 25 45, Seuff. 371 Anm 59, Pet.-Kleinf. § 163 Bem. 2, § 166 Bem. 2 (s. aber auch § 162 Bem. 4 a. E.). A. M. Sar.-Boß. § 161 Bem. 1, § 166 Bem. 7.

[14] S. Mot. §§ 149, 150 Abs. 4 (381), Prot. 183. S. aber auch § 99 KO. Vgl. Seuff. 381 fg., Jäger § 162 Anm. 6, 7.

[15] Vgl. Oetker Grdb. 418 und Mot. §§ 149, 150 letzt. Abs. (381). S. auch ob. § 40 Anm. 22.

dem Massebestande, der den Gegenstand der Schlußverteilung bildet, ausgeschlossen und haben jetzt nur noch auf Befriedigung aus derjenigen Masse Anspruch, welche sich nachträglich als möglicher Gegenstand von Nachtragsverteilungen ergeben kann.[16]

IV. Den Gegenstand der Schlußverteilung bildet aber nicht, wie bei den Abschlagsverteilungen, bloß der in ihrer öffentlichen Bekanntmachung als verfügbar bezeichnete Massebestand, sondern auch alles dasjenige, was inzwischen bis zum Beginn des Vollzuges der Schlußverteilung an verteilbarer Masse hinzugekommen ist, sei es durch Freiwerden zurückbehaltener Anteile oder Zurückfließen aus der Masse gezahlter Beträge, sei es durch nachträgliche Verwertung bisher nicht verwertbarer Vermögensstücke, Ermittelung bisher unbekannter Bestandteile der Masse, Beendigung von Prozessen zu Gunsten der Masse, Ersatzleistungen von Seite des Verwalters infolge von Einwendungen gegen die Schlußrechnung u. dgl.[17]

V. Nachdem die in dem Schlußtermin gegen das Schlußverzeichnis erhobenen Einwendungen und die darin über die nicht verwertbaren Vermögensstücke gefaßten Beschlüsse erledigt sind,[18] hat der Konkursverwalter die vorhandene Restmasse nach Deckung der zu berücksichtigenden Masse-

---

[16] § 172 KO. Vgl. Pet.-Kleinf. § 172 Bem. 1, Jäger § 172 Anm. 3.

[17] Vgl. § 166 KO, wonach sich die Nachtragsverteilungen auf die nach dem Vollzuge der Schlußverteilung verfügbar gewordene Masse beschränken. S. auch Sar.-Boß. § 172 Bem. 8, Oetker Grdb. 417, Seuff. 369 Nr. 7.

[18] Die Erledigung eines durch Einwendungen gegen die Schlußrechnung des Verwalters veranlaßten Prozesses gegen ihn braucht nicht abgewartet zu werden, so wenig wie die Erledigung eines anderen die Teilungsmasse betreffenden Prozesses, weil was dadurch etwa für die Masse erlangt wird, nach § 166 Abs. 2 KO Gegenstand einer Nachtragsverteilung werden kann S. ob. Anm. 1.

ansprüche auf die teilnahmeberechtigten Konkursgläubiger nach Maßgabe der gesetzlichen Vorschriften[19] erschöpfend auszuschlagen und jedem Gläubiger den auf ihn fallenden Betrag besonders mitzuteilen.[20] In dieser Mitteilung liegt im Sinn des Gesetzes der Beginn des Vollzuges der Schlußverteilung.[21]

VI. Nach der Abhaltung des Schlußtermins, d. h. nach der Erledigung der ihm in § 162 KO gestellten Aufgaben, erfolgt, nach dem Ermessen des Konkursgerichtes entweder sofort oder erst nach rechtskräftiger Entscheidung über die in dem Termin erhobenen Einwendungen gegen das Schlußverzeichnis oder auch erst nach dem Vollzuge der Schlußverteilung, durch unanfechtbaren Beschluß die Aufhebung des Konkursverfahrens.[22] Der Beschluß ist mit Angabe des Grundes der Aufhebung („nach erfolgter Abhaltung des Schlußtermins") in gleicher Weise wie der Eröffnungs-

[19] S. § 155, 61 KO.

[20] Entspr. § 159 Abs. 2 KO. Der klagbare Anspruch des Gläubigers auf diesen Betrag wird hier freilich nicht erst durch die Mitteilung, sondern schon durch das endgültig festgestellte Schlußverzeichnis begründet. Vgl. Seuff. 364, 369, Jäger § 162 Anm. 8.

[21] Entspr. § 51 Nr. 3 GKG. Vgl. Seuff. 369, Jäger a. a. O. Und zwar kommt es für die Feststellung des Gegenstandes der Schlußverteilung und ihre Abgrenzung gegen die Nachtragsverteilungen darauf an, daß die gedachte Mitteilung schon an mindestens einen der beteiligten Gläubiger erfolgt ist, weil dadurch die Berechnung der Schlußdividende nach außen hin wirksam und für den KV. unabänderlich wird. Vgl. Oetker Grdb. 417, Jäger § 166 Anm. 8 u. A. Kann wegen Mangels an Masse eine Schlußverteilung tatsächlich nicht stattfinden, so hat dieses der KV. jedem in dem endgültig festgestellten Schlußverzeichnisse berücksichtigten KGl. mitzuteilen. Diese Mitteilung ist dann zur Abgrenzung gegen die Nachtragsverteilungen maßgebend. Vgl. Oetker Grdb. 418, Pet.-Kleinf. § 166 Bem. 1 a. E.

[22] § 163 Abs. 1 KO vbd. Mot. § 151 Abs. 1 (381), Prot. 107. Vgl. Seuff. 382 fg., Jäger § 163 Anm. 1, 2. Wegen der in diesem Fall zu erhebenden Gerichtsgebühr s. § 51 Nr. 1 vbd. § 52 GKG.

beschluß durch Einrückung in das Amtsblatt des Gerichtes und in den Deutschen Reichsanzeiger öffentlich bekannt zu machen.[23] Außerdem ist er in beglaubigter Abschrift den Behörden für die Führung des Handels- oder Genossenschaftsregisters oder ähnlicher Register und der Dienstbehörde des Gemeinschuldners mitzuteilen.[24] Endlich sind, soweit das nicht schon vorher geschehen ist, die in das Grundbuch eingetragenen Konkursvermerke auf ein von Amts wegen an das Grundbuchamt gestelltes Ersuchen des Konkursgerichtes oder auf Antrag des Konkursverwalters wieder zu löschen.[25]

Die rechtliche Wirksamkeit des Aufhebungsbeschlusses knüpft sich nach allgemeinen Grundsätzen und entsprechend der Wirksamkeit des Eröffnungsbeschlusses an seine Erlassung, und mit dem Zeitpunkte der Erlassung treten daher für alle Beteiligten die Wirkungen der Aufhebung des Konkursverfahrens ein.[26] Insbesondere können daher

[23] § 163 Abs. 2, 3 KO vbd. Mot. § 151 Abs. 2 (381). S. Formularbuch Nr. 196 (180). Vgl. ob. § 36 III. und § 26 Anm. 3. War die KE. nach § 76 Abs. 2 KO noch in anderen Blättern bekannt gemacht worden, so empfiehlt es sich, darin auch die Aufhebung bekannt zu machen. S. Mot. a. a. O. Besondere Zustellung an die Gläubiger ist nicht erforderlich, da § 163 Abs. 3 KO nur auf § 111 Abs. 2, nicht auch auf Abs. 3 verweist.

[24] § 163 Abs. 3 vbd. § 112 KO. S. Formularbuch Nr. 197 (181). Auch eine Mitteilung an die Post- und Telegraphenanstalten ist wegen § 121 KO unter Umständen erforderlich.

[25] § 163 Abs. 3 vbd. § 113 KO. Vgl. § 116 KO und ob. § 36 III. a. E. Die Löschung geschieht gebührenfrei: § 115 KO. Auch der bisherige GSch. ist antragsberechtigt. Vgl. Jäger § 163 Anm. 5. Nach Seuff. 384 Anm. 6 wäre der KV. nicht antragsberechtigt.

[26] Vgl. ob. § 36 I. S. auch § 164 Abs. 1 KO. („Nach der Aufhebung des Konkursverfahrens"). Vgl. RG 5. X. 99 (45 326), Sar.-Boß. § 163 Bem. 2. A. M., wonach die Wirkung des Aufhebungsbeschlusses erst mit dem Zeitpunkte einträte, in dem seine öffentliche Bekanntmachung als bewirkt gilt, Mot. §§ 175 bis 177 a. E. (421), Seuff. 384, Pet.-Kleinf. § 163 Bem. 4, Jäger

die Konkursgläubiger ihre Forderungen, soweit sie noch bestehen, jetzt wieder in freier Weise gegen den Gemeinschuldner geltend machen.[27] Die Eintragung einer Forderung als einer für das Konkursverfahren festgestellten und von ihm nicht bestrittenen in die Tabelle dient dabei als Vollstreckungstitel.[28] Ferner erlischt die Tätigkeit der Gläubigerversammlung und des Gläubigerausschusses.[29] Dagegen übt für das Konkursgericht und den Konkursverwalter das Konkursverfahren insofern noch Nachwirkungen, als jenes die Hinterlegung der bei dem Vollzuge der Schlußverteilung zurückzubehaltenden oder nicht erhobenen Beträge anzuordnen, ferner etwaige Nachtragsverteilungen anzuordnen und zu überwachen,[30] dieser den Vollzug der Schlußverteilung zu erledigen, die Hinterlegung der genannten Beträge zu bewirken, im Hinblick auf die Möglichkeit einer Nachtragsverteilung die schwebenden, sei es die Teilungsmasse, sei es die Schuldenmasse betreffenden Prozesse, worin er Partei ist, zu Ende zu führen,[31] endlich die erst nach der Schlußverteilung sich ergebende Konkursmasse zu verwalten, zu verwerten und nachträglich zu verteilen hat.[32]

§ 43.

ee. Nachtragsverteilungen.

I. Eine Nachtragsverteilung wird erforderlich, wenn sich nach dem Beginn des Vollzuges der Schlußvertei-

Anm. 4, Voigt Einfluß des K. auf schweb. Prozesse des GSch. 186. — Über die Art dieser Wirkung s. ob. § 25.

[27] § 164 Abs. 1 KO. Vgl. ob. § 25 III.

[28] § 164 Abs. 2 KO. Vgl. ob. § 12 III., § 25 III.

[29] S. § 166 Abs. 1 KO vbd. Mot. § 153 a. E. (386).

[30] § 169, 166 KO.

[31] S. ob. § 7 Anm. 28 und § 12 VIII. Prozesse, welche die Teilungsmasse betreffen, kann jedoch der KV. nur dann fortführen, wenn der streitige Anspruch der KM. durch Beschluß der GlV. einer Nachtragsverteilung vorbehalten worden ist. S. ob. Anm. 1 und I. a. E.

[32] S. § 167, 169, 166 KO.

lung,[1] sei es vor oder nach der Aufhebung des Konkursverfahrens, eine verteilbare Masse ergibt, sei es dadurch, daß Beträge, die bei Abschlagsverteilungen oder bei der Schlußverteilung von der Masse zurückbehalten worden sind, frei und verteilbar werden,[2] oder dadurch, daß aus der Masse gezahlte Beträge zu ihr zurückfließen,[3] oder endlich da-

---

[1] In diesem Sinn ist der Ausdruck „nach dem Vollzuge der Schlußverteilung" in § 166 Abs. 1 KO und der gleichbedeutende Ausdruck „nach der Schlußverteilung" in § 166 Abs. 2 KO einschränkend zu verstehen, weil nach dem Beginn des Vollzuges der Schlußverteilung, d. h. nach der Mitteilung der berechneten Schlußdividende an mindestens einen der beteiligten Gläubiger, die Berechnung dieser Dividende nach außen hin wirksam geworden ist und ohne die größte Verwirrung des Verfahrens nicht mehr geändert werden kann. So jetzt auch die herrschende Meinung. Vgl. Oetker Grdb. 417, Seuff. 369, Jäger § 166 Anm. 8. Nach Pet.-Kleinf. § 163 Bem. 1, § 166 Bem. 1, Sar.-Boß. § 166 Bem. 1 wäre schon der Zeitpunkt der erfolgten Berechnung der Schlußdividende entscheidend.

[2] § 166 Abs. 1 KO. S. unt. § 44 II. Hierher gehören: 1) die nach § 168 Nr. 1 KO für eine streitige Forderung zurückbehaltenen Beträge, wenn nach dem Beginne des Vollzuges der Schlußverteilung der Anmelder in dem Feststellungs- oder Widerspruchsprozesse unterliegt oder seine Anmeldung zurücknimmt; 2) die nach § 168 Nr. 2 oder § 54 Abs. 3 KO für eine aufschiebend bedingte Forderung zurückbehaltenen, wenn sich nach jenem Beginne des Vollzuges der Nichteintritt der Bedingung entscheidet (s. jedoch § 156, 171 KO); 3) die nach § 168 Nr. 4 KO für eine Forderung unter auflösender Bedingung zurückbehaltenen, wenn nach dem genannten Zeitpunkte diese Bedingung eintritt. Dagegen können die nach § 168 Nr. 3 KO zurückbehaltenen wegen § 156 KO nicht Gegenstand einer Nachtragsverteilung werden. Wohl aber sind zu den zurückbehaltenen und für eine Nachtragsverteilung freigewordenen Beträgen auch noch zu rechnen die nach dem Beginne des Vollzuges der Schlußverteilung verteilbar gewordenen Beträge solcher Vermögensstücke, die, wie namentlich eine zur Zeit der Schlußverteilung noch im Prozesse befangene Forderung der KM., durch Beschluß der GlV. absichtlich einer Nachtragsverteilung vorbehalten worden sind. Vgl. ob. § 42 bei Anm. 13.

[3] § 166 Abs. 1 KO. So 1) wenn auf eine streitig gebliebene titulierte KForderung vor der Verfolgung des Widerspruches Anteile ausbezahlt worden waren

durch, daß zur Konkursmasse gehörige Vermögensstücke jetzt erst ermittelt werden.[4]

(s. § 152 KO), nach dem Beginn des Vollzuges der Schlußverteilung aber der mittlerweile verfolgte Widerspruch rechtskräftig für begründet erklärt wird, 2) wenn die rechtskräftige Feststellung einer streitig gebliebenen Forderung, auf deren Grund eine Auszahlung erfolgt war, zufolge einer Wiederaufnahmeklage nach jenem Zeitpunkte wieder aufgehoben wird, 3) wenn auf eine auflösend bedingte Forderung Zahlung oder Aufrechnung erfolgt war, nach dem gedachten Zeitpunkte aber die Bedingung eintritt, 4) wenn der KV. einem Massegläubiger oder einem KGl. irrtümlich zu viel bezahlt hatte, und der Irrtum erst nach diesem Zeitpunkte sich aufklärt. Vgl. Seuff. 370 e—h.

[4] § 166 Abs. 2 KO. Hierunter fallen nur solche Vermögensstücke, deren Zugehörigkeit zur KM. dem KV. zur Zeit des Beginns des Vollzuges der Schlußverteilung nicht bekannt war. Dazu gehören aber nicht bloß verheimlichte oder auf die Seite geschaffte (s. § 239 Nr. 1, 242 Nr. 1 KO), sondern auch z. B. solche, von denen der Verwalter irrtümlich annahm, sie seien bereits mit anderen veräußert worden (s. RG 6. XI. 89 — 25 10), ferner Ausstände, die der Verwalter irrtümlich für aufgezehrt durch Gegenforderungen ansah (s. RG 2. XI. 95 — 36 23 fg.). Nach Pet.-Kleinf. § 166 Bem. 1 wären weiter hierher Beträge zu rechnen, die in einem durch Einwendungen gegen die Schlußrechnung des KV. veranlaßten Prozesse nach dem Beginne des Vollzuges der Schlußverteilung für die Masse erstritten werden. Vgl. hierzu auch Sar.-Boß. § 166 Bem. 3 a. E. — Daraus, daß nach § 166 Abs. 2 KO das nachträglich ermittelte Vermögensstück durch die Aufhebung des KVerf. nicht aufgehört hat, zur KM. zu gehören, und in Rücksicht auf es, wie seine Eigenschaft als Gegenstand einer Nachtragsverteilung beweist, das KVerf. fortdauert, folgt von selbst, daß auch nach der Aufhebung des KVerf. der GSch. darüber nicht mit Wirksamkeit gegenüber den KGl. verfügen (§ 6 KO) und ein einzelner KGl. nicht mit Wirksamkeit Zwangsvollstreckung in das Vermögensstück betreiben kann (§ 14 KO). Vgl. Seuff. 371 Anm. 60, 382. A. M., weil in beiden Fällen die Möglichkeit aufgehört habe, den Gegenstand als einen zur Masse gehörigen nachträglich zu ermitteln, RG 6. XI. 89 (25 9) und die herrschende Ansicht. Vgl. Sar.-Boß. § 166 Bem. 7 a. E., Pet.-Kleinf. § 166 Bem. 5, Jäger § 166 Anm. 7, 13. — Besonders geartete Nachtragsverteilungen finden statt im Genossenschaftskonkurse (§ 115, 129 GenG) und

Die Verwaltung und nötigenfalls die Verwertung einer solchen nachträglich sich ergebenden Masse sowie der Vollzug der Nachtragsverteilungen ist Aufgabe des Konkursverwalters als Nachwirkung seines Amtes.[5] Dagegen hängt die Vornahme einer solchen Verteilung und die Höhe des zu verteilenden Betrages jedesmal von der Anordnung des Konkursgerichtes ab.[6] Auch hat dieses die von dem Verwalter über die Verwaltung und Verteilung abzulegende Rechnung zu prüfen.[7]

Die Nachtragsverteilungen werden aber von der Konkursordnung als bloße Ergänzungen der Schlußverteilung behandelt. Sie geschehen daher auf Grund des Schlußverzeichnisses, so daß die von der Schlußverteilung aus-

---

im Konkurse eines Versicherungsvereins auf Gegenseitigkeit (§ 52, 53 PVersG). S. unt. § 54.

[5] § 166 Abs. 1, 167 KO. Vbd. Mot. § 153 (386). Ist die Aufhebung des KVerf. noch nicht erfolgt, so müssen auch § 133 bis 135 KO zur Anwendung kommen. Wäre der frühere Verwalter durch seinen Tod oder aus einem sonstigen Grunde weggefallen (s. ob. § 29 V.), so müßte das KGericht nach § 78 Abs. 1 KO einen neuen ernennen. Auch kann für diese nachträgliche Tätigkeit dem früheren wie dem neuen Verwalter eine besondere Vergütung bewilligt werden: § 85 KO. S. Mot. a. a. O. — Da der KV. die zur Nachtragsverteilung bestimmte Masse zu verwalten hat, so hat er sie auch in den sie betreffenden Prozessen zu vertreten. Vgl. RG 17. IX. 91 (28 69 ff.).

[6] § 166 Abs. 1 KO vbd. Mot. § 153 a. E. (386). Vgl. Jäger § 166 Anm. 10. Die Anordnung kann auf Anregung des Verwalters, eines jeden beteiligten Gläubigers, des Gemeinschuldners oder auch von Amts wegen erfolgen, hängt aber ganz vom Ermessen des Gerichtes ab. Der Beschluß, der einen förmlichen Antrag auf die Anordnung einer Nachtragsverteilung abweist, ist dem Antragsteller, derjenige, welcher sie anordnet, dem KV. und dem GSch. zuzustellen. Dort steht dem Antragsteller, hier dem Verwalter und dem GSch. die sofortige Beschwerde zu. Vgl. Seuff. 372, Jäger a. a. O.

[7] § 166 Abs. 1 Satz 2 KO vbd. Mot. a. a. O. So auch dann, wenn die Nachtragsverteilung noch vor der Aufhebung des KVerf. stattfindet. Vgl. Jäger Anm. 12.

geschlossenen Konkursforderungen auch von den Nachtragsverteilungen ausgeschlossen sind.[8]

II. Das Verfahren bei jeder Nachtragsverteilung ist folgendes:

Nach der Anordnung der Verteilung durch das Konkursgericht macht der Konkursverwalter den Betrag öffentlich bekannt, der nach der Berichtigung der erst seit der Beendigung des Schlußtermins entstandenen oder ihm bekannt gewordenen Masseansprüche für die Verteilung verfügbar ist.[9] Massegläubiger, deren Ansprüche nicht bis zu dieser Bekanntmachung[10] zu seiner Kenntnis gelangt sind, sind von der Befriedigung aus dem Massebestande, der den Gegenstand der angekündigten Nachtragsverteilung bildet, ausgeschlossen.[11]

Sodann teilt als Beginn des Vollzuges der Nachtragsverteilung der Verwalter jedem dabei beteiligten Konkursgläubiger den auf ihn fallenden Betrag besonders mit.[12]

§ 44.

ff. Vollzug der Verteilungen.

I. Der Vollzug jeder Verteilung, d. h. die wirkliche Zuweisung und Auszahlung oder in gewissen Fällen Zu-

[8] § 166 Abs. 1 KO vbd. Mot. a. a. O.

[9] § 151 vbd. § 172 KO. Die Summe der teilnahmeberechtigten Forderungen braucht, weil das Schlußverzeichnis maßgebend bleibt, nicht bekannt gemacht zu werden. Aus dem gleichen Grunde fällt die Ausschlußfrist sowie die Notwendigkeit nochmaliger Niederlegung des Schlußverzeichnisses in der Gerichtsschreiberei weg. S. Mot. a. a. O. Vgl. Jäger Anm. 11.

[10] D. h. bis zum Ablaufe des zweiten Tages seit der Ausgabe des die Bekanntmachung enthaltenden Amtsblattes: § 76 Abs. 1 KO. Vgl. ob. § 26 Nr. 1.

[11] § 172 KO vbd. Prot. 108 fg., 111.

[12] Entspr. § 159 Abs. 2 KO. Vgl. ob. § 42 V. a. E., Jäger Anm. 11.

rückbehaltung des auf jede teilnahmeberechtigte Forderung entfallenden Betrages, geschieht als Verwaltungshandlung durch den Konkursverwalter,[1] und jeder beteiligte Konkursgläubiger hat gegen diesen einen klagbaren Anspruch auf die ihm zukommende Berücksichtigung.[2] Jener Vollzug beginnt im Sinn des Gesetzes jedesmal damit, daß der Verwalter jedem dieser Gläubiger den gedachten Betrag, sei es unmittelbar, sei es durch Angabe des festgesetzten Prozentsatzes, besonders mitteilt.[3] Er ist, wo er in Auszahlung der Beträge besteht, im Sinn des Gesetzes vollendet, wenn jeder Gläubiger entweder den auf ihn treffenden Betrag erhalten oder bloß wegen Annahmeverzuges nicht erhalten hat. Dabei ist zu beachten, daß zwar jeder Gläubiger Zahlung in barem Gelde verlangen kann, daß aber der Verwalter nicht gehalten ist, den Gläubigern das Geld zu bringen oder zu schicken, sondern daß diese es bei ihm zu erheben haben.[4] Da nun in jener Mitteilung des Betrages zugleich eine Aufforderung zu seiner Erhebung zu erblicken ist, so muß, wenn nicht der Verwalter für die Erhebung einen Termin oder eine Frist gesetzt hat, Verzug jedes Gläubigers angenommen werden, wenn er innerhalb eines angemessenen Zeitraums den Betrag nicht erhoben hat.[5] Zur Verhütung von Ungewißheit wird es sich aber für den Verwalter immer empfehlen, einen Termin oder eine Frist zu bestimmen. Der Vollzug

---

[1] § 167 KO vbd. Mot. §§ 154 bis 156 Abs. 1 (386 a. E.).

[2] S. ob. § 41 Anm. 17, § 42 Anm. 20.

[3] S. § 159 Abs. 2 KO vbd. § 51 Nr. 3 GKG. Vgl. ob. § 41 II. a. E., § 42 V. a. E., § 43 II. a. E.

[4] S. § 169 KO vbd. Mot. §§ 146—148 a. E. (380). Die Schuld des Verwalters ist also grundsätzlich eine Holschuld, und § 270 Abs. 1 BGB ist hier nicht anwendbar. Vgl. Seuff. 375, Jäger § 167 Anm. 1.

[5] § 295 BGB. Vgl. Jäger a. a. O.

der Verteilung ist dann im Sinn des Gesetzes vollendet, sobald der Termin oder die Frist verstrichen ist. Übrigens ist es dem Verwalter natürlich unbenommen, mit der Mitteilung sofort auch die Zusendung des Betrages oder einer Anweisung auf die Hinterlegungsstelle zu verbinden. Jedoch brauchen die Gläubiger solche Anweisungen nicht anzunehmen.[6]

II. Von der sofortigen Auszahlung sind ausgenommen die Anteile auf Forderungen, die zwar bei der Verteilung zu berücksichtigen sind, deren wirkliches Anrecht auf jene Anteile aber zurzeit noch ungewiß ist, so daß die Berücksichtigung vorerst nur eine bedingungsweise sein kann. Solche Anteile werden vorläufig zurückbehalten. Sobald sich die Ungewißheit zu Gunsten des Gläubigers entschieden hat, werden sie nachträglich ausbezahlt, sobald sie sich zu seinen Ungunsten entschieden hat, werden sie für eine spätere Verteilung, nötigenfalls für ein Nachtragsverteilung, frei.[7]

Hierher gehören

1. bei allen Verteilungen (auch bei den Nachtragsverteilungen):

a) bei der Prüfung streitig gebliebene Konkursforderungen, worüber zurzeit ein Feststellungs- oder ein Widerspruchsprozeß schwebt, vorausgesetzt im Fall des Widerspruchsprozesses, daß dem Konkursver-

---

[6] Vgl. Mot. §§ 154—156 Abs. 2 (386 fg.), Sar.-Boß. § 167 Bem. 2, Pet.-Kleinf. § 167.

[7] S. § 168 vbd. § 156, 166 KO. Vgl. Mot. §§ 154—156 Nr. 1—4 (387 fg.). Außer den in § 168 KO bezeichneten Fällen sind Anteile zurückzubehalten in den Fällen der §§ 212 Abs. 2, 234, 236 KO. — Streitigkeiten zwischen dem KV. und einem KGl. über die Frage, ob ein Betrag auszuzahlen oder zurückzubehalten sei, sind im Prozeßwege zu erledigen. S. ob. bei Anm. 2. Vgl. Jäger § 168 Anm. 1.

walter vor der Auszahlung des auf die Forderung treffenden Anteils die Verfolgung des Widerspruches nachgewiesen ist. Die Zurückbehaltung dauert bis zu rechtskräftiger Erledigung des Prozesses.[8]

b) Forderungen, deren Auflösung von einer zurzeit noch schwebenden Bedingung abhängt, falls der Gläubiger die Zahlung nur gegen Sicherheitsleistung fordern kann, die Sicherheit aber nicht leistet. Die Zurückbehaltung dauert so lange, bis die Sicherheit nachträglich geleistet wird, oder, wenn dieses nicht geschieht, bis sich die Bedingung entschieden hat.[9]

c) Forderungen, deren Entstehung von einer zurzeit noch schwebenden Bedingung abhängt, falls diese von der Art ist, daß die Forderung auch bei der Schlußverteilung berücksichtigt werden muß. Die Zurückbehaltung dauert bis zu erfolgter Entscheidung der Bedingung.[10]

2. Dagegen gehören nur bei den Abschlagsverteilungen hierher, weil solche Forderungen bei der Schlußverteilung und folglich bei den Nachtragsverteilungen nicht berücksichtigt werden:

a) Forderungen, deren Entstehung von einer zurzeit noch schwebenden Bedingung abhängt, falls diese von der Art ist, daß die Forderung bei der Schlußverteilung nicht mehr berücksichtigt wird. Die Zurückbehaltung dauert bis zum Ablaufe der Ausschluß-

---

[8] § 168 Nr. 1 vbd. § 146, 152 KO. Vgl. Mot. a. a. O. Nr. 1 und ob. § 40 II. S. auch Jäger Anm. 4—6.

[9] § 168 Nr. 4 vbd. § 66 KO. Vgl. Mot. a. a. O. Nr. 4, § 59 (279). Vgl. ob. § 10 II. Abs. 2, § 40 II. a. E.

[10] § 168 Nr. 2 vbd. § 67, 154, 156 KO. Vgl. Mot. §§ 154 bis 156 Nr. 2 und ob. § 10 II. Abs. 1, § 40 II. g. E.

frist für die Schlußverteilung, weil dann die zurückbehaltenen Anteile für diese frei werden.[11]

b) Forderungen, wofür zugleich abgesonderte Befriedigung in Anspruch genommen wird, dem Verwalter aber zunächst nur der Nachweis der Betreibung der Veräußerung des Absonderungsgegenstandes verbunden mit der Glaubhaftmachung des Betrages des mutmaßlichen Ausfalls geliefert ist. Die Zurückbehaltung dauert bis zu geschehener Führung des Nachweises des Verzichtes auf die abgesonderte Befriedigung oder des Betrages des Ausfalls dabei, längstens aber wiederum bis zum Ablaufe der Ausschlußfrist für die Schlußverteilung, weil, wenn nicht der eine oder der andere Nachweis bis dahin geführt ist, die zurückbehaltenen Anteile für die Schlußverteilung frei werden.[12]

III. Die bei einer Abschlagsverteilung zurückbehaltenen Anteile werden vorläufig, und zwar, wenn nicht vorher der Grund der Zurückbehaltung aufhört, bis zum Vollzuge der Schlußverteilung, wie sonstige Massegelder behandelt. Sie werden oder bleiben also bei der nämlichen Stelle, bei der diese Gelder zu hinterlegen sind, hinterlegt, und zwar auf Rechnung der Masse, so daß dieser namentlich die von der Hinterlegungsstelle etwa vergüteten Zinsen zufließen. Gleiches gilt von den Anteilen, die bei einer Abschlagsverteilung von den Gläubigern nicht erhoben werden.[13]

---

[11] § 168 Nr. 2 vbd. § 154 Abs. 2, 156 KO. Vgl. ob. § 40 II. g. E.

[12] § 168 Nr. 3 vbd. § 153 Abs. 2, 156 KO. Vgl. Mot. §§ 154—156 Nr. 3 (388) und ob. § 40 II.

[13] Folgt (durch arg. a contrario) aus § 169 vbd. § 132 Abs. 1 KO. Vgl. Pet.-Kleinf. §§ 168, 169 Bem. 6, Sar.-Boß. § 169 Bem. 4, Jäger § 168 Anm. 2.

Diejenigen Beträge dagegen, welche, sei es aus Abschlagsverteilungen, sei es aus der Schlußverteilung, bei dem Vollzuge der Schlußverteilung zurückzubehalten oder bis zu seiner Vollendung nicht erhoben sind, hat der Konkursverwalter nach Anordnung des Konkursgerichtes bei der von diesem bezeichneten Stelle, sei es die landesgesetzlich zu Hinterlegungen bestimmte oder eine andere (z. B. eine Privatbank oder Sparkasse), für Rechnung und auf Kosten der Beteiligten zu hinterlegen, so daß die von der Hinterlegungsstelle etwa vergüteten Zinsen eines jeden Betrages sein künftiges Schicksal teilen.[14] Die zurückbehaltenen Beträge müssen so lange hinterlegt bleiben, bis entweder das Hindernis ihrer Auszahlung weggefallen ist, oder bis sie umgekehrt für eine Nachtragsverteilung frei geworden sind. Dagegen können die wegen nicht rechtzeitiger Erhebung hinterlegten von den Bezugsberechtigten

---

[14] § 169 KO vbd. Mot. §§ 154 bis 156 letzt. Abs. (388). Die Anordnung ist spätestens alsbald nach der Vollendung des Vollzuges der Schlußverteilung zu treffen, kann aber je nach den Umständen auch schon vorher getroffen werden. Dagegen darf die Hinterlegung der nicht erhobenen Beträge erst nach der Vollendung der Schlußverteilung geschehen. Vgl. Pet.-Kleinf. §§ 168, 169 Bem. 7, 9, Jäger § 169 Anm. 1. A. M. Sar.-Boß. § 169 Bem. 2, 4. Gegen die Anordnung steht dem KV. und jedem beteiligten KGl., gegen die Abweisung eines Antrages auf die Anordnung dem Antragsteller die sofortige Beschwerde zu. Vgl. Seuff. 380, Pet.-Kleinf. Bem. 8, Jäger Anm. 3. — Die Rechtswirkungen der Hinterlegung sind nach § 375—382 BGB zu beurteilen. Auf das Recht der Rücknahme darf der KV. der Hinterlegungsstelle gegenüber nur verzichten (s. § 376 Nr. 1 BGB), wenn auszahlbare, aber nicht erhobene Beträge hinterlegt werden. Vgl. Seuff. 380 fg., Jäger Anm. 4. — Übrigens kann der KV., wenn eine der Voraussetzungen des § 372 BGB, z. B. Ungewißheit über die Person des Gläubigers, vorhanden ist, den Betrag auch ohne Anordnung des Gerichtes nach Maßgabe der Vorschriften in § 372 ff. BGB hinterlegen. Vgl. Jäger § 168 Anm. 1.

jederzeit bei der Hinterlegungsstelle erhoben werden, so-lange ihr Bezugsrecht nicht erloschen ist.[15]

Die nämlichen Grundsätze gelten für die Behandlung zurückzubehaltender oder nicht rechtzeitig erhobener Beträge bei den Nachtragsverteilungen, weil diese als bloße Ergänzungen der Schlußverteilung erscheinen.[16]

3. Erledigung des Konkursverfahrens durch Zwangsvergleich.*)

§ 45.

a. Einleitung.

I. Die Erledigung des Konkursverfahrens durch Verteilung der in Geld umgesetzten Konkursmasse an die Konkursgläubiger erfordert immer einen erheblichen Zeit- und Kostenaufwand. Der letzte verringert das Maß der Befriedigung der Gläubiger, der erste verzögert die volle Wiederaufnahme der Erwerbstätigkeit des Gemeinschuldners. Zudem ist eine fremde, durch die stets maßgebende Rücksicht auf möglichst baldige Versilberung in der freien Bewegung beengte Verwaltung des Vermögens, wie diejenige des Konkursverwalters, immer viel ungünstiger als die eigene, und durch die gänzliche Auflösung der bisherigen vermögensrechtlichen Verhältnisse des Gemeinschuldners, wie sie die unvermeidliche Folge dieser Art der Erledigung des Konkursverfahrens ist, werden zugleich

---

[15] Hierfür ist, wenn es sich um eine öffentliche Hinterlegungsstelle handelt, § 382 BGB maßgebend. Bei anderen Hinterlegungsstellen entscheiden die Vorschriften über die Verjährung. Vgl. Sar.-Boß. § 169 Bem. 5.

[16] S. ob. § 43 I. a. E.

*) Litt.: Oetker, Konkursrechtliche Fragen (Rostock 1888) 33 ff., Stefan Ciuntu, Der Zwangsvergleich im Konkurs. Berl. Diss. 1892, Felix Wach, Der Zwangsvergleich. Leipz. Diss. 1896.

seine Geschäftsverbindungen zerrüttet. Es liegt daher in der Regel im wohlverstandenen Interesse nicht allein des Gemeinschuldners, sondern auch seiner Gläubiger, ja es liegt wegen der rascheren Beseitigung der durch ein Konkursverfahren jedesmal selbst für weitere Kreise bewirkten Verkehrsstockung sogar im öffentlichen Interesse, den Konkurs auf einem anderen Wege zu erledigen, der, mit minderem Kosten- und Zeitaufwande verbunden, zugleich die völlige Auflösung der Vermögens- und Geschäftsverhältnisse des Gemeinschuldners vermeidet und ihn aus diesem doppelten Grunde in den Stand setzt, seinen Gläubigern eine vollere Befriedigung zu gewähren als diejenige, welche ihnen der Weg der Verteilung in Aussicht stellt, zumal da nicht selten Verwandte oder Freunde des Gemeinschuldners, um ihm die genannten Vorteile zu verschaffen, sich den Gläubigern gegenüber zu Opfern für ihn bereit finden lassen.[1]

Einen solchen Weg eröffnet das Gesetz in der Zulassung eines „Zwangsvergleiches“, d. h. einer für die Minderheit der Konkursgläubiger zwingenden Einigung des Gemeinschuldners mit einer gesetzlich bestimmten Mehrheit über eine bestimmte, für den Gemeinschuldner erleichternde Art und Weise, wie die Konkursgläubiger unter Aufhebung des Konkursverfahrens befriedigt werden sollen. Die Erleichterung besteht gewöhnlich in dem Erlasse eines Bruchteils der Konkursforderungen; sie kann aber auch in bloßer Zahlungsstundung bestehen, oder endlich, und das ist der häufigste Fall, in Erlaß und Stundung zugleich.[2]

---

[1] Vgl. Mot. Vorbem. z. Buch II. Tit. 6 Abs. 2 (390 fg.).

[2] Vgl. Mot. §§ 161, 168 Abs. 2 (406 a. E.). Als möglicher Inhalt eines Zwangsvergleiches wird hier auch das Abkommen genannt, daß die Befriedigung der Gläubiger durch eine außergerichtliche Liquidation der Masse, mit oder ohne Zuziehung von Vertretern

Durch dieses Entgegenkommen von Seite der Gläubiger wird für den Gemeinschuldner an die Stelle der Ungewißheit über seine Vermögenslage nach der Aufhebung des Konkursverfahrens, wie sie bei der Erledigung des Verfahrens durch Verteilung stets auf längere Zeit besteht, die sofortige Gewißheit gesetzt. Entsprechend erlangen die Konkursgläubiger anstatt des unsicheren Maßes der Befriedigung, das sie bei der Erledigung durch Verteilung zu erwarten hätten, zufolge der ihnen von dem Gemeinschuldner gebotenen Bedingungen ein sofort bestimmtes und gewöhnlich höheres, überdies in der Regel durch Bürgschaft, Hypothek oder andere Mittel gesichertes. Insofern liegen unverkennbar die Merkmale eines Vergleiches vor. Daraus erklärt sich die Bezeichnung als Vergleich.[3]

Weil aber diese Art der Erledigung des Konkursverfahrens allen Beteiligten Vorteile gewährt und zugleich dem öffentlichen Interesse entspricht, so ist auch sie vom Standpunkte der Konkursordnung ein ordentlicher Ausgang dieses Verfahrens, und zwar im allgemeinen die wünschenswertere und zu begünstigende.[4] Und gerade damit hier nicht ein im gemeinsamen Interesse gebotener Schritt durch den auf Unverstand, Eigensinn, Rachsucht oder unlauteren Nebenabsichten beruhenden Widerspruch

---

der Gläubiger, bewirkt werden solle. Im Hinblicke auf die unbekannten Gläubiger, die dabei tatsächlich leer ausgingen, würde aber ein solcher Inhalt der Vorschrift in § 181 Satz 1 KO widerstreiten und ist daher als unzulässig zu betrachten. Vgl. Jäger § 174 Anm. 3. A. M. Kohler Lehrb. 470 ff., Seuff. 413 fg.

[3] Vgl. § 779, bes. Abs. 2, BGB, Seuff. 409, Jäger 173 Anm. 13.

[4] S. Mot. Vorbem. z. Buch II. Tit. 6 Abs. 3 u. 4 (391), § 160 II. Abs. 2 (404), Prot. 113. Vgl. ob. § 34. Unstatthaft ist ein Zwangsvergleich nur im Konkurse einer eingetragenen Genossenschaft und eines Versicherungsvereins auf Gegenseitigkeit: § 116 Abs. 1 GenG, § 52 Abs. 2, 53 PVersG.

einzelner Gläubiger gehindert werden könne, ist dem Beschlusse einer Mehrheit bindende Kraft für die Minderheit beigelegt.[5] Jedoch ist die Minderheit in mannigfacher Weise geschützt. Nicht allein dadurch, daß hier eine größere als die für sonstige Beschlüsse der Gläubigerversammlung notwendige Mehrheit erfordert wird, sondern auch und namentlich dadurch, daß die Wirksamkeit jedes Zwangsvergleiches von der Bestätigung des Konkursgerichtes abhängig gemacht ist. Durch die Mitwirkung des Gerichtes soll ferner verhütet werden, daß die in dieser Art der Erledigung des Konkursverfahrens für den Schuldner liegende Wohltat einem Schuldner zuteil werde, der sich ihrer durch sein Verhalten vor oder nach der Konkurseröffnung unwürdig gemacht hat.[6]

Weil nun aber einerseits nicht anzunehmen ist, daß die bevorrechtigten Konkursgläubiger, denen die Erledigung des Konkursverfahrens durch Verteilung der Masse regelmäßig volle Befriedigung verspricht, zur Vermeidung dieser Art der Erledigung sich zu Erleichterungen für den Gemeinschuldner verstehen würden, und weil es auf der anderen Seite ungerecht wäre, ihnen zu Gunsten einer für sie ganz nutzlosen und gleichgültigen Maßregel solche Erleichterungen zufolge eines Mehrheitsbeschlusses aufzuzwingen, so ist in ihrem Interesse wie in demjenigen der nicht bevorrechtigten Konkursgläubiger die Teilnahme an dem Abschlusse eines Zwangsvergleiches und die Wirkung des Vergleiches auf die letzten beschränkt.[7]

---

[5] S. Mot. Vorbem. z. Buch II. Tit. 6 Abs. 5 (391 ff.).

[6] S. Mot. a. a. O. Abs. 15 (398 ff.).

[7] S. § 173, 181, 193 KO. Vgl. Mot. § 160 II. Abs. 3 (405 fg.). Daß die Massegläubiger, die Aussonderungsberechtigten und die Absonderungsberechtigten, soweit sie ihr Absonderungsrecht geltend machen, an dem Abschlusse und der Wirkung des Zwangsver-

II. Nach der Fassung der Konkursordnung und der Darstellung in den Motiven wäre der Zwangsvergleich nicht nur dem Namen nach, sondern auch wirklich ein Vergleich, also ein gegenseitiger Vertrag, geschlossen zwischen dem Gemeinschuldner einerseits und den sämtlichen nicht bevorrechtigten Konkursgläubigern andererseits. Auf dieser Vertragsnatur beruhten seine Wirkungen. Daß diese auch die überstimmten und die nicht mitstimmenden, vielleicht am Konkursverfahren gar nicht teilnehmenden Gläubiger treffen, wäre daraus zu erklären, daß eben der Vertrag auch für sie und in ihrem Namen von der Mehrheit geschlossen wäre. Die Macht der Mehrheit aber zu einem solchen die Minderheit zwingenden und mit umfassenden Vertragsschlusse hätte ihren Grund in der zwischen den Konkursgläubigern bestehenden rechtlichen Gemeinschaft.[8]

Dieser Auffassung folgt im ganzen die herrschende Meinung.[9] Und insofern mit Recht, als es sich bei dem

---

gleiches nicht teilnehmen, folgt schon daraus, daß sie am KVerf. nicht teilnehmen, sondern ihre Befriedigung unabhängig davon erhalten. Vgl. Mot. a. a. O.

[8] S. § 173 KO: „— — kann auf den Vorschlag des Gemeinschuldners zwischen diesem und den nicht bevorrechtigten Konkursgläubigern ein Zwangsvergleich geschlossen werden." Vgl. Mot. §§ 181—187 Nr. 1 (426): „Gesamtheitsvertrag" und Nr. 2 (427): „Bei Abschluß und bei Bestätigung des Vergleichs standen als die eine Partei dem Gemeinschuldner alle Gläubiger zusammen gegenüber." Ferner Mot. Vorbem. z. Buch II. Tit. 6 Abs. 5 (392): „Wo einzelne Personen ihre Rechte selbständig ausüben, gilt allerdings keine Mehrheit der Stimmen. Aber die Konkursgläubiger bleiben nicht einzeln mit ihren Rechten; der Konkursanspruch Aller bringt sie in eine rechtliche Gemeinschaft, und zwingende Mehrheitsbeschlüsse einer solchen finden selbst im formalen Recht ihre Geltung."

[9] Vgl. Seuff. 408 fg., F. Wach 77 fg., Ciuntu 37 ff., 49 fg., Kohler 279 fg., die auch die rechtliche Gemeinschaft der Gläubiger anerkennen. Ferner Sar.-Boß.

Zwangsvergleiche unverkennbar um einen Vertrag handelt. Nur reicht sie für sich allein nicht aus, um alle Wirkungen des Zwangsvergleiches, namentlich seine umgestaltende Einwirkung auf die Forderungen auch der überstimmten oder gar nicht mitstimmenden Konkursgläubiger, zu erklären. Denn will man selbst davon absehen, daß zwischen den Konkursgläubigern nur eine Interessengemeinschaft besteht,[10] und eine rechtliche Gemeinschaft annehmen, so bleibt doch unbegreiflich, wie diese hier über Privatrechte sollte verfügen können, die zweifellos nicht der Gemeinschaft, sondern ihren Mitgliedern als Einzelpersonen zustehen, und die daher sonst überall der Verfügung durch Mehrheitsbeschlüsse der Gläubigerversammlung entzogen sind. Die hiernach allein noch übrige Vorstellung, daß der Zwangsvergleich von der gesetzlich bestimmten Mehrheit der Gläubiger nicht bloß für sich, sondern auch in gesetzlicher Vertretung der Minderheit geschlossen werde, ist ein wenig ansprechender Notbehelf, da kein Grund ersichtlich ist, der jene Mehrheit zu solcher gesetzlicher Vertretung der Minderheit berechtigen könnte; sind doch bezüglich der Verfügung über ihre Forderungen und sonstigen Privatrechte die Konkursgläubiger voneinander ganz unabhängig. So ist diese Vorstellung im Grunde als Verzicht auf jede Erklärung und einfache Berufung auf die gesetzliche Vorschrift zu betrachten.[11]

Vorbem. vor § 173, Pet.-Kleinf. Vorbem. 6 vor § 173, Jäger § 173 Anm. 11, welche jene rechtliche Gemeinschaft leugnen und daher als die Vertragsparteien einerseits den GSch., andererseits die einzelnen für den Zwangsvergleich stimmenden Gläubiger ansehen, — eine Ansicht, die besonders bestimmt von Löhr in BuschsZ 16 387 ff. vertreten wird.

[10] S. ob. § 5 Anm. 30, § 31 Anm. 7.

[11] In dieser Erkenntnis führt denn auch Löhr 386 fg., 411 ff. die Wirkung des Zwangsvergleiches nur für die zustimmenden Gläubiger auf den mit dem

Zur Beseitigung dieser Schwierigkeit ist die Ansicht aufgetreten, daß der sog. Zwangsvergleich kein Vertrag, sondern ein richterliches Urteil sei, das zwischen dem Gemeinschuldner einerseits und den sämtlichen Konkursgläubigern andererseits als Parteien ergehe und kraft richterlicher Machtvollkommenheit den Konkursanspruch unter den in ihm selbst festgesetzten Modalitäten für erledigt erkenne. Der sog. Vergleichsvorschlag des Gemeinschuldners sei der Antrag auf dieses Urteil, und auch die Zustimmungserklärung der Mehrheit der Gläubiger sei kein Vertragswille, sondern lediglich Erkenntnisquelle für den Richter. Die Wirkung knüpfe sich überall nur an den richterlichen Ausspruch, den sog. Bestätigungsbeschluß, der aber in Wahrheit nicht durch Vertrag geschaffenes Recht bestätige, sondern richterliches Recht mache und schaffe.[12] In der Tat wird aber durch diese Erklärung die Schwierigkeit nicht beseitigt; denn soll der Zwangsvergleich als richterliche Entscheidung zwischen dem Gemeinschuldner auf der einen und den sämtlichen Konkursgläubigern (auch den widersprechenden und nicht mitstimmenden) auf der anderen Seite für diese sämtlichen Gläubiger Wirkungen erzeugen, so muß doch auch wieder eine (nicht zu begründende) Vertretung der Minderheit durch die Mehrheit angenommen werden. Zudem ist dabei die Bedeutung der in dem Vergleichsvorschlage des Gemeinschuldners und seiner An-

---

GSch. abgeschlossenen Vertrag, für die nicht zustimmenden dagegen unmittelbar auf Rechtssatz, nämlich auf § 193 KO, zurück. Nach Oetker Konkursrechtl. Fragen 44 ff., Grdb. 223 wäre die Wirkung auch für die zustimmenden Gläubiger bloß auf § 193 KO zu gründen.

[12] So Schultze Dt. KR. 114 ff. und im wesentlichen zustimmend Wilm. (frühere Auflagen) in den Vorbem. zu Buch II. Tit. 6, Förster-Eccius Theorie u. Praxis des Preuß. Privatrechts I. § 120 und in GruchBeitr 30 463.

nahme durch die Mehrheit der Konkursgläubiger liegenden Willenserklärungen viel zu gering angeschlagen; denn das Gericht ist darauf beschränkt, den Inhalt dieser Erklärungen entweder zu bestätigen oder zu verwerfen, und kann nichts auch nur im geringsten davon abweichendes festsetzen. Seinen Inhalt erhält also der Zwangsvergleich offensichtlich nicht erst durch das Gericht, sondern durch die gedachten Willenserklärungen, also durch Vertrag. Und auch noch in anderer Beziehung ist hier mit einem Vertrage zu rechnen.

Immerhin liegt in vorstehender Art der Auffassung ein richtiger Kern. Der Gemeinschuldner erbietet sich in seinem Vergleichsvorschlage, den nicht bevorrechtigten Konkursgläubigern anstatt der Befriedigung, die ihnen die Erledigung des Konkursverfahrens durch Verteilung in Aussicht stellt, im Fall der sofortigen Aufhebung dieses Verfahrens ohne Verteilung eine bestimmte für ihn wie für sie günstigere Art der Befriedigung außerhalb des Konkursverfahrens zu gewähren, und schlägt ihnen diese Art der Erledigung des Verfahrens als die auch in ihrem gemeinsamen Interesse liegende vor. Die genannten Gläubiger entscheiden nun in einer nur aus ihnen gebildeten Gläubigerversammlung darüber, ob der Vorschlag wirklich ihrem gemeinsamen Interesse entspreche und demnach anzunehmen sei. Wird er von der hier gesetzlich erforderten doppelten Mehrheit (§ 182 KO) angenommen, so ist damit ein prozeßrechtlicher Vertrag abgeschlossen, daß das Konkursverfahren nach Maßgabe des Vorschlages erledigt werden solle, und zwar genau dem Wortlaute des § 173 KO gemäß ein Vertrag zwischen dem Gemeinschuldner einerseits und den sämtlichen nicht bevorrechtigten Konkursgläubigern andererseits, weil über Fragen, die sich bloß auf das Konkursverfahren beziehen, die Gläubigerversammlung durch Mehrheitsbeschluß mit bindender Wirkung für die Minderheit entscheiden kann, und bei solchen Fragen der gehörig gefaßte Mehrheitsbeschluß als Ausdruck des Gesamtwillens der Konkursgläubiger behandelt wird (s. ob. § 31 I.).[13] Mit der gerichtlichen Bestätigung dieses prozeßrechtlichen Vertrages, die mit der Genehmigung gewisser Rechtsgeschäfte des Vormundes für den Mündel durch das Vormundschaftsgericht auf gleicher Linie steht, ist nun aber noch nicht alles, was hier in Betracht kommt, beschafft. Denn die Erledigung des Konkursverfahrens nach Maßgabe des Vertrages ist nicht möglich ohne eine entsprechende Gestaltung der privaten Rechte und Rechtsverhältnisse aller Beteiligten: teilweise Aufhebung der Forderungen sämtlicher nicht bevorrechtigter Konkursgläubiger, Begründung neuer Verbindlichkeiten des Gemeinschuldners oder auch Dritter, namentlich der

---

[13] Vgl. Mot. §§ 178—180 Abs. 4 (423): Der Akkord kann niemals die Wirkung eines freiwilligen Vergleiches haben, „weil überhaupt der Akkord unmittelbar keinen Vergleich über die einzelne Forderung enthält. Der zustimmende Gläubiger stimmt freilich mit dem Betrage seiner Forderung und in Rücksicht auf diese. Aber unmittelbar liegt ihm nur die Frage vor, ob er bei Fortsetzung des K. eine Verteilung der Masse oder bei Aufhebung desselben die angebotene Quote vorziehe. Diese Entscheidung ist nach der allgemeinen Lage der Sache mit Wirkung für alle anderen Gläubiger zu treffen." So auch die Auffassung des RG 11. VII. 02 (52 156 fg.). Daß es sich bei dem Zwangsvergleiche um den Beschluß einer nicht die sämtlichen, sondern nur die nicht bevorrechtigten KGl. vertretenden GlV. handelt, macht keine Schwierigkeit. Denn wie dort, so erklärt sich hier die bindende Wirkung des über Fragen des KVerf. gefaßten Mehrheitsbeschlusses aus der Interessengemeinschaft, die zwischen den Gläubigern besteht. S. ob. § 31 Anm. 7. — Bis hierher stimmt die im Texte gegebene Ausführung mit derjenigen von Kohler 279 fg. überein.

Vergleichsbürgen, gegenüber jedem dieser Gläubiger u. dgl. m. Diese Neugestaltung der Privatrechte aller Beteiligten kann durch eine Vereinbarung des Gemeinschuldners mit einer, wenn auch noch so großen, Mehrheit der Gläubiger nicht bewirkt werden, und es bleibt daher, soll überhaupt die für alle Beteiligten vorteilhafte und auch aus Rücksichten des öffentlichen Interesse zu begünstigende Art der Erledigung des Konkursverfahrens durch Zwangsvergleich ermöglicht sein, nichts übrig, als daß die dazu erforderliche Gestaltung der Privatrechte durch staatlichen Machtspruch hergestellt wird, der als unentbehrliches Mittel zum Zwecke notwendig mit in dem gerichtlichen Bestätigungsbeschlusse liegt als ein zweiter Bestandteil, der von jenem ersten begrifflich scharf zu unterscheiden ist.[14]

[14] Der Staat bewilligt also die Erledigung des KVerf. nach Maßgabe des Zwangsvergleiches, weil sie der GSch. und die KGl. vereinbart haben; weil sie aber durch gewisse Veränderungen der privatrechtlichen Verhältnisse der Beteiligten bedingt ist, so läßt er diese Veränderungen unmittelbar kraft des Staatswillens eintreten. Darin liegt deswegen gar nichts auffallendes, weil an eine Tätigkeit von Staatsorganen geknüpfte Veränderungen privatrechtlicher Verhältnisse unmittelbar kraft des Staatswillens auch sonst, namentlich im Zwangsvollstreckungsverfahren, gar nicht selten vorkommen. Vgl. RCP. § 99 I. Abs. 2. Besonders augenscheinlich zeigen das die Wirkungen des Zuschlagsbeschlusses bei der Zwangsversteigerung, die sich ebenfalls nicht auf die Parteien beschränken. S. § 90, 91 Abs. 1 ZVG. — Der genannte zweite Bestandteil des Bestätigungsbeschlusses hat ohne Zweifel Schultze bei seinen Ausführungen vor Augen gestanden, da er mit Recht unter anderem auf die rechtliche Verwandtschaft des Moratoriums hinweist, das nach römischem Rechte der Princeps einem Schuldner erteilte. Vgl. Schultze Dt. KR. 121 ff. Freilich hätte dann, noch ganz abgesehen von dem Sprachgebrauche der CPO, der richterliche Bestätigungsbeschluß nicht als ein zwischen zwei Parteien ergehendes Urteil bezeichnet werden dürfen. — Auch Oetker Konkursrechtl. Fragen 55 fg., Grdb. 225 zerlegt den Bestätigungsbeschluß in zwei Bestandteile, jedoch in anderem Sinn.

Da bei diesem Machtspruche nicht mit Parteien zu rechnen ist, so verschwindet die ganze oben hervorgehobene Schwierigkeit. Zudem gelangt man mit der entwickelten Auffassung überall zu praktisch angemessenen Ergebnissen. Aber freilich erhellt zugleich, daß der Zwangsvergleich seiner rechtlichen Natur nach nicht als ein wirklicher Vergleich betrachtet werden kann, und daß also die Vorschriften über den Vergleich auf ihn nicht anwendbar sind.[16]

§ 46.

b. Vergleichsvorschlag und seine Vorprüfung.

I. Der Vorschlag zu einem Zwangsvergleiche kann nur von dem Gemeinschuldner ausgehen.[1] Er kann, solange nicht die Vornahme der Schlußverteilung von dem Konkursgerichte genehmigt ist, in jeder Lage des Konkursverfahrens, auch schon vor dem allgemeinen Prüfungstermin und sogar gleichzeitig mit dem Antrage auf die Konkurseröffnung gemacht werden.[2] Die Zurücknahme eines Ver-

---

[16] So bedarf z. B. zur Abstimmung für die Annahme des Zwangsvergleiches der Vormund eines KGl. nicht der Genehmigung des Vormundschaftsgerichtes (s. § 1822 Nr. 12 BGB), der KV. eines selbst im K. befangenen KGl. nicht der Genehmigung des GlA. (s. § 133 Abs. 2 KO). A. M. Jäger § 173 Anm. 14.

[1] § 173 KO. Besondere Vorschriften: § 211, 230 KO. Von dem GSch. muß auch dann der Vorschlag ausgehen, wenn für ihn ein Dritter als Bürge eintreten will. Vgl. Mot. Vorbem. z. Buch II. Tit. 6 Abs. 8 (393 fg.). Ist der GSch. prozeßunfähig, so muß der Vorschlag von seinem gesetzlichen Vertreter (Vormund, Vorstand einer juristischen Person usw.) gemacht werden. Natürlich kann er aber auch durch einen Bevollmächtigten gemacht werden. Wegen der Rechtsanwaltsgebühren s. § 56 Nr. 2 vbd. § 59 Abs. 1 RAGebO.

[2] § 173 vbd. § 110 Abs. 2, 133 Nr. 1 KO. Vgl. Mot. §§ 165 bis 167 Abs. 1 (411). Ist der Vergleichsvorschlag vor dem Schlusse des allgemeinen Prüfungstermins gemacht, so soll eine nicht

gleichsvorschlages ist so lange möglich, als er nicht von der gesetzlichen Mehrheit der Gläubiger angenommen ist.[3]

II. Der Vergleichsvorschlag ist bei dem Konkursgerichte entweder schriftlich einzureichen oder mündlich vor dem Gerichtsschreiber zu Protokoll zu erklären[4] und muß, um nicht von Amts wegen als unzulässig zurückgewiesen zu werden, bestimmt angeben, in welcher Höhe, zu welcher Zeit und auf welche Weise gegen Bewilligung sofortiger Aufhebung des Konkursverfahrens die Befriedigung der nicht bevorrechtigten Konkursgläubiger erfolgen, sowie, ob und in welcher Art ihnen eine Sicherstellung gewährt werden soll.[5]

---

dringliche Verwertung der Masse in der Regel bis zu seiner Erledigung ausgesetzt werden. S. § 133 Nr. 1 KO. Ist er vor dem Ablaufe der Ausschlußfrist für eine Abschlagsverteilung gemacht, so kann das KGericht auf Antrag des GSch. die Aussetzung der Verteilung anordnen: § 160 KO. Vgl. ob. § 41 III.

[3] Die Möglichkeit der Zurücknahme erhellt aus § 176 KO. Daß aber diese Möglichkeit durch die Annahme des Vergleichsvorschlages ausgeschlossen wird, folgt daraus, daß nun der GSch. vertragsmäßig gebunden ist. Ebenso z. B. Seuff. 415, Jäger § 173 Anm. 23, Pet.-Kleinf. § 174 Bem. 3, Sar.-Boß § 176 Bem. 5. A. M., wonach der Vorschlag bis zur Erlassung des Bestätigungsbeschlusses zurückgezogen werden könnte, wegen der Ansicht, daß das Zwangsvergleichsverfahren ein Prozeßverfahren über einen Antrag des GSch. sei, Wilm. (frühere Aufl.) § 163 Bem. 1 Abs. 3, Förster-Eccius Preuß. Privatr. I. § 120 Anm. 3. Vgl. ob. § 45 Anm. 12. Wenn vor der Annahme des Vorschlages der GSch. stirbt oder geschäftsunfähig wird, so bleibt nach § 153 BGB der Vorschlag bestehen, kann aber bis zur Annahme von dem Vormunde oder dem Erben, und zwar wegen § 230 KO schon von einem einzigen mehrerer Miterben, widerrufen werden. Vgl. Jäger § 173 Anm. 24. A. M. Seuff. 415, Sar.-Boß. a. a. O., Pet.-Kleinf. Bem. 5.

[4] § 178 KO vbd. § 496, 501 CPO, § 139 KO.

[5] § 174 vbd. § 173 KO. Vgl. Mot. §§ 161—168 Abs. 4 (407). Der zurückweisende Beschluß ist dem GSch. zuzustellen, dem dagegen nach § 73 Abs. 3 KO die sofortige Beschwerde zusteht.

III. Ein Zwangsvergleich ist unzulässig, und ein Vergleichsvorschlag ist daher ebenfalls ohne weiteres von Amts wegen zurückzuweisen:[6]

1. wenn und solange der Gemeinschuldner flüchtig ist[7] oder die Ableistung des Offenbarungseides verweigert,
2. solange gegen ihn wegen betrüglichen Bankeruttes, der in bezug auf diesen Konkurs begangen sein soll,[8] eine gerichtliche Untersuchung (Voruntersuchung oder Hauptverfahren) oder ein wiederaufgenommenes Verfahren anhängig ist;[9]
3. wenn er wegen eines solchen betrüglichen Bankeruttes rechtskräftig verurteilt ist.[10]

IV. Ist in dem Konkursverfahren bereits ein Vergleichsvorschlag von den Gläubigern abgelehnt oder ein Zwangsvergleich von dem Gerichte verworfen[11] oder endlich ein Vergleichsvorschlag von dem Gemeinschuldner nach der öffentlichen Bekanntmachung des Vergleichstermins[12] zurückgenommen worden, so kann das Konkursgericht nach

[6] § 175 KO vbd. Mot. § 162 (408 fg.). Gegen die Zurückweisung steht dem GSch. die sofortige Beschwerde zu. S. vor. Anm. Über den Fall, wenn nach der Annahme des Vergleiches ein Grund der Unzulässigkeit eintritt, s. § 186 Nr. 2, 197 KO. — In den Fällen der §§ 211, 230 KO muß ein Zwangsvergleich für unzulässig gehalten werden, wenn auch nur in der Person Eines Gesellschafters oder Erben ein Unzulässigkeitsgrund besteht. S. Jäger § 175 Anm. 3.

[7] Vgl. Jäger Anm. 4.

[8] S. § 239 KO.

[9] S. § 176 ff., 225 ff., 402, 410 Abs. 2 StPO. Vgl. Kom.Ber. z. § 162 KNE (34), Seuff. 416 c.

[10] Vgl. Seuff. 416 d., Pet.-Kleinf. § 175 Bem. 4. Spätere Begnadigung hebt diesen Unzulässigkeitsgrund nicht auf. Vgl. Jäger Anm. 8.

[11] S. § 186—188 KO vbd. Mot. §§ 163, 164 Abs. 2 (410 fg.). Die Zurückweisung eines Vergleichsvorschlages als unzulässig nach § 174, § 175 oder § 176 KO gehört nicht hierher. Vgl. Jäger § 176 Anm. 3.

[12] S. § 179 vbd. § 76 Abs. 1 Satz 2 KO.

Ermessen einen nochmaligen Vergleichsvorschlag zurückweisen, falls der Verwalter und, wenn ein Gläubigerausschuß bestellt ist, auch dieser auf Grund einer Vorprüfung die Zurückweisung beantragt.[13]

V. Jeder Vergleichsvorschlag, der nicht aus einem der unter II.—IV. angegebenen Gründe zurückgewiesen wird, unterliegt, wenn ein Gläubigerausschuß bestellt ist, einer Vorprüfung des Ausschusses auf seine Annehmbarkeit, wofür das Gericht eine angemessene Frist bestimmen kann. Der Ausschuß hat über die Annehmbarkeit eine schriftliche gutachtliche Erklärung abzugeben.[14] Fällt diese nicht im Sinne der Annehmbarkeit aus, so wird zwar das Verfahren über den Vergleichsvorschlag fortgesetzt, aber ein Widerspruch des Gemeinschuldners gegen die Verwertung der Masse ist nicht mehr zu berücksichtigen.[15]

§ 47.

c. Beschlußfassung über den Vergleichsvorschlag.

I. Über die Annahme eines von dem Konkursgerichte nicht zurückgewiesenen Vergleichsvorschlages muß in einer dazu berufenen Gläubigerversammlung zwischen dem Ge-

---

[13] § 176 KO vbd. Mot. §§ 163, 164 Abs. 2 (410 fg.). Gegen die Zurückweisung steht dem GSch., gegen ihre Ablehnung dem KV. die sofortige Beschwerde zu. Vgl. Seuff. 418, Jäger Anm. 4. — Die nach § 176, 177 KO erforderliche Vorprüfung des Vergleichsvorschlages durch den Verwalter und den GlA. kann auch schon vor der Einreichung des Vorschlages bei Gericht auf Veranlassung des GSch. stattfinden. S. Mot. §§ 165—167 Abs. 1 (411 fg.).

[14] § 177 Abs. 1 vbd. § 178 KO. Vgl. Mot. §§ 163, 164 Abs. 3 (411). Ist bei Ablauf der Frist das Gutachten noch nicht abgegeben, so wird gleichwohl der Vergleichstermin anberaumt. Vgl. Seuff. 418, Jäger § 177 Anm. 1.

[15] § 177 Abs. 2 KO. (Ausnahme von § 135 Abs. 2 vbd. § 133 Nr. 1 KO.)

meinschuldner und den nicht bevorrechtigten Konkursgläubigern verhandelt und von diesen Gläubigern Beschluß gefaßt werden.[1] Diese Verhandlung und Beschlußfassung darf jedoch erst nach der Abhaltung des allgemeinen Prüfungstermins stattfinden, weil sich erst dann der Vergleichsvorschlag genügend beurteilen und der Kreis der stimmberechtigten Gläubiger ausreichend übersehen läßt, und sie darf nicht mehr stattfinden, wenn bereits die Vornahme der Schlußverteilung vom Konkursgerichte genehmigt und damit die Erledigung des Konkursverfahrens durch Verteilung der Masse endgültig entschieden ist.[2]

II. Der für die Beschlußfassung bestimmte Termin („Vergleichstermin“) muß öffentlich bekannt gemacht und soll nicht über einen Monat hinaus anberaumt wer-

[1] Nur die in diesem Termin mündlich abgegebenen Erklärungen des GSch. und der Gläubiger oder der gesetzlichen oder bevollmächtigten Vertreter jenes ersten oder dieser letzten kommen rechtlich in Betracht; alles vorher geschehene dient nur zur Vorbereitung. S. Mot. §§ 165—167 Abs. 2 (412). Wegen der Rechtsanwaltsgebühren s. § 56 Nr. 2 vbd. § 59 RAGebO. Vgl. auch ob. § 38 Anm. 5. Das persönliche Erscheinen des GSch. ist kein unerläßliches Erfordernis; doch ist es für die Regel schon durch seine Pflicht der Auskunftserteilung geboten. S. Mot. a. a. O. Nach Sar.-Boß. § 179 Bem. 1, Wolff § 179 Bem. 3 wäre auch das Erscheinen eines Vertreters des GSch. nicht notwendig. S. dagegen Seuff. 420, Jäger § 179 Anm. 2. Will sich ein Dritter an dem Vergleiche als Bürge oder Selbstschuldner beteiligen (s. § 194 KO), so muß auch er in dem Termine persönlich oder durch einen Vertreter erscheinen. Vgl. Seuff. 421. Dagegen ist die Anwesenheit des KV. und der Mitglieder des GlA. zwar wünschenswert, aber nicht unbedingt erforderlich. Vgl. Pet.-Kleinf. §§ 178, 179 Bem. 2, Jäger Anm. 3.

[2] § 173 KO vbd. Mot. § 160 I. (403 fg.). Wird vor der Genehmigung der vom KV. beabsichtigten Schlußverteilung ein Vergleichsvorschlag gemacht, so kann nach dem Ermessen des Gerichtes bis zu seiner Erledigung die Genehmigung ausgesetzt werden. Vgl. F. Wach 13 fg., Jäger § 173 Anm. 22. Pet.-Kleinf. § 173 Bem. 2, Sar.-Boß. § 173 Bem. 2 halten das Gericht zu dieser Aussetzung für verpflichtet.

den.[3] Auf Antrag des Gemeinschuldners, wenn aber ein Gläubigerausschuß bestellt ist, nur auf übereinstimmenden Antrag des Gemeinschuldners und des Ausschusses kann das Konkursgericht den Vergleichstermin auch mit dem allgemeinen Prüfungstermin verbinden in der Weise, daß sich an die Erledigung der Aufgaben des letzten die Verhandlung über den Vergleichsvorschlag unmittelbar anschließt.[4]

Neben der öffentlichen Bekanntmachung ist der Gemeinschuldner, der Konkursverwalter und jeder Konkursgläubiger, der eine nicht bevorrechtigte Forderung angemeldet hat, und zwar die Konkursgläubiger unter Mitteilung des Vergleichsvorschlages und des Ergebnisses der gutachtlichen Erklärung des Gläubigerausschusses, noch besonders zu laden.[5] Außerdem sind, spätestens gleichzeitig mit der öffentlichen Bekanntmachung, der Vorschlag und die genannte Erklärung in der Gerichtsschreiberei zur Einsicht der Beteiligten niederzulegen, und die erfolgte Niederlegung ist in der Bekanntmachung zu vermerken.[6]

III. In dem Vergleichstermin sind zuvörderst, soweit noch erforderlich, die Stimmrechte festzustellen.[7] Sodann

---

[3] § 179 Abs. 1 Satz 1 und 2 vbd. § 76 Abs. 1 KO. Vgl. Mot. §§ 165—167 Abs. 3 (412). Wegen der Berechnung s. ob. § 36 Anm. 8. S. auch Formularbuch Nr. 199 (182).

[4] § 180 vbd. § 173 KO. S. auch § 110 Abs. 2 KO. Daß in den Mot. a. a. O. statt eines Antrages des Gemeinschuldners ein Antrag des Verwalters erfordert wird, beruht auf einem Versehen. Vgl. Kom.Ber. z. § 167 KÄE (35 fg.). Gegen die Abweisung des Antrages auf Verbindung steht dem GSch. die sofortige Beschwerde zu. Vgl. Jäger § 180 Anm. 1.

[5] § 179 Abs. 1 Satz 3 vbd. § 77 Abs. 1 KO. S. jedoch § 76 Abs. 3 KO. Vgl. Formularbuch Nr. 198 (181).

[6] § 178, 179 Abs. 2 KO. Durch diese Vorschriften sind, da nach § 124 KO in der Gerichtsschreiberei auch Inventar und Bilanz aufliegen, die Gläubiger zur Vorbereitung auf den Termin ausreichend in den Stand gesetzt. S. Mot. §§ 165-167 Abs. 4 (412 fg.).

[7] S. § 95 Abs. 2, 96 KO. Zweckmäßig wird schon vor den Ter-

ist die Verhandlung über den Vergleichsvorschlag zu eröffnen. Der Gemeinschuldner oder sein Vertreter hat ihn nötigenfalls noch klarzustellen und zu begründen, der Konkursverwalter und der Gläubigerausschuß haben sich gutachtlich darüber zu äußern.[8] Auch die erschienenen Gläubiger können sich äußern. Diese Erörterung kann zu Abänderungen des Vorschlages führen, die den Gläubigern günstigere Bedingungen bieten.[9]

Der Richter hat dafür zu sorgen, daß der Vorschlag in einer Fassung zur Abstimmung kommt, welche die Entscheidung über seine Annahme mit Ja oder Nein ermöglicht, und er hat dahin zu wirken, daß er den gesetzlichen Bestimmungen entspricht.[10] Gesetzwidrig ist aber insbesondere ein Zwangsvergleich des Inhaltes, daß die Aufhebung des Konkursverfahrens von vorgängiger Erfüllung des Zwangsvergleiches, d. h. Befriedigung der Konkursgläubiger nach Maßgabe desselben,[11] abhängen

---

min eine Liste der stimmberechtigten Gläubiger und Forderungen auf Grund der Tabelle vorbereitet. S. Mot. §§ 165—167 Abs. 5 (413). Vgl. Formularbuch Nr. 201/202 (184fg.).

[8] S. Mot. §§ 165—167 letzt. Abs. (413).

[9] Vgl. Mot. §§ 163, 164 a. E. (411), §§ 165—167 a. E. (413 a. E.). Einen zu Ungunsten der Gläubiger abgeänderten Vergleichsvorschlag dürfte schon aus Rücksicht auf die ausgebliebenen Gläubiger der Richter selbst mit Zustimmung der sämtlichen erschienenen nicht zur Abstimmung bringen. Er müßte vielmehr als neuer Vorschlag behandelt und demnach in einem neuen Termin zur Abstimmung gebracht werden. Vgl. Mot. §§ 161, 168 Abs. 4 (407 a. E.), Pet.-Kleinf. § 174 Bem. 4, Jäger § 174 Anm. 6.

[10] S. Mot. §§ 165—167 letzt. Abs. (413). Vgl. § 503 CPO.

[11] S. Mot. §§ 161, 168 Abs. 4 (408 a. A.): „Der Akkordantrag muß — — insbesondere auch angeben, ob und in welcher Weise für die Erfüllung des Vergleichs Sicherheit geboten wird." Daß die Leistung der gebotenen Sicherheit von der KO nicht zur „Erfüllung des Vergleiches" gerechnet wird, erhellt auch aus Mot. Vorbem. z. Buch II. Tit. 6 Abs. 11 Nr. 1 a. E. (396), §§ 175—177 g. E. (421), §§ 181 bis 187 Nr. 1 (426).

soll.[12] Ferner ein solcher, der nicht die sämtlichen nicht bevorrechtigten Konkursgläubiger, die stimmenden wie die nicht stimmenden, die bekannten wie die unbekannten, in jeder Hinsicht, in Ansehung der Sicherheit nicht minder als der Prozentsätze und der sonstigen Bedingungen, vollkommen gleichstellt, es wäre denn, daß es sich nur um eine Zurücksetzung bestimmter bekannter Gläubiger handelt, womit sich diese entweder in dem Termin selbst oder in einer darin vorgelegten Urkunde ausdrücklich einverstanden erklärt haben.[13] Die Festsetzung einer besonderen Bevorzugung von Gläubigern gegenüber allen anderen, also auch den unbekannten, ist demnach unbedingt unstatthaft.[14]

---

[12] S. § 190 Abs. 1, 195 KO, Mot. Vorbem. z. Buch II. Tit. 6 a. a. O., §§ 175—177 a. a. O. Vgl. Pet.-Kleinf. §§ 190—192 Bem. 7, 8. Ebensowenig kann von der Nichterfüllung des Zwangsvergleiches seine Wiederauflösung in dem Sinn abhängig gemacht werden, daß wegen Nichterfüllung ohne weiteres die Wiederaufnahme des KVerf. erfolgen solle: § 198 Abs. 1 KO (durch arg. a contrario). Die Bemerkung in den Mot. §§ 181—187 Nr. 1 (426), daß sich die Gläubiger „vertragsmäßig die kassatorische Klausel vorbehalten könnten", hat nur den — allerdings möglichen — Vorbehalt im Auge, bei Nichterfüllung des Zwangsvergleiches die Forderungen wieder zu ihrem vollen ursprünglichen Betrage geltend zu machen. So auch Oetker Grdb. 227, Löhr in BuschsZ 16 390 fg., Seuff. 445 fg., Pet.-Kleinf. § 195 Bem. 2, Jäger § 195 Anm. 1. — Wohl aber ist ein Zwangsvergleich statthaft, der die Aufhebung des KVerf. von vorgängiger Leistung der den Gläubigern gebotenen Sicherheit abhängig macht, und die Aufhebung soll sogar auch ohnedies in der Regel erst nach der Vornahme der in dem Vergleiche bedungenen Sicherungsmaßregeln stattfinden. S. Mot. §§ 175—177 (421) und ob. Anm. 11. Vgl. Oetker Konkursrechtliche Fragen 64 fg., Pet.-Kleinf. §§ 190—192 Bem. 2, Sar.-Boß. § 190 Bem. 1 Nr. 3, Jäger § 190 Anm. 6.

[13] § 181 Satz 1 u. 2 KO vbd. Mot. §§ 161, 168 Abs. 3 (407). Doch ist auch eine nachträgliche Zustimmung nicht unbedingt ausgeschlossen. S. § 186 Nr. 1 a. E. KO, RG 7. XI. 91 (28 99). Vgl. unt. § 48 Anm. 3.

[14] Anders anscheinend die Mot. a. a. O. S. aber Seuff. 421 fg., Jäger § 181 Anm. 3.

Auch ist jedes neben dem Vergleiche von dem Gemeinschuldner oder von anderen Personen mit einzelnen Gläubigern getroffene Abkommen, wodurch diese bevorzugt werden sollen, nichtig und unter Umständen sogar strafbar.[15]

IV. Ein Stimmrecht kommt im Vergleichstermin bloß den nicht bevorrechtigten Konkursgläubigern zu, diesen aber nach Maßgabe der Grundsätze, die überhaupt in Ansehung des Stimmrechtes in den Gläubigerversammlungen gelten.[16]

Die Abstimmung selbst geschieht mit Ja oder Nein. Enthält der Vergleichsvorschlag mehrere selbständige Punkte, so kann sie zunächst über jeden besonders erfolgen. Werden dabei einzelne Punkte abgelehnt, so kann das dem Gemeinschuldner zu entsprechenden Änderungen des Vergleichsvorschlages Veranlassung geben. Jedenfalls aber ist schließlich der Vorschlag in der ihm von dem Gemeinschuldner

---

[15] § 181 Satz 3 KO vbd. Mot. a. a. O. Vgl. § 241, 243 KO. S. auch § 188 Nr. 1, 196 KO. Nach der Fassung des Gesetzes („Abkommen — —, durch welches diese bevorzugt werden sollen") ebenso wie nach den Motiven ist die Anwendbarkeit der Vorschrift dadurch bedingt, daß mindestens auf Seite des GSch. oder der anderen dem begünstigten Gläubiger als Vertragspartei gegenüberstehenden Person, wenn auch nicht gerade die Absicht der Umgehung des Gesetzes, so doch mindestens die Absicht und also das Bewußtsein der Bevorzugung des Gläubigers gegenüber den allgemeinen Vergleichsbedingungen vorhanden war. So auch RG 25. II. 98 (41 41 ff.) und z. B. Pet.-Kleinf. § 181 Bem. 3, Jäger Anm. 4. Ob das Nebenabkommen mit dem Abschlusse des Zwangsvergleiches in ursächlichem Zusammenhange steht, kommt nicht in Betracht. Vgl. RG 7. XI. 91 (28 99 fg.). S. noch Seuff. 422 fg., Pet.-Kleinf. Bem. 4—7, Jäger Anm. 5—9.

[16] § 173, 182 Nr. 1, 2 KO; vbd. Mot. § 160 II. Abs. 3 (405 fg.), § 169 Abs. 1 (414). Vgl. ob. § 31 IV. Daraus folgt, daß für alle bis zum Vergleichstermin angemeldeten Forderungen ein Stimmrecht gewährt werden kann. S. § 95 Abs. 2, 96 KO. Vgl. Mot. § 169 vorl. Abs. a. E. (416). S. auch ob. III. a. A.

gegebenen endgültigen Gestalt im ganzen zur Abstimmung zu bringen.[17]

Zur Annahme des Vergleiches ist erforderlich, daß

1. der Kopfzahl nach mehr als die Hälfte der bei der Abstimmung (persönlich oder durch Stellvertreter) anwesenden stimmberechtigten Gläubiger dem Vergleiche ausdrücklich zustimmt,[18] und daß
2. die Summe der Beträge, zu denen diese zustimmenden Gläubiger stimmberechtigt sind, wenigstens drei Vierteile der Gesamtsumme aller Beträge ausmacht, zu denen zur Zeit der Abstimmung[19] für nicht bevorrechtigte, sei es übrigens erschienene oder nicht erschienene, stimmende oder nicht stimmende, Konkursgläubiger Stimmrechte bestehen.[20]

---

[17] Vgl. Pet.=Kleinf. §§ 182, 183 Bem. 10. Das in den Mot. §§ 165—167 letzt. Abs. (413) angegebene Verfahren, wonach über die angenommenen Punkte sofort im ganzen abzustimmen und es dann dem GSch. sowie den für ihn eingetretenen Dritten zu überlassen wäre, in den Wegfall der abgelehnten Punkte zu willigen oder nicht zu willigen, ist mit dem System des Gesetzbuches nicht vereinbar, wonach der Vorschlag zu einem Zwangsvergleiche immer nur von dem GSch. und nicht von den Gläubigern ausgehen kann (§ 173 KO).

[18] § 182 Nr. 1 KO vbd. Mot. § 169 vorl. Abs. a. E. (416). Die nicht mitstimmenden werden also den ablehnenden zugerechnet. Vgl. Jäger § 182 Anm. 2. A. M., wonach sie den nicht anwesenden gleichständen, Pet.=Kleinf. §§ 182, 183 Bem. 1, Sar.=Boß. § 182 Bem. 3, Seuff. 424 Anm. 7. — Ein Gläubiger mit mehreren Forderungen wird nur einfach gezählt. Über verwandte weitere Fragen s. ob. § 31 Anm. 29, § 32 II, Pet.=Kleinf. §§ 182, 183 Bem. 7—9, Jäger § 182 Anm. 2—4.

[19] Vgl. Sar.=Boß. § 182 Bem. 4.

[20] § 182 Nr. 2 KO vbd. Mot. a. a. O. Die Stimmrechte, die nach § 95 Abs. 2, 96 KO immer nur für eine einzelne GlV. gewährt werden, können also hinsichtlich der nicht erschienenen Gläubiger nicht in Rechnung kommen. Vgl. Mot. §§ 165 bis 167 vorl. Abs. (413), Sar.=Boß. Bem. 3 Nr. 2. — Auch dann, wenn sämtliche Gläubiger, die Forderungen angemeldet haben,

Bei der Berechnung jeder der beiden Mehrheiten bleibt der Ehegatte des Gemeinschuldners außer Betracht, falls er dem Vergleiche zugestimmt hat.[21] Gleiches gilt von demjenigen, welchem der Ehegatte des Gemeinschuldners während des Konkursverfahrens oder in dem letzten Jahr vor der Konkurseröffnung eine Forderung gegen den Gemeinschuldner abgetreten hat, soweit sein Stimmrecht auf der abgetretenen Forderung beruht, es wäre denn, daß der Ehegatte zu der Abtretung kraft Gesetzes oder durch einen früher als ein Jahr vor der Konkurseröffnung abgeschlossenen Vertrag verpflichtet war.[22]

Ist bei der ersten Abstimmung nur eine der Mehrheiten erreicht worden, so kann der Gemeinschuldner bis zum Schlusse des Termins die einmalige Wiederholung der Abstimmung in einem neuen Termin verlangen, den

---

dem Vergleiche zustimmen sollten, müßten die Vorschriften über den Zwangsvergleich, insbesondere diejenigen über seine gerichtliche Bestätigung zur Anwendung kommen. Die Einstellung des KVerf. könnte der GSch. mit Berufung auf jene einmütige Zustimmung nach § 202 Abs. 1 KO nur dann verlangen, wenn sich sämtliche Gläubiger auch damit ausdrücklich einverstanden erklärt hätten. S. Prot. 111. A. M. Sar.-Boß. § 173 Bem. 5.

[21] § 183 Abs. 1 KO. Immerhin ist bei der Berechnung der Summenmehrheit die Forderung des Ehegatten in die Gesamtsumme der stimmberechtigten Forderungen einzurechnen, wie das ja auch bei Stimmenthaltung des Ehegatten geschehen muß. Vgl. Jäger § 183 Anm. 3.

[22] § 183 Abs. 2 KO. Abtretungsverpflichtung kraft Gesetzes s. z. B. § 255, 281 Abs. 1, 346, 818 BGB. Forderungsübergang kraft Gesetzes, wie z. B. § 268 Abs. 3, 426 Abs. 2, 774 Satz 1 BGB, fällt nicht unter § 183 Abs. 2 KO. Ebensowenig die Überweisung einer Forderung zum Zwecke der Zwangsvollstreckung und der Forderungsübergang durch Erbfolge oder Vermächtnis. Dagegen muß im Sinn des Gesetzes § 183 Abs. 2 KO auch auf denjenigen angewendet werden, welchem der unmittelbare Rechtsnachfolger des Ehegatten die Forderung weiter abgetreten hat. Näheres bei Jäger § 183 Anm. 3—8, Pet.-Kleinf. §§ 182, 183 Bem. 5, 6.

das Gericht sofort zu bestimmen und noch in dem Termin zu verkünden hat.[23] In dem neuen Termin wird die Verhandlung über den Vergleichsvorschlag in voller Freiheit wiederholt; die Beteiligten sind an ihre früheren Erklärungen und an die frühere Art ihrer Abstimmung nicht gebunden.[24]

V. In dem Protokoll über den Vergleichstermin muß außer dem allgemeinen Gange der Verhandlung und den Entscheidungen des Gerichtes nebst ihrer Verkündung jede etwa erfolgte Abänderung des Vergleichsvorschlages, ferner die Abstimmung über ihn und das Ergebnis der Abstimmung nebst seiner Verkündung angegeben werden, und zwar in der Weise, daß ersichtlich wird, welche stimmberechtigten Gläubiger bei der Abstimmung anwesend waren, und welche von ihnen für oder gegen die Annahme des Vorschlages gestimmt haben.[25]

§ 48.

d. Verfahren nach der Annahme des Zwangsvergleiches.

I. Der angenommene Zwangsvergleich bedarf zu seiner Wirksamkeit der Bestätigung des Konkursgerichtes.[1] Sie muß von Amts wegen erfolgen, wenn nicht einer der gesetzlichen Verwerfungsgründe vorliegt.[2] Diese sind aber teils solche, die schon von Amts wegen, teils solche, die nur auf Antrag zu berücksichtigen sind.

---

[23] § 182 Abs. 2 KO vbd. Mot. § 169 letzt. Abs. (416). Öffentliche Bekanntmachung des neuen Termins und neue Ladungen dazu (§ 179 KO) sind nicht erforderlich: entspr. § 93 Abs. 2 KO. Vgl. Jäger § 182 Anm. 7.

[24] S. Mot. a. a. O. Vgl. Jäger Anm. 8.

[25] Entspr. § 160 CPO. Vbd. Mot. §§ 165—167 a. E. (413 fg.). S. auch § 159, 162, 163 CPO. Vgl. Formularbuch Nr. 200 und 201/202 (182 ff.).

[1] § 184 Abs. 1 KO vbd. Mot. Vorbem. z. Buch II. Tit. 6 Abs. 15 (399), §§ 170—174 Abs. 1 (416). Vgl. ob. § 45 II.

[2] S. Prot. 112, Mot. §§ 170 bis 174 Abs. 3 a. A. (418).

1. Schon von Amts wegen ist der Zwangsvergleich zu verwerfen:

a) wenn das Verfahren vor oder bei dem Abschlusse des Vergleiches oder dieser selbst an einem wesentlichen Mangel leidet und das fehlende nicht ergänzt werden kann;[3]

b) wenn ein Fall der Unzulässigkeit eines Zwangsvergleiches nachträglich eingetreten ist.[4]

Der Vergleich ist ferner von Amts wegen zu verwerfen, wenn er den Gläubigern nicht mindestens den fünften Teil des Betrages ihrer Forderungen gewährt und dies in einem unredlichen Verhalten des Gemeinschuldners, insbesondere in einer Verzögerung der Konkurseröffnung durch ein solches Verhalten, seinen Grund hat.[5] Hat es

[3] § 186 Nr. 1 KO vbd. Mot. §§ 170—174 Abs. 3 (418). Ein wesentlicher Mangel des Verfahrens wäre z. B. Nichtbeobachtung der Vorschriften in § 173—175, 177, 178, 179 Abs. 1 Satz 2, 211 Abs. 1, 230 (236) KO (nicht aber der Vorschriften in § 176, 179 Abs. 1 Satz 1 KO); ferner Teilnahme nicht stimmberechtigter, z. B. bevorrechtigter, Gläubiger oder nicht legitimierter Stellvertreter von Gläubigern an der Abstimmung, falsche Berechnung der stimmberechtigten Beträge, falls jene Teilnahme oder diese Berechnung für das Ergebnis von Erheblichkeit war, u. dgl. Ein wesentlicher Mangel des Vergleiches selbst läge namentlich in einem Verstoße gegen § 181 KO durch ungleiche Behandlung der Gläubiger. In diesem Fall kann aber das fehlende ergänzt werden durch nachträgliche ausdrückliche Einwilligung sämtlicher zurückgesetzter Gläubiger. Ferner kann die fehlende Legitimation eines Stellvertreters ergänzt werden durch nachträgliche Beibringung der Vollmacht oder der Genehmigung. S. noch ob. § 47 III. Vgl. Jäger § 186 Anm. 2, 3. Nicht beseitigte Mängel werden, abgesehen von den Fällen der §§ 196, 197 KO, durch die Rechtskraft des Bestätigungsbeschlusses geheilt. S. Mot. §§ 170—174 a. E. (420 fg.), Seuff. 427, Jäger § 184 Anm. 3.

[4] § 184 Nr. 2 vbd. § 175 KO.

[5] § 187 Satz 1 KO. Besonders schwerer Fall unredlicher Verzögerung der KE.: § 240 Nr. 2 KO. Vgl. noch Jäger § 187 Anm. 5—11 und — teilweise abweichend — Pet.-Kleinf. §§ 186—188 Bem. 8—10.

in einem leichtsinnigen Verhalten des Gemeinschuldners seinen Grund, so steht die Verwerfung des Vergleiches im Ermessen des Gerichtes.[6]

2. Nur auf Antrag eines beteiligten Konkursgläubigers ist der Vergleich zu verwerfen:

a) wenn er (von dem Gemeinschuldner oder von einer anderen Person) durch Begünstigung eines Gläubigers oder sonst in unlauterer Weise zustande gebracht ist;[7]

b) wenn er aus einem von dem Antragsteller angeführten Grunde, z. B. wegen nicht genügender Sicherung der Erfüllung, nach dem Ermessen des Gerichtes dem gemeinsamen Interesse der nicht bevorrechtigten Konkursgläubiger widerspricht.[8]

Zur Stellung eines solchen Antrages ist jeder Gläubiger berechtigt, auf den sich die Wirkung des Zwangsvergleiches erstreckt, d. h. jeder nicht bevorrechtigte Konkursgläubiger, gleichviel, ob er für oder gegen den Vergleich gestimmt, und ob er an der Beschlußfassung über den Vergleich oder überhaupt an dem Konkursverfahren teilgenommen hat oder nicht, vorausgesetzt nur, daß er entweder zur Zeit jener Beschlußfassung stimmberechtigt war oder seine Forderung glaubhaft macht.[9] Der Antrag kann bei dem Kon-

[6] § 187 Satz 2 KO. Vgl. Pet.-Kleinf. Bem. 8, Jäger Anm. 12.

[7] § 188 Nr. 1 KO. vbd. § 181 Satz 2 KO und Mot. §§ 170 bis 174 Abs. 4 Nr. 1 (418), wonach namentlich der sog. Stimmkauf (s. § 243 KO) und das Auskaufen von Gläubigern hierher gehört. S. aber auch § 196 Abs. 2 KO. Vgl. Seuff. 430, Pet.-Kleinf. §§ 186—188 Bem. 11, Jäger § 188 Anm. 4, 5.

[8] § 188 Nr. 2 KO vbd. Mot. §§ 170—174 Abs. 4 Nr. 2, Abs. 5, 6 (418 ff.), Prot. 112 (zu § 172). Vgl. § 99 KO. S. auch Pet.-Kleinf. §§ 186—188 Bem. 12, Jäger § 188 Anm. 6. Besondere Vorschriften: § 230 Abs. 2, 236 KO.

[9] § 188 Abs. 1 KO vbd. Mot. §§ 170—174 Abs. 2 g. E. (417 fg.), Prot. 131 a. E. Vgl. § 193 KO.

kursgerichte schriftlich eingereicht oder zu Protokoll des Gerichtsschreibers erklärt oder endlich bei der Verhandlung über die Bestätigung des Vergleiches mündlich gestellt werden.[10] Er ist ohne weiteres als „unzulässig" abzuweisen, wenn nicht die Tatsachen, worauf er gegründet wird, glaubhaft gemacht werden.[11] Die Verwerfung des Vergleiches aber darf nur dann erfolgen, wenn der Richter, nötigenfalls auf Grund von Amts wegen angeordneter Ermittelungen, die Überzeugung von der Wahrheit dieser Tatsachen erlangt hat.[12]

II. Vor der Entscheidung über die Bestätigung oder Verwerfung des Zwangsvergleiches muß das Gericht jedesmal den Gläubigern, dem Konkursverwalter und dem Gläubigerausschusse, naturgemäß auch dem Gemeinschuldner,[13] Gelegenheit zu mündlicher Äußerung darüber geben, insbesondere den Gläubigern zur Stellung von Anträgen auf die Verwerfung des Vergleiches und allen Beteiligten zur Erklärung über solche (vor oder in dem Termin gestellte) Anträge. In der Regel soll diese Verhandlung noch in dem Vergleichstermin selbst stattfinden; sie kann jedoch nach Ermessen des Gerichtes, z. B. wenn die Art des Zustandekommens des Vergleiches Bedenken oder Widerspruch erregt, auch in einem besonderen Termin stattfinden, der

---

[10] Vgl. Jäger § 184 Anm. 6, § 188 Anm. 2, Wolff § 184 Bem. 3, § 188 Bem. 4. A. M., wonach der Antrag nur bei der genannten Verhandlung mündlich gestellt werden könnte, mit Berufung auf Prot. 184 ff., Pet.-Kleinf. §§ 186—188 Bem. 13, Seuff. 427, Sar.-Boß. § 188 Bem. 1.

[11] § 188 Abs. 2 KO vbd. Mot. §§ 170—174 Abs. 7 (420), Prot. 112. Vgl. § 105 Abs. 1 KO und ob. § 35 III.

[12] S. § 75 KO, Mot. §§ 170 bis 174 vorl. Abs. (420), Prot. 112 fg. Anders im Fall von § 230 Abs. 2 (236) KO.

[13] S. Mot. §§ 170—174 Abs. 2 (417 a. E.).

dann aber in dem Vergleichstermin verkündet werden muß.[14] Auch der Beschluß, wodurch die Entscheidung erfolgt, muß verkündet werden.[15]

Die sofortige Beschwerde gegen diesen Beschluß, mag er den Vergleich bestätigen oder verwerfen, steht dem Gemeinschuldner und jedem nicht bevorrechtigten Konkursgläubiger zu, der entweder zur Zeit der Beschlußfassung über den Vergleich stimmberechtigt war oder seine Forderung glaubhaft macht.[16] Die Beschwerdefrist läuft von der Verkündung des Beschlusses an.[17] In der Beschwerdeinstanz soll die gesamte Sachlage nochmals erschöpfend er=

---

[14] § 184 Abs. 2 KO. S. auch § 230 Abs. 2 (236) KO. Öffentliche Bekanntmachung des neuen Termins ist nicht erforderlich. S. § 218 CPO, § 93 Abs. 2 KO, Mot. §§ 170—174 Abs. 2 (417).

[15] § 185 KO. S. Formularbuch Nr. 203 (186). Die Verkündung soll sich in der Regel unmittelbar an die Verhandlung anschließen, kann aber auch in einem sofort anzuberaumenden anderen Termin geschehen: entsprech. § 310 CPO. Öffentliche Bekanntmachung oder sonstige Zustellung des Beschlusses an Beteiligte ist nicht erforderlich. S. § 189 Abs. 2 KO und Mot. §§ 170—174 letzt. Abs. (420). Vgl. Sar.=Boß. § 185 Bem. 1, Jäger § 185. — Die Beigabe von Entscheidungsgründen ist angemessen, aber nicht notwendig. S. ob. § 26 Anm. 14, Sar.=Boß. Bem. 2, Pet.=Kleinf. §§ 184, 185 Bem. 4.

[16] § 189 Abs. 1 KO; vgl. § 188 Abs. 1 KO und ob. I. Nr. 2. Natürlich kann aber Jeder die Beschwerde nur dann gebrauchen, wenn für ihn ein Beschwerdegrund besteht. S. Mot. §§ 170 bis 174 letzt. Abs. (420). Der GSch. kann daher im allgemeinen keine Beschwerde erheben gegen die Bestätigung, ein Gläubiger keine Beschwerde gegen die von ihm selbst beantragte Verwerfung des Vergleiches u. dgl. Wohl aber kann wegen Bestätigung des Vergleiches ein Beschwerdegrund für einen Gläubiger bestehen, der für den Vergleich gestimmt hatte. Vgl. Mot. §§ 170 bis 174 Abs. 2 g. E. (418 a. A.). S. auch Pet.=Kleinf. § 189 Bem. 1, Jäger § 189 Anm. 1.

[17] § 189 Abs. 2 KO (Ausnahme von § 577 Abs. 2 CPO). § 572 CPO ist hier wegen § 190 Abs. 1, 193, 194 KO nicht anwendbar.

örtert werden.[18] Dagegen ist die Entscheidung des Beschwerdegerichtes nicht weiter anfechtbar.[19]

III. Mit rechtskräftiger Bestätigung des Zwangsvergleiches ist, in entsprechender Weise wie durch die Schlußverteilung, das Konkursverfahren der Sache nach erledigt. Es endigt aber hier wie dort erst durch die Aufhebung, der noch die Vornahme gewisser Geschäfte vorausgehen muß.[20] Nämlich:

1. die Abnahme der Schlußrechnung des Konkursverwalters, wofür, wenn die Rechnungslegung nicht (ausnahmsweise) schon im Vergleichstermin stattgefunden hat, eine besondere Gläubigerversammlung berufen werden muß;[21]

---

[18] S. Mot. §§ 170—174 letzt. Abs. a. E. (420 a. E.). Insbesondere können neue Tatsachen und Beweise vorgebracht werden: § 570 CPO. Namentlich kann der Gläubiger, der gegen die trotz eines von ihm oder von einem anderen Gläubiger gestellten Verwerfungsantrages erfolgte Bestätigung des Vergleiches Beschwerde eingelegt hat, neue Verwerfungsgründe geltend machen. Jedoch kann ein Verwerfungsantrag wegen eines nicht auch schon von Amts wegen zu berücksichtigenden Verwerfungsgrundes nicht erst in der Beschwerdeinstanz neu gestellt werden. Vgl. RG 27. IX. 95 (35 428 Nr. 2). S. auch Sar.-Boß. § 189 Bem. 5, Pet.-Kleinf. §§ 186—188 Bem. 13, Jäger § 189 Anm. 2. — Mündliche Verhandlung ist in der Beschwerdeinstanz nicht geboten, und der Beschluß des Beschwerdegerichtes braucht nicht verkündet zu werden. Vgl. Pet.-Kleinf. § 189 Bem. 2 a. E., Sar.-Boß. Bem. 5 a. E. S. auch ob. § 26 Nr. 6.

[19] § 189 Abs. 3 KO vbd. Mot. a. a. O. (Ausnahme von § 568 Abs. 2 CPO). — Wird die Beschwerde, etwa wegen Mangels der Glaubhaftmachung der Forderung nach § 189 Abs. 1 KO, als unzulässig verworfen, so ist hiergegen die weitere Beschwerde statthaft. Vgl. Pet.-Kleinf. Bem. 3 a. E., Jäger Anm. 3. A. M. Sar.-Boß. Bem. 5 Abs. 2, Seuff. 432 Anm. 10.

[20] S. Mot. §§ 175—177 (421). Die Vorschrift in § 190 Abs. 1 KO ist daher nicht streng wörtlich zu nehmen. Vgl. RG 6. III. 91 (27 114), 27. III. 93 (31 42).

[21] § 86 KO vbd. Mot. a. a. O. und §§ 70—78 letzt. Abs. (308).

2. die gesetzlich vorgeschriebene Befriedigung oder Sicherstellung der Massegläubiger und der bevorrechtigten Konkursgläubiger. Und zwar sind die Masseansprüche, soweit sie der Konkursverwalter anerkennt, die bevorrechtigten Konkursforderungen, soweit sie für das Konkursverfahren festgestellt sind, aus der Masse zu berichtigen. Dagegen sind die vom Verwalter bestrittenen Masseansprüche, ebenso aber naturgemäß auch die noch bedingten oder betagten,[22] aus der Masse sicherzustellen. Desgleichen die nicht festgestellten (noch gar nicht angemeldeten oder noch nicht geprüften oder bei der Prüfung durch Widerspruch gegen die Forderung selbst oder gegen das Vorrecht streitig gebliebenen) bevorrechtigten Konkursforderungen, soweit sie dem Verwalter nach Betrag und Vorrecht glaubhaft gemacht sind.[23] Endlich muß

3. wenn in dem Zwangsvergleiche eine Sicherung der nicht bevorrechtigten Konkursgläubiger festgesetzt ist, die Ausführung der Sicherungsmaßregeln vor der Aufhebung des Konkursverfahrens erfolgen, es wäre denn durch den Vergleich selbst ein anderes bestimmt.[24]

---

[22] Vgl. Pet.-Kleinf. §§ 190 bis 192 Bem. 3, Jäger § 191 Anm. 3.

[23] § 191 KO. Vbd. § 232 ff. BGB. Die Massegläubiger und die bevorrechtigten KGl. können auf die Erfüllung dieser Pflichten gegen den Verwalter klagen. Vgl. Pet.-Kleinf. Bem. 4, Jäger Anm. 1. Die Pflicht des Verwalters zur Berücksichtigung von Masseansprüchen und bevorrechtigten KForderungen beschränkt sich aber naturgemäß auf diejenigen, welche bis zur öffentlichen Bekanntmachung der Aufhebung des KVerf. zu seiner Kenntnis gelangt sind. Erst später hervortretende Massegläubiger oder bevorrechtigte KGl. müssen sich an den GSch. halten. Vgl. Pet.-Kleinf. Bem. 3 a. E., Sar.-Boß. § 191 Bem. 2, Jäger Anm. 3, 4.

[24] S. Mot. §§ 175—177 (421). Vgl. ob. § 47 Anm. 12. Wer die Ausführung dieser Maßregeln zu besorgen habe, ist in dem Vergleiche zu bestimmen. Zweckmäßig wird sie dem KV.

IV. Sobald alle diese Voraussetzungen bestehen, wird durch unanfechtbaren Beschluß das Konkursverfahren aufgehoben.[25] Dieser Beschluß ist in gleicher Weise wie derjenige, wodurch das Konkursverfahren wegen vollzogener Schlußverteilung aufgehoben wird, mit Angabe des Grundes der Aufhebung durch Einrücken in das Amtsblatt des Gerichtes und in den Deutschen Reichsanzeiger öffentlich bekannt zu machen, den beteiligten Behörden mitzuteilen und in das Grundbuch einzutragen.[26] Auch seine rechtliche Wirkung ist die gleiche wie diejenige des genannten Beschlusses und tritt, wie diese, mit dem Zeitpunkte seiner Erlassung ein.[27] Insbesondere erhält also mit diesem Zeitpunkte der Gemeinschuldner die freie Verfügung über die Konkursmasse zurück, soweit ihm nicht durch den Zwangsvergleich Verfügungsbeschränkungen auferlegt sind.[28] Da-

übertragen. Wegen der Schwierigkeiten, die dabei auftauchen, s. Hüppner in BuschsZ 11 91 ff. — Ein Aufschub der Aufhebung des KVerf. bis nach geschehener Erfüllung des Zwangsvergleiches ist nicht statthaft. S. ob. § 47 III. Abs. 2.

[25] § 190 Abs. 1 KO. Vgl. Formularbuch Nr. 204 (187). Wegen der in diesem Fall zu erhebenden Gerichtsgebühr s. § 51 Nr. 2 vbd. § 52 GKG.

[26] § 190 Abs. 2, 3 KO. Vgl. ob. § 42 VI. Formular für die Mitteilungen s. Formularbuch Nr. 205 (187).

[27] S. ob. § 42 bei Anm. 26.

[28] § 192 KO vbd. Mot. a. a. O. Solche Beschränkungen (z. B. Beaufsichtigung des GSch. oder Verwaltung einzelner Stücke seines Vermögens, z. B. einer ihm gehörigen Fabrik, durch den bisherigen KV. oder durch eine andere Person, Bestellung von Hypotheken an bestimmten Gegenständen seines Vermögens, Veräußerungsverbote bezüglich solcher Gegenstände u. dgl. m.) sind dann aber keine fortdauernde Nachwirkung des KVerf., sondern sie haben ihren Grund in dem Vergleiche und sind nach dem allgemeinen bürgerlichen Rechte zu beurteilen. Vgl. Pet.-Kleinf. §§ 190—193 Bem. 6, Sar.-Boß. § 192 Bem. 1, Jäger § 192 Anm. 1. A. M., wonach kraft § 192 KO durch den Zwangsvergleich für einzelne Gegenstände der KM. die Fortdauer des KVerf. vorbehalten werden könnte, Wolff § 192. S. auch Stein Voraussetzungen des Rechtsschutzes 139.

mit erlischt die Tätigkeit des Konkursverwalters, der Gläubigerversammlung und des Gläubigerausschusses. Der Konkursverwalter hat, soweit nicht der Zwangsvergleich ein anderes bestimmt, die bisherige Konkursmasse dem Gemeinschuldner herauszugeben, und dieser kann darauf gegen jenen im ordentlichen Rechtswege klagen.[29] Auch kann der Verwalter die zwischen ihm und Konkursgläubigern, Massegläubigern oder anderen Gegnern anhängigen Prozesse nicht fortführen, sondern diese Prozesse gehen auf den bisherigen Gemeinschuldner über.[30]

§ 49.

e. Wirkungen des Zwangsvergleiches für die Konkursgläubiger.

I. Die Wirkungen des rechtskräftig bestätigten Zwangsvergleiches erstrecken sich, sowohl soweit er Rechte, als soweit er Beschränkungen begründet, immer auf sämtliche nicht bevorrechtigten Konkursgläubiger, auch auf diejenigen, welche gegen den Vergleich gestimmt oder an der Beschlußfassung darüber oder sogar an dem Konkursverfahren nicht teilgenommen haben.[1]

---

[29] Vgl. Jäger Anm. 3 und ob. § 25 Anm. 8. Wenn der bisherige KV. zufolge des Zwangsvergleiches die Verwaltung einzelner Stücke der bisherigen KM. behält oder sonst bei der Ausführung des Vergleiches mitwirkt, so übt er diese Tätigkeiten nicht als KV., sondern kraft eines Dienstvertrages mit dem bisherigen GSch. Vgl. Sar.-Boß. § 192 Bem. 2.

[30] Vgl. RG 6. III. 91 (27 113 ff.), 27. III. 93 (31 42), 27. II. 94 (32 429), Sar.-Boß. a. a. O., Pet.-Kleinf. §§ 190—192 Bem. 5, §§ 193, 194 Bem. 15, Jäger § 146 Anm. 29. S. auch ob § 7 bei Anm. 29. A. M., wonach der Prozeß in gewissen Fällen von dem KV. als solchem fortzuführen wäre, Oetker in Buschs Z 25 70 fg., Stein a. a. O. Vgl. ob. § 12 VIII.

[1] § 193 Satz 1 KO vbd. Mot. §§ 178—180 Abs. 1 (421 fg.). Vgl. ob. § 45 II., § 47 III. Aus den Grundsätzen der Gleichheit und Allgemeinheit, worauf der Zwangsvergleich beruht, ist auch

Die Art dieser Wirkungen bestimmt sich durch den Inhalt des Vergleiches. Hat dieser, wie zumeist, dem Gemeinschuldner den Erlaß eines Bruchteils der Forderungen gewährt, so können jene Gläubiger den erlassenen Teil ihrer Forderungen nicht mehr gegen ihn oder seine Erben geltend machen, auch nicht im Fall eines neuen über sein Vermögen eröffneten Konkurses.[2] Jedoch werden die Rechte der Gläubiger, und zwar auch derjenigen, welche für den Vergleich gestimmt haben, gegen Mitschuldner und Bürgen des Gemeinschuldners durch den Zwangsvergleich nicht berührt. Ebensowenig ihre Rechte aus einem für ihre Forderung bestehenden Pfandrechte, aus einer für diese bestehenden Hypothek, Grundschuld oder

zu folgern, daß ein Gläubiger, der seine Forderung nicht angemeldet hat, sie nachher nur in derselben Weise wie im KVerf. geltend machen kann, also nur in Gestalt einer Geldforderung und unter Beobachtung der §§ 65, 69, 70 KO. Auch § 67 KO kommt zur Anwendung. Vgl. Hüppner in BuschsZ 11 86 fg., Oetker Grdb. 220 fg., Jäger § 193 Anm. 3, 4. A. M. Pet.-Kleinf. §§ 193, 194 Bem. 1, Seuff. 435 fg. Weil ferner die den nicht bevorrechtigten KGl. im Zwangsvergleiche zugesagte Befriedigung an die Stelle derjenigen tritt, welche sie bei Erledigung des KVerf. durch Verteilung erhalten hätten, im übrigen aber der GSch. von ihren Forderungen frei werden soll, so sind, wenigstens bei einem Zwangsvergleiche mit teilweisem Erlasse, die in § 63 Nr. 1, 2 KO genannten Forderungen als aufgehoben anzusehen. Ebenso, aber mit anderer Begründung, Oetker Grdb. 228 fg., Jäger Anm. 7. Aus demselben Grunde kann ein absonderungsberechtigter KGl. die Vergleichsrate nur für denjenigen Betrag fordern, zu welchem er auf abgesonderte Befriedigung verzichtet hat oder bei dieser ausgefallen ist. Vgl. RG 21. I. 82 (6 66 ff.). S. auch RG 25. X. 81 (5 394 ff.), Pet.-Kleinf. Bem. 8, Jäger Anm. 11. — Die in § 63 Nr. 3, 4 KO bezeichneten Forderungen werden, weil sie keine KForderungen sind, von dem Zwangsvergleiche nicht betroffen. S. ob. § 8 II.

[2] S. Mot. §§ 178—180 Abs. 2 (422), §§ 181—187 letzt. Abs. (430). (Ausnahmen: § 196, 197 KO.)

Rentenschuld oder aus einer zu ihrer Sicherung eingetragenen Vormerkung.[3]

II. Überhaupt äußert der Zwangsvergleich auf die von ihm betroffenen Forderungen bloß diejenigen Einwirkungen, welche sich aus seinem Inhalte ergeben. Insbesondere liegt in ihm weder eine Novation noch auch nur eine Anerkennung dieser Forderungen.[4] Ebensowenig eine Zurücknahme des bei der Prüfung vom Gemeinschuldner gegen eine Forderung erhobenen Widerspruches.[5] Vielmehr kann jede Forderung gegen den Gemeinschuldner zwar bloß noch in der durch den Zwangsvergleich begründeten Beschränkung, aber sonst nur in der gleichen Weise geltend gemacht werden, wie sie nach der Aufhebung des Konkursverfahrens auf Grund vollzogener Schlußverteilung gegen ihn geltend gemacht werden könnte.[6] Ist die Forderung für das Konkursverfahren festgestellt worden, so bildet die Eintragung der Feststellung in die Tabelle,

[3] § 193 Satz 2 KO obd. Mot. §§ 178—180 Abs. 3, 4 (422 fg.), Begr. z. § 178 KÄE. (44 fg.). Dagegen wird der Rückgriffsanspruch der Mitschuldner und Bürgen an den GSch. von dem Zwangsvergleiche mit betroffen. S. Mot. a. a. O. Abs. 4 a. E. Vgl. noch RG 15. II. 86 (14 177 ff.), Jäger Anm. 11, 14 16 und ob § 8 III. Nr. 3. — Aus § 193 Satz 2 KO erhellt, daß der durch den Zwangsvergleich erlassene Teil der KForderungen als unvollkommene Verbindlichkeit (Naturalobligation) des GSch. fortbesteht; denn sonst müßten nach § 767, 768, 1252 BGB für diesen Teil die mit der Forderung verbundenen Sicherungen durch Bürgschaft oder Pfandrecht erlöschen. Vgl. RG 11. VII. 98 (42 118 ff.). Auch besteht jedenfalls für den GSch. eine sittliche Pflicht der Nachzahlung, so daß diese rechtlich nicht unter den Begriff und die Regeln der Schenkung gestellt werden kann. Vgl. noch Jäger Anm. 5, Pet.-Kleinf. Bem. 4, Seuff. 443 u. A.

[4] S. Mot. §§ 178—180 Abs. 6 (423 fg.). Darum hat er an sich auch keinen Einfluß auf die Verjährung der Forderungen. Bei einem Stundungsvergleiche greift jedoch § 202 BGB ein.

[5] Erhellt aus § 194 KO. Vgl. Oetker Grdb. 228, Jäger § 193 Anm. 2, § 194 Anm. 3.

[6] S. ob. § 25 III.

vorausgesetzt daß diese keinen Vermerk der Bestreitung von Seite des Gemeinschuldners oder daß sie den Vermerk der Beseitigung einer solchen Bestreitung enthält, nach der Beendigung des Konkursverfahrens gegen ihn einen Vollstreckungstitel.[7] Weil jedoch die Forderung bloß nach Maßgabe des Zwangsvergleiches gegen ihn geltend gemacht werden kann, so kann die Zwangsvollstreckung nur auf Grund jener Eintragung in Verbindung mit dem rechtskräftig bestätigten Zwangsvergleiche stattfinden.[8] Beides zusammen bildet aber ferner einen Vollstreckungstitel auch gegen diejenigen, welche in dem Vergleiche für seine Erfüllung neben dem Gemeinschuldner und ohne Vorbehalt der Einrede der Vorausklage Verpflichtungen übernommen haben.[9]

---

[7] S. § 164 Abs. 2 KO. Vgl. ob. § 12 III., IV., § 25 III. Über den Fall, wenn bei der Aufhebung des KVerf. ein Feststellungs- oder Widerspruchsprozeß noch schwebt, s. ob. § 12 VIII.

[8] § 194 KO. vbd. Mot. §§ 178 bis 180 Abs. 6 (423 fg.). Der Gerichtsschreiber des Konkursgerichtes hat daher dem Gläubiger eine Ausfertigung sowohl der Eintragung in die Tabelle als des rechtskräftig bestätigten Zwangsvergleiches zu erteilen und beides mit der Vollstreckungsklausel zu versehen. S. Formularbuch Anm. 2. b zu Nr. 193 (179). Vgl. Jäger § 194 Anm. 1, 2, Pet.-Kleinf. §§ 193, 194 Bem. 12. Im übrigen gelten die ob. § 12 Anm. 15 angegebenen Regeln. — Wegen der Behandlung der bevorrechtigten KForderungen, deren Deckung der KV. dem § 191 Abs. 2 KO zuwider unterlassen hat, s. Jäger Anm. 7.

[9] § 194 KO vbd. Mot. §§ 178 bis 180 Abs. 8 (424 fg.). Die Äußerung der Motive, daß sich dieses auf diejenigen Forderungen beschränke, für welche der Vollstreckungstitel gegen den GSch. vor dem Vergleichsabschlusse erlangt sei, trägt in das Gesetz eine ihm fremde Unterscheidung hinein und ist auch innerlich nicht genügend begründet; denn der Vergleichsbürge, der neben dem GSch. ohne Vorbehalt eintritt, will sich diesem doch den Gläubigern gegenüber gleichstellen. Wie die Motive gleichwohl die weitaus herrschende Lehre. S. z. B. Oetker Konkursrechtl. Fragen 67 fg., Sar.-Boß. § 194 Bem. 2, Pet.-Kleinf. Bem. 16, Jäger Anm. 4. — Aus der Fassung von § 194

III. Durch einen in einem ausländischen Konkursverfahren abgeschlossenen Zwangsvergleich sind die Konkursgläubiger nicht gehindert, ihre Forderungen auch für den nach dem Inhalte des Vergleiches erlassenen Betrag in Ansehung des inländischen Vermögens des Gemeinschuldners geltend zu machen, und zwar selbst dann nicht, wenn sie an dem ausländischen Konkursverfahren teilgenommen und für die Annahme des Vergleiches gestimmt haben.[10]

§ 50.

f. Anfechtbarkeit und Entkräftung des Zwangsvergleiches. Wiederaufnahme des Konkursverfahrens.

1. Wegen Nichterfüllung des Zwangsvergleiches kann nicht auf seine Aufhebung geklagt werden.[1] Dagegen kann, wenn der Vergleich, sei es von dem Gemeinschuldner, sei es von einer anderen Person, durch Betrug, d. h. durch arglistige Täuschung, zustande gebracht ist,[2] jeder Gläu-

---

KO erhellt übrigens, daß dem Vergleichsbürgen die Einrede der Vorausklage nur kraft ausdrücklichen Vorbehaltes zusteht: Ausnahme von § 771 BGB. Vgl. noch Jäger Anm. 5.

[10] Das folgt aus § 237 KO, wonach trotz des über das Vermögen eines Schuldners im Auslande schwebenden Konkursverfahrens sein inländisches Vermögen dem freien Zugriffe der KGl. unterliegt, und erklärt sich daraus, daß die Einwirkung des Zwangsvergleiches auf die Forderungen und sonstigen privatrechtlichen Verhältnisse der Beteiligten auf einem Machtspruche des Staates beruht, dessen Wirkung sich auf das Staatsgebiet beschränkt. S. ob. § 45 II. a. E. So auch RG 11. VII. 02 (52 155 ff.) und RG 20. III. 88 (21 9 ff.), 18. V. 89 (24 388 fg.). Ebenso Kohler Lehrb. 636 ff., Seuff. 33, Pet.-Kleinf. §§ 237, 238 Bem. 3. Wegen der verschiedenen anderen Ansichten s. Jäger § 193 Anm. 19.

[1] § 195 KO. S. auch ob. § 47 Anm. 12.

[2] S. § 123 BGB. Vbd.Prot. 114 fg. Es genügt, daß durch Vorspiegelung falscher oder durch Unterdrückung wahrer Tatsachen (z. B. wissentlich zu niedrige Darstellung der Teilungsmasse oder zu hohe Darstellung der

biger, auch ein nicht betrogener, die im Vergleiche festgesetzte Beschränkung seiner Forderung (Erlaß oder Stundung) anfechten, während er die ihm durch den Vergleich gewährten Rechte, insbesondere auch gegen Bürgen, behält.[3] Die Anfechtung ist jedoch nur zulässig, wenn der Gläubiger ohne Verschulden außerstande war, den Anfechtungsgrund in dem Bestätigungsverfahren, sei es auch nur noch in der Beschwerdeinstanz, geltend zu machen.[4]

II. Die rechtskräftige Verurteilung des Gemeinschuldners wegen betrüglichen Bankeruttes, der in bezug auf

---

Schuldenmasse) bei einem Gläubiger, ohne dessen Zustimmung der Vergleich nicht zustande gekommen wäre, ein Irrtum erregt oder unterhalten worden ist, der ihn bewog, für den Vergleich zu stimmen. Eine Vermögensbeschädigung und die Absicht, sich oder einem Anderen einen rechtswidrigen Vermögensvorteil zu verschaffen (§ 263 StGB), ist nicht erforderlich. Vgl. Seuff. 446, Jäger § 196 Anm. 1—4.

[3] § 196 Abs. 1 KO vbd. Mot. §§ 181—187 Nr. 2 (427). Die Anfechtung geschieht nach § 143 Abs. 1 BGB durch formlose Erklärung gegenüber dem Anfechtungsgegner, d. h. hier dem GSch. Sie kann aber nach § 124 BGB nur innerhalb eines Jahres, seit der Anfechtende von dem Betruge Kenntnis erhalten hat, und längstens innerhalb dreißig Jahren seit der Annahme des Vergleiches erfolgen. Vgl. Jäger Anm. 6. A. M. Seuff. 447, Pet.=Kleinf. § 196 Bem. 5 a. E. Die fortbestehenden Rechte aus dem Vergleiche beschränken sich natürlich nach wie vor auf die Vergleichsrate.

[4] § 196 Abs. 2 KO. Vgl. § 582, 767 Abs. 2, 1043 CPO. — Tritt infolge der Anfechtung wegen Betruges eine neue Zahlungsunfähigkeit des GSch. ein, so kann es nur zur Eröffnung eines neuen K., nicht zu einer Wiederaufnahme des früheren kommen. In diesem neuen K. kann der Gläubiger seine Forderung zum vollen noch nicht bezahlten Betrage anmelden, und zwar, wenn er nach § 164 Abs. 2, 194 KO einen Vollstreckungstitel erlangt hatte, für diesen vollen Betrag als titulierte Forderung, da alle durch den Zwangsvergleich bewirkten Beschränkungen mit rückwirkender Kraft (§ 142 BGB) weggefallen sind. Vgl. Oetker Konkursrechtl. Fragen 76, Grdb. 441, Jäger § 196 Anm. 7, § 197 Anm. 2, Pet.=Kleinf. § 197 Bem. 1 a. E. A. M. Seuff. 447 Anm. 41.

diesen Konkurs begangen ist, hebt von selbst und für alle Gläubiger die im Zwangsvergleiche festgesetzte Beschränkung ihrer Forderungen auf, während ihnen die durch den Vergleich gewährten Rechte bleiben.[5] Schon vor der rechtskräftigen Verurteilung kann im Hinblicke auf die Möglichkeit der Wiederaufnahme des Konkursverfahrens das frühere Konkursgericht auf Antrag eines zu dem Antrage auf die Wiederaufnahme berechtigten Gläubigers Sicherheitsmaßregeln gegen den Gemeinschuldner anordnen.[6]

III. Nach erfolgter rechtskräftiger Verurteilung wird nämlich auf Antrag eines der (noch nicht vollständig befriedigten) früheren Konkursgläubiger[7] das Konkursver-

---

[5] § 197 Abs. 1 KO vbd. Mot. §§ 181—187 Nr. 3 (428). Vgl. § 175 Nr. 3, 186 Nr. 2 KO und ob. § 46 III. Jeder Gläubiger, der nach § 164 Abs. 2, 194 KO einen Vollstreckungstitel erlangt hat, kann daher auf Grund dieses Titels seine volle Forderung gegen den GSch. beitreiben. (Der Gerichtsschreiber des KGerichtes hat der nach § 49 Anm. 8 von ihm zu erteilenden Ausfertigung den Vermerk der rechtskräftigen Verurteilung beizufügen. Vgl. Oetker Grdb. 441.) Auch kann er in einem neuen oder in dem wiederaufgenommenen KVerf. seine volle Forderung als titulierte anmelden. S. vor. Anm.

[6] § 197 Abs. 2 KO. Vgl. § 106 KO. Gegen die Anordnung von Sicherheitsmaßregeln steht dem GSch., gegen die Ablehnung des Antrages darauf dem Antragsteller die sofortige Beschwerde zu. Vgl. Pet.-Kleinf. § 197 Bem. 4. Für die Zulässigkeit solcher Maßregeln kommt es nur auf die Wahrscheinlichkeit der Verurteilung des GSch. an, und jedenfalls genügt die Erhebung der öffentlichen Klage (§ 168 Abs. 1 StPO). Vgl. Jäger § 197 Anm. 3. Nach rechtskräftiger Freisprechung des GSch. sind die angeordneten Maßregeln von Amts wegen aufzuheben. — Wegen der Gerichtsgebühren s. § 58 Abs. 2, 3 vbd. § 82 Abs. 1 Nr. 3, Abs. 2, 95 Abs. 2 GKG; wegen der Rechtsanwaltsgebühren § 58 Nr. 2 RAGebO.

[7] § 198 Abs. 1 vbd. § 200 Abs. 2 Satz 1 KO. Gedacht ist, wie § 200 Abs. 1 KO zeigt, zunächst an die von dem Zwangsvergleiche betroffenen, also an die nicht bevorrechtigten Gläubiger. Doch muß nach der weiten Fassung des § 198 Abs. 1 KO auch den bevorrechtigten Gläu-

fahren ohne Rücksicht auf Zahlungsunfähigkeit des Gemeinschuldners wieder aufgenommen, vorausgesetzt daß nach dem Ermessen des Konkursgerichtes durch die Konkursmasse die Kosten des Verfahrens (§ 58 Nr. 1, 2 KO) gedeckt werden oder ein zur Deckung dieser Kosten ausreichender Geldbetrag vorgeschossen wird.[8] Die Wiederaufnahme geschieht entsprechend der Konkurseröffnung durch Beschluß des früheren Konkursgerichtes. Auch gelten in Ansehung des Zeitpunktes der Wiederaufnahme und ihrer Bekanntmachung gleiche Regeln wie bei der Konkurseröffnung.[9] Ferner knüpft sich an die Wiederaufnahme die nämliche Einwirkung auf die Verfügungsfähigkeit des Gemeinschuldners wie an die Konkurseröffnung.[10] Dagegen können die von ihm in der Zeit von der Aufhebung bis zu der Wiederaufnahme des Konkursverfahrens vorgenommenen Rechtshandlungen, weil er in dieser

digern das Antragsrecht zugebilligt werden, wenn sie nicht nach § 191 Abs. 2 KO gedeckt sind. Vgl. Oetker Konkursrechtl. Fragen 83, Grdb. 193, Jäger § 198 Anm. 2. A. M. Seuff. 448 Anm. 1. Neue Gläubiger können, ebenso wie der GSch., nur die Eröffnung eines neuen K. beantragen. Vgl. Oetker Grdb. 193, Jäger a. a. O.

[8] § 198 Abs. 1 KO vbd. Mot. §§ 181—187 Nr. 3 Abs. 2 (428). Vgl. § 107 Abs. 1, 204 Abs. 1 KO.

[9] § 198 Abs. 2 KO. S. ob. § 36 I. u. III. Gegen den Wiederaufnahmebeschluß steht dem GSch., gegen den abweisenden Beschluß dem antragstellenden KGl. die sofortige Beschwerde zu: entspr. § 109 KO. Näheres bei Seuff. 449 fg., Jäger Anm. 3, 4. Ist vor der Wiederaufnahme ein neues KVerf. über das Vermögen des GSch., sei es von demselben, sei es von einem anderen Gerichte, eröffnet worden, so ist, solange dieses Verfahren schwebt, die Wiederaufnahme ausgeschlossen, weil sie sich auf dasselbe Vermögen als KM. bezieht wie das neue KVerf. Vgl. Oetker Krechtl. Fr. 73 fg., 80, Grdb. 193, Seuff. 449, Jäger Anm. 5. — Wegen der Gerichtsgebühren im Fall der Wiederaufnahme s. § 58 Abs. 1 vbd. § 95 Abs. 1 GKG; wegen der Rechtsanwaltsgebühren § 60 RAGebO.

[10] S. § 6 KO. Vgl. Mot. §§ 181—187 Nr. 3 Abs. 4 (428).

Zwischenzeit volle Verfügungsfähigkeit gehabt hat, nur nach den gleichen Grundsätzen angefochten werden, wie die vor der Konkurseröffnung vorgenommenen. Dem Zeitpunkte der Konkurseröffnung entspricht dabei derjenige der Wiederaufnahme, dem Antrage auf jene der Antrag auf diese. An die Stelle der Zahlungseinstellung tritt, wenn nicht in jener Zwischenzeit eine neue Zahlungseinstellung erfolgt ist, der Tag des ersten die Verurteilung des Gemeinschuldners aussprechenden Urteils. Gleiches gilt hinsichtlich der in dem genannten Zeitraum entstandenen Aufrechnungsbefugnisse.[11]

Das wiederaufgenommene Konkursverfahren ist aber nicht bloß Erneuerung und Fortsetzung des früheren, sondern es ist zugleich neues Konkursverfahren. Denn es erstreckt sich nicht allein auf das zu der früheren Konkursmasse gehörige, sondern auf das ganze zur Zeit der Wiederaufnahme vorhandene Vermögen des Gemeinschuldners.[12] Auch können daran nicht allein die früheren Konkursgläubiger, sondern auch die zu jener Zeit vorhandenen neuen Gläubiger des Gemeinschuldners teilnehmen,[13] und zwar, da der ihm durch den Zwangsvergleich bewilligte Erlaß weggefallen ist, jene wie diese mit dem ursprünglichen Betrage ihre Forderungen, soweit sie nicht durch einen von dem Zwangsvergleiche unabhängigen Aufhebungs-

---

[11] § 199 vbd. § 29 ff., 55 Nr. 3, 56 KO. S. auch § 50 KO. Vgl. Mot. §§ 181—187 Nr. 3 Abs. 5 (428 fg.).

[12] Ergibt sich aus § 200 Abs. 2 Satz 1 KO. Vgl. Oetker Krechtl. Fr. 73, Grdb. 193, Sar.-Boß. § 198 Bem. 1 Nr. 3, Seuff. 451, Jäger Anm. 7 u. A.

[13] § 200 KO vbd. Mot. §§ 181 bis 187 Nr. 3 Abs. 6 (429). Vgl. Jäger § 200 Anm. 3. Als neue Gläubiger erscheinen auch die früheren hinsichtlich der von der früheren KE. bis zur Wiederaufnahme aufgelaufenen Zinsen und Kosten (§ 63 Nr. 1, 2 KO).

grund getilgt sind.[14] Weil jedoch die den früheren Konkursgläubigern durch den Zwangsvergleich gewährten Rechte fortdauern, so haben nur diese, nicht auch die neuen Gläubiger, Anspruch auf Befriedigung aus einer für die Erfüllung des Zwangsvergleiches bestellten Sicherheit.[15]

Weil aber das wiederaufgenommene Konkursverfahren doch zunächst als Erneuerung und Fortsetzung des früheren behandelt wird, so treten der frühere Konkursverwalter und der frühere Gläubigerausschuß ohne weiteres wieder in Tätigkeit, und das Verfahren wird nur so weit wiederholt, als es wegen der Erweiterung auf neues Vermögen und neue Konkursgläubiger notwendig ist.[16] Aus dieser Rücksicht muß zwar mit dem Wiederaufnahmebeschlusse von neuem der offene Arrest erlassen, eine neue Anmeldefrist und ein neuer allgemeiner Prüfungstermin bestimmt werden; dagegen bedarf es weder der Anlegung einer neuen Tabelle, noch einer neuen Anmeldung der in dem früheren Konkursverfahren bereits angemeldeten Konkursforderungen.[17] Eine neue Prüfung der in diesem Verfahren bereits geprüften Forderungen findet nur statt, wenn von dem

---

[14] § 200 Abs. 1 vbd. § 197 Abs. 1 KO. Vgl. Mot. a. a. O. vorl. Abs. (429 fg.). An dem wiederaufgenommenen KVerf. nehmen auch die noch nicht befriedigten bevorrechtigten früheren KGl. teil. Auch können noch nicht befriedigte frühere Massegläubiger vorweg Befriedigung aus der Masse verlangen. S. Oetker Krechtl. Fr. 83, Jäger § 200 Anm. 2, Pet.-Kleinf. §§ 198—201 Bem. 4.

[15] § 200 Abs. 2 Satz 2 KO vbd. Mot. §§ 181—187 Nr. 3 Abs. 6 (429). In Ansehung dieser Sicherheit haben also die früheren KGl. den neuen gegenüber die Stellung von Absonderungsberechtigten. S. Mot. a. a. O. Vgl. Pet.-Kleinf. Bem. 5.

[16] § 201 Abs. 1 KO. Vgl. Seuff. 453, Pet.-Kleinf. Bem. 7, Sar.-Boß. § 201 Bem. 1 Nr. 1, Jäger § 198 Anm. 6.

[17] Vgl. F. Wach 68, Sar.-Boß. § 201 Bem. 1 Nr. 4, Bem. 2, Pet.-Kleinf. Bem. 6, Jäger § 201 Anm. 3.

Konkursverwalter, einem Konkursgläubiger oder dem Gemeinschuldner eine inzwischen erfolgte Tilgung geltend gemacht wird.[18] Wird aber gegen eine in dem früheren Verfahren festgestellte Forderung von dem Verwalter oder von einem Konkursgläubiger mit Berufung auf eine solche Tilgung Widerspruch erhoben, so muß, da die Eintragung einer Forderung als festgestellt in die Tabelle einem rechtskräftigen Urteil gleich gilt, der Widersprecher seinerseits den Widerspruch durch Klage nach § 767 CPO verfolgen.[19]

Die Beendigung eines wiederaufgenommenen Konkursverfahrens durch Zwangsvergleich ist unzulässig.[20]

§ 51.

4. Einstellung des Konkursverfahrens.

Während die Konkursordnung von „Aufhebung" des Konkursverfahrens spricht, wenn dieses geschlossen wird, weil es durch rechtskräftige Wiederaufhebung des Eröffnungsbeschlusses für unstatthaft erklärt ist, oder weil es durch Schlußverteilung oder Zwangsvergleich zufolge der Erfüllung seiner Aufgabe sein naturgemäßes Ende erreicht hat,[1] versteht sie unter „Einstellung" den Abbruch eines statthaften Konkursverfahrens ohne die Erreichung dieses ordentlichen Ziels.[2] Sie kann erfolgen entweder wegen Zwecklosigkeit der Fortsetzung oder wegen Verzichtes der Konkursgläubiger auf die Fortsetzung des Konkursverfahrens (Konkursverzicht).

---

[18] § 201 Abs. 2 KO. Näheres bei Oetker Krechtl. Fr. 84 ff., Seuff. 452 fg., Jäger Anm. 4—6.

[19] Nach § 146 Abs. 6 vbd. § 145 Abs. 2, 147 KO. Vgl. ob. § 12 Anm. 13, Oetker a. a. O. 85 fg., Seuff. 452, Jäger Anm. 6.

[20] S. § 175 Nr. 3 KO vbd. Mot. §§ 181—187 Nr. 3 Abs. 2 a. E. (428).

[1] S. § 116, 163, 190 KO.

[2] S. Mot. §§ 191, 192 (437 fg.).

I. Wegen Zwecklosigkeit der Fortsetzung kann das Konkursgericht das Konkursverfahren von Amts wegen einstellen, sobald sich ergibt, daß die Konkursmasse nicht ausreicht, um die Kosten des Verfahrens (§ 58 Nr. 1, 2 KO) zu decken. Jedoch muß die Einstellung unterbleiben, wenn ein zur Deckung dieser Kosten ausreichender Geldbetrag vorgeschossen wird.[3] Auch soll vor der Einstellung die Gläubigerversammlung gehört werden.[4] Der Einstellungsbeschluß ist öffentlich bekannt zu machen[5] und unterliegt der sofortigen Beschwerde jedes Konkursgläubigers, des Konkursverwalters und des Gemeinschuldners. Der Beschluß, der einen Antrag auf diese Einstellung abweist, ist nur dem Antragsteller zuzustellen, dem dagegen die sofortige Beschwerde zusteht.[6]

II. Wegen Konkursverzichtes kann die Einstellung in jeder Lage des Konkursverfahrens von der Eröffnung bis zur Beendigung und auch während des Laufes eines Zwangsvergleichsverfahrens erfolgen,[7] aber immer nur auf den

---

[3] § 204 Abs. 1 KO. Vgl. § 107, 198 Abs. 1 KO. S. ob. § 35 V., § 50 III. Ausnahmen s. unt. § 53 Anm. 12, § 54 Anm. 9.

[4] § 204 Abs. 2 KO. Vbd. Begr. z. § 190 KÄE (45).

[5] § 205 Abs. 1 KO. S. unt. III.

[6] Vgl. Jäger § 204 Anm. 3, Pet.-Kleinf. § 204 Bem. 4. A. M. in Ansehung des KV. Seuff. 465. — Nach Pet.-Kleinf. Vorbem. 2 vor § 202 müßte das KVerf. auch dann von Amts wegen eingestellt werden, wenn das KGericht vor dem Eintritte der Rechtskraft des Eröffnungsbeschlusses seine Unzuständigkeit erkenne. Nach Jäger § 206 Anm. 7 hätte in diesem Fall, vorausgesetzt daß gegen den Eröffnungsbeschluß noch keine Beschwerde eingelegt sei, das Gericht vielmehr unter Aufhebung dieses Beschlusses den Eröffnungsantrag abzuweisen. Die erste dieser Ansichten entbehrt aber der gesetzlichen Grundlage, die zweite ist mit einer ungezwungenen Auslegung des § 577 Abs. 3 CPO nicht zu vereinigen.

[7] Vgl. § 51 Nr. 3—5 GKG, Jäger §§ 202, 203 Anm. 1. Ausnahme im Genossenschaftskonkurse und im K. eines Ver=

Antrag des Gemeinschuldners und nach Maßgabe folgender Regeln:

1. Wird bei dem Konkursgerichte der Antrag auf die Einstellung nach dem Ablaufe der Anmeldefrist gestellt, so muß er zugelassen werden,[8] wenn der Gemeinschuldner die ausdrückliche schriftliche[9] und vorbehaltlose Zustimmung aller (bevorrechtigten oder nicht bevorrechtigten) Konkursgläubiger beibringt, die zur Zeit der Stellung des Antrages Forderungen angemeldet haben.[10] Die Zustimmung

---

sicherungsvereins auf Gegenseitigkeit: § 116 Abs. 2 GenG, § 52 Abs. 2, 53 Abs. 1 PVersG. S. unt. § 53 II. a. E.

[8] Daß es sich nicht, wie es nach § 202 Abs. 1 KO scheinen kann, sofort um die Frage der Einstellung, sondern zunächst nur um die Frage der Zulassung handelt, erhellt aus § 203 KO. Daß aber ein Einstellungsantrag, der die gesetzlichen Voraussetzungen nicht erfüllt, entspr. § 105 Abs. 1, 188 Abs. 2 KO ohne Einleitung des weiteren Verfahrens als unzulässig abzuweisen ist, folgt aus der Verpflichtung des Gerichtes, das Dasein jener Voraussetzungen von Amts wegen zu prüfen, und aus der Erwägung, daß ein nutzloser Aufwand von Mühe und Kosten nicht der Wille des Gesetzes sein kann. Vgl. Oetker Grdb. 400, Seuff. 458, Jäger Anm. 7, Sar.-Boß. § 203 Bem. 4, Wolff § 202 Bem. 6. A. M. Pet.-Kleinf. §§ 202, 203 Bem. 5. Natürlich kann aber das Gericht vor seiner Entscheidung den GSch. auf einen Mangel hinweisen, um ihm zur Beseitigung Gelegenheit zu geben.

[9] S. § 203 Abs. 1 Satz 1 KO. Da die Zustimmung (die Erklärung des Konkursverzichtes) als prozessualische Handlung eigentlich an das KGericht gerichtet ist, so kann sie auch durch unmittelbare Einreichung eines Schriftsatzes oder zu Protokoll des Gerichtsschreibers erklärt werden. Eine Beglaubigung ist nicht erforderlich, doch steht dem Gerichte das Recht zu, die Echtheit der Erklärung zu prüfen. Vgl. Seuff. 454, Jäger Anm. 2.

[10] § 202 Abs. 1 Satz 1 KO. Der Grund der Zustimmung, als z. B. außergerichtlicher Vergleich oder erhaltene Befriedigung, braucht nicht angegeben zu werden. Durch vollständige Befriedigung eines KGl. hört dieser auf, KGl. zu sein, und seine Zustimmung ist also nicht mehr erforderlich. — Zur Wirksamkeit des Konkursverzichtes als einer Prozeßhandlung gehört die Prozeßfähigkeit des Verzichtenden. Ferner ist er als pro-

derjenigen Gläubiger, deren Forderungen bereits für das Konkursverfahren festgestellt sind, ist unbedingt erforderlich. Fehlt nur die Zustimmung solcher Gläubiger, deren Forderungen zwar angemeldet aber nicht festgestellt sind, so kann das Gericht nach freiem Ermessen entweder den Antrag abweisen oder ihn, sei es schlechthin, sei es gegen Sicherstellung des Gläubigers, zulassen.[11]

Wird der Antrag vor dem Ablaufe der Anmeldefrist gestellt, so muß er zugelassen werden, wenn außer den Konkursgläubigern, deren Zustimmung der Gemeinschuldner beibringt, keine anderen bekannt sind.[12] Bei Mangel der Zustimmung einzelner bekannter Gläubiger kann das Gericht auch hier nach Ermessen über diesen Mangel hinweg-

---

zessualische Willenserklärung zu Gunsten des GSch. unwiderruflich und nur der Anfechtung wegen Irrtums, arglistiger Täuschung und widerrechtlicher Drohung nach § 119 ff., 123, 143 fg. BGB ausgesetzt. Vgl. Seuff. 454, 455 fg., Jäger Anm. 2 a. E.

[11] S. § 202 Abs. 1 Satz 2 KO. Das Gericht wird von der Zustimmung eines Gläubigers absehen, wenn es nach den bei der Anmeldung der Forderung gemachten Angaben findet, daß diese nach § 3 oder § 63 KO keine KForderung, oder daß sie (z. B. als Forderung aus einem offenbar wucherischen Geschäfte) im Rechte nicht begründet ist. Von der Sicherstellung des Gläubigers kann es die Zulassung des Antrages abhängig machen, wenn ihm die Richtigkeit der Forderung zweifelhaft erscheint, was auch bei einer titulierten Forderung der Fall sein kann. Vgl. Seuff. 457, Jäger Anm. 4. Nach Oetker Grdb. 400 Anm. 5 wären titulierte Forderungen, solange der dagegen erhobene Widerspruch nicht verfolgt ist, als festgestellte zu behandeln. — Gegen die Abweisung des Einstellungsantrages als unzulässig steht dem GSch. die sofortige Beschwerde zu. Vgl. Seuff. 458, Jäger Anm. 7.

[12] § 202 Abs. 2 KO. Wer als bekannter KGl. anzusehen sei, ist vom KGerichte in Rücksicht auf das von dem GSch. eingereichte Gläubigerverzeichnis (§ 104 KO), seine Bücher, die erfolgten Anmeldungen u. dgl. nach Ermessen zu beurteilen. S. Mot. §§ 188, 189 Abs. 4 (436 a. E.).

sehen oder die Zulassung des Antrages von der Sicherstellung des Gläubigers abhängig machen.[13]

2. Im Fall der Zulassung ist der Antrag öffentlich bekannt zu machen[14] und (spätestens gleichzeitig mit dieser Bekanntmachung) mit den Zustimmungserklärungen auf der Gerichtsschreiberei zur Einsicht der Konkursgläubiger und der übrigen Beteiligten niederzulegen.[15] Jeder Konkursgläubiger kann gegen den Antrag Widerspruch erheben,[16] wofür eine gesetzliche Frist von einer Woche seit der öffentlichen Bekanntmachung frei bleiben muß,[17] ohne die Berücksichtigung eines später erhobenen Widerspruches auszuschließen.[18] Jedoch darf, wenn bei der Entscheidung über

---

[13] Denn es ist, wie Seuff. 458 mit Recht bemerkt, kein Grund ersichtlich, warum das Gericht hier eine geringere Freiheit des Ermessens hinsichtlich der Forderungen haben sollte, als wenn es sich um die Einstellung nach dem Ablaufe der Anmeldefrist handelt. So auch Pet.-Kleinf. §§ 202, 203 Bem. 4, Oetker Grdd. 401. A. M. Jäger Anm. 6, Sar.-Boß. § 202 Bem. 4 a. E.

[14] S. § 76 Abs. 1, 2 KO.

[15] § 203 Abs. 1 Satz 1 KO. Als zur Einsicht berechtigte Beteiligten sind außer den KGl. im Hinblick auf § 203 Abs. 2 KO auch der GSch. und der KV. und nach den Ausführungen in Mot. §§ 188, 189 letzt. Abs. (437) der GlA. anzusehen.

[16] Das gilt nicht bloß von den Gläubigern, die im Fall des § 202 Abs. 1 KO zur Zeit der Stellung des Einstellungsantrages ihre Forderungen noch nicht angemeldet hatten, im Fall des § 202 Abs. 2 KO damals noch nicht bekannt waren, sondern auch von denjenigen, von welchen der Schuldner eine Zustimmungserklärung beigebracht hat, wenn sie die Echtheit dieser Erklärung bestreiten, oder ihre Zustimmung wegen Mangels der Prozeßfähigkeit als unwirksam hinstellen, oder sie wegen Irrtums, arglistiger Täuschung oder widerrechtlicher Drohung anfechten (s. ob. Anm. 10). Vgl. Sar.-Boß. § 203 Bem. 2, Jäger Anm. 8.

[17] § 203 Abs. 1 Satz 2 vbd. § 76 Abs. 1 Satz 2 KO. Vgl. ob. § 26 Anm. 24.

[18] Dies folgt daraus, daß das Dasein der Erfordernisse der Einstellung von Amts wegen zu prüfen ist, aber auch schon aus § 203 Abs. 1 Satz 3 KO. Vgl. Seuff. 459, Pet.-Kleinf. Bem. 8, Jäger Anm. 8 a. E. A. M. Oetker Grdd. 400 Anm. 6.

den Antrag bereits die Anmeldefrist abgelaufen ist,[19] nur der Widerspruch derjenigen Gläubiger berücksichtigt werden, welche bis zu ihrem Ablaufe oder, wenn sie früher als jene Wochenfrist abgelaufen war, bis zum Ablaufe der letzten Forderungen angemeldet haben.[20]

3. Nach dem Ablaufe der Widerspruchsfrist entscheidet das Konkursgericht über die Einstellung durch Beschluß nach (mündlicher oder schriftlicher) Anhörung des Gemeinschuldners und des Konkursverwalters, im Fall erhobenen Widerspruches auch des widersprechenden Gläubigers.[21] Nach Ermessen können noch andere Gläubiger gehört werden, und der Gläubigerausschuß, falls ein solcher bestellt ist, soll gehört werden. Das Gericht hat aber das Dasein der gesetzlichen Voraussetzungen der Einstellung auch schon von Amts wegen zu prüfen, kann zur Aufklärung aller einschlagenden Verhältnisse die erforderlichen Ermittelungen anordnen und die gütliche Beilegung des erhobenen Widerspruches versuchen.[22]

4. Ist zur Zeit der Beschlußfassung bereits die Anmeldefrist abgelaufen, so muß die Einstellung beschlossen werden, wenn der Antrag darauf, sei er nach oder vor

---

[19] Ob der Einstellungsantrag vor oder nach dem Ablaufe der Anmeldefrist gestellt war, ist unerheblich. Vgl. Seuff. 457, Jäger Anm. 3, Sar.-Boß. § 202 Bem. 5.

[20] § 203 Abs. 1 Satz 3 KO vbd. Mot. §§ 188, 189 letzt. Abs. (437). Diese Beschränkung rechtfertigt sich darum, weil zufolge der allgemeinen Grundsätze der KO nach dem Ablaufe der Anmeldefrist bei den verschiedenen Schritten des KVerf. auf diejenigen Gläubiger, welche noch keine Forderungen angemeldet haben, überhaupt keine Rücksicht genommen wird. Vgl. Mot. a. a. O. Abs. 4 (436). Einschränkende Auslegung des § 203 Abs. 1 Satz 3 KO bei Pet.-Kleinf. Bem. 8.

[21] § 203 Abs. 2 KO.

[22] S. Mot. a. a. O. letzt. Abs. (437) vbd. § 75 KO. Ferner kann vor der Entscheidung der KV. oder ein KGl. dem GSch. den Offenbarungseid abnehmen lassen: § 125 KO.

dem Ablaufe der Anmeldefrist gestellt, nach Maßgabe der gesetzlichen Anforderungen zulässig war (s. ob. Nr. 1), und wenn von denjenigen Konkursgläubigern, deren Anmeldungen bis zum Ablaufe der Anmeldefrist bezw. der oben erwähnten Wochenfrist erfolgt sind, keiner gegen den Antrag Widerspruch erhoben hat.[23] Umgekehrt muß bei mangelnder Zustimmung oder bei Widerspruch auch nur Eines der genannten Konkursgläubiger der Einstellungsantrag abgewiesen werden, falls die Forderung dieses Gläubigers für das Konkursverfahren festgestellt ist.[24] Ist sie noch nicht festgestellt, so hat das Gericht nach freiem Ermessen zu entscheiden, ob der Mangel der Zustimmung bezw. der Widerspruch des Gläubigers die Einstellung verwehre oder unberücksichtigt zu lassen sei oder durch Sicherstellung des vollen Betrages seiner Forderung aufgewogen werden könne.[25]

Ist zur Zeit der Beschlußfassung über die Einstellung die Anmeldefrist noch nicht abgelaufen, so muß der Einstellungsantrag abgewiesen werden, wenn nicht die Zustimmung sämtlicher zur Zeit der Stellung des Antrages bekannter Konkursgläubiger beigebracht ist, oder wenn vor der Beschlußfassung ein Gläubiger Widerspruch erhoben hat, es wäre denn, daß nach dem Ermessen des Gerichtes der Mangel der Zustimmung oder der Widerspruch einzelner Gläubiger nicht in Betracht kommt oder durch ihre

---

[23] § 202, 203 Abs. 1 KO.

[24] Folgt aus § 202 Abs. 1 KO. Die Zustimmung eines solchen Gläubigers kann auch nicht durch Sicherstellung seiner Forderung ersetzt werden. Nur seine volle Befriedigung macht, weil er dadurch aufhört, Gläubiger zu sein, den Mangel seiner Zustimmung oder seinen Widerspruch bedeutungslos. Vgl. Jäger Anm. 4. — Hat ein früher zustimmender Gläubiger Widerspruch erhoben, so hat das Gericht in Rücksicht auf die Gründe des Widerspruches zu beurteilen, ob dieser zu berücksichtigen sei. Vgl. ob. Anm. 16.

[25] § 202 Abs. 1 Satz 2 KO vbd. Mot. §§ 188, 189 Abs. 4 (436). Vgl. ob. Anm. 11.

Sicherstellung ausgeglichen wird.[26] Sind aber alle gesetzlichen Voraussetzungen vorhanden, so hängt es von dem Ermessen des Gerichtes ab, nach der Erwägung, ob das Auftauchen weiterer Konkursforderungen wahrscheinlich ist und darum die sofortige Einstellung das gemeinsame Interesse der Gläubiger gefährden würde, oder nicht, entweder die sofortige Einstellung zu beschließen oder die Entscheidung bis nach dem Ablaufe der Anmeldefrist aufzuschieben.[27]

5. Der Beschluß, der den Einstellungsantrag abweist, ist dem Gemeinschuldner zuzustellen, dem dagegen die sofortige Beschwerde zusteht.[28] Gegen den Beschluß, der die Einstellung ausspricht, steht sie jedem Konkursgläubiger zu, dessen Zustimmung nach seiner Behauptung erforderlich war, oder welcher Widerspruch erhoben hatte.[29] Dieser Beschluß wird aber nicht besonders zugestellt, sondern nur öffentlich bekannt gemacht, und durch diese Bekanntmachung wird die Beschwerdefrist für alle Beteiligten einheitlich in Lauf gesetzt.[30]

III. Jeder Einstellungsbeschluß ist nämlich, nachdem von Seite des Konkursverwalters die Schlußrechnung gelegt sowie die Berichtigung oder Sicherstellung vorhandener Masse-

---

[26] Folgt aus § 202 Abs. 2 vbd. § 203 Abs. 1 KO. Vgl. Mot. §§ 188, 189 Abs. 4 a. E. (436) und ob. Anm. 11 und 13.

[27] § 202 Abs. 2 KO. Vgl. Seuff. 460, Pet.-Kleinf. Bem. 10, Jäger Anm. 9, Sar.-Boß. § 202 Bem. 5 Abs. 2.

[28] § 73 Abs. 2, 3 KO. Vbd. Mot. §§ 188, 189 letzt. Abs. a. E. (437). Vgl. ob. Anm. 11 a. E.

[29] Vgl. Seuff. 461 fg., Jäger Anm. 10, Sar.-Boß. § 203 Bem. 6, Pet.-Kleinf. Bem. 7. Der KV. hat weder gegen den Einstellungsbeschluß noch gegen den abweisenden Beschluß ein Beschwerderecht. Vgl. Seuff., Jäger, Sar.-Boß., Pet.-Kleinf. a. d. a. OO.

[30] § 205 Abs. 1 KO. Vgl. Seuff. 461, Jäger Anm. 10, Sar.-Boß. a. a. O. A. M. Pet.-Kleinf. a. a. O.

ansprüche erfolgt ist,[31] mit Angabe des Grundes der Einstellung in gleicher Weise wie der Beschluß, wodurch das Konkursverfahren wegen vollzogener Schlußverteilung oder wegen rechtskräftiger Bestätigung eines Zwangsvergleiches aufgehoben wird, durch Einrückung in das Amtsblatt des Gerichtes und in den Deutschen Reichsanzeiger öffentlich bekannt zu machen, den beteiligten Behörden mitzuteilen und in das Grundbuch einzutragen.[32] Auch seine rechtliche Wirkung ist die gleiche wie diejenige der genannten Beschlüsse und tritt, wie diese, mit dem Zeitpunkte der Erlassung des Beschlusses ein.[33] Mit diesem Zeitpunkte erhält also der Gemeinschuldner von selbst die freie Verfügung über die Konkursmasse zurück, und die Konkursgläubiger können ihre Forderungen wieder in freier Weise gegen ihn geltend machen.[34] Die Eintragung einer Forderung als einer für das Konkursverfahren festgestellten und von ihm nicht bestrittenen in die Tabelle ist gegen ihn Vollstreckungstitel.[35]

Wird gegen den Einstellungsbeschluß Beschwerde eingelegt, so kann sowohl das Konkursgericht als das Beschwerdegericht die Aussetzung seiner Vollziehung, also

[31] S. § 86, § 205 Abs. 2 vbd. § 191 Abs. 1 KO und Mot. § 191 192 (437 fg.). § 191 Abs. 2 KO läßt sich hier so wenig anwenden wie im Fall des § 116 KO. Vgl. Mot. a. a. O., Kom.Ber. zu §§ 106 b, 191 KÄE (28, 45), Jäger § 206 Anm. 2, Seuff. 461 Anm. 13. A. M. Pet.-Kleinf. §§ 205, 206 Bem. 2. Zu den von dem KV. zu deckenden Massеansprüchen gehören auch die Gerichtskosten. Wegen der Gerichtsgebühren s. § 51 Nr. 3—5 vbd. § 52 GKG.

[32] § 205 KO vbd. Mot. a. a. O. Vgl. ob. § 42 VI., § 48 IV.,

[33] S. ob. § 42 bei Anm. 26, § 48 bei Anm. 27.

[34] § 206 KO vbd. Mot. a. a. O. Vgl. ob. § 25 III.

[35] § 206 Abs. 2 KO. Vgl. ob. § 12 III., IV., § 25 III. Auf schwebende Feststellungs- oder Widerspruchsprozesse ist die Einwirkung der Einstellung die gleiche wie diejenige der Aufhebung des KVerf. auf Grund eines Zwangsvergleiches. S. ob. § 12 VIII.

namentlich der Ausantwortung der Konkursmasse an den Gemeinschuldner, anordnen.[36] Durch die rechtskräftige Aufhebung des Beschlusses in der Beschwerdeinstanz[37] wird die Einstellung des Konkursverfahrens rückgängig; jedoch bleiben die Verfügungen wirksam, die in der Zwischenzeit der Gemeinschuldner über Gegenstände der Konkursmasse getroffen hat.[38]

IV. Besonderheiten einzelner Fälle.

§ 52.

1. Konkursverfahren über das Vermögen einer Aktiengesellschaft, einer Gesellschaft mit beschränkter Haftung, einer sonstigen juristischen Person und eines verklagbaren Vereins.

I. Über das Vermögen einer Aktiengesellschaft und einer Gesellschaft mit beschränkter Haftung ist das Konkursverfahren nicht allein wegen Zahlungsunfähigkeit, insbesondere Zahlungseinstellung, der Gesellschaft, sondern auch wegen ihrer Überschuldung, d. h. Unzulänglichkeit

[36] Nach § 572 Abs. 2, 3 CPO.

[37] S. § 74 KO.

[38] Vgl. Seuff. 462, Jäger §§ 205, 206 Anm. 5. Nach Pet.-Kleinf. §§ 205, 206 Bem. 5 hätte der Einstellungsbeschluß und seine Bekanntmachung zunächst nur die Folge, daß für alle Beteiligten die Beschwerdefrist in Lauf käme und die Organe des KVerf. zur Untätigkeit genötigt würden. Dagegen könnten im Hinblick auf § 116 KO die Mitteilungen nach § 205 Abs. 2 vbd. § 111–113 KO und die Rückgabe der Masse an den GSch. erst nach dem Eintritte der Rechtskraft des Einstellungsbeschlusses erfolgen, und vor seiner Rechtskraft könnte auch das Amt des KV. und des GlA. nicht aufhören. Will man aber hier § 116 KO heranziehen, so dürfte der Einstellungsbeschluß auch erst nach eingetretener Rechtskraft öffentlich bekannt gemacht werden. In diesem Sinn Voigt Einfluß des K. auf schweb. Prozesse des GSch. 186 Anm. 1.

ihres Vermögens zur Deckung ihrer Schulden, zu eröffnen.[1] Die Konkurseröffnung ist auch noch nach der Auflösung der Gesellschaft zulässig, solange die Verteilung des Vermögens noch nicht vollzogen ist.[2]

Der Antrag auf die Konkurseröffnung kann nicht allein von jedem Konkursgläubiger, sondern auch von jedem Mitgliede des Vorstandes, bei der Gesellschaft mit beschränkter Haftung von jedem Geschäftsführer, und, falls die Gesellschaft in Liquidation begriffen ist, von jedem

[1] § 207 Abs. 1 KO, § 63 Abs. 1 GmbHG. Vgl. Mot. §§ 193, 194 Abs. 1 (441 fg.). Die Überschuldung kann sich aus der Jahresbilanz oder aus einer Zwischenbilanz ergeben: § 240 Abs. 2 HGB, § 64 Abs. 1 GmbHG. — Den Grundstock der KM. bilden hier die Einlagen der Aktionäre oder der Gesellschafter. Daraus folgt, daß die Aktionäre oder Gesellschafter als solche nicht zu den KGl. gehören. Vgl. Jäger §§ 207, 208 Anm. 12. — Im K. einer Hypothekenbank haben die Pfandbriefgläubiger, im K. einer Lebensversicherungs-Aktiengesellschaft die Versicherten die ob. § 11 Anm. 5 bezeichneten eigentümlichen Vorrechte.

[2] § 207 Abs. 2 KO, § 63 Abs. 2 GmbHG. Denn so lange dauert die Gesellschaft als selbständige Trägerin von Rechten und Verbindlichkeiten sowie ihre Organisation fort. Sie hört durch die Auflösung, insbesondere auch durch die Auflösung zufolge der Eröffnung des K. über ihr Vermögen (§ 292 Nr. 3 HGB), nur auf, ihre bisherigen Zwecke zu verfolgen, und verfolgt jetzt bloß noch den Zweck, durch Versilberung ihrer Aktiven, Bezahlung ihrer Schulden und Verteilung des Überschusses ihre Vernichtung herbeizuführen. Man sollte daher, solange die Verteilung des Vermögens noch nicht vollzogen ist, anstatt von einer aufgelösten besser von einer in der Auflösung begriffenen Gesellschaft reden. S § 49 Abs. 2 BGB, § 294 Abs. 2 HGB, § 69 GmbHG. Vgl. auch Mot. §§ 193, 194 Abs. 2 (442), Staub HGB § 292 Anm. 1, 7, Jäger Anm. 2. Auch nach der Vermögensaufteilung ist ein Gesellschaftskonkurs möglich, wenn sich, namentlich zufolge der Haftung der Gesellschaftsorgane (s. § 241, 249, 298 Abs. 2 HGB), nachträglich noch weiteres Vermögen der Gesellschaft ergibt. S. § 302 Abs. 4 HGB, Staub § 302 Anm. 16, Jäger a. a. O. Über den Fall der Vereinigung (Fusion) einer Aktiengesellschaft mit einer anderen (§ 305, 306 HGB) s. Jäger Anm. 2 und 13, Pet.-Kleinf. §§ 207, 208 Bem. 3.

Liquidator gestellt werden.[3] Wird er aber nicht von allen Vorstandsmitgliedern, Geschäftsführern oder Liquidatoren gestellt, so darf er, ebenso wie wenn er von einem Konkursgläubiger gestellt wird, nur zugelassen werden, wenn die Zahlungsunfähigkeit oder die Überschuldung glaubhaft gemacht wird.[4] Ferner muß dann im Fall der Zulassung das Konkursgericht auch die übrigen Vorstandsmitglieder, Geschäftsführer oder Liquidatoren (mündlich oder schriftlich) hören, gleichwie es bei Zulassung des von einem Konkursgläubiger gestellten Antrages alle Vorstandsmitglieder, Geschäftsführer oder Liquidatoren zu hören hat. Räumen sie nicht sämtlich die Zahlungsunfähigkeit oder Überschuldung ein, so hat das Gericht vor seiner Entscheidung über den Antrag die noch erforderlichen Ermittelungen anzuordnen.[5]

Bei der Ausübung der Rechte, die dem Gemeinschuldner im Konkursverfahren zustehen, wird die Ge-

[3] § 208 Abs. 1 KO, § 63 Abs. 2, 64 Abs. 1 GmbHG. Vbd. Mot. §§ 193, 194 Abs. 4 (442 fg.). Vgl. § 103 Abs. 2 KO. Verpflichtung dazu: § 240 Abs. 2, 298 Abs. 2 HGB, § 64, 71 Abs. 1 GmbHG. Strafbestimmungen für den Fall der Unterlassung: § 315 Abs. 1 Nr. 2, Abs. 2, 3 HGB, § 84 GmbHG. Eine Ausnahme von der Regel des § 208 Abs. 1 KO besteht bei den Versicherungsgesellschaften auf Aktien. S. unt. § 54 II. — Als KGericht ist hier das Amtsgericht, in dessen Bezirke die Gesellschaft ihren Sitz hat (vgl. Staub § 182 Anm. 10), ausschließlich zuständig: § 71 KO. S. Jäger Anm. 8, Pet.-Kleinf. Bem. 2.

[4] § 208 Abs. 2 Satz 1 KO, § 63 Abs. 2 GmbHG. Vbd. § 105 Abs. 1 KO. Vgl. Mot. a. a. O., Prot. 118.

[5] § 208 Abs. 2 Satz 2 KO, § 63 Abs. 2 GmbHG vbd. § 105 Abs. 2 KO. Die Anhörung eines Vorstandsmitgliedes, Geschäftsführers oder Liquidators kann unterbleiben, wenn es dazu einer öffentlichen Zustellung oder einer Zustellung im Auslande bedürfte. Doch ist dann, soweit tunlich, ein Vertreter oder Angehöriger von ihm zu hören: § 208 Abs. 2 Satz 2 KO, § 63 Abs. 2 GmbHG vbd. § 105 Abs. 3 KO. — Die KE. ist auf die nach § 112 KO erfolgte Mitteilung des Gerichtsschreibers des KGerichtes in das Handelsregister einzutragen: § 32 vbd. § 6 HGB.

sellschaft durch den Vorstand bezw. die Geschäftsführer oder die Liquidatoren in gleicher Art wie vor der Konkurseröffnung vertreten.[6] Die Pflicht zur Auskunftserteilung und zur Leistung des Offenbarungseides und die mit diesen Pflichten zusammenhängenden Beschränkungen der persönlichen Freiheit des Gemeinschuldners (§ 101 KO) treffen jedes Vorstandsmitglied, jeden Geschäftsführer und jeden Liquidator einzeln und selbständig.[7]

Ein Zwangsvergleich ist nach Maßgabe der allgemeinen Grundsätze statthaft.[8] Nur wird natürlich durch die Flucht einzelner oder aller Vorstandsmitglieder, Geschäftsführer oder Liquidatoren sowie durch ihre Verfolgung oder Verurteilung wegen betrüglichen Bankeruttes keine Unzulässigkeit bezw. Wiederaufhebung des Zwangsvergleiches herbeigeführt.[9]

II. Alles vorstehend gesagte gilt entsprechend für das Konkursverfahren über das Vermögen einer sonstigen

[6] S. Mot. §§ 193, 194 Abs. 6 (443), §§ 195—197 Abs. 3 (445), Prot. 117. Vgl. auch § 244 KO, § 6 Abs. 2 EG z. KO, RG 21. I. 85 (14 417 ff.). Dies erklärt sich daraus, daß die Gesellschaft und ihre Organisation während des K. fortbesteht (s. ob. Anm. 2). Darum können auch der Aufsichtsrat und die Generalversammlung noch tätig werden, die letzte z. B. zur Beratung darüber, ob ein Zwangsvergleich vorzuschlagen sei. Selbst eine Ergänzung oder ein Wechsel der Personen der Gesellschaftsorgane (Vorstand, Aufsichtsrat) kann während des K. vorkommen. Vgl. § 104 GenG. S. Jäger Anm. 9, 10, Pet.-Kleinf. Bem. 4, 8.

[7] S. Mot. a. d. a. OO.; Prot. 117. Vgl. Pet.-Kleinf. Bem. 6, Jäger Anm. 11. Vgl. ob. § 33 Anm. 5, 7 a. E.

[8] S. Mot. §§ 193, 194 letzt. Abs. (443 ff.).

[9] S. § 175, 197 KO, wo überall nur von dem GSch. selbst die Rede ist. Dagegen muß im Hinblicke auf § 473 Abs. 1 CPO die Verweigerung des Offenbarungseides von Seite der Vorstandsmitglieder, Geschäftsführer oder Liquidatoren allerdings die Unzulässigkeit des Zwangsvergleiches nach sich ziehen. Vgl. Pet.-Kleinf. Bem. 7, Jäger § 175 Anm. 3.

juristischen Person[10] sowie eines nicht rechtsfähigen Vereins, der als solcher verklagt werden kann.[11] Es erscheint mithin als die für den Konkurs eines solchen Gebildes maßgebende Regel, die zur Anwendung kommen muß, wenn und soweit nicht für einzelne Arten juristischer Personen besondere Vorschriften bestehen. Solche Vorschriften bestehen zunächst vielfach nach dem Landesrechte für gewisse Arten juristischer Personen des öffentlichen Rechtes.[12] Sodann aber sind Ausnahmevorschriften reichsgesetzlich aufgestellt für den Konkurs über das Vermögen einer eingetragenen Genossenschaft und über das Vermögen einer privaten Versicherungsunternehmung. (S. §§ 53, 54.)

§ 53.

2. Konkursverfahren über das Vermögen einer eingetragenen Genossenschaft.*)

I. Das Genossenschaftsgesetz[1] unterscheidet in Rücksicht auf die Haftung der Genossen für die Verbindlichkeiten

[10] Insbesondere für den K. einer registrierten Gesellschaft, die auf Grund des bayerischen Gesetzes vom 29. April 1869, betr. die privatrechtliche Stellung der Erwerbs- und Wirtschaftsgesellschaften, besteht. Jedoch ist hier kein Zwangsvergleich statthaft. S. § 6 EG. z. KO.

[11] § 213 KO. Vgl. § 50, 735 CPO. S. auch § 42, 86, 89 Abs. 2 BGB. Wegen des K. des nicht rechtsfähigen Vereins vgl. Jäger § 213 Anm. 14—16.

[12] S. Art. IV. EG. z. G., betr. Änderungen der KO. Vgl. Jäger § 213 Anm. 1—3.

* Eine ausführliche Darstellung des Genossenschaftskonkurses gibt Seuffert. S. bes. Seuff. § 49 (326 ff.). Die auf diesen K. bezüglichen Paragraphen des Genossenschaftsgesetzes sind eingehend erläutert in dem Kommentar zum Genossenschaftsgesetze von Parisius und Crüger. 4. Aufl. bearb. von Crüger (1903) und in dem Kommentar zur Konkursordnung von Petersen-Kleinfeller, kürzer auch in den Kommentaren zur Konkursordnung von Sarwey-Boßert und Wolff.

[1] S. § 2 GenG.

der Genossenschaft drei Arten von eingetragenen Genossenschaften:

1. die Genossenschaft mit unbeschränkter Haftpflicht, wobei die Genossen sowohl der Genossenschaft wie auch unmittelbar den Genossenschaftsgläubigern mit ihrem ganzen Vermögen haften,

2. die Genossenschaft mit unbeschränkter Nachschußpflicht, wobei die Genossen den Genossenschaftsgläubigern nicht unmittelbar, wohl aber, und zwar mit ihrem ganzen Vermögen, der Genossenschaft haften,

3. die Genossenschaft mit beschränkter Haftpflicht, wobei die Genossen sowohl unmittelbar den Genossenschaftsgläubigern wie auch der Genossenschaft, aber dieser wie jenen nur bis zu einer im voraus bestimmten Summe haften.

Diese Unterschiede werden gerade im Konkurse der Genossenschaft von besonderer Wichtigkeit.

II. Über das Vermögen einer Genossenschaft kann, solange sie besteht, das Konkursverfahren allgemeinen Grundsätzen gemäß nur wegen Zahlungsunfähigkeit, insbesondere Zahlungseinstellung, eröffnet werden. Eine Ausnahme macht die Genossenschaft mit beschränkter Haftung, über deren Vermögen das Konkursverfahren auch wegen Überschuldung eröffnet werden kann, falls diese ein Viertel des Betrages der Haftsummen aller Genossen übersteigt.[2] Nach der Auflösung der Genossenschaft findet bei allen Arten von Genossenschaften gleichermaßen das Konkursverfahren auch wegen (einfacher) Überschuldung statt.[3] Nach der Auflösung ist jedoch die Konkurseröffnung nur

[2] § 98 Abs. 1, 140 GenG.

[3] § 98 Abs. 1 GenG.

zulässig, solange die Verteilung des Genossenschaftsvermögens noch nicht vollzogen ist.[4]

Der Antrag auf die Konkurseröffnung kann nicht bloß von jedem Konkursgläubiger, sondern auch von jedem Mitgliede des Vorstandes der Genossenschaft und von jedem Liquidator gestellt werden.[5] Wird er nicht von allen Vorstandsmitgliedern oder Liquidatoren gestellt, so gelten entsprechende Regeln wie bei der Aktiengesellschaft.[6] Der Eröffnungsantrag kann hier (wegen der Nachschußpflicht der Genossen) nicht aus dem Grunde abgewiesen werden, weil keine zur Deckung der Kosten des Verfahrens ausreichende Konkursmasse vorhanden sei.[7]

Bei der Konkurseröffnung hat hier das Konkursgericht stets einen Gläubigerausschuß zu bestellen. Die Gläubigerversammlung hat nur darüber zu beschließen, ob die vom Gerichte bestellten Mitglieder beibehalten oder andere gewählt werden sollen.[8]

Bezüglich der Ausübung der Rechte des Gemeinschuldners und der Erfüllung seiner Pflichten gilt wiederum entsprechendes wie im Konkurse einer Aktiengesellschaft.[9]

---

[4] § 98 Abs. 2 GenG. Vbd. § 90 GenG. Vgl. ob. § 52 Anm. 2.

[5] § 100 Abs. 1 vbd. § 118 GenG. Verpflichtung dazu: § 99 Abs. 1, 140 vbd. § 118 GenG. Strafbestimmung für den Fall der Unterlassung: § 148 Nr. 2 GenG. Vgl. ob. § 52 bei Anm. 3. Eine Ausnahme von der Vorschrift des § 100 Abs. 1 GenG besteht bei den Genossenschaften, welche Versicherungsgeschäfte betreiben: § 102 PVersG. S. unt. § 54 Anm. 5.

[6] § 100 Abs. 2 GenG. Vgl. § 208 Abs. 2 KO und ob. § 52 I. — Die KE. ist unverzüglich in das Genossenschaftsregister einzutragen: § 102 GenG. Vgl. ob. § 52 Anm. 5. Auch wird durch die KE. die Genossenschaft in gleicher Weise und in gleichem Sinn wie die Aktiengesellschaft aufgelöst: § 101 GenG. Vgl. ob. § 52 Anm. 2.

[7] § 100 Abs. 3 GenG. Vgl. § 107 KO und ob. § 35 V.

[8] § 103 Satz 1, 2 GenG. Im übrigen kommen die Vorschriften in § 87 KO zur Anwendung: § 103 Satz 3 GenG. Vgl. Pet.-Kleinf. zu § 103 GenG.

[9] Vgl. ob. § 52 bei Anm. 6 und 7. S. auch § 115 Abs. 2

Ein Zwangsvergleich ist im Genossenschaftskonkurse unstatthaft, weil er sich mit der Haftung der Genossen nicht verträgt.[10] Eine Einstellung des Konkursverfahrens ist erst nach dem Beginne des Vollzuges der Schlußverteilung[11] zulässig und durch die Zustimmung aller bei dieser Verteilung berücksichtigten Konkursgläubiger bedingt. Fehlt jedoch nur die Zustimmung solcher Gläubiger, deren Forderungen nicht festgestellt sind, so hat das Konkursgericht nach freiem Ermessen zu entscheiden, ob die Einstellung zu verweigern oder schlechthin oder gegen Sicherstellung des Gläubigers zu bewilligen sei.[12]

III. Eine besondere Eigentümlichkeit des Genossenschaftskonkurses ist das damit verbundene Nachschußverfahren. Es wurzelt darin, daß die Genossen für die Genossenschaftsschulden der Genossenschaft, sei es unbeschränkt oder bis zu einer bestimmten Summe, haften und daher, soweit das Vermögen der Genossenschaft zur Befriedigung ihrer Gläubiger nicht ausreicht, der Genossenschaft gegenüber zur Leistung des Fehlbetrages durch Nachschüsse zur Konkursmasse verpflichtet sind.[13] Seine Hereinziehung in das Konkursverfahren ist um deswillen gerechtfertigt, weil die Ansprüche der Genossenschaft auf die Nachschüsse gewissermaßen als bedingte Forderungen zu ihrer Konkursmasse gehören und sonach das Nachschußverfahren als Stück des Verteilungsverfahrens erscheint.[14]

GenG, § 244 KO. Daß während des K. die Organe der Genossenschaft in Tätigkeit bleiben und sogar einen Wechsel der Personen erleiden können, erhellt auch aus § 104 GenG.

[10] § 116 Abs. 1 GenG. Vgl. Mot. §§ 195—197 Abs. 4 (446).

[11] S. ob. § 42 V. a. E.

[12] § 116 Abs. 2 GenG. Vgl. ob. § 51 bei Anm. 25. Eine Einstellung wegen unzureichender KM. ist nach § 116 Abs. 2 GenG ausgeschlossen. Vgl. § 100 Abs. 3 GenG.

[13] § 105 Abs. 1 GenG.

[14] Vgl. Seuff. 328 fg., Parisius-Crüger Bem. I zu § 105 GenG.

Zu der Leistung der Nachschüsse sind außer den zur Zeit der Eröffnung des Genossenschaftskonkurses vorhandenen Genossen auch diejenigen verpflichtet, welche innerhalb der letzten sechs Monate vor der Konkurseröffnung aus der Genossenschaft ausgeschieden sind,[15] und bei der Genossenschaft mit unbeschränkter Nachschußpflicht nötigenfalls auch diejenigen, welche innerhalb der diesen sechs Monaten unmittelbar vorausgehenden zwölf Monate ausgeschieden sind.[16] Die Nachschüsse sind von den dazu Verpflichteten nach Köpfen zu leisten, falls nicht das Statut ein anderes Beitragsverhältnis festsetzt.[17] Beiträge, zu deren Leistung einzelne Verpflichtete unvermögend sind, d. h. deren Erlangung aus dem Vermögen dieser Verpflichteten tatsächlich oder rechtlich unmöglich ist, werden auf die übrigen verteilt.[18] Wenn, um die raschere Befriedigung der Genossenschaftsgläubiger zu bewirken, einzelne Verpflichtete freiwillig größere als die von ihnen geschuldeten Beiträge leisten, so sind ihnen nach erfolgter Befriedigung jener Gläubiger die Mehrbeträge aus den Nachschüssen zu erstatten.[19] Gegen die Nachschußforderung der Genossenschaft kann der Nachschußpflichtige nur mit einer Konkursforderung aufrechnen, für die er Befriedigung aus den Nachschüssen verlangen kann.[20]

---

[15] § 75, 76 Abs. 4 GenG.

[16] Näheres § 128 GenG.

[17] § 105 Abs. 2 GenG. Vgl. § 73 Abs. 2, 91 Abs. 2, 3 GenG.

[18] § 105 Abs. 3 GenG. Vgl. Parisius-Crüger Bem. II Nr. 7 zu § 105 GenG, Pet.-Kleinf. Bem. 4 zu § 105 GenG.

[19] § 105 Abs. 4 GenG. Vgl. Pet.-Kleinf. a. a. O. Bem. 5.

[20] § 105 Abs. 5 GenG. Dies ist nur der Fall bei den in das Schlußverzeichnis aufgenommenen und entweder für das KVerf. festgestellten oder titulierten und nicht im Prozesse befangenen KForderungen. Daraus folgt zugleich, daß die Aufrechnung nur gegen den auf Grund der Nachschußberechnung nach § 114 GenG, nicht gegen den auf Grund einer Vorschußberechnung nach

Die Höhe der zu leistenden Nachschüsse läßt sich genau erst bei dem Beginne des Vollzuges der Schlußverteilung berechnen. Um aber behufs möglichst schneller Beendigung des Genossenschaftskonkurses die zur Befriedigung der Konkursgläubiger mutmaßlich erforderlichen Nachschüsse schon vorher zu beschaffen, hat der Konkursverwalter, sobald sich das Verhältnis der Aktiven und Passiven annähernd übersehen läßt, d. h. sofort nach der Niederlegung der Bilanz auf der Gerichtsschreiberei,[21] vorläufig zu berechnen, wieviel zur Deckung des darin bezeichneten Fehlbetrages die Nachschußpflichtigen „vorschußweise" (d. h. als Vorauszahlung auf die zu leistenden Nachschüsse) beizutragen haben.[22] Der Vorstand oder die Liquidatoren haben ihn dabei zu unterstützen.[23] In dieser „Vorschußberechnung" sind die sämtlichen Nachschußpflichtigen mit Namen zu bezeichnen und auf sie (regelmäßig nach Köpfen) die Beiträge zu verteilen.[24] Die Berechnung ist bei dem Konkursgerichte einzureichen mit dem Antrage, sie für vollstreckbar zu erklären.[25] Das Gericht bestimmt nunmehr, nicht über zwei Wochen hinaus, einen Termin, um den Beteiligten Gelegenheit zur Äußerung zu geben. Es entscheidet (durch unanfechtbaren Beschluß) über die erhobenen Einwendungen, berichtigt, soweit erforderlich, die Berechnung oder ordnet die Berichtigung durch den Konkursverwalter an und erklärt die Berechnung für vollstreckbar. Diese Entscheidungen sind entweder noch in dem Termin

§ 106 ff. GenG zu leistenden Beitrag zulässig ist. Vgl. Parisius-Crüger Bem. II Nr. 9—11 zu § 105 GenG, Pet.-Kleinf. a. a. O. Bem. 6, Seuff. 330 fg. A. M. Wolff Bem. 3 zu § 105 GenG.

[21] S. § 124 KO und ob. § 37 IV.

[22] § 106 Abs. 1 GenG. Vgl. Pet.-Kleinf. Bem. 1 zu § 106 GenG.

[23] § 117, 118 GenG.

[24] § 106 Abs. 2 Satz 1 GenG. S. auch § 106 Abs. 2 Satz 2 GenG.

[25] § 106 Abs. 3 GenG.

oder in einem sofort anzuberaumenden weiteren zu verkünden.[26] Hierauf hat der Konkursverwalter ohne Verzug die berechneten Beiträge einzuziehen, nötigenfalls im Wege der Zwangsvollstreckung auf Grund einer vollstreckbaren Ausfertigung der Vollstreckbarerklärung verbunden mit einem Auszuge aus der Berechnung.[27] Der Vorstand oder die Liquidatoren haben ihn auch hierbei zu unterstützen.[28] Die eingezogenen Beträge sind als Bestandteile der Konkursmasse bei der nach § 132 KO von der Gläubigerversammlung bestimmten Stelle zu hinterlegen oder anzulegen.[29] Jeder laut der Berechnung Beitragspflichtige kann sie nach der Vollstreckbarerklärung mittels Klage gegen den Konkursverwalter bei dem Amtsgerichte, von dem sie für vollstreckbar erklärt ist, anfechten, jedoch nur innerhalb einer Notfrist von einem Monat seit der Verkündung der Vollstreckbarerklärung[30] und nur aus einem Grunde, den der Kläger in dem Termin geltend gemacht hat oder ohne sein Verschulden darin geltend zu machen außerstande war. Das rechtskräftige Urteil wirkt für und gegen alle Beitragspflichtigen.[31]

Wenn und soweit zufolge des Leistungsunvermögens einzelner Beitragspflichtigen der nach der Bilanz zu deckende Gesamtbetrag durch die in der Vorschußberechnung fest-

---

[26] Näheres § 107, 108 GenG. Vgl. Seuff. 335 ff., Parisius-Crüger zu § 107 und § 108 GenG, Pet.-Kleinf. zu §§ 107, 108 GenG.

[27] § 109 Abs. 1, 2 GenG. Vgl. Parisius-Crüger Bem. 1 zu § 109 GenG, Pet.-Kleinf. Bem. 1 zu §§ 109, 110 GenG. S. auch § 109 Abs. 3 GenG.

[28] § 117, 118 GenG.

[29] § 110 GenG. Ihre Verwendung erfolgt erst nach der Vollstreckbarerklärung der Nachschußberechnung und nach Maßgabe des Schlußverzeichnisses: § 115 GenG.

[30] Wiedereinsetzung in den vorigen Stand gegen Versäumung der Notfrist: § 233 ff. CPO.

[31] Näheres § 111, 112 GenG. Vgl. Parisius-Crüger und Pet.-Kleinf. zu §§ 111, 112 GenG, Seuff. 337 ff.

gesetzten Beiträge nicht erreicht wird, oder wegen des auf eine Anfechtungsklage ergangenen Urteils oder aus anderen Gründen (z. B. nachträgliche Entdeckung eines erheblichen Rechnungsfehlers) eine Abänderung jener Berechnung sich als notwendig erweist, hat der Konkursverwalter eine „Zusatzberechnung" aufzustellen, auch erforderlichenfalls die Aufstellung einer solchen Berechnung zu wiederholen. Für diese Zusatzberechnungen gelten gleiche Regeln wie für die Vorschußberechnung.[32]

Sobald mit dem Vollzuge der Schlußverteilung begonnen wird und also jetzt der behufs voller Befriedigung der Genossenschaftsgläubiger durch Nachschüsse zu deckende Betrag genau ersichtlich ist, hat der Konkursverwalter in Ergänzung und Berichtigung der Vorschußberechnung und der dazu etwa erfolgten Zusatzberechnungen endgültig zu berechnen, wieviel die Nachschußpflichtigen außer den ihnen nach jenen Berechnungen obliegenden Beiträgen noch weiter beizutragen haben. Zu dieser „Nachschußberechnung" können aus den oben angegebenen Gründen ebenfalls Zusatzberechnungen erforderlich werden. Auch für alle diese Berechnungen gelten die für die Vorschußberechnung maßgebenden Regeln mit der Ausnahme, daß auf Nachschußpflichtige, deren Leistungsunvermögen sich herausgestellt hat, Beiträge nicht mehr verteilt werden.[33]

Nach der Vollstreckbarerklärung der Nachschußberechnung hat der Konkursverwalter unverzüglich den bereits vorhandenen Bestand an eingezogenen Beiträgen nach Berichtigung der ihm bekannten Masseansprüche auf Grund des Schlußverzeichnisses im Wege der Nachtragsverteilung unter die Genossenschaftsgläubiger zu verteilen. Die Bei-

[32] § 113 GenG. Vgl. Parisius-Crüger und Pet.-Kleinf. dazu.

[33] § 114 GenG. Vgl. Pet.-Kleinf. dazu.

träge, die erst nachher eingehen, werden, so oft ein hinreichender Bestand vorhanden ist, im Wege weiterer Nachtragsverteilungen verteilt.[34] Außer den nach § 168 KO zurückzubehaltenden Anteilen sind zurückzubehalten die Anteile auf Forderungen, die im Prüfungstermin vom Vorstande (oder den Liquidatoren) ausdrücklich bestritten worden sind. Es bleibt dem Gläubiger überlassen, den Widerspruch des Vorstandes durch Klage gegen diesen zu beseitigen, und zwar auch dann, wenn seine Forderung eine titulierte ist. Im Fall rechtskräftiger Verwerfung des Widerspruches wird dem Gläubiger der zurückbehaltene Anteil ausbezahlt, falls die Forderung nach Maßgabe der gewöhnlichen Regeln für das Konkursverfahren zur Feststellung gelangt ist. Soweit dagegen der Widerspruch des Vorstandes rechtskräftig für begründet erklärt wird, wird der auf die Forderung aus der Nachschußmasse zurückbehaltene Anteil zur Verteilung unter die übrigen Gläubiger frei, ohne daß jedoch dieses Urteil auf die Berücksichtigung der Forderung bei Verteilungen aus der eigentlichen Konkursmasse einen Einfluß hat.[35]

Zur Befriedigung der Genossenschaftsgläubiger nicht erforderliche Überschüsse der Nachschußmasse hat der Konkursverwalter an die Nachschußpflichtigen zurückzuzahlen.[36]

---

[34] § 115 Abs. 1 GenG vbd. § 166, 172 KO. Vgl. Parisius-Crüger Bem. 2 zu § 115 GenG.

[35] § 115 Abs. 2 GenG. Vgl. Parisius-Crüger Bem. 3, 4 und Pet.-Kleinf. Bem. 1—3 zu § 115 GenG. — Einer besonderen Nachtragsverteilung unterliegen die Beiträge, die bei der Genossenschaft mit unbeschränkter Nachschußpflicht nach § 128 GenG von den innerhalb des den letzten sechs Monaten vor der KE. unmittelbar vorhergehenden Jahrs ausgeschiedenen Genossen zu leisten sind. S. § 128—130 GenG. Vgl. Parisius-Crüger und Pet.-Kleinf. dazu.

[36] § 115 Abs. 3 GenG. Die Rückzahlung geschieht nach Verhältnis der von den einzelnen Pflichtigen geleisteten Nachschüsse. S. jedoch § 105 Abs. 4 GenG. Sehr eingehend Parisius-Crüger Bem. 5 zu § 115 GenG.

Bei der Genossenschaft mit unbeschränkter oder mit beschränkter Haftpflicht können nach Ablauf von drei Monaten seit dem Termin, worin die Vollstreckbarerklärung der Nachschußberechnung verkündet worden ist, die Genossenschaftsgläubiger, soweit sie bis dahin wegen ihrer bei der Schlußverteilung berücksichtigten Konkursforderungen noch nicht befriedigt sind, die einzelnen Genossen in Anspruch nehmen, bei der Genossenschaft mit beschränkter Haftpflicht jedoch nicht über ihre Haftsumme hinaus.[87]

§ 54.

3. Konkursverfahren über das Vermögen einer privaten Versicherungsunternehmung.*

I. Es handelt sich hier um diejenigen Privatunternehmungen, welche als selbständigen Hauptzweck den Betrieb von Versicherungsgeschäften nach einem den Großbetrieb wenigstens ermöglichenden Plan zum Gegenstande haben.[1] Sie unterliegen sämtlich, mit Vorbehalt weniger Ausnahmen,[2] der öffentlichen Beaufsichtigung, und zwar die größeren Anstalten der Aufsicht des Kaiserlichen Aufsichtsamtes für Privatversicherung unter Mitwirkung des Versicherungsbeirates, die kleineren der Aufsicht der nach dem Rechte der einzelnen Bundesstaaten bestellten und

---

[87] Näheres § 122—125, 141 GenG. Vgl. Pet.-Kleinf. dazu.

* Die hier auftretenden Eigentümlichkeiten beruhen auf dem (zurzeit [Ende 1903] noch nicht voll in Kraft getretenen) Gesetze über die privaten Versicherungsunternehmungen vom 12. Mai 1901, in der üblichen Weise als Privatversicherungsgesetz angeführt. Es ist in eingehender und gediegener Weise erläutert in der Textausgabe mit Anmerkungen von H. Könige. Berlin 1901.

[1] S. § 1 PVersG und dazu Könige Anm. 1, 2, 4.

[2] S. § 116, 117 PVersG.

verfahrenden Landesbehörden.[3] Die weitaus wichtigsten und zum Betriebe der verschiedenen Arten der Lebensversicherung sowie zum Betriebe der Unfall-, Haftpflicht-, Feuer- oder Hagelversicherung allein zulässigen Formen dieser Unternehmungen sind die Versicherungsvereine auf Gegenseitigkeit und die Versicherungsgesellschaften auf Aktien.[4] Nur für sie bestehen eigentümliche Ausnahmevorschriften in Ansehung des Konkursverfahrens.

II. Der Antrag auf die Konkurseröffnung kann hier weder von den Konkursgläubigern noch von den Vorstandsmitgliedern oder Liquidatoren gestellt werden, sondern allein von der Aufsichtsbehörde.[5] Der Vorstand oder die Liquidatoren haben dieser, sobald die Zahlungsunfähigkeit eintritt oder sich bei der Aufstellung der Jahresbilanz oder einer Zwischenbilanz Überschuldung ergibt, Anzeige zu machen.[6] Die Aufsichtsbehörde kann, wenn sich zwar herausstellt, daß das Unternehmen zur Erfüllung seiner Verpflichtungen für die Dauer nicht mehr imstande ist, die Vermeidung des Konkurses aber im Interesse der Versicherten geboten erscheint, die zu diesem Zwecke und zur Rettung des Unternehmens erforderlichen Maßregeln treffen.[7] Entscheidet sie sich für die Stellung des Antrages auf Konkurseröffnung,[8] so muß auf diesen Antrag, falls eine zur

[3] S. § 1—3 vbd. § 70, 72, 84 PVersG.

[4] S. § 6 PVersG.

[5] § 68 Abs. 1 Satz 2 PVersG. Das gilt gleich dem folgenden auch für diejenigen bereits bestehenden eingetragenen Genossenschaften und diejenigen nach dem sächsischen Gesetze vom 15. Juni 1868, betr. die juristischen Personen, bereits bestehenden eingetragenen Vereine, welche die Versicherung ihrer Mitglieder nach dem Grundsatze der Gegenseitigkeit betreiben: § 102 Abs. 2 PVersG.

[6] Näheres § 68 Abs. 2 PVersG. Strafbestimmung für den Fall der Unterlassung: § 109 PVersG.

[7] Näheres § 69 vbd. § 73 Abs. 1 Nr. 9 PVersG.

[8] S. § 73 Abs. 1 Nr. 8 vbd. § 84 Abs. 1 PVersG.

Deckung der Kosten ausreichende Konkursmasse vorhanden ist, das Konkursgericht den Konkurs eröffnen. Der Eröffnungsbeschluß ist unanfechtbar.[9] Nur gegen die Entscheidung der Aufsichtsbehörde steht den Beteiligten ein Rechtsmittel (in der Regel der Rekurs) zu.[10] Wird in der Rechtsmittelinstanz die Entscheidung für Stellung des Konkursantrages aufgehoben, so hat auf die Mitteilung der Aufsichtsbehörde das Konkursgericht das Konkursverfahren einzustellen.[11]

Durch die Konkurseröffnung wird die Versicherungs-Aktiengesellschaft und der Versicherungsverein auf Gegenseitigkeit aufgelöst.[12] Aber auch hier dauert während des Konkurses die Organisation der Unternehmung fort, und dem Vorstande oder den Liquidatoren liegt daher die Ausübung der Rechte des Gemeinschuldners und die Erfüllung seiner Pflichten ob.[13]

III. Durch die Eröffnung des Konkurses über das Vermögen einer Lebensversicherungsanstalt[14] erlöschen die Versicherungsverhältnisse, können also neue Ansprüche nicht mehr erzeugen. Bereits bestehende Ansprüche aus dem Versicherungsverhältnisse können als (nicht bevorrechtigte)

---

[9] § 68 Abs. 1 Satz 1, 3 vbd. § 84 Abs. 1 PVersG. Wegen unzureichender KM. kann auch hier zufolge der bestehenden Nachschußpflicht die KE. nicht abgelehnt werden, wenn es sich um den K. einer eingetragenen Genossenschaft oder eines Versicherungsvereins auf Gegenseitigkeit handelt. Aus dem gleichen Grunde ist in diesen Fällen die Einstellung des KVerf. wegen unzureichender Masse und ein Zwangsvergleich ausgeschlossen. S. § 52 Abs. 2 PVersG. vbd. § 116 GenG. Vgl. ob. § 53 bei Anm. 7, 10 und 12, Könige § 52 Anm. 2, § 68 Anm. 2.

[10] Näheres darüber § 74, 75, 84 PVersG.

[11] § 75 Abs. 1 Satz 3, 4 PVersG. Der Rekurs hat also keine aufschiebende Wirkung: § 75 Abs. 1 Satz 2 PVersG.

[12] § 292 Nr. 3 HGB, § 49 PVersG, § 42 Abs. 1 BGB.

[13] Vgl. § 46 Abs. 2 PVersG und ob. § 52 bei Anm. 6 und 7, Könige § 49 Anm. 1. S. auch § 112, 113 PVersG (vgl. § 244 KO).

[14] In dem weiten Sinn von § 6 Abs. 2, 3, § 12, 63 PVersG.

Konkursforderungen geltend gemacht werden. Jedenfalls und mindestens können aber die Versicherten denjenigen Betrag fordern, welcher als rechnungsmäßige Prämienreserve zur Zeit der Konkurseröffnung auf sie entfällt.[15] Und zwar haben sie wegen dieser Forderungen, soweit dafür nach § 56 Abs. 1, 57 Abs. 1 PVersG eine Zuführung zu dem Prämienreservefonds zu erfolgen hatte, aus den in das Register der Bestände dieses Fonds eingetragenen Gegenständen ein Recht auf Befriedigung vor allen übrigen Konkursgläubigern.[16] Zur Wahrung dieser Vorrechte hat das Konkursgericht den Versicherten einen Pfleger zu bestellen.[17] Soweit diese bei der Befriedigung aus den genannten Gegenständen ausfallen oder auf diese Befriedigung verzichten, können sie ihre Forderungen auf die Prämienreserve als nicht bevorrechtigte Konkursforderungen geltend machen.[18]

IV. Im Konkurse eines Versicherungsvereins auf Gegenseitigkeit werden die nicht bevorrechtigten Konkursforderungen nach folgender Rangordnung befriedigt:

Die Ansprüche auf Tilgung des Gründungsfonds (§ 22 PVersG) stehen allen anderen Konkursforderungen nach; auch dürfen zur Tilgung dieses Fonds Nachschüsse oder Umlagen nicht erhoben werden.[19] Unter

[15] § 61 Abs. 2 PVersG. Vbd. § 11, 56—61 Abs. 1 PVersG. S. auch § 106, 107 PVersG. Vgl. Könige § 56 Anm. 1.

[16] § 61 Abs. 3 Satz 1 PVersG. Vgl. Könige § 57 Anm. 2—5. Dieses eigenartige Vorrecht entspricht dem Vorrechte der Pfandbriefgläubiger auf die Pfandbriefdeckung im K. einer Hypothekenbank. S. ob. § 11 Anm. 5. Untereinander haben die Versicherten gleichen Rang: § 61 Abs. 3 Satz 2 PVersG. Vgl. Könige § 61 Anm. 5, 6.

[17] Näheres § 62 PVersG. Vgl. Könige § 62 Anm. 1—3.

[18] § 61 Abs. 3 Satz 3 PVersG vbd. § 64 KO.

[19] § 51 Abs. 1 Satz 1, Abs. 2, § 53 PVersG. Vgl. § 47 Abs. 2 PVersG.

den anderen Konkursforderungen stehen wieder die Ansprüche, die den zur Zeit der Konkurseröffnung dem Verein angehörenden oder innerhalb des letzten Jahres vor der Konkurseröffnung ausgeschiedenen Mitgliedern aus dem Versicherungsverhältnisse zustehen, gegen die sonstigen Konkursforderungen (der Mitglieder oder Nichtmitglieder) zurück.[20] Diese zweite Abstufung hängt damit zusammen, daß erst innerhalb des genannten Jahres ausgeschiedene Mitglieder hinsichtlich der Haftung für die Schulden des Vereins noch als Mitglieder gelten.[21]

Im Fall des Konkurses haften aber die Mitglieder oder ausgeschiedenen Mitglieder dem Verein gegenüber für seine Schulden, soweit ihnen nach dem Gesetze oder der Satzung eine Beitragspflicht obliegt.[22] Sind sie danach zur Leistung von Nachschüssen oder Umlagen verpflichtet, so hat im Fall des Konkurses der Konkursverwalter die erforderlichen Nachschüsse oder Umlagen festzustellen, auszuschreiben und einzuziehen in einem Verfahren, das dem Nachschußverfahren im Genossenschaftskonkurse genau entspricht.[23]

§ 55.

4. Konkursverfahren über das Vermögen einer offenen Handelsgesellschaft, einer Kommanditgesellschaft und einer Kommanditgesellschaft auf Aktien.*)

I. Weil auch bei diesen Gesellschaften ein dem Privatvermögen der Gesellschafter gegenüber selbständiges dem Gesellschaftszwecke gewidmetes und ausschließlich den Ge-

---

[20] § 51 Abs. 1 Satz 2, § 53 PVersG.

[21] § 50 Abs. 2, § 53 PVersG.

[22] § 10 Abs. 1, § 53; vbd. § 24 bis 26 PVersG. S. auch § 19 PVersG.

[23] § 52 PVersG. Vgl. ob. § 53 III.

* Litt.: E. Jäger, Der Konkurs der Offenen Handelsgesellschaft. Freiburg i. B. und Leipzig 1897.

sellschaftsgläubigern haftendes Gesellschaftsvermögen besteht,[1] so findet auch bei ihnen über das Gesellschaftsvermögen ein selbständiges Konkursverfahren statt, woran bloß die Gesellschaftsgläubiger teilnehmen, und welches den Konkurs über das Privatvermögen der Gesellschafter, selbst der persönlich haftenden, nicht notwendig nach sich zieht.[2] Es kann über das Vermögen einer offenen Handelsgesellschaft und einer Kommanditgesellschaft nur wegen Zahlungsunfähigkeit, über das Vermögen einer Kommanditgesellschaft auf Aktien auch wegen Überschuldung eröffnet werden,[3] und zwar auch nach der Auflösung der Gesellschaft, solange die Verteilung des Vermögens noch nicht vollzogen ist.[4]

Der Antrag auf die Konkurseröffnung kann nicht allein von jedem Konkursgläubiger, sondern auch von jedem persönlich haftenden Gesellschafter und von jedem Liquidator gestellt werden.[5] Wird er nicht von allen persönlich

---

[1] S. § 124, 128, 129, 135, 161 Abs. 2, 320 HGB. Vgl. Staub HGB § 124 Anm. 1.

[2] § 209 Abs. 1 Satz 1 KO. S. auch § 131 Nr. 3, 143, 144, 145 Abs. 1, 171 Abs. 2, 325 Nr. 8 HGB. Bilden dieselben Personen zum Betriebe verschiedener Handelsgewerbe mehrere offene Handelsgesellschaften (s. RG 28. I. 99 — **43** 81 ff.), so kann über das Vermögen einer jeden ein selbständiger K. eröffnet werden. Vgl. Jäger K. d. O. HG. 12 ff. und §§ 209, 210 Anm. 3.

[3] § 209 Abs. 1 Satz 1 und 2 KO.

[4] § 209 Abs. 2 KO. Denn solange dauert auch hier das Gesellschaftsverhältnis, wenngleich seines ursprünglichen Zweckes entkleidet, fort, selbst wenn die Auflösung der Gesellschaft gerade durch die Eröffnung des K. über ihr Vermögen erfolgt ist. S. § 131 Nr. 3, 144 Abs. 1, 161 Abs. 2, 330 Abs. 1 HGB. Vgl. ob. § 52 Anm. 2 und Staub HGB § 131 Anm. 1, 8.

[5] § 210 Abs. 1 KO. Verpflichtung dazu bei der Kommanditgesellschaft auf Aktien: § 325 Nr. 8 vbd. § 240 Abs. 2, § 320 Abs. 3 vbd. § 298 Abs. 2 HGB. Strafbestimmung für den Fall der Unterlassung: § 315 Abs. 1 Nr. 2, Abs. 2, 3 HGB. — Ein bloßer Kommanditist ist ebenso=

haftenden Gesellschaftern oder Liquidatoren gestellt, so gelten entsprechende Regeln wie bei der Aktiengesellschaft.[6]

Die Ausübung der Rechte des Gemeinschuldners im Konkursverfahren steht sämtlichen persönlich haftenden Gesellschaftern ohne Rücksicht auf ihre Vertretungsbefugnis vor der Konkurseröffnung[7] und, wenn diese erst nach der Auflösung der Gesellschaft erfolgt ist, auch den Liquidatoren, diesen nach Maßgabe ihrer Vertretungsbefugnis vor der Konkurseröffnung, zu.[8] Die Pflicht zur Auskunftserteilung nebst den damit zusammenhängenden Pflichten und persönlichen Beschränkungen treffen jeden persönlich haftenden Gesellschafter und jeden Liquidator einzeln und selbständig.[9]

Konkursgläubiger sind hier nur diejenigen persönlichen Gläubiger, welche einen zur Zeit der Konkurseröffnung

---

wenig wie die Generalversammlung oder der Aufsichtsrat der Kommanditgesellschaft auf Aktien zu dem Eröffnungsantrage befugt. S. Mot. §§ 198—201 Abs. 4 (447 fg.), Prot. 120 ff. — Als KGericht ist auch hier das Amtsgericht, in dessen Bezirke die Gesellschaft ihren Sitz hat, ausschließlich zuständig: § 71 Abs. 1 KO vbd. § 106 Nr. 2, 107, § 161 Abs. 2, § 320 Abs. 3 vbd. § 182 Nr. 1 HGB. Vgl. Jäger §§ 209, 210 Anm. 8.

[6] § 210 Abs. 2 KO. Vgl. § 208 Abs. 2 KO und ob. § 52 I. — Die Eröffnung des K. ist in das Handelsregister einzutragen: § 32 vbd. § 6 HGB. Vgl. ob. § 52 Anm. 5 a. E.

[7] Erhellt aus § 211 Abs. 1 KO und ergibt sich aus der Erwägung, daß diese Gesellschafter selbst in ihrer Vereinigung der GSch. sind, daß aber die unter ihnen durch den Gesellschaftsvertrag begründeten Vertretungsverhältnisse zufolge der Auflösung der Gesellschaft durch die KE. erloschen sind. Vgl. RG 28. IV. 86 (16 3), Staub HGB § 131 Anm. 11, Jäger Anm. 10, 11, Pet.-Kleinf. § 209 Bem. 6 u. A.

[8] Die Liquidatoren als solche sind nur Vertreter des GSch. und können daher seine Rechte nur nach Maßgabe ihrer Vertretungsbefugnis, also nach § 150 HGB als Regel nur gemeinsam, ausüben. Vgl. Jäger Anm. 11 a. E.

[9] S. ob. § 52 bei Anm. 7 und Mot. §§ 193, 194 Abs. 6 (443), §§ 195—197 Abs. 3 (445), wo dieser Satz als selbstverständlich in allen Fällen „eines Konkurses über Nichtindividuen" bezeichnet wird. Vgl. Jäger Anm. 12.

begründeten Vermögensanspruch an die Gesellschaft haben. Entsprechend besteht die Konkursmasse aus dem gesamten einer Zwangsvollstreckung unterworfenen Vermögen, das zur Zeit der Konkurseröffnung der Gesellschaft gehört. Als hauptsächlichster Bestandteil dieses Vermögens erscheinen die Einlagen der Gesellschafter. Daraus folgt von selbst, daß diese nicht ihre gesellschaftlichen Ansprüche wegen jener Einlagen als Konkursforderungen geltend machen können.[10]

Ein Zwangsvergleich kann nur auf den Vorschlag aller persönlich haftenden Gesellschafter geschlossen werden, selbst dann, wenn die Gesellschaft zur Zeit der Konkurseröffnung bereits in Liquidation begriffen war.[11] Der Zwangsvergleich begrenzt, soweit er nicht ein anderes festsetzt, zugleich den Umfang der persönlichen Haftung der Gesellschafter für die Gesellschaftsschulden.[12]

Wird das Konkursverfahren auf Grund eines Zwangsvergleiches aufgehoben oder zufolge Konkursverzichtes der

---

[10] Vgl. Staub HGB § 131 Anm. 12, Jäger Anm. 15, 17, Pet.-Kleinf. § 209 Anm. 5.

[11] § 211 Abs. 1 KO. Das hängt damit zusammen, daß diese Gesellschafter in ihrer Vereinigung der GSch. sind (§ 173 KO). Vgl. ob. Anm. 7. Die Zustimmung der Kommanditisten oder der Liquidatoren ist nicht erforderlich. Vgl. Mot. §§ 198 bis 201 Abs. 5 (448). — Weil ein gemeinsamer Vorschlag aller Gesellschafter erfordert wird, so ist ein Zwangsvergleich unzulässig, wenn auch nur in der Person eines einzigen von ihnen ein Unzulässigkeitsgrund besteht. Vgl. Pet.-Kleinf. § 175 Bem. 1, Seuff. 417, Jäger § 211 Anm. 2.

[12] § 211 Abs. 2 KO. Nach der allgemeinen Fassung dieser Vorschrift muß das auch von der persönlichen Haftung des Kommanditisten in Höhe seiner noch rückständigen Einlage nach § 171 Abs. 1 HGB gelten. Vgl. Jäger § 211 Anm. 4. Dagegen ist es auf die schon vor der KE. ausgeschiedenen Gesellschafter unanwendbar. Diese bleiben vielmehr nach § 193 Satz 2 KO als Mitschuldner des GSch. in unverändertem Maße haftbar. Vgl. RG 1. III. 92 (29 38 ff.), Pet.-Kleinf. §§ 210, 211 Bem. 6, Jäger Anm. 5, 6. A. M. Seuff. 441, Kohler 290.

Gläubiger eingestellt, so können die Gesellschafter die Fortsetzung der Gesellschaft beschließen.[13] Die fortgesetzte Gesellschaft ist keine andere als die bisherige, die jetzt ihren ursprünglichen Zweck wieder aufgenommen hat, und sie haftet daher auch für die alten Gesellschaftsschulden, was namentlich im Fall des Zwangsvergleiches wichtig ist.[14] Die Eintragung einer Forderung an die Gesellschaft als für das Konkursverfahren festgestellt und von Seite der Gemeinschuldnerin nicht bestritten in die Tabelle ist gegen die fortgesetzte Gesellschaft ein Vollstreckungstitel,[15] nicht aber gegen die einzelnen Gesellschafter, obgleich auch ihnen gegenüber durch jene Eintragung die Forderung unbestreitbar feststeht.[16]

II. Durch die Eröffnung des Gesellschaftskonkurses sind die Gesellschaftsgläubiger nicht gehindert, ihre Forderungen gegen jeden persönlich haftenden Gesellschafter zum vollen Betrage geltend zu machen.[17] Wird während des Gesellschaftskonkurses auch über das Privatvermögen eines persönlich haftenden Gesellschafters der Konkurs eröffnet, so steht es jedem Gesellschaftsgläubiger frei, seine Forderung in beiden Konkursen oder bloß in dem einen oder

[13] § 144 vbd. § 161 Abs. 2, 320 Abs. 2, 330 HGB.

[14] Vgl. RG 13. II. 92 (28 131 ff.).

[15] Nach § 194, 206 Abs. 2 KO. Zur Bestreitung einer angemeldeten Forderung im Prüfungstermin ist jeder einzelne persönlich haftende Gesellschafter befugt, und seine Bestreitung nimmt der Eintragung der Forderung als festgestellt in die Tabelle die Kraft eines Vollstreckungstitels nach der Beendigung des KVerf. Vgl. Jäger § 164 Anm. 9, Pet.-Kleinf. § 210, 211 Bem. 3.

[16] § 129 Abs. 4 vbd. Abs. 1 HGB. Vgl. Staub HGB § 124 Anm. 15, 16, Jäger § 164 Anm. 9, § 211 Anm. 3. A. M., wonach ein Vollstreckungstitel auch gegen die einzelnen in der Tabelle namentlich bezeichneten persönlich haftenden Gesellschafter bestände, Pet.-Kleinf. a. a. O.

[17] § 128, 161 Abs. 2, 320 Abs. 1, 2 HGB.

in dem anderen geltend zu machen.[18] Er kann jedoch in dem Privatkonkurse anteilige Befriedigung nur für denjenigen Betrag verlangen, für welchen er in dem Gesellschaftskonkurse keine Befriedigung erhalten hat, sei es weil er für diesen Betrag auf die Teilnahme an der Befriedigung in dem Gesellschaftskonkurse verzichtet hat, sei es weil er damit bei dieser ausgefallen ist, sei es endlich weil er seine Forderung in dem Gesellschaftskonkurse gar nicht angemeldet hat.[19] Zwar kann er, solange der Ausfall noch nicht feststeht, seine Forderung in dem Privatkonkurse zu ihrem vollen Betrage anmelden; auch werden so lange bei den Verteilungen, und zwar bei der Schlußverteilung und den Nachtragsverteilungen nicht minder als bei den Abschlagsverteilungen, zu seiner Sicherung die Anteile auf den vollen Betrag der Forderung ausgeworfen und zurückbehalten.[20] Allein eine Auszahlung an ihn findet erst statt, wenn entweder durch die Beendigung des Gesellschaftskonkurses oder durch bestimmten (gänzlichen oder teilweisen) Verzicht auf die Befriedigung darin der Betrag, womit die Forderung in dem Privat-

---

[18] Erhellt aus § 212 KO. Wird zuerst der Privatkonkurs eröffnet, so kommt es, weil dadurch nach § 131 Nr. 5, 161 Abs. 2, 330 Abs. 1, 2 HGB die Gesellschaft aufgelöst wird, nach § 145 HGB regelmäßig zur Liquidation der Gesellschaft. Vbd. § 146 Abs. 3 HGB. S. jedoch § 138, 141 Abs. 2, 142 Abs. 2, 145 Abs. 2 HGB.

[19] Folgt aus § 212 Abs. 1 KO und aus der Verweisung auf § 64 KO in § 212 Abs. 3 KO. — Einen weiteren Vorzug vor den Gesellschaftsgläubigern haben die Privatgläubiger des Gesellschafters nicht. Vgl. Prot. 190 ff., Jäger § 212 Anm. 4.

[20] § 212 Abs. 2 KO. Vorausgesetzt wird jedoch, daß auch in dem Privatkonkurse den Vorschriften in § 152 KO genügt ist; denn die beiden K. sind unabhängig voneinander, und die Feststellung der Forderung in dem einen gilt nicht ohne weiteres auch als Feststellung in dem anderen. S. jedoch § 129 Abs. 1 HGB. Vgl. noch Jäger § 212 Anm. 1, 5.

konkurse zu Teil geht, festgestellt ist.[21] Solange das nicht der Fall ist, entscheidet über das Stimmrecht des Gläubigers in jeder Gläubigerversammlung auf den Widerspruch eines Konkursgläubigers oder des Konkursverwalters das Konkursgericht in Rücksicht auf den mutmaßlichen Betrag des Ausfalls im Gesellschaftskonkurse.[22]

§ 56.

5. Nachlaßkonkurs und Konkursverfahren über das Gesamtgut bei fortgesetzter Gütergemeinschaft.*)

I. Der „Nachlaßkonkurs" ist das Konkursverfahren über das hinterlassene Vermögen eines Verstorbenen.[1]

---

[21] § 212 Abs. 2 vbd. Abs. 1 KO. Vgl. Pet.=Kleinf. § 212 Bem. 5, Jäger § 212 Anm. 7, Seuff. 45. A. M., wonach die zurückbehaltenen Anteile dem Gesellschaftsgläubiger bis zur vollen Deckung seines Ausfalls auszuzahlen wären, Kohler 198 fg. — Ist der Gesellschaftskonkurs durch Zwangsvergleich beendigt worden, so kann ein Gesellschaftsgläubiger seine Forderung auch gegen den einzelnen Gesellschafter und im K. über sein Privatvermögen nur in der durch den Zwangsvergleich begrenzten Höhe geltend machen (s. ob. bei Anm. 12). Wird nun auch dieser K. durch Zwangsvergleich beendigt, so tritt eine weitere Verminderung der Forderung, aber nur gegenüber diesem einen Gesellschafter ein. Vgl. Jäger K.d.O.HG. 167 ff., Jäger § 211 Anm. 9, Pet.=Kleinf. § 212 Bem. 4, Seuff. 442. A. M. Kohler 290.

[22] § 212 Abs. 3 vbd. § 96 KO. S. ob. § 31 IV. Nr. 3. — § 212 KO gilt auch im K. über das Vermögen eines aus der Gesellschaft ausgeschiedenen Gesellschafters. S. RG 2. III. 95 (35 10 ff.), Seuff. 44 Anm. 9, Pet.=Kleinf. § 212 Bem. 1 a. E., Jäger § 212 Anm. 11. — Wird über das Privatvermögen mehrerer persönlich haftender Gesellschafter der K. eröffnet, so kommt § 68 KO zur Anwendung. Näheres bei Jäger Anm. 13 ff., Pet.=Kleinf. Bem. 5.

* Litt.: E. Jäger, Erbenhaftung und Nachlaßkonkurs. Berlin 1898. Der Nachlaßkonkurs ist auch in Jägers Kommentar sehr eingehend behandelt, so daß in der Regel eine Verweisung auf diesen genügt.

[1] Dem Verstorbenen steht nach § 18 BGB der für tot Erklärte gleich. Vgl. § 224 Nr. 3 KO. Ein dem Nachlaß K. entsprechendes

Da dieses mit dem Tode des Erblassers von selbst auf den Erben übergeht[2] und trotz der Eröffnung des Nachlaßkonkurses nicht aufhört, Vermögen des Erben zu sein, so ist dieser Konkurs stets ein Sonderkonkurs. (S. ob. § 5 V.)

Nach dem System des Bürgerlichen Gesetzbuches dient der Nachlaßkonkurs ebenso wie die Nachlaßverwaltung einerseits dem Erben als Mittel, seine Haftung für die Nachlaßverbindlichkeiten auf den Nachlaß zu beschränken, andererseits den Nachlaßgläubigern als Mittel, ihre Befriedigung aus dem Nachlasse mit Ausschluß der Gläubiger des Erben zu erlangen.[3] Und zwar ist dazu der Nachlaßkonkurs das geeignete Mittel, wenn der Nachlaß überschuldet, die Nachlaßverwaltung, wenn er nicht überschuldet oder die Überschuldung nicht bekannt ist.[4] Aus diesem doppelten Zwecke des Nachlaßkonkurses erklären sich die auf ihn bezüglichen Vorschriften der Konkursordnung.

II. Der Nachlaßkonkurs kann nur wegen Überschuldung des Nachlasses, d. h. Unzulänglichkeit der Nachlaßaktiven zur vollständigen Deckung der Nachlaßverbindlichkeiten, eröffnet werden.[5] Da er seiner Bestimmung nach ein

---

Verfahren kann auch stattfinden, wenn das Vermögen einer juristischen Person an den Fiskus gefallen ist. S. § 46, 88 BGB. — Stirbt während eines KVerf. der GSch., so wird das Verfahren zum NachlaßK., und die besonderen Vorschriften über diesen greifen ein, soweit sie nach der Lage des Falls noch anwendbar sind. So z. B. § 230 Abs. 1, 232 fg. KO, nicht dagegen § 214—223, 229, 235 KO. Vgl. ob. § 33 III.

[2] § 1922, 1942 BGB.

[3] S. § 1975 BGB und § 1981 Abs. 2 BGB, § 216 Abs. 1 KO.

[4] S. § 1980, 1985 Abs. 2 BGB, § 215 KO vgl. § 1981, 1988 BGB.

[5] § 215 KO. Für die Frage der Überschuldung kommt es auf den Stand der Dinge zur Zeit der Erlassung des Beschlusses auf den KEröffnungsantrag an, also auf den damaligen Bestand und Wert der Aktiven des Gesamtnachlasses und den damaligen Geldwert der sämtlichen Nachlaßverbindlichkeiten (s. § 1967 BGB), auch der in § 224—226 KO bezeichneten, insbesondere auch der in § 226 Nr. 5 KO genannten Verbind-

Konkurs über das von dem übrigen Vermögen des Erben gesonderte Vermögen des Erblassers zur Berichtigung vornehmlich der von diesem herrührenden Schulden ist, so ist hier als Konkursgericht ausschließlich zuständig das Amtsgericht, bei dem der Erblasser zur Zeit seines Todes seinen allgemeinen Gerichtsstand hatte.[6]

Weil der Nachlaßkonkurs auch zum Schutze der Nachlaßgläubiger gegenüber den Gläubigern des Erben dient, so wird seine Eröffnung dadurch nicht gehindert, daß der Erbe die Erbschaft noch nicht angenommen hat, oder daß er für die Nachlaßverbindlichkeiten unbeschränkbar haftet.[7] Sind mehrere Erben vorhanden, so ist die Eröffnung des Nachlaßkonkurses noch nach der Teilung des Nachlasses statthaft.[8] Aber auch in diesem Fall kann der Konkurs nur über den ganzen Nachlaß und nur, wenn dieser als Ganzes (nicht bloß ein einzelner Erbteil) überschuldet ist, eröffnet werden; denn ein Konkursverfahren über einen Erbteil ist unzulässig.[9]

---

lichkeiten aus den vom Erblasser angeordneten Vermächtnissen und Auflagen. § 1980 Abs. 1 Satz 2 BGB besagt, wie sich aus der Vergleichung mit § 1992 BGB ergibt, nur so viel, daß der Erbe nicht genötigt ist, es zum NachlaßK. kommen zu lassen, wenn die Überschuldung des Nachlasses bloß auf Vermächtnissen und Auflagen beruht. Vgl. Jäger § 215 Anm. 1 ff.

[6] § 214 KO. Vgl. Jäger § 214 Anm. 4.

[7] § 216 Abs. 1 KO. Jeder Nachlaßgläubiger, dem der Erbe unbeschränkbar haftet, kann von diesem seine Forderung trotz ihrer Anmeldung im NachlaßK. zum vollen Betrage beitreiben, wenn nicht gleichzeitig auch der K. über das persönliche Vermögen des Erben eröffnet ist (denn für diesen Fall s. § 234 KO); § 14 KO steht dem nicht entgegen. S. Jäger § 214 Anm. 9, § 216 Anm. 1. A. M. Pet.-Kleinf. § 216 Bem 9 b.

[8] § 216 Abs. 2 KO. Die Wiederzusammenbringung der Stücke des Nachlasses ist Sache des KV. nach § 117 KO. Vgl. Jäger § 216 Anm. 6.

[9] § 235 KO. Vgl. Jäger § 235 Anm. 3.

III. Den Antrag auf die Eröffnung des Nachlaßkonkurses kann stellen:

1. jeder Erbe, auch wenn er für die Nachlaßverbindlichkeiten unbeschränkbar haftet; ferner der Nachlaßverwalter sowie ein anderer Nachlaßpfleger, endlich ein Testamentsvollstrecker, wenn ihm die Verwaltung des Nachlasses im ganzen zusteht.[10] Wird der Antrag nicht von allen Erben gestellt, so darf er nur zugelassen werden, wenn die Überschuldung des Nachlasses glaubhaft gemacht wird; auch hat dann im Fall der Zulassung das Konkursgericht die übrigen Erben, soweit tunlich, zu hören.[11] Steht die Verwaltung des Nachlasses einem Testamentsvollstrecker zu, so ist über den von diesem gestellten Antrag der Erbe zu hören, über den von dem Erben gestellten der Testamentsvollstrecker.[12] Ist eine Ehefrau die Erbin und gehört der Nachlaß zum eingebrachten Gute oder zum Gesamtgute, so kann jeder der Ehegatten, auch ohne die Zustimmung des anderen, die Konkurseröffnung beantragen.[13] Wird der Antrag nicht von beiden Ehegatten gestellt, so darf er nur bei Glaubhaftmachung der Überschuldung zugelassen, und im Fall der Zulassung muß der andere Ehegatte, wenn tunlich, gehört werden.[14]

Der Erbe muß, sobald er von der Überschuldung des Nachlasses Kenntnis erlangt hat, unverzüglich die Eröffnung des Nachlaßkonkurses beantragen; sonst haftet er den Nachlaßgläubigern, im Fall nachträglicher Eröffnung des Nachlaßkonkurses der Konkursmasse, für den durch

---

[10] § 217 Abs. 1 KO.

[11] § 217 Abs. 2 KO. Vgl. § 208 Abs. 2, 210 Abs. 2 KO. S. ob. § 52 bei Anm. 4, 5.

[12] § 217 Abs. 3 KO.

[13] § 218 Abs. 1 KO. Näheres bei Jäger §§ 217—220 Anm. 4 ff.

[14] § 218 Abs. 2 KO.

die Unterlassung entstehenden Schaden.[15] Ebenso der Nachlaßverwalter.[16] Das gleiche muß aber auch von einem anderen Nachlaßpfleger und von dem zur Verwaltung des Nachlasses berufenen Testamentsvollstrecker gelten, weil ihre rechtliche Stellung derjenigen des Nachlaßverwalters entspricht.[17] Diese Antragsverpflichtung besteht jedoch nicht,

a) wenn die Überschuldung des Nachlasses nur auf Vermächtnissen oder Auflagen beruht,[18]

b) wenn sie nur auf Forderungen ausgeschlossener Nachlaßgläubiger beruht, d. h. solcher, die im Aufgebotsverfahren ausgeschlossen sind oder, weil sie ihre Forderung nicht vor Ablauf von fünf Jahren seit dem Erbfall gegen den Erben geltend gemacht haben, jenen gleichstehen,[19]

c) wenn der Nachlaß nicht zur Deckung der Konkurskosten (§ 58 Nr. 1, 2 KO) ausreicht,[20]

d) wenn der Erbe den sämtlichen Nachlaßgläubigern (nicht bloß einzelnen dieser Gläubiger) gegenüber unbeschränkbar haftet.[21]

2. Antragsberechtigt ist außerdem jeder Nachlaßgläubiger,[22] jedoch nur bis zum Ablaufe von zwei Jahren seit der Annahme der Erbschaft.[23] Ein ausgeschlossener

[15] § 1980 Abs. 1 Satz 1 BGB vbd. § 228 Abs. 2 KO. Vgl. Seuff. 77, 137 fg. S. auch § 1980 Abs. 2 BGB.

[16] § 1985 Abs. 2 BGB.

[17] A. M., wonach auch hier kraft § 278 BGB der Erbe den Nachlaßgläubigern haftete, dem Erben aber der Nachlaßpfleger und der Testamentsvollstrecker ersatzpflichtig wären, Seuff. 138, Jäger §§ 217—220 Anm. 26.

[18] § 1980 Abs. 1 Satz 2 vbd. § 1992 BGB.

[19] Folgt aus § 1973, 1974 BGB.

[20] § 1990, 1991 BGB vbd. § 107 KO.

[21] § 2013 BGB.

[22] § 217 Abs. 1 KO.

[23] § 220 KO. Vgl. § 1981 Abs. 2 Satz 2 BGB. Sind mehrere Erben vorhanden, so läuft wegen § 235 KO die Frist erst von der letzten Annahme an. S. Jäger §§ 217—220 Anm. 23.

Nachlaßgläubiger kann die Eröffnung des Nachlaßkonkurses nur beantragen, wenn der Konkurs über das Vermögen des Erben, — falls eine Ehefrau die Erbin ist und der Nachlaß zum Gesamtgute gehört, wenn er über das Vermögen des Ehemanns eröffnet ist. Gleiches gilt von den Vermächtnisnehmern und denjenigen, welche berechtigt sind, die Vollziehung einer Auflage zu fordern.[24]

IV. Die Konkursmasse besteht hier aus den sämtlichen zur Zeit der Konkurseröffnung vorhandenen Nachlaßgegenständen, die nicht nach § 1 KO wegen Unpfändbarkeit von der Konkursmasse ausgeschlossen sind.[25] Als Gemeinschuldner erscheint (in Rücksicht auf Rechte, Pflichten und persönliche Beschränkungen) für die Zeit vor dem Erbfall der Erblasser, für die Zeit nach dem Erbfall der Erbe und bei einer Mehrheit von Erben jeder einzelne Erbe.[26] Geht der Nachlaß auf einen Nacherben über, so tritt dieser an Stelle des Vorerben, wird die Erbschaft verkauft oder anderweit veräußert, so tritt der Erwerber an Stelle seines Rechtsvorgängers in die Rolle des Gemeinschuldners ein.[27] Ist nach § 1960 BGB ein Nachlaßpfleger bestellt, so hat dieser die Rechte und Pflichten des Gemeinschuldners.[28]

V. Durch die Konkurseröffnung über den Nachlaß vollzieht sich eine rechtliche Sonderung zwischen diesem und dem sonstigen Vermögen des Erben (Erbenver-

[24] § 219 KO. Vgl. Jäger Anm. 14—20.

[25] Näheres bei Jäger § 214 Anm. 25—27.

[26] S. § 228, 222 vbd. § 29 ff., § 230 Abs. 1 vbd. § 173 KO. Näheres über diese sehr streitigen Fragen bei Jäger Anm. 7 ff.

[27] § 231—233 KO.

[28] Gleiches gilt von dem Testamentsvollstrecker, dem die Verwaltung des Nachlasses zusteht. Dagegen endigt das Amt des Nachlaßverwalters mit der Eröffnung des NachlaßK.: § 1988 Abs. 1 BGB. Vgl. Jäger Anm. 19, 20.

mögen), und zwar so, wie wenn beides rechtlich nie vereinigt gewesen wäre. Darum gelten auch die Folgen der an sich durch den Erbschaftserwerb bewirkten Vermögensvereinigung, also die Erlöschung von Forderungen des Erben an den Erblasser oder umgekehrt, und von dinglichen Rechten des einen an Sachen des anderen,[29] als nicht eingetreten,[30] und der Erbe kann im Nachlaßkonkurse seine Forderungen an den Erblasser geltend machen.[31] Für die bisherige Verwaltung des Nachlasses haftet der Erbe gleich einem Verwalter fremden Vermögens.[32] Auch kann er wie ein solcher aus dem Nachlasse Ersatz seiner Aufwendungen verlangen, und zwar als Massegläubiger.[33] Jedoch steht ihm wegen dieser Aufwendungen kein Zurückbehaltungsrecht zu.[34] Hat er eine Nachlaßverbindlichkeit unter Umständen berichtigt, unter denen diese Berichtigung nicht nach § 1979 BGB als für Rechnung des Nachlasses erfolgt gilt, also nicht als eine dem Erben aus dem Nachlasse zu ersetzende Aufwendung erscheint, so tritt er an die Stelle des von ihm befriedigten Gläubigers.[35] Hat der Erbe einem einzelnen Nachlaßgläubiger gegenüber die Möglichkeit beschränkter Haftung verloren, so kann er für den Fall, daß dieser seine Forderung im Nachlaßkonkurse nicht geltend macht, sie darin für eigene Rechnung geltend machen, so daß ihn auch dann nur der Ausfall trifft, den die Forderung im Konkursverfahren erleidet.[36] Die zu Anm. 32 ff. an=

[29] S. § 1063, 1256 BGB. S. auch § 1072 BGB.

[30] § 1976 BGB. S. auch § 1977 BGB.

[31] § 225 Abs. 1 KO. S. auch § 784 CPO.

[32] § 1978 Abs. 1, 2 BGB.

[33] § 1978 Abs. 3, 1979 BGB vbd. § 224 Nr. 1 KO.

[34] § 223 KO. Vgl. § 273 BGB. S. Jäger § 223 Anm. 1 ff.

[35] § 225 Abs. 2 KO. Vgl. Jäger § 225 Anm. 4 ff.

[36] § 225 Abs. 3 KO. Vbd. § 2006 Abs. 3 BGB, § 780 CPO. Vgl. Jäger Anm. 9, 10.

gegebenen Regeln kommen nicht zur Anwendung, wenn der Erbe für alle Nachlaßverbindlichkeiten unbeschränkbar haftet.[37]

VI. Im Nachlaßkonkurse erscheinen als Masseschulden außer denjenigen Verbindlichkeiten, die nach § 59 KO in jedem Konkurse Masseschulden sind (s. ob. § 14 II. B), noch gewisse weitere Verbindlichkeiten, wie namentlich die schon erwähnten dem Erben aus dem Nachlasse zu ersetzenden Aufwendungen, ferner die Kosten der standesmäßigen Beerdigung des Erblassers, die Verbindlichkeiten gegenüber einem Dritten aus den Rechtsgeschäften eines Nachlaßpflegers, insbesondere Nachlaßverwalters, oder eines Testamentsvollstreckers u. a.[38]

Ferner sind im Nachlaßkonkurse die Anfechtungsrechte erweitert. Hat nämlich vor der Konkurseröffnung der Erbe aus dem Nachlasse Pflichtteilsansprüche, Vermächtnisse oder Auflagen erfüllt, so ist diese Leistung in gleicher Weise anfechtbar wie eine unentgeltliche Verfügung des Erben.[39]

Dagegen sind im Nachlaßkonkurse die Absonderungsrechte beschränkt. Die abgesonderte Befriedigung kann nämlich nicht verlangt werden auf Grund einer Maßregel

---

[37] § 2013 BGB, § 225 Abs. 2 KO. Vgl. § 1994 Abs. 1, 2005 Abs. 1 BGB. Vgl. Jäger Anm. 5. — Die Vorschriften in § 223, 224 Nr. 1, 225 KO gelten für den Erben auch nach dem Verkaufe der Erbschaft: § 232 Abs 2 Satz 3 KO, und für den Vorerben nach dem Eintritte der Nacherbfolge: § 231 KO.

[38] S. das einzelne in § 224 KO. Vgl. Jäger § 224 Anm. 2 ff.

[39] § 222 KO. Vgl. § 3 a AnfG. Das hängt damit zusammen, daß aus Pflichtteilsansprüchen, Vermächtnissen und Auflagen nur dann etwas beansprucht werden kann, wenn nach der Berichtigung aller sonstigen Nachlaßverbindlichkeiten noch etwas vom Nachlasse übrig bleibt. S. § 226 Nr. 4, 5 KO, § 1973 Abs. 1 Satz 2 BGB. Vgl. Jäger § 222.

der Zwangsvollstreckung oder der Arrestvollziehung, die zwar vor der Eröffnung des Nachlaßkonkurses, aber nach dem Eintritte des Erbfalles gegen den Nachlaß erfolgt ist, sei es zu Gunsten von Nachlaßgläubigern oder von eigenen Gläubigern des Erben.[40] Eine nach dem Eintritte des Erbfalles im Wege der einstweiligen Verfügung erlangte Vormerkung ist unwirksam.[41]

VII. Der Nachlaßkonkurs soll in Rücksicht auf seine Zwecke zu einer vollständigen Vereinigung des Nachlasses führen. Darum können darin alle Nachlaßverbindlichkeiten geltend gemacht werden, auch diejenigen, welche nach den allgemeinen konkursrechtlichen Regeln in § 63 Nr. 1, 3, 4 KO nicht würden geltend gemacht werden können.[42] Jedoch treten diese hier ausnahmsweise zugelassenen Konkursforderungen gegen die anderen, der gesetzlichen Regel entsprechenden im Range zurück, so daß hier vollberechtigte und minderberechtigte Konkursforderungen zu unterscheiden sind.

Der Rang der vollberechtigten bemißt sich nach § 61 KO (s. ob. § 11). Erst nach ihrer vollständigen Befriedigung werden aus der Konkursmasse die minderberechtigten berichtigt, und zwar nach folgender Rangordnung, bei gleichem Range nach Verhältnis ihrer Beträge:[43]

1. die seit der Konkurseröffnung laufenden Zinsen der vollberechtigten Konkursforderungen,

2. die noch bei Lebzeiten des Erblassers rechtskräftig gegen ihn erkannten Geldstrafen nebst den bis zur Kon-

---

[40] § 221 Abs. 1 KO. Vgl. § 13 Satz 2, 14 Abs. 1 KO. S. auch § 778, 928 CPO. Näheres bei Jäger § 221 Anm. 1—8.

[41] § 221 Abs. 2 KO. Vgl. § 14 Abs. 2, 24 KO. S. Jäger § 221 Anm. 9. Auf § 221 KO beruht die Vorschrift in § 2016 Abs. 2 BGB.

[42] § 226 Abs. 1 KO.

[43] § 226 Abs. 2, 227 KO.

kurseröffnung aufgelaufenen und seit dieser laufenden Zinsen,[44]

3. die Verbindlichkeiten aus einer Freigebigkeit des Erblassers unter Lebenden nebst Zinsen,

4. die Verbindlichkeiten gegenüber Pflichtteilsberechtigten nebst Zinsen,

5. die Verbindlichkeiten aus den vom Erblasser angeordneten Vermächtnissen und Auflagen nebst Zinsen. Jedoch steht ein Vermächtnis, das nach § 2307 BGB den Pflichtteil ersetzt, bis zur Höhe des Pflichtteils den Pflichtteilsansprüchen gleich. Auch kann der Erblasser durch Verfügung von Todes wegen einem Vermächtnisse oder einer Auflage vor einem anderen Vermächtnisse oder einer anderen Auflage den Vorzug einräumen.[45]

Die Ansprüche der ausgeschlossenen Nachlaßgläubiger (s. ob. III. Nr. 1. b) stehen zwar gegen die unter Nr. 1 bis 3 bezeichneten Ansprüche zurück, gehen aber nebst Zinsen den Pflichtteilsansprüchen und den Ansprüchen aus Vermächtnissen und Auflagen vor, wenn sie nicht selbst dazu gehören. Im letzten Fall werden sie, wenn sie Pflichtteilsansprüche sind, erst nach den nicht ausgeschlossenen Pflichtteilsansprüchen, wenn sie Ansprüche aus Vermächtnissen oder Auflagen sind, erst nach den nicht ausgeschlossenen Ansprüchen solcher Art berichtigt. Der Rang der ausgeschlossenen Ansprüche untereinander bemißt sich nach denselben Regeln wie der Rang der nicht ausgeschlossenen.[46]

---

[44] S. § 30 StGB.

[45] § 226 Abs. 3 KO.

[46] § 226 Abs. 4, 227 KO. Vgl. § 1973, 1974 BGB. Eine weitere Beschränkung der ausgeschlossenen Gläubiger s. § 228 Abs. 2 KO. Vgl. Jäger §§ 226—229 Anm. 39.

Die Pflichtteilsansprüche und die Ansprüche aus Vermächtnissen und Auflagen unterliegen noch der besonderen Beschränkung, daß dasjenige, was zufolge der Gläubigeranfechtung einer vom Erblasser oder ihm gegenüber vorgenommenen Rechtshandlung zur Konkursmasse zurückfließt, zur Berichtigung dieser Ansprüche nicht verwendet werden darf.[47]

Ist der Eröffnung des Nachlaßkonkurses ein Aufgebotsverfahren zum Zwecke der Ausschließung von Nachlaßgläubigern[48] vorausgegangen, so gelten die in dem Aufgebotsverfahren angemeldeten und nicht wegen Mangels ordnungsmäßiger Anmeldung (s. § 996 CPO) ausgeschlossenen Forderungen als auch im Nachlaßkonkurse, und zwar in dem Zeitpunkte seiner Eröffnung, angemeldet, vorausgesetzt daß, wie gewöhnlich,[49] das Aufgebot von dem späteren Konkursgerichte erlassen und das Aufgebotsverfahren nicht vor der Eröffnung des Konkursverfahrens ohne Erlassung des Ausschlußurteils, also z. B. durch Zurückweisung des Antrages auf Erlassung des Ausschlußurteils (s. § 952 Abs. 4 CPO), erledigt ist.[50]

VIII. Ein Zwangsvergleich kann nur auf den Vorschlag aller Erben geschlossen werden.[51] Die Gläubiger

---

[47] § 228 Abs. 1 KO.

[48] S. § 1970 ff. BGB, § 989 ff. CPO.

[49] S. § 990 CPO vbd. § 72, 73 FGG vgl. § 214 KO.

[50] § 229 KO. Soweit die Anmeldung in dem Aufgebotsverfahren den Erfordernissen der Anmeldung im K., namentlich dem Erfordernisse der Anmeldung eines bestimmten Geldbetrages in Reichswährung (§ 69 KO), nicht entspricht, muß sie behufs der Berücksichtigung im KVerf. ergänzt werden. Auch ein Vorrecht, das der Gläubiger nach § 61 Nr. 1—5 KO im K. beansprucht, bedarf einer neuen Anmeldung. Näheres bei Seuff. 256 fg., Jäger § 229 Anm. 40—45.

[51] § 230 Abs. 1 KO. Nach Jäger § 230 Anm. 11 auch auf den Vorschlag der Nachlaßpfleger und Testamentsvollstrecker. S. dagegen Seuff. 412 Anm. 1, Pet.-Kleinf. § 230 Bem. 1.

mit minderberechtigten Forderungen der in § 226 Abs. 2 Nr. 2—5 KO bezeichneten Art und die in § 226 Abs. 4 KO genannten ausgeschlossenen Gläubiger nehmen an dem Zwangsvergleiche nicht teil, sind jedoch vor seiner Bestätigung zu hören. Macht einer von ihnen glaubhaft, daß der Zwangsvergleich sein berechtigtes Interesse verletzt, so ist auf seinen Antrag der Zwangsvergleich zu verwerfen; gegen die Bestätigung steht ihm die sofortige Beschwerde nach Maßgabe des § 189 KO zu.[52]

IX. Wird der Nachlaßkonkurs auf Grund der Schlußverteilung aufgehoben, so kann ein Nachlaßgläubiger, dem der Erbe schon vor der Eröffnung des Nachlaßkonkurses unbeschränkbar haftete, seine Forderung, soweit sie nicht befriedigt ist, gegen ihn unbeschränkt geltend machen.[53] Den nicht befriedigten Nachlaßgläubigern dagegen, gegen die er zur Zeit der Konkurseröffnung die Beschränkbarkeit seiner Haftung noch nicht verwirkt hatte, haftet er nur in entsprechender Weise, wie er, falls es nicht zum Nachlaßkonkurse gekommen ist, nach § 1973 BGB den

[52] § 230 Abs. 2 KO. Aus dem ganzen Zusammenhange dieser Gesetzesstelle ist zu schließen, daß die im Texte genannten Gläubiger nur an der Abstimmung über den Zwangsvergleich nicht teilnehmen, wie in der ursprünglich vorgeschlagenen Fassung: „nehmen an der Schließung des Zwangsvergleiches nicht teil" ausdrücklich gesagt war. Denn würden sie auch von der Wirkung des Vergleiches nicht betroffen, so könnte durch diesen ihr berechtigtes Interesse doch niemals verletzt werden; auch wären die übrigen Vorschriften der Stelle sinnlos. Ebenso Jäger Erbenhaftung 90. Dagegen tritt Jäger § 230 Anm. 17 der herrschenden Meinung bei, wonach jene Gläubiger auch den Wirkungen des Zwangsvergleiches nicht unterlägen. Vgl. Seuff. 439, Pet.-Kleinf. § 230 Bem. 4.

[53] § 2013 Abs. 1 Satz 1 BGB. Vgl. Seuff. 396 k α. Während des Nachlaßkonkurses kann der Erbe die Beschränkbarkeit seiner Haftung nicht verwirken. S. Jäger § 230 Note 1 zu Anm. 2.

ausgeschlossenen Nachlaßgläubigern haftet, d. h. nur mit dem Überschusse, der nach vollständiger Befriedigung der sämtlichen im Schlußverzeichnisse berücksichtigten Gläubiger von der Konkursmasse etwa geblieben ist.[54] Jeder von mehreren Miterben haftet jetzt nach der Teilung des Nachlasses für die nicht befriedigten Nachlaßverbindlichkeiten nur noch im Verhältnisse seines Erbteils.[55]

Erfolgt die Aufhebung des Nachlaßkonkurses zufolge Zwangsvergleiches, so bestimmt sich die Haftung des Erben gegenüber den Gläubigern, die von der Wirkung des Vergleiches betroffen werden, nach dem Inhalte des Vergleiches. Auch begrenzt dieser, falls der Erbe allen Nachlaßgläubigern gegenüber unbeschränkbar haftete, zugleich die persönliche Haftung des Erben.[56] Denjenigen Gläubigern gegenüber, die von der Wirkung des Vergleiches nicht betroffen werden, bleibt es, wenn ihnen der Erbe schon zur Zeit der Eröffnung des Nachlaßkonkurses unbeschränkbar haftete, bei dieser unbeschränkten Haftung.[57] Haftete dagegen der Erbe solchen Gläubigern beschränkbar, so greift wiederum § 1973 BGB entsprechend ein, und er kann sie also auf den Überschuß verweisen, der nach vollständiger Befriedigung aller Massegläubiger, bevorrechtigten Konkursgläubiger und vom Zwangsvergleiche betroffenen Gläubiger vom Nachlasse geblieben ist.[58] Den von der Wirkung des Zwangsvergleiches nicht betroffenen Gläu=

[54] § 1989 vbd. § 2000 Satz 3 BGB. Näheres bei Jäger Anm. 4, Seuff. 396 k β.

[55] § 2060 Nr. 3 BGB. Vgl. Jäger Anm. 6.

[56] Entspr. § 211 Abs. 2 KO. Dagegen begrenzt er, wenn der Erbe nur einzelnen Nachlaßgläubigern unbeschränkbar haftete, die persönliche Haftung diesen gegenüber nicht: entspr. § 193 Satz 2 KO. Vgl. über das ganze Jäger Anm 15, Seuff. 442 fg.

[57] S. § 2013 Abs. 1 Satz 1 BGB. Vgl. Jäger Anm. 16, Seuff. 440.

[58] § 1989 BGB. Vgl. Seuff. 440, Jäger Anm. 19.

digern sind aber hier auch diejenigen Nachlaßgläubiger gleichzustellen, welche ihre Forderungen im Nachlaßkonkurse nicht angemeldet haben.[59]

Im Fall der Einstellung des Nachlaßkonkurses steht in Ermangelung einer außergerichtlichen Vereinbarung der Erbe den Nachlaßgläubigern so, wie unter übrigens gleichen Umständen vor der Eröffnung des Nachlaßkonkurses, gegenüber. Je nachdem er ihnen also damals unbeschränkbar oder nur beschränkbar haftete, haftet er ihnen so auch jetzt. Wird bei beschränkbarer Haftung der Nachlaßkonkurs wegen Mangels einer den Kosten entsprechenden Masse eingestellt, so kann der Erbe, ebenso wie wenn die Eröffnung des Nachlaßkonkurses aus diesem Grunde nicht tunlich ist, die Befriedigung eines Nachlaßgläubigers verweigern, soweit der Nachlaß nicht ausreicht.[60]

X. Wird nach dem Erwerbe der Erbschaft der Konkurs über das Vermögen des Erben eröffnet, so erscheint, solange nicht über den Nachlaß der Konkurs eröffnet oder eine Nachlaßverwaltung angeordnet ist, als Konkursmasse das gesamte Vermögen des Erben mit Einschluß der Erbschaft, und das Konkursverfahren verläuft dann ganz nach den gewöhnlichen Regeln. Insbesondere können darin die Nachlaßgläubiger neben den eigenen Gläubigern des Erben (Erbengläubigern) ihre Forderungen geltend machen.

Anders, wenn neben dem Konkurse über das Vermögen des Erben, sei es vorher oder nachher, auch der Konkurs über den Nachlaß eröffnet oder eine Nachlaßver-

[59] Folgt daraus, daß § 1989 BGB die entsprechende Anwendung der Vorschriften des § 1973 BGB vorschreibt. Ebenso Planck-Ritgen BGB § 1989 Bem. 1 vorl. Abs., Jäger Anm. 18. R. M. Seuff. 435 Anm. 5.

[60] § 1990, 1991 BGB. S. auch § 1973, 1974 BGB. Vgl. Jäger Anm. 7—9.

waltung angeordnet und infolgedessen die rechtliche Sonderung zwischen dem Nachlasse und dem Erbenvermögen eingetreten ist. Die Erbengläubiger können dann keine Befriedigung aus dem Nachlasse mehr verlangen, die Nachlaßgläubiger keine Befriedigung mehr im Erbenkonkurse, es wäre denn, daß ihnen der Erbe unbeschränkbar haftet. Jedoch werden in diesem Fall, um eine unbillige Härte gegenüber den Erbengläubigern zu verhüten, im Erbenkonkurse die Nachlaßgläubiger wie absonderungsberechtigte Konkursgläubiger behandelt, d. h. sie nehmen in diesem Konkurse an der Befriedigung aus der Konkursmasse nur teil für denjenigen Betrag, für welchen sie auf Befriedigung aus dem Nachlasse verzichtet oder daraus keine Befriedigung erlangt und den Verzicht oder Ausfall vor dem Ablaufe der Ausschlußfrist für die Schlußverteilung dem Konkursverwalter nachgewiesen haben.[61] Gleiches gilt, wenn eine Ehefrau die Erbin ist und der Nachlaß zum Gesamtgute gehört, auch in dem Konkursverfahren über das Vermögen des Ehemannes, weil dieser dann nach § 1459, 1461 BGB für die Nachlaßverbindlichkeiten neben der Frau auch persönlich als Gesamtschuldner haftet und daher der unbeschränkbar haftenden Erbin gleichsteht.[62]

XI. Hat der Erbe die Erbschaft verkauft, so haftet nach § 2382, 2383 BGB der Käufer den Nachlaßgläubigern gesamtschuldnerisch neben dem Erben und in gleicher Weise wie dieser. Weil sich aber der Nachlaß gewöhnlich sogleich nach dem Verkaufe in den Händen des Käufers befindet, so tritt dieser im Nachlaßkonkurse bezüglich des Verfahrens an die Stelle des Erben, erscheint also darin

---

[61] § 234 Abs. 1 KO. Näheres bei Jäger § 234 Anm. 6 ff.

[62] § 234 Abs. 2 KO. Vbd. § 2008 BGB. Vgl. Jäger Anm. 13.

anstatt des Erben als der Gemeinschuldner.[63] Der Erbe kann wegen einer Nachlaßverbindlichkeit, zu deren Erfüllung nach § 2378 BGB der Käufer ihm gegenüber verpflichtet ist, in derselben Weise und unter denselben Voraussetzungen wie ein Nachlaßgläubiger die Eröffnung des Nachlaßkonkurses beantragen.[64] Er kann das auch wegen einer anderen Nachlaßverbindlichkeit, insbesondere wegen Pflichtteilslasten und Verbindlichkeiten aus Vermächtnissen und Auflagen, aber hier nur, um den Nachlaßgläubigern gegenüber seine Haftung auf den Nachlaß zu beschränken; also nicht, wenn das nicht mehr möglich ist, weil er bereits unbeschränkbar haftet, oder wenn es wegen erfolgter Anordnung einer Nachlaßverwaltung nicht erforderlich ist.[65]

Dieses alles gilt entsprechend auch dann, wenn jemand eine durch Vertrag (z. B. Erbschaftskauf) erworbene Erbschaft verkauft, oder eine ihm angefallene oder in anderer Weise erworbene Erbschaft durch einen Vertrag, der nicht Kauf ist, veräußert, wenn also z. B. der Erbe oder der Käufer der Erbschaft diese verschenkt oder vertauscht.[66]

XII. Wenn nach dem Tode eines Ehegatten, der mit dem überlebenden in allgemeiner Gütergemeinschaft oder in Fahrnisgemeinschaft stand, der überlebende mit gemeinsamen Abkömmlingen die Gütergemeinschaft fortsetzt,[67] so haftet dieser nach § 1489 Abs. 1 BGB für die Gesamtgutsverbindlichkeiten der fortgesetzten Gütergemeinschaft auch persönlich, wird also, soweit er dafür vor dem Eintritte dieser Gemeinschaft nicht persönlich haftete, wie z. B. die

[63] § 232 Abs. 1 KO. S. ob. IV. Vgl. Jäger §§ 232, 233 Anm. 4, 5.

[64] § 232 Abs. 2 Satz 1 KO.

[65] § 232 Abs. 2 Satz 2 KO obd. § 2376, 2378, 439 BGB. Näheres bei Jäger Anm. 6—13, Seuff. 129 ff.

[66] § 233 KO. Vgl. § 2385 BGB. Näheres bei Jäger Anm. 17, 18.

[67] S. § 1483, 1508, 1557 BGB.

überlebende Frau nicht für die Verbindlichkeit aus einem von dem Manne aufgenommenen Darlehen, erst infolge ihres Eintrittes persönlich verhaftet. Insoweit steht er mithin den Gesamtgutsgläubigern in entsprechender Weise wie der Erbe den Nachlaßgläubigern gegenüber, und die bezüglich der Haftung des Erben für die Nachlaßverbindlichkeiten geltenden Vorschriften kommen daher naturgemäß zu entsprechender Anwendung; an die Stelle des Nachlasses tritt das Gesamtgut in seinem Bestande zur Zeit des Eintrittes der fortgesetzten Gütergemeinschaft.[68] Insbesondere bedarf bei Überschuldung des Gesamtgutes der überlebende Ehegatte gegenüber den Gesamtgutsgläubigern, denen er zur Zeit des Eintrittes der fortgesetzten Gütergemeinschaft nicht persönlich haftete, in entsprechender Weise wie der Erbe gegenüber den Nachlaßgläubigern eines Schutzes, wie auch andererseits jene Gläubiger gegenüber den übrigen Gläubigern des Ehegatten eines Schutzes bedürfen. Diesen doppelten Schutz verschafft, wie dort die Eröffnung des Nachlaßkonkurses, so hier die Eröffnung des Konkurses über das Gesamtgut der fortgesetzten Gütergemeinschaft in seinem genannten Bestande.

Zum Antrage auf die Eröffnung dieses Gesamtgutskonkurses ist, außer dem überlebenden Ehegatten als Gemeinschuldner, jeder Gesamtgutsgläubiger befugt, dessen Forderung schon zur Zeit des Eintrittes der fortgesetzten Gütergemeinschaft bestand, dem aber damals jener Ehegatte nicht persönlich haftete.[69] Konkursgläubiger ist jedoch, wenn der Gesamtgutskonkurs eröffnet wird, jeder zu jener Zeit schon vorhandene Gesamtgutsgläubiger, selbst wenn ihm damals der Ehegatte auch persönlich haftete.[70]

[68] § 1489 Abs. 2 BGB.
[69] § 236 Satz 2, 3 KO.
[70] § 236 Satz 2 KO. Diejenigen Gesamtgutsgläubiger, deren

Die anteilsberechtigten Abkömmlinge sind, weil sie nach § 1489 Abs. 3 BGB für die Gesamtgutsverbindlichkeiten nicht persönlich haften und folglich keines besonderen Schutzes bedürfen, zum Antrage auf die Eröffnung des Gesamtgutskonkurses nicht berechtigt; da aber immerhin ihr Interesse mit im Spiel ist, so hat sie das Konkursgericht über einen solchen Antrag, soweit tunlich, zu hören.[71]

Im übrigen finden auf den Gesamtgutskonkurs die Vorschriften über den Nachlaßkonkurs entsprechende Anwendung,[72] woraus namentlich folgt, daß als Konkursgericht dasjenige Amtsgericht ausschließlich zuständig ist, bei welchem der verstorbene Ehegatte zur Zeit seines Todes seinen allgemeinen Gerichtsstand gehabt hat.[73]

§ 57.

V. Stellung des Deutschen Reiches zum Auslande in Konkurssachen.

I. Hat ein Schuldner im Deutschen Reiche einen allgemeinen Gerichtsstand, insbesondere denjenigen des Wohnsitzes,[1] so gehört zur Sollmasse des Konkurses, der bei dem Vorhandensein der gesetzlichen Voraussetzungen im Inlande über sein Vermögen zu eröffnen ist, grundsätzlich stets, mag er Ausländer oder Inländer sein, sein gesamtes Vermögen, sowohl das im Auslande als das im Inlande befindliche, und zwar selbst dann, wenn auch im Auslande

---

Forderungen erst nach dem Eintritte der fortgesetzten Gütergemeinschaft entstanden sind, nehmen am GesamtgutsK. nicht teil.

[71] § 236 Satz 4 KO.

[72] § 236 Satz 1 KO.

[73] Entspr. § 214 KO. Näheres über den GesamtgutsK. bei Jäger § 236.

[1] S. § 12, 13 CPO.

ein Konkursverfahren gegen ihn stattfindet.[2] In diesem Fall ist jedes Konkursverfahren unabhängig von dem anderen, wiewohl natürlich jedes das andere in der Wirkung tatsächlich beschränkt.[3]

Hat ein Schuldner, wiederum ohne Unterschied, ob Ausländer oder Inländer, im Deutschen Reiche keinen allgemeinen Gerichtsstand, so ist gegen ihn bei dem Dasein der gesetzlichen Voraussetzungen im Inlande ein Konkursverfahren nur dann zu eröffnen, wenn er im Deutschen Reiche eine gewerbliche Niederlassung hat[4] oder in Ermangelung einer solchen ein mit Wohn- und Wirtschaftsgebäuden versehenes Gut als Eigentümer, Nutznießer oder Pächter (auch Unterpächter) auf eigene Rechnung (in Person oder durch einen Vertreter) bewirtschaftet. Im ersten Fall ist (gemäß der allgemeinen Regel) das Amtsgericht, in dessen Bezirke sich die Niederlassung befindet, im zweiten das Amtsgericht, in dessen Bezirke sich das Gut befindet, für das Konkursverfahren ausschließlich zuständig.[5] In beiden Fällen beschränkt sich aber das Verfahren auf das im Inlande befindliche Vermögen des Schuldners.[6] Im übrigen verläuft es nach den Vorschriften der Konkurs-

[2] Dieses alles ergibt sich mittelbar aus § 238 KO. Vgl. Jäger § 237 Anm. 1, Seuff. 31. Nur fragt sich freilich, ob es in Rücksicht auf das ausländische Recht möglich ist, im Auslande befindliche Vermögensstücke tatsächlich zur inländischen KM. zu ziehen. Vgl. § 237 KO, Pet.-Kleinf. § 1 Bem. 1, Seuff a. a. O. — Zum Auslande gehören auch die deutschen Schutzgebiete. S. Art. 1 RV vgl. § 9 Abs. 3 SchutzgG.

[3] § 71 Abs. 2 KO bezieht sich nur auf den Fall gleichmäßiger Zuständigkeit mehrerer inländischer Gerichte. Vgl. Sar.-Boß. § 237 Bem. 2 Abs. 2, Pet.-Kleinf. §§ 237, 238 Bem. 17 a. E.

[4] S. ob. § 28 Anm. 1.

[5] § 71 Abs. 1, 238 Abs. 1 Satz 3 KO. Vgl. § 21 CPO.

[6] § 238 Abs. 1 Satz 1, 2 KO. Vbd. Mot. §§ 207, 208 letzt. Abs. (458 fg.).

ordnung; insbesondere können daran sämtliche Konkursgläubiger, die ausländischen wie die inländischen, teilnehmen.[7] Es ist ebenfalls unabhängig von einem gegen den Schuldner im Auslande eröffneten Konkursverfahren. Nur genügt hier, wie auch dann, wenn der Schuldner im Inlande einen allgemeinen Gerichtsstand hat, der Nachweis der bereits im Auslande stattgefundenen Konkurseröffnung zur Eröffnung des inländischen Verfahrens anstatt des Nachweises der Zahlungsunfähigkeit.[8]

II. Ist gegen einen Schuldner, sei er Inländer oder Ausländer, im Inlande kein Konkurs eröffnet, weil er im Deutschen Reiche weder einen allgemeinen Gerichtsstand noch eine gewerbliche oder landwirtschaftliche Niederlassung hat, oder weil kein Antrag auf Konkurseröffnung gestellt ist, so erstreckt sich die Wirkung des im Auslande über sein gesamtes Vermögen eröffneten Konkurses auch auf sein im Inlande befindliches Vermögen insofern, als der ausländische Konkursverwalter dieses zu der Konkursmasse einziehen kann.[9] Solange sich jedoch die Vermögensstücke noch im Inlande befinden, ist in dieses inländische Vermögen zu Gunsten der ausländischen wie der inländischen Gläubiger die Zwangsvollstreckung in gleicher Weise statt-

[7] Vgl. Mot. a. a. O.

[8] § 238 Abs. 2 KO vbd. Mot. a. a. O. Nicht aber genügt dieser Nachweis auch anstatt des Nachweises der Zahlungseinstellung (s. § 30, 33 KO) oder der Überschuldung (s. z. B. § 215 KO). Vgl. Jäger § 238 Anm. 1, 3.

[9] Für diese sog. Universalität des K. s. Mot. §§ 207, 208 Abs. 1—3 (456 ff.), Prot. 197, RG 28. III. 82 (6 404), 13. I. 85 (14 424 fg.), 6. VII. 86 (16 61), 28. II. 99 (JW 227 Nr. 16), Pet.-Kleinf. §§ 237, 238 Bem. 1, 2, Sar.-Boß. § 237 Bem. 1, Voigt Einfl. des K. auf schwed. Prozesse des GSch. 40. A. M., wonach sich die Wirksamkeit des K. auf das Gebiet des Staates beschränkte, worin er eröffnet ist, (Territorialität des K.) z. B. Kohler 310 ff., Seuff. 33 und besonders Kleinfeller in Zeitschr. f. internat. Privat- u. öffentl. Recht 13 549 ff.

haft, wie wenn kein Konkurs eröffnet wäre.[10] Daraus ist zu folgern, daß trotz des im Auslande schwebenden Konkursverfahrens im Inlande auch alles statthaft sein muß, was zur Ermöglichung oder zur Sicherung jener Zwangsvollstreckung erforderlich ist, also eine Klage oder ein sonstiges geeignetes Vorgehen zur Erlangung eines Vollstreckungstitels sowie die Erwirkung und Vollziehung eines Arrestes, um die Verbringung inländischer Vermögensstücke in das Ausland zu verhüten.[11]

Von dieser, vorzugsweise im Interesse der inländischen Gläubiger aufgestellten, Regel können zu Gunsten einzelner ausländischer Staaten mit Zustimmung des Bundesrates durch Anordnung des Reichskanzlers Ausnahmen gemacht werden.[12]

---

[10] § 237 Abs. 1 KO vbd. Mot. a. a. O. Abs. 4 (458), Prot. 197 ff. Eine Forderung des GSch. befindet sich im Inlande, wenn sein Schuldner darin seinen Wohnsitz hat: § 23 Satz 2 CPO. — Auf Vermögensstücke, die erst im Laufe des KVerf. für die KM. erworben sind, erstreckt sich § 237 KO nicht: RG 13. I. 85 (**14** 426 fg.).

[11] So auch RG 28. III. 82 (**6** 400 ff.), 11. XII. 84 (**14** 405 ff.), 21. I. 85 (**14** 412 ff.), 13. I. 85 (**14** 424 ff.), 28. IX. 85 (**16** 337 ff.). Die weitere Annahme des RG, daß die Klage und die Vollstreckungsanträge nicht gegen den KV., sondern gegen den Schuldner selbst zu richten seien, ist zur Erreichung des Zweckes des § 237 Abs. 1 KO nicht nötig und auch nicht unbedenklich. Denn das ausländische KVerf. kann doch, wie auch § 238 Abs. 2 KO zeigt, im Inlande nicht gänzlich unberücksichtigt bleiben, und daß das inländische Vermögen an sich zur KM. gehört, ist ja schon damit anerkannt, daß es der KV. zu dieser einziehen kann. Überdies läßt sich, wie die Entscheidungen des Reichsgerichtes (**6** 407 ff., **14** 417 ff., **16** 338 fg.) zeigen, jene Annahme gar nicht folgerichtig durchführen.

[12] § 237 Abs. 2 KO vbd. Mot. a. a. O. Abs. 4 a. E. (458), Prot. 197 fg. — Die bestehenden oder zukünftigen Staatsverträge mit ausländischen Staaten werden durch die Vorschriften in § 237 KO nicht berührt. S. Mot. § 4 a. E. (32) und Mot. z. §§ 3—7 EG z. KO (463). Vgl. Jäger § 237 Anm. 6.

Anhang.

§ 58.

Strafbestimmungen.

I. Das Reichs-Strafgesetzbuch hatte, weil zur Zeit seiner Abfassung wegen der großen Verschiedenheit des im Deutschen Reiche geltenden Konkursrechtes erschöpfende gemeinsame Strafbestimmungen für die mit dem Konkurse in Beziehung stehenden strafbaren Handlungen noch nicht möglich waren, sich darauf beschränkt, in den §§ 281 bis 283 gewisse mit der Zahlungseinstellung eines Kaufmanns zusammenhängende Handlungen mit Strafe zu bedrohen. Im übrigen war die Aufstellung von Strafbestimmungen der Landesgesetzgebung überlassen, deren einschlagende Vorschriften „bis zum Erlasse eines Reichsgesetzes über den Konkurs" in Kraft bleiben sollten.[1] Mit dem Erlasse der Reichs-Konkursordnung war dieser Zeitpunkt gekommen und somit das Bedürfnis eingetreten, den Gegenstand für das ganze Reichsgebiet umfassend und einheitlich zu regeln. Die Konkursordnung stellt daher unter Aufhebung der §§ 281—283 des Strafgesetzbuches und der mit dem Konkurse in Beziehung stehenden Straf-

[1] § 2 Abs. 3 EG z. StGB.

vorschriften der Landesgesetze[2] in einem als „Drittes Buch“ bezeichneten Anhange eine Reihe von Strafbestimmungen auf, zu denen verwandte Bestimmungen einzelner besonderer Reichsgesetze hinzutreten. Sie sollen, weil an sich der Aufgabe dieses Lehrbuches fremd, hier nur in kurzer Übersicht angegeben werden.[3]

1. Ein Schuldner, der seine Zahlungen eingestellt hat,[4] oder über dessen Vermögen das Konkursverfahren eröffnet worden ist, wird wegen „betrüglichen Bankerutts“ bestraft, wenn er, sei es vor oder nach der Zahlungseinstellung oder Konkurseröffnung, in der Absicht, seine Gläubiger zu benachteiligen,[5]

a) Vermögensstücke verheimlicht oder beiseite geschafft hat,
b) ganz oder teilweise erdichtete Schulden oder Rechtsgeschäfte anerkannt oder seinerseits behauptet hat,
c) als Kaufmann Handelsbücher, deren Führung ihm gesetzlich oblag,[6] oder auch nur ein einziges solches Buch zu führen unterlassen hat, oder
d) als Kaufmann seine Handelsbücher, gleichviel ob ihm die Führung gesetzlich oblag oder nicht,[7] vernichtet oder verheimlicht oder in der Weise geführt oder verändert hat, daß sie einem sachverständigen

---

[2] § 3 Nr. 3, § 4 Abs. 2 EG. Vgl. Mot. z. Buch III. Abs. 3 (460) und z. § 4 EG letzt. Abs. (468).

[3] Ausführliche Erläuterungen der Strafvorschriften der KO finden sich namentlich bei Jäger (verfaßt von Carl Jäger, Staatsanwalt in Metz) und bei Petersen-Kleinfeller.

[4] Wegen dieses Begriffes s. ob. § 35 I.

[5] Vgl. § 31 Nr. 1 KO und ob. § 16 I. Nr. 1. S. aber auch Jäger § 239 Anm. 22.

[6] S. § 38, 43 vbd. § 4 HGB, § 1 Nr. 2 DepotG, § 17 Abs. 2 GenG.

[7] Vgl. Pet.-Kleinf. §§ 239, 240 Bem. 37, Sar.-Boß. § 239 Bem. 8. A. M. Jäger § 239 Anm. 31.

Dritten keine Übersicht des Vermögenszustandes gewähren.[8]

Die Strafe ist Zuchthaus (von 1—15 Jahren[9]), bei Vorhandensein mildernder Umstände Gefängnis nicht unter drei Monaten.[10]

2. Ein Schuldner, der seine Zahlungen eingestellt hat, oder über dessen Vermögen das Konkursverfahren eröffnet worden ist, wird wegen „einfachen Bankerutts" bestraft, wenn er, sei es vor oder nach der Zahlungseinstellung oder Konkurseröffnung,

a) durch Aufwand, d. h. vermeidbare Ausgaben jeder Art, durch Spiel oder Wette oder durch Differenzhandel mit Waren oder Börsenpapieren nach seinen Vermögensverhältnissen übermäßige Summen verbraucht hat oder schuldig geworden ist,

b) in der Absicht, die Konkurseröffnung hinauszuschieben, Waren oder Wertpapiere auf Kredit entnommen und verschleudert, d. h. erheblich unter dem Werte den Anforderungen ordnungsmäßiger Wirtschaft zuwider veräußert oder sonst weggegeben hat,[11]

c) als Kaufmann Handelsbücher, deren Führung ihm gesetzlich oblag, zu führen unterlassen oder solche Bücher verheimlicht, vernichtet oder so unordentlich geführt hat, daß sie einem sachverständigen Dritten keine Übersicht des Vermögenszustandes gewähren, oder

d) als Kaufmann gegen die Bestimmung des Handelsgesetzbuches[12] unterlassen hat, die Bilanz seines Vermögens in der vorgeschriebenen Zeit zu ziehen.[13]

---

[8] Vgl. Jäger Anm. 30 Abs. 2, Pet.-Kleins. Bem. 38.

[9] S. § 14 Abs. 2, 3 StGB.

[10] § 239 KO vbd. Mot. zu Buch III. Abs. 4 (460 fg.).

[11] Vgl. Jäger § 240 Anm. 10 und teilweise abweichend Pet.-Kleins. Bem. 51, 52.

[12] S. § 39 HGB.

[13] Vgl. Jäger Anm. 19—21.

Die Strafe ist Gefängnis (von einem Tage bis zu fünf Jahren[14]). Daneben kann in den beiden ersten Fällen (a und b), wenn die Dauer der erkannten Strafe drei Monate erreicht, auf Verlust der bürgerlichen Ehrenrechte (für mindestens ein Jahr und höchstens fünf Jahre[15]) erkannt werden.[16] Bei Vorhandensein mildernder Umstände kann auf Geldstrafe von drei Mark bis zu sechstausend Mark erkannt werden.[17]

3. Ein Schuldner, der seine Zahlungen eingestellt hat, oder über dessen Vermögen das Konkursverfahren eröffnet worden ist, wird mit Gefängnis bis zu zwei Jahren bestraft, wenn er, obwohl seine Zahlungsunfähigkeit kennend, einem seiner Gläubiger in der Absicht, ihn vor den übrigen zu begünstigen, eine Sicherung oder Befriedigung gewährt hat, welche dieser nicht oder nicht in der Art oder nicht zu der Zeit zu beanspruchen hatte.[18] Bei Vorhandensein mildernder Umstände kann auf Geldstrafe bis zu sechstausend Mark erkannt werden.[19]

4. Den unter Nr. 1—3 angegebenen Strafvorschriften unterliegen auch die Mitglieder des Vorstandes einer Aktiengesellschaft, einer eingetragenen Genossenschaft oder eines Versicherungsvereins auf Gegenseitigkeit, die Geschäftsführer einer Gesellschaft mit beschränkter Haftung

---

[14] S. § 16 Abs. 1 StGB.

[15] S. § 32 Abs. 1, 2 StGB.

[16] § 240 Abs. 1, 2 KO.

[17] § 240 Abs. 3 KO vbd. § 27 StGB.

[18] § 241 Abs. 1 KO. Die Vorschrift steht in Zusammenhang mit derjenigen des § 30 Abs. 2 KO, worauf die Mot. z. Buch III. Abs. 5 (461) ausdrücklich verweisen. Sie bezweckt den Schutz der Gläubiger gegen Schädigung durch inkongruente Deckung einzelner zum Zwecke ihrer Begünstigung. Vgl. ob. § 16 II. Nr. 2. Das einzelne ist sehr streitig. S. einerseits Jäger § 241 Anm. 2 Abs. 3, Anm. 4, 7, andererseits Pet.-Kleinf. § 241 Bem. 4, 5, 6.

[19] § 241 Abs. 2 KO. Vgl. ob. bei Anm. 17.

und die Liquidatoren einer Handelsgesellschaft,[20] einer eingetragenen Genossenschaft oder eines Versicherungsvereins auf Gegenseitigkeit, falls die Gesellschaft, Genossenschaft oder der Verein ihre Zahlungen eingestellt haben oder über ihr Vermögen das Konkursverfahren eröffnet worden ist und jene Vorstandsmitglieder, Geschäftsführer oder Liquidatoren in dieser Eigenschaft die strafbaren Handlungen begangen haben.[21]

5. Ein Kaufmann, der seine Zahlungen eingestellt hat, oder über dessen Vermögen das Konkursverfahren eröffnet worden ist, wird mit Gefängnis bis zu zwei Jahren bestraft, wenn er den Vorschriften des § 1 Nr. 1 oder Nr. 2 DepotG oder als Kommissionär den Vorschriften des § 3 oder § 5 DepotG vorsätzlich zuwidergehandelt hat und dadurch der Berechtigte bezüglich des Anspruches auf Aussonderung dort der von jenem zu verwahrenden, hier der von ihm eingekauften, eingetauschten oder bezogenen Wertpapiere benachteiligt wird.[22]

Mit Zuchthaus wird ein solcher Kaufmann bestraft, wenn er im Bewußtsein seiner Zahlungsunfähigkeit oder Überschuldung fremde Wertpapiere, die er im Betriebe seines Handelsgewerbes als Verwahrer, Pfandgläubiger

[20] Handelsgesellschaften sind die offene Handelsgesellschaft, die Kommanditgesellschaft, die Aktiengesellschaft, die Kommanditgesellschaft auf Aktien und (nach § 13 Abs. 3 GmbHG) die Gesellschaft mit beschränkter Haftung. S. Staub HGB § 6 Anm. 1. Die Mitglieder einer offenen Handelsgesellschaft und die persönlich haftenden Gesellschafter bei einer Kommanditgesellschaft fallen als „Schuldner“ schon unmittelbar unter § 239—241 KO.

[21] § 244 KO vbd. § 83 GmbHG, § 112, 113 PVersG. — § 244 KO trifft auch die Vorstandsmitglieder und Liquidatoren der registrierten Gesellschaften, die auf Grund des bayerischen Gesetzes vom 29. April 1869, betr. die privatrechtliche Stellung der Erwerbs- und Wirtschaftsgesellschaften, bestehen: § 6 EG und Art. 165 EG z. BGB.

[22] § 10 DepotG.

oder Kommissionär in Gewahrsam genommen, sich rechtswidrig zugeeignet hat. Bei Vorhandensein mildernder Umstände tritt Gefängnisstrafe nicht unter drei Monaten ein.[23]

Diese Strafvorschriften finden entsprechende Anwendung auf die Mitglieder des Vorstandes einer Aktiengesellschaft oder einer eingetragenen Genossenschaft, auf die Geschäftsführer einer Gesellschaft mit beschränkter Haftung und auf die Liquidatoren einer Handelsgesellschaft oder einer eingetragenen Genossenschaft, wenn die Gesellschaft oder Genossenschaft ihre Zahlungen eingestellt hat oder über ihr Vermögen das Konkursverfahren eröffnet worden ist.[24]

6. Mit Zuchthaus bis zu zehn Jahren oder bei Vorhandensein mildernder Umstände mit Gefängnis oder mit Geldstrafe bis zu sechstausend Mark wird bestraft:

a) wer zu Gunsten eines Schuldners, der seine Zahlungen eingestellt hat, oder über dessen Vermögen das Konkursverfahren eröffnet worden ist, in Rücksicht auf die erfolgte oder unmittelbar bevorstehende Zahlungseinstellung oder Konkurseröffnung Vermögensstücke desselben verheimlicht oder beiseite geschafft hat,

b) wer zu Gunsten eines solchen Schuldners oder, um sich selbst oder einem Dritten einen Vermögensvorteil zu verschaffen, in dem Konkursverfahren erdichtete Forderungen in eigenem Namen oder durch vorgeschobene Personen geltend gemacht hat.[25]

7. Ein Gläubiger, der sich von dem Gemeinschuldner oder von anderen Personen besondere Vermögensvorteile

---

[23] § 11 DepotG.
[24] § 12 Abs. 2 DepotG.
[25] § 242 KO. Vbd. § 59 StGB. Vgl. Jäger § 242 Anm. 2 ff. und (teilweise abweichend) Pet.-Kleinf. § 242 Bem. 1—3.

dafür hat gewähren oder versprechen lassen, daß er bei den Abstimmungen der Konkursgläubiger in den Gläubigerversammlungen in einem gewissen Sinn stimme, (sog. Stimmkauf) wird, ohne Rücksicht darauf, ob er wirklich in diesem Sinn gestimmt hat, mit Geldstrafe bis zu dreitausend Mark oder mit Gefängnis bis zu einem Jahre bestraft.[26]

II. Strafbestimmungen, die mit dem Konkurse in Beziehung stehen, sind auch die im Laufe der Darstellung bereits erwähnten, welche bei einer Aktiengesellschaft oder eingetragenen Genossenschaft die Vorstandsmitglieder oder Liquidatoren, bei einer Gesellschaft mit beschränkter Haftung die Geschäftsführer oder Liquidatoren, bei einer Kommanditgesellschaft auf Aktien die persönlich haftenden Gesellschafter oder Liquidatoren wegen der Unterlassung des rechtzeitigen Antrages auf die Konkurseröffnung, bei einer Versicherungsgesellschaft auf Aktien oder einem Versicherungsverein auf Gegenseitigkeit die Vorstandsmitglieder oder Liquidatoren wegen der Unterlassung rechtzeitiger Anzeige von der Zahlungsunfähigkeit oder der Überschuldung der Gesellschaft oder des Vereins an die Aufsichtsbehörde mit Strafe bedrohen.[27]

[26] § 243 KO. Vgl. § 317 HGB, § 151 GenG. Wegen der verschiedenen Ansichten s. Jäger § 243 Anm. 2, 6 und Pet.-Kleinf. § 243 Bem. 1, 2.

[27] S. § 315 Abs. 1 Nr. 2, Abs. 2, 3 HGB, § 148 Nr. 2 GenG, § 84 GmbHG, § 325 Nr. 8 vbd. § 240 Abs. 2, § 320 Abs. 3 vbd. § 298 Abs. 2 und § 315 Abs. 1 Nr. 2, Abs. 2, 3 HGB; § 109 PVersG.

Sachregister.

Die Zahlen verweisen auf die Seiten, diejenigen mit vorgesetztem A. auf die Anmerkungen. K bedeutet „Konkurs".

A.

Abschlagsverteilungen: Begriff 384 fg.; wann sie stattfinden sollen 385, wie dabei behandelt werden: absonderungsberechtigte KGläubiger 389, 413, bedingte KGläubiger 389 fg., 412. Bei A. ausgeschlossene KGläubiger können Nachzahlung verlangen 391. Verfahren bei A. 392 ff. Aussetzung einer A. wegen eines Vergleichsvorschlages 397. Zurückbehaltung von Anteilen bei A. 411 ff.

Absichts-Gläubigeranfechtung 196 ff.

Absonderungsberechtigte Konkursgläubiger: Behandlung im K. 120 fg., 247, 388 fg., 413.

Absonderungsrechte: Bedeutung 23, können nach der KEröffnung nicht mehr erworben werden 109. Die einzelnen A. 230 ff. Gemeinsame Regeln 241 ff.

Abweisung des Antrages auf KEröffnung, insbesondere wegen unzureichender Masse 356 fg.

Aktiengesellschaft: K. einer A. 463 ff.

Aktivmasse 73. Prozesse darüber 74 ff.

Aktivprozesse über die Aktivmasse 74 ff.

Alimentenansprüche als KForderungen 101 fg.

Anfechtung von Rechtshandlungen im K.: Begriff 183 fg.; allgemeine Voraussetzungen 185 ff.; die einzelnen Fälle der Anfechtbarkeit 196 ff. A. gegen die Rechtsnachfolger des ersten Erwerbers 210 fg. Ausübung der A. 211 ff. Art und Weise der A. 215 ff. Wirkungen der A. 217 ff.

Anmeldefrist 363, 374.

Anmeldung der KForderungen 127. Form der A. 375 fg. Geschäftliche Behandlung der Anmeldungen 376 fg. Prüfung der Zulässigkeit der A. 379 fg. Nachträgliche Anmeldungen 377 fg.

Anordnungen zur Sicherung der Masse: im Eröffnungsverfahren 354 ff., bei Aussicht auf eine Wiederaufnahme des KVerfahrens 450.

Arrest: kann während des KVerfahrens nicht zu Gunsten von KGläubigern in die KMasse vollzogen werden 107.

Offener Arrest 362.

Aufhebung des Konkursverfahrens: durch Wiederaufhebung des Eröffnungsbeschlusses in der Beschwerdeinstanz 365 fg., wegen vollzogener Schlußverteilung 403 ff., wegen rechts-

kräftiger Bestätigung eines Zwangsvergleiches 441 ff.
Wirkungen der A. 299 ff., 404 fg., 443 fg.

Aufnahme der durch die KEröffnung unterbrochenen Prozesse 73 ff.

Aufrechnung im K. 248 ff. Konkursrechtliche Erweiterungen der Aufrechnungsbefugnis 249 ff., konkursrechtliche Beschränkungen derselben 252 ff.

Auftrag des Gemeinschuldners erlischt durch die KEröffnung 64 fg.

Ausfallsforderungen s. Absonderungsberechtigte Konkursgläubiger.

Aushändigung von Postsendungen, Briefen und Depeschen für den Gemeinschuldner an den KVerwalter 367 fg.

Ausländische Konkursgläubiger 103.

Ausländischer Konkurs hindert nicht die Eröffnung des inländischen 503 ff., auch nicht die Zwangsvollstreckung in das inländische Vermögen 505 fg.

Ausschlußfrist 390 fg.

Aussonderungsprozesse führt der K.-Verwalter mit bindender Wirkung für den Gemeinschuldner 262 A. 4.

Aussonderungsrechte: Bedeutung 23, 260 ff., können nach der KEröffnung nicht mehr erworben werden 109. Geltendmachung der A. 262. Besondere konkursrechtliche Fälle 264 ff.

B.

Bankerutt: betrüglicher 508, einfacher 509.

Beamte: inwiefern ihr Gehalt zur KMasse gehört 159.

Beendigung des KVerfahrens: Einwirkung auf das Vermögen des Gemeinschuldners 299 ff., auf seine politischen und Ehrenrechte 300 A. 6, auf die KForderungen 302 ff.

Bekanntmachungen, öffentliche: Form und Wirkung 308 fg.

Beschlagnahme bei der Zwangsvollstreckung in unbewegliches Vermögen bleibt im K. wirksam 41.

Beschlüsse der Gläubigerversammlung 338 ff., im Vergleichstermin 433 ff.

Beschwerde, sofortige: gegen die Entscheidungen im KVerfahren 311 ff., insbesondere: gegen den Beschluß über den Antrag auf KEröffnung 358 fg., gegen die Entscheidung über Einwendungen gegen das Verteilungsverzeichnis 394, gegen die Bestätigung oder Verwerfung eines Zwangsvergleiches 440 fg., 497, gegen den Beschluß über den Antrag auf Einstellung des KVerfahrens 461.

Bevorrechtigte Konkursforderungen 122 ff., 385.

Bilanz des KVermögens 370.

Briefe an den Gemeinschuldner s. Aushändigung.

Bürgen des Gemeinschuldners: Behandlung ihrer Rückgriffsansprüche 97 ff. Vergleichsbürgen 447.

C.

Civilprozeßordnung ist entsprechend auf das KVerfahren anzuwenden 8, 307.

D.

Dienstverhältnisse: Einwirkung der K.-Eröffnung darauf 62 ff.

E.

Ehefrau des Gemeinschuldners hat nur ein beschränktes Aussonderungsrecht 268 fg.

Einstellung des Konkursverfahrens 454 ff., insbesondere wegen unzureichender KMasse 455. Wirkungen der E. 462, 299 ff.

Entlassung des KVerwalters 325 fg.

Entscheidungen im KVerfahren 309 ff., können mit sofortiger Beschwerde angefochten werden 311 ff.

Erbschaften: inwiefern sie in die K.-Masse fallen 159.

Erfinderrecht: inwiefern es zur KMasse gehört 161.

Eröffnung des KVerfahrens s. Konkurseröffnung.

Eröffnungsbeschluß 359 ff.

Eröffnungsverfahren 347 ff.

F.

Faktoren des KVerfahrens 22, 314 ff.

Familienfideikommisse unterliegen dem Landesrechte 9, 162 Anm. 27. Absonderungsrecht der F.-Gläubiger 239.

Feststellung der KForderungen: für das KVerfahren 127 ff., 381, gegen den Gemeinschuldner 131 ff.

Feststellungsprozesse in Rücksicht auf KForderungen 141 ff.

Fiduziarische Rechtsübertragung begründet ein Aussonderungsrecht 274 fg.

Fixgeschäfte: Einwirkung der KEröffnung darauf 56 ff.

Freigebige Zuwendungen s. Zuwendungen.

G.

Gantmann 19 A. 11.

Gehalt der Beamten s. Beamte.

Geldstrafen können im K. nicht geltend gemacht werden 94.

Gemeinschaft: rechtliche zwischen den KGläubigern besteht nicht 38 A. 30. Inwiefern der Anteil des Gemeinschuldners an einer G. zu der KMasse gehört 164 fg. Absonderungsrecht der übrigen Teilhaber an diesem Anteil 238 fg.

Gemeinschuldner: Begriff 19, Stellung zu der KMasse 28 ff., 268 ff., hat für Prozesse, welche die KMasse betreffen, kein Prozeßführungsrecht 71 fg.; Stellung zu den angemeldeten KForderungen 128 ff., 383 fg.

Pflichten des G. im KVerfahren 341 ff., Rechte im KVerfahren 344, Maßregeln, worüber er gehört werden muß 284.

Einfluß des Todes des G. auf das KVerfahren 345.

Genossenschaft, eingetragene: K. einer G. 467 ff., Nachschußverfahren darin 470 ff.

Gesamtgutskonkurs 501 ff.

Gesamtkonkurs 42.

Gesamtschuldnerische Verpflichtungen des Gemeinschuldners: Behandlung im K. 119 fg.

Geschäftsbesorgungsverhältnis: Einwirkung der KEröffnung darauf 64 ff.

Geschäftsbücher des Gemeinschuldners: gehören zur KMasse, dürfen aber nur mit dem Geschäfte veräußert werden 163, sind durch den Gerichtsschreiber zu schließen 368 fg.

Geschichte der KOrdnung 1 ff.

Gesellschaft mit beschränkter Haftung: K. einer solchen 463 ff.

Gesellschafter, persönlich haftende: Rechte der Gesellschaftsgläubiger im K. derselben 484 ff.

Gesellschaftsverhältnis: Einwirkung der KEröffnung darauf 26 fg., 66 fg.

Gläubigeranfechtung s. Anfechtung.

Gläubigerausschuß: Bestellung und Verpflichtungsverhältnis 327 ff., Befugnisse 330 fg., Geschäftsordnung 331. Maßregeln, zu denen es seiner Genehmigung bedarf 281 ff., 286 fg.

Gläubigerversammlung 332 ff. Berufung 333 fg., Berechtigung zur Teilnahme 334 fg., Stimmrecht in der G. 335 ff., Beschlußfassung 338 ff.

Maßregeln, wozu es der Genehmigung der G. bedarf 282 ff., worüber sie zu entscheiden hat 285 fg.

Gütergemeinschaft, eheliche und fortgesetzte, worin der Gemeinschuldner steht: Verhältnis im KVerfahren 165 ff. K. über das Gesamtgut bei fortgesetzter G. 501 ff.

H.

Haft des Gemeinschuldners kann angeordnet werden: im KVerfahren 342 fg., im Eröffnungsverfahren 354.

Handelsgesellschaft: K. einer offenen H., einer Kommanditgesellschaft und einer Kommanditgesellschaft auf Aktien 480 ff.

Hinterlegung bei der Schlußverteilung oder bei einer Nachtragsverteilung zurückbehaltener oder nicht erhobener Anteile 414 fg.

J.

Insolvenz s. Zahlungsunfähigkeit.

Insuffizienz s. Überschuldung.

Inventar des KVermögens 370.

Juristische Person: K. einer solchen 406 fg.

K.

Kommanditgesellschaft: K. einer solchen 480 ff.

Kommanditgesellschaft auf Aktien: K. einer solchen 480 ff.

Kommittent: sein Aussonderungsrecht im K. des Kommissionärs 272 fg.

Kompensation s. Aufrechnung.

Konkursanspruch 17 A. 9, 203 A. 21.

Konkurseröffnung: Voraussetzungen 347 ff., Zeitpunkt 360 fg. Begleitende Maßregeln 361 ff., Bekanntmachung 363 fg., Eintragung ins Grundbuch 364.

Einwirkung der KE. auf die politischen und Ehrenrechte des Gemeinschuldners 24; privatrechtliche Wirkungen der KE. 25; Einwirkung auf das Vermögen des Gemeinschuldners 27 ff., auf Rechtsverhältnisse aus gegenseitigen Verträgen 45 ff.; besondere Einwirkung auf Fixgeschäfte 56 ff., auf Miet- und Pachtverhältnisse 58 ff., auf Dienstverhältnisse 62 ff., auf die Verpflichtung zur Geschäftsbesorgung für den Gemeinschuldner zufolge Auftrages, Dienst- oder Werkvertrages 64 fg., zufolge einer mit ihm eingegangenen Gesellschaft 66 fg.; Einwirkung auf anhängige Prozesse 70 ff., auf ein anhängiges Zwangsvollstreckungsverfahren 83 fg., auf die KForderungen 37, 103 ff. Der Stand der Dinge zur Zeit der KE. ist für die Befriedigung der KForderungen maßgebend 38 ff.

Konkursforderungen: Begriff 85 ff. Behandlung betagter KF. 95, 113 ff., insbesondere bezüglich der Aufrechnung im K. 250; Behandlung bedingter KF. 95 ff., 115 fg., insbesondere bezüglich der Aufrechnung im K. 250 fg., bei den Verteilungen 389 fg., 412; Behandlung von KF., für welche zugleich ein Absonderungsrecht besteht 120 fg., 247, 389, 413.

Gestalt und Umfang der Geltendmachung der KF. 112 ff., insbesondere in Rücksicht auf Nebenforderungen 117 fg. Rangordnung der KF. 121 ff., insbes. im K. eines Versicherungsvereins auf Gegenseitigkeit 479 fg., im Nachlaßkonkurse 494 fg. Feststellung der KF. 127 ff., 381.

S. noch Titulierte und nichttitulierte Konkursforderungen.

Konkursfreies Vermögen des Gemeinschuldners s. Vermögen.

Konkursgericht 315 ff., kann von Amts wegen die Vernehmung von Zeugen und Sachverständigen anordnen 317 fg., führt die Aufsicht über den KVerwalter 323, kann die Ausführung eines Beschlusses der Gläubigerversammlung untersagen 339.

Konkursgläubiger: Begriff 19, 85 ff. Einfluß der KGl. auf die Verwaltung und Verwertung der KMasse 280 ff., Stimmrecht der KGl. in der Gläubigerversammlung 335 ff.

Befugnisse der einzelnen KGl. im K.-Verfahren 340 fg. Stellung der Rechtsnachfolger von KGl. 341.

Nachforderungsrecht der KGl. 128 ff., 302 ff., 405, 462.

Ausländische KGl. 103.

Bevorrechtigte KGl. 122 ff.; können unabhängig von den Verteilungen befriedigt werden 385; Behandlung im Fall eines Zwangsvergleiches 442.

Vollberechtigte und minderberechtigte KGl. im Nachlaßkonkurse 404 fg.

Konkurs-Gläubigeranfechtung 203 ff.

Konkursmasse: Begriff 19; ist rechtlich Vermögen des Gemeinschuldners 28. Bestandteile 154 ff. Sollmasse und Istmasse 155. Massieansprüche 172 ff.

Verwaltung und Verwertung der KM. 275 ff., 372 fg. Einfluß der K.-Gläubiger darauf 208 ff., Einfluß des Gemeinschuldners darauf 284 fg.

Rechtliche Beziehungen zwischen der KM. und dem konkursfreien Vermögen des Gemeinschuldners 30 fg., 298 fg.

Konkursordnung: Geschichte 1 ff. Sie wird ergänzt: durch das Gerichtsverfassungsgesetz 7, durch die Civilprozeßordnung 307.

Verhältnis der KO.: zu den übrigen Reichsgesetzen 8, zu dem Landesrechte 9 fg., zum ausländischen Rechte 10.

Konkursrecht: Begriff 24.

Konkursverfahren: Begriff und Zweck 17; ob es zur streitigen oder freiwilligen Gerichtsbarkeit zu rechnen 7. Allgemeine Regeln des KV. 308 ff.

S. noch Aufhebung, Beendigung, Einstellung, Wiederaufnahme des KV. und Konkurseröffnung.

Konkursverwalter: Art der Bestellung 318 fg., allgemeine Befugnisse und Pflichten 320 ff., steht unter der Aufsicht des KGerichtes 323, Beendigung seines Amtes 325 fg., Schlußrechnung 324, 399, 441, 461. Mehrheit von KVerwaltern 326.

Rechtliche Stellung des KV. 32, 321 ff., Befugnisse in Ansehung der KMasse 275 ff.

Kosten: wem die K. der die KMasse betreffenden Prozesse zur Last fallen 82 fg.

Den KGläubigern vor der KEröffnung erwachsene K. können als Nebenforderungen geltend gemacht werden 117, nachher erwachsene können im K. nicht geltend gemacht werden 93.

K. der Feststellungs- und Widerspruchsprozesse 152 fg.

Kridar 19 A. 11.

L.

Landesgesetze: ihr Verhältnis zur K.-Ordnung 9.

Landesherren und **Mitglieder** der landesherrlichen Familien: inwieweit die KOrdnung auf sie anwendbar 9.

Lebensversicherungsanstalt: Vorrecht der Versicherten im K. einer L. 122, A. 5, 479.

Lehen unterliegen dem Landesrechte 9, 162 A. 27. Absonderungsrecht der Lehengläubiger 239.

Leibrentenforderung an den Gemeinschuldner, inwiefern sie KForderung ist 101, L. des Gemeinschuldners, inwiefern sie zur KMasse gehört 158.

Litteratur 11 fg.

M.

Masseansprüche 23, 172 ff. Besondere M. im Nachlaßkonkurse 493.

Massegläubiger: Begriff 23, 172 A. 1, Stellung zu der KMasse 179 ff., Behandlung bei Abschlagsverteilungen 396, bei der Schlußverteilung 401 fg., bei Nachtragsverteilungen 409, im Fall eines Zwangsvergleiches 442, im Fall der Einstellung des KVerfahrens 461 fg., bei rechtskräftiger Aufhebung des Eröffnungsbeschlusses 365 fg.; können sich nach der Beendigung des KVerfahrens an den Gemeinschuldner halten 182 fg., 302.

Massekosten 174 ff.

Masseschulden: Begriff 174, was dazu gehört 176 ff., 493.

Mietverhältnisse: Einwirkung der K.-Eröffnung darauf 58 ff.

Miteigentum des Gemeinschuldners: inwiefern es zur KMasse gehört 164 fg. Absonderungsrecht der übrigen Teilhaber 238 fg.

Mitschuldner des Gemeinschuldners: Behandlung ihrer Rückgriffsansprüche 97 ff.

Mitteilungen des KVerwalters: wie sie geschehen 309.

Motive der Konkursordnung: Bedeutung 3 A. 4.

N.

Nacherbfolge beschränkt das Verfügungsrecht des KVerwalters 278.

Nachforderungsrecht: der KGläubiger 128 ff., 302 ff., 405, 462, der Massegläubiger 182 fg., 302.

Nachlaßkonkurs 486 ff.

Nachschußverfahren: im Genossenschaftskonkurse 470 ff., im K. eines Versicherungsvereins auf Gegenseitigkeit 480.

Nachtragsverteilungen: Begriff 385; wann sie stattfinden 385, 405 ff.; sind Ergänzungen der Schlußverteilung 408, Verfahren dabei 409, Zurückbehaltung von Anteilen bei N. 411 fg.

Nachzügler 375.

O.

Offenbarungseid des Gemeinschuldners 372.

Offene Handelsgesellschaft: K. einer solchen 480 ff.

Offener Arrest 362.

P.

Pachtverhältnisse: Einwirkung der K.-Eröffnung darauf 58 ff.

Passivmasse 74. Prozesse darüber 79 fg.

Passivprozesse: über die Aktivmasse 77 ff., über die Passivmasse 79 fg.

Patentrecht: inwiefern es zur KMasse gehört 161.

Pauliana 185.

Paulianische Anfechtung 197 A. 4.

Person, juristische: K. einer solchen 466 fg.

Pfandbriefgläubiger: ihr Vorrecht im K. einer Hypothekenbank 122 A. 5.

Pfandrecht: vertragsmäßiges, gesetzliches, Pfändungs-Pf. gewährt ein Absonderungsrecht 233 ff.

Postsendungen an den Gemeinschuldner s. Aushändigung.

Protokoll: über die Verhandlungen vor dem KGerichte 318, in der Gläubigerversammlung 338 A. 26, im Prüfungstermin 384.

Prozentsatz bei Abschlagsverteilungen 394 fg.

Prozesse, die KMasse betreffende: sind vom KVerwalter zu führen 71 fg., werden durch die KEröffnung unterbrochen 72. Ihr Schicksal nach der Beendigung des KVerfahrens 81 fg., 153 fg.

S. noch Unterbrechung.

Prüfung der KForderungen: wer dabei als Partei erscheint 129 fg., wie sie geschieht 380 ff.

Prüfungstermin, allgemeiner 363, 374 fg., Verhandlungen darin 377 ff. Besondere Prüfungstermine 377 fg.

R.

Rangordnung der KForderungen 121 ff., 479 fg., 494 fg.

Rechtshandlungen des Gemeinschuldners: Anfechtbarkeit solcher R. 183 ff., Unwirksamkeit der nach der KEröffnung vorgenommenen 289 ff.

Rechtsnachfolge in KForderungen 341.

S.

Sachverständige: Vernehmung von S. kann von Amts wegen angeordnet werden 318.

Schenkungs-Gläubigeranfechtung 201 ff.

Schlußrechnung 324, 399, 441, 461.

Schlußtermin 399 ff.

Schlußverteilung: Begriff 385; wann sie stattfindet 385, 397; wie dabei behandelt werden: absonderungsberechtigte KGläubiger 388, bedingte K.-Gläubiger 389 fg., 412. Verfahren bei der Sch. 398 ff., Zurückbehaltung von Anteilen bei derselben 411 fg.

Schlußverzeichnis 399.

Schuldenmasse: Begriff 21, Ermittelung derselben 374 ff.

Schwarze Liste 357.

Sicherungsmaßregeln s. Anordnungen.

Solidarische Verpflichtungen s. Gesamtschuldnerische Verpflichtungen.

Sonderkonkurs 42, 487.

Stammgüter unterliegen dem Landesrechte 9, 162 A. 27. Absonderungsrecht der St.-Gläubiger 239.

Stimmkauf als Grund der Verwerfung eines Zwangsvergleiches 438 A. 7. Strafe des St. 513.

Strafbestimmungen, die mit dem K. in Beziehung stehen 507 ff.

T.

Tabelle 128, 376. Berichtigung der T. 382.

Telegraphische Depeschen an den Gemeinschuldner s. Aushändigung.

Teilungsmasse: Begriff 21. Herstellung der T. 366 ff.

Titulierte und nichttitulierte Konkursforderungen: Verschiedenheit bezüglich der Feststellung 141 ff., bezüglich der Verteilungen 388.

U.

Überschuldung: Begriff 347 A. 2.

Unterbrechung der die KMasse betreffenden Prozesse durch die KEröffnung 72 fg. Beseitigung dieser U.: durch Aufnahme des Verfahrens 73 ff., durch Beendigung des KVerfahrens 73, 81 fg.

Unterhaltsansprüche als KForderungen 101 fg.

Unterstützung des Gemeinschuldners aus der KMasse 285 fg., 374.

Urheberrecht: inwiefern es zur KMasse gehört 160.

V.

Veräußerungsverbot: V. gegen den Gemeinschuldner ist den KGläubigern gegenüber unwirksam 41. Wirkung des vor der KEröffnung an den Gemeinschuldner erlassenen allgemeinen V. 108, 296, 355.

Verein, nicht rechtsfähiger: K. eines solchen 469.

Verfolgungsrecht 265 ff.

Vergleichstermin 429; Verhandlungen darin 430 ff., 439.

Verhandlungen im KVerfahren sind nicht notwendig öffentlich 310 A. 13.

Verjährung einer KForderung wird durch ihre Anmeldung im K. unterbrochen 111.

Vermächtnisse: inwiefern sie in die KMasse fallen 159.
Bedingte V.: Ansprüche daraus an den Gemeinschuldner sind KForderungen 95 A. 28, Ansprüche des Gemeinschuldners daraus gehören zur KMasse 157 fg.

Vermögen, konkursfreies des Gemeinschuldners 28, 161 ff. Rechtliche Beziehungen zwischen demselben und der KMasse 30 fg., 298 fg.

Vermögensunzulänglichkeit s. Überschuldung.

Versicherungsunternehmung, private: K. einer solchen 476 ff.

Versicherungsverein auf Gegenseitigkeit: Rangordnung der nicht bevorrechtigten KGläubiger im K. eines solchen 479 fg., Nachschußverfahren darin 480.

Verteilungen: Allgemeines 384 ff. Vorbereitung der V. 386 ff. Weiteres Verfahren bei Abschlagsverteilungen 392 ff. Schlußverteilung 397 ff. Nachtragsverteilungen 405 ff. Vollzug der V. 396, 403, 409 ff.

Verteilungsverzeichnis: Inhalt 387 ff., Einwendungen gegen das V.: bei Abschlagsverteilungen 392 ff., bei der Schlußverteilung 399 fg.

Verträge, gegenseitige: Einwirkung der KEröffnung auf die Rechtsverhältnisse daraus 45 ff.

Vertragsstrafen: Behandlung im K. 115 A. 8, 118.

Verwaltung der KMasse s. Konkursmasse.

Verwaltungsgemeinschaft, eheliche, worin der Gemeinschuldner steht: Verhältnis im KVerfahren 167 fg.

Verwertung der KMasse s. Konkursmasse.

Vollzug der Verteilungen 396, 403, 409 ff.

Vorführung, zwangsweise des Gemeinschuldners kann angeordnet werden: im KVerfahren 342 fg., im Eröffnungsverfahren 354.

Vormerkung im Grundbuche oder Schiffsregister behält trotz der KEröffnung ihre Kraft 41; kann während des KVerfahrens zu Gunsten von KGläubigern auf Grund einer einstweiligen Verfügung nicht eingetragen werden 107.

Vorrechte im K. 122 ff. Eigentümliche V. 122 A. 5.

W.

Wahltermin 362, Verhandlungen darin 373 fg.

Wechselforderungen als KForderungen 100.

Widerspruchsprozesse in Rücksicht auf KForderungen 148 ff.

Wiederaufnahme des KVerfahrens 450 ff.

Wiedereinsetzung des Gemeinschuldners in den vorigen Stand gegen die Versäumung des Prüfungstermins 133 ff.

Z.

Zahlungseinstellung: Begriff 348.

Zahlungsstockung: Begriff 347 A. 2.

Zahlungsunfähigkeit: Begriff 347.

Zeugen: Vernehmung von Z. kann von Amts wegen angeordnet werden 318.

Zinsen: für die Zeit bis zur KEröffnung können im K. als Nebenforderungen geltend gemacht werden 91, 118. Z. für die Zeit nach derselben können im K. nicht geltend gemacht werden 93; Ausnahme im Nachlaßkonkurse 494.

Zurückbehaltung von Anteilen bei den Verteilungen 411 ff.

Zurückbehaltungsrechte, die ein Absonderungsrecht gewähren 236 fg.

Zustellung, besondere neben der öffentlichen Bekanntmachung: wie sie geschieht 309. Z. der Entscheidungen im KVerfahren muß von Amts wegen geschehen 310 fg.

Zuwendungen, freigebige des Gemeinschuldners: Forderungen daraus können im K. nicht geltend gemacht werden 94; Ausnahme im Nachlaßkonkurse 495. Anfechtbarkeit solcher Z. 201 ff.

Zwangsvergleich 415 ff., Inhalt 416, Juristische Natur 419 ff. Unzulässigkeit eines Z. 427, Vergleichsvorschlag 425 ff.; Vorprüfung desselben 428, Beschlußfassung über denselben 428 ff.; Verfahren nach der Annahme 436 ff. Wirkungen des Z. für die KGläubiger 444 ff., für die Vergleichsbürgen 447. Anfechtbarkeit des Z. wegen Betruges 448 fg.; Entkräftung desselben durch Verurteilung des Gemeinschuldners wegen betrüglichen Bankeruttes 449 fg.

Z. im K. einer Aktiengesellschaft oder einer sonstigen juristischen Person 466, im K. einer offenen Handelsgesellschaft, Kommanditgesellschaft, Kommanditgesellschaft auf Aktien 483, im Nachlaßkonkurse 496 fg.

Unstatthaftigkeit eines Z.: im K. einer Genossenschaft 470, im K. eines Versicherungsvereins auf Gegenseitigkeit 478 A. 9, zur Beendigung eines wiederaufgenommenen KVerfahrens 454.

Zwangsversteigerung und Zwangsverwaltung eines zur KMasse gehörigen Grundstückes: bleibt im K. wirksam 41, 232, kann vom KVerwalter betrieben werden 243, 279.

Zwangsvollstreckung in die KMasse ist während des K. zu Gunsten von KGläubigern unstatthaft 107. Z. in das inländische Vermögen eines Schuldners, gegen den im Auslande ein KVerfahren schwebt, ist statthaft 505.

Die Beschlagnahme bei der Z. in unbewegliches Vermögen bleibt im K. wirksam 41. Der Z. entzogene Vermögensstücke des Gemeinschuldners gehören nicht zu der KMasse 161 ff.

Zwangsvollstreckungsverfahren gegen den Gemeinschuldner: Einwirkung der KEröffnung darauf 83 fg

FSC
www.fsc.org
MIX
Papier | Fördert
gute Waldnutzung
FSC® C083411

Kolibri 360 GmbH
Ferdinand-Jühlke-Straße 7
99095 Erfurt, Deutschland
produktsicherheit@kolibri360.de